Wissenschaftliche Untersuchungen
zum Neuen Testament · 2. Reihe

Herausgeber / Editor
Jörg Frey

Mitherausgeber / Associate Editors
Friedrich Avemarie · Judith Gundry-Volf
Martin Hengel · Otfried Hofius · Hans-Josef Klauck

180

Andreas Köhn

Der Neutestamentler
Ernst Lohmeyer

Studien
zu Biographie und Theologie

Mohr Siebeck

Andreas Köhn, geboren 1967 in Stade; Studium der Ev. Theologie in Bielefeld-Bethel und Hamburg; 2002 Promotion; seit 1998 Pastor der evangelischen Waldenserkirche in Italien.

ISBN 3-16-148376-6
ISSN 0340-9570 (Wissenschaftliche Untersuchungen zum Neuen Testament, 2. Reihe)

Die Deutsche Bibliothek verzeichnet diese Publikation in der Deutschen Nationalbibliographie; detaillierte bibliographische Daten sind im Internet über *http://dnb.ddb.de* abrufbar.

Das Buch wurde von Gulde-Druck in Tübingen auf alterungsbeständiges Werkdruckpapier gedruckt und von der Buchbinderei Held in Rottenburg gebunden.

Geleitwort des Herausgebers:
Zur Bedeutung des Neutestamentlers Ernst Lohmeyer

Ernst Lohmeyers Arbeiten markieren „insofern einen Wendepunkt" der neutestamentlichen Forschung, „als sie aus gewohnten Geleisen ausbrachen und damit der exegetischen Zunft wie ihren sonstigen Lesern fruchtbare neue Fragestellungen aufzwangen"[1]. Mit diesem Urteil hat kein Geringerer als Ernst Käsemann (1906–1998) seinem älteren Fachkollegen und dessen Arbeiten zum Philipperhymnus ein Denkmal gesetzt. Bei aller Kritik im Einzelnen, die er gegenüber Lohmeyers Monographie „Kyrios Jesus" und der Behandlung der Perikope in seinem Philipper-Kommentar formuliert, kommt Käsemann zur Feststellung, daß Lohmeyer „am umfassendsten und tiefsten die Probleme der Perikope erkannt und aufgeworfen"[2] hat:

„Wenn er diesen Christushymnus ältester paulinischer Tradition zuschrieb und die Christologie des Paulus, des 4. Evangeliums und des Hebräerbriefes als Weiterführung und Abwandlung solcher Tradition zu erweisen versuchte, als ‚Sitz im Leben' des Hymnus die Abendmahlsliturgie ansah und die Darstellung des Christus im einzelnen aus der Kombination der atl. Vorstellungen vom Gottesknecht und Menschensohn ableiten zu können meinte, so waren damit grundlegende Äußerungen für eine neue Diskussion der urchristlichen Entwicklung gefallen. Wenn er die Darstellungsweise als mythisch bestimmte, so mußte gerade bei dem Gewicht, das er dem Texte beimaß, die Bedeutung des Mythos für die christliche Verkündigung thematisch zur Sprache kommen. Und wenn er schließlich die Aufnahme des Hymnus wie den Philipperbrief überhaupt aus der Märtyrersituation erklärte, so bezeugte das nicht nur die Eigenwilligkeit seiner Interpretation, sondern es eröffneten sich damit auch theologische Aspekte, die auf protestantischem Boden sensationell wirken mußten."[3]

Daß es zu diesen, von Käsemann lediglich erahnten Wirkungen nicht mehr kommen konnte, ist eine Folge der tragischen Lebensumstände dieses Gelehrten. Lohmeyer ist ein Opfer beider totalitärer Regime auf deutschem Boden. Durch die Teilnahme an beiden Weltkriegen war die Zeit

---

[1] E. KÄSEMANN, Kritische Analyse von Phil 2,5–11, in: DERS., Exegetische Versuche und Besinnungen II, Göttingen 1960, 51–95 (53).

[2] Ebd., 52.

[3] Ebd.

seiner wissenschaftlichen Arbeit mehrfach unterbrochen, in der Zeit des Nationalsozialismus wurde sein Wirken durch die Zustände an den Universitäten und nicht zuletzt durch seine Strafversetzung von Breslau nach Greifswald stark beeinträchtigt, und schließlich hat seine politisch motivierte Ermordung durch die sowjetische Geheimpolizei am 19. September 1946, die in der DDR tabuisiert war und erst fünfzig Jahre später aufgeklärt werden konnte, eine breitere Wirkung seiner Ansätze in der Nachkriegszeit verhindert. Im eigentlichen Sinne schulbildend konnte Lohmeyer nie werden.

Gleichwohl war Ernst Lohmeyer, wie die von Andreas Köhn in der vorliegenden Arbeit erstmals umfassend ausgewertete Korrespondenz mit der Verlegerfamilie Ruprecht dokumentiert, in den 20er und 30er Jahren des vorigen Jahrhunderts einer der einflußreichsten deutschen Neutestamentler. Er war Mitarbeiter der beiden renommiertesten Kommentarreihen seiner Zeit, dem Meyer'schen Kritisch-exegetischen Kommentar und dem von Hans Lietzmann herausgegebenen „Handbuch zum Neuen Testament". Mit seiner Monographie über „Grundlagen paulinischer Theologie" wurde 1929 im Verlag J. C. B. Mohr (Paul Siebeck) die neue Reihe „Beiträge zur Historischen Theologie" eröffnet. Neben dem ebenfalls früh verstorbenen Julius Schniewind (1883–1948) war Lohmeyer einer der ersten Fachkollegen, die die Auseinandersetzung mit der 1941 zunächst mündlich vorgetragenen ,Entmythologisierungsthese' Rudolf Bultmanns aufnahmen[4], aber aufgrund des frühen Todes beider konnte dieser begonnene Diskurs nicht mehr weitergeführt werden.

Auch andere große Neutestamentler, die die Zwischenkriegszeit geprägt hatten, waren in den Kriegsjahren oder kurz danach verstorben, so der Nestor der philologisch orientierten neutestamentlichen Exegese, Hans Lietzmann (1875–1942), Bultmanns Marburger Kollege Hans von Soden (1881–1945) und der Mitbegründer der formgeschichtlichen Schule, Martin Dibelius (1883–1947). Eine erschreckende Zahl anderer Fachkollegen wie z. B. Gerhard Kittel (1888–1948) oder Walter Grundmann (1906–1976) hatten sich durch ihr Verhalten in der Zeit des Nationalsozialismus und ihre Stellungnahmen zum Judentum wissenschaftlich diskreditiert[5].

---

[4] E. LOHMEYER, Die rechte Interpretation des Mythologischen, in: Kerygma und Mythos. Ein theologisches Gespräch, hg. v. H.-W. BARTSCH, Hamburg 1948, 154–165; vgl. auch J. SCHNIEWIND, Antwort an Rudolf Bultmann. Thesen zum Problem der Entmythologisierung, ebd., 77–121.

[5] Während Kittel nach seiner Entlassung aus dem Hochschuldienst ebenfalls in der frühen Nachkriegszeit verstarb, konnte Grundmann nach 1945 in kirchlicher Stellung noch eine breite publizistische Wirksamkeit entfalten, in der er die alten Positionen nur

Diese Umstände trugen miteinander dazu bei, daß Rudolf Bultmann und seinen Schülern mit ihrer existentialen Interpretation in der deutschen neutestamentlichen Wissenschaft der Nachkriegszeit eine Vorherrschaft zufiel, die bis in die 60er Jahre hinein anhielt und nur durch wenige Einzelgestalten mit abweichender Position durchbrochen war[6]. Es ist schwer auszudenken, wie die Geschichte der neutestamentlichen Forschung verlaufen wäre, wenn Gelehrte wie Lohmeyer sie noch länger hätten mitprägen können. Dies gilt um so mehr, als sich Lohmeyer und Bultmann bei aller Verschiedenheit des Ansatzes und trotz mancher Kritik mit freundschaftlichem Respekt gegenüberstanden, was sich nicht zuletzt an der Tatsache zeigt, daß Bultmann fast alle größeren Arbeiten Lohmeyers einer eingehenden Besprechung gewürdigt[7] und 1953 die deutsche Neuauflage seiner Monographie „Gottesknecht und Davidsohn" in den „Forschungen zur Religion und Literatur des Alten und Neuen Testaments" herausgegeben hat[8]. Die Rezeption der Theologie Ernst Lohmeyers wird allerdings auch durch ihre eigentümliche, symbolistische Sprache nicht gerade erleichtert – eine Sprache, die mindestens ebenso stark von philosophisch-weltanschaulichen Vorgaben geprägt ist wie die existentialtheologische

---

wenig verbrämt weitervertrat. Vgl. zu Kittel A. CHRISTOPHERSEN, Art. Kittel, Gerhard, RGG^4 4, Tübingen 2001, 1387; L. SIEGELE-WENSCHKEWITZ, Neutestamentliche Wissenschaft vor der Judenfrage. Gerhard Kittels theologische Arbeit im Wandel deutscher Geschichte, TEH 208, München 1980; zu Grundmann s. W. SCHENK, Der Jenaer Jesus. Zu Werk und Wirken des völkischen Theologen Walter Grundmann und seiner Kollegen, in: P. VON DER OSTEN-SACKEN (Hg.), Das mißbrauchte Evangelium, SKI 20, 167–279; P. VON DER OSTEN-SACKEN, Walter Grundmann – Nationalsozialist, Kirchenmann und Theologe, ebd., 280–312.

[6] Unter diesen ragten besonders Oscar Cullmann (1902–1999) in Basel, Gerhard Delling (1905–1987) in Halle, Joachim Jeremias (1900–1979) in Göttingen, Bultmanns Marburger Nachfolger Werner Georg Kümmel (1905–1995) und der Schniewind-Schüler Otto Michel (1903–1993) in Tübingen heraus.

[7] R. BULTMANN, Rez. E. Lohmeyer, Diatheke, ThR 18 (1915), 264–267; DERS., Vom Begriff der religiösen Gemeinschaft. Zu Ernst Lohmeyers gleichnamigem Buch, ThBl 6 (1927), 66–73; DERS., Rez. E. Lohmeyer, Die Offenbarung des Johannes, ThLZ 52 (1927), 505–512; DERS., Rez. E. Lohmeyer, Grundlagen paulinischer Theologie, ThLZ 55 (1930), 217–223; DERS., Rez. E. Lohmeyer, Der Brief an die Philipper, und E. Lohmeyer, Kyrios Jesus, DLZ 51 (1930), 774–780. Die selbständig erschienenen Rezensionen Bultmanns sind jetzt gesammelt in: R. BULTMANN, Theologie als Kritik. Ausgewählte Rezensionen und Forschungsberichte, hg. v. M. DREHER und K. W. MÜLLER, Tübingen 2002 (s. das Verzeichnis S. 548 f.) – Lohmeyer hatte seinerseits 1927 Bultmanns Jesusbuch einer eingehenden kritischen Besprechung unterzogen (ThLZ 52 [1927], 433–439).

[8] E. LOHMEYER, Gottesknecht und Davidssohn, 2. Aufl., hg. v. R. BULTMANN, FRLANT 61, Göttingen 1953.

Diktion Bultmanns. Sie basiert jedoch auf ganz anderen Grundlagen, und es ist ein Verdienst der vorliegenden Arbeit, daß sie den Bezug der Interpretation Lohmeyers auf die Philosophie Richard Hönigswalds und die Ästhetik des Kreises um Stefan George herausarbeitet und damit einen wichtigen Beitrag dazu leistet, den Sachbezug seiner exegetischen Ansätze im Gewande ihrer heute fremd anmutenden Sprachgestalt zu erfassen. Lohmeyer rückt dabei in eine überraschende Nähe zu Paul Tillich[9], umgekehrt wird die Distanz zu der von Karl Barth und Rudolf Bultmann in je eigener Weise vertretenen Wort-Gottes-Theologie verständlich.

Mit Recht weist Andreas Köhn darauf hin, daß die Theologie Ernst Lohmeyers erst noch wieder zu entdecken ist, stieß er doch schon bei vielen seiner Zeitgenossen nicht nur auf Kritik, sondern auch auf schlichtes Unverständnis. Dies zeigt sich etwa in der Reaktion Hans Lietzmanns auf Lohmeyers Paulus-Buch von 1929 und in dem später öffentlich ausgetragenen Methodenstreit zwischen beiden Gelehrten. Die Gründe dafür mögen in Lohmeyers Sprache und in seinem künstlerisch-ästhetischen Zugang zu den Texten liegen. Auch die von Lohmeyer rezipierte Philosophie Hönigswalds erschien vielen Zeitgenossen schwer zugänglich und nicht so sehr im Trend der Zeit wie die von Bultmann rezipierte Phänomenologie Heideggers. Doch zeigt sich im Rückblick auch, daß Lohmeyer in manchen Einsichten seiner eigenen Zeit voraus war und daß in seinen Arbeiten bis heute wertvolle Anregungen verborgen liegen.

Am deutlichsten ist dies hinsichtlich der sozialgeschichtlichen Erforschung des frühen Christentums. Mit seiner Arbeit über „Soziale Fragen im Urchristentum"[10] hat Lohmeyer wichtige Fragen sozialgeschichtlicher Exegese aufgeworfen und behandelt, lange bevor diese Methode in den späten 60er und 70er Jahren zur Mode wurde, so daß sein Werk als „ein Markstein in der Geschichte der sozialgeschichtlichen Exegese" gelten kann[11]. Anders als etwa Ernst von Dobschütz, Adolf von Harnack oder sein früherer Lehrer Adolf Deißmann hat Lohmeyer auch Theorien und Kategorien der zeitgenössischen Soziologie – insbesondere von Max Weber – aufgenommen und darüber hinaus eigenständige sozialphilo-

---

[9] Zu Tillichs Beeinflussung durch den George-Kreis s. A. CHRISTOPHERSEN, Der Kairos. Stationen einer Begriffskarriere, Habil.-Schrift München 2002.

[10] E. LOHMEYER, Soziale Fragen im Urchristentum, Leipzig 1921 (Nachdruck Darmstadt 1973).

[11] So R. HOCHSCHILD, Sozialgeschichtliche Exegese. Entwicklung, Geschichte und Methodik einer neutestamentlichen Forschungsrichtung, NTOA 42, Freiburg Schweiz – Göttingen 1999, 194 (das ausführliche Referat ebd., 188–197 weiter ebd. 92 ff. und 115 ff. zu von Dobschütz und Harnack).

sophische Überlegungen vorgestellt[12]. Darin zeigt sich die Weite seines kulturwissenschaftlichen Denkens, das Bibelwissenschaft, allgemeine Religionsgeschichte und systematische Philosophie vereint.

Wenn Lohmeyer, beeinflußt durch die Ästhetik des George-Kreises, ein spezifisches Gespür für die Formensprache und die poetische Struktur der neutestamentlichen Texte entwickelte – wie sich beispielsweise in seiner rhythmisch-poetischen Übersetzung der Apokalypse zeigt und wie es in den wegweisenden Analysen zum Philipperhymnus oder zur Eulogie des Epheserbriefs in besonderer Weise fruchtbar wird[13] – so nahm er in der Gründerzeit der neutestamentlichen Formgeschichte Aspekte wahr, die erst in späteren Phasen der Redaktions- oder Kompositionskritik oder des ‚Rhetorical Criticism' breitere Aufnahme finden sollten.

Hingegen hat Lohmeyer die der ‚klassischen' Formgeschichte inhärente geschichtskritische Tendenz von Anfang an nicht mitgetragen. Die literarkritisch und formgeschichtlich betriebene Rückfrage nach der ursprünglichsten Tradition konnte für ihn kein primäres Ziel der wissenschaftlichen Verstehensbemühung sein. Den Gedanken einer ursprünglichen Form lehnte er ab, denn „zum Begriff der Urform gehört der einer schriftlich festen Literatur", wohingegen im Urchristentum „lebendig wechselnde Rede und die Treue einer vielgestaltigen Überlieferung" vorliege[14]. Während die klassische Formgeschichte aus den auf der schriftlichen Überlieferungsstufe wahrnehmbaren Tendenzen auf die ‚Gesetzmäßigkeiten' der Entwicklung der älteren mündlichen Überlieferung zu schließen versuchte und für die letztere vor allem mit einer großen Variabilität und Kreativität rechnete, hat Lohmeyer auch die eigentümliche Stabilität oraler Traditionen erahnt und damit Einsichten vorweggenommen, die erst durch die Ein-

---

[12] Vgl. E. LOHMEYER, Vom Begriff der religiösen Gemeinschaft. Eine problemgeschichtliche Untersuchung über die Grundlagen des Christentums, Wissenschaftliche Grundfragen. Philosophische Abhandlungen III, Leipzig 1925; DERS., Von urchristlicher Gemeinschaft, ThBl 4 (1925), 135–141.

[13] Die Offenbarung des Johannes. Übertragen von Ernst Lohmeyer, Tübingen 1926; E. LOHMEYER, Kyrios Jesus. Eine Untersuchung zu Phil 2,5–11, SHAW.PH 1927/28, Heft 4, Heidelberg 1928 (dazu s. die o. Anm. 1 genannte Arbeit von Ernst Käsemann); DERS., Das Proömium des Epheserbriefes, ThBl 5 (1925), 120–125. Andere Formanalysen wie etwa sein Versuch einer Gliederung des Johannesevangeliums in sieben Abschnitte (in DERS., Über Aufbau und Gliederung des vierten Evangeliums, ZNW 27 [1928], 11–36) oder auch die von ihm in seinen Kommentaren vertretenen Gliederungen der Apokalypse (nach einem 7er-Schema) oder des Markusevangeliums (nach einem 6er-Schema) sind in Anbetracht der Textbefunde allerdings kaum akzeptabel.

[14] E. LOHMEYER, Das Vater-Unser, Göttingen 1946, 208.

flüsse des ‚Orality Research' in der Synoptikerforschung Eingang gefunden haben[15].

Mit der kritischen Bemerkung über Bultmanns Jesus-Darstellung von 1926, sie sei „ein Buch von Jesus ohne Jesus"[16], hat Lohmeyer die Einseitigkeiten des reduktionistischen Zugriffs der formgeschichtlichen und kerygma-theologischen Behandlung der Jesusfrage scharfsichtig benannt. Aus der Einsicht, daß Jesu Geschichte nie anders denn als gedeutete Wirklichkeit und sein Wort nur im „vielfältig gebrochenen Abglanz"[17] vorliegt, hat er andere Folgerungen gezogen als sein Marburger Kollege. Im Gegensatz zu Bultmann blieb für Lohmeyer die geschichtliche Gestalt Jesu zeitlebens von zentraler Bedeutung. So ist es, in Anbetracht der Tatsache, daß es ihm nicht mehr vergönnt war, eine eigene Jesus-Darstellung zu publizieren, ein wesentliches Verdienst der Arbeit von Andreas Köhn, daß sie die groben Konturen des Lohmeyer'schen Jesusbildes aus den verschiedenen, letztlich fragmentarisch gebliebenen Ansätzen erhebt. In diesem historisch allerdings recht undeutlichen Bild zeigt sich erneut Lohmeyers eigentümlich ästhetischer Zugriff, der die Engführungen der historistischen Rekonstruktion ebenso vermeidet wie jene der existentialen Interpretation, weil er die weltanschauliche Grundlage der strikten Entgegensetzung von Glaube und Geschichte und von Mythos und Logos nicht teilt. So ist es nur konsequent, daß Lohmeyer in der Frage der ‚Entmythologisierung' eine zu Bultmann konträre Position einnehmen mußte. Andererseits ist es auffällig, daß sein Ansatz in den späteren Diskussionen um die theologische Bedeutung des Mythos so gut wie keine Rolle mehr gespielt hat. Doch dürfte die Theologie Lohmeyers aus heutiger Perspektive und in Anbetracht der vielfältigen neueren Bemühungen um eine Neubewertung metaphorischer, symbolischer und mythologischer Sprachformen in der Bibel längst nicht mehr so anstößig wirken wie im Horizont der historistischen oder existentialtheologischen Paradigmen seiner Zeitgenossen.

Bedeutung und Grenze der Ansätze Lohmeyers zeigen sich vielleicht am deutlichsten in seiner Interpretation des Buches, in dem der Mythos in besonders herausragender Funktion begegnet[18], der Johannesapokalypse.

---

[15] Vgl. zuletzt J. D. G. DUNN, Altering the Default Setting: Re-envisaging the Early Transmission of the Jesus Tradition, NTS 49 (2003), 139–175; T. C. MOURNET, Oral Tradition and Literary Dependency: Variability and Stability in the Synoptic Tradition and in Q, PhD Dissertation, University of Durham, 2003 (erscheint 2004 in WUNT 2. Reihe).

[16] E. LOHMEYER, Rez. R. Bultmann, Jesus, ThLZ 52 (1927), 433–439 (433)

[17] E. LOHMEYER, Das Vater-Unser, Göttingen 1946, 208.

[18] Vgl. dazu R. HALVER, Der Mythos im letzten Buch der Bibel, Theologische Forschung 31, Hamburg-Bergstedt 1964, und zuletzt M. KOCH, Drachenkampf und Sonnen-

Die an der Siebenzahl orientierte Kompositionsstruktur des Buches, die von Lohmeyer vorgenommene Identifikation des Verfassers mit dem des Johannesevangeliums[19] und vor allem seine Ablehnung der zeitgeschichtlichen Methode der Apokalypseauslegung machten es den Kritikern leicht, sein Werk als einen „bedauerliche[n] Rückschritt"[20] in der Forschung zu werten. Doch sind Lohmeyers religionsgeschichtliche Gelehrsamkeit, seine Sensibilität für die vielfältigen Anklänge an die alttestamentliche Sprache und viele Einzelinterpretationen von bleibendem Wert. Sein Insistieren auf einer ‚überzeitlichen' Deutung der Apokalypse hat im übrigen nachhaltig verdeutlicht, daß eine rein zeitgeschichtliche Interpretation des Werks nicht völlig hinreicht. Die immense Wirkungsgeschichte des letzten Buches der Bibel läßt sich vielleicht nur in Anbetracht ihrer jeden Zeithorizont übersteigenden, mythische Strukturen formenden Bildersprache verstehen[21]. In dieser Hinsicht war Lohmeyer hellsichtiger als die meisten seiner Zeitgenossen und Kritiker.

In seiner ausführlichen Geschichte der neutestamentlichen Wissenschaft hat der amerikanische Neutestamentler William Baird auch Ernst Lohmeyer ein ausführliches Kapitel gewidmet[22]. Sein Fazit formuliert nun auch im internationalen Kontext die Hochschätzung:

„Standing in the light of Lohmeyer's colorful mixture of meticulous criticism and creative vision, the observer is dazzled. Seldom since F. C. Baur had a NT scholar displayed such mastery of critical analysis and theological reconstruction."[23]

Die hier vorgelegte Studie von Andreas Köhn bietet erstmals eine umfassende Aufarbeitung der tragischen Biographie Ernst Lohmeyers. Sie liefert zugleich einen wertvollen Beitrag zur Erschließung seines philosophischen Hintergrundes und zum Verständnis einzelner Aspekte seiner exegetischen Lebensarbeit. Es ist zu hoffen, daß die Studie weiter dazu anregt, das Werk dieses großen ‚vergessenen' Theologen des 20. Jahrhunderts –

---

frau. Die Funktion des Mythos in der Johannesapokalypse am Beispiel von Apk 12, Diss. theol. München 2003 (erscheint 2004 in WUNT 2. Reihe).

[19] E. LOHMEYER, Die Offenbarung des Johannes, HNT 16, Tübingen 1926 (^{3}1970), 203. S. zum Problem J. FREY, Erwägungen zum Verhältnis der Johannesapokalypse zu den übrigen Schriften im Corpus Johanneum, in: M. HENGEL, Die johanneische Frage. Ein Lösungsversuch mit einem Beitrag zur Apokalypse von Jörg Frey, WUNT 67, Tübingen 1993, 326–429.

[20] So O. BÖCHER, Die Johannesapokalypse, EdF 41, Darmstadt 1975, 16.

[21] Vgl. J. FREY, Die Bildersprache der Johannesapokalypse, ZThK 98 (2001), 161–185.

[22] W. BAIRD, History of New Testament Research, Vol. 2: From Jonathan Edwards to Rudolf Bultmann, Minneapolis 2003, 462–469.

[23] Ebd., 469.

mehr als fünfzig Jahre nach seiner Ermordung – erneut zu studieren und die Anstöße aus seinem facettenreichen Denken für eine neue Zeit fruchtbar zu machen.

München, im Januar 2004   Jörg Frey

Vorwort

Die vorliegende Arbeit stellt die geringfügig überarbeitete Fassung meiner Dissertation dar, die im Januar 2002 vom Fachbereich Evangelische Theologie der Universität Hamburg angenommen worden ist.

Mein Interesse an Ernst Lohmeyer war noch während einer der letzten Lehrveranstaltungen von Henning Paulsen (1944–1994) geweckt worden. Mit Recherchen hatte ich 1995 nach dem Ersten theologischen Examen in Göttingen begonnen. Nach dem Vikariat und der Ordination zum Pastor der italienischen Waldenserkirche (1998) habe ich meine Lohmeyer-Studien dann im Sommer 1999 wieder aufgenommen. Sehr herzlich danken möchte ich meinem Doktorvater, Herrn Prof. Dr. Gerhard Sellin, der das Dissertationsprojekt trotz aller räumlichen Ferne stets mit großer Sympathie begleitete. Sehr herzlich danke ich auch dem Zweitgutachter, Herrn Prof. em. Dr. Günter Haufe, der meine Arbeit auch wissenschaftlich entscheidend gefördert hat. Herrn Prof. Dr. Jörg Frey sage ich sehr herzlichen Dank für die Aufnahme dieser Studien in die „Wissenschaftlichen Untersuchungen zum Neuen Testament II".

Mein Dank gilt sodann den Mitarbeiterinnen und Mitarbeitern des Universitätsarchivs Greifswald sowie des Geheimen Staatsarchivs Preußischer Kulturbesitz in Berlin-Dahlem. Herr Dr. Arndt Ruprecht hat mir in freundlicher Weise die Arbeit mit der Korrespondenz zwischen Lohmeyer und der Verlagsleitung von Vandenhoeck&Ruprecht gestattet. Frau Prof. Dr. Ursula Büttner, Herrn Prof. Dr. James R. Edwards und Herrn Prof. Dr. D.-A. Koch danke ich für ihre hilfreichen Hinweise. Dem Moderator der Tavola Valdese, Herrn Pastor Giovanni Pietro Genre, danke ich für seine Unterstützung.

Ganz besonders zu danken habe ich der Lohmeyer-Tochter Gudrun und ihrem Mann, Herrn Oberstudienrat i.R. Klaus-Jürgen Otto (1926–2004), die mir nicht nur den Zugang zu einer ganzen Reihe bisher unveröffentlichten Quellen- und Bildmaterials eröffnet, sondern auch am Werden und Wachsen der Arbeit in überaus freundlicher, aufmerksamer und sachkundiger Weise Anteil genommen haben.

Frau Dott.essa Augusta De Piero und Herr Stephan Deiss waren mir bei der Lösung verschiedener technischer Probleme behilflich.

Mein Dank gilt nicht zuletzt meiner Schwester, Dipl. Soz.-Päd. Martina Köhn-Eggert, für ihre Mithilfe bei der Literaturbeschaffung sowie meinen Eltern Renate und Pastor i.R. Martin Köhn für unermüdliches Korrekturlesen. Ihnen sei diese Arbeit gewidmet.

Udine, am 8. Juli 2004   Andreas Köhn

Inhaltsverzeichnis

Geleitwort des Herausgebers.. V
Vorwort.. XIII

Einleitung.. 1

Studien zur Biographie Ernst Lohmeyers

Kapitel I: Die Jugendjahre... 5

Kapitel II: In Breslau

1. Professor für Neutestamentliche Theologie............................. 13
2. Lohmeyers Freundschaft mit Richard Hönigswald..................... 24
3. Lohmeyer und das Verlagshaus von Vandenhoeck&Ruprecht........ 30
4. Das Rektoratsjahr 1930/31.. 52
5. Lohmeyer und der „Fall Cohn" (1932/33)............................... 61
6. „Mein Bruder bist Du" – Ernst Lohmeyer und Martin Buber 1933.. 69
7. Neutestamentliche Exegese im Schatten des Kirchenkampfes (1934/35)........... 78

Kapitel III: In Greifswald

1. Theologe im Abseits (1936–38).. 94
2. „Apokalyptische Zeiten" – Lohmeyer im Zweiten Weltkrieg (1939–43).......... 104
3. Das Ringen um die Wiedereröffnung der Universität Greifswald (1945/46)...... 114

Kapitel IV: Die Jahre der Ungewißheit...................................... 137

Studien zur Theologie Ernst Lohmeyers

Kapitel V: Lohmeyers erster Entwurf einer
„Geschichte der urchristlichen Religion" 157

Kapitel VI: Dichtung als Weltanschauung bei Stefan George und Ernst
Lohmeyer

1. Lohmeyer und der „George-Kreis"..173
2. Lohmeyers Kommentar zur Johannesapokalypse................................191

Kapitel VII: Zum Verhältnis von Lohmeyers Theologie
zur Philosophie Hönigswalds

1. Der exegetische Streit zwischen Lohmeyer und Lietzmann........................224
2. „Bestimmtheit" als Hönigswaldscher Systembegriff................................239
3. Lohmeyers Begriff von der „eschatologischen Bestimmtheit" des Glaubens.... 251

Kapitel VIII: Ernst Lohmeyers Jesus-„Bild"...............................260

Ausblick: Ernst Lohmeyer – Wirkung und Aktualität..................... 290

Quellenanhang...… 301

Quellen- und Literaturverzeichnis.. 315

Personenverzeichnis... 353

Sachregister.. 359

Einleitung

„Wenn ich nur noch genügend Zeit habe, ich habe noch so viel zu sagen. "
Das waren – in der Erinnerung seiner Frau Melie vom Februar 1949 –
Worte, die Ernst Lohmeyer kurz vor seinem gewaltsamen Lebensende
immer wieder gesagt hatte.

„Seines Lebens Ziel war, das Christentum in seiner ursprünglichen Art, gereinigt von
allen Schlacken der Jahrhunderte zu erklären und darzustellen. Sein Stil wurde immer
klarer und einfacher. Sicher hätte er ein Werk vollendet, was nicht nur für die Fachwis-
senschaft Bedeutung gehabt hätte. Er wollte etwas Allgemeingültiges über das Christentum aussagen – und ganz gewiß hätten die tiefen Leiden seines Lebens seiner Arbeit eine
Lebendigkeit und Reife gegeben, die erst aus gedanklichem Forschen zu der wirklichen
Erkenntnis durchdringt."[1]

Ernst Lohmeyer gehört in den engeren Kreis derjenigen Theologen des
vergangenen Jahrhunderts, die auf die neutestamentliche Wissenschaft
noch heute Faszination ausüben, auch wenn er nach dem Ende des Zweiten Weltkriegs nur noch für kurze Zeit am wissenschaftlich-theologischen
Diskurs weiter teilnehmen konnte. Mit der politisch motivierten Liquidierung Lohmeyers durch Kräfte der sowjetischen Geheimpolizei wurde
am 19. September 1946 die Stimme eines der wichtigsten deutschsprachigen Exegeten zwischen 1918 und 1945 gewaltsam zum Schweigen
gebracht. Wie seine in verschiedener Weise von der dialektischen Theologie beeinflußten Fachkollegen R. Bultmann, M. Dibelius und K. L.
Schmidt hatte auch Lohmeyer nach dem Ende des Ersten Weltkriegs nach
exegetischen Neuansätzen in der Tradition des Abendlandes gesucht. Er
fand jedoch einen ganz eigenen, vor allem theologisch-philosophisch wie
künstlerisch-literarisch vermittelten Textzugang. Vor dem Hintergrund der
ökonomischen Probleme der Weimarer Republik hatte er schon Anfang
der zwanziger Jahre wichtige Anstöße für die spätere *sozialgeschichtliche
Exegese* gegeben. Seine Synoptikerstudien aus den dreißiger Jahren gaben
nicht zuletzt auch der *redaktionsgeschichtlichen Forschung* nach 1945
entscheidende neue Impulse. Seine nicht ganz einfach zu lesende Gesamt-

---

[1] M. LOHMEYER, Fall 6.

darstellung zur paulinischen Theologie von 1929 stieß dagegen weitgehend auf Unverständnis. Heute ist Lohmeyer noch immer vor allem durch seine Studien zum Philipperbrief in der Fachdiskussion präsent. Im Gegensatz zu seinem Freund Bultmann ist es ihm aber versagt geblieben, seinen hermeneutischen Ansatz insgesamt entsprechend zur Geltung zu bringen. Verantwortlich dafür war einerseits Lohmeyers dichterische, immer wieder besondere philosophische Begriffe umkreisende exegetische Metasprache. Nicht zuletzt verhinderten die historischen Umstände, durch die Lohmeyer immer wieder in das politische Räderwerk seiner Zeit geriet, eine breite Rezeption seiner Exegese.

Die 1919 in Heidelberg publizierte Habilitationsschrift *Vom göttlichen Wohlgeruch* hatte Lohmeyer noch während der Feuerpausen im Grabenkrieg konzipiert. 1920 trat er die Nachfolge Bultmanns in Breslau an. Dort entstanden bis 1935 nicht nur die Kommentare zur *Offenbarung des Johannes*, zum *Philipper-, Kolosser-* und *Philemonbrief,* sondern auch der Hauptteil der Vorarbeiten zum *Evangelium des Markus.* Als Universitätsrektor erlebte Lohmeyer die politisch und wirtschaftlich schwierigen Jahre 1930/31. Am Ende des Jahres 1932 war Lohmeyer in Breslau dann einer der wenigen, die energisch zugunsten des von NS-Studenten bedrohten jüdischen Kollegen Cohn persönlich eingriffen. Auch nach 1933 kam es zu Konflikten zwischen Lohmeyer und NS-Studenten. Anfang 1934 mußte Lohmeyer auf Druck des NS-Studentenbundes sein Amt als Direktor des Theologischen Seminars abgeben. Im Herbst 1935 wurde er wegen seiner offen antinationalsozialistischen und judenfreundlichen Haltung sowie wegen seiner Haltung und Betätigung im Sinne der Bekennenden Kirche nach Greifswald strafversetzt, wo er die Nachfolge von Joachim Jeremias antrat.

1937 wurde von der Staatsanwaltschaft in Stettin gegen Lohmeyer ein Verfahren im Sinne des „Heimtücke-Gesetzes" angestrengt, das 1938 aber ergebnislos eingestellt wurde. Die erneute Einberufung zum Kriegsdienst, die Lohmeyer noch vor dem 1. September 1939 traf, erschwerte seine theologische Arbeit bis 1943 nachhaltig. Völlig stillgestellt wurde sie jedoch nicht. Im Zweiten Weltkrieg zeichnete sich der Wehrmachtsoffizier Ernst Lohmeyer nicht nur durch seine fieberhafte Weiterarbeit an den Texten des Neuen Testaments, sondern auch durch seine besonders humanitäre Art aus. Erst die politisch komplizierten Zustände in der Sowjetischen Besatzungszone wurden dem bereits designierten Greifswalder Universitätsrektor Lohmeyer im Februar 1946 (offenbar in Zusammenhang mit einer Denunziation aus Schweriner KPD-Kreisen) dann zum tödlichen Verhängnis.

Das Fragmentarische scheint damit auf den ersten Blick das Kennzeichen nicht nur der Biographie, sondern auch der Theologie Lohmeyers zu sein. Seine auf sieben Bände angelegte *Geschichte des Urchristentums* blieb ebenso unvollendet wie sein Kommentar zum *Evangelium des Matthäus*, den Werner Schmauch 1956 herausgab. Fragmentarisch ist bis heute vor allem Lohmeyers Nachwirkung. Selbst unter Zeitzeugen aus Theologie und Kirche ist weder seine Lebensgeschichte noch sein theologisches Profil genauer bekannt.

Im Gegensatz zu R. Bultmann, K. L. Schmidt und M. Dibelius fehlt es bisher in der neutestamentlichen Forschung an einer umfassenden monographischen Untersuchung zu Leben und Werk Ernst Lohmeyers.

Die vorliegende Arbeit versucht, ein Gesamtbild von der *Person* Ernst Lohmeyers und der ihm eigenen Gestalt seiner *Theologie* zu zeichnen. Dazu ist in methodischer Hinsicht eine Zweiteilung in einen biographisch-zeitgeschichtlichen und einen theologisch-thematischen Teil gewählt worden. Beide Teile sind jedoch nicht getrennt voneinander zu verstehen, sondern wechselseitig aufeinander verwiesen.

Studien zur Biographie Ernst Lohmeyers

Kapitel I

Die Jugendjahre

Am 8. Juli 1890 wurde Ernst Johannes Lohmeyer als viertes von insgesamt neun Kindern des Pfarrers Carl Heinrich Ludwig Lohmeyer (1851–1918) und dessen Frau Marie (1856–1937) im westfälischen Dorsten geboren.[1] Einen Monat später wurde er dort von seinem Vater getauft.[2] Im Jahre 1895 zog die Familie aufgrund einer Versetzung von Lohmeyers Vater nach Vlotho um. Dort erhielt der junge Lohmeyer, dessen sprachliche und mathematische Interessen sich früh zeigten, bereits ersten Unterricht. Lohmeyers später zu beobachtender Arbeitseifer paarte sich offenbar schon frühzeitig mit seinen individuellen Interessen.[3] So beschreibt es der angehende Abiturient Lohmeyer im Jahre 1907:

„Als ich kaum sechs Jahre alt war, begann mein Vater mich in den Anfangsgründen zu unterrichten, und mit unbeschreiblichem Vergnügen lernte ich lesen, schreiben, rechnen. Ein halbes Jahr dauerte dieser Unterricht, der mich so weit förderte, daß ich Ostern 1897 in die zweitunterste Klasse der Bürgerschule aufgenommen werden konnte. Zwei Jahre blieb ich dort und trat dann in die Sexta der Rektoratsschule zu Vlotho ein, die ich bis zur Obertertia besuchte. Mit lebhaftem Interesse lernte ich die alten Sprachen, besonders Griechisch, das mir, als ich Ostern 1904 in die Untersekunda des Gymnasiums zu Herford kam, immer mehr Freude machte."[4]

Neben seinen sprachlich-mathematischen Fähigkeiten entwickelte der junge Ernst Lohmeyer besonderes Geschick bei der ästhetischen Verarbeitung emotionaler Eindrücke. Musikalität gehörte zum Lohmeyerschen Erbgut.[5]

---

[1] Zu Lohmeyers zweitem Vornamen vgl. die von der Polizeidirektion Greifswald 1945 ausgestellte Kennkarte, befindlich im Geheimen Staatsarchiv Preußischer Kulturbesitz in Berlin-Dahlem (GStA PK, VI. Hauptabteilung Familienarchive und Nachlässe, Nachlass Lohmeyer, Nr. 24). Lohmeyers Mutter war aus der Ehe von Marie Siemsen mit dem Pfarrer Carl Niemann (1820–1895), einem späteren Oberkonsistorialrat in Münster, hervorgegangen (SASS, Lohmeyer 132).

[2] W. OTTO, Freiheit 11.

[3] G. OTTO, Erinnerung 44.

[4] Vgl. das „Gesuch des Oberprimaners E. Lohmeyer um Zulassung zur Reifeprüfung an die Königliche Prüfungskommission des Friedrichsgymnasiums zu Herford vom 20. Dezember 1907" (Brief von K.-J. Otto an den Vf. vom 9. Januar 2001).

[5] Lohmeyer komponierte aus dem Stegreif einfache, mehrstimmige Sätze. Die Tochter Gudrun studierte später neben Romanistik auch Schul- und Kirchenmusik. Sie erinnert

Lohmeyers Großvater Heinrich Nikolaus Lohmeyer (1814–1871) hatte sich mit seinem 1861 in Bielefeld erschienenen „Evangelischen Choralbuch für Kirche und Haus" überregional einen Namen gemacht.[6] Lohmeyers Eltern legten Wert darauf, die musischen Anlagen ihrer Kinder zu fördern:

„Wie in so vielen Pfarrhäusern lebte man auch bei den Lohmeyers in Vlotho a.d. Weser der Musik. Großmutter Marie spielte gewandt Klavier, der Vater saß gern improvisierend in seinem Studierzimmer am Harmonium, jedem Kind wurde ein Instrument zugedacht, und sonntägliches Musizieren gehörte zum Wochenendprogramm."[7]

Ab 1904 besuchte Lohmeyer das Friedrichsgymnasium in Herford. Am 2. April 1905 wurde er von seinem Vater konfirmiert. Der Konfirmationsspruch ist dem 2. Timotheusbrief entnommen (2 Tim 2,1).[8] In Lohmeyers Schulheften finden sich bereits Aufsätze zu theologischen sowie zu völkerkundlichen Themen.[9] Sein Reifezeugnis erhielt Lohmeyer am 20. März 1908.[10] In seinem Bewerbungsschreiben zum Abitur zeigte Lohmeyer am Beispiel des alten Hellas seine Anschauung vom innigen Verhältnis zwischen Kunst und Leben auf. Es ist die Kunst, die ihm als Fundament alles wirklich Geistigen vor Augen steht. Als Ursache des kulturellen Lebens der Griechen preist er das „freischöpferische Werk menschlicher Phantasie"; jeder Zoll hellenischen Bodens war für ihn gleichsam ein Stück Heiligen Landes:

„Das Griechentum hat mich immer aufs Höchste entzückt […]. In Hellas ist jeder Stein belebt, individualisiert, die Naturstimme zum Bewußtsein ihrer selbst erwacht. Und die Männer, die dieses Wunder vollbracht, stehen vor uns, von den halb fabelhaften Zeiten des trojanischen Krieges an bis zur Herrschaft Roms: Helden, Herrscher, Krieger, Denker, Dichter, Bildner."

Und wie die Kunst Ausgangspunkt des gesamten antiken Lebens und Erlebens war, so war es notwendig eben diese kunstbeflügelte Antike, die für Lohmeyer die einzig mögliche Brutstätte auch der christlichen Religion darstellte: „Hier ward der Mensch geboren, fähig ein Christ zu sein."[11] Bruchlos erscheint Lohmeyers Übergang vom Gymnasium zur Universität. Bereits zum Sommersemester 1908 begann er in Tübingen das Studium der Evangelischen Theologie, der Philosophie sowie der Orientalischen Sprachen (Assyrisch, Babylonisch und Aramäisch). Eine Zeit lang dachte

---

sich nicht nur an Stunden gemeinsamen Klavierspiels mit ihrem Vater, sondern auch an eine Begebenheit in Breslau aus der Zeit um 1930/31, als Lohmeyer im Mozartkostüm ein ganzes Orchester dirigierte (Brief von K.-J. Otto an den Vf. vom 17. Januar 2002).

[6] SASS, Lohmeyer 132.
[7] G. OTTO, Erinnerung 45.
[8] W. OTTO, Freiheit 11.
[9] GStA PK, VI. HA., Nl Lohmeyer, Nr. 3.
[10] HUTTER, Theologie 128.
[11] G. OTTO, Erinnerung 41 f.

Lohmeyer daran, Naturwissenschaften zu studieren.[12] Nach einem Zwischensemester in Leipzig brach er im Winter 1909 nach Berlin auf, wo er unter anderem auch K. L. Schmidt (1891–1956) kennenlernte.[13] In Berlin traten dann vor allem zwei Personen in Lohmeyers näheren Gesichtskreis. Er wurde Hörer von Adolf Deißmann (1866–1937)[14], den man zum Umfeld der Religionsgeschichtlichen Schule[15] zu rechnen hat, sowie von Martin Dibelius (1883–1947). In dessen Seminar wurde Lohmeyer später auch Senior.[16] In dieser Zeit verfaßte Lohmeyer bei Deißmann kleinere Arbeiten zur inneren Lage der kleinasiatischen Urgemeinden zur Zeit Domitians und zu den sieben Sendschreiben des Apostels Johannes. Im Dezember 1910 hielt er ein Referat über das Thema „Ev. Johannes 14,1–14 verglichen mit Paulus".[17] Im WS 1911/12 schrieb Lohmeyer seine erste Predigt (zu 2 Kor 4,1–6) sowie eine systematische Abhandlung über „Das Übel und Gottes Beziehung zur Sünde in Schleiermachers Glaubenslehre (§§ 76–85)". Im Sommersemester 1912 bewertete der Kirchenhistoriker Karl Holl (1866–1926)[18] eine Arbeit Lohmeyers („Was wußte Ignatius von Jesus und wie beurteilt er ihn?") mit der Note „recht gut".[19] Doch weder die Fragestellungen der allgemeinen Religionsgeschichte noch die neuen Probleme der Formgeschichte blieben für Lohmeyer exegetischer Selbstzweck. Es war von Anfang an die Theologie mit ihrem „philosophischen Umfeld"[20], die im Zentrum seines Interesses stand.

Im Frühling 1910 hatte Lohmeyer auf einem Wanderausflug in Berlin die angehende Altistin Amalie Seyberth (1886–1971) kennengelernt. Diese Bekanntschaft führte zu einer jahrelangen Freundschaft. Die Wiesbadener Geheimratstochter Melie Seyberth hat ihre ersten Eindrücke von dem um vier Jahre jüngeren Lohmeyer später so festgehalten:

„Sein fast kindliches Aussehen kontrastierte seltsam mit diesen ausdrucksvollen grünen Augen, die er vom Vater geerbt hatte, und mit der hohen denkerischen Stirn, die so viele Gedanken verriet. Ein geheimer Wille und eine geheime Leidenschaft standen hinter diesen Zügen. Doch war mir das damals nicht klar, der sanfte Zauber seines Wesens,

---

[12] Mitteilung von Gudrun Otto an den Vf. vom 26. September 2000.

[13] HAUFE, Lohmeyer 444; MÜHLING, Schmidt 37.

[14] Deißmann war im 1918/19 Vorsitzender des interkonfessionellen Auschusses, der gegen die sozialdemokratische Kirchenpolitik die „Wahrung der religiösen Lebenswerte" vertrat (SCHOLDER, Kirchen I, 21 f.). Zu Deißmann und dem Problemfeld Arierparagraph vgl.: WIRTH, Deißmann.

[15] Zur Religionsgeschichtlichen Schule vgl.: LÜDEMANN, Religions 1318 f.

[16] Vgl. Dibelius' eidesstattliche Erklärung vom 18. Oktober 1946 (HUTTER, Theologie 168). Zu Dibelius vgl. insgesamt: GEISER, Verantwortung.

[17] GStA PK, VI. HA., Nl Lohmeyer, Nr. 3.

[18] Zu Karl Holl vgl.: ASSEL, Aufbruch; DERS., Holl 1843.

[19] GStA PK, VI. HA., Nl Lohmeyer, Nr. 3.

[20] G. OTTO, Erinnerung 45.

seine vermeintliche Ausgeglichenheit, seine Zartheit der Gesinnung, seine Ritterlichkeit waren weit größer, überwogen und ließen keine Zweifel zu."[21]

Nach dem Ende seines dreijährigen Hochschulstudiums hatte Lohmeyer für ein Jahr die Stelle als Privatlehrer der beiden Söhne des Grafen Max von Bethusy-Huc angenommen. Auf dessen Schloß Klein-Gaffron bei Raudten (poln. Rudna)[22] im Regierungsbezirk der Stadt Breslau bereitete sich Lohmeyer nicht nur auf das Examen vor, sondern baute gleichzeitig seine reli-

---

[21] G. OTTO, Erinnerung 42.

[22] Die besondere Atmosphäre dieser Zeit (um 1911/12) geht aus einem Brief an seine spätere Frau Melie hervor: „Ich will Dir von meinen Kindern erzählen; lassen wir erst das andere. Von meinem Clemens zunächst; er ist mir in seiner ganzen Art der liebste und nächste. Vielleicht kann ich Dir ein ander Mal ein kleines Bildchen mitschicken, das mir die Gräfin geben wollte. Soll ich ihn Dir beschreiben? Er ist ein kleiner lieber, fast hübscher Junge mit langen bis zur Schulter herabhängenden schwarzen Haaren und großen leuchtenden braunen Augen; in seinen Bewegungen bisweilen noch ganz kindlich ungebärdig und doch wiederum jungenhaft bestimmt. Er steht auf der Schwelle von früher Kindheit zu wirklicher Jugend, und so ist's oft ein seltsames, reizendes Gemisch von beidem. Sein ganzes Wesen ist mir so innig lieb und verwandt. Mit seinen großen Augen schaut er mich immer an, wenn ich etwas erzähle, und hängt an meinen Lippen; und dann kommen wundervoll kindliche, besinnliche Fragen aus seinem Munde. Ich hatte ihm einmal eine Geschichte aus dem alten Testament erzählt, ganz in naiver Weise: Der liebe Gott sprach ... usw. Da fragte er denn: Ach, sagen Sie doch, spricht der liebe Gott auch jetzt noch? Ich: Oja, wenn man einmal ganz still ist und ihn um etwas bittet, dann antwortet er auch. Er: Spricht er dann so, wie ich zu ihnen spreche, hören Sie's? Ich: Nein, so nicht; aber wenn man etwas gebeten hat, dann wird man plötzlich ganz froh und weiß, was man tun soll, und dann weiß man auch, daß der liebe Gott einem etwas gesagt hat. Und dann nach einer kleinen stillen Pause: Aber wenn ich in den Himmel komm, dann spricht er doch ganz richtig mit mir? Ich: Ja, das tut er ganz gewiß. Er: Ich möchte so gern jetzt gleich zu ihm gehen ... Und dann weiter: Ist der liebe Gott immer allein? Ich: Nein, er hat eine ganze Menge lieber kleiner Engel, mit denen ist er immer zusammen und ist ganz fröhlich mit ihnen. Er: Sagen Sie, wann ist der liebe Gott eigentlich geboren? Ich: O nein, der ist nicht geboren; er war schon, als gar keine Menschen auf der Erde waren. Er: Aber hat er denn keinen Vater und keine Mutter? Ich: Nein, die hat er nicht. Er: Ach dann ist der liebe Gott eine Waise ... Aber dann will ich ganz bald zu ihm gehen und mit ihm sprechen; dann freut er sich doch gewiß, nicht wahr? Da nahm ich den lieben Jungen, der die ganze Zeit still an mich gelehnt gestanden hatte, in meinen Arm und gab ihm einen Kuß: Ja, geh Du nur ganz bald zum lieben Gott, dann freut er sich gewiß. Und danach sprang er fort, und lief fröhlich wie ein Kind im Park herum und wollte ein Eichhörnchen fangen. Solche Gespräche führe ich bisweilen mit ihm, und dann kommt immer so etwas ganz Liebes heraus. Er hat sich so innig an mich geschlossen, daß er auch gar keine Scheu trägt; und darüber bin ich froh. Freilich kann er bisweilen dann auch widerspenstig werden, wenn ich nicht einmal lieber Freund sein darf, sondern ernst und streng sein muß. Dann bohrt er sich oft in einen wilden Zorn hinein. Meistens habe ich ihn dann mit einem bestimmten, aber freundlichen Wort wieder ruhig und folgsam machen können; seine Eltern und die Gouvernante schlagen dann immer, und ich finde es so falsch bei ihm" (Mitteilung von K.-J. Otto an den Vf. vom 16. Dezember 2001).

gionsgeschichtliche Wortfeldstudie über den Begriff *Diatheke* (1909) zu einer theologischen Doktorarbeit aus.[23] Seine von Deißmann betreute Dissertation verteidigte Lohmeyer in Berlin am 24. Juli 1912.[24] Aus dem 22jährigen war ein „kindlich aussehender, gelehrter, durch vieles Arbeiten zart gewordener, jünglingshafter Lizentiat geworden", den seine Studienkollegen scherzhaft mit „Frater Ernestus" anredeten.[25] Am 12. Dezember 1912 legte Lohmeyer in Münster das Erste Theologische Examen ab.[26]

Kaum zehn Monate darauf, am 1. Oktober 1913, begann er mit dem Eintritt in das VII. westfälische Jägerbataillon einen militärischen Freiwilligendienst in Bückeburg. Dieser freiwillige Militärdienst ging für den 24jährigen am 2. August 1914[27] nahtlos in den Ersten Weltkrieg über.[28] Während des gesamten Krieges stand er im Westen, Süden und Osten an den vordersten Frontlinien.[29] Die Freundschaft zwischen Melie Seyberth und Ernst Lohmeyer wurde angesichts der unmittelbaren Gefahren, die der Weltkrieg mit sich brachte, mit einer Kriegstrauung am 16. Juli 1916 in Vlotho auf eine festere Basis gestellt – ein Entschluß, der in der Folgezeit zu einer „intensiven, wenn auch immer hochkomplizierten Ehe" führte.[30] Auf jeden Fall heiratete Lohmeyer eine Frau, die für mehr als drei Jahrzehnte durch „ihre Persönlichkeit Mittelpunkt seines Seins war und blieb."[31]

Der junge Lohmeyer teilte anfänglich nicht nur die allgemeine Kriegsbegeisterung,[32] sondern auch das unter den deutschen Intellektuellen der Zeit ausgeprägte kulturelle Sendungsbewußtsein.[33] So kam Lohmeyer in einem

---

[23] LOHMEYER, Diatheke. Der Titel der Preisarbeit war „Der Begriff Diatheke in der antiken Welt und in der Griechischen Bibel" gewesen.

[24] Unter den Opponenten befand sich u.a. auch M. Dibelius (W. OTTO, Freiheit 12).

[25] G. OTTO, Erinnerung 45.

[26] HUTTER, Theologie 128.

[27] UAG, PA 347, II-2.

[28] Inwieweit sich Lohmeyer mit dem Militär identifizierte, mag seine „Denkschrift zur Hundertjahrfeier des VII. westfälischen Jägerbataillons" vom 3. Oktober 1915 zeigen (W. OTTO, Freiheit 188). Lohmeyer, der „ein pflichttreuer und menschlicher Offizier war, in beiden Weltkriegen" (so M. Dibelius), ist jedoch kein Militarist gewesen (HUTTER, Theologie 168 f.).

[29] G. OTTO, Erinnerung 45. Zur Ideologie der deutschen „Sendung" vgl.: ERDMANN, Weltkrieg 148 ff.

[30] G. OTTO, Erinnerung 43. Aus der Ehe gehen vier Kinder hervor: Die erste Tochter Beate-Dorothee (*1920) starb 1921, der erste Sohn Ernst-Helge (*1922) wurde 1942 in der Sowjetunion vermißt. Hermann-Hartmut (1923–2000) studierte nach dem Zweiten Weltkrieg Architektur und lehrte an der Farouk-Universität in Alessandria (Ägypten). Gudrun-Ricarda (*1926) studierte in Greifswald Kirchenmusik, von 1947–51 Schulmusik in Berlin, ab 1952 Romanistik an der FU Berlin (HUTTER, Theologie 129; G. OTTO, Lohmeyer 359).

[31] G. OTTO, Lohmeyer 358.

[32] G. OTTO, Erinnerung 49.

[33] GAY, Republik 124.

Artikel mit dem Titel „Angriff" am 5. Mai 1918 zu dem Schluß, daß der bisher mit „Eisen, Blut und Rohr" geführte Konflikt nach dem Kriegsende in eine vorrangig geistige Auseinandersetzung mit Deutschlands Gegnern zu verwandeln sei.[34] Lohmeyer schrieb diesen offenbar für eine Zeitung vorgesehenen Beitrag einerseits noch unter dem unmittelbaren Eindruck der erfolgreichen deutschen Frühlingsoffensive an der Westfront. Andererseits erinnert der Gedanke einer zukünftigen Vorherrschaft des Reiches des Geistes und der Seele über die naturhaft-mechanische Dingwelt an Formulierungen aus Walter Rathenaus (1867–1922) vom Symbolismus durchwehte kulturpolitische Schrift „Von kommenden Dingen" (1917).[35] Im Sommer 1918 durchbrachen massive Panzertruppenverbände der Alliierten die deutschen Stellungen im Westen. Im November schwiegen die Waffen. Lohmeyer wurde nach fünf Jahren Militär- und Kriegsdienst am 30. November 1918 in seine westfälische Heimat entlassen, ausgezeichnet mit dem Eisernen Kreuz Erster (1914) und Zweiter Klasse (1918) sowie mit dem Schaumburg-Lippischen Verdienstkreuz.[36]

Obwohl ihn der lange Militär- und Kriegsdienst äußerlich verändert und seine Auffassungsgabe für die realen Härten des Lebens geschärft hatte, bedeutete die Erfahrung des Krieges keine prinzipielle Veränderung für Lohmeyers geistige Haltung.[37] Anders als manch ein anderer seiner Generation hat Lohmeyer im Ersten Weltkrieg kein existentielles Abgrunderlebnis[38] gehabt. Seine Tochter Gudrun weist eigens darauf hin: „In seiner Grundkonzeption hatte sich nichts verändert."[39] Während sich einige junge dialektische Theologen auf Distanz zu ihrem kulturtheologischen Erbe begaben, arbeitete Lohmeyer unermüdlich und persönlich ungebrochen weiter. Während des Militärdienstes hatte er seine von dem Cusanus-Forscher Richard Falckenberg (1851–1920) betreute philosophische Dissertation „Die Lehre vom Willen bei Anselm von Canterbury" begonnen und am 24. Januar 1914 an der Philosophischen Fakultät der Erlanger Friedrich-Alexander-Universität das Rigorosum abgelegt.[40] Mitten im erbarmungslosen Stellungskrieg – in den einsatzfreien Stunden zwischen

---

[34] GStA PK, VI. HA., Nl Lohmeyer, Nr. 3.

[35] 1929 erschien bereits die 81. Auflage (DE ANGELIS, Simbolismo 209 ff.).

[36] UAG, PA 347, II-2. Für die Kriegsorden vgl.: HUTTER, Theologie 129.

[37] G. OTTO, Erinnerung 46.

[38] Tillich bekannte 1936 in seinen autobiographischen Betrachtungen *Auf der Grenze*: „Das vierjährige Erleben des Krieges riß den Abgrund für mich und meine gesamte Generation so auf, daß er sich nie mehr schließen konnte" (ALBRECHT, Tillich 34). Barth hatte 1921 in der 2. Aufl. seines Römerbriefkommentars geschrieben: „Die Geschichte ist erledigt, sie wird nicht fortgesetzt" (BARTH, Römerbrief 51).

[39] G. OTTO, Erinnerung 46.

[40] HUTTER, Theologie 129.

fünf und sieben Uhr morgens[41] – hatte Lohmeyer an seiner theologischen Habilitationsschrift mit dem kultur- und religionsgeschichtlichen Thema „Vom göttlichen Wohlgeruch" gearbeitet. Lohmeyer ging es in seiner nur 52-seitigen Abhandlung um die Wiederentdeckung des Sinnlichen als „Form der göttlichen Offenbarung"[42] am Beispiel des Duftsymbols in Antike, Judentum und Christentum. Seine Antrittsvorlesung über das religionsgeschichtliche Problem des Verhältnisses von „Christuskult und Kaiserkult" hielt Lohmeyer kurz vor dem Ausbruch der Novemberrevolution während eines Kriegsurlaubs in Heidelberg am 16. Oktober 1918, ohne aber auf die politischen Ereignisse einzugehen: „Indes können im Rahmen dieser Arbeit nicht alle feinsten geschichtlichen Auswirkungen verfolgt werden, die von dem unter den Worten ‚Christuskult und Kaiserkult‘ zusammengefaßten Prozeß bis in die späte Zeit, ja in unsere jüngste Vergangenheit ausgehen."[43]

Nach den Ereignissen vom 9. November 1918 kam der Machtkampf in der deutschen Sozialdemokratie durch die Doppelbesetzung des Kultusministeriums mit Dr. Konrad Haenisch (1876–1925; SPD) und Adolf Hoffmann (1858–1930; USPD) zum Vorschein. Haenisch war schon vor 1914 einer von denen in der SPD gewesen, die eine Vaterlandsverteidigung nicht prinzipiell ablehnten.[44] In kirchenpolitischer Hinsicht vertrat Haenisch zwar die sozialdemokratischen Grundsätze der Trennung von Staat und Kirche, hatte sich aber schon während des Ersten Weltkriegs „nicht ohne Verständnis für das Christentum gezeigt und seinen Respekt vor der christlichen Kultur und Ethik im November 1917 im preußischen Abgeordnetenhaus geäußert."[45] Anfang Januar 1919 war der für seine radikale Kirchenfeindschaft sprichwörtlich bekannte Hoffmann („Zehn-Gebote-Hoffmann") mit den anderen *Unabhängigen* aus der Regierung ausgeschieden. Lohmeyer begann seine akademische Laufbahn damit fast so, als habe der Weltkrieg gar nicht stattgefunden.[46]

Inmitten der innenpolitischen Wirren wurde Lohmeyer am 1. Dezember 1918 neben M. Dibelius als Privatdozent für Neues Testament in Heidelberg tätig.[47] Im Kriegsnotsemester von Ende Januar bis Mitte April 1919 übernahm Lohmeyer noch einen Ergänzungskurs für neutestamentliches Griechisch, bevor er im Sommersemester 1919 eine erste Vorlesung zum Markusevangelium hielt, die für sein weiteres exegetisches Werk wegweisend wurde. Darauf folgten Vorlesungen zur Passionsgeschichte, zur

---

[41] Mündliche Mitteilung von G. Otto an den Vf. vom 26. September 2000.
[42] LOHMEYER, Wohlgeruch 4.
[43] LOHMEYER, Christuskult 4.
[44] SCHMIDT, Spartakus 58.
[45] SCHOLDER, Kirchen I, 19.
[46] G. OTTO, Erinnerung 46.
[47] UAG, PA 347, II-2.

urchristlichen Literaturgeschichte, zum Römerbrief und den Korinther-briefen.[48] Am 1. Oktober 1920 erging an Lohmeyer ein Ruf der Universität Breslau als außerordentlicher Professor.[49] Ende November wurde der Ruf von Minister Haenisch bestätigt:

„Im Verfolg der in meinem Auftrage mit Ihnen geführten Verhandlungen habe ich Sie zum außerordentlichen Professor in der Evangelisch-Theologischen Fakultät der Univer-sität zu Breslau ernannt. Indem ich Ihnen die darüber ausgefertigte Bestallung übersen-de, verleihe ich Ihnen in der genannten Fakultät das durch den Weggang des Professors Bultmann erledigte Extraordinariat mit der Verpflichtung, die neutestamentliche Theo-logie und Exegese in Ergänzung der Lehrtätigkeit des Fachordinarius[50] in Vorlesungen und Übungen zu vertreten. Ich ersuche Sie, dieses Amt sogleich zu übernehmen."[51]

In aller Eile traf Lohmeyer Vorbereitungen für den Umzug. Am 10. Okto-ber hatte er sich bereits an den noch in Breslau weilenden Bultmann mit der Bitte um Hilfe bei der Zimmersuche gewandt.[52]

---

[48] HUTTER, Theologie 148 f.

[49] Lohmeyer hatte sich in dem Berufungsverfahren gegen Gerhard Kittel und K. L. Schmidt durchgesetzt (MÜHLING, Schmidt 37).

[50] Gemeint ist Gustav Hoennicke (1871–1938), der von 1911 bis 1937 in Breslau Neues Testament lehrte (RGG[3] I, 1406).

[51] UAG, PA 347, I-1.

[52] HUTTER, Theologie 154.

Kapitel II

In Breslau

1. Professor für Neutestamentliche Theologie

Die Suche nach einer geeigneten Wohnung für sich und seine Familie – 1920 wurde die erste Tochter Beate-Dorothee geboren – gestaltete sich jedoch schwieriger als erwartet. Auch mit Bultmann ist Lohmeyer zunächst nicht mehr zusammengetroffen, weder in Breslau, noch in Gießen.[1] Da die Umzugskosten von staatlicher Seite nicht übernommen wurden, bezog Lohmeyer für zwei Jahre ein Zimmer in einer Pension, die ihm Bultmann noch brieflich mitgeteilt hatte.[2] Obwohl dem Westfalen Lohmeyer die Odermetropole Breslau in der ersten Zeit noch fremd und östlich vorkam, wurde er von seinen neuen Kollegen – darunter so gegensätzliche Persönlichkeiten wie Hans v. Soden (1881–1945)[3] und Karl Eduard Bornhausen (1882–1940)[4] – jedoch so freundlich aufgenommen, daß er bald über einen „näheren Zusammenschluß" nachzudenken begann.[5] Mit Wirkung vom 1. Februar 1921 wurde Lohmeyer zum ordentlichen Professor ernannt.[6] Von einer im Frühling 1921 in der Aula der Breslauer Universität veranstalteten Reformationsfeier schreibt Lohmeyer an seine Frau:

„Ein Barocksaal, wie ich ihn noch nie sah – voll bacchantischen, taumelnden Lebens. Eine tropische Fülle. Wie sie keine Decke über ihrem Haupt ertragen können – sie müssen eine ganze Architektur ihm aufmalen, und einen tiefblauen Himmel darüber setzen – die Decke muß gesprengt werden. Sie begrenzt zu sehr. Aber alle ihre Fülle ist auch geheimste Flucht; im Innersten ist ein starrer Kern, undurchdringlich, der zur geheimen Unruhe treibt, und um so dionysischer die Lust ausjauchzen läßt. Man sieht es an jedem Torbogen, der so üppig schwellend von beiden Seiten anhebt, – nicht um sich glühend zu vereinen, sondern in der Mitte wie in geheimer Furcht vor der Vermählung sich in sich selbst scheu und trotzig und unendlich schön zusammenrollt. Mir ist vieles am Barock verständlich geworden. Mitten unter den schwebenden Gestalten, die den blauen Himmel

---

[1] Zu Bultmann in Breslau vgl.: EVANG, Bultmann 63 ff.

[2] HUTTER, Theologie 131.

[3] H. v. Soden wechselte 1924 von Breslau nach Marburg. Er wurde ab 1933 zu einer Zentralfigur im Kirchenkampf (DINKLER, Theologie; LINDEMANN, Neutestamentler).

[4] Bornhausen, der bereits 1932 in die NSDAP eingetreten war (HEIBER, Universität 1991, 338), war um eine Synthese von Christentum und Idealismus bemüht. Er trat später in Breslau vor allem als deutsch-christlicher Hetzredner hervor (WOLFES, Bornhausen).

[5] Lohmeyers Brief an Bultmann vom 5. Dezember 1920 (HUTTER, Theologie 155).

[6] SCHMAUCH, In memoriam 20.

bevölkern, ein so grausig schmerzverzücktes Gesicht – sie haben in aller Wonne bis zum Wahnsinn leiden können. Und all ihr jauchzendes Wogen ist aus fürchterlichem Leiden geboren. Keine Ecke kann leer bleiben, überall Vorsprünge, Säulen, Bogen, die doch nicht füllen und runden – nirgends Leere, immer Bewegung, weil im Geheimen doch immer Leere ist; die Gestalten zu Klumpen zusammengeballt, wie sich zusammenduckend vor unsichtbaren Geistern, – selbst Wände und Säulen werden in den Taumel hineingezogen, ihre Schwere ist ganz aufgelöst – sie ziehen mit in den fürchtbaren, jauchzenden Reigen. Da drunter die braven Breslauer und unsere ehrsame Fakultät! Welch Kontrast. Soden hielt die Festrede;[7] sehr gut, sehr klug, sehr vorurteilslos, offen und grad, fest zu seinem Worte stehend. Ich will froh sein, wenn ich einmal so werden kann wie er. Ach, die Menschen sind viel menschlicher als man es ahnt; und niemand soll sich für etwas Besonderes halten. Wir sind wohl viel ärmer als die, die so grade und fest und schwer ihr Leben führen."[8]

In seinem ersten Breslauer Semester hatte der „ungemein jugendlich"[9] aussehende Lohmeyer noch viel freie Zeit für eigene Studien, da nach dem Fakultätsturnus für ihn der Römerbrief vorgesehen war, über den er schon in Heidelberg gelesen hatte. Am 10. Dezember 1921 wurde Lohmeyer der Ehrendoktortitel seitens der Theologischen Fakultät der Berliner Friedrich-Wilhelms-Universität verliehen. Im Juli 1922 war er bereits Mitdirektor des Evangelisch-theologischen Seminars.[10] Im Zusammenhang mit Berufungsverhandlungen der Universität Gießen erreichte Lohmeyer 1925 nicht nur eine Gehaltsaufbesserung, sondern auch die Erweiterung seines Lehrauftrags um das Fach *Allgemeine Religionsgeschichte*.[11] Lohmeyer hatte schon 1921 das Thema „Urchristliche Religionsgeschichte" behandelt und 1924 über Grundzüge der allgemeinen Religionsgeschichte gelesen. Von 1925 bis 1933 folgten dann Vorlesungen über die vorderasiatischen, indischen und ostasiatischen Religionen sowie über orphische und platonische Religion.[12]

Die 15 Jahre seiner Breslauer Professur zeugen trotz der wirtschaftlichen, hochschul- und kirchenpolitischen Belastungen von einer intensiven literarischen Produktivität Lohmeyers. Es entstanden in dieser Zeit neben zahlreichen Aufsätzen und Rezensionen nicht nur die Kommentare zur Johannesapokalypse, zum Philipper-, Kolosser- und Philemonbrief, sondern auch Vorarbeiten zum Kommentar des Markusevangeliums, umfangreiche Studien zur paulinischen Theologie und zur urchristlichen Religions- und Sozialgeschichte. Die mit sozialen und politischen Gärungsprozessen aufgeladenen Jahre der frühen Weimarer Republik gingen

---

[7] Vgl.: ChW 35, 1921, 643 ff.
[8] Auszug aus einem Brief E. Lohmeyers vom 4. Mai 1921 (Mitteilung von K.-J. Otto an den Vf. vom 23. Juli 2001).
[9] G. OTTO, Erinnerung 46.
[10] HUTTER, Theologie 126.
[11] A.a.O., 130.
[12] A.a.O., 150 f.

nicht spurlos an Lohmeyers exegetischer Arbeit vorüber. In der Einleitung zu seinen *Sozialen Fragen im Urchristentum* (1921) bemerkte er:

„Unsere Zeit ist von sozialen Nöten und Mächten bis zum Rande voll; vielleicht ist noch niemals so einseitig aus dem Bezirk des sozialen Lebens Rettung und Erfüllung des Gesamtlebens eines Volkes erhofft und erstrebt. Es ist hier nicht die Aufgabe, zu untersuchen, ob die sozialen Bewegungen von heute aus dem Ringen nach einer neuen ursprünglichen Lebensform kommen oder ob sie selbst Auswirkungen einer überreif gewordenen und verfallenden Kultur sind; auch nicht, aus welchem historischen oder metaphysischen Recht gerade soziales Leben zum Maß und Ziel eines ganzen Volkslebens geworden oder gemacht worden ist. Daß aber von sozialen Fragen im Urchristentum, also in einer, wie es scheint, rein religiösen Bewegung, mit irgend einem Recht gesprochen werden kann, hat seine besonderen Gründe in der allgemeinen Richtung und Art des gegenwärtigen Lebens, von denen wir die wichtigsten kurz betrachten müssen."[12]

Lohmeyer umging offenbar absichtlich eine direkte Auseinandersetzung mit zeitgenössischen religions- und christentumskritischen Autoren. An einigen tendenzkritischen Überlegungen zum historischen Materialismus, zum religiösen Sozialismus bzw. zum „Sklavenaufstand in der Moral" bei Nietzsche fehlte es dennoch nicht.[13] Im Literaturverzeichnis des Buches finden sich neben den Arbeiten von M. Weber, E. Troeltsch, E. Meyer, A. Deißmann und A. v. Harnack auch die Streit- und Kampfschriften von A. Kalthoff, K. Kautsky und M. Maurenbrecher zum Thema.[14] Auch wenn der Individualist Lohmeyer keiner besonderen Schule angehört hat, so wird man ihn neben K. L. Schmidt, R. Bultmann und M. Dibelius als einen aus der Religionsgeschichtlichen Schule hervorgegangenen, aber wesentlich eigenständigen Vertreter am Rande des Kreises der im traditionellen Sinn formgeschichtlich arbeitenden Exegeten einzuordnen haben.[15] Genauer betrachtet stellt Lohmeyers Gesamtwerk, das den besonderen kreativen Beitrag des jeweiligen Autors einer neutestamentlichen Schrift in den Mittelpunkt seiner Auslegung stellt, bereits den Übergang von der formgeschichtlichen zur redaktionsgeschichtlichen Methode dar.[16] So läßt sich insbesondere Lohmeyers Anfang der 30er Jahre begonnener Markuskommentar als theologiegeschichtliches Scharnier zwischen Form- und Redaktionsgeschichte in der neutestamentlichen Wissenschaft begreifen. Darüber hinaus war sich Lohmeyer mit den oben genannten Fachkollegen in der Ablehnung des Nationalsozialismus einig.[17]

---

[12] LOHMEYER, Fragen 7.

[13] A.a.O., 8 f.

[14] A.a.O., 135 f.

[15] LÜHRMANN, Erbe 66.

[16] MARXSEN, Markus 16 f.

[17] K. L. Schmidt (1891–1956) war ab 1918 Privatdozent in Berlin, von 1921 ordentlicher Professor in Gießen und wechselte später nach Jena (1925) und Bonn (1929). Hier war er bis zu seiner Entlassung auch SPD-Stadtverordneter (SCHOLDER, Kirchen I, 551). 1935 emigrierte er nach Basel (RGG^3 V, 1458). Im Hinblick auf M. Dibelius sei an dieser

In seinen *Sozialen Fragen* beleuchtete Lohmeyer das wirtschaftliche und soziale Leben in griechisch-römischer Zeit, um dann (ausgehend von den religiösen Bewegungen im Judentum) eine Brücke zur Geschichte des sozialen Denkens und Verhaltens im frühen Christentum zu schlagen. Lohmeyer beschrieb darin: 1. Jesus, 2. die Urgemeinde, 3. Paulus, 4. die „mittlere Zeit des Urchristentums" (von Paulus bis zum Ende des ersten Jahrhunderts) und schließlich 5. das „Ende des Urchristentums" – jene Zeit um die Mitte des zweiten Jahrhunderts, in welcher die sozialen Strukturen des frühen Christentums in neuen gesellschaftlichen Bindungen aufgehen.

Diese Arbeit, die erstmals sozialgeschichtliche Fragestellungen in die neutestamentliche Exegese einführte[18], macht in erster Linie deutlich, daß Lohmeyer von Anfang an auf eine verstehende Gesamtschau urchristlicher Theologiegeschichte abzielte. Ihm ging es dabei primär nicht um eine nur vordergründig beschreibende Darstellung urchristlicher Sozialgeschichte, sondern um systematische Begriffsbildungen, um eine theologische Erklärung des sozialen Phänomens „Urchristentum".

Mit seiner Studie bezog Lohmeyer gleichzeitig Stellung im zeitgenössischen Literaturkampf um den Ursprung des Christentums. Hohe Wellen schlug dabei vor allem die Auseinandersetzung mit dem umfangreichen Buch *Der Ursprung des Christentums* von Karl Kautsky (1854–1938). Von dem erstmals 1908 in Stuttgart erschienenen Buch erschienen bis 1924 insgesamt 14 Auflagen und verschiedene Übersetzungen im Ausland. Bis 1930 wurden rund 24.000 Exemplare des Buches abgesetzt.[19] Unter Kautskys schärfsten Kritikern befanden sich Adolf v. Harnack (1851–1930) und Lohmeyers theologischer Doktorvater Adolf Deißmann. Adolf v. Harnack hatte sofort nach Erscheinen von Kautskys „Ursprung" erklärt, die gesamte frühchristliche Missions- und Erbauungsliteratur wisse von

---

Stelle auf seine Haltung im „Fall Dehn" hingewiesen: Günther K. Dehn (u.a. Gründer des „Bundes religiöser Sozialisten in Deutschland") hatte sich am 6. November 1928 in einem Vortrag in der Magdeburger Ulrichskirche grundsätzlich kritisch zur Kriegsfrage geäußert (DEHN, Kirche). Im Rahmen von Dehns Berufung nach Heidelberg kam es 1931/32 zu studentischen Radauszenen. „Die Heidelberger Fakultät, durch die Krawalle rechtsgerichteter Studenten gegen einen jüdischen Professor verängstigt, verweigerte Dehn um ‚des ruhigen und sicheren Fortgangs des wissenschaftlichen Betriebes' willen mit 6:1 Stimmen die erbetene Vertrauenserklärung. Nur der Ordinarius für Neues Testament, Martin Dibelius, stellte in einem Sondergutachten fest: ‚Ich müßte meine Theologie, meine wissenschaftliche Ehre und mein ganzes bisheriges Leben verleugnen, wenn ich an diesem Punkt verzichten wollte.' Unmittelbar darauf erklärte Dehn seinen Verzicht auf die Heidelberger Professur" (SCHOLDER, Kirchen I, 217 ff.). Der 1933 vom Dienst suspendierte Dehn geriet wegen seiner Tätigkeit für die Bekennende Kirche jahrelang in Haft (RGG^3 II, 57). Zu Bultmann vgl.: LINDEMANN, Neutestamentler 25 ff.; PAULSEN, Bultmann 468 ff.

[18] HAUFE, Lohmeyer 446. Zur hermeneutischen Relevanz von Lohmeyers Ansatz vgl.: D. SCHNEIDER, Theorien 41 ff.; PAULSEN, Auslegung 601 ff.

[19] BLUMENBERG, Werk 293.

einer prinzipiellen sozialen Frage gar nichts. Man brauche daher der „falschen sozialistischen Geschichtsschreibung" in keinem Punkte etwas nachzugeben. Im Mittelpunkt der urchristlichen Texte stünden überall rein religiöse Fragen. Der Ursprung des Christentums sei daher nicht aus der Sozialgeschichte zu verstehen, sondern allein aus der Religionsgeschichte und aus dem „Ringen um eine höhere Sittlichkeit". Kautskys rein wirtschaftlicher Geschichtsauffassung fehle jedes Verständnis für die „Selbständigkeit und Kraft religiöser und sittlicher Gedanken."[20] Deißmann gab 1908 auf der 19. Tagung des Evangelisch-Sozialen Kongresses demgegenüber zu bedenken, daß das Urchristentum tatsächlich in einem „natürlichen Gegensatz" zu den oberen Schichten gestanden habe. Es sei deswegen aber nicht als eine „sozialpolitische", sondern als eine „religiöse Bewegung innerhalb der unteren Schichten der Kaiserzeit" zu verstehen.[21] Während der Diskussion wies Friedrich Naumann (1860– 1919) darauf hin, daß man wohl keine so scharfe Grenze zwischen Religion und Politik ziehen könne, wie dies Deißmann am Beispiel des frühen Christentums unternommen habe.

„Man kann gar nicht eine Volksschicht religiös wecken, ohne daß sie nicht im Laufe der Zeit auch politisch aufsteht (...). Und ich glaube, wir wollen die ganze Geschichte sozialer Bewegungen, auch die der heutigen Sozialdemokratie, in dem Zusammenhange ansehen, daß sie alle ein religiöses Stadium gehabt haben und durch das religiöse Stadium sich heraufgearbeitet haben."[22]

Sachliche Berührungspunkte zwischen urchristlicher Eschatologie und sozialistischer Zukunftserwartung konstatierte auch Lydia Stoecker im Jahr 1910:

„Wie betete doch einst die altchristliche Gemeinde bei ihren Abendmahlsfeiern? – ‚Es komme die Gnade und es vergehe die Welt.' Und dieses Weltende sah sie in unerschütterlichem Glauben in nächster Nähe und zog ihre ganze Kraft aus diesem Glauben. Glücklich jeder, der einen so unerschütterlichen Glauben hat, mag er nun Weltende oder Herrschaft des Proletariats heißen."[23]

Im gleichen Jahr machte der Leipziger Pfarrer Georg Liebster dann in der „Christlichen Welt" die ökonomische Einseitigkeit des marxistischen Ansatzes gegenüber einer rein religiösen Betrachtungsweise des frühen Christentums sogar als positiv geltend:

„Dieses Moment ist in der theologischen Forschung früher ganz vernachlässigt worden und wird auch heute gegenüber dem ideologischen zu wenig beachtet. Die sozialdemokratische Einseitigkeit der Geschichtsbetrachtung wirkt als heilsames Gegengewicht und hat eine höchst wichtige Erkenntnis zu Tage gefördert, nämlich daß tatsächlich das

---

[20] V. HARNACK, Urchristentum 443 ff. Zu v. Harnack vgl.: JANTSCH, Entstehung.
[21] DEISSMANN, Urchristentum 8 ff.
[22] A.a.O., 39 f.
[23] STOECKER, Ursprung 384 ff.

Urchristentum einen proletarischen Charakter gehabt hat (...). Darum ist es als Fortschritt zu begrüßen, wenn in der Geschichtsschreibung die Parteien einander Zugeständnisse machen und die Mitwirkung des von der anderen Partei betonten Faktors gelten lassen."[24]

Ein Ausgleich der gegensätzlichen Auffassungen wurde jedoch nicht erreicht. Während die Vertreter des historischen Materialismus die urchristliche Bewegung als Produkt des ökonomischen und kulturellen Niedergangs der römischen Kaiserzeit zu erklären versuchten, hielten deren liberale Kritiker im Gefolge von Adolf v. Harnacks Definition am Urchristentum als einer rein religiös-sittlichen Erscheinung fest. Lohmeyer erreichte 1921 ein gewisses Arrangement der beiden unversöhnlichen Positionen. Die Lektüre der wirtschaftspolitischen und sozialphilosophischen Schriften Walther Rathenaus (DDP)[25] gab ihm dabei wichtige Gedankenanstöße.[26] Die soziale Frage diente Lohmeyer als Ausgangspunkt, nicht aber wie im Falle Kautskys als leitendes Erkenntnisinteresse seiner Studie. Hinzuweisen ist in diesem Zusammenhang bereits auf die Lohmeyer eigene wissen-schaftliche Metasprache:

„Diese gegenwärtigen Fragen geben uns vielleicht den geschichtlichen Stoff, sie zeigen uns neue oder neu scheinende Tatsachen; aber das Leben, das im Element eines Zeitalters sich niedergeschlagen hat, sein Gefüge, seine Adern und Körnungen erschließen sich rein nur der Erkenntnis, die über der Gegenwart und Vergangenheit stehend, letztlich aus ewigem Grunde sich nährt."[27]

Unter Voraussetzung bestimmter lebensphilosophischer Prämissen wies Lohmeyer in seiner sorgfältig abwägenden Studie auf die vielschichtigen Wechselwirkungen zwischen sozialen Spannungen und religiösen Bewegungen im Bereich der Geschichte hin und erkannte in diesen Wechselwirkungen ein Prinzip historischer Begriffbildung überhaupt.

„In den wesenhaften Beziehungen von sozialen und religiösen Bewegungen vollzieht sich also ein geheimes geschichtliches Gesetz – freilich ein anderes, als die Vertreter einer einseitig wirtschaftlichen Auffassung es wahrhaben wollen – ein Gesetz des menschlichen Daseins überhaupt: Stirb und werde! (...) Aber darin sind diese religiösen wie jene sozialen Bewegungen sich gleich: sie trachten nach einem internationalen Reich und seiner Gerechtigkeit, ob sie es gleich in verschiedenen Sphären menschlichen Daseins suchen."[28]

---

[24] LIEBSTER, Ursprung 174.

[25] Rathenau (seit 1915 AEG-Präsident, 1921 Wiederaufbauminister, 1922 Außenminister) hatte sich enttäuscht über den Revolutionsverlauf gezeigt. Am 24. Juni 1922 wurde er von radikalen Antisemiten ermordet. Von den zwischen 1919 und 1922 insgesamt registrierten 376 politischen Mordanschlägen gingen 354 auf das Konto rechtsgerichteter Terroristen (MOSSE, Solution 197).

[26] Brief von K.-J. Otto an den Vf. vom 31. März 2001.

[27] LOHMEYER, Fragen 9.

[28] A.a.O., 17.

Lohmeyers vermittelnde Sichtweise des Problemkreises Theologie- und Sozialgeschichte bedeutete forschungsgeschichtlich einen kaum zu unterschätzenden Fortschritt. Seine Studie sollte neben den bekannten religionssoziologischen Untersuchungen von Max Weber und Ernst Troeltsch zu den wenigen Veröffentlichungen gehören, an welche eine sozialgeschichtlich ausgerichtete neutestamentliche Exegese im letzten Drittel des 20. Jahrhunderts anknüpfen konnte.[29] Einen nennenswerten Absatz konnte Lohmeyers Buch jedoch nicht verzeichnen. Der Verlag von Quelle&Meyer beklagte in einem Schreiben an Lohmeyer vom 8. Mai 1924, von dem Buch seien noch 3350 Exemplare am Lager.[30]

Von seinen geschichtsphilosophischen Überlegungen ausgehend setzte sich Lohmeyer schon zu Beginn der zwanziger Jahre kritisch nicht nur mit dem historischen Jesus der älteren liberalen Theologie, sondern auch mit der Christusmythe der radikal-aufklärerischen Skepsis im Gefolge Bruno Bauers (1809–1882) auseinander.[31] Lohmeyer war die Erforschung der Frage nach der Bedeutung der geschichtlichen Person Jesu für die Entstehung des Christentums wichtig, auch wenn sich ergeben sollte, „daß es vielleicht zuletzt an der Grenze oder gar jenseits der Grenze aller geschichtlichen Erkenntnis liegt und greifbar erst dort wird, wo ‚ein in Symbolen und Unfaßlichkeit sich lösendes Sein‘ in die beschränkten Formen der urchristlichen Gemeinde gefaßt wird".[32] *Mythos* und *Geschichte* sind somit für Lohmeyer zwei sich letztlich nicht ausschließende Begriffe:

„Mit den gegnerischen Kampfrufen: Hie Mythus, hie Geschichte, ist letzten Endes wenig getan. Es bleibt zu beachten, daß den Urhebern geschichtlicher Religionen, denen es fast immer versagt ist, in dauerndem Werk oder Bild oder Wort durch den Ablauf der Jahrhunderte lebendig zu bleiben, eine andere Form bleibender geschichtlicher Wirklichkeit gegeben ist. Es scheint, daß das geschichtliche Leben der religiösen Heroen vergeht, wenn es nicht zum Mythus wird, daß – um es paradox zu formulieren – die geschichtliche Existenz eines Religionsstifters um so gewisser behauptet werden darf, je mehr sie sich in dem Glauben seiner Anhänger zum mythischen Dasein verflüchtigt."[33]

---

[29] Gerd Theißen stellte Ende der 70er Jahre fest: „Es gibt kaum Literatur, die sich thematisch mit der Soziologie des palästinischen Urchristentums beschäftigt" (THEISSEN, Soziologie 9).

[30] GStA PK, VI. HA, Nl Lohmeyer, Nr. 4/1. Auf den Umstand, daß auch die sozialwissenschaftlichen Studien Max Webers innerhalb der damaligen Geschichtswissenschaft als entbehrlich galten, sei hier nur am Rande hingewiesen (vgl.: GAY, Republik 122).

[31] Vgl. Lohmeyers Rezensionen der 1921 bzw. 1924 erschienenen Bücher des religiösen Monisten Arthur Drews (1865–1935) über *Das Markusevangelium als Zeugnis gegen die Geschichtlichkeit Jesu* und *Die Entstehung des Christentums aus dem Gnostizismus* (DLZ 43, 1922, 409 ff. bzw. DLZ 46, 1925, 141 f).

[32] Lohmeyer greift auf eine an dieser Stelle nicht eigens nachgewiesene Formulierung Nietzsches zurück. Vgl.: E. LOHMEYER (Rez.), A. C. Headlam, The Life and Teaching of Jesus the Christ, London 1923, in: ThLZ 48, 1923, 468.

[33] DLZ 43, 1922, 417.

In diesem Sinne begrüßte Lohmeyer die negativen Ergebnisse von K. L. Schmidts Untersuchung zum historisch-geographischen Rahmen der Geschichte Jesu dankbar als wichtigen Beitrag zur „literarhistorischen Würdigung der ältesten urchristlichen Überlieferung".[34] Diese exegetischen Erträge zur Frage des historischen Jesus implizierten für Lohmeyer eine kontinuierliche Kritik sowohl historistischer Beiträge[35] als auch Versuche einer unkritischen Aktualisierung jesuanischer Ethik, was damals vor allem die Frauenfrage betraf.[36] Von Interesse für Lohmeyers Verständnis der Theologie als Wissenschaft ist darüber hinaus seine konsequente Abweisung eines theistischen Supranaturalismus, wie er sie im Hinblick auf die Wunderfrage entwickelte.[37] In einer Rezension von R. Jelkes Buch *Die Wunder Jesu* (1922) bemerkte Lohmeyer:

„Die Berichte der synoptischen Evangelien scheinen dem Verf. klar zu bekunden, daß ‚Jesus wirklich Wunder getan hat'; sie bekunden zunächst freilich nur dies, daß nach der Erzählung und Anschauung der Evangelisten, die nicht so ohne weiteres mit ‚den Jüngern' identifiziert werden dürfen (...), die von Jesus berichteten Taten ‚Wunder' waren, wie der Verf. auch gelegentlich zugesteht. Er glaubt deshalb seinen Gegnern, aus denen er vor allem Bultmann, Dibelius, Heitmüller herausgreift (...), ‚die Beweislast zuschieben' zu können, daß ‚Jesus keine Wunder getan hat' – eine etwas sonderbare Forderung, die die Methoden und Ziele historischer Forschung völlig verkennt."[38]

Diese Stellungnahmen zu historischen Einzelproblemen führten Lohmeyer bereits früh zu weitergehenden hermeneutischen Fragen. Das Problem einer ihrem Gegenstand angemessenen exegetischen Methode[39] verband sich bei Lohmeyer notwendig mit der Frage nach der ‚Möglichkeit' ins-

---

[34] DLZ 41, 1920, 331.

[35] Kritisch setzte sich Lohmeyer auch mit E. JUNG, *Die Herkunft Jesu*, München (1920) auseinander: „Es sind im großen und ganzen die alten Anschuldigungen, die nach dem Zeugnis des Origenes einst Celsus zur Verunglimpfung der christlichen Religion und ihres Heilandes vorgebracht hatte (...). Es ist zu bedauern: ein großer Aufwand (...) langjähriger Arbeit unnütz vertan!" (DLZ 38, 1922, 832 ff.).

[36] Vgl. Lohmeyers Rezension von J. LEIPOLDT, *Jesus und die Frauen. Bilder aus der Sittengeschichte der antiken Welt*, Leipzig (1922): „Die in den synoptischen Evangelien häufige Nachricht, viele Frauen seien Jesus nachgefolgt, gibt dem Verf. nur zu der Bemerkung Anlaß, Jesus müsse die darin liegende ‚Verletzung der Sitten geduldet' haben; aber beleuchtet sie nicht weit stärker die religiöse Eigenart dieses Evangeliums und seines Trägers, seine gerade in aller Menschennähe dennoch alle menschlichen Bindungen, auch alle ‚Sitten' lösende Erdenferne?" (DLZ 42, 1922, 538).

[37] Kritisch äußerte sich Lohmeyer auch zu J. Schniewinds Vortrag „*Das Selbstzeugnis Jesu nach den ersten drei Evangelien*" (ThLZ 48, 1923, 418).

[38] DLZ 44, 1923, 231 ff.

[39] Paradigmatisch für Lohmeyers *kritisch-historische* Methode ist eine Formulierung von 1924: „ (...) ist es angesichts der inneren Beschaffenheit unserer Quellen grundsätzlich gestattet, nach streng historischen Zusammenhängen zwischen den berichteten Einzeldaten der Geschichte Jesu zu forschen?" (DLZ 49, 1924, 401).

besondere von geschichtlicher Erkenntnis.[40] Man hat daher bisweilen – ausgehend von der nach 1918 in der neutestamentlichen Wissenschaft neu aufkommenden „hermeneutischen Frage" – Lohmeyers exegetischen Ansatz mit der theologischen Neuorientierung bei Barth[41] und Bultmann zusammenstellen wollen.[42] Das kritische Offenbarungsverständnis der dialektischen Richtung entsprach vor allem im Hinblick auf die Begriffe von Welt und Geschichte jedoch kaum den theologischen Voraussetzungen von Lohmeyers Exegese. Lohmeyers Ansatz stand unter diesem Gesichtspunkt dem gläubigen Realismus Paul Tillichs (1886–1966) näher als Barths Wort-Gottes-Theologie oder Bultmanns Theologie der Entscheidung. Tillich hatte sich schon 1922 von der dialektischen Richtung distanziert: „Er fand, es sei ‚etwas tatlos-Bequemes' in Barths Haltung, sie ende in ‚Supranaturalismus und Pietismus'."[43] 1926 relativierte Tillich die Verkündung eines geschichtsimmanenten, unbedingten Augenblicks unter dem Eindruck der realen Machtverhältnisse in der Weimarer Republik und entwickelte seine gläubig-realistische Sicht der Dinge:

„Der Geist der bürgerlichen Gesellschaft ist viel zu stark, als daß er durch Romantik, Sehnsucht und Revolution überwunden werden könnte. Seine dämonische Kraft ist viel zu groß (…). Und doch: wenn wir uns den neuen Realismus ansehen, es ist etwas anderes darin als Geist der bürgerlichen Gesellschaft. Es ist der Durchbruch zum Wesen darin, zum Dämonischen, das durchschaut, zum Göttlichen, das geglaubt wird. Es ist nicht der Realismus der in sich ruhenden Endlichkeit, sondern es ist ein Realismus, der offen ist für das Ewige. Es ist ein *gläubiger Realismus*. Und vielleicht ist dieses das letzte, was wir heute, in dieser Stunde, vom Kairos, vom Kommen der Ewigkeit in die Zeit, schauend und fordernd sagen können."[44]

Ähnlich hatte Lohmeyer 1925 seinen Glaubensbegriff formuliert: „Er ist das Durchbrechen durch die Gegenständlichkeit und Bedingtheit zu dem Unbedingten als dem letzten Grund und Wert der Gewißheit."[45] Tillich sprach 1930 in einer Anmerkung zu seinem Vortrag „Eschatologie und Geschichte" von der sachlichen Ferne seiner Theologie von derjenigen Barths, die doch nur dazu anleite,

„von der Wirklichkeit wegzuschauen, um das theologische Objekt in das Blickfeld zu bekommen. Die Wirklichkeit, von der so theologisch weggesehen wird, bleibt einer entleerenden Sachlichkeit überlassen, der Schöpfungsgedanke erhält keinerlei Erfüllung, die

---

[40] Lohmeyers Rezensionen von G. HOBERG (*Katechismus der biblischen Hermeneutik*, Freiburg 1922), E. V. DOBSCHÜTZ (*Vom Auslegen insonderheit des Neuen Testaments*, Halle 1922) und J. BEHM (*Heilsgeschichtliche und religionsgeschichtliche Betrachtung des Neuen Testaments*, Berlin 1922) klären dessen eigenen hermeneutischen Standpunkt (ThLZ 48, 1923, 461 ff.).

[41] WINDISCH, in: ThLZ 52, 1928, 512 ff.

[42] STEPHAN, Geschichte 346.

[43] SCHOLDER, Kirchen I, 63 f.

[44] TILLICH, Kairos 21.

[45] LOHMEYER, Gemeinschaft 25.

Geschichte hat nichts mit der Transzendenz zu tun. Ich meine dem gegenüber, es müsse einen theologischen Blick auf die Dinge geben, der bis dahin dringt, wo die Dinge von der Transzendenz zeugen."[46]

Vor diesem Hintergrund ist Lohmeyers Definition des Glaubensbegriffs im Neuen Testament in seinem Beitrag für Tillichs zweites Buch des Kairos-Kreises aufschlußreich:

„Kritische und gestaltende Prinzipien im Neuen Testament! Der urchristliche Glaube kennt kein beziehungsloses Nebeneinander beider Begriffe; ihm ist niemals Kritik das lediglich Negative, Gestaltung das einzig Positive. In beiden handelt es sich immer um das Ganze des Glaubens. Er weiß sich als das einzig Schöpferische in gläubigem Sinne, weil er die Tat dessen ist, der Schöpfer und Gestalter der Welt heißt; und weiß sich als das ewiger Kritik immer Ausgesetzte, weil er in seinem göttlichen Gewirktsein Tat des menschlichen und geschichtlichen Ichs bleibt."[47]

Barths „Exegese, die auf den Glauben als letzte Instanz sich beruft", hatte Lohmeyer schon drei Jahre zuvor im Namen einer „wissenschaftlichen und das heißt in weitestem, aber auch bestimmtesten Sinne einer historischen Exegese" prinzipiell abgelehnt.[48] Sinnfällig ist in diesem Zusammenhang auch Lohmeyers Charakterisierung von Bultmanns Jesus-Buch von 1926: „Was freilich dieses Buch ist und sein will, ist es nicht als ein Dokument historischer Erkenntnis, sondern als Zeugnis religiöser Apologetik."[49] Lohmeyers Beurteilung der dialektischen Theologie erinnert in gewisser Weise an die allgemeine innere Haltung der meisten bürgerlichen Intellektuellen dem Expressionismus gegenüber. Max Weber hatte den Expressionismus bereits 1918 als unverantwortlichen Mystizismus bezeichnet, und der symbolistische Dichter R. M. Rilke schrieb im September 1919 in einem Brief an Anni Mewes:

„Es ist so begreiflich, daß die Menschen ungeduldig geworden sind – und doch, was tut jetzt mehr Not als Geduld, Wunden brauchen Zeit und heilen nicht dadurch, daß man Fahnen in sie einpflanzt."[50]

Lohmeyers direkt an das reformatorische Schriftpinzip „scriptura sacra sui ipsius interpres" anknüpfende Exegese wurde später nicht mehr wesentlich modifiziert, in erkenntnistheoretischer Hinsicht jedoch vertieft und methodisch weiter begründet. In einem Artikel von Lohmeyers Breslauer Schüler W. Schmauch aus dem Jahre 1940 liest man daher auch:

„Dürfen wir die bisherigen Veröffentlichungen des früheren Breslauer, jetzt Greifswalder Neutestamentlers (...) zu seinem 50. Geburtstag einmal zusammenfassend überschauen, freilich ohne damit eine allgemeine Wertung, geschweige denn eine Einordnung

---

[46] TILLICH, Verwirklichung 291.
[47] LOHMEYER, Prinzipien 68 f.
[48] ThLZ 51, 1926, 467.
[49] ThLZ 52, 1927, 439.
[50] GAY, Republik 160.

in die Theologie der Gegenwart zu versuchen, so bietet ein Merkmal sich immer aufs neue an: Sachlichkeit in einem strengen und besonderen Sinn."[51]

Lohmeyer drang in seiner Exegese auf eine ihrem Gegenstand angemessene theologisch-philosophische Begriffsklärung, ohne jedoch auf eine im geschichtlichen Sinne ebenso sachlich notwendige religionssoziologische Verortung urchristlicher Literatur zu verzichten. In diesem Sinne kann man von einer „Zuspitzung der formgeschichtlichen Betrachtungsweise"[52] bei Lohmeyer sprechen, allerdings nur, wenn man damit auf die innere Nähe seiner exegetischen Methodik zum Symbolismus Georges und seines Kreises hinzuweisen gedenkt.

Lohmeyer betrieb seine Exegese neutestamentlicher Texte bewußt als eine wesentlich künstlerisch motivierte, ebenso theologisch wie philosophisch erklärende Tiefenschau dessen, was da steht. Die Frage nach der sachgerechten Auslegung einzelner Texte wurde für Lohmeyer damit zu einem prinzipiellen Sprach- und Verstehensproblem. Mit seinem hermeneutisch-theologischen Ansatz stand der vermeintliche „Georgeschüler"[53] Lohmeyer zwar ganz auf der Höhe seiner Zeit, blieb damit aber ein einsamer Vertreter seines Fachs. Ihm ging es im Gegensatz zu seinen Kollegen aus der dialektischen Theologie primär nicht um das offenbarungstheologische Problem der *Möglichkeit* menschlicher Rede vom Unbedingten, sondern um die Frage nach der theologisch-philosophischen *Bedeutung* religiöser Begriffsbildungen. Die Beantwortung der Frage, inwieweit Lohmeyer zum George-Kreis gehört hat, mag unterdessen noch zurückgestellt bleiben.[54] Seine Frau Melie hatte in Heidelberg zwischen 1918 und 1920 Vorträge des Georgeschülers Friedrich Gundolf (1881– 1931) besucht.[55] Man wird Lohmeyer jedoch nicht in gleicher Weise zum George-Kreis rechnen dürfen wie etwa Claus Graf von Stauffenberg.[56] Daß Lohmeyer die Dichtung Georges in besonderer Weise nahestand, kann dagegen kaum übersehen werden.[57] Lohmeyers stark vom Künstlerischen geprägte Persönlichkeit trug ohne Zweifel auch gewisse geheimnisvoll-charismatische Züge. So beschreibt ihn seine Tochter Gudrun noch nach Jahrzehnten: „Ihn umwehte Geistigkeit. Er erregte Aufsehen, wohin er auch kam – auch wenn er nichts redete."[58]

---

[51] SCHMAUCH, Geburtstag 260 f.
[52] STEPHAN, Geschichte 347.
[53] So WINDISCH, in: ThLZ 54, 1929, 247.
[54] Vgl. Kapitel VI.1.
[55] Mitteilung von G. Otto an den Vf. vom 26. September 2000. Zu Gundolf in Heidelberg vgl.: STRACK, Gundolf; SAUERLAND, Aristokratie.
[56] Gegen W. OTTO, Freiheit 165.
[57] HAUFE, Gedenkvortrag 9.
[58] Mitteilung von G. Otto an den Vf. vom 26. September 2000.

2. Lohmeyers Freundschaft mit Richard Hönigswald

Der berufliche wie private Freundeskreis des oft einsam im Reich des Geistes versunkenen Lohmeyer[1] bestand in Breslau weitgehend aus Akademikern jüdischer Herkunft. Dazu gehörten der 1933 zwangsemeritierte Historiker Richard Koebner (1885–1950), der Indologe Otto Strauß (1881–1940), der dem Neukantianismus verpflichtete konservative Vordenker des späteren Kreisauer Kreises Eugen Rosenstock-Huessy (1888–1973)[2] sowie bereits zu Beginn der Zwanziger Jahre der Mediziner und Philosoph Richard Hönigswald (1875–1947).[3] Im Kreise dieser im kantischen Sinne kritisch ausgerichteten Hochschullehrer bildete Lohmeyer das eigentliche ideelle Zentrum, zumindest in der Auffassung Hönigswalds. Dieser schrieb ihm 1935 im Rückblick auf die gemeinsam in Breslau verbrachte Zeit aus München: „Wenn die letzten Breslauer Jahre, auch akademisch, für mich relativ sehr fruchtbar waren, so danke ich das nicht zuletzt dem verständnisvollen Kreise, dessen Mittelpunkt Sie bildeten."[4] Dieser Kreis, dem Lohmeyer in maßgeblicher Weise angehörte, war mithin kein universitärer „George-Kreis"[5], sondern ein Freundeskreis von philosophisch Gleichgesinnten, eine „religionsphilosophische Arbeitsgemeinschaft unter Leitung von Prof. Lohmeyer", wie es die Breslauer Theologiestudentin Katharina Staritz (1903–1953) treffend formuliert.[6]

Die persönlichen Kontakte zwischen Lohmeyer und dem 15 Jahre älteren Hönigswald hatten sich seit 1921, dem Todesjahr von Hönigswalds zweiter Frau Gertrud, intensiviert.[7] Obwohl beide in Breslau lehrten, kam es ab 1924 zu einem regen Briefwechsel. Dieser Briefwechsel gibt für das politisch wie geistig düstere Jahrzehnt von 1930 bis 1940 nicht nur Zeug-

---

[1] G. OTTO, Erinnerung 40 f.

[2] WESSELING, Rosenstock-Huessy 688 ff. Lebensgefährtin von Rosenstock-Huessy wurde nach dem Tod seiner Frau Margit (1959) Freya von Moltke (*1911). Rosenstock-Huessy empfand sich als „ein wichtiger Anreger des Kreisauer Kreises vor 1933", dessen Ideen jedoch keine Verwirklichung fanden (KUEHNELT-LEDDIHN, Rosenstock-Huessy 85). Zum Kreisauer Kreis vgl.: MOMMSEN, Kreis; MOLTKE, Erinnerungen.

[3] GRASSL, Hönigswald (Literatur!).

[4] Brief Hönigswalds an E. Lohmeyer vom 8. August 1935 (W. OTTO, Briefe 87).

[5] W. Otto stellte 1990 fest: „Ernst Lohmeyer gehörte in Breslau einem Kreis der Universität an, der sich als George-Kreis verstand und der das Werk und die künstlerische Intention Stefan Georges aufnahm" (W. OTTO, Freiheit 154).

[6] ERHART/MESEBERG-HAUBOLD/MEYER, Staritz 86.

[7] 1902 hatte Hönigswald Hildegarda Goldberg (eine entfernte Verwandte) geheiratet. Die Ehe wurde später geschieden. 1914 heiratete Hönigswald Gertrud Grundwald (1893–1921). Aus dieser Ehe ging der US-amerikanische Sprachwissenschaftler Henry M. Hoenigswald (*1915) hervor. 1930 heiratete Hönigswald Hilde Bohn. 1934 wurde die Tochter Gertrud Maria (Trudy Glucksberg) geboren (GRASSL, Hönigswald 209 ff.).

nis von einer Freundschaft. Er dokumentiert ein problemgeschichtlich noch immer wichtiges theologisch-philosophisches Forschungsgespräch.[8]

In den frühen zwanziger Jahren begann mit dem gegenseitigen Besuch ihrer Vorlesungen die Freundschaft der beiden Breslauer Hochschullehrer. Diese Freundschaft war für einen Breslauer Studenten von besonderer Bedeutung: Jochen Klepper (1903–1942).[9] Bei Lohmeyer hörte Klepper 1923/24 Vorlesungen zu den Synoptikern sowie zur *Geschichte des Jüdischen Volkes.* Lohmeyers Frau Melie wurde Klepper in jener Zeit zu einer mütterlichen Freundin, die an dessen ersten dichterischen Gehversuchen verständnisvoll Anteil nahm, auch wenn sie die Mehrzahl der Gedichte Kleppers offenbar dem Papierkorb überantwortete.[10] Der im Rahmen eines universitären Hilfsprogramms als Tischgast im Hause der Lohmeyers verkehrende Klepper wurde nicht nur von den ästhetischen Elementen in Lohmeyers Theologie in seinen Bann gezogen. Durch die Freundschaft zwischen Lohmeyer und Hönigswald lernte Klepper auch „die Welt des fortschrittlich gebildeten Judentums" kennen, ein Umstand, der für sein weiteres Schicksal eine wichtige Rolle spielte.[11]

Der in Ungarisch-Altenburg geborene Hönigswald hatte zwischen 1892 und 1902 in Wien Medizin und von 1902 bis 1905 in Halle und Graz Philosophie studiert. In Wien war er durch die neopositivistische Schule des Physiologen Sigmund Exner (1841–1926) hindurchgegangen, hatte sich aber um die Jahrhundertwende von dem mechanistischen Menschenbild der „Zweiten Wiener Schule" und deren Begriff der Medizin als exakter Naturwissenschaft losgesagt.[12] 1904 promovierte Hönigswald mit einer erkenntnistheoretischen Untersuchung über David Humes Lehre von der Realität der Außendinge zum Dr. phil. und trat noch im gleichen Jahr zum evangelisch-reformierten Glauben über.[13] 1906 habilitierte er sich mit seiner Schrift „Beiträge zur Erkenntnistheorie und Methodenlehre" und zog nach Breslau um, wo er zum WS 1910/11 eine Titularprofessur erhielt.

---

[8] W. Otto hat eine Auswahl dieser im Privatnachlaß Lohmeyers aufgefundenen 159 Briefe und Postkarten herausgeben. Lohmeyers Antworten auf diese Schreiben gelten als verschollen. Hönigswald wurde am 9. November 1938 verhaftet und in das KZ Dachau verschleppt. 1939 gelang ihm die Emigration in die USA. Er starb 1947 in New Haven. Zum wissenschaftlichen Gespräch mit Lohmeyer vgl.: W. OTTO, Briefe; HUTTER-WOLANDT, Exegese 215 ff.

[9] IHLENFELD, Freundschaft 6 f. Inwiefern es zu einer Freundschaft zwischen Klepper und Lohmeyer kam (W. OTTO, Lohmeyer 136), mag dahingestellt bleiben. Nach Angaben G. Ottos vom 26. September 2000 dem Vf. gegenüber war *Lohmeyer* jedenfalls an Jochen Klepper nicht besonders interessiert.

[10] THALMANN, Klepper 32 ff.

[11] A.A.O., 39. Zu Klepper vgl.: W. OTTO, Klepper, in: DERS., Freiheit 135 ff.; WECHT, Klepper; BÜTTNER/GRESCHAT, Kinder.

[12] GRASSL, Hönigswald 37–204.

[13] A.a.O., 212.

Im Ersten Weltkrieg wurde er in Breslau als Lazarettarzt dienstverpflichtet und übernahm von 1916 bis 1919 in der Nachfolge William Sterns (1871–1938) das Extraordinariat für Philosophie, Psychologie und Pädagogik. Von 1919 bis 1930 war er Ordinarius in Breslau.[14] In der ersten Hälfte der 20er Jahre las Hönigswald hauptsächlich über neuere Philosophiegeschichte, allgemeine Methodenprobleme sowie pädagogisch-psychologische Grundbegriffe. Besondere Aufmerksamkeit widmete er in dieser Zeit in Übungen und Seminaren den „Grundlagen der Denkpsychologie".[15] 1925 schrieb Hönigswald an Melie Lohmeyer: „Ich sehe Ihren Mann fast täglich."[16] So kam es zu einem weitreichenden Gedankenaustausch, zur Entdeckung von verwandten Interessen und gemeinsamen Strukturen des Denkens. Die enge sachliche Gemeinschaft in der Erörterung von philosophischen Grundfragen fand ihren Ausdruck auch in der persönlichen Gesinnung eines besonderen Zusammengehörigkeitsgefühls, das sich auf die wissenschaftliche Arbeiten beider positiv auswirkte. Lohmeyer fand über Hönigswald neuen Zugang zu Grundproblemen der Philosophie, und Hönigswald begann, den Horizont seines Denkens vor allem im Hinblick auf metaphysisch-theologische Begriffbildungen zu erweitern. Kurz vor Weihnachten 1928 gestand Hönigswald in einem Brief seinem „verehrtesten, lieben Herrn Kollegen" Lohmeyer:

„Sie haben es mir oft in einer mich fast beschämenden Weise versichert, daß Sie sich durch meine bescheidenen Ansätze, den Sinn für eine wissenschaftliche Fragestellung in der Trostlosigkeit unserer zeitgenössischen Philosophie wach zu erhalten, entscheidend gefördert fühlen. Es gereicht mir zu inniger Befriedigung, es glauben zu dürfen. Aber ich bitte Sie, fest davon überzeugt zu sein, daß mir erst der Verkehr mit Ihnen den Sinn für die eigentliche Tiefe einer wissenschaftlich-theologischen Forschungsarbeit erschlossen hat (...). Die lebendige Einsicht nun, daß es auch von dem, was *über* der Geschichte steht, eine Wissenschaft geben müsse, habe ich von Ihnen."[17]

Diese Bemerkung bezog sich auf Lohmeyers „Grundlagen paulinischer Theologie", eine bewußt als kritische „Theorie des Glaubens" angelegte Schrift aus dem Jahre 1929, die Lohmeyer Hönigswald gewidmet und mit einem Wort Blaise Pascals überschrieben hatte: „Arbeiten wir daran, richtig zu denken; das ist das Prinzip der Moral." Hönigswald schrieb an Lohmeyer am 23. Dezember 1928: „Daß Sie bei der Erörterung der Grundlagen dieser Wissenschaft meine denkpsychologischen Arbeiten gebrauchen konnten, gilt mir nur als Beweis für die Richtigkeit meiner Überzeugung, daß Sie mir neue Instanzen für die Bewährung meiner Begriffe aufgezeigt haben."[18] Das galt insbesondere für Lohmeyers eschatologische

---

[14] W. OTTO, Briefe 11 f.
[15] GRASSL, Hönigswald 225 ff.
[16] W. OTTO, Briefe 30.
[17] A.a.O., 32.
[18] A.a.O.

Fassung des Zeitbegriffs. In einem Brief aus Karlsbrunn an seinen Breslauer Kollegen hatte Hönigswald im Sommer 1928 bereits bemerkt:

„Hier war es wirklich wunderbar (...). Unsere Kollegen sind zur Zeit in Oslo, wo sie die Vergangenheit fachmännisch zurechtrücken. Nun, es ist gut, daß die Zeit mit darüber ruhig hinweggeht und daß auch die Versuche des Zurechtrückens ‚geschichtlich‘ werden. Die ‚Zeit‘ aber bringt mich auf *die* Zeit, die nie vergeht, die eschatologische.“[19]

Lohmeyer hatte 1925 in seiner Abhandlung „Vom Begriff der religiösen Gemeinschaft" den Glauben als „das Erleben des Unbedingten als des letzten und höchsten Gewißheitswertes"[20] definiert und dabei Hönigswalds wissenschaftssystematische Termini auf das Urchristentum angewandt. An zentraler Stelle seiner Studie, in der Auseinandersetzung um die Begriffe von Seele und Geschichte, verwies Lohmeyer vor dem Hintergrund des Problems der „zeitlich-zeitlosen Bestimmtheit des Psychischen"[21] auf Hönigswalds Definition des Begriffs Präsenz in dessen Studien zur Denkpsychologie.[22] Die Begriffe Zeit und Geschichte sind bei Lohmeyer wie Hönigswald jedoch ihrerseits an einem Wort Goethes aus dem Buch der Sprüche (im Westöstlichen Diwan) orientiert: „Die Zeit ist mein Besitz, mein Acker ist die Zeit."[23] Bereits der Untertitel von Lohmeyers Abhandlung („Eine problemgeschichtliche Untersuchung über die Grundlagen des Urchristentums") machte deutlich, worauf es ihm wissenschaftlich ankam. Es ging ihm bei der Erforschung von Einzelbegriffe aus der Geschichte des Urchristentums darum, zu den besonderen philosophischen Grundlagen der christlichen Religion durchzustoßen. In der Einleitung zu seiner Untersuchung bemerkte Lohmeyer:

„Der Verengerung (...) des Raumes, auf den die Untersuchung sich erstreckt, steht also eine Verbreiterung der methodischen Absicht gegenüber. Aber es handelt sich bei solcher Zielsetzung um nichts anderes als darum, daß, um es in die Worte der bekannten Goetheschen Frage und Antwort zu kleiden, das ‚Allgemeine‘ in dem ‚einzelnen Falle‘ oder der einzelne Fall als das Allgemeine erfaßt und bestimmt werde (...). In der Doppelheit der Gesichtspunkte ist solch eine Untersuchung nichts anderes als ‚kritisch-historisch‘. Denn wie anders könnte ein Verfahren genannt werden, das aus der wissenschaftlichen Klärung

---

[19] W. OTTO, Briefe 31.

[20] LOHMEYER, Gemeinschaft 49.

[21] A.a.O., 41.71

[22] Die Arbeit erschien in der von Hönigswald herausgegebenen Reihe *Wissenschaftliche Grundfragen. Philosophische Abhandlungen.* Als Mitherausgeber zeichneten u.a. auch B. Bauch und E. Cassirer.

[23] Hönigswald stellt dieses Wort (GOETHE, Werke I 457) seinen denkpsychologischen Studien voran. Lohmeyer zitiert es an zentraler Stelle seiner Studie in Hinblick auf den Reich-Gottes-Begriff (LOHMEYER, Gemeinschaft 30).

der grundlegenden religiösen Begriffe das Kriterium zu gewinnen sucht, an dem ihre jeweilige geschichtliche Erscheinung gemessen werden kann und muß!"[24]

Die wissenschaftliche Nähe zwischen Lohmeyer und Hönigswald blieb keine ausschließlich akademische Angelegenheit. Von Anfang an wurden auch die Familien beider in diese Freundschaft mit einbezogen. Zu den äußeren Zeichen dieser engen familiären Verbindung gehörte nicht nur die Patenschaft Hönigswalds über die 1926 geborene Gudrun, sondern auch ein weitgehend gemeinsamer Freundeskreis, vor allem mit dem Ehepaar Koebner in Breslau.[25] Besonderen Anteil nahm Hönigswald an Lohmeyers Buch „Grundlagen der paulinischen Theologie", das er einmal sogar als „*unser* Paulus-Buch" bezeichnete.[26] Viel Lob fand Hönigswald auch für Lohmeyers Täufer-Buch[27], den Literaturbericht zur Johannesoffenbarung[28], die Monographie *Galiläa und Jerusalem*[29] sowie den Kommentar zum Mk-Evangelium. Schwer trug Hönigswald an der räumlichen Trennung nach seinem Wechsel an die Universität München im Sommer 1930. Seine ausführlichen Briefe an Ernst und Melie Lohmeyer aus dieser Zeit zeugen von einer rasch voranschreitenden inneren Emigration. Hönigswald zog sich auf seine Familie und die Studierstube zurück. Während er selbst in München unter der zunehmenden menschlichen und wissenschaftlichen Isolierung zu leiden hatte, blieb er Lohmeyer auch während dessen Kontroverse mit Hans Lietzmann (1931/32) eng verbunden.[30] Die Orientierung an der Wissenschaftlichkeit des eigenen Denkens hielt die Freundschaft zwischen Hönigswald und Lohmeyer am Leben. Und man kann sagen, daß es eben dieses gemeinsam hochgehaltene Wissenschaftsideal war, das in einer zunehmend von irrationalen Motiven geprägten Zeit durchaus zu einer Form prinzipiellen Widerstands werden konnte. Im Sommer 1932 bat Hönigswald seinen Breslauer Freund Lohmeyer:

„Schreiben Sie uns bald wieder. Denn je schlechter die Zeiten, umso dringender die Notwendigkeit, daß *diejenigen* zusammenbleiben, die *zusammengehören*. Das Gefühl solcher Zusammengehörigkeit aber, in einer langen Reihe schöner Jahre gefestigt, halten wir fest!"[31]

Lohmeyer hatte sich im April 1933 zusammen mit zwölf weiteren Hochschullehrern in einem von Rudolf Hermann (1887–1962) aufgesetzten

---

[24] LOHMEYER, Gemeinschaft 2. Lohmeyer bezieht sich auf Goethes Maxime: „Das Allgemeine und das Besondere fallen zusammen: das Besondere ist das Allgemeine, unter verschiedenen Bedingungen erscheinend" (GOETHE, Maximen 115).

[25] W. OTTO, Briefe 64 f.

[26] A.a.O., 39.

[27] A.a.O., 56 ff.

[28] A.a.O., 79.

[29] A.a.O., 97 ff.

[30] A.a.O., 48 ff.

[31] A.a.O., 56 (Hervorhebungen im Original).

Protestschreiben gegen die bevorstehende zwangsweise Ruhestandsversetzung Hönigswalds gewandt – auch wenn ihm ein „ganz scharfer" und „grundsätzlicher Protest" gegen das Vorgehen der staatlichen Stellen lieber gewesen wäre als die vorliegende „freundliche Sympathie-Erklärung", die nach außen hin nichts nütze und die Hönigswald nicht nötig habe. An Hermann schrieb er abschließend: „Ich sehe sehr düster in die Zukunft."[32] Am 25. Juni legte Martin Heidegger (1889–1976) sein zustimmendes Votum zur vorzeitigen Ruhestandsversetzung Hönigswalds vor, die zum 1. September 1933 auch erfolgte.[33] In den Jahren bis zu seiner Emigration in die USA (1938) erging immer wieder die Bitte Hönigswalds an Lohmeyer, ihn in München zu besuchen. 1935 faßte der 60jährige Hönigswald seine persönlichen Empfindungen Ernst und Melie Lohmeyer gegenüber so zusammen: „Das Schönste und für mich Wertvollste an Ihrem lieben Brief ist dies, daß er mir auch zum Anlaß meines Geburtstages nur wiederholte, was ich weiß, daß wir in aufrichtiger Freundschaft und treuester wechselseitiger Anteilnahme zueinander gehören. Das kann man von wenigen sagen."[34] Neun Monate vor seinem Tod schrieb Hönigswald – genau einen Tag vor Lohmeyers Hinrichtung durch den Sowjetischen Geheimdienst – in einer in New York verfaßten Erklärung:

„Ich kenne Professor Lohmeyer als bedingungslosen Gegner der nationalsozialistischen Herrschaft in Deutschland und als unversöhnlichen Feind jeder antisemitischen Tendenz, wie sich denn zu allen Zeiten in seinem engsten Freundeskreis Juden befanden, und er sich niemals, auch nicht auf der Höhe der nationalsozialistischen Herrschaft, gescheut hat, sich offen und rückhaltlos zu seinen jüdischen Freunden zu bekennen."[35]

---

[32] Brief Lohmeyers an R. Hermann vom 21. April 1933 (WIEBEL, Hermann 263)

[33] Zum Ganzen vgl.: SCHORCHT, Philosophie 159 ff., GRASSL, Hönigswald 236; ROCKMORE, Philosophie 171 ff.; WIEBEL, Briefwechsel 437 ff.

[34] Brief Hönigswalds an E. und M. Lohmeyer vom 8. August 1935 (W. OTTO, Briefe 86). Zu Heidegger vgl. Hönigswalds Brief an Lohmeyer vom 5. Oktober 1930: „Vor einer Woche passierte Koebner München, augenblicklich ist Stenzel [i.e. Julius Stenzel (1883–1933); Anm. d. Vf.] hier. Ich habe nicht verfehlt, ihm trocken zu sagen, was ich von Heideggers Philosophieren halte. Ich glaube, er hat sich meinen Argumenten nicht ganz verschlossen" (a.a.O., 41).

[35] A.a.O., 119.

3. Lohmeyer und das Verlagshaus von Vandenhoeck&Ruprecht

Mit seiner in theologischer wie philosophischer Hinsicht eigentümlichen Mittelstellung zwischen der jungen dialektischen Richtung einerseits und der älteren liberalen Theologie andererseits traf Lohmeyer auf einen Lebensnerv seiner Zeit. 1923 trat der Verlag von Vandenhoeck&Ruprecht an Lohmeyer heran, um ihn als Mitarbeiter für Meyers Kritisch-Exegetischen Kommentar zu gewinnen. Damit begann ein jahrzehntelanger, intensiver Briefwechsel zwischen Lohmeyer und der Verlagsleitung von V&R, der nach Lohmeyers Tod mit dessen Frau Melie fortgeführt wurde.[1] Gustav Ruprecht schrieb im Frühling 1923 an Lohmeyer:

„Nachdem wir von Ihrem Aufsatz über die Verklärungs-Geschichte in der Zeitschrift für neutestamentliche Wissenschaft[2] Kenntnis genommen haben, zweifeln wir nicht daran, daß Ihre Darstellungsgabe und Behandlungsweise für die Gefangenschaftsbriefe etwas Gutes bedeuten würde (...). Der Vorrat der Haupt'schen Bearbeitung ist nahezu ausverkauft, und wir möchten die zahlreichen durch Behinderungen der neuen Bearbeiter zur Zeit noch bestehenden Lücken des Gesamtwerkes nicht ohne dringende Not für längere Zeit vermehren."[3]

Der Verlag stellte es Lohmeyer frei, entweder eine Neubearbeitung der Kommentare von Erich Haupt (1841–1910) vorzunehmen, oder aber „eine völlig selbständige Arbeit (...) zu liefern", da sich die Umarbeitungen in früheren Fällen für Autor wie Leser oft als wenig erfreulich erwiesen hätten. Lohmeyer antwortete dem Verlag, daß er grundsätzlich gern bereit sei, den Auftrag zu übernehmen, allerdings nur unter der Voraussetzung, im Fall einer Neubearbeitung völlige Freiheit zu haben.[4] Aufschlußreich für Lohmeyers theologisches eigenes Interesse ist seine Mitteilung an den Verlag, daß er die vorliegende Anfrage in einem Augenblick erhalte, in dem er sich bereits entschlossen habe „ein größeres Werk, das an Probleme des 4. Evangeliums anknüpft, zu beginnen", und daß er es daher „vielleicht noch dankbarer begrüßt" hätte, wenn ihm die Bearbeitung des Johannes-Evangeliums übertragen worden wäre: „Aber wann dieser Plan ausgeführt werden kann, und ob das Werk, auch wenn ich es in einigen Jahren vollenden würde, gedruckt werden könnte, ist ja fraglich; und Ihre Anfrage kam so zeitig, daß ich noch nicht so tief in dem Stoff versessen war, um nicht jetzt noch wieder mich hinauszufinden."

---

[1] Der hier erstmals aufgearbeitete Briefwechsel zwischen Lohmeyer und dem Verlag von V&R – von 1923 bis 1937 geführt mit *Gustav Ruprecht* (1860–1950), von 1937 bis 1945 mit dessen Neffen *Hellmut Ruprecht* (1903–1991), nach 1945 mit G. Ruprechts Sohn *Günther Ruprecht* (1898–2001) – bietet wichtige Details zur Biographie und Theologie Lohmeyers.

[2] ZNW 21, 1922, 185 ff.

[3] Brief Gustav Ruprechts an Lohmeyer vom 5. Mai 1923.

[4] Brief Lohmeyers an V&R vom 9. Mai 1923.

Es sei ihm deshalb jetzt noch möglich, das vorliegende Angebot sofort zu übernehmen und seinen Lieblingsplan noch für einige Zeit zu verschieben. Als voraussichtliche Bearbeitungszeit gab Lohmeyer zwei Jahre an und bat am 16. Juni 1923 nochmals um eine rasche Zusendung eines Vertragsentwurfs. „Es würde mir aus persönlichen Gründen daran liegen, diese Zeit nicht ohne dringende Gründe zu überschreiten."[5] Die von Lohmeyer insgeheim erhoffte Bearbeitung des Johannes-Evangeliums war mittlerweile jedoch Rudolf Bultmann übertragen worden. Der Verlag teilte Lohmeyer am 19. Juni 1923 mit, der betreffende Band sei im Meyerschen Kommentar bedauerlicherweise nicht mehr frei. Im Hinblick auf die Kommentierung der „Gefangenschaftsbriefe" schrieb Ruprecht an Lohmeyer: „Sie werden gewiß in manchen Dingen bei einer Auslegung von Briefen eigene Wege gehen müssen. Auch Herr Prof. D. Dibelius hat seinerzeit in mancher Beziehung abweichen müssen."

Obwohl Lohmeyer keinen Kommentar zum Johannes-Evangelium verfaßt hat, wird man eben diese neutestamentliche Schrift als seine eigentliche theologische Leidenschaft verstehen müssen. Über das vierte Evangelium hielt Lohmeyer erstmals in Breslau im WS 1921/22 eine vierstündige Vorlesung. Diese Veranstaltung absolvierte er bis zum Winter 1943/44 insgesamt zehn Mal.[6] Dazu traten in Lohmeyers Gesamtverständnis „johanneischer Christologie" (so ein Seminartitel von 1938) auch die Seminare zur „Offenbarung des Johannes" (WS 1929/30, Sommersemester 1932, 1936, 1937) sowie zu den Johannesbriefen (WS 1925/26, 1927/28). Charakteristische Aspekte johanneischer Christologie hatte Lohmeyer dann vor allem bei seiner Kommentierung des Markusevangeliums zur Anwendung kommen lassen.

Am Ende des Monats signalisierte dann Lohmeyer seine Bereitschaft zur Kommentierung der „Gefangenschaftsbriefe". Die endgültige Regelung der materiellen Seite des Vertrags verzögerte sich jedoch infolge des Reichsmark-Sturzes vom Sommer 1923, der bei V&R zu gravierenden Produktionsstörungen geführt hatte. Noch im Januar 1924 war die wirtschaftliche Entwicklung in Deutschland so schwer kalkulierbar, daß

---

[5] Lohmeyer hatte wohl bereits 1922 auf eine Fortberufung von Breslau gehofft. Die Berufungsverhandlungen mit Göttingen (Brief von Ministerialdirektor Richter vom 7. Dezember 1922 – GStA PK, VI. HA, Nl Lohmeyer, Nr. 4/1) und Gießen (Brief von Ministerialdirektor Löhlein vom 3. März 1925; ebd.) belegen diesen Sachverhalt. – Die 1811 gegründete Breslauer Evangelisch-Theologische Fakultät galt jungen Dozenten offenbar nur als Übergangslösung (MEYER, Geschichte 150). 1928 versuchte der spätere BK-Theologe H.-J. Iwand (1899–1960), Lohmeyer nach Königsberg zu holen, was vom Ministerium in Berlin jedoch nicht bewilligt wurde (KOSCHORKE, Geschichte 71). Auch ein von Lohmeyer im gleichen Jahr unternommener Versuch eines Wechsels nach Bonn glückte nicht (HUTTER-WOLANDT, Exegese 226).

[6] HUTTER, Theologie 148 ff.

Lohmeyer sich dazu bereit erklärte, die finanziellen Fragen des Vertrags bis zur Drucklegung ganz auszusetzen, wenn ihm der Verlag die Herstellung des Werkes in der vereinbarten Auflage von 1500 Exemplaren garantiere und ihm zusichere, daß sich das Honorar dann später auch in den für „solide wissenschaftliche Arbeit" üblichen Grenzen bewegen werde.[7] Für die inhaltliche Gestaltung wie für die formale Einrichtung der Kommentare schlug Lohmeyer einige wichtige Neuerungen vor.

„Es war das häufig bemerkte Übel des Meyerschen Kommentars, daß in der Einzelerklärung zu viel totgelebtes Material mitgeschleppt wurde, was die Lesbarkeit u. Anziehungskraft behinderte. Um eine Erklärung geben zu können, die nicht mit allzu vielen Einzelheiten belastet, auch stilistisch abgerundet u. anziehend geschrieben ist, möchte ich Ihnen vorschlagen, die Erklärung in zwei Teile zu zerlegen: Der erste Hauptteil würde eine strenge u. genaue sachliche Erklärung enthalten, mehr thetisch als polemisch gehalten sein. Dieser Text könnte fortlaufend gesetzt werden; würde kaum fremdsprachliche Zitate bringen – ganz lassen sie sich nicht ausschalten, wenn ich auch bemüht sein würde, sie auf ein denkbar geringes Maß herabzusetzen. Der zweite Teil, eine Art Anhang und deshalb vielleicht durchweg in Kleindruck zu setzen, würde alles historische u. sonstige Material (...), auch die zustimmenden oder abweichenden Ansichten anderer Gelehrter bringen, u. ähnliches mehr. Die Druckeinrichtung wäre also ähnlich wie etwa in Reitzensteins[8] Hellenistischen Mysterienreligionen".

Hinsichtlich der Herausgabe der Kommentare bemerkte Lohmeyer:

„Die Gefangenschaftsbriefe sind als Ganzes kaum eine Einheit. Ich würde deshalb dafür sein, die Einleitungen zu jedem Briefe nicht für alle vier gemeinsam der Erklärung voranzustellen, sondern jedem Brief seine Einleitung zu belassen. Dann würde es sich im Grunde um vier Kommentare handeln, die freilich verschieden groß sein würden. Würde es sich da vielleicht nicht empfehlen, für die Herausgabe die Form einzelner Lieferungen zu wählen, die sich etwa über ein Jahr verteilen?"[9]

Der Verlag griff Lohmeyers drucktechnische Anregungen insgesamt positiv auf, stellte aber fest, „am Charakter des Meyerschen Kommentars als Repertorium" festhalten zu wollen, und dafür zu sorgen, daß „Seite für Seite alles zur Auslegung, von der Einleitung abgesehen, Nötige übersichtlich beisammen stehe." Im Hinblick auf den von Lohmeyer genannten Reitzenstein, der kaum als „Meister der Stoffbewältigung" zu bezeichnen sei, unterstrich Ruprecht seine Bitte um sprachliche Dichte bei der Kommentierung. „Wir haben nach der feingeschliffenen Form der literarischen Darstellung in einem Aufsatz von Ihnen in der neutestamentlichen Zeitschrift das volle Vertrauen zu Ihnen, daß Sie auch bei Wahrung des

---

[7] Lohmeyers Brief vom 4. Januar 1924.

[8] Gemeint ist der in Breslau geborene Altphilologe Richard Reitzenstein (1861–1931). Vgl. Lohmeyers Würdigung von Reitzensteins letzter Arbeit über *Die Vorgeschichte der christlichen Taufe* (DLZ 50, 1929, 1851 ff.).

[9] Lohmeyers Brief vom 4. Januar 1924.

Repertorium-Charakters des Meyerschen Kommentars Ihre Zwecke zu erreichen wissen werden."[10] Drei Tage darauf antwortete Lohmeyer:

„Ich freue mich, in den Fragen der geistigen Haltung und des Verhältnisses von geschichtlichem Stoff und sachlicher Erläuterung Ihnen weitgehend beistimmen zu können. Auch Windisch[11] scheint mir, so dankenswert sein neuer Kommentar auch ist, des Guten reichlich viel getan und darüber anderes zu sehr zurückgestellt zu haben. Sie können jedenfalls gewiß sein, daß ich in der Darbietung des geschichtlichen Stoffes auf das allernotwendigste Maß mich beschränkt habe, und formal mehr dem Beispiel Karl Barths folge, der doch das Verdienst hat, die Forderung sachlicher Kommentierung durch sein Beispiel nachdrücklich erhoben zu haben, so sehr ich ihm in allem Sachlichen auch entgegengesetzt bin. Auch hinsichtlich des Umfanges des Kommentars stimme ich Ihnen zu, und erkenne auch gern an, daß Sie nicht verpflichtet sind, mehr als 30 Bogen zu honorieren (...). Was Sie über die Frage des Satzbildes schreiben, hat mich sehr interessiert. Weil ich es für unbedingt erforderlich hielt, gerade für unser junges Geschlecht den Kommentar lesbar und anziehend zu gestalten, schlug ich damals vor, den rein philologisch-historischen Stoff in einem besonderen Anhang und in Petitsatz anzufügen; der Vorschlag scheint mir auch jetzt noch sehr erwägenswert. Denn so erhalten die Studenten und Pfarrer den sie vor allem interessierenden sachlichen Kommentar, lückenlos und ohne störende Zutaten; und nur diejenigen, die für eine einzelne Frage nach Belegen suchen, wären gezwungen sie hinten aufzuschlagen."[12]

Ein Vierteljahr später trug der Verlag – motiviert durch den Streit zwischen Karl Barth (1886–1968) und Adolf Jülicher (1857–1938) um die sachgerechte Auslegung neutestamentlicher Texte – weitere Fragen an Lohmeyer heran, die sich auch auf die praktisch-theologische Seite der Exegese bezogen.

„In dem Gegensatze Barth/Jülicher konnte die Einseitigkeit des Barthschen Römerbrief-Kommentars keine Lösung bringen, aber der Erfolg (von Barths Römerbrief erscheint jetzt bereits die 4. Auflage trotz des hohen Preises) zeigt, was für uns und den Meyerschen Kommentar auf dem Spiele steht, wenn hier kein befriedigender Ausgleich gefunden wird. Wir können den Absatz an weitere Kreise der Pfarrerschaft nicht entbehren, und wir müssen nach den so sehr besonnenen Ausführungen Schoells[13] doch wohl damit rechnen, daß wir diesen Absatz endgültig verlieren werden, wenn hier kein gesunder Ausgleich gefunden wird. Das würde aber das Ende des Meyerschen Kommentars bedeuten. Der Kommentar Prof. Windischs zum 2. Korintherbrief befindet sich jetzt im Druck und wird hoffentlich Ende Sommers fertig werden. – Herr Prof. Heitmüller hofft (erst!) 1925 die Synoptiker in Angriff nehmen zu können, und Herr D. Jülicher kann trotz seiner Emeritierung auch noch immer keinen Termin angeben, da er über Winter so sehr unter

---

[10] Ruprechts Antwort vom 15. Januar 1924.

[11] Lohmeyer spielt auf Hans Windischs (1881–1935) 1924 im ‚Meyer' erschienenen Kommentar zum 2. Korintherbrief an.

[12] Lohmeyers Brief vom 18. Januar 1924.

[13] Ruprecht verweist auf einen Aufsatz des Prälaten D. Schoell in der *Monatsschrift für Pastoraltheologie* (Brief an Lohmeyer vom 5. April 1924).

der Kälte gelitten hat, daß er kaum hat schreiben können. – Das ist zum Verzweifeln. Der Zahnsche Kommentar behauptet das Feld."[14]

Am Ende des Jahres 1924 teilte Lohmeyer dem Verlag mit, den Kommentar zum Philemon- und zum Kolosserbrief bis Sommer 1925 fertig stellen zu können, und schlug einen Druck in drei Lieferungen vor:

„So wird es erreicht, daß der Kommentar auf dem Markt bald erscheinen kann, was ja auch Ihren Wünschen entspricht, und daß der Druck sich über einen längeren Zeitraum verteilt. Denn die Zusammenstellung unter dem Titel Gefangenschaftsbriefe ist mehr zufällig und der Bequemlichkeit halber als aus wissenschaftlichen Gründen erfolgt. Diese Zerlegung hat außerdem den Vorteil, daß für die später erscheinenden Lieferungen die kritisch sich äußernden Stimmen noch zu Rate gezogen werden könnten."[15]

Ruprecht antwortete Lohmeyer im Januar 1925 mit einem umfangreichen Schreiben, das die grundsätzliche Position des Verlags hinsichtlich der wissenschaftlichen Ausrichtung des ‚Meyer' darlegte:

„Wir haben in den letzten Monaten das Problem der Fortführung des Meyerschen Kommentars vielfach hin und her gewälzt, denn wir stehen jetzt unmittelbar vor der Gefahr, daß sie für uns wirtschaftlich unmöglich wird, so daß wir es trotz der Wichtigkeit dieses altberühmten Werkes für die theologische Wissenschaft nicht mehr verantworten könnten, unser Kapital in ein Faß ohne Boden zu stecken. Die Herstellungskosten sind in Deutschland außerordentlich gestiegen und steigen weiter. Der Absatz wissenschaftlicher Werke aber ist in Deutschland immer noch weit hinter dem Friedensabsatz zurück, weil, wie aus Gelehrten-Kreisen immer wieder zu hören ist, man sich noch nicht wieder genügend an's Bücherkaufen gewöhnt hat, obwohl die Einkommens-Verhältnisse eine Besserung aufweisen (...). Es gibt natürlich eine ganze Reihe von Gebieten, besonders die technischen, für welche die Lage günstiger ist (...). Was die Lage von Meyers Kommentar noch so besonders verschärft, ist die anscheinend immer noch steigende Abneigung des theologischen Nachwuchses gegen alle grundlegende geschichtliche und philologische Arbeit (...). Daß das Seitenbild des Meyerschen Kommentars schon rein äußerlich abschreckend wirkt, hat aber auch innere Gründe: der massenhafte religionsgeschichtliche Stoff zerreißt die Darstellung zu sehr. Wenn auch die Reaktion in Gestalt der von Karl Barth und Gogarten vertretenen Richtung aus einer gewissen Einseitigkeit der bisherigen Richtung begreiflich und bis zu einem gewissen Grade berechtigt sein mag, so dürfen wir doch im Meyerschen Kommentar auf eine solide Grundlegung nicht verzichten, wie es Karl Barth in seinem Kommentar zum Römerbrief getan hat. Wenn er selbst auch erklärt, daß er die grundlegende philologische und historische Arbeit voraussetze, so darf doch ein für die Weiterentwicklung der exegetischen Wissenschaft verantwortliches Werk nicht auf die Darbietung der notwendigen Grundlagen verzichten. Aber einen kräftigen Anstoß zur Nachprüfung, ob nicht etwas mehr Ausgleich gefunden werden kann, sollte doch vielleicht der Barthsche Römerbrief-Kommentar gegeben haben, und ich möchte mich nach Ihrer Art der Hoffnung hingeben, daß Sie nach dieser Richtung den richtigen Weg für den Meyerschen Kommentar in die Zukunft bahnen werden. – Der Windisch'sche Kommentar zum 2. Korintherbrief ist eine gediegene und umsichtige Leistung und hat bereits von Prof. Lietzmann in der ZNW wertvolle Anerkennung gefunden, aber ich könnte es auch verstehen, wenn unser junges Theologen-Geschlecht

---

[14] Wilhelm Heitmüller (*1869) starb 1926 über seiner Arbeit an den Synoptikern.
[15] Lohmeyers Brief an Ruprecht vom 6. Dezember 1924.

vor der unglaublichen Fülle antiker Belegstücke, welche die Flüssigkeit der Darstellung beeinträchtigen, zurückschaudert. Ob es wirklich unerläßlich war, so viele Parallelen aus der heidnischen Philosophie anzuführen, daß die Behandlung mancher paulinischer Gedanken aus anderen Paulusbriefen, wie mir scheinen will, nicht zu ihrem vollem Rechte kommt? (...) Es gilt nur heute, dem Meyerschen Kommentar in der schwierigen Lage der Gegenwart das Leben zu retten, und das ist nicht nur eine wirtschaftliche Frage des Verlages. Ich wäre Ihnen außerordentlich dankbar, wenn Sie diese Äußerung lediglich zum Anlaß nehmen wollten, weiter zu erwägen, was Sie bei der Bearbeitung der Gefangenschaftsbriefe tun könnten, um, unbeschadet der wissenschaftlichen Gediegenheit des Werkes, es unserm heutigen theologischen Nachwuchs nicht gar zu leicht zu machen, sich mit einem Schein des Rechts dem Studium des Meyerschen Kommentars zu entziehen. Die Umfangsfrage spielt dabei natürlich auch eine Rolle."[16]

Mitten in diese Vorarbeiten zu den „Gefangenschaftsbriefen" fielen Lohmeyers Berufungsverhandlungen mit der Universität Gießen.[17] Er zog es jedoch vor, in Breslau zu bleiben, um seine wissenschaftliche Arbeit nicht unnötig zu behindern. Im Oktober 1926 war der Entwurf des Kommentars zum Philipperbrief fertiggestellt. Lohmeyer hoffte auf ein Erscheinen des Werkes im Herbst 1927, allerdings in einer gesonderten Ausgabe. „Die Zusammenfassung unter dem Namen Gefangenschaftsbriefe entbehrt der sachlichen und geschichtlichen Berechtigung und ist rein äußerlich."[18] Die Drucklegung der Kommentare zum Philemon- und Kolosserbrief erwartete Lohmeyer bis Anfang 1928, das Erscheinen des Kommentars zum Epheserbrief bis 1929, „so daß innerhalb 2 Jahren die Gefangenschaftsbriefe vollständig vorliegen würden."[19] Lohmeyer hatte das Manuskript seines Kommentars zum Philipperbrief bereits im Frühjahr 1927 fertig gestellt.

„Ich habe Ihnen nur die Erklärung (Text und Anmerkungen) geschickt. Es fehlt noch die Zusammenfassung, die Haupt in der Einleitung gab. Mir würde es am liebsten und sachlich am besten begründet sein, wenn man diese Zusammenfassung als II. Teil dem I. Teil der Erklärung folgen ließe. Das entspricht freilich nicht der Meyerschen Tradition; aber immer zehrt ja die ‚Einleitung' von den Ergebnissen, die in der Exegese der Einzelstellen gewonnen sind (...). Den Text habe ich von Fremdsprachlichem so weit als möglich entlastet, und alles Material in die Anmerkungen verwiesen."[20]

Die Umfangsberechnungen für die Drucklegung des Manuskripts stellten den Verlag jedoch vor ein offenkundiges „Rätsel", da Lohmeyers Arbeit

---

[16] Ruprechts Brief an Lohmeyer vom 17. Januar 1925. Den Umfang des Kommentars möchte der Verlag auf „möglichst nicht über 30 Bogen" beschränkt wissen.

[17] Lohmeyers Brief an Ruprecht vom 27. März 1925.

[18] Lohmeyers Brief an Ruprecht vom 14. Oktober 1926.

[19] Lohmeyers Brief an Ruprecht vom 25. Oktober 1926. Zum Eph hatte Lohmeyer in den *Theologischen Blättern* eine Untersuchung geliefert, die von dem Jenaer klassischen Philologen Albert Debrunner (1884–1958) heftig angegriffen worden war. Vgl.: E. Lohmeyer, *Das Proömium des Epheserbriefes*, in: ThBl 5, 1926, 120 ff., Debrunners Kritik *Grundsätzliches über Kolometrie im Neuen Testament*, (a.a.O., 231 ff.), Lohmeyers *Replik* (a.a.O., 233) und Debrunners *Duplik* (a.a.O., 234).

[20] Lohmeyers Brief an Ruprecht vom 22. März 1927.

die vereinbarte Umfangsgrenze um nicht weniger als das 2½-fache überschritten hatte: „Wir sind um so ratloser diesem Befunde gegenüber, als die wirtschaftliche Lage der Pfarrer wie der Studentenschaft sich seither keineswegs gebessert hat, und als die Klagen der Herren Dozenten, daß der Betrieb der Wissenschaft kaum mehr aufrecht zu erhalten sei bei der bedrängten Lage der Studenten, die ganz besonders die theologischen hindert, auch nur die nötigsten Handbücher anzuschaffen, immer dringlicher werden." Ruprecht sprach Lohmeyer gegenüber insbesondere von einem „glatten Zuwachs" durch theologische Auslegung.[21] Lohmeyer verteidigte in seiner Antwort an Ruprecht vom 27. März 1927 den größeren Umfang seines Kommentars:

„Daß der Umfang des Kommentars über zwanzig Bogen beträgt, ist gewiß äußerlich zunächst erschreckend für Sie. Aber ich bitte dabei folgendes zu bedenken: Der Hauptsche Kommentar war ein einziger dicker Band von über 36 Bogen: Nach unseren Vereinbarungen werden statt dieses einen drei Bände entstehen. Dadurch wird der Absatz, wie mir scheint, nur erleichtert (...). Die heutige Kommentararbeit muß, wie Sie selbst sagen, stärker sachlich theologisch gerichtet sein. Dementsprechend sieht man denn überhaupt die Kommentare wachsen.[22] Nicht nur Barths Römerbrief hat weit über das Doppelte von dem Umfang meines Kommentars, Zahn begnügt sich auch nirgends mit einem, sondern in den letzten Jahren immer nur mit zwei dicken Bänden (s. Offenbarung Johannis, Apostelgeschichte). An dem Lietzmannschen Handbuch ist die Vergrößerung des Umfanges ebenso deutlich. Das ist bei der stärkeren Durcharbeitung der verschiedensten Probleme auch kaum möglich. Das Ergebnis kann auch hier nur sein, daß ein heutiger Kommentar umfangreicher wird als einer, der vor 25 Jahren geschrieben ist (...). Wenn Sie mein Manuskript durchsehen, werden Sie finden, daß ich alles historische und sonstige Material so knapp wie möglich [sc. gehalten] und in die Anmerkungen verwiesen, daß ich ferner überall wo ich bereits früher Gesagtes übernehme, mich mit den kürzesten Andeutungen begnügt habe. Die große Menge der Ausführungen bedeutet, wie Sie es nennen, einen ‚glatten Zuwachs' an theologischer Exegese. Dadurch ist aber, wie ich glaube sagen zu dürfen, der Kommentar und mit ihm der Brief auf eine neue Grundlage gestellt.[23] Wenn sie genügend gesichert sein sollte, so war wiederum eine Vergrößerung des Umfanges nicht zu vermeiden (...).[24] So scheint mir bei näherer Betrachtung der Umfang des Kommentars nicht so erstaunlich, ja vielleicht als notwendig. Es ist mit ihm ähnlich gegangen wie mit meinem Kommentar zur Offenbarung Johannis. Er sollte nicht mehr als 6 Bogen betragen, und es sind aus ähnlichen Gründen 13 Bogen geworden. Und ich höre von dem Verlag, daß er sich sehr gut verkauft (...). Ich will natürlich ebenso wie Sie die Zukunft des Meyerschen Kommentars sichern; aber ich glaube, daß das besser durch eine wissenschaftliche Leistung geschieht, mag sie auch noch so umfangreich sein, als durch Verkürzung auf ein vielleicht früher einmal mögliches Maß.[25] Deshalb kann ich nur zu weitgehender Anwendung von Petitdruck raten (...). Im Übrigen glaube ich, daß jeder Kommentar, mag er umfangreich sein, sich durchsetzt, wenn er seinen Wert in sich

---

[21] Ruprechts Brief an Lohmeyer vom 25. März 1927.

[22] Lohmeyers Brief vom 27. März 1927.

[23] An dieser Stelle vgl. Ruprechts handschriftliche Notiz: „Das ist nicht vereinbart."

[24] Vgl. dazu Ruprechts Anmerkung: „Aber nicht *diese* Vergrößerung."

[25] Ruprecht kommentiert am Rande: „Davon ist keine Rede!"

trägt. Daß das bei meinem Kommentar der Fall ist, glaube nicht nur ich versichern zu können, sondern haben mir Kollegen versichert, denen ich Teile des Manuskriptes zu lesen gab."

Ruprecht bat Lohmeyer, sein Manuskript nochmals durchzusehen und zu prüfen, ob nicht die Veröffentlichung einiger Partien des Kommentars „an anderer Stelle" erledigt werden könnte.[26] Zudem stellte er fest, daß von drei Kommentar-Bänden nie die Rede gewesen sei. Der starke Umfang des Kommentars zum Philipperbrief führe jetzt zu „ganz neuen Überlegungen" auch hinsichtlich der Herausgabe des Kolosser- und des Philemonbriefes. Auch wenn man zugestehen müsse, daß die Kommentare allgemein im Umfang gewachsen seien, so könne es sich der Verlag derzeit dennoch finanziell nicht erlauben, einen Kommentar zum Philipperbrief zu veröffentlichen, der genau umgerechnet auf Buchstaben- und Seitenzahl „etwa 4mal so umfangreich als der Barthsche Römerbrief-Kommentar" werden würde. Der Meyer'sche Kommentar drohe zwischen Lietzmanns „Handbuch zum Neuen Testament" und dem Zahnschen Kommentarwerk aufgerieben zu werden: „Daß der Zahn'sche Kommentar mit seinen höheren Preisen als unser Meyer'scher Kommentar noch neue Auflagen erlebt, liegt an seinem konservativen Ruf und daran, daß in den konservativen Kreisen noch die textgemäße Predigt herrscht, die Kommentare nötig macht und die Zahn'schen verdauen läßt, wenn sie auch noch so trocken sind." In der gegenwärtigen Situation begnügten

„viele Pfarrer sich eben bei heutigem Geldmangel und dem Fehlen der wichtigsten Bände im Meyerschen Kommentar mit dieser dem neuesten Stande der Wissenschaft entsprechenden soliden Grundlage, soweit sie nicht richtungsmäßig dem Zahnschen Kommentar zufallen (...). Wir sind gern bereit, Ihnen nach Ihrer Rückkehr von Paris[27] Ihre Handschrift noch einmal wieder zuzusenden, was auch deswegen schon nötig sein wird, damit sie selbst alles das, was weiterhin noch in Petit gedruckt werden könnte, am Rande bezeichnen können."

---

[26] Ruprechts Brief vom 12. April 1927.

[27] Lohmeyer hatte am 20. April 1927 in Paris einen Vortrag über den Martyriumsgedanken gehalten. Diese zu Ehren des 70. Geburtstags von Alfred F. Loisy (1857–1940) vorgetragene freie Rede Lohmeyers erschien in Deutschland in der *Zeitschrift für Systematische* Theologie unter dem Titel „Die Idee des Martyriums in Judentum und Urchristentum" (ZSTh 5, 1928, 232 ff.) sowie zweimal in Frankreich („L'idee de martyre dans le judaïsme et dans le christianisme primitif", in: RHPhR 7, 1927, 316 ff. sowie in: P. L. Couchoud, Jubilé A. Loisy. Congrès d'Histoire du Christianisme, Annales d'Histoire du Christianisme, Paris/Amsterdam 1928, 121 ff. 1928). In Italien erschien der Aufsatz in: RicRel 3, 1927, 318 ff. R. Hönigswald schrieb an das Ehepaar Lohmeyer am 18. April 1927: „Wenn Sie diese Zeilen mit meinem herzlichen Dank für Ihre freundlichen Kartengrüße aus Süddeutschland erreichen, wirbeln Sie bereits in den Wellen des Pariser Lebens und in der Religionsgeschichte. Dazu meine herzlichen Wünsche" (Briefliche Mitteilung von K.-J. Otto an den Vf. vom 9. Dezember 2001).

Im Laufe des Jahres kam es zwischen Lohmeyer und dem Verlag zu neuen Fragen hinsichtlich der Herausgabe sowie der Honorierung des Philipperbrief-Kommentars.

„Daß wir Ihnen in der Honorierung des Kommentars auf's Äußerste entgegenkommen werden, davon dürften Sie wohl nach allem Bisherigen überzeugt sein. Vorläufig sehen wir doch nur, daß der Rahmen des Meyerschen Kommentars durch den Umfang Ihres Kommentars gesprengt war. Wie die Kürzung bewerkstelligt und bei Herausnahme der Ausführungen über die paulinische Theologie die Exkursfrage gelöst werden wird, ist uns unbekannt. Wir finden nur die eine Äußerung von Ihnen, daß Sie den Kommentar durch Zuwachs an Exegese auf eine neue Grundlage gestellt haben."[28]

Von einer Veröffentlichung der auszuscheidenden Teile in einer Monographie riet Ruprecht ab, auch da die Honorierung solcher Arbeiten nur selten noch möglich sei.

„Könnten Sie denn nicht z.B. aus den auszuscheidenden Teilen eine abgerundete Darstellung der Theologie des Paulus machen, die über die engeren Fachkreise hinaus von Bedeutung werden müßte? Ich bitte Sie darum, diese Frage zu prüfen und uns vertrauensvoll Ihren Kommentar zum Philipperbrief und die daraus erwachsene Arbeit über die paulinische Theologie druckfertig zuzusenden, und wiederhole, daß wir dann gern unsere bestmöglichen Vorschläge unterbreiten werden."

Mitte Juni kündigte Lohmeyer dem Verlag für Anfang Juli die Zusendung der gekürzten Fassung seines Manuskripts an.

„Ich habe, wegen eines leichten Unfalles, eine Pause in meiner Arbeit machen müssen, sonst hätte ich Ihnen das Manuskript des Philipper-Kommentars in seiner endgültigen Gestalt schon geschickt (…). So weit ich bisher sehen kann, wird das Manuskript dann etwa 300 Seiten Text und 200 Seiten Anmerkungen enthalten; das bedeutet gegenüber dem Früheren eine Kürzung um mehr als ein Drittel. Dabei ist der Text durch Zufügung einer deutschen Übersetzung vermehrt. Exkurse sind ganz fortgefallen."[29]

Positiv griff Lohmeyer Ruprechts Vorschlag über das Paulusbuch auf, ohne sich jedoch genauer festzulegen.

„Was die Monographie zur paulinischen Theologie betrifft, so bin ich Ihnen für Ihre Anregung aufrichtig dankbar. Die auszuscheidenden Partien zu einer abgerundeten Gesamtdarstellung umzuarbeiten, ist freilich nicht einfach. Denn diese Partien sind die ersten Bausteine zu einer Grundlegung des paulinischen Denkens; ihnen müssen noch manch andere Einzeluntersuchungen folgen, ehe der ganze Bau klar und übersichtlich geformt werden kann. Das bedeutet aber, daß ich sogleich an eine Gesamtdarstellung nicht gehen kann; wohl aber will ich das Ziel gern im Auge behalten. Es kommt zweierlei hinzu: Zu solcher Darstellung möchte ich die noch fehlenden Kommentare zu Kolosser, Philemon, Epheser beendet haben. Dann – aber dieses bitte ich vertraulich zu behandeln – bin ich mit der Vorbereitung eines größeren Werkes über die Geschichte des Ur-

---

[28] Ruprechts Brief vom 11. Juni 1927.
[29] Lohmeyers Brief an Ruprecht vom 14. Juni 1927. Diese Exkurse erschienen von 1927 bis 1930 in der ZNW als Aufsatzreihe (*Probleme paulinischer Theologie I–III*).

christentums beschäftigt. Es wird kaum vor fünf Jahren[30] vorliegen; aber angesichts dieses größeren Planes kann ich mich jetzt noch nicht entscheiden, ob ich bald an eine Gesamtdarstellung der paulinischen Theologie mich machen würde, die einen Teil jenes Planes darstellt."[31]

Zwei Tage darauf schrieb Ruprecht an Lohmeyer voller Enthusiasmus:

„Das wäre ja ein ganz außerordentlich begrüßenswertes Unternehmen, wenn Sie die jetzt ausgeschiedenen Partien Ihres Kommentars zu einer Gesamtdarstellung des paulinischen Denkens abrundeten und weiterhin eine Geschichte des Urchristentums schrieben, als deren Teil dann wohl das erste Werk vorweg erscheinen könnte (...).[32] Uns interessiert die Sache umso mehr, als das Weiß'sche Urchristentum wohl kaum neu bearbeitet werden kann oder doch ein ganz neues Werk von einem Sachkenner wie Ihnen von uns einer Galvanisierung des alten Werkes vorgezogen werden würde."[33]

Nicht einverstanden erklärte sich Ruprecht dagegen mit Lohmeyers eigenartiger Lösung der Exkursfrage. Da der vollständige Verzicht auf diese Teile „eine Neuerung im Meyerschen Kommentar" darstelle, wüßte man im Verlag gerne, ob Lohmeyers Gründe für diese Neuerung auch für andere Teile des Werkes gelten sollen. Während der Satz des Kommentars in Druck genommen wurde, kam es zu weiteren Komplikationen. Diese betrafen nicht nur die Anordnung von Widmung, Vorwort, Inhaltsverzeichnis, Register und Literaturverzeichnis[34], sondern auch das Problem des Gesamttitels sowie die Frage nach Stellung und Umfang der geplanten Einleitung. Am 18. August bemerkte Lohmeyer Ruprecht gegenüber:

„Die Schwierigkeiten, von denen Sie in Ihrem heutigen Briefe schreiben, scheinen mir von einer Meinung herzurühren, die ich für unrichtig halte. Sie sprechen von Einzelausgaben und Gesamttitel; ich bin der Meinung – und wir waren dahin ja übereingekommen – daß es eine Zusammenfassung der 4 paulinischen Briefe unter dem Namen Gefangenschaftsbriefe, den ja Haupt erst in den Meyer eingeführt hat, nicht mehr geben soll (...). Ich muß auch aus wissenschaftlichen Gründen darauf dringen, daß die Briefe gesondert werden. Es erscheint mir also klar zu sein, daß dieser Kommentar seine besondere und nicht bloß eine vorläufige Titelei bekommt; Sie mögen ihn einen Halbband nennen; nur lege ich den Nachdruck darauf, daß der noch folgende ‚Halbband‘ genau so selbständig ist wie dieser jetzige und mit ihm nicht durch Gesamttitel verbunden wird. Deswegen ist auch das Vorwort nicht ein provisorisches, sondern ein endgültiges; deshalb bitte ich darum, daß auch der Widmung eine besondere Seite eingeräumt wird. Wenn es Ihnen lieber ist, mag das Literaturverzeichnis auch am Ende stehen; ich bitte dagegen: nicht zwischen Einleitung und Erklärung. Und wenn Sie das Inhaltsverzeichnis lieber in der

---

[30] Der erste Band der Fragment gebliebenen Gesamtdarstellung erschien Ende 1932.

[31] Lohmeyers Brief vom 14. Juni 1927.

[32] Ruprecht bemerkt: „Ohne daß es darum jetzt schon so bezeichnet werden müßte."

[33] Ruprechts Antwort vom 16. Juni 1927.

[34] Brief Lohmeyers vom 8. August 1927. Ruprecht bemerkt am Rande: „Also noch ½ Bogen mehr!"

Einleitung sehen wollen, so ist mir das auch recht, obwohl ich es weniger passend finde. Aber auf dem zuerst erwähnten Punkt muß ich bestehen bleiben."[35]

Die Korrekturen des gedruckten Manuskripts nahm Lohmeyer dann zusammen mit seinem Königsberger Kollegen und Freund aus Berliner Zeiten H. H. Schaeder (1896–1957) vor. Barth und Lohmeyer tauschten sich gegenseitig die Revisionsbogen ihrer Arbeiten zum Philipperbrief aus, bevor deren endgültige Drucklegung erfolgte.[36] Lohmeyer hat nach der Lektüre von Barths Erklärung des Philipperbriefes sein Manuskript offenbar nochmals stark stilistisch und inhaltlich überarbeitet. Dies geht indirekt aus dem Brief Ruprechts an Lohmeyer vom November 1927 hervor, in dem die Verlagsleitung Lohmeyer eindringlich darum bittet, seine Korrekturen auf das Nötige zu beschränken.

„Wenn wir auch mit etwa 3–4 Stunden Korrektur zu rechnen pflegen, die von den meisten Autoren (…) nicht voll in Anspruch genommen werden, so ist es uns unmöglich, den so erheblich (bis zu 9 Stunden auf den Bogen) darüber hinausgehenden Umfang Ihrer Korrekturen auf uns zu nehmen. Diese über das sonstige Maß hinausgehenden Korrekturen bestehen aus Änderungen stilistischer Art entgegen der Handschrift, die druckfertig sein sollte, und aus Zusätzen innerhalb der Zeilen, wobei ich gleich bemerke, daß alle Einschübe am Ende von Absätzen und Abschnitten niemals in die Korrekturzeit-Berechnungen hineingenommen werden, da die darauf verwandte Zeit ja in der Berechnung des Satzumfangs zum Ausdruck kommt."[37]

In seiner Antwort stellte Lohmeyer lapidar fest, ein wissenschaftliches Manuskript sei „eben kein Eisenbahnfahrplan". Mit einem ironischen Hinweis auf das Beispiel Theodor Mommsens (1817–1903), der bekanntlich von den gedruckten Fahnen häufig kein Wort unverändert gelassen habe, versprach Lohmeyer aber, sich in Zukunft zu bemühen, so wenig wie möglich zu ändern. Zum Jahreswechsel 1927/28 deutete sich insgesamt eine Verstimmung zwischen Lohmeyer und dem Verlagshaus von V&R an. Grund hierfür war zweifellos Lohmeyers Entschluß, seine Darstellung der „Grundlagen paulinischer Theologie" im Verlag von J. C. B. Mohr (Paul Siebeck) zu veröffentlichen. Lohmeyer versuchte in seinem Brief an Ruprecht vom 12. Februar 1928, etwaige Mißverständnisse aufzuklären. Zunächst ließ Lohmeyer den Briefwechsel zum Problem Revue passieren:

„Im Sommer 27 handelte es sich zunächst um die Monographie, die die ausgeschiedenen Teile meines Kommentars aufnehmen sollte. Sie schrieben mir auf meine Anfrage, daß

---

[35] Lohmeyers Brief vom 18. August 1927.

[36] Postkarten Lohmeyers an Ruprecht vom 21. September und 5. Oktober 1927. Barths „Erklärung des Philipperbriefs" erschien 1927. Lohmeyer hatte sich bereits kritisch mit Barths Vorlesung „Die Auferstehung der Toten" von 1924 auseinandergesetzt. Nach Lohmeyer bedarf historische Erkenntnis nicht des Glaubens als ihres Korrektivs, sondern nur „die Besinnung auf ihre eigenen methodischen und sachlichen Grundlagen" (ThLZ 51, 1926, 471).

[37] Ruprechts Brief vom 19. November 1927.

für uns den Wert einer Anzeige, der die Opferung des Besprechungsstücks aufwiegt. Daß Ihre Auslegung als barthianisch bezeichnet worden ist, haben wir mit Gleichmut aufgenommen.[49] Haben wir doch die Sucht der Durchschnitts-Theologen, alles partei-mäßig zu rubrizieren, seither in den richtungsmäßigen Kennzeichnungen unseres Verlages erfahren müssen. Jeder Verständige muß schließlich an der Haltung unseres Verlages erfahren, daß unser Verlag nur dadurch, daß wir uns grundsätzlich jeder gediegenen neuen Forschung offen halten, wertvoll und lebenskräftig erhalten werden kann (...). Sollte es Sie dann nicht vielleicht locken, uns eine neutestamentliche Theologie zu schreiben (...)? Die wieder ansteigende Kurve des theologischen Studiums aber läßt auch für den Autor einen Lehrbuchplan lohnend erscheinen. Für so umfangreiche Lehrbücher, wie in den früheren Zeiten, ist die wirtschaftliche Lage der Studierenden freilich heute und auf unabsehbare Zeit zu ungünstig. Aber wenn diese Klippe glücklich umschifft werden kann, dann könnten wir Ihnen auch ein gutes Honorar von etwa 10 v. H. des Ladenpreises bieten."[50]

Lohmeyer zeigte sich gerührt von „so viel persönlicher Teilnahme" den Gang seiner Arbeit betreffend, und bedankte sich nachdrücklich für „das schöne Vertrauen", das man in ihn setze. Der Plan einer solchen Arbeit be-rühre sich eng mit dem seiner Urchristentums-Geschichte, die ohnehin „im wesentlichen eine neutestamentliche Theologie werden" würde. Eine sol-che Arbeit könne aber erst nach Fertigstellung der Kommentare zu den Evangelien in Angriff genommen werden.

„Zur Zeit drängen die letzteren mich auch fast mehr, und sehe ich mich genötigt, gerade als Vorstudie zu den synoptischen Evangelien über die Grundlagen theologischer For-schung überhaupt zu schreiben. Doch muß sich das im Winter erst klären, und ich muß erst den Gang meiner Arbeit besser überschauen, ehe ich genaueres sagen kann."[51]

Der hier angekündigte Übergang zu systematisch-theologischen Fragestel-lungen ist in Lohmeyers Arbeiten in den Jahren 1929/1930 in der Tat mit Händen zu greifen. Dazu gehören nicht nur seine an der Philosophie Hönigswalds orientierten „Grundlagen paulinischer Theologie" – eine systematisch angelegte Studie um das Denken des Paulus als Metaphysiker – sondern auch eine Zahl kleinerer Arbeiten zu prinzipiellen Fragen der Theologie.[52] Solche wissenschaftstheoretischen Probleme bestimmten in diesem Zeitraum auch Lohmeyers Vorlesungstätigkeit. Zwischen 1927 und

---

[49] Auch Karl Beth (1872–1959) hatte Lohmeyer als dialektischen Theologen ein-gestuft. Am 29. Juli 1932 schreibt Hönigswald an Lohmeyer: „Als ich Ihren Namen nannte, lieber Freund, da meinte dieser ‚Systematiker', Sie stünden doch Barth und Go-garten *ganz nahe*. Natürlich brach ich das Gespräch sofort ab" (W. OTTO, Briefe 55).

[50] Ruprechts Brief vom 13. September 1929.

[51] Lohmeyers Brief vom 18. September 1929.

[52] Vgl. Lohmeyers Aufsätze „Kritische und gestaltende Prinzipien im NT" (1929); „Der Begriff der Erlösung im Urchristentum" (1929); „Hegel und seine theologische Bedeutung" (1931).

1931 las Lohmeyer wiederholt über „Die wissenschaftlichen Grundlagen der Theologie".[53]

Um prinzipielle theologische und methodologische Fragen ging es Lohmeyer auch bei seinen Ratschlägen, die er Ruprecht hinsichtlich der Wahl geeigneter Bearbeiter der verbleibenden Neuauflagen im Meyerschen Kommentar gab, vor allem für die Vergabe des Galater- und Hebräerbriefes. Der Hallenser Neutestamentler Ernst v. Dobschütz (1870–1934) hatte unter vorläufiger Zurückstellung des Hebräerbriefes zunächst die Paulusbriefe an die Römer und an die Galater für den ‚Meyer' zu bearbeiten übernommen, dann aber aus Zeitgründen absagen müssen und dem Verlag als neuen Bearbeiter Erich Fascher (1897–1978)[54] vorgeschlagen, der schon zweimal über den Galaterbrief gelesen hatte. Dagegen hatte Ruprecht Bedenken gehabt. Fascher habe zwar wohl mit „großem Fleiß gearbeitet", jedoch schon in seiner Schulzeit „keine sich über den Durchschnitt erhebende Begabung" gezeigt. „An unserem Verlag ist er wohl vorübergegangen, weil seine erste Arbeit Prof. Bultmanns Buch über die ‚Synoptische Tradition' angriff." Der Verlag sei fast geneigt, auch für den Hebräerbrief noch einen anderen „erstklassigen Bearbeiter" zu finden, denn man befürchte, daß „v. Dobschütz jetzt andere Pläne mehr verfolgt und vielleicht in seinen Kommentaren nicht mehr die anregende und weiterführende Kraft entwickeln wird, die wir für ein so grundlegendes Werk, wie den Meyer'schen Kommentar, brauchen. Er hat auch wohl nur wenige Hörer in Halle."[55] Lohmeyer stimmte Ruprechts Urteil zu.

„Daß Sie nicht länger warten wollen, ist selbstverständlich; wenn das Meyersche Werk auf Jahre hinaus noch ein Torso bleibt, dann zerbröckelt es immer mehr. Aber es fehlen andererseits auch die Kräfte, die diese Aufgabe gut und bald lösen würden."

K. L. Schmidt sei derzeit durch sein neues Bonner Amt belastet, Julius Schniewind mit der Erklärung der Evangelien für das NTD und Johannes Behm als Mitarbeiter am Zahnschen Kommentar beschäftigt. Georg Bertram[56] besäße „vielleicht wohl die Zeit", nicht aber die Kraft: „… seine letzten Arbeiten scheinen sich mir ins Absonderliche zu verlieren."[57] Lohmeyer rät Ruprecht, entweder bei M. Dibelius, G. Kittel oder O. Schmitz anzufragen. M. Dibelius dränge „selbst nach reiner wissenschaft-

---

[53] HUTTER, Theologie 150 f.

[54] Fascher, ein ehemaliges „förderndes SS-Mitglied" (so BROSZAT, SBZ-Handbuch 897), trat im September 1945 in die CDU ein und befand sich 1950 im Landesvorstand der CDU in Sachsen-Anhalt.

[55] Brief Ruprechts an Lohmeyer vom 22. Oktober 1929.

[56] G. Bertram lehrte zwischen 1925 und 1946 in Gießen. Zum Thema vgl. seine Schrift *Neues Testament und historische Methode* (SgV 134, 1928).

[57] Lohmeyers Brief vom 28. Oktober 1929. Vgl. G. Bertrams Anzeige von Lohmeyers Täuferbuch in: ThLZ 59, 1934, 302 ff.

licher Arbeit". Schmitz sei leider ein „sehr langsamer Arbeiter", weswegen er mehr Zutrauen zu Kittel habe. Dessen Kenntnisse der rabbinischen Literatur seien „anerkannt", er arbeite „gründlich und methodisch" und habe eigene Gedanken und Gesichtspunkte. Alles in allem, Kittel sei ein guter Griff, sollte er zu gewinnen sein. Von Fascher, der zwar fleißig und gelehrt sei, aber „wenig Geist" und eigene Einfälle habe, riet Lohmeyer ab.

„Er sucht, wie wir etwas burschikos gern sagen, seine Nahrung in den Krümeln, aber backt nicht aus selbst geerntetem Korn ein saftiges Brot (...). Ich habe meine Meinung nur nach seinen Büchern und Aufsätzen gebildet (...), und die sind in allem Neutestamentlichen schwach."

Demgegenüber versprach sich Lohmeyer viel von seinem Breslauer Kollegen Herbert Preisker (1888–1952). Preisker habe als ehemaliger Pfarrer einer großen Stadtgemeinde

„viel menschliche und sachliche Erfahrung, ist älter als ich, lebendig und zupackend; die Studenten hören ihn gern, er hat den Gal auch zweimal im Kolleg behandelt, ist mit anderen Arbeiten nicht belastet und fühlt sich auch von Methode und Art der Forschung und Kommentierung angezogen, die ich zu verfolgen suche, ohne dabei seine eigenen Gesichtspunkte aufzugeben. Er würde mir für den Gal-Brief der geeignete Mann erscheinen. Die übrigen Kollegen, z. B. Bauernfeind und jetzt auch H. Schlier, kenne ich leider zu wenig, um etwas sagen zu können. Was ich aber von ihnen weiß, bestätigt mir nur, daß Preisker sich besser zu der Aufgabe schicken würde."[58]

Als letzte Möglichkeit bot Lohmeyer schließlich auch seinen Schüler Gottfried Fitzer (1903–1997) an, der sich zur Zeit bei ihm habilitiere und mit „meiner Weise zu arbeiten und zu denken" sehr vertraut sei.[59] Darum schloß Lohmeyer mit dem Rat:

„Vertrauen Sie den Gal H. Preisker an! Ich würde mit ihm sprechen und etwaige Bedenken zu zerstreuen suchen. Gibt dann von Dobschütz auch den Hebräerbrief frei, so fragen Sie bei G. Kittel an, der durch seine große Kenntnis des Judentums dazu besonders befähigt ist. Sagt er ab, so würde ich mit G. Fitzer zusammen die Erklärung des Hebr.-Briefes übernehmen, wenn Sie zu uns beiden dieses Zutrauen haben. Ich glaube, daß so die fehlenden Bände des Meyerschen Kommentars in Bälde und mit Sicherheit wieder erscheinen könnten."[60]

---

[58] Lohmeyers Brief vom 28. Oktober 1929.

[59] Fitzer hatte sein Lizenziaten-Examen am 15. Dezember 1928 abgelegt. 1929 erschien seine Dissertation „*Der Begriff des μάρτυς im Judentum und Urchristentum*". 1930 wurde er ordiniert und wirkte ab 1931 als Privatdozent in Breslau. Seit Juni 1934 war er als Pfarrer tätig. Anfang November 1935 entzog man dem BK-Pfarrer Fitzer die Lehrbefugnis. Nach 1945 wurde er zunächst als Pfarrverweser tätig. Zwischen 1950 und 1973 lehrte er Neues Testament in Wien (ERHART/MESEBERG-HAUBOLD/MEYER, Staritz 512).

[60] Lohmeyers Brief an Ruprecht vom 28. Oktober 1929. Ruprecht hat sich letzlich anders entschieden und sich für den Gal zunächst an Dibelius und für den Hebr an K. L. Schmidt gewandt. G. Kittel kam für die Verlagsleitung nicht in Betracht. In einer hand-

Lohmeyer haben diese den ‚Meyer' betreffenden Fragen sehr am Herzen gelegen, weil er offenbar auf diesem Wege im zeitgenössischen „Kampf der Neutestamentler um die Methode"[61] Einfluß auf die geistige Entwicklung des theologischen Nachwuchses zu gewinnen hoffte. Schulbildend oder zumindest schulerhaltend zu wirken versuchten unterdessen auch andere – darunter Ernst v. Dobschütz. Daß es dabei um einen mehr oder weniger offen geführten Streit zwischen der konservativen, nunmehr dritten Generation der literarkritischen Schule und der „modernen Theologie"[62] ging, machen zwei Briefe Lohmeyers an Ruprecht deutlich.

„Es ist gewiß das Beste, wenn Sie sich zunächst an Prof. Dibelius wenden. Sagt er zu, so ist für den Meyerschen Kommentar sehr viel gewonnen. Daß auch W. Bauer eine sehr gute Arbeit liefern würde, ist mir nicht zweifelhaft; ich habe ihn nicht genannt, weil ich nicht weiß, ob ihm sachliche theologische Probleme eben so gut liegen wie philologisch-historische, und weil ich voraussetzte, daß Sie in Göttingen über ihn am besten Bescheid wissen. Ich bin nach wie vor davon überzeugt, daß für den Meyerschen Kommentar Preisker besser ist als Fascher. Preisker ist wie gesagt nicht mein Schüler; ich bin ihm gegenüber deshalb völlig unbefangen. Wenn er größere exegetische Arbeiten bisher nicht veröffentlicht hat, so gilt das gleiche ja auch von Fascher. Ich glaube aber seine Fähigkeiten aus vierjähriger gemeinsamer Arbeit besser beurteilen zu können als Herr von Dobschütz (...). Preisker versicherte mir noch, daß ihm der Gal besonders gut liegen würde, da er ihn am gründlichsten bisher behandelt habe und er ihm sehr ans Herz gewachsen war (...). Ich darf noch bemerken, daß auch ich noch nicht exegetische Leistungen aufzuweisen hatte, als Sie mir die Gefangenschaftsbriefe übertrugen. Zu Ihrem vorigen Briefe möchte ich noch sagen, daß Althaus natürlich Kittel besser kennen wird als ich. Wenn er also abgeraten hat, wird er dazu triftige Gründe haben. Indes

---

schriftlichen Notiz fügt Ruprecht über dem Namen Kittels die Bemerkungen ein: „Althaus schrieb, er sei von K.'s Arbeiten, auch den Rabbinica, etwas enttäuscht." Auch Lohmeyer revidierte nach 1933 seine Meinung G. Kittel gegenüber gründlich. Nach dem Tod von E. v. Dobschütz wurde der Hebr an Otto Michel gegeben, der seinen Kommentar 1936 vorlegte. Unter Mithilfe des schwedischen Neutestamentlers Anton Fridrichsen (1888–1953) begann Michel ab 1940 die Kommentierung des Römerbriefes, die wegen der Ungunst der Verhältnisse erst 1956 wieder im ‚Meyer' vorgelegen hat. Der Gal wurde Heinrich Schlier (1900–1978) übertragen. In einem Brief vom 8. August 1930 äußerte sich Lohmeyer verhalten: „Daß Sie sich mit dem Gal.-Kommentar an Schlier gewendet haben, war mir interessant. Ich kenne nur seine Habilitationsschrift, die historisch recht gut ist, was er sonst auch sachlich zu sagen hat, weiß ich nicht genauer. Hoffentlich haben Sie eine gute Wahl getroffen." H. Schlier übernahm 1934 vertretungsweise den Lehr-stuhl des verstorbenen v. Dobschütz. 1935 wurde der Antrag der Fakultät, Schlier zum außerordentlichen Professor zu ernennen, vom Reichskultusministerium wegen Schliers BK-Zugehörigkeit abgelehnt (vgl. hierzu: V. BENDEMANN, Schlier 40).

[61] So eine Formulierung von P. Althaus im Anschluß an Lohmeyers Vortrag auf dem *Deutschen Theologentag* 1928 in Frankfurt (Deutsche Theologie II, Göttingen, 1929, 53).

[62] Windisch bemerkte 1928 in der Diskussion von Lohmeyers Vortrag zum Erlösungsbegriff: „Was Lohmeyer vorgetragen hat, ist eine modernste Theologie des N.T.s." (LOHMEYER, Erlösung 48).

Kittels Buch über Probleme des späthellenistischen Judentums und des Urchristentums ist gut, wenn auch mehr Skizze und Programm als ausgeführtes Werk."[63]

Zwei Tage darauf erhielt Ruprecht einen weiteren Brief Lohmeyers, in dem dieser ihm die Gründe für seine Stellungnahme genauer erläuterte.

„Es handelt sich um einen geheimen Gegensatz zwischen v. Dobschütz und mir; er ist nie ausgesprochen worden, aber daß er da ist, glaube ich bestimmt zu wissen. Dobschütz hat den Ehrgeiz, auf dem Gebiete des NTs der Führer der deutschen Theologie zu sein; so hat er die Leitung der Sektion fürs Urchristentum innerhalb der Gesellschaft für Kirchengeschichte übernommen, so die Herausgabe eines Corpus Hellenisticum organisiert.[64] Das sind Leistungen, die ich gewiß nicht unterschätze, die aber wesentlich organisatorisch sind. Aber er möchte gern auch auf theologischem Gebiet Führer sein, Haupt einer anerkannten Schule, die in seinen Bahnen wandelt. Dazu sind, soweit ich sehe, seine wissenschaftlichen Leistungen nicht erheblich genug; sie sind die gute und anregende Fortsetzung ererbter methodischer und sachlicher Anschauungen, aber sie gehen an den heutigen Fragen vorüber oder beschränken sich darauf, sie abzulehnen. Er hat auch mich offenbar lange Zeit für einen Theologen gehalten, der ihm verwandt wäre und den er leiten könnte. Nur so kann ich es mir erklären, daß er in Erlangen 1925 mir eine Frage über den Epheserbrief vorlegte, und als ich ausweichend antwortete, einen von ihm gefundenen Gesichtspunkt für die Unechtheit des Briefes entwickelte mit der gnädigen Schlußbemerkung: Ich gebe Ihnen den Gedanken gern für Ihren Kommentar ab. Daß ich nicht zu seinem Gefolge gehöre, sondern meine eigenen Gedanken habe, hat er deutlich erst auf dem Frankfurter Theologentage gesehen. Aber auch dann versuchte er noch, seine angebliche Führerstellung zu behalten. Er schrieb mir auf meinen Vortrag hin einen Brief, der sich im Tone völlig vergriff, etwa wie ein Schuldirektor an einen Primaner schreibt, ich möchte mich vor ihm rechtfertigen, weshalb ‚ich die heute beliebte Schwenkung ins Philosophische mitmache' (das sind seine eigenen Worte). Ich schrieb ihm sachlich bestimmt, persönlich verbindlich, daß diese Frage völlig falsch sei; die Folge war, daß er eine öffentliche Auseinandersetzung, die er mir angekündigt hatte, unterließ, und sich seitdem begnügt, in kleinen Bemerkungen meine Ansichten direkt oder indirekt abzulehnen. Ich habe dafür mehrfach Beweise. Ich glaube nicht fehlzugehen, daß der beliebte Gegensatz von alter und junger Forschergeneration bei ihm eine Rolle spielt, daß er versucht, seine Stellung zu behaupten, auch wo sie sachlich schon längst überholt ist. So kann ich es mir auch nur erklären, daß er wie Sie andeuten, meinen Ratschlägen wegen des Gal-Briefes widerstrebt; es geht dabei nicht nur um den sachlich besten Rat, sondern auch um den Gegensatz gegen mich. Was ich sage und denke, scheint ihm zunächst einmal falsch und einseitig, und erst seine Meinung gibt dem möglicherweise richtigen Kern die rechte Form und Kraft. Ich lasse ihm gern diese kleine Eitelkeit; und ich denke nicht daran, aus seinen Ungeschicklichkeiten mir gegenüber eine cause célèbre zu machen. Aber ich vermute, daß es für Sie nicht unlieb sein wird, von diesen halb persönlichen, halb sachlichen Motiven, diesen halb bewußten, halb unbewußten Regungen zu wissen, wenn Sie die Entscheidung über den Gal treffen."[65]

---

[63] Lohmeyers Brief vom 10. November 1929.

[64] Zum Corpus Hellenisticum vgl. jetzt: WALTER, Chronik; NIEBUHR, Corpus.

[65] Lohmeyers Brief vom 12. November 1929. Am Rande des Briefes bittet Lohmeyer um Verzeihung für die Tintenkleckse, die sein „kleines Mädelchen" (gemeint ist die dreijährige Gudrun) dem Schreiben versehentlich hinzugefügt habe. Gudrun Otto hat genaue Erinnerungen an ihren am Schreibtisch arbeitenden Vater bewahrt: „Mir ist seine Hand-

Dieser Brief, der in gewisser Weise Motive der 1931/32 mit Lietzmann ausgetragenen Kontroverse um die Exegese[66] vorwegnimmt, zeigt deutlich, wie stark Lohmeyer in seiner exegetischen Arbeit im Hinblick auf wissenschaftlich motivierte Prinzipienfragen engagiert war.

Lohmeyer hat auf die Ausarbeitung seiner systematisch-theologischen Überlegungen über die „Grundlagen der Theologie" zunächst aber wegen der Kommentierung des Markus-Evangeliums verzichtet. Vor der Bearbeitung der synoptischen Evangelien drängte sich Lohmeyer auch die Notwendigkeit auf, in einer eigenen Monographie aus den verstreuten Quellen ein klareres Bild von der Gestalt des Täufers zu gewinnen, ohne das ein rechtes Verständnis der Evangelien nicht möglich sei. Wegen der besonders komplizierten Quellenlage dachte Lohmeyer daran, diese Arbeit gemeinsam mit Hans Heinrich Schaeder (1896–1957) zu schreiben, der hinsichtlich der mandäischen Zeugnisse wichtige Aspekte für ein solch „zentrales Problem der gesamten Geschichte des Urchristentums"[67] beitragen könnte. Auf den Vorschlag Ruprechts, R. Bultmann als Mitarbeiter zu gewinnen, entgegnete Lohmeyer, dieser sei nicht das, was er als Ergänzung brauche: „Er ist Neutestamentler wie ich, aber kein Orientalist." Auch Bultmann lese die mandäischen Quellen, so weit er das wisse, nicht im Original.

„Vielleicht würde auch das Syrische mir ebenso wenig Schwierigkeiten machen wie ihm. Sie sehen, daß er dann in diesen Dingen eine Dublette, nicht aber eine Ergänzung zu mir ist. Ich brauche bei diesem Thema den Orientalisten, dem die Geschichte und Literatur der übrigen vorderorientalischen Religionen aus den Quellen vertraut ist. Und als solchen kenne ich nur H. H. Schaeder."[68]

Von dessen „Bummeligkeit" habe zwar er auch schon selbst ein paar Kostproben erfahren, aber H. H. Schaeders Beitrag zur Mandäerfrage sei ja auch nur ein Teilaspekt der Arbeit. Inzwischen hatte Ruprecht von M. Dibelius eine Absage hinsichtlich des Galaterbriefes erhalten. Lohmeyer riet, sich zunächst an K. L. Schmidt zu wenden, auch wenn dieser in quantitativer Hinsicht bisher wenig geleistet habe und auch nur wenig „ursprünglich in seinem Denken" sei. Für den Fall, daß der sehr beschäftigte K. L. Schmidt absage, bleibe Preisker „immer als ein Ausweg."[69]

---

haltung beim Schreiben gegenwärtig, ich sehe die weiche Rundung seines Zeigefingers, mit dem er den grün-schwarzen Füllfederhalter mit der Goldfeder hielt und den er ein Leben lang besaß. Wie er den Kopf hob, mich freundlich fragend ansah, wenn ich die Tür öffnete, auf mein Anliegen einging, um dann wieder genau an der Stelle weiter zu schreiben, so als hätte ich ihn gar nicht unterbrochen" (G. OTTO, Erinnerung 44).

[66] Vgl. Kapitel VII.1.
[67] Lohmeyers Brief vom 2. Dezember 1929.
[68] Lohmeyers Brief vom 9. Dezember 1929.
[69] Ruprechts Randnotiz: „Davon rät Dibelius ab!"

Das Jahr 1930 brachte dann entscheidende Veränderungen. Während sein langjähriger Freund und philosophischer Gesprächspartner Hönigswald nach München wechselte, übernahm Lohmeyer im Herbst 1930 die Rektoratsgeschäfte an der Universität Breslau.[70] Nach zehn Jahren ruhiger wissenschaftlicher Arbeit begann für ihn damit die schwierigste Phase seines Lebens, als Theologe wie als Mensch. Hönigswald schrieb ihm aus München in jener Zeit:

„Ihre akademische Entwicklung nimmt eben innerlich und äußerlich – ich habe das oft gesagt – die Richtung zum Systematischen. Daß das keine Abwendung von der Geschichte bedeutet, ist klar, fordern sie sich doch wechselseitig."[71]

---

[70] Vgl. hierzu: W. OTTO, Briefe 41 f.
[71] Brief Hönigswalds an Lohmeyer vom 12. Mai 1930 (W. OTTO, Briefe 34).

4. Das Rektoratsjahr 1930/31

Lohmeyer war vor allem ein den Dingen im Stillen auf den Grund gehender wissenschaftlich arbeitender Theologe. Das zeigte sich auch in seiner Antrittsrede als Rektor der Universität Breslau am 3. November 1930.[1] Wie schon bei seiner Heidelberger Antrittsvorlesung hatte Lohmeyer auf den ersten Blick kein politisches oder hochschulpolitisches Problem für seinen Vortrag gewählt.[2] Er behandelte äußerlich betrachtet ein rein religionsgeschichtliches Thema: „Glaube und Geschichte in den vorderorientalischen Religionen". Daß es Lohmeyer bei dem Problemkreis von Glaube und Geschichte jedoch um ein prinzipielles theologisches Problem in politisch wirren Zeiten ging, zeigte schon die einleitende Frage seiner Rede: „Ist es denn wahr, daß Glaube und Geschichte einen unaufhebbaren Gegensatz bilden?" In seinem sprachlich wie theologisch feingeschliffenen Vortrag skizzierte Lohmeyer die ihm eigene Schau der Geschichte:

„Sie bleibt im ewigen Wandel des Geschehens und ewiger Unwandelbarkeit ihres Sinnes, unerschöpflich und mannigfaltig in ihrem Werden und Vergehen, durchsichtig und einheitlich in ihrem Sinn, immer gerichtet und immer gerettet. So im Ganzen ihres Sinnes webend, so im Tatsächlichen ihres unendlichen Laufes sich regend, wird sie immer was sie ist und ist sie immer, was sie wird."[3]

Mit solchen geschichtsphilosophischen Fragen trat Lohmeyer gleichsam aus dem Schatten seiner Studierstube heraus in das Licht der hochschulpolitischen Öffentlichkeit.[4] Hatte er sich bisher wesentlich um exegetisch-theologische Fragen gekümmert, so trafen ihn nun mit Wucht die realen Schwierigkeiten einer politisch und wirtschaftlich instabilen Zeit.[5] Als der 40jährige Lohmeyer sein Amt ihn Breslau übernahm, erlebte Deutschland den Anfang vom Ende der Weimarer Republik. Im Oktober 1929 war der mit dem Friedensnobelpreis ausgezeichnete Reichsaußenminister Gustav Stresemann 51jährig an einem Schlaganfall gestorben. Sein plötzlicher Tod sollte Einfluß insbesondere auf das Wahlverhalten des bürgerlichen, ohnehin weitgehend politisch heimatlosen Protestantismus haben, auf jene Schicht, die „Todesangst vor dem Kommunismus hatte, nicht bereit war, sich den Sozialdemokraten anzuschließen, dem katholischen Zentrum

---

[1] Vgl. Hönigswalds Brief an Lohmeyer vom 5. Juli 1930: „Ich bekomme aus Breslauer akademischen und außerakademischen Kreisen (...) immer wieder Nachrichten voll Befriedigung über den Ausfall der Rektoratswahl" (W. OTTO, Briefe 38).

[2] HUTTER (Theologie 136, Anm. 87) verkennt die theologische Brisanz des Themas.

[3] LOHMEYER, Glaube 27.

[4] Lohmeyer war jedoch schon 1922 zum Mitdirektor des theologischen Seminars ernannt worden. In den Jahren 1923/24 sowie 1929/30 hatte er auch das Amt des Dekans inne (HUTTER, Theologie 126.136).

[5] G. OTTO, Lohmeyer 381; HAUFE, Lohmeyer 445; HUTTER, Theologie 136.

mißtraute, durch Krieg und Nachkriegszeit die Orientierung verloren hatte und insgesamt von Deutschlands rascher Erholung und seinem neugewonnenen internationalen Ansehen wenig beeindruckt war."[6] Stresemanns liberale „Deutsche Volkspartei" (DVP) wurde zu einer rechtsgerichteten Splittergruppe. Die Weltwirtschaftskrise erschütterte die von Kanzler Hermann Müller (1876–1931) geführte Fünfparteienkoalition. Aus den Reichstagswahlen ging dann im Herbst 1930 die „Nationalsozialistische Deutsche Arbeiterpartei" (NSDAP) bereits als zweitstärkste politische Kraft hervor.

Aufsehen erregten in dieser Zeit auch die Hochschulwahlen zu den Allgemeinen Studentenausschüssen. 1929/30 hatte der „Nationalsozialistische Deutsche Studentenbund" (NSDStB) bereits beachtliche Zugewinne verzeichnet. In Erlangen und Greifswald konnte der NS-Studentenbund sogar absolute Mehrheiten erringen.[7] 1930/31 setzte sich der NSDStB reichsweit mehrheitlich in der deutschen Studentenschaft durch.[8] Das war auch in Breslau nicht grundsätzlich anders, auch wenn der NSDStB dort in den Jahren vor der Gleichschaltung der deutschen Hochschulen noch keine wirkliche Kontrolle über die Studierenden auszuüben vermochte.

Lohmeyers gesundheitlicher Zustand war zwischen Dezember 1929 und Februar 1930 derart instabil, daß er seine wissenschaftliche Arbeit auf längere Zeit fast vollständig unterbrechen mußte. „Ich habe in diesen letzten Monaten nur das Notwendigste erledigen können, weil ich mich gesundheitlich nicht wohl fühlte, und muß auch fernerhin die eigene Produktion vorläufig noch vor tausend anderen Sachen zurückstellen."[9] Die Arbeit als Dekan für die theologische Fakultät wie für die Universität beanspruchte ihn darüber hinaus durch andauernde „sehr schwierige Verhandlungen mit dem Kultusministerium"[10], und die Ernennung zum Rektor bürdete ihm die Hauptlast der Verantwortung für insgesamt fast 6000 Studierende auf.[11] Die Zahl der Theologiestudenten in Breslau betrug in dieser Zeit etwa 150.[12] „So sehr mich die Wahl natürlich freut, so sehr bedaure ich meiner wissenschaftlichen Arbeit für mindestens ein Jahr entzogen zu werden. Denn (…) die Bürde des Amtes [ist] zu groß, als daß für die Forschung noch etwas Zeit übrig bleiben könnte." Lohmeyer hoffte, sich nach Ende seiner Rektoratszeit für mindestens ein Semester beurlauben zu lassen, um sich ganz den Synoptiker-Kommentaren widmen zu können. „Und", so

[6] GAY, Republik 210 f.
[7] SCHOLDER, Kirchen I, 161.
[8] RGG³ VI, 427.
[9] Lohmeyers Brief an Ruprecht vom 5. Februar 1930.
[10] Lohmeyers Brief an Ruprecht vom 28. Mai 1930.
[11] Lohmeyers Brief an Ruprecht vom 8. August 1930.
[12] EHRENFORTH, Kirchenkampf 131.

fügte er Ruprecht gegenüber hinzu, „es bleiben ja immerhin auch während des Rektorats die Ferien, in denen man wissenschaftlich arbeiten kann."[13]

Das von Lohmeyer als Thema seiner Antrittsrede gewählte Problemfeld *Glaube und Geschichte* war in Deutschland zu Beginn der dreißiger Jahre politisch wie theologisch von hoher Aktualität. In weitestem Sinne politisiert war die evangelische Theologie im Deutschland der Zwischenkriegszeit ohnehin. Die Frontenbildung zwischen den politischen Parteien und die allgemeine Verunsicherung der Bevölkerung durch Massenarbeitslosigkeit konnte letztlich nicht ohne direkte oder indirekte Auswirkungen auch auf das theologische Denken bleiben. Die evangelische Theologie war in besonderer Weise gefordert, auch im tagespolitischen Geschehen Stellung zu beziehen. Die Frage nach dem Sinn der Geschichte und die Frage nach Deutschlands Schicksal hatte sich der deutschen evangelischen Theologie nach dem Ende des Ersten Weltkriegs in besonderer Weise gestellt. Emanuel Hirsch hatte bereits 1920 im Einklang mit den Ideen der „Völkischen Bewegung" im Internationalismus und Pazifismus die Hauptschuldigen der deutschen Niederlage ausgemacht, und suchte in den Begriffen von ‚Volk', ‚Staat' sowie im ‚Willen zur Macht' einen politischethischen Ausweg aus der für Deutschland als demütigend empfundenen Situation.[14]

Der Auffassung des national-konservativen protestantischen Publizisten Wilhelm Stapel (1882–1954), daß das „deutsche Volk (…) nicht eine Idee von Menschen, sondern eine Idee Gottes" sei, vermochten weite kirchliche Kreise beizupflichten.[15] So konnte der Studienrat Konrad Höfler 1924 auf der 28. Generalversammlung des „Evangelischen Bundes" zu dem Schluß kommen, es sei vom Standpunkt der Erhaltung des deutschen Volkstums letztlich auch der Antisemitismus sittlich berechtigt. Der Antisemitismus entspreche „dem Gehorsam gegen die gottgegebenen Naturgesetze."[16] Welche Wege der deutsche Protestantismus insgesamt im Hinblick auf den völkischen Antisemitismus einschlagen würde, war jedoch noch bis Mitte der zwanziger Jahre unklar. Der Jenaer Neutestamentler und systematische Theologe Heinrich Weinel verwahrte sich 1925 auf einer Tagung des „Bundes für Gegenwartschristentum" zwar noch gegen die radikalantisemitischen Auswüchse der „Völkischen Bewegung", insbesondere auch die Verwerfung des Alten Testaments, des jüdischen Heilands sowie gegen die Vergötterung des eigenen Volkes, vermochte aber in Begriffen wie ‚völkischer Würde', ‚Heimatliebe', ‚Gemeinsinn' und ‚Heldenmut'

---

[13] Lohmeyers Brief an Ruprecht vom 8. August 1930.
[14] SCHOLDER, Kirchen I, 128 f.
[15] A.a.O., 131.
[16] A.a.O., 135.

dennoch einen Ausdruck von Verantwortung gegenüber der eigenen ‚Rasse' zu erkennen.

Eine Wende brachte erst der Königsberger Kirchentag von 1927, der offiziell das Thema „Kirche und Volkstum" behandelte. Paul Althaus entfaltete dort die Grundlinien einer neuen politischen Theologie. Zwar wurde dem sogenannten „Deutschglauben" eine Absage erteilt, der Begriff des Volkes dem der Kirche jedoch vorgeordnet, so daß „das Eingehen der Kirche in die organischen Lebensformen und die lebendige Sitte des Volkstums" offen eingefordert werden konnte.[17] Vier Jahre darauf kam es in Wien, Berlin, Köln, Greifswald, Halle, Hamburg, Breslau, Kiel, Königsberg und München zu tumultartigen antisemitischen Kundgebungen.[18] Die Theologie des „Eingehens" der evangelischen Kirche auf die neue politische Lage erreichte zwischen 1930 und 1934 ihren Höhepunkt. So formulierte es Paul Althaus 1933:

„Wir sind heute ein durch und durch politisches Geschlecht. Auch unsere Frage nach dem ‚Heil' wird in der Dimension des Politischen wach. Nicht um den Frieden mit Gott geht es den Menschen unserer Tage, sondern um Überwindung der politischen Not im weitesten Sinne, der Lebensnot eines Volkes, der Zersetzung der Volksgemeinschaft, um Freiheit eines Volkes zu seinem eigenen Leben, zur Erfüllung seiner besonderen Sendung."[19]

Eine im Begriff des eigenen Volkes zentrierte Geschichtstheologie (bzw. politische Theologie) mußte den deutschen Protestantismus zwangsläufig vor die Frage der theologischen Bedeutung des jüdischen Volkes für den christlichen Glauben stellen. Namhafte deutsche evangelische Theologen – Althaus, Hirsch und Gogarten – hatten schon vor 1933 ihre Stellungnahmen zum Problemkreis „Kirche und Volk" verfaßt. Indem sie den Begriff und die geschichtliche Wirklichkeit des eigenen Volkes ethischtheologisch überhöhten, haben sie den ideologischen Nährboden für die spätere sogenannte „Lösung der Judenfrage" durch NS-Machthaber mit aufbereitet.

Erst vor diesem düsteren geistesgeschichtlichen Hintergrund läßt sich die prinzipielle theologische Tragweite der Worte Lohmeyers am Schluß seiner am 3. November 1930 in Breslau gehaltenen Vorlesung zur Rektoratsübernahme präzise abschätzen. Zentrales Thema seiner Rede ist die israelitisch-jüdische Religion, die – so Lohmeyer – wie kaum eine andere um das „Problem von Glaube und Geschichte gerungen"[20] und im Wort

---

[17] SCHOLDER, Kirchen I, 141.

[18] MOSSE, Crisis 271.

[19] SCHOLDER, Kirchen I, 130. Althaus hatte 1916 von der völkischen Selbstbestimmung als „Vorhof zum Heiligtum der Religion" gesprochen und führte diese Gedanken nach dem Ende des Weltkriegs fort: „Das Volk ist vor dem Einzelnen da, zeitlich und wesentlich. Es gibt im Grunde keinen Einzelnen" (a.a.O., 126 f.).

[20] LOHMEYER, Glaube 16.

vom *Anfang* den entscheidenden geschichtsphilosophischen Begriff geprägt habe: „Die israelitische Religion hat mit allem Gewicht den Gedanken des Anfangs – so hat es einer unserer Kollegen scharf bestimmt, der uns erst in diesem Jahr verlassen hat [i.e. R. Hönigswald; Anm. d. Vf.] – in den Mittelpunkt ihrer Glaubens- und Geschichtsbetrachtung gestellt."[21] Lohmeyer ging aber noch einen Schritt weiter. Die allgemeinen Begriffe Glaube und Geschichte lassen sich nach Lohmeyer nur in ihrer bleibenden sachlichen Gebundenheit an das Gottesbild des Alten Testaments angemessen darstellen. Diese beiden Begriffe verdichten sich geschichtlich zunächst im zentralen Begriff des Volkes Gottes bzw. der Gottesgemeinde und individualisieren sich schließlich in der historisch einmaligen Gestalt des Messias, philosophisch gesprochen: im gläubigen Individuum: ein gläubiges Ich, das nicht für sich bleiben kann, sondern notwendig nach religiöser Gemeinschaft strebt.

Die Begriffe Glaube und Geschichte sind jedoch nie vollständig miteinander zu identifizieren, so sehr sie auch notwendig miteinander verwoben und wechselseitig aufeinander angewiesen bleiben. „So sind Glaube und Geschichte zu einer dialektischen Einheit geworden, die in diesem Volke sich gestaltet, weil sie von Gott her gestaltet ist; und in allen Perioden bleibt diese Einheit ein immer altes Rätsel und ein immer wieder neues Wunder."[22] Geschichte ist nach Lohmeyer daher notwendig immer mehrdeutig. In der Person des Messias kommt diese dialektische Einheit von Glaube und Geschichte am klarsten zum Ausdruck, und in dieser gemeinsamen Orientierung auf seine Gestalt hin sind Judentum und Christentum aufeinander verwiesen: „So ist in dem Gedanken des Messias und seiner Gemeinschaft die Mitte gegeben, welche die Geschichte an Gott und Gott an die Geschichte ewig und endgültig bindet. Dieser eine und wahre Mittler[23] zwischen Himmel und Erde schafft die gläubige Gemeinschaft, durch die er selber ist, und gründet sich in ihr, die nur durch ihn wird."[24]

Der Volksbegriff wird so letztlich aufgegeben und überwunden durch den einer höheren Gemeinschaft der Gläubigen, bzw. (wie Lohmeyer formuliert) durch den Begriff der *gläubigen Gemeinschaft.* Kennzeich-

---

[21] LOHMEYER, Glaube 18.

[22] A.a.O., 20.

[23] Der Begriff des einen „Mittlers" bezeichnet die zentrale Christusanschauung in der Theologie Emil Brunners. Das einzigartige Mittlersein Jesu ist durch sein „messianisches Leiden" (BRUNNER, Mittler 452) gegeben, und dies ist „ein Geschehen, das nur der Glaube sieht" (a.a.O., 466). Sachliche Parallelen zwischen Lohmeyer und Brunner sind offenbar nicht zuletzt durch den Einfluß der Denksysteme jüdischer Philosophen bestimmt (Bubers „Ich-Du-Philosophie" im Falle Brunners, Hönigswalds Philosophie als „Theorie der Bestimmtheit" im Falle Lohmeyers).

[24] LOHMEYER, Glaube 26.

nend für Lohmeyers Theologie ist dabei die Rede vom sehenden Glauben, der sich auf die konkrete Gestalt des Messias bezieht: „Der Glaube sieht um des Messias Gestalt und um seine Gemeinde Anfang und Ende wie in vollendetem Ringe sich zusammenschließen, so gewiß alle Geschichte nicht Anfang noch Ende hat, sondern ruhe- und endlose Bewegung ist."[25] Der Geschichte kommt aber ebenso wie der geschichtlichen Größe Volk kein besonderer Offenbarungscharakter zu. Volk und Geschichte sind nur das Material, mit Hilfe dessen sich der Glaube als gottgewirkte und dennoch menschliche Tat entwickelt. Weder in der Geschichte als solcher, noch im Volk als solchem kann ein objektiver religiöser oder sittlicher Wert gefunden werden, da diese Begriffe subjektive Setzungen des gläubigen Einzelnen (bzw. der gläubigen Gemeinschaft) sind. „Seligem Herzen, frommen Händen / Ballt sich die bewegte Flut / Herrlich zu kristallner Kugel."[26]

Geschichte ist als ästhetische Stillstellung der Zeit verstanden, die allein dem Glauben gelingt, weil nur der über aller Zeit stehende Glaube von einem Anfang und einem Ende der Geschichte zu reden vermag.[27] Solcher Glaube steht notwendig am Ende bzw. über aller Geschichte, so sehr er ihr noch als geschichtliche Tat des gläubigen Ich angehören mag. Geschichte kann darum weder Glauben wecken noch Sinn fördern. Wohl aber formt sich das gläubige Ich die Geschichte immer wieder neu gemäß den allgemeinen Prinzipien des Glaubens. Glaube und Geschichte bleiben daher unauflöslich in einem eschatologisch-metaphysischen Spannungsverhältnis. Dem Wort Goethes stellt Lohmeyer daher einen rhythmisch gegliederten Satz aus dem Prolog des Johannes-Evangeliums gleichsam als hermeneutisches Prinzip zur Seite – ein Wort, das „gerade dem Historiker in allem Überschwang des religiösen Bekenntnisses" das prinzipielle Verhältnis von Glaube und Geschichte erschließen helfe: „Und das Wort ward Fleisch / und wohnete unter uns / Und wir sahen seine Herrlichkeit."[28]

Mit dieser zeitlos-eschatologischen Ausrichtung aller Geschichtsphilosophie sprach Lohmeyer ein indirektes Urteil über eine sich der Zeit bekenntnishaft verweigernden (dialektisch-theologischen) Geschichtsbetrachtung aus. Andererseits ist darin zugleich eine Absage an eine sich auf die Zeit positiv einlassende (politisch-theologische) Interpretation der Geschichte erteilt. Lohmeyers Vortrag lebt von der gleichen absoluten religiösen Indifferenz aller Zeit und aller Geschichte gegenüber, die er

---

[25] LOHMEYER, Glaube 26.

[26] Lohmeyer zitiert eine von ihm nicht nachgewiesene Stelle aus Goethes Gedicht-Trilogie *Paria* (a.a.O., 26).

[27] So äußert sich ähnlich (mit deutlicherer christologischer Zuspitzung) auch Brunner in seinem Kapitel: „Unser Verhältnis zur Geschichte ist bestimmt durch unser Verhältnis zu Jesus Christus, nicht umgekehrt" (BRUNNER, Mittler 128)

[28] LOHMEYER, Glaube 27.

zehn Jahre zuvor als charakteristisches Moment (als „Überweltlichkeit", als „Apolitismus", als „Weltüberwindung" bzw. als bewußte „Weltflucht") in der Botschaft Jesu ausgemacht hatte.[29] Der Sinn dieser Antrittsrede war mithin nicht nur das Bekenntnis eines wissenschaftlichen Theologen zu Jesus als dem alleinigen *Mittler* zwischen Himmel und Erde, sondern auch ein Bekenntnis für den bleibenden theologischen Wert des Alten Testaments und der jüdischen Theologie für die Geschichte des Christentums und das menschliche Geschichtsdenken überhaupt. Lohmeyers Rede, die in sachlicher Hinsicht innerhalb der damaligen deutschen evangelischen Theologie ihresgleichen suchte, nahm damit wesentliche Aspekte des christlich-jüdischen Gesprächs nach 1945 vorweg.

Besondere Aufmerksamkeit widmete Lohmeyer trotz seiner Rektoratsgeschäfte auch der Herausgabe des Sitzungsberichts des dritten deutschen Theologentages („Vom Worte Gottes"), dessen Organisation ihm 1930/31 zufiel. Die Hauptreferate dieser Tagung hielten R. Bultmann, Georg Wobbermin[30], Hans Schmidt und Heinrich Bornkamm.[31] Zu Weihnachten 1930 fand Lohmeyer den bei V&R verlegten Band bereits auf seinem Schreibtisch vor. „Ich freue mich auch, daß der Band in einem so hübschen Gewande erschienen ist. Hoffentlich macht er seinen Weg auch Ihnen zur Freude. Daß Sie mir noch mehr Exemplare in Aussicht stellen, dafür danke ich Ihnen herzlich. Ich möchte nur noch meinen studentischen Helfern bei der Tagung gern eine Freude damit machen." Enttäuscht zeigte sich Lohmeyer umso mehr im Hinblick auf die Anzeigen seines eben erschienenen Kommentars zum Kolosserbrief.

„Für die Anzeigen des Kolosserbriefkommentars danke ich Ihnen bestens. So freundlich viele sind, so betrüben sie mich mehr als daß sie mich erfreuen. Kaum eine ist da, aus der man etwas lernen könnte, die nun wirklich die angerührten Fragen weiterführte. Die meisten Rezensenten wollen weder etwas lernen noch können etwas verstehen. Ich schicke Sie Ihnen zurück; vielleicht können Sie sie noch verwenden, bei mir würden sie nur in den Papierkorb wandern."[32]

Auf dem Theologentag war K. L. Schmidt mit Gustav Ruprechts Sohn Günther zusammengetroffen und hatte sich für die Bearbeitung des Hebräerbriefs im Meyerschen Kommentar angeboten. Ruprecht dachte jedoch für eine zeitgemäße, philosophisch-prinzipielle Durchdringung des Hebräerbriefs eher an den konservativen Rostocker Neutestamentler Friedrich

---

[29] LOHMEYER, Fragen 63 ff.

[30] Wobbermin war von 1907 bis 1915 Professor für Systematische Theologie in Breslau. Später wechselte er nach Heidelberg, Göttingen und Berlin. Sein religionsgeschichtlicher und religionspsychologischer Ansatz wurde von der dialektischen Theologie bekämpft (RGG³ VI, 1788 f.). Wobbermin gehörte 1933 zu denjenigen, die den Machtantritt Hitlers begrüßten (VÖLKISCHER BEOBACHTER vom 3. März 1933).

[31] Lohmeyers Brief an Ruprecht vom 8. August 1930.

[32] Lohmeyers Brief an Ruprecht vom 28. Dezember 1930.

Büchsel (1883–1945), der für das „Neue Testament Deutsch" bereits das Johannes-Evangelium übernommen hatte. Lohmeyer äußerte sich zu dem Neufichteaner Büchsel sehr zurückhaltend.

„Ich bin nicht so sicher, daß es sich um eine wirklich tief grabende Kraft handelt, wenn gleich ich ihm ernsthaftes Trachten danach nicht absprechen darf. Eine gewisse Neigung zu populärer Schreibweise, ein gewisser, wenn ich es scharf ausdrücke, Fanatismus des Denkens, der bisweilen allzu wenig kritisch ist, scheint mir das zu verhindern."[33]

Deswegen bekräftigt Lohmeyer seinen schon früher gegebenen Ratschlag, Gerhard Kittel mit der Kommentierung des Hebräerbriefs zu betrauen. „Wenn Sie nach einem Kommentator Büchselscher Richtung[34] suchen, so würde mir G. Kittel als der geeignetere erscheinen."[35] Im Sommer 1931 ersehnt Lohmeyer bereits das nahe Ende seiner Rektoratszeit, um sich wieder ganz der unterbrochenen wissenschaftlichen Arbeit widmen zu können. „Das Ziel, das möglichst bald zu erreichen ist, steht ja fest: die synoptischen Evangelien."[36] Die Vorarbeit über die Gestalt des Täufers, die Lohmeyer nun ohne H. H. Schaeder zu schreiben vorzog, sollte dabei den ersten Teil einer auf sechs, später auf sieben[37] Bände angelegten Gesamtdarstellung des Urchristentums bilden. Die Themen waren dabei so verteilt: Johannes der Täufer; Jesus; Urgemeinde; Paulus; Johannes; Endzeit des Urchristentums. Diese sechs in sich abgeschlossenen Bücher sollten nach und nach parallel zu den Synoptikerkommentaren einzeln erscheinen und auf ein geschichtlich abgerundetes Gesamtbild verweisen. Die Fertigstellung des Manuskripts für das Täuferbuch zog Lohmeyer bis zum Sommer 1932 in Betracht. Ruprecht beantwortete Lohmeyers Vorschlag umgehend und mit besonderem persönlichem Interesse.

„Der Plan einer Gesamtdarstellung des Urchristentums erwächst so organisch aus Ihren Vorarbeiten zur Auslegung der synoptischen Evangelien für Meyers Kommentar, daß es uns eine besondere Freude sein wird, dieses neue Werk zugleich mit dem neuen Kommentar wachsen zu sehen. Erfüllen Sie doch damit das allerwichtigste Anliegen, zu erforschen, was und in welcher Umwelt Jesus nun wirklich gesprochen hat, nicht allein was Matthäus, Markus und Lukas überliefern. Die Notwendigkeit einer solchen Ergänzung Ihrer Auslegung der drei ältesten Evangelien muß und wird jedem einleuchten, und wir

---

[33] Lohmeyers Brief an Ruprecht vom 7. November 1931.

[34] Büchsel war in Halle mit Fritz Medicus (1876–1956) befreundet gewesen und hatte zwei Fichte-Vorlesungen mit Einleitung herausgegeben. Der BK-Anhänger Büchsel, der seit 1918 in Rostock Neues Testament lehrte, wurde 1945 beim Einmarsch der Roten Armee erschossen (MENSING/RATHKE, Widerstehen 103).

[35] Lohmeyers Brief an Ruprecht vom 7. November 1931.

[36] Lohmeyers Brief an Ruprecht vom 17. August 1931.

[37] Der im Täufer-Buch von 1932 vorgelegte Gesamtplan des Werkes stellte einen siebten Band mit dem Titel „Das Urchristentum in der Geschichte des Abendlandes" in Aussicht.

können nur wünschen, daß Ihnen Gesundheit und Kraft, diese größte Aufgabe zu bewältigen, erhalten bleiben möchten."[38]

Bezüglich der Honorierung der Arbeit mochte sich der Verlag aufgrund der katastrophalen wirtschaftlichen Gesamtlage[39] nicht auf absolute Zahlen festlegen. Als Erscheinungstermine der Synoptiker-Kommentare (zuerst war geplant gewesen, mit Matthäus zu beginnen[40]) hatte Lohmeyer mit Gustav Ruprechts Sohn Günther bereits auf dem Breslauer Theologentag die Jahre 1933, 1935 und 1937 vereinbart.[41]

Die geschichtlichen Ereignisse dieser Jahre haben das Erscheinen von Lohmeyers geplantem Gesamtbild zur urchristlichen Überlieferung jedoch nur noch in fragmentarischer Form zugelassen. Zu Lebzeiten Lohmeyers erschien von seiner „Geschichte des Urchristentums" zum Jahreswechsel 1932/33 lediglich der erste Band, und vier Jahre später lag von den Synoptiker-Kommentaren nur der zum Markusevangelium vor. Anfang der 30er Jahre hatte sich die allgemeine Situation in Deutschland bereits so zugunsten des Nationalsozialismus verformt, daß auch der an sich ganz unpolitische Theologe Ernst Lohmeyer mehr und mehr in das politische Räderwerk der Zeit geriet. Das geschah wohl vor allem auch deshalb, weil er „die Macht der Ratio überschätzte".[42] Die „trüben Zeichen" des allgemeinen „Gesinnungswandels", von dem Lohmeyer seinem Freund Hönigswald Ende Juli 1932[43] in aller Offenheit geschrieben hatte, nahmen in Breslau dann in dem sogenannten „Cohn-Skandal" tragisch Gestalt an.

---

[38] Ruprechts Brief an Lohmeyer vom 21. August 1931.

[39] Zum Jahresende 1931 waren in Deutschland rund 1/3 aller Erwerbstätigen (ca. 6 Millionen Personen) arbeitslos (KRUMMACHER/WUCHER, Republik 325).

[40] Ruprechts Brief an Lohmeyer vom 12. April 1934.

[41] Ruprechts Brief an Lohmeyer vom 17. September 1932.

[42] G. OTTO, Erinnerung 51.

[43] Brief Hönigswalds an Lohmeyer vom 29. Juli 1932 (W. OTTO, Briefe 56).

5. Lohmeyer und der „Fall Cohn" (1932/33)

Emblematisch für das geistig-kulturelle Klima der letzten Jahre der Weimarer Republik waren die fünf Fälle deutscher Hochschullehrer, die als Politspektakel die öffentliche Meinung in Deutschland beherrschten. Unter diesen fünf Professoren befand sich neben Theodor Lessing,[1] Hans Nawiasky,[2] Emil Julius Gumbel[3] und Ernst Joseph Cohn auch der evangelische Theologe Günther Karl Dehn.[4]

Der sogenannte „Cohn-Skandal", der schließlich auch für Lohmeyers Schicksal bedeutungsvoll wurde, war nicht nur der letzte seiner Art in der Endzeit der Weimarer Republik. Es haftete diesem Fall im Gegensatz zu den anderen hochschulpolitischen Konflikten von Anfang an etwas spezifisch Irrationales an. Die bisherigen Darstellungen dieses Skandals sind an Lohmeyers Rolle in diesem Fall jedoch stillschweigend vorübergegangen.[5]

Der 28jährige parteilose Jurist Ernst J. Cohn (1904–1976) war ein unauffälliger Einzelgänger.[6] Politisch stand er wie E. Rosenstock-Huessy[7] auf national-konservativer Seite.[8] Für den Breslauer Hochschulgruppenführer des NS-Studentenbundes, Helmut Rösler, gehörte Cohn jedoch schlicht zu der „Rasse, die am 9. November 1918 schuld ist, an dem Tage, an dem unser deutsches Volk verraten wurde". In antisemitischen Kreisen zählte die Universität Breslau einer der am meisten ‚verjudeten' Hochschulen – „wo jüdische Studenten sich immerhin so stark fühlten, um zur

---

[1] Der Philosoph und Kulturkritiker Theodor Lessing, der Paul v. Hindenburg mit dem Serienmörder Fritz Haarmann verglichen hatte, war den Nationalsozialisten besonders verhaßt. Im August 1933 wurde er auf seiner Rückkehr vom Prager Zionistenkongreß auf Befehl Görings von der Gestapo in Marienbad ermordet. Seine Leiche wurde in einem nahegelegenen Wald verscharrt (CALIMANI, Destini 598 ff.).

[2] Der auf verfassungs- und verwaltungsrechtlichem Gebiet tätig gewordene Nawiasky hatte sich bereits im Jahr 1931 mit umstrittenen Äußerungen zum Versailler Vertrag unbeliebt gemacht („Münchener Universität-Krawalle"). 1933 wurde er zur Emigration in die Schweiz gezwungen (HEIBER, Universität 1991, 114 f.).

[3] Der Mathematiker Gumbel hatte sich nicht nur durch seine statistischen Studien, sondern auch wegen seiner Publikationen zum rechtsgerichteten politischen Terror einen Namen gemacht. Am 5. August 1932 wurde ihm die Lehrbefugnis entzogen. Ein Jahr darauf befand er sich auf der Liste der ersten 33 Deutschen, denen die Staatsbürgerschaft aberkannt wurde (GAY, Republik 42).

[4] SCHOLDER, Kirchen I, 216–224.783; HEIBER, Universität 1991, 82–108.

[5] Neben HEIBER vgl.: JABS, Emigration 55 ff.

[6] HEIBER, Universität 1991, 132. Zu Cohn vgl.: CHLOROS/NEUMAYER, Cohn.

[7] Rosenstock-Huessy war „beileibe kein Republikaner und Demokrat", sondern setzte sich nachhaltig „für eine neue Gesellschaftsordnung auf dem Boden des Volkstums" ein (HEIBER, Universität 1991, 132). In Breslau lehrte er von 1923 bis zu seiner Emigration in die USA im Jahr 1934.

[8] A.a.O., 115.

handgreiflichen Abwehr übergehen zu können."[9] Hinzu kam der Umstand, daß man Cohn zu einem SPD-Parteigänger auf einem der 13 noch von Adolf Grimme[10] eingerichteten juristischen Lehrstühle hochstilisierte. Tatsächlich war der Frankfurter Privatdozent Cohn ohne Grimmes Einwirken vorgeschlagen worden.[11] Anfang August 1932 erklärte jedoch nicht nur der rechtsgerichtete „Allgemeine Deutsche Waffenring", die Berufung des Juden Cohn entspräche nicht der „gesinnungsmäßigen Zusammensetzung der Breslauer Studentenschaft". Auch die Breslauer „Freie Studentenschaft" legte ihren Protest ein.[12] Dekan Ludwig Waldecker bemühte sich unterdessen vergebens um Unterstützung aus Berlin.[13] Nach einer von der Universitätsverwaltung angeratenen Pause nahm Cohn am 9. November 1932 – ausgerechnet am Jahrestag der Novemberrevolution – seine Vorlesungen wieder auf.

Helmut Heiber hat das Szenario lebhaft festgehalten: „Hörsaal V total überfüllt, Scharren, Pfiffe, ‚vaterländische Lieder', ‚Juden raus!', ‚Cohn raus!', Rektor, Polizei, Räumung, Flucht ins Dozentenzimmer und unter Polizeischutz durch die Universität, aus der Universität und durch das Universitätsviertel."[14] Der NS-Studentenbund erklärte, der Kampf gehe weiter, da man nicht gewillt sei, sich von „artfremden Professoren" antinationale Lehren aufdrängen zu lassen. Cohn war sichtlich erschüttert, hoffte aber auf das Einwirken von Fakultät und Universität. Es wurden

---

[9] HEIBER, Universität 1991, 116.

[10] Adolf Grimme sympathisierte mit den Religiösen Sozialisten und hatte sich 1931 nach Dehns Verzicht auf die Heidelberger Professur für dessen Berufung nach Halle eingesetzt (SCHOLDER, Kirchen I, 219).

[11] HEIBER, Universität 1991, 117 f.

[12] A.a.O.

[13] Waldecker galt als sogenannter ‚Systemprofessor'. Er hatte sich 1921 in seinem Kommentar zum Staatsrechts Preußens auf die Seite der Weimarer Verfassung gestellt und angemerkt, die Demokratie sei in Deutschland erst zur Wirkung gekommen, nachdem man gesehen habe, wohin es führe, wenn man „sich darauf verläßt, daß es der liebe Gott und Hindenburg schon machen werden" (a.a.O., 119). Hindenburg setzte sich im April 1932 im zweiten Wahlgang erneut als Reichspräsident durch. Nach den Stimmenzugewinnen der NSDAP im traditionell ‚roten' Preußischen Landtag entließ Hindenburg am 30. Mai Reichskanzler Heinrich Brüning und löste am 4. Juni den Reichstag auf. Hönigswald schrieb am Tag der Entlassung Brünings an Lohmeyer: „Angesichts der neuen und neuesten politischen Ereignisse fragt man sich beklommen, was nützen kleine und kleinste Kunstgriffe, wenn die Vernunft im Größten versagt?" (W. OTTO, Briefe 53). Das SA- und SS-Verbot wurde Mitte Juni aufgehoben. Franz v. Papen erhielt am 20. Juli Hindenburgs Blankovollmacht zur Entlassung der preußischen Minister. An Grimmes Stelle trat der deutsch-nationale Reichskommissar Wilhelm Kähler. Nach der Einführung des „Berufsbeamtengesetzes" von 1933 wurde Waldecker, dessen „Rassezugehörigkeit nicht nachgewiesen" war, 1935 nach Köln versetzt, um ein Jahr darauf in den vorzeitigen Ruhestand zu treten (HEIBER, Universität 1991, 120).

[14] A.a.O., 121.

daraufhin besondere Eintrittskarten für Cohns Vorlesungen ausgegeben, und Cohn wurde jeweils persönlich von Rektor Brockelmann sowie vom geschäftsführenden Dekan Albrecht Fischer in seinen Hörsaal geleitet, was die Situation jedoch kaum verbesserte, da die Störungen nun lauthals („Juden raus!", „Wir wollen deutsche Professoren!", „Synagoge!", „Juda verrecke!", „Fort mit den Juden!"[15]) von den Gängen und Fluren aus fortgeführt wurden. Nachdem es zu gewaltsamen Auseinandersetzungen zwischen Studenten, auch zu Puffen und Tritten für Cohn gekommen war, ließ man die Universität durch die Polizei räumen und bis zum 22. November schließen. In der Nacht vor Wiederaufnahme des Vorlesungsbetriebes explodierten zwei Kanonenschläge vor Cohns Wohnung. Trotz der Verlegung von Cohns Vorlesungen in ein Zimmer im dritten Stockwerk des Juristischen Seminars hörten die antisemitischen ‚Aktionen' nicht auf.

„Am Eingang der Universität kontrollieren Pedelle und Kripo die Studentenausweise, im Haus garnisoniert ein Polizeikommando, und auch in der ganzen Umgebung patrouilliert mit Maschinenpistolen ausgerüstete Polizei zu Fuß und zu Pferde. Der Rektor (…) hat nicht nur mit dem Disziplinarstrafrecht gedroht, sondern auch mit der Notverordnung des Reichspräsidenten gegen politischen Terror."[16]

Während Eugen Rosenstock-Huessy den Treppenaufgang zum dritten Stockwerk der Juristischen Fakultät mit Stacheldraht absichern ließ, wurde die Universität erneut geräumt. In diese Auseinandersetzungen um die Aufrechterhaltung des Vorlesungsbetriebs fielen Maßnahmen Lohmeyers, der „im November 1932 in Abwesenheit von Rektor und Prorektor mit den Rektoratsgeschäften betraut" worden war: Lohmeyer hatte „die Studenten, die planmäßig Cohns Vorlesungen störten, durch die Polizei aus den Hörsälen entfernen" lassen.[17] Ernst J. Cohn hat in seinem Leumundschreiben für Lohmeyer am 28. November 1946 ausgeführt:

„Lohmeyer ist zu allen Zeiten ein überzeugter und couragierter Anti-Nazi gewesen. Er gehörte zu den führenden demokratischen Kräften in der Stadt Breslau und ließ zu keiner Zeit irgendwelche Zweifel an seiner ablehnenden Haltung gegenüber dem Nationalsozialismus aufkommen. Kurz vor der nationalsozialistischen Machtübernahme brachen an der Universität von den Nazis initiierte Krawalle aus, die sich vor allem gegen meine Person richteten. In dieser aufreibenden Zeit fand ich in Prof. Lohmeyer den stärksten und entschlossensten Beistand (…). Als ich nach Professor Lohmeyers Meinung einmal besonders gefährdet war, stellte er sich selbst als Schutzschild gegen angreifende Studenten vor mich."[18]

---

[15] HEIBER, Universität 1991, 116.

[16] A.a.O., 121.

[17] G. OTTO, Lohmeyer 359; BEINTKER, Stetigkeit 281; HAUFE, Gedenkvortrag 7.

[18] Bei diesem Text handelt es sich um ein englisches Original (BEINTKER, Judentum 105 f.) in deutscher Übersetzung (teilweise abgedruckt bei: EDWARDS, Lohmeyer 332, Anm. 5). Die Datierung der Erklärung auf das Jahr 1956 ist jedoch unzutreffend. Auch Edwards Angabe, daß es sich bei dieser Schutzmaßnahme Lohmeyers um eine Aktion aus

Die Darstellung Cohns wird von dem Breslauer Studenten Robert Bedürftig in seiner am 4. November 1946 verfaßten Erklärung bestätigt.

„Infolge dieser seiner Stellung in der Affäre Cohn wurde Herr Professor Lohmeyer in meinem Beisein wiederholt von NS-Studenten angepöbelt und bedroht. Der Fall ‚Cohn' wurde später mit einer der schwerwiegendsten Gründe, die seine Strafversetzung an die Greifswalder Universität zur Folge hatten."[19]

Ein weiteres Zeitzeugnis stellt in diesem Zusammenhang auch die eidesstattliche Erklärung der Vikarin Hanna Sommer (1908–1956)[20] vom 25. November 1946 dar:

„Professor D. Dr. Ernst Lohmeyer hat in der Zeit während seines Rektorats und danach als geschäftsführender Direktor des Ev.-theol. Seminars und als Universitätsprofessor in Breslau in allen die Führung der Studenten betreffenden Dingen scharf Stellung genommen gegen die Einflüsse nationalsozialistischer Politik auf das Leben und die Arbeit der Universität. Besonders gegen die Bedrängungen derer, die durch ihre Rasse oder durch ihre religiöse Überzeugung den Nationalsozialisten unerwünscht waren, ist er scharf eingetreten. So hat er:

1.) als der damals neu berufene Jurist Professor Dr. Cohn seine Tätigkeit an der Breslauer Universität aufnahm und die NS-Studentenschaft einen scharfen Kampf gegen Cohn und zwar nicht nur mit Methoden des Geistes begann, diesen Kampf auf Seiten von Professor Cohn geführt. Er hat sich als dessen Verteidiger schwersten Angriffen ausgesetzt, diese aber nicht gefürchtet, sondern auch seine Stellung einige Male Massen tobender Studenten gegenüber verteidigt. Er wurde deswegen und weil seine Person sowie sein Haus als Zuflucht für die bedrängten jüdischen Kollegen und Studenten galten (in seinem Sommerhäuschen in Glasegrund [...] hat er mehreren dieser bedrängten Menschen Aufenthalt und Ruhe gewährt!), schwer angefeindet, und man sann seit langem auf seine Beseitigung durch offenen Kampf und durch Intrigen aller Art.

2.) hat Professor Lohmeyer in einer offenen Erklärung bei Beginn einer Vorlesung im Sommersemester 1933, bei der ich selbst anwesend war, seine Stellung gegen den Nationalsozialismus in geistiger Beziehung klargelegt, weil nach seiner Meinung der Nationalsozialismus ein jede freie Wissenschaft lähmender Ungeist war. Er hat diesen angesagten Kampf auch trotz der immer größer werdenden Macht der NS-Studentenschaft durchgehalten.

3.) hat Professor Lohmeyer durch mich Anschläge, die Studenten aus NS-Zeitungen am schwarzen Brett des Seminars anhefteten, entfernen lassen, weil sie Anfeindungen gegen Kollegen [sc. enthielten], die jüdisch oder nicht nationalsozialistisch waren. Er hat durch all diese Dinge seine Stellung als geschäftsführender Direktor des Ev.-theolog. Seminars schon im Jahre 1934 verloren. Als 1933 Verbrennungen von den NS-Studenten unerwünschten Büchern stattfanden, ist es seiner Tatkraft gelungen, wertvolle Bücher des

---

dem Jahr 1935 handelte, trifft nicht zu: Cohn befand sich seit dem Sommer 1933 nicht mehr in Breslau. Von dem Text bietet MEYER, Fakultät 109 (Anm. 61) eine deutsche Kurzversion, die offenbar auf einer Mitteilung von U. Hutter beruht.

[19] GStA PK, VI. HA., Nl Lohmeyer, Nr. 18, Bl. 134. K. P. Fischer informiert zwar allgemein über den Fall Cohn, weiß aber über Lohmeyer in dieser Sache nichts zu berichten (FISCHER, Storia 225).

[20] Zu Hanna Sommer (geb. Bedürftig) vgl.: ERHART/MESEBERG-HAUBOLD/MEYER, Staritz 550. Für eine Kopie der handschriftlichen Erklärung dankt der Vf. K.-J. Otto.

Seminars vor diesem Unfug zu schützen. Professor D. Dr. Lohmeyer hat diesen Kampf ohne Rücksicht auf seine Stellung geführt bis zu seiner Verdrängung aus Breslau durch die Intrigen der NS-Politik an den Hochschulen. Er ist uns, seinen Schülern, das Bild des mutigen, unbeirrbaren Kämpfers gegen den Nationalsozialismus geblieben."

Am 1. Dezember 1932 öffnete die Universität erneut ihre Pforten. Bornhausens Ethikvorlesung wurde von Seiten der NS-Studenten hochoffiziell gemacht, um dem systematischen Theologen für dessen eindeutige Parteinahme im „Kampf gegen Cohn" feierlich zu danken. Bornhausens Vorlesung ging wie bereits gewohnt zwanglos in eine antisemitische Demonstration über. Die Polizei zog nach der Auflösung dieser Veranstaltung nicht weniger als 616 Studentenkarten ein.[21] Aus München schrieb Hönigswald an Lohmeyer in jenen Tagen:

„Von der Universität Breslau höre und lese ich dauernd Betrübliches. Was Sie mir darüber berichten, überrascht mich nicht so sehr. ... Das Eine, was man jetzt nur wünschen möchte, ist die Rückkehr zur Ruhe, so wenig ihr auch die ‚Idealisten', die ‚Irregeführten' und die ‚Irreführenden' zuneigen mögen."[22]

Bornhausen trat mit Strafrechtsprofessor Helfritz als Verteidiger in dem gegen die studentischen Randalierer eingeleiteten Disziplinarverfahren auf, an dessen Ende lediglich drei Verweise, eine Semesternichtanrechnung sowie acht Androhungen des *consilium abeundi* ausgesprochen wurden. Am 12. Dezember wurde Bornhausen und Helfritz im Namen der gesamten deutschen Studenschaft für ihr „rückhaltloses" und „fabelhaftes" Eintreten öffentlich Dank abgestattet.[23] Eine aus vier Studenten und Prodekan Fischer gebildete Delegation, die in Berlin die Lösung des Cohn-Skandals offenbar zu beschleunigen beabsichtigte, verlief erfolglos. Reichskommissar Kähler[24] blieb noch auf der Rektorenkonferenz vom 15. Dezember hart und autoritär. Eine Abberufung Cohns kam für ihn ebenso wenig in Betracht wie eine erneute Schließung der Universität.[25]

Zum Verhängnis wurde Cohn dann seine im Berliner Boulevardblatt „Montag Morgen" unglücklich wiedergegebene Stellungnahme zur sogenannten „Trotzki-Asyl-Frage". Sollte dem kommunistischen Exilpolitiker Leo Trotzki (1879–1940) in Deutschland politisches Asyl gewährt werden? Cohn hatte im Hinblick auf diese Frage offenbar nicht eindeutig genug negativ Stellung bezogen.[26] Sowohl Rektor Brockelmann als auch der Senat der Universität distanzierten sich zwei Tage vor Weihnachten

---

[21] HEIBER, Universität 1991, 122.

[22] Hönigswalds Brief an Lohmeyer vom 5. Dezember 1932 (W. OTTO, Briefe 58).

[23] HEIBER, Universität 1991, 122.

[24] Zu Kählers Ansichten im „Fall Cohn" vgl.: OBERNDÖRFER, Tage 85–88.

[25] HEIBER, Universität 1991, 124.

[26] Zum Thema Trotzki-Asyl hatten sich auch verschiedene namhafte Persönlichkeiten des öffentlichen Lebens (z.B. der ehemalige preußische Innenminister Severing und der Boxer Max Schmeling) geäußert.

entschieden von Cohn, der durch ein unnötiges „Hervortreten in einer umstrittenen politischen Frage" die nötige Zurückhaltung habe vermissen lassen. Cohns Lehrtätigkeit galt damit an der Schlesischen Friedrich-Wilhelms-Universität als nicht mehr tragbar. Bei dieser Entscheidungs-findung spielte offenbar auch die Angst, persönlich in den Fall verwickelt zu werden, eine Rolle. In Breslau hatte es jedenfalls nicht an gezielten Einschüchterungsversuchen gefehlt. Am Vorabend der Senatssitzung war „bei Familie Brockelmann durch das geschlossene Fenster eine ‚Flasche mit übel riechender Flüssigkeit' geworfen worden, die Vorgartentür hatten die Attentäter zur Deckung ihres Rückzugs von außen mit Kupferdraht zugebunden."[27] Arthur Rosenberg gab in der von Carl v. Ossietzky heraus-gegebenen „Weltbühne" aber zu bedenken, daß es vor allem die mangelnde demokratische Grundüberzeugung auf Seiten der Breslauer Universitäts-professoren gewesen war, die den Verlauf des Cohn-Skandals entschei-dend mitbestimmt hatte.

„Maßgebende Breslauer Senatoren müssen von Anfang an zwar nicht die national-sozialistischen Methoden im Einzelnen, aber doch die allgemeine universitätspolitische Tendenz der demonstrierenden Studenten gebilligt haben. Dann haben diese Senatoren den ersten Vorwand ergriffen, um selbst demonstrativ mit der rechtsstehenden Studenten-schaft Frieden zu schließen."[28]

Man hatte Cohn also bewußt fallen lassen. Dazu paßt eine Feststellung Cohns, der im November 1946 in Hinblick auf seinen eigenen Fall über Lohmeyer in einer eidesstattlichen Erklärung aussagte:

„Ich bin noch immer davon überzeugt: Wäre Lohmeyer damals Rektor und nicht Vi-zerektor gewesen, wäre es ihm mit seiner starken Persönlichkeit und seiner festen demo-kratischen Überzeugung gelungen, diese Unruhen im Keim zu ersticken."

Der nach der Trotzki-Asyl-Frage vollständig isolierte Cohn sah sich veran-laßt, eine Erklärung zu verfassen, in der er sich für die der Universität durch seine Person entstandenen Schwierigkeiten mit der Versicherung entschuldigte, sich zukünftig in voller Würdigung der Gesamtlage der Breslauer Hochschule zu verhalten. Auf politisch linker Seite wurde dieser demütige „Kniefall" bedauert, während man rechts versicherte, der Kampf werde „weitergeführt, mit allen Mitteln."[29] Neun deutsche Hochschulleh-rer, darunter der emeritierte Kieler Theologe Otto Baumgarten (1858–1934), meldeten ihren Protest hinsichtlich des Verhaltens der Breslauer Universität an.[30] Neben den bereits erwähnten Professoren Lohmeyer und

---

[27] HEIBER, Universität 1991, 125

[28] A.a.O., 126.

[29] A.a.O., 127.

[30] HEIBER, Universität 1991, 133. Baumgarten hatte sich bereits 1926 in seiner Schrift *Kreuz und Hakenkreuz* gegen die völkische Ideologie ausgesprochen. „Für die, die unter dem Kreuze Christi leben, der für alle ohne Unterschied starb und darum für alle ohne

Rosenstock-Huessy waren in Breslau noch der religiös-soziale Theologe Hans Georg Haack, Lohmeyers Assistent Gottfried Fitzer sowie Friedrich Gogarten offen für Cohn eingetreten.[31] Am Ende des Jahres 1932 kommentierte Hönigswald Lohmeyer gegenüber die Breslauer Vorgänge aus dieser Zeit mit den Worten: „Was ich sonst von Breslau höre, stimmt mich sehr traurig (...). Über die Einzelheiten vermag ich mir natürlich kein Bild zu machen. Aber das Gesamtbild ist wahrlich nicht erhebend."[32]

Am 24. Januar 1933 nahm Cohn seine Vorlesungen unter Polizeischutz wieder auf. Die folgenden Krawalle zwischen Studierenden führten zu zwei Schwerverletzten sowie einigen Verhaftungen. Staatssekretär Alois Lammers erklärte den Vertretern des NS-Studentenbundes auf einer Besprechung in Berlin, man könne aus juristischen Gründen nichts gegen Cohn unternehmen.[33] Wenige Tage darauf wurde Hitler zum Reichskanzler ernannt. Nach den Reichstagswahlen und dem Ermächtigungsgesetz folgte auf das erste „Gesetz zur Gleichschaltung der Länder" Anfang April der reichsweit organisierte Boykott jüdischer Geschäfte. Das „Gesetz zur Wiederherstellung des Berufsbeamtentums" vom 7. April 1933 schuf dann die „legalen" Voraussetzungen für Cohns sofortige Beurlaubung, die ihn bereits eine Woche später traf. Cohn hat offenbar geahnt, was das bedeutete. Der Breslauer Universitätskurator ließ im Sommer 1933 verlautbaren, man wisse nicht, wo Cohn sich momentan aufhalte. Cohn emigrierte über die Schweiz nach England und kehrte 1957 als Honorarprofessor nach Frankfurt/M. zurück.[34]

Daß nicht allein Ernst J. Cohn, sondern vielmehr Rektor Brockelmann eigentliches Zielobjekt der antijüdischen Kampagne gewesen war, belegen nicht nur weitere Zeitdokumente (Drohbriefe und gehässige Witzlieder), sondern auch das konkrete Vorgehen des Breslauer NS-Studentenbundes gegen Carl Brockelmann.[35] Am 1. Mai 1933 wurde Hans Helfritz im Sinne der NS-Gleichschaltungspolitik zu Brockelmanns Nachfolger gewählt. Ende November erfolgte die Rektoratsübernahme durch Gustav Adolf Walz.[36] Bereits Ende April 1933 hatte der Alttestamentler Anton Jirku

---

Unterschied lebt, gibt es kein die Juden ausschließendes Hakenkreuz". Auf dem Bach-Fest 1930 wurde Baumgarten auf Flugblättern als „Landesverräter, Philosemit, Pazifist und Verräter am Nationalsozialismus" angegriffen (SCHOLDER, Kirchen I, 145 bzw. 219). Zu Baumgarten vgl.: BASSI, Baumgarten.

[31] EHRENFORTH, Kirchenkampf 202 ff. Auf einer Tagung der *Religiösen Sozialisten* in Breslau hatte Haack über das Thema „Christenkreuz und Hakenkreuz" gesprochen und in diesem Zusammenhang auch gegen Hitler Stellung bezogen (MEIER, Fakultäten 388).

[32] Brief Hönigswalds an Lohmeyer vom 29. Dezember 1932 (W. OTTO, Briefe 60).

[33] HEIBER, Universität 1991, 128.

[34] A.a.O., 130.

[35] A.a.O., 131 f.

[36] Walz war seit Dezember 1931 NSDAP-Mitglied (HEIBER, Universität 1994, 341).

$(1885-1972)^{37}$ in Berlin mit Erfolg die Beurlaubung von Dekan Waldecker beantragt. Es war jedoch nicht das letzte Mal, daß der Nationalsozialist Jirku hochschulpolitisch aktiv wurde.

---

[37] HEIBER, Universität 1991, 120. A. Jirku gehörte zusammen mit E. Hirsch, H. W. Beyer, H. Bornkamm, J. Hempel, A. Weiser und K. Fezer zu denjenigen jungen Theologen, welche die *Glaubensbewegung Deutsche Christen* zu ihren Wortführern rechnen konnte (SCHOLDER, Kirchen I, 402). Zu Jirku als NSDAP-Mitglied vgl.: EHRENFORTH, Kirchenkampf 203. Zu Fezer vgl.: STÄHLIN, Stellung.

6. „Mein Bruder bist Du" –
Ernst Lohmeyer und Martin Buber 1933

Zu Beginn des „Cohn-Skandals" hatte Lohmeyer in regen Verhandlungen mit Gustav Ruprecht um die parallele Herausgabe der Synoptikerkommentare mit den einzelnen Bänden seiner *Geschichte des Urchristentums* gestanden. Noch im September 1932 war der Satz des Täuferbuches begonnen worden. Lohmeyer bat den Verlag, von einer Lieferung in drei Teilen des als Einheit gedachten Buches abzusehen. Seine Beteiligung am Danziger Hochschultag hatte Lohmeyer abgesagt, um nach seinen hochschulpolitischen Aufgaben ungestört wissenschaftlich arbeiten zu können. „Die beiden Jahre Rektorat und Prorektorat haben mich ziemlich viel Kraft gekostet, und die schmerzlich reduzierten Gehälter fordern manche bezahlte Nebenarbeit."[1] Lohmeyer hatte vorgeschlagen, mit der Kommentierung des Matthäusevangeliums zu beginnen, da mit dieser Arbeit auch das Jesusbuch für die Urchristentums-Reihe wachse. „Ich kann also die Jesus-Darstellung nicht eher zusammenfassen, als bis ich außer der Markustradition auch die der Sprüche Jesu kommentiert habe." Allerdings benötige er für Mt mehr Zeit als für Mk. Lohmeyer hoffte, sich im WS 1933/34 für die Arbeit an den Synoptikern beurlauben zu lassen, um bis Anfang 1934 den Markus-Kommentar zum Abschluß bringen zu können.[2] Ruprecht bat Lohmeyer, seine Synoptikerstudien von neuen Hypothesen zu entlasten, um den Absatz der Kommentare an weite Kreise der Studierenden sicherzustellen.

„Auch heute begegnet uns immer wieder bei Gesprächen über den Meyer'schen Kommentar das Unverständnis Ihrer den Philipperbriefkommentar durchziehenden neuen Hypothese[3] als Grund, weshalb man diesen Kommentar trotz aller sonstigen hervorragenden Eigenschaften als für Studenten untauglich glaubt erklären zu müssen."[4]

In Anspielung auf diese freundliche Kritik beglückwünscht Lohmeyer den Verlag zur Wahl von Otto Michel (1903–1993) als neuen Mitarbeiter am ‚Meyer'. Michel habe „doch wohl auch das Eine für sich, daß er bei aller Selbständigkeit doch enger an die theologische Tradition sich anschließt und nicht solche (wenigstens in den Augen mancher) Ketzereien begeht, wie das nun mein Schicksal ist. Mein Sinn schlägt ja mehr für die Ketzer, aber für den ‚Meyer' muß es auch einen richtigen Ausgleich geben."[5] Im Hinblick auf den Markuskommentar teilte Lohmeyer V&R mit, er sei inzwischen „bis cap. 1,16 (…) gelandet", und das „trotz aller Abhaltungen

---

[1] Lohmeyers Brief an Ruprecht vom 18. September 1932.
[2] Lohmeyers Postkarte an Ruprecht vom 20. September 1932.
[3] Lohmeyer hatte den Philipperbrief durchgängig als Märtyrerepistel ausgelegt.
[4] Ruprechts Antwort vom 21. September 1932.
[5] Lohmeyers Brief vom 18. Januar 1933.

des Semesters". Für die Bearbeitung der Synoptiker schlug Lohmeyer dem Beispiel Julius Wellhausens (1844–1918) folgend eine gesonderte Kommentierung jedes einzelnen Evangeliums mit einer gemeinsamen Einleitung vor, da man durch synoptische Verweise allein den inneren „Zusammenhang der Evangelien untereinander" nicht angemessen darstellen könne. Ruprecht war mit Lohmeyers Vorschlägen in Übereinstimmung und bedankte sich für die für den Verlag wertvolle zustimmende Meinung Lohmeyers im Hinblick auf Otto Michel.

„Daß er sich enger an die theologische Überlieferung anschließt, ist im Meyer'schen Kommentar von Haus aus und auch bei den späteren Mitarbeitern nicht das Gegebene gewesen. Der alte Meyer hat erst in den späteren Bearbeitungen sich nach rechts entwickelt, bis zu seinem ursprünglichen entgegengesetzten Standpunkte z.B. in der Frage der Jungfrauengeburt. Ich habe mich früher darüber sehr ereifert, bis ich dahin kam, über dieses eingebildete Herumklügeln an uns wohltätig verschlossenen Gebieten zu lächeln. Deshalb kann ich auch nur sagen, ich nehme eine Neigung zu engerem Anschluß an die theologische Überlieferung in Kauf, möchte sie aber niemals irgendwie zur Voraussetzung für die Auswahl der Mitarbeiter beim Meyer'schen Kommentar gemacht sehen, und ich freue mich, daß das zu dem stimmt, was Sie von sich hinzugefügt haben."[6]

Als Hitler eine Woche darauf zum Reichskanzler ernannt wurde, war die theologische, kirchliche und politische Partei- und Frontenbildung innerhalb des deutschen Protestantismus abgeschlossen.[7] Nach Inkrafttreten des Ermächtigungsgesetzes, kamen die ideologischen Gegensätze auch an der Universität Breslau zum Ausbruch.

„So fand in den ersten Maitagen 1933 auf dem Breslauer Schloßplatz eine öffentliche Bücherverbrennung statt, die wohl an den historischen Akt vor dem Stadttor in Wittenberg erinnern sollte. Theologiestudenten nahmen – zumeist in SA-Uniform – wohl mehr pflichtgemäß in größerer Anzahl daran teil. Professor Bornhausen hielt die ‚Feuerrede'. Auch Gogartens Bücher sollen sich unter dem dem Feuer übergebenem Schrifttum befunden haben. Die Uneinheitlichkeit unter den Universitätslehrern wirkte sich sichtlich verwirrend aus."[8]

Während auf dem Breslauer Schloßplatz schätzungsweise „rund 10.000 einzelne Werke bzw. 40 Zentner Bücher"[9] loderten, trat Lohmeyer in der Bibliothek des evangelisch-theologischen Seminars energisch den NS-Studenten mit dem Hinweis entgegen, die Bücherbestände seien unantastbares

---

[6] Ruprechts Brief an Lohmeyer vom 23. Januar 1933.

[7] „Wer die Geschichte des deutschen Protestantismus in den Jahren 1931 und 1932 verfolgt, (...) der wird nicht sagen können, daß die evangelische Kirche ahnungslos und unvorbereitet vom Dritten Reich überrascht wurde" (SCHOLDER, Kirchen I, 233). In die Zeit vor dem 30. Januar 1933 fallen nicht nur die antiökumenischen Verlautbarungen von Althaus und Hirsch, die vorläufige Dienstenthebung des badischen Pfarrers Erwin Eckert und der Fall Dehn, sondern auch das „Wort und Bekenntnis Altonaer Pastoren" vom 11. Januar 1933.

[8] EHRENFORTH, Kirchenkampf 131.

[9] ERHART/MESEBERG-HAUBOLD/MEYER, Staritz 45 (Anm. 217).

Staatseigentum.[10] Vollständig unklar mußte dagegen die Position des von der dialektischen Theologie herkommenden Friedrich Gogarten[11] erscheinen. Gogarten, der in Breslau einen großen Hörerkreis hatte und sich seit dem 1. Mai 1933 für die bekenntniskirchliche „Jungreformatorische Bewegung" in Schlesien einsetzte, hatte seine Theologie gleichzeitig immer stärker auf deutsch-christliche Positionen hin entwickelt.[12] Erst im November, nach der Berliner Sportpalastkundgebung, kehrte sich Gogarten von der deutsch-christlichen Bewegung ab.[13] Die Breslauer Jungreformatoren hatten sich im Juni 1933 offen gegen die von der Breslauer NS-Studentenschaft in Szene gesetzte Kundgebung für die Kandidatur Ludwig Müllers für das Amt des Reichsbischofs gestellt und bei den Kirchenwahlen im Juli als kirchliche Partei rund ein Drittel der Sitze in den kirchlichen Körperschaften Schlesiens erringen können. Auf die Reichstagswahlen vom März 1933 folgte unmittelbar eine reichsweite Verhaftungs- und Terrorwelle, die sich vor allem gegen Juden, Kommunisten und Sozialdemokraten richtete. Bis zum Herbst kam es zu mehreren hundert Toten und zu über 100.000 Verhaftungen. Allein in Preußen wurden in den ersten beiden Monaten nach den Reichstagswahlen von der Polizei ungefähr 25.000 Personen in ‚Schutzhaft' genommen, die wilden Verhaftungen der SA nicht mitgerechnet.[14] In der Umgebung Berlins und Münchens entstanden die ersten Internierungslager. Besonders dramatische Szenen spielten sich vor den Augen der Öffentlichkeit im Breslauer Amts- und Landgerichtsgebäude ab, wo eine SA-Truppe unter „Juden-raus!"-Rufen jüdische Rechtsanwälte, Richter und Staatsanwälte von ihren Arbeitsplätzen vertrieb.[15] Ähnliche Aktionen verliefen mit einer reichsweit einheitlich organisierten Strategie auch in Hamburg, Frankfurt, Stuttgart und München. Jochen Klepper verzeichnete am 8. März 1933 in seinem Tagebuch über den täglich anwachsenden Terror: „Was uns schon jetzt an Antisemitismus zugemutet wird, ist furchtbar." Und am Vorabend der von Hitler persönlich zur Chefsache erklärten Boykottaktion gegen jüdische Geschäfte vermerkte Klepper Anfang April 1933: „Ich trauere um die evangelische Kirche."[16]

---

[10] ERHART/MESEBERG-HAUBOLD/MEYER, Staritz 84 (Anm. 52).

[11] Vgl. Lohmeyers Brief an Ruprecht vom 5. November 1932: „Ich bin mit Gogarten gut befreundet." Diese freundschaftliche Beziehung – kaum aber theologische Nähe – belegt auch ein Brief Hönigswalds an Lohmeyer vom 21. Januar 1932: „Schön, daß Sie zu Gogarten gute persönliche Beziehungen gewonnen haben. Sachlich geredet, würde es nicht schaden, zur ‚Dialektik' ein Verhältnis zu gewinnen, wenn man, wie es die Herren tun, dialektisch theologisiert" (W. OTTO, Briefe 51).

[12] HORNIG, Kirche 5. Zu Müller vgl.: T. M. SCHNEIDER, Reichsbischof.

[13] EHRENFORTH, Kirchenkampf 203 f.

[14] BROSZAT, Anatomie 20.

[15] SCHOLDER, Kirchen I, 323.

[16] KLEPPER, Schatten 41 ff.

Abgesehen von wenigen vereinzelten Stimmen schwiegen die evangelischen Kirchen zu diesen Vorgängen. „Kein Bischof, keine Kirchenleitung, keine Synode wandte sich in den entscheidenden Tagen um den 1. April öffentlich gegen die Verfolgung der Juden in Deutschland."[17] Führende evangelische Kirchenvertreter versuchten sogar, besorgte Stimmen und kritische Anfragen aus der Ökumene zu zerstreuen. Der Berliner Generalsuperintendent Otto Dibelius[18], der noch im gleichen Jahr von den NS-Machthabern aus allen seinen kirchlichen Ämtern entfernt wurde, verbat sich US-amerikanischen Amtskollegen gegenüber jeglichen Eingriff in die innerkirchlichen Angelegenheiten Deutschlands. Die deutschen Kirchen – so O. Dibelius – würden sich auch nicht in die „Negerfrage" einmischen.[19] Auch Karl Barth verweigerte noch bis 1934 bewußt Verlautbarungen zu allgemeinen politischen oder ethischen Zeitfragen. Als Thema gehörte für ihn „weder die Judenfrage noch irgendeine andere der uns heute bewegenden Fragen auf die Kanzel."[20]

Der gebürtige Breslauer Dietrich Bonhoeffer (1906–1945) entwickelte in seiner Mitte April 1933 abgeschlossenen kleinen Schrift *Die Kirche vor der Judenfrage* dagegen eine Auffassung, die zwar ein direktes politisches Handeln der Kirche theologisch nicht rechtfertigen mochte, sich aber ebenso dagegen verwahrte, das gewaltsame Handeln des Staates passiv an sich vorüberziehen zu lassen.[21] Die Kirche sei „den Opfern jeder Gesellschaftsordnung in unbedingter Weise verpflichtet, auch wenn sie nicht der christlichen Gemeinde zugehören."[22] Das waren in Hinblick auf die vom Staat verfolgten Juden, Sozialdemokraten und Kommunisten deutliche Worte. Am Ende seiner Schrift konnte sich Bonhoeffer zu seiner bekannten Formulierung durchringen, der Kirche könne im Extremfall auch die Aufgabe zukommen, „nicht nur die Opfer unter dem Rad zu verbinden, sondern dem Rad selbst in die Speichen zu fallen."[23]

Die Marburger Theologen R. Bultmann und Hans v. Soden eröffneten ihre Vorlesungen jeweils mit konkreten Stellungnahmen zum politischen Tagesgeschehen. Bultmann erklärte am 2. Mai 1933: „Ich muß als Christ das Unrecht beklagen, das gerade auch den deutschen Juden durch solche Diffamierung angetan wird."[24] Zu Beginn seiner zwei Tage darauf gehalte-

---

[17] SCHOLDER, Kirchen I, 340. Zur Katholischen Kirche vgl.: MICCOLI, Pio XII.

[18] Zu O. Dibelius vgl.: FRITZ, Dibelius.

[19] SCHOLDER, Kirchen I, 341.349.

[20] K. BARTH, Die Kirche Jesu Christi, in: ThEx 5, 1933, 3.

[21] KRUMWIEDE, Kampf.

[22] Zitiert nach: KRUMWIEDE, Kampf 65.

[23] BONHOEFFER, Gesammelte Schriften II, 44 ff.

[24] Bultmann bezog sich auf Äußerungen Hitlers und auf die antisemitischen Aktionen auf studentischer Seite. Bultmanns Position wurde in den *Theologischen Blättern* veröffentlicht (ThBl 12, 1933, 161 ff.).

nen Reformationsvorlesung verteidigte H. v. Soden vor dem Hintergrund der von der deutschen Studentenschaft inszenierten antisemitischen Kundgebung entschieden sein liberales Wissenschaftsideal: Man dürfe prinzipiell „keine Politisierung der deutschen Hochschulen zulassen."[25]

Die Situation der Kirchenmitglieder und der kirchlichen Amtsträger jüdischer Herkunft beschäftigte die deutsche evangelische Theologie noch über den Sommer 1933 hinaus. Am 19. September hatte die Marburger Fakultät das von ihrem Dekan H. v. Soden verfaßte Gutachten gegen die von der Generalsynode der Evangelischen Kirche der Altpreußischen Union Anfang September vorgenommene Einführung des „Arierparagraphen" in die deutsche Kirchengesetzgebung einstimmig verabschiedet.[26] Gegenteilige Stellungnahmen kamen aus Erlangen. Das von P. Althaus und W. Elert verfaßte Fakultätsgutachten forderte, alle kirchlichen Amtsträger sollten dem gleichen Volkstum der übrigen Kirchenmitglieder angehören.[27] Bis zum Oktober 1933 unterschrieben 21 Neutestamentler, darunter auch Ernst Lohmeyer, die Marburger Erklärung *„Neues Testament und Rassenfrage"*, die unter Hinweis auf Gal 3,28 an einer gleichen Amtsbefähigung von Juden und Heiden in der Evangelischen Kirche festhielt.[28] Bei Bultmann hatte sich in jener Zeit die Überzeugung durchgesetzt, daß der „Arierparagraph" eine der Wahrheit der Kirche Jesu Christi widersprechende Ordnung verlange.[29] Diesen offensichtlichen Minderheitsstandpunkt machte sich auch die deutsche Nationalsynode im Herbst 1933 zu eigen, vermutlich aber weniger aus theologischer Überzeugung, sondern aus Sorge um die ökumenischen Beziehungen, insbesondere zur lutherischen Kirche in Schweden.[30] Erzbischof Erling Eidem (1880–1972)[31] hatte die Deutsche Evangelische Kirche eindringlich vor einer drohenden internationalen Isolierung gewarnt.[32] Es gelang jedoch auch innerhalb der sich formierenden Bekennenden Kirche nicht, ein eindeutiges, theologisch begründetes Wort zur „Judenfrage" zu formulieren. Auch in BK-Kreisen kämpfte man nicht an einer

„Außenfront für das Recht und den Schutz der jüdischen Mitbürger und gegen die nationalsozialistische Rassentheorie, sondern zog sich schon frühzeitig auf eine Innenfront zurück, indem sie sich nur noch gegen die Maßnahmen zur Wehr setzte, die zu einer Dis-

---

[25] LINDEMANN, Neutestamentler 29.

[26] A.a.O., 31.

[27] A.a.O., 32.

[28] Der Text dieser Eingabe an die Landessynode wurde auch in der ersten Nummer der *Jungen Kirche* veröffentlicht (JK 1, 1933, 201 ff.).

[29] LINDEMANN, Neutestamentler 33.

[30] ALAND, Glanz 134.

[31] Zu Eidem vgl.: RGG[4] II, 1130.

[32] SCHOLDER, Kirchen I, 619.

kriminierung der nichtarischen Christen innerhalb der Evangelischen Kirche führen konnten."[33]

Vor diesem zeit- und theologiegeschichtlichen Hintergrund zeichnet sich Lohmeyers Stellung dem Judentum gegenüber besonders kontrastreich ab. Im Sommer 1933 hatte er zu Beginn einer Vorlesungsstunde zur *Christologie des Neuen Testaments* den Nationalsozialismus als eine jede freie Wissenschaft lähmenden „Ungeist" bezeichnet.[34] Lohmeyer ging es in diesen ideologisch aufgewühlten Zeiten jedoch auch um eine prinzipielle Verhältnisbestimmung von Judentum und Christentum aus evangelischer Sicht.

Ausgangspunkt dafür war Martin Bubers (1878–1965) offener Brief an den gebürtigen Breslauer Gerhard Kittel (1888–1948) gewesen, der im August 1933 in den „Theologischen Blättern" erschienen war.[35] Der Neutestamentler G. Kittel (nach Lohmeyer eifrig tätig „im Sinne der freilich gemäßigten D.C., wie sie in Tübingen en vogue ist")[36] hatte dem Frankfurter Religionsphilosophen Martin Buber am 13. Juni 1933 seine Schrift *Die Judenfrage* zugeschickt, offensichtlich in der naiven Absicht, Verständnis für seine dort ausgeführten Gedanken zu finden: „Es lag mir daran, der ‚völkischen' Bewegung einen Weg zu zeigen, der dem Berechtigten an ihr Rechnung trägt, der aber zugleich dem Judentum wirklich als solchem gerecht würde."[37] Buber hatte jedoch allen Grund, sich zu Kittels Gedanken zum Thema „Judenfrage" prinzipiell negativ zu äußern. Insbesondere lehnte er Kittels aus Dtn 24,14 und Dtn 27,19 hergeleitete Forderung ab, das Judentum habe sich unter die gegenwärtigen Bedingungen als „Gastvolk" zu fügen. „Aber soll der Gehorsam unter die Fremdlingschaft bedeuten, daß wir unsere ‚Diffamierung'[38] nicht bloß als Gottes gerechte Schickung, sondern auch als der Menschen gerechte Tat zu betrachten hätten?"[39] Gerschom Scholem (1897–1982) schrieb am 24. August 1933 an Buber, er habe Kittels Buch mit Ekel und Empörung gelesen. Es sei „unter allen schmachvollen Dokumenten eines beflissenen Professorentums, die uns immer wieder überraschen, gewiß eines der schmachvollsten. Welche

---

[33] So die Analyse von HORNIG, Kirche 59. H. Thielicke sprach in seinen Lebenserinnerungen von der „schweren Hypothek der Bekennenden Kirche", da auch sie nur um den eigenen Bestand gekämpft habe (THIELICKE, Gast 78). Zur Auseinandersetzung zwischen Thielicke und H. Diem um die Rolle der BK vgl.: BARNETT, Soul 197 ff.

[34] W. OTTO, Briefe 21.

[35] ThBl 12, 1933, 248–250.

[36] Lohmeyers Brief an Ruprecht vom 29. Juli 1934.

[37] SCHAEDER, Buber Nr. 436.

[38] Buber bezieht sich auf Bultmann (ThBl 12, 1933, 161 ff.)

[39] SCHAEDER, Buber Nr. 437. Es handelt sich um den Entwurf seines in den „Theologischen Blättern" abgedruckten Briefes. Buber weist Kittel vor allem auf Dtn 10,17 ff., Lev 19,33 ff., Lev 24,22 und Num 15,16 hin.

Verlogenheit, welch zynisches Spiel mit Gott und Religion."[40] Lohmeyer äußerte sich im Juli 1934 Ruprecht gegenüber im Hinblick auf G. Kittel deutlich ablehend: „ (...) es besteht das für meine Begriffe blamable Buch über die Judenfrage – kurz, ich habe kein Vertrauen mehr zu seiner wissenschaftlichen Arbeit."[41] An Buber hatte sich Lohmeyer bereits am 19. August 1933 gewandt, um ihm für seinen offenen Brief an Kittel zu danken.

„Aber was mich drängt, ist nicht nur dieses Gefühl geistiger Verbundenheit, wenngleich das in diesen Tagen um seiner Seltenheit willen mich begleitet, sondern es ist, um es offen zu sagen, etwas wie Scham[42], daß theologische Kollegen so denken und schreiben, wie sie es tun, daß die evangelische Kirche so schweigen kann, wie sie es tut, und wie ein führerloses Schiff von dem politischen Sturmwind einer doch flüchtigen Gegenwart sich aus dem Kurse treiben läßt; und dieser Brief soll Ihnen zeigen, daß nicht alle in den theologischen Fakultäten, auch nicht alle Neutestamentler, Kittels Meinungen teilen."[43]

Lohmeyer zeigte sich entrüstet den zeitgenössischen „fürchterlichen Schlagworten" (insbesondere im Hinblick auf die Begriffe ‚Staat‘, ‚Volk‘ sowie ‚Rasse‘) gegenüber und sprach von der engen jüdisch-christlichen Verbundenheit, trotz aller Geschiedenheit, durch das eine Buch der Bibel.

„Und es scheint, als sei es dem deutschen Christentum besonders schwer, diese Doppelheit der Beziehungen zu tragen und zu begreifen (...). Ich hoffe, daß Sie mit mir darin übereinstimmen werden, daß der christliche Glaube nur solange christlich ist, als er den jüdischen in seinem Herzen trägt; ich weiß nicht, ob Sie auch der Umkehrung beistimmen werden, daß auch der jüdische Glaube nur solange jüdisch ist, als der den christlichen in sich zu hegen vermag."

In Kittels Begriff vom Gehorsam gegen die Fremdlingschaft sah Lohmeyer nichts weiter als ein religiös fadenscheiniges Mäntelchen, das einer politischen Maßnahme umgehängt werde.

„Und noch bitterer ist es, daß, wenn die ‚Diffamierung‘ politisch und sozial durchgeführt wird, daß dann kein Theologe und keine Kirche nach dem Beispiel ihres Meisters

---

[40] BARKENINGS, Bruderschaft 10 ff.

[41] Lohmeyers Brief vom 29. Juli 1934. Lohmeyers Tochter Gudrun bemerkt zum Thema Deutsche Christen: „Ich erinnere mich, daß die Abkürzung ‚DC‘ schon als kleines Mädchen für mich etwas Anrüchiges, Despektierliches hatte, ohne daß ich damit etwas anzufangen gewußt hätte" (G. OTTO, Lohmeyer 359).

[42] Von der Scham im Hinblick auf das Versagen der Kirchen den Juden gegenüber zu reden, ist nach F. Crüsemann bis heute etwas Ungewöhnliches. „Es wird in einzigartiger Weise daran sichtbar, daß es selbst nach 1945 nur selten ein schlechtes Gewissen gab und kaum jemals Scham – beides hatten vor allem die überlebenden Opfer. Die Christen, auch die Bekennende Kirche, haben das, was den Juden geschah, aber auch den christlichen Zigeunern und Polen, den Kommunisten und Homosexuellen und Ernsten Bibelforschern nicht als ihr Problem betrachtet" (CRÜSEMANN, Tora 161).

[43] Vgl.: SIEGELE-WENSCHKEWITZ, Judenfrage; ERICKSEN, Auseinandersetzung. TÖDT, Komplizen 396 berichtet von der den Briefwechsel Kittel/Buber betreffenden Stellungnahme Lohmeyers nichts, verweist aber auf SMID, Protestantismus.

zu den Verfemten spricht: Mein Bruder bist Du, sondern von ihnen fordert, statt ihnen zu helfen. Aber alles Geschehene ist ja nur zu begreifen, wenn man sich immer wieder sagt, daß wir kaum jemals so weit vom christlichen Glauben entfernt waren wie eben jetzt, und es bleibt uns nur die leise Hoffnung auf eine Erneuerung des Christentums, wie Sie es für die Erneuerung des Judentums hegen."[44]

Buber antwortete Lohmeyer umgehend und sandte ihm sein Buch *Kampf um Israel* zu. Interessant für die bisher kaum beachtete persönliche und nicht nur theologisch-philosophische Wertschätzung, die Lohmeyer Buber gegenüber empfand, sind in diesem Zusammenhang noch zwei bisher unbekannt gebliebene Briefe Lohmeyers. Aus dem Ferienhaus im niederschlesischen Glasegrund (Kr. Habelschwerdt) schrieb er an seine Frau Melie am 25. August 1933:

„Mich beschäftigt sehr der Brief von Buber, trotzdem ja nicht viel drin steht. Schon dieses Schriftbild! Wie geht es Dir damit? Sicher auch gewollt und prätenziös, und doch von einem gewissen Adel und gehaltenem Pathos. Als ob ein alter weiser Priester schriebe und spräche. Sein Buch enthält Reden aus den Jahren 1921–32; in vielem sehr interessant. Ich bringe es Dir mit. Er ist wer; aber da wo ich mich zu strenger Definition zwinge, da biegt er in den schönen Schwung seines Stiles und das Pathos seines geklärten Glaubens ein. Ich werde ihm jedenfalls schreiben; der Mann ist es wert. Aber langsam und sicher werde ich dann zum Philosemiten."

In seinem Brief an seine Frau vom 29. August 1933 bemerkte Lohmeyer:

„Ich habe allerhand geschafft und sitze eben bei einer Dämonengeschichte, die mir viel zu rätseln gibt. Und dann kam Buber hinzu: er schickte, wie versprochen, einen Band Reden ‚Kampf um Israel'. In dem lese ich jeden Abend. Ein merkwürdiger, bedeutender Mann; er ist Zionist, ist auch Sozialist, ich habe das Gefühl: ein wahrer Mensch, edel und schön in Worten und Gedanken, fest und vornehm in seinen Taten, nur nicht ganz klar in den Grundlagen seines Denkens. Aber ich habe viel von ihm gelernt und werde noch weiter von ihm lernen. Ich will ihm auch einen langen Brief schreiben, aber ich muß erst das ganze Buch gelesen haben; es sind immerhin 450 Seiten."[45]

Buber hatte sich zu Lohmeyers Täufer-Buch so positiv geäußert, daß dieser in seinem bisher wenig beachteten zweiten Brief an Buber vom 11. September 1933 von einer „nah verwandte[n] Auffassung" sprechen konnte. Lohmeyer hoffte auf eine Intensivierung der beiderseitigen Kontakte. Unbarmherzig rechnete er in diesem Zusammenhang mit der eigenen christlichen Tradition ab:

„Und wie viel mir das bedeutet, der ich mich seit Jahren bemühe, nicht den Schiefheiten einer überlieferten und den Gewaltsamkeiten einer gegenwärtigen christlichen Theologie zu verfallen, das brauche ich Ihnen wohl nicht näher zu sagen (...). Ich habe das Gefühl – verzeihen Sie, wenn das zu nah klingen sollte – als könne es ein fruchtbares Gespräch zwischen Ihnen und mir geben, fruchtbarer vielleicht für mich als für Sie."[46]

---

[44] SCHAEDER, Buber Nr. 450.
[45] Beide Ziate aus einem Brief von K.-J. Otto an den Vf. vom 23. Juli 2001.
[46] SCHAEDER, Buber Nr. 545.

Eine Verbindung der beiden Glaubenswelten Judentum und Christentum sah Lohmeyer in der prinzipiellen Einheit von alttestamentlicher Prophetie und neutestamentlicher Apokalyptik begründet. Im Schnittpunkt beider glaubte er, Jesus von Nazareth geschichtlich lokalisieren zu können:

„Und diese Einheit von Prophetischem und Apokalyptischem – um zu dem Überlieferten zurückzukehren – gibt mir die Möglichkeit, die Gestalt Jesu zu begreifen; da scheint es mir (ich darf einmal so als ‚Historiker' reden) paradigmatisch verbunden."[47]

Obwohl Buber noch bis 1938 in Deutschland blieb, ist es zunächst nicht mehr zu dem möglicherweise sehr fruchtbar gewordenen Dialog mit Lohmeyer gekommen. Beide haben nach dem Ende des Zweiten Weltkriegs jedoch noch gegenseitig aufeinander Bezug genommen.[48] Das betrifft einerseits Lohmeyers letzte Arbeit, eine wohl noch 1945 entstandene Exegese von Mt 28,16–20, in welcher er abschließend auf Bubers *Königtum Gottes* hinwies. Buber brachte seinerseits in seinen *Zwei Glaubensweisen* (1950) ein wörtliches Zitat aus Lohmeyers Markuskommentar.[49] Daß Lohmeyer sich auch für die „Verdeutschung" der Hebräischen Bibel von Buber und Rosenzweig interessierte, zeigt sein Brief an Ruprecht vom 20. Juli 1934: „Noch eines: Sie haben mir bisher auch M. Bubers ‚Die Schrift' Bd. 1–12 vermittelt; ich bekomme es als Pappband. Nur Bd. 7 hat man mir in Leinen geschickt. Läßt sich das umtauschen? Und an wen muß ich mich da wenden?"[50]

Aus dem kurzen Briefwechsel zwischen Lohmeyer und Buber ragt zweifelsfrei Lohmeyers Spitzensatz „Mein Bruder bist Du" hervor als ein Satz, der im Hinblick auf das Judentum von einem christlichen Theologen erstmals in dieser eindeutigen Form – und vor dem konkreten Hintergrund der damaligen politischen Verhältnisse – formuliert wurde. Lohmeyers einzigartige Stellungnahme aus dem Sommer 1933 – ein Jahrzehnt vor den Sätzen in Bonhoeffers *Ethik* über die Schuld der Kirche „am Leben der schwächsten und wehrlosesten Brüder Christi"[51] – bleibt daher bis in die Gegenwart hinein für den christlich-jüdischen Dialog beispielhaft.

---

[47] SCHAEDER, Buber Nr. 545.
[48] BEINTKER, Judentum 107 f.
[49] A.a.O., 108 (Anm. 14).
[50] Brief Lohmeyers an Ruprecht vom 20. Juli 1934.
[51] BONHOEFFER, Ethik 50. Bonhoeffer verfaßte weite Teile seiner *Ethik* im Kloster Ettal zwischen Herbst 1940 und dem 5. April 1943, dem Tag seiner Verhaftung durch die Gestapo. Als Buch erschienen diese Aufzeichnungen jedoch erstmals 1949.

7. Neutestamentliche Exegese im Schatten des Kirchenkampfes (1934/35)

Der reichsweite Niedergang der Deutschen Christen vollzog sich unterdessen auch in Schlesien. Nach der radikal-antisemitischen Forderung des Berliner Gauobmanns Reinhold Krause auf der „Sportpalastkundgebung", das Christentum sei von allem Jüdischen, insbesondere vom Alten Testament, zu befreien, hatten sich etwa 100 Anhänger von den Deutschen Christen abgewandt. Die Zahl der DC-Mitglieder in Schlesien reduzierte sich um die Hälfte. Ein Bruderrat des Pfarrernotbundes hatte sich in Breslau im Oktober 1933 formiert.[1] Auch Lohmeyer griff selbst aktiv in die kirchen- und hochschulpolitischen Konflikte der Zeit ein.[2] Am 25. Januar 1934 hatte er in seiner Funktion als Direktor des Theologischen Seminars zwei gegen den katholischen Tübinger Theologen Karl Adam (1876–1966)[3] sowie gegen den Pfarrernotbund gerichtete Artikel aus dem *Völkischen Beobachter* vom Fachschaftsbrett entfernen lassen.[4] Am 24. Januar war in dem NS-Parteiblatt zu lesen gewesen:

„Die Polizeibehörden sahen sich (…) im Interesse des Staates und seiner christlichen Kirchen da und dort gezwungen, katholische und protestantische Geistliche von ihren Kirchengemeinden zu trennen und ihnen in stillen Gefängniszellen Muße zu Betrachtungen ihres staats- und volksfeindlichen Handelns (…) zu geben. Wenn jetzt noch unbelehrbare katholische Pfarrer glauben, im Interesse des Seelenheiles ihrer Pfarrkinder die nationalsozialistische Bewegung als ‚Teufelsbewegung' hinstellen und ihre Bekämpfung verlangen zu müssen, und wenn gekränkte Pastoren aus einer falsch verstandenen ‚Gewissenspflicht' heraus die Mitglieder ihrer Kirchengemeinde gegen die kirchlichen und staatlichen Vorgesetzten aufhetzen, dann beweisen sie damit klar und deutlich, daß es ihnen doch *nicht* um das Seelenheil ihrer Pfarrkinder und den inneren Frieden der Kirche geht. Sie müssen sich schon den Verdacht gefallen lassen, daß sie sich zum Werkzeug reaktionärer Kreise hergegeben haben, die auf dem Wege über die Kirchen und durch Gefährdung des Kirchenfriedens die *Aufbauarbeit der nationalsozialistischen Regierung sabotieren* wollen. Saboteure aber müssen unschädlich gemacht werden, auch wenn sie im Gewande eines Dieners Gottes ihr verwerfliches Handwerk ausüben (…)."[5]

Dekan Anton Jirku berief Lohmeyer mit sofortiger Wirkung von seinem Amt als Seminardirektor ab. Lohmeyer widersetzte sich dieser Amtsenthebung und wandte sich unverzüglich schriftlich an das Reichskultusministerium. Erst nachdem Rektor Walz Lohmeyers Vorgehen mißbilligt und

---

[1] HORNIG, Kirche 6.
[2] HEIBER, Universität 1994, 338 ff.; MEYER, Fakultät 98 ff.; MEIER, Fakultäten 257 ff.
[3] Zu Adams Verhältnis zum Nationalsozialismus vgl.: KREIDLER, Adam.
[4] Vgl. die Artikel *Unerhörte Herausforderung des Nationalsozialismus* (VB, 23. Januar 1924) sowie *Kleine Geister in großer Zeit* (VB, 24. Januar 1934). Zu K. Adam vgl. noch: *Die Tübinger Studentenschaft gegen Professor Adam* (VB, 25. Januar 1934).
[5] Hervorhebung im Original.

umgehend Konsequenzen angedroht hatte, stellte Lohmeyer sein Amt als Seminardirektor am 27. Januar zur Verfügung. Der Studentenschaft genügte dies nicht. Die Lehrtätigkeit Lohmeyers sei „für eine Universität im nationalsozialistischen Staate untragbar".[6] Lohmeyer sei deshalb auch als Professor abzuberufen. Mit Wirkung vom 31. Januar trat der Kirchenhistoriker Hans Leube (1896–1947) die Nachfolger von Lohmeyer als Seminardirektor an. Seine Vorlesungen für den 29. und 30. Januar setzte Lohmeyer aus. Er versicherte Rektor Walz, seine Aktion sei nicht „gegen die politische Anschauung" des NS-Parteiorgans gerichtet gewesen. Eine von Walz geforderte entsprechende öffentliche Erklärung zu dem Vorfall vor dem Kolleg wollte Lohmeyer zunächst jedoch nicht geben. Erst nach Einwirken des Universitätskurators Adolf von Hahnke gab Lohmeyer am 1. Februar vor Vorlesungsbeginn eine entsprechende Erklärung ab. Damit war der Vorfall für den stellvertretenden Fachschaftsleiter der Evangelisch-theologischen Fakultät „geregelt."[7]

Im Frühjahr 1934 setzte sich Lohmeyers Assistent Fitzer in Breslau und Umgebung für den Aufbau von Bekenntnisgemeinden ein.[8] Lohmeyer beteiligte sich im Mai 1934 an dem von H. v. Soden in die Wege geleiteten Schreiben *Bekenntnis und Verfassung in den evangelischen Kirchen,* eine Erklärung, die sich gegen die nationalsozialistische Gleichschaltungspolitik wandte.[9] D. Lührmann verwechselt diesen Text offenbar mit der Eingabe an die Nationalsynode *Neues Testament und Rassenfrage* (1933), an der Lohmeyer ebenso beteiligt gewesen war.[10] Lohmeyer war sich sicher, G. Fitzer, E. Schaeder sowie den ein Jahr zuvor als Generalsuperintendent abgesetzten Honorarprofessor Martin Schian (1869–1944) für eine Beteiligung an dieser Unterschriftenaktion gewinnen zu können. Mit den Unterschriften von Johannes Steinbeck (1873–1967) und Carl Steuernagel (1869–1958) rechnete Lohmeyer nicht. Im Falle Gogartens schloß er sie von vornherein aus. Schließlich unterschrieben aus Breslau nur Lohmeyer, Fitzer und Schaeder.[11] Im Sommer 1934 hielt Lohmeyer gleichsam demonstrativ eine Vorlesung zum Thema *Christentum und Judentum.*[12] Die kirchenpolitischen Auseinandersetzungen erreichten in dieser Zeit ihren Höhepunkt. Anfang Mai hatten einige Studenten – angeführt von dem Studenten Georg Walter – eine Vorlesung M. Schians durch Lärmen gesprengt. Die evangelisch-theologische Fachschaft erklärte dem Reichskultusministerium gegenüber, man könne es „nicht hinnehmen, daß ein aus

---

[6] HUTTER, Theologie 138.
[7] A.a.O., 166.
[8] HORNIG, Kirche 7.
[9] DINKLER, Theologie 84.
[10] LÜHRMANN, Erbe 65.
[11] JK 2, 1934, 470 ff.
[12] HUTTER, Theologie 152.

politischen Gründen aus dem Kirchenamt entfernter Mann erneut an der Universität seine Lehrtätigkeit aufnimmt."[13] Schian habe in den Jahren 1932/33 wiederholt nationalsozialistisch eingestellte Examenskandidaten bewußt durchfallen lassen. Vor dem Hintergrund des Aufbaus der Universität Breslau zur ‚Ostuniversität' des Reichs sei die „Abberufung der auf Grund ihrer politischen Einstellung nicht geeigneten Professoren und deren Ersetzung durch nationalsozialistisch und fachlich geeignete Professoren" unabdingbar.[14] Im Juni distanzierten sich F. Gogarten, A. Jirku, H. Leube, E. Lohmeyer, J. Steinbeck, C. Steuernagel, G. Hoennicke und E. Schaeder von dem von dem Bornhausen-Schüler Georg Walter verfaßten Pamphlet *An die evangelischen Theologen!*, das an in- und ausländische theologische Fakultäten sowie an alle Geistlichen Breslaus im Namen der Fachschaft der Evangelisch-theologischen Fakultät verschickt worden war.[15] Unter dem Motto „Alles für Deutschland, Deutschland für Christus"[16] beklagte der Aufruf den inneren Zustand der deutschen evangelischen Theologie, die eine „wirkungslose Scheinwissenschaft" sei, die weder mit Jesus Christus zusammenhänge, noch dazu geeignet sei, „die Deutschen wieder zum Glauben zu führen." Die „selbstverständliche Pflicht und Aufgabe, daß wir Theologen deutsch denken und fühlen", sei nicht unter allen Professoren gleichermaßen verbreitet: „Nicht ohne Grund haben wir im Mai 1933 auf dem Schloßplatz deutschfeindliche Bücher verbrannt."[17] Die *Systematische Theologie* sei in Breslau gegenwärtig „weder christlich noch deutsch", wenn sie dem deutschen Volk „in übertriebener Weise dauernd seine Sündhaftigkeit" vorhalte. „Unser Volk hat so sehr unter der Kriegsschuldlüge gelitten, daß es die Aufgabe und Pflicht der Kirche und der Theologen gewesen wäre, ihm auch gerade vom Christentum her Mut zu-

---

[13] Brief der Ev.-theol. Fachschaft der Breslauer Studentenschaft an Ministerialrat Dr. Vahlen vom 30. Mai 1934 (GStA PK, I. HA., Rep. 76 Kultusministerium, Va Sekt. 4 Tit. IV Nr. 32, Bd. IX, Bl. 229 ff.). Zum Osteuropa-Institut vgl. Hönigswalds Brief an Lohmeyer vom 31. Januar 1933 (W. OTTO, Briefe 61) sowie BALZER, Osteuropa-Forschung. Über die politische Beurteilung der theologischen Hochschullehrer durch die Fachschaft vgl. deren Brief an Dr. Vahlen: Lother wird als Nationalsozialist, Leube als neutral, Steinbeck, Steuernagel und Hoennicke als national-konservativ beschrieben. Der ehemalige „Freimaurer" Haack schwanke „parteipolitisch zwischen Demokraten und Sozialdemokraten".

[14] Brief der Breslauer Studentenschaft an Ministerialrat Dr. Vahlen vom 11. Mai 1934 (GStA PK, I. HA., Rep. 76 Kultusministerium, Va Sekt. 4 Tit. IV Nr. 32 Bd. IX, Bl. 223).

[15] HEIBER, Universität 1994, 361 f.; MEIER, Fakultäten 256 ff.

[16] Zitiert aus Anlage 1 des Briefes von Dekan Jirku an den Reichskultusminister vom 29. Juni 1934 (GStA PK, I. HA., Rep. 76 Kultusministerium, Va Sekt. 4 Tit. IV Nr. 32 Bd. IX, Bl. 203).

[17] Darunter hatte sich auch Gogartens *Politische Ethik* von 1932 befunden, aus dem der Aufruf ein unvollständiges Zitat ohne Verfasserangabe bringt (MEYER, Fakultät 114).

zusprechen und es nicht in dieser politischen Demütigung moralisch herabzuziehen." Der in direktem Zusammenhang damit stehende, „sklavisch an den Text der Bibel" gebundene Offenbarungsbegriff sei „unchristlich und undeutsch". Man trete deshalb dafür ein, „daß die Theologie ihre enge Auffassung von der Bibel fallen läßt und neben der Offenbarung Gottes in der Bibel anerkennt, daß sich Gott überall und stets offenbart, so er nur will." Die Dogmatik der dialektischen Theologie „und ihrer neuerlichen Ableger" führe auch in den anderen theologischen Disziplinen auf Abwege. Das *Neue Testament* werde teils als „paulinische Sündengnadenlehre", teils als ein „Konglomerat palästinensischer Religionsanschauungen" behandelt. Von Jesus höre man lediglich, „daß man nichts Gewisses von ihm weiß und daß es auf sein Leben nicht ankommt." Die *Kirchengeschichte* sei auf das Niveau einer „bloßen Chronologie von Tatsachen und Gedanken" herabgesunken, ohne besondere Wertorientierung auf die gegenwärtige Lage des deutschen Volkes. Auf eigene Lehrstühle für *Praktische Theologie* und *Altes Testament* könne man unter den gegebenen Umständen ganz verzichten. „Das Alte Testament sollte von Semitologen der philosophischen Fakultät gelesen und die praktische Theologie im Predigerseminar behandelt werden."

Ende Mai schilderten der Fachschaftsleiter Herbert Franke der Ev.theol. Fakultät und der ‚Führer' der Studentenschaft dem Reichskultusministerium die besondere „Notlage der Ev.-theol. Fakultät an der Universität Breslau". Man habe „von jeher einen schweren Kampf gegen die Gegner des Nationalsozialismus" zu führen gehabt. Neben Schian seien es bereits vor 1933 eben Lohmeyer, Fitzer und Gogarten gewesen, die „von der bürgerlich-demokratisch-nationalen Seite her die Bewegung aufs schärfste bekämpften". Vor allem Lohmeyer sei während seiner Rektoratszeit besonders durch „seine Judenfreundlichkeit" aufgefallen: „Zur Zeit der CohnKrawalle (...) bekämpfte er natürlich auf das Schärfste die deutschbewußten Studenten (...). Noch Anfang 1933 (nach der Machtübernahme) verbot er dem nat.soz. Fachgruppenführer in Uniform das Seminar zu betreten. Er wandte noch lange diesem gegenüber nie den Hitlergruß an."[18] Lohmeyers Assistent Fitzer habe sich in gleicher Weise hervorgetan und sei zudem an führender Stelle beim Pfarrernotbund tätig. Der schwierigste Fall sei jedoch Gogarten, dessen wirkliche politische Einstellung schwer zu ermitteln sei. „Es muß auf jeden Fall verhindert werden, daß Lehrer dieser Art, die sich politisch Nationalsozialisten nennen, eine dem Nationalsozialismus im Grundprinzip widersprechende Lehre verbreiten.

---

[18] Brief der Ev.-theol. Fachschaft der Breslauer Studentenschaft an Ministerialrat Dr. Vahlen vom 30. Mai 1934 (GStA PK, I. HA., Rep. 76 Kultusministerium, Va Sekt. 4 Tit. IV Nr. 32, Bd. IX, Bl. 229 ff.). Es folgen Schilderungen bezüglich der Anweisung Lohmeyers, Artikel aus dem *Völkischen Beobachter* vom Fachschaftsbrett zu entfernen.

Es ist doch bezeichnend, daß gerade die Schüler dieser Herren vor dem Umschwung die tapfersten Antinationalsozialisten waren, daß diese Schüler sich zum größten Teil dem Pfarrernotbund angeschlossen hatten oder sonst in irgendeiner Form auch gegenüber der Studentenschaft opponierten und es auch heute noch tun." Schwer laste auf der Fakultät zudem der langjährige persönliche Streit der Parteigenossen Bornhausen und Jirku. Der alte Frontoffizier Bornhausen sei „in den Cohn-Kämpfen der einzige nat.soz. Dozent" gewesen, der „unter Hintansetzung seiner eigenen Interessen die deutschen Studenten verteidigte."[19]

Bereits in den Semesterferien konkretisierten sich die Überlegungen zur Strafversetzung der Professoren Lohmeyer, Gogarten und Schian einerseits sowie die Fortberufung an andere Universitäten von Jirku und Bornhausen andererseits.[20] G. A. Walz hatte bereits im Januar zusammen mit Jirku in Berlin um eine „möglichst rasche und eindeutige Behandlung" des Falles Lohmeyer gebeten – im dringenden Interesse einer „klaren Führung der Universität". Lohmeyers „antinationalsozialistisches Verhalten und seine antinationalsozialistische Gesinnung" seien allgemein bekannte Tatsachen. In hinterhältiger Weise habe Lohmeyer insbesondere die Einführung des Führerprinzips in die Promotionsordnung kritisiert.[21] Diese hochschulpolitischen Auseinandersetzungen spiegeln sich auch im Briefwechsel Lohmeyer/Ruprecht wieder.[22] Lohmeyer war in dieser Zeit – wie er es Ruprecht gegenüber andeutete – in seiner wissenschaftlichen Arbeit „durch manche Besprechung mit Kollegen" behindert. Er habe daher auch die ursprüngliche Absicht verworfen, sich für seine Synoptikerstudien beurlauben zu lassen:

„An die Frage des Urlaubes kann ich im Augenblick nicht herantreten, einmal aus dem allgemeinen Grunde, daß es untunlich ist, auf Urlaub anzutragen, wo noch viele von zwangsmäßiger Beurlaubung betroffen werden, dann auch aus dem besonderen, daß ich jetzt zur Fertigstellung des Markus der größeren Bibliothek in Breslau bedarf, ich aber den Urlaub zur stillen Arbeit am Matthäus in meinem Glasegrunder Hause benutzen möchte."[23]

---

[19] Brief der Ev.-theol. Fachschaft der Breslauer Studentenschaft an Ministerialrat Dr. Vahlen vom 30. Mai 1934 (GStA PK, I. HA., Rep. 76 Kultusministerium, Va Sekt. 4 Tit. IV Nr. 32, Bd. IX, Bl. 233).

[20] Bornhausen übernahm 1934 die Frankfurter Professur des 1933 vom Dienst suspendierten und inzwischen in die USA emigrierten Tillich. Jirku wurde 1934 übergangsweise nach Greifswald und dann 1935 nach Bonn versetzt (MEYER, Fakultät 119 ff.).

[21] So G. A. Walz in seinem Brief an den Reichskultusminister vom 26. Januar 1934 (HUTTER, Theologie 163 ff.).

[22] Ruprechts Brief an Lohmeyer vom 12. April 1934: „Mein Sohn ist gestern nach Wittenberg zum Luthertag gefahren. Da wird die allgemeine Spannung sich wohl im Bekenntnis entladen."

[23] Lohmeyers Brief an Ruprecht vom 15. April 1934.

Den besonderen Zeitumständen fiel auch eine geplante Veröffentlichung einiger seiner Breslauer Predigten bei V&R zum Opfer. Als neuen Zeitplan unterbreitete Lohmeyer dem Verlag nun die Jahre 1935 (für den Kommentar zum Markus-Evangelium), 1938 (für die Kommentare zum Matthäus-Evangelium und zum Lukas-Evangelium) und 1940 (für die Bücher II–IV der Urchristentumsgeschichte, d.h. zu Jesus, zur Urgemeinde und zu Paulus). Der Verlag zeigte sich einverstanden und hoffte, daß die Fertigstellung der Kommentare nicht „durch Übernahme anderweitiger literarischer Arbeit" verzögert werde.[24] Inzwischen konnte Lohmeyers erstes Buch zur Geschichte des Urchristentums offenbar nicht den erhofften Erfolg verzeichnen.

„Sehr zufrieden bin ich nicht mit meinen teuren Rezensenten; aber sie haben es ja auch nicht leicht, das Ganze nach dem 1. Bande zu verstehen. Doch hat man es im Auslande besser verstanden."[25]

Nach dem Semesterende glaubte Lohmeyer, endlich wieder intensiv an seinem Kommentar zum Markusevangelium arbeiten zu können.

„Er ist langsam weiter gediehen, die Reinschrift ist begonnen, und die Durcharbeitung des Entwurfs schreitet fort. Aber immer wieder kommen Störungen, durch Studenten, die kirchliche Lage, akademische Geschäfte. Es geht nur langsam weiter (...). Es ist so viel Schweres und Verwirrendes geschehen, seitdem ich bei Ihnen war,[26] und ich kann mir denken, wie viel Mühe vieles ihrem Verlag hat machen müssen. Aber so geht es uns allen eben, und noch sehe ich keinen Pfad aus diesem Dunkel. Nur daß man weiter arbeiten wird."[27]

Gustav Ruprecht unterrichtete Lohmeyer im Sommer 1934 über die Arbeit des Verlags mit der *Jungen Kirche*, deren Aufgabe zur Zeit „durch den Maulkorb[28] wohl schwerer, aber um so notwendiger" geworden sei:

---

[24] Ruprechts Brief an Lohmeyer vom 21. April 1934.

[25] Lohmeyers Brief an Ruprecht vom 20. Juli 1934.

[26] Lohmeyer hatte – auf dem Höhepunkt der NS-Gleichschaltungspolitik im Raum der Kirchen – Ruprecht einen Besuch in Göttingen abgestattet. Er schreibt ihm dazu am 15. April 1934: „Der Sonntag steht mir in so lebendiger und schöner Erinnerung, als sei er gestern gewesen, und ich bin dankbar dafür, daß sich die persönlichen Bande zwischen Ihrem Hause und mir enger geschlungen haben."

[27] Lohmeyers Brief an Ruprecht vom 15. April 1934.

[28] Gemeint ist der *Maulkorberlaß* („Verordnung betreffend die Wiederherstellung geordneter Zustände in der Deutschen Evangelischen Kirche" vom 1. Januar 1934), der alle „kirchenpolitischen Kundgebungen" in kirchlichen Räumen untersagte und kirchlichen Amtsträgern jede öffentliche Stellungnahme im Kirchenstreit verbot. Zuwiderhandeln wurde mit Amtsenthebung, Gehaltskürzung und Disziplinarverfahren bedroht (SCHOLDER, Kirchen II, 34 ff.). Neben dem Protest des Pfarrernotbundes kam es zu einer *Greifswalder Erklärung*, welche die Verordnung als „theologisch und christlich untragbar", als „unevangelischen Gewissensdruck" und „in Widerspruch zum Geist der Bekenntnisschriften" kritisierte. Bei R. Hermann gingen binnen einer Woche 75 Unterschriften ein, darunter (neben denen von Bultmann, Barth, Althaus, W. Lütgert, Reinhold

„Wir haben nun Platz die ‚Deutsche Glaubensbewegung' zu bekämpfen und tiefer füh-rende Aufsätze zu bringen. Es ist nur maßlos schwierig, genügend anschaulich und ver-ständlich schreibende Mitarbeiter dafür zu finden, um so merkwürdiger, als doch die Pfarrer von der Kanzel gemeinverständlich sprechen können; sobald sie schreiben sollen, glauben sie, gelehrter Quellenangaben und Fremdwörter als Beweis für Sachkunde zu be-dürfen. Es wäre grausig, wenn wir das alles drucken müßten. Im Übrigen heißt es abwar-ten. Lug und Trug, mit denen auch die D.C. arbeiten, hat noch niemals Stand gehalten."[29]

In seiner Antwort an Ruprecht vom 29. Juli beschränkte sich Lohmeyer auf das Problem der Herausgabe des Römerbriefkommentars im ‚Meyer'. Nach dem Tod von E. v. Dobschütz dachte Lohmeyer an Bultmann, dessen Johannes-Kommentar vor dem Abschluß stehe, oder an O. Schmitz, dem durch den erzwungenen Ruhestand die notwendige Zeit zur Verfügung stehe. Schmitz habe „eigene Gedanken", habe „ja bisher fast nur über Pau-lus gearbeitet", sei „ungemein zuverlässig in allem Wissenschaftlichen" und wisse auch etwas „von den exegetischen Nöten des Pfarrers". Von G. Kittel riet Lohmeyer nun nachhaltig ab, und das nicht nur wegen dessen Äußerungen zur sogenannten „Judenfrage".

„Seine Vorlesungen sind, wie ich es vielfach gehört habe, von unerträglicher Lange-weile, seiner Fakultät ist er in diesen akademischen und wissenschaftlichen Dingen ein gewisses Kreuz. Wenn er bei wichtigen Fragen paulinischer Theologie als der Weisheit letzter Schluß mit Pathos verkündet: ‚Wir sehen, bei Paulus kommt alles auf den Glauben an', so ist solch ein Ausspruch einfach niederschlagend. Und das ist nicht nur studenti-sches Gerede, sondern ich habe es von drei verschiedenen Kollegen verbürgt gehört."

Einen gangbaren Ausweg sah Lohmeyer in Hermann Strathmann[30], dessen Einleitung zum NT gut sei.

„Und sonst ist ja eine recht weite Brache auf ntl. Gebiet – die Jüngeren sind noch un-profiliert, die Älteren zumeist nicht mehr im Stande, und alle scheinen mehr oder minder – mit seltenen Ausnahmen – in den gegenwärtigen Wirren Mut und Zutrauen zu konkre-ter theologischer Arbeit eingebüßt zu haben."[31]

Er selbst würde wohl gerne die Arbeit übernehmen, habe aber zur Zeit zu viele andere Pläne. Am Schluß seines Schreibens führte Lohmeyer zur kirchenpolitischen Lage aus:

„Lebhaft hat mich gefreut, daß Sie an die Aufgaben der ‚Jungen Kirche' mit unvermin-derter Notwendigkeit denken. Das neue Ziel des Kampfes finde ich sehr gut. – Wenn ich

---

Seeberg und M. Noth) auch die von Lohmeyer und Fitzer. Der in der *Jungen Kirche* (JK 2, 1934, 72 f.) abgedruckte Text der Erklärung, auf die Lohmeyer in seinem Brief an H. v. Soden vom 8. Mai 1934 eingeht (DINKLER, Theologie 84), enthält keine Unter-schriftenliste. Sie ist im Nachlaß R. Hermanns erhalten (WIEBEL, Hermann 35 ff.).

[29] Ruprechts Brief an Lohmeyer vom 23. Juli 1934.

[30] Der 1882 in Westfalen geborene H. Strathmann war 1919/20 und von 1946 bis 1950 Mitglied des Bayerischen Landtags, von 1920–32 auch Abgeordneter des Reichstags. Zwischen 1935 und 1942 gab er die *Theologischen Blätter* heraus (RGG^3 Reg. 239).

[31] Lohmeyers Brief an Ruprecht vom 29. Juli 1934.

Ihre Klage recht verstehe, über die unverständlich schreibenden Mitarbeiter, so bin ich gern bereit, Ihnen gelegentlich aus solcher Not mit einem kleineren oder größeren Beitrag zu helfen. Nur würde ich dann um genauere Angaben über Richtung und Ziele und Wege bitten. – Auf die Dauer kann dies alles, was wir im kirchlichen Leben um uns sehen, nicht bestehen bleiben; darin haben Sie gewiß Recht. Aber ich fürchte, daß die Wartezeit noch recht lange währen wird, und ich mag nicht daran denken, welches Trümmerfeld sich dann ausbreiten wird."

Ruprecht antwortet Lohmeyer umgehend mit einem ausführlichen Brief, in dem er sich für die „so eingehende freundliche Auskunft" hinsichtlich möglicher Bearbeiter des Römerbriefs für den ‚Meyer' bedankt: „Ihre Bewertung der Arbeitsweise des Herrn Professor Kittel zu erfahren, war uns außerordentlich wertvoll; er scheidet damit für den Meyerschen Kommentar aus."[32] Da sowohl Bultmann als auch Strathmann gegenwärtig durch andere Aufgaben belastet seien, werde man gerne auf Otto Schmitz[33] zurückgreifen. Dessen Versetzung in den Ruhestand könne nach der gegenwärtigen Lage wohl nur kirchenpolitische Gründe haben. „Es würde also für uns kein Hindernis sein, sondern im Gegenteil eine Freude, ihn für diese Arbeit zu gewinnen." Für das Angebot zur Mitarbeit an der *Jungen Kirche* dankte Ruprecht Lohmeyer herzlich. Man habe bereits den verantwortlichen Herausgeber Fritz Söhlmann und Dr. Hanns Lilje als Generalsekretär der „Deutschen Christlichen Studenten-Vereinigung" davon unterrichtet.[34] Abschließend äußerte sich Gustav Ruprecht auch zu den politischen Vorgängen in Deutschland.

„Nun ist auch Hindenburg[35] heimgegangen und hat Hitler seine Nachfolge auch noch übernommen – angesichts unserer Feinde ringsum, die m.E. unentbehrliche Konzentration aller Kräfte und eine notwendige Lösung (...). Man möchte nur wünschen, daß die Rückkehr zu verfassungsmäßigen Zuständen nicht zu lange aufgeschoben werden muß und dadurch die Gefahr der Unzufriedenheit wächst."[36]

Kurz gehalten ist Lohmeyers Antwort fünf Tage darauf, in der er die von Ruprecht aufgeworfenen politischen Fragen bewußt übergeht und sich auf die Frage der zwangsweisen Beurlaubung von Schmitz konzentriert:

„Nach allen mir zugegangenen Nachrichten ist O. Schmitz in der Tat nur wegen seines Eintretens für die bekennende Kirche pensioniert worden; und das ist um so merkwürdiger, als er niemals Wortführer gewesen und alles andere als radikal ist, sondern immer auf den Ausgleich bedacht. Aber die Gründe scheinen trotzdem die einzigen und richtigen zu sein; sie haben auch Anlaß gegeben, eine Solidaritätserklärung gleichgesinnter

---

[32] Ruprechts Brief an Lohmeyer vom 2. August 1934.

[33] Schmitz wurde Leiter des Anfang 1935 nach dem Dahlemer Notrecht eingerichteten Predigerseminars der BK in Bethel (HORNIG, Kirche 4 und RGG³ V, 515).

[34] Zu Hanns Lilje vgl. insgesamt: OELKE, Lilje.

[35] Paul v. Hindenburg war am 2. August 1934 in Westpreußen 87jährig gestorben.

[36] Ruprechts Brief an Lohmeyer vom 2. August 1934.

Kollegen dem Ministerium einzureichen. Ob sie freilich zu Stande gekommen ist, weiß ich noch nicht; ich habe bisher nur den Entwurf gesehen."[37]

Lohmeyers Sorge um die politische wie kirchliche Lage wuchs in dieser Zeit.[38] Ende September war der erste Teil des Markusevangeliums kommentiert (Mk 1,1–3,6), und Lohmeyer bat Ruprecht frühzeitig um genaue Umfangsberechnungen. „Ich arbeite natürlich unter der ständigen Furcht, daß der Kommentar zu umfangreich wird, und vergleiche, mit etwas geheimen Neid, den besten englischen Kommentar von Swete, der 434 Seiten umfaßt, und den besten französischen von Lagrange, der es gar auf 455 Seiten bringt."[39] Lohmeyer versicherte, zwar keinen solchen „voluminösen Ehrgeiz" zu besitzen, aber viel zu kürzen wisse er von dem Manuskript nicht, „wenn der ‚Meyer' wieder werden soll, was er bisher war, das repräsentative Kommentarwerk deutscher Theologie." Lohmeyer beendete seinen Brief mit der Nachricht, daß Gogarten und Jirku offenbar an eine andere Universität versetzt werden sollten. „Die Nachricht ist zuverlässig, aber ich habe noch nicht die amtliche Bestätigung gesehen; deshalb bitte ich, sie vertraulich zu behandeln, falls Sie nicht von anderer Seite eine Bestätigung erhalten." Gegen Ende Oktober 1934 sah Ruprecht den ersehnten „Kirchenfrieden" (den Ausgleich zwischen Bekennender Kirche und Deutscher Glaubensbewegung) in greifbare Nähe rücken:

„Die wundervollen Herbsttage haben Sie hoffentlich in Glasegrund noch voll auskosten können. Nun, wo es wieder in die Arbeit geht, werden auch Sie gewiß erleichtert sein, daß die Vereidigung des Reichsbischofs Müller aufgegeben worden ist. Möchte das seinen Rücktritt und Jägers[40] Abgang im Gefolge haben, dann wird auf allen Seiten sich volle Bereitschaft zum Frieden zeigen. Um unsere Junge Kirche habe ich keine Sorge. Wir haben mit ihr nie etwas anderes gewollt, als um einen ehrlichen Frieden zu kämpfen. Sie muß sich eben dann ganz auf die positive Arbeit einstellen, die wir immer schon zu fördern gestrebt haben, soweit die Raumansprüche des schlimmen Nachrichtenteils es zuließen."[41]

Der Kirchenkampf ging unterdessen jedoch auch in Breslau mit unverminderter Schärfe weiter. Die Breslauer Theologen Lohmeyer, Gogarten, Hoennicke, Schaeder, Steinbeck und Steuernagel hatten Anfang November 1934 zusammen mit über einhundert deutschen Hochschulprofessoren noch mutig den Rücktritt des Reichsbischofs Ludwig Müller gefordert.[42] „Herr Reichsbischof! Wir theologischen Hochschullehrer fordern von Ihnen, daß Sie der zerrütteten und nach Frieden verlangenden Kirche den

---

[37] Lohmeyers Brief an Ruprecht vom 7. August 1934.

[38] „Daß Sie viel Anlaß zu sorgenden Erwägungen haben, weiß ich (...) nur allzugut" (Hönigswalds Brief an Lohmeyer vom 19. September 1934, in: W. OTTO, Briefe 76).

[39] Lohmeyers Brief an Ruprecht vom 26. September 1934.

[40] Gemeint ist Reichskirchenminister August Jäger.

[41] Ruprechts Brief an Lohmeyer vom 26. Oktober 1934.

[42] EHRENFORTH, Kirchenkampf 204. L. Müller nahm sich am 31. Juli 1945 das Leben.

Dienst tun, sofort zurückzutreten."[43] Am 26. November 1934 leistete dann aber auch Lohmeyer den staatlich verordneten *Diensteid der öffentlichen Beamten.*[44] Ruprecht hoffte noch im Februar 1935 den Wahrheitskampf gegen die im Lager der Deutschen Christen befindlichen Theologen „mit wissenschaftlicher Gründlichkeit" weiterführen zu können, ohne die „kein ehrlicher und dauerhafter Frieden" möglich sei.[45] Ein Erlaß des Reichs-kultusministers Bernhard Rust (1883–1945) vom 28. Februar 1935 verfügte jedoch, daß auch den Professoren der evangelischen Fakultäten als Staatsbeamten jede öffentliche Stellungnahme im Kirchenstreit verboten sei.[46] Damit wurde für Lohmeyer und Gogarten der kirchen-politische Handlungsspielraum kleiner. Gogarten wechselte im Sommer 1935 nach Göttingen, Jirku ging nach Bonn und Bornhausen nach Frankfurt – die letzteren beiden freilich im Sinne der national-sozialistischen „Aufbau-Politik".[47] Diese Versetzungen waren der erste Teil einer langfristig angelegten vollständigen Erneuerung des Lehrkörpers der Theologischen Fakultät Breslaus im Sinne der NS-Kirchenpolitik. Gogarten wurde durch Cajus Fabricius[48] ersetzt, dieser wiederum ab 1938 durch den deutsch-christlichen Robert Winckler. Auf den ordentlichen Lehrstuhl für Altes Testament kam nach der Emeritierung von Carl Steuernagel im Jahre 1935 Hans Duhm. Als Extraordinarien folgten auf Anton Jirku später der Nationalsozialist Hartmut Schmökel (bis 1937) und der deutsch-christliche Adolf Wendel (1936). Die Kirchengeschichte vertraten nach v. Soden und dem gemäßigt deutsch-christlich eingestellten Erich Seeberg die DC-nahen Professoren Hans Leube (ab 1931) und Helmut Lother (1935–37). Den Privatdozenten Fitzer, Konrad und Haack wurde 1935 wegen ihrer antinationalsozialistischen Haltung die Lehr-erlaubnis entzogen.[49] Bis zum Sommer 1935 sollte der Lehrkörper der Theologischen Fakultät Breslaus damit mehrheitlich deutsch-christlich

---

[43] Der Text des Telegramms wurde abgedruckt in: JK 2, 1934, 960.

[44] UAG, PA 347, II-9. Zur Auseinandersetzung zwischen Barth, Bultmann und H. v. Soden vgl.: LINDEMANN, Neutestamentler 38 ff. und den Brief E. Wolfs an Bultmann vom 26. November 1934 (in: BARTH, BW/Bultmann 265 ff.)

[45] Ruprechts Brief an Lohmeyer vom 23. Februar 1935.

[46] EHRENFORTH, Kirchenkampf 204.

[47] RGG³ I, 1407.

[48] Der DC-Wortführer Cajus Fabricius (1884–1950) wurde 1940 aus der NSDAP aus-geschlossen, da er sich ab 1937 wiederholt gegen die NS-Religionspolitik gewandt hatte (WOLFES, Fabricius 475 ff.)

[49] EHRENFORTH, Kirchenkampf 205. Konrad wurde 1938 aus Schlesien ausgewiesen und erhielt Reichsredeverbot. 1945 war er Stadtdekan in Breslau. Er lehrte Systematische Theologie in Münster (1946–49) und praktische Theologie (ab 1954) in Bonn (RGG³ Reg. 129 f.).

ausgerichtet sein.[50] Im August 1935 entschuldigte sich Lohmeyer bei Ruprecht wegen der den Markus-Kommentar betreffenden Verzögerungen.[51] Bis auf Mk 15,1–16,8 sei die Reinschrift des Kommentars zwar fertig, er benötige aber noch Zeit für die nochmalige Durchsicht des Gesamttextes bis zum WS 1935/36. Im Oktober drohten ihm „wieder Prüfungen", und Ruprecht wisse ja, „wie sehr nicht erst seit Augsburg[52] die Prüfungsfrage die Fakultäten" bewege.

„Eben war ich noch zu Verhandlungen darüber in Berlin. Aber am 1. November als dem spätesten Termin möchte ich doch festhalten. Denn mir steht (das bitte ich aber vertraulich zu behandeln) eine Fortberufung oder auch eine Versetzung von Breslau bevor (...). Ich bin bis Ende August noch hier in Glasegrund an der Arbeit, von da ab wieder in Breslau. Für Ihren Urlaub wünsche ich Ihnen herzlich alle Erholung, die ein jeder in diesen wirren Zeiten besonders nötig hat."[53]

Ruprecht versicherte Lohmeyer, die Nachricht von der Fortberufung von Breslau niemandem weiterzugeben. „Bei der heutigen Unsicherheit kann ja eigentlich kein deutscher Professor mehr ohne erhebliches Risiko Grundbesitz erwerben. Wie leicht konnten Sie bisher nach Glasegrund kommen."[54] Anfang August hatte Lohmeyer auch Hönigswald von der drohenden Versetzung (ob nach Greifswald, Kiel oder Münster, war noch nicht abzusehen) unterrichtet.[55] Der Kirchenkampf hatte sich in Schlesien seit dem Frühjahr 1935 empfindlich zugespitzt. Nach der von der Altpreußischen Bekenntnissynode im März verfügten Kanzelabkündigung gegen den Deutsch-Glauben waren 200 Pastoren vorübergehend festgenommen worden.[56] Unter diesen hatte sich auch Werner Schmauch (1905–1964) befunden, der 1931 bei Lohmeyer mit seiner Studie „In Christus. Eine Untersuchung zur Sprache und Theologie des Paulus" promoviert

---

[50] HORNIG, Kirche 28 f. Lohmeyer bemerkte in einem undatierten Brief an Bultmann: „Wir haben also künftig eine D.C.-Mehrheit, ausgerechnet in Schlesien. Ob das mit unserem Prüfungskampfe zusammenhängt?" (HUTTER, Teologie 157).

[51] Lohmeyers Brief an Ruprecht vom 3. August 1935.

[52] Gemeint ist die *3. Bekenntnis-Synode der DEK*, die vom 4.–6. Juni 1935 in Augsburg tagte. Die von dieser Synode bestätigte Vorläufige Kirchenleitung unter Bischof Marahrens geriet immer mehr unter den Druck des neuen Reichskirchenministers Kerrl und entschied sich im Dezember 1935 zur Zusammenarbeit mit den von der Regierung gebildeten Reichskirchenausschüssen (RGG^3 I, 984ff.). Damit kam es zur Spaltung innerhalb der BK. In Schlesien zerfiel sie 1936 in die bischöflich orientierte *Christophori-Synode* (die sich im Mai 1936 konstituierte) und die dahlemitische *Naumburger Synode*.

[53] Lohmeyers Brief an Ruprecht vom 3. August 1935.

[54] Ruprechts Brief an Lohmeyer vom 6. August 1935.

[55] Hönigswalds Brief an Lohmeyer vom 12. August 1935 (W. OTTO, Briefe 88).

[56] HORNIG, Kirche 10. Vgl. auch Lohmeyers Brief an Bultmann aus dem Frühjahr 1935 (ohne Datum), der sich offenbar auf diese Ereignisse bezieht: „Die Pfarrer sind gestern, ohne jede Bedingung, aus der Haft entlassen" (HUTTER, Theologie 158).

hatte.[57] Die für Mitte März 1935 von Bischof Otto Zänker (1876–1960) vorgesehene *Vorläufige Schlesische Synode* mußte auf Druck des Reichskultusministers auf den 10. Mai verlegt werden. Lohmeyer nahm an dieser in der Breslauer Christophori-Kirche tagenden Synode als einziges Mitglied der Theologischen Fakultät teil.[58] Im Juni erreichten die Kirchenwirren auch die theologischen Prüfungen. Zänker hatte infolge der von der Augsburger Bekenntnis-Synode ausgegebenen Richtlinien die deutschchristlichen Mitglieder aus der Prüfungskommission ausgeschlossen. Das bewirkte das sofortige Eingreifen des Evangelischen Oberkirchenrates, der Zänker die Prüfungsakten und Prüfungsräume verweigerte.[59] Lohmeyer mußte sich dem Druck des Reichskultusministeriums beugen und stand mithin für die Prüfungen nicht weiter zur Verfügung.[60] Die theologischen Prüfungen der Bekennenden Kirche wurden in die Illegalität getrieben und deren angehende Pfarrer vor zum Teil schwerwiegende Gewissensentscheidungen gestellt. Eine Verfügung der Gestapo verbot in Breslau Anfang November 1935 alle vom schlesischen Provinzialbruderrat eingerichteten Veranstaltungen.[61] Am 13. Oktober hatte Lohmeyer in Breslau seine letzte öffentliche Predigt gehalten.[62] In der Auslegung von Psalm 98 sprach er in Hinblick auf die eigene wie allgemeine Situation offenbar bewußt von dem Heil Gottes in unheilvoller Zeit:

„Gottes Wort entbindet uns von keinem Ringen, es nimmt uns nicht die tägliche Mühsal des Lebens, ja wir müssen sagen, erst dort, wo wir Sein Heil sehen, wird uns das Unheil unseres Lebens voll bewußt. Wir sind gerade dann die Angefochtenen, wenn Er uns aus allem Streit reißt; und diese Anfechtung ist unendlich tiefer und größer als alle Anfechtungen, die wir von Menschen und Verhältnissen erdulden mögen."[63]

---

[57] Die Dissertation erschien 1935 in Gütersloh. Zu Schmauch vgl. RGG[3] Reg. 214; ERHART/MESEBERG-HAUBOLD/MEYER, Staritz 547; GEWALT, Schmauch 320–322. – M. Lohmeyer schrieb im Jahr 1950 an Günther Ruprecht, Schmauch sei nicht nur ein sehr begabter Schüler ihres Mannes, sondern hätte sicher längst schon wissenschaftlich einen eigenen Namen, wenn er in Breslau damals nicht zusammen mit Lohmeyer „von den Nazis gestürzt" worden wäre (Brief M. Lohmeyers an V&R vom 30. Oktober 1950).

[58] EHRENFORTH, Kirchenkampf 66.201.

[59] A.a.O., 145.

[60] Lohmeyer hatte bis zum WS 1935/36 neben seinen universitären Vorlesungen auch Lehrveranstaltungen für die Kandidaten des Provinzialbruderrates der schlesischen BK abgehalten (EHRENFORTH, Kirchenkampf 133; HORNIG, Kirche 146 f.)

[61] HORNIG, Kirche 146. Zänker lenkte im Dezember unter Druck aus Berlin in der Prüfungsfrage ein und arbeitete mit den Kirchenausschüssen zusammen (EHRENFORTH, Kirchenkampf 147). Die berufliche Zukunft der Kandidaten des schlesischen Bruderrates blieb ungewiß (HORNIG, Kirche 28 ff.).

[62] Aus Lohmeyers Greifswalder Zeit sind keine Predigten bekannt (Anm. d. Vf.).

[63] Manuskript Lohmeyers (GStA PK, VI. HA., Nl Lohmeyer, Nr. 8).

Lohmeyer wußte seit einem ministeriellen Erlaß vom 15. Oktober 1935, daß er „wegen antinationalsozialistischer Haltung und Betätigung"[64] noch im laufenden Jahr nach Greifswald versetzt werden sollte. An Ruprecht schrieb er eine Woche später:

„Der Herr Minister hat mich (übrigens etwas für die Junge Kirche) für das W.S. 1935/36 mit der Vertretung der neutestamentlichen Professur beauftragt, die in Greifswald durch den Weggang von J. Jeremias nach Göttingen frei geworden ist. Ich werde in Breslau durch Prof. Herbert Preisker[65] vertreten. – Nun, man merkt die kirchenpolitische Absicht. Aber die neuen Verhältnisse in Greifswald, das studentenmäßige Hausen, das Fehlen der eigenen Bibliothek machen für den Winter größere Arbeiten sehr schwer."[66]

Lohmeyers Weiterarbeit am Markuskommentar wurde dadurch nicht einfacher. „Was zu Ostern wird, weiß niemand; meine Familie bleibt vorläufig in Breslau." Joachim Jeremias (1900–1979) war am 24. Oktober 1935 in Göttingen mit Gustav Ruprecht zusammengetroffen. Dieser schrieb Lohmeyer tags darauf: „Daß Sie für's nächste Wintersemester zu seiner Vertretung nach Greifswald müssen, kennzeichnet das gegenwärtige Regiment. Möchten doch die neuen Kirchenausschüsse darin auch noch Wandel schaffen."[67] Anfang November bezog Lohmeyer in Greifswald übergangsweise eine Wohnung. Bis zum Jahresende 1935 blieb seine berufliche Zukunft jedoch ebenso ungewiß wie die Fertigstellung des Mk-Kommentars. Im November tauschten sich Lohmeyer und Ruprecht eine Reihe von Fragen aus, die den Umfang des Kommentars ebenso wie auch die Rolle des ‚Meyer' insgesamt betrafen.

„Der ‚Meyer' ist jetzt der einzige große wissenschaftliche Kommentar, den wir in Deutschland besitzen. Von ihm war weithin die Geltung deutscher Theologie vor allem im Ausland bestimmt. Das Ausland hat vielfach sehr viel größere Kommentare zu den synoptischen Evangelien; ich erinnere an Lagrange, Mk (über 500 S.), Loisy (zu allen 3 Evang. über 1600 Seiten), Swete Mk (etwa 480 S.). Es würde mir verhängnisvoll scheinen, wenn aus Raumgründen diese wissenschaftliche Höhe des Meyer niedriger werden

---

[64] HAUFE, Gedenkvortrag 7. Die Diktion des Erlasses ist mit der von Walz (vgl. den Brief an das Reichskultusministerium vom 26. Januar 1934) nahezu identisch.

[65] Preisker war dem Nationalsozialismus „sehr zugetan und in betonter Weise den DC verbunden" (EHRENFORTH, Kirchenkampf 205). Er arbeitete zudem an dem eigens gegründeten „Institut zur Erforschung und Beseitigung des jüdischen Einflusses auf das deutsche kirchliche Leben" mit. In Lohmeyers Brief vom 23. November 1945 an den Alttestamentler Gottfried Quell (damals Rektor der Universität Rostock) zeigt sich Lohmeyers vornehme Haltung Preisker gegenüber: Preisker habe „trotz allen ‚Mitmachens' einen tüchtigen und anständigen Kern, der nach meiner Erfahrung in Zeiten, die für ihn böse sind, klar und anziehend heraus kommt" (Zitiert aus einem Brief von K.-J. Otto an den Vf. vom 7. Januar 2003).

[66] Lohmeyers Brief an Ruprecht vom 22. Oktober 1935 (vgl. auch: JK 3, 1935, 1040).

[67] Ruprechts Brief an Lohmeyer vom 25. Oktober 1935.

müßte; er würde in gefährliche Nähe der Handkommentare geraten, an denen wir wahrlich genug haben."[68]

Ruprechts Vorwurf, neue Hypothesen zu bringen, die schnell veralten, wies Lohmeyer für seine Bearbeitung des Mk zurück. Gerade er sei an der „rein wissenschaftlichen Zielsetzung" seiner Arbeit interessiert. „Denn ich wüßte schlechterdings nichts, was mehr zur Ausbildung von Studenten und für die Meditation der Pfarrer dienen könnte." Klar grenzte Lohmeyer sein Wissenschaftsideal im Hinblick auf Stimmen aus BK-Kreisen ab:

„Denn das geläufige Gerede, gerade auch in der B.K., von dem Gegensatz zwischen theologischer Wissenschaft und kirchlich-praktischer Betätigung, darf doch den Charakter des ‚Meyer' nicht bestimmen. Weil ich es für leeres und undurchdachtes Gerede halte, wenn es auch von Männern wie Asmussen[69] u.a. vorgetragen wird, deshalb habe ich einen ‚rein wissenschaftlichen' Kommentar geschrieben, und ich weiß aus vielen Zeugnissen, daß diese Art der Erklärung für Predigt und Bibelstunde fruchtbarer ist als manche andere, die in ‚die theologische Existenz' von heute hineinsprechen will."[70]

Ein Kommentar zum Mk-Evangelium müsse zudem gegenwärtig umfangreicher ausfallen als noch um die Jahrhundertwende, da sich inzwischen die wissenschaftliche Lage in der Evangelienforschung grundlegend geändert habe. „B. Weiß konnte Mk noch quasi en bagatelle behandeln; das kann heute niemand mehr." Lohmeyer verbrachte über diesen Fragen eine unruhige Nacht. Tags darauf schrieb er an Ruprecht, um die Frage der gemeinsamen Einleitung zu den synoptischen Evangelien zu klären.[71] Die Kürzung seines Manuskripts, das bereits am 1. Oktober vorlag[72], wollte Lohmeyer zugunsten der Fertigstellung der neben dem Kommentar entstandenen kleineren Arbeit *Galiläa und Jerusalem,* die das Problem der „Erscheinungen des Auferstandenen in größerem Zusammenhang" behandelte, zunächst bis zum Jahresende zurückstellen.[73]

„Hier lebt man zwar einsam, aber in einer Idylle, in die keine Nachricht der bösen Welt dringt. Und ich habe die Freude, daß die Studenten sich in Scharen zu mir drängen. Man spricht davon, daß ich im S.S. 1936 endgültig nach Halle soll; doch weiß niemand nichts Genaues. Diese Vertretungen von Ordinarien sollten freilich aufhören; aber die Anbah-

---

[68] Lohmeyers Brief an Ruprecht vom 8. November 1935.

[69] Gemeint ist der 1934 amtsenthobene Altonaer Pastor Hans Asmussen, Mitverfasser des *Altonaer Bekenntnisses* und der *Barmer Theologischen Erklärung* (RGG[3] I, 649). Zu Asmussens antidemokratischen wie antisemitischen Einstellung vor dem „Altonaer Blutsonntag" (1932) vgl.: TÖDT, Komplizen 96 ff. Eine Auswahl von Asmussens Schriften aus der Zeit von 1927 bis 1934 vgl. bei: HÜBNER/KUNST/SCHNELL, Asmussen.

[70] Lohmeyers Brief an Ruprecht vom 8. November 1935.

[71] Lohmeyers Briefe an Ruprecht vom 9. und 15. November 1935.

[72] Lohmeyers Brief an Ruprecht vom 1. Oktober 1935.

[73] Das Buch war die Vorarbeit zum 3. Band („Geschichte der Urgemeinde") der Urchristentums-Reihe (Lohmeyers Brief an Ruprecht vom 1. Oktober 1935). Am 11./12. Oktober war Lohmeyer mit Bultmann in Halle zusammengetroffen, um mit ihm über die Aufnahme dieser Arbeit in die FRLANT zu verhandeln.

nung des Kirchenfriedens wird ja auch mehr versucht, noch unter vielen Anfeindungen, als wirklich begonnen."[74]

Lohmeyers Greifswalder Kollegen Rudolf Hermann (1875–1953) und Kurt Deißner (1888–1942) hielten sich im Kirchenkampf zunehmend an den Vermittlungskurs von Superintendent Karl von Scheven (1882–1954), und so blieb Lohmeyer in Greifswald zunächst der einzige BK-orientierte Theologieprofessor.[75] Zum Jahreswechsel 1935/36 schrieb er an Ruprecht: „Nun danke ich Ihnen für die freundlichen Wünsche zum Neuen Jahr und erwidere sie mit meiner Frau von Herzen. Möge es uns im Großen wie im Kleinen größere Klarheit und Wahrheit bringen!"[76] Am 5. Januar 1936 sprach Hönigswald der Familie Lohmeyer gegenüber die Hoffnung aus, daß das neue Jahr mit allen „leidlich verfahren" möge. Es freue ihn zu hören, daß Greifswald „wenigstens kein ungastliches Milieu" darstelle: „Denn nichts ist schlimmer, als in einer übel gesinnten Umgebung sich auf sich selbst besinnen zu müssen."[77] Im Frühjahr 1936 klärte sich Lohmeyers persönliche Situation. Am 9. März wurde ihm durch Universitätskurator Adolf von Hahnke mitgeteilt, daß der Reichskultusminister ihn durch einen Erlaß vom 28. Februar 1936 nach Greifswald versetzt habe, wo er mit Wirkung vom 1. April 1936 in der Nachfolge von J. Jeremias zum planmäßigen Professor für Neues Testament berufen worden sei. Zugleich werde Lohmeyer zum Direktor des Theologischen Seminars ernannt.[78] Parallel zu dieser insgesamt schonenden Behandlung seitens des NS-Regimes lösten sich einige Lohmeyers Kommentararbeit betreffende Probleme:

„Gewiß, ich hatte im Anfang gedacht, für jedes Evangelium eine besondere Einleitung zu schreiben; erst im Laufe der Arbeit ging mir die Notwendigkeit auf, die drei besonderen Einleitungen zu einer gemeinsamen zusammenzufassen. Wie es nun mit der Einleitung wird, müssen wir, glaube ich, abwarten; die weitere Arbeit wird da schon eine Lösung bringen. Ich würde es ja auch nicht schlimm finden, wenn wir überhaupt auf die Einleitung in der traditionellen Form verzichteten; dann wäre auch das Problem der Bogenzahl leichter lösbar."[79]

Unterdessen begannen die Lohmeyers mit dem Umzug. Mit den heranwachsenden Söhnen Helge und Hartmut sowie der zehnjährigen Tochter Gudrun bezog Melie Lohmeyer übergangsweise das Glasegrunder Som-

---

[74] Lohmeyers Brief an Ruprecht vom 8. November 1935.

[75] MEIER, Fakultäten 263. Karl v. Scheven war seit 1928 Superintendent in Greifswald gewesen. 1936/37 hatte er den Vorsitz des Provinzialkirchenausschusses inne. Nach 1945 war er Präses der Kirchenleitung, später auch erster Bischof der Evangelischen Kirche in Pommern (BROSZAT, SBZ-Handbuch 1016).

[76] Lohmeyers Brief vom 27. Dezember 1935.

[77] W. OTTO, Briefe 92 f.

[78] UAG, PA 347, 4. Vgl. hierzu auch: JK 4, 1936, 344.

[79] Lohmeyers Brief an Ruprecht vom 18. März 1936.

merhaus.[80] Bis zum 14. April wurde Lohmeyer Urlaub zur Wohnungs-
suche gewährt, bevor er zum Sommersemester 1936 seine Vorlesungen in
Greifswald begann. Er teilte Ruprecht am 18. März 1936 vertraulich mit:
„Übrigens ist die Nachricht von meiner Berufung eines der bekannten
Täuschungsmanöver. Es ist in Wirklichkeit eine Versetzung, und zwar wie
mir mündlich zugegeben worden ist, eine Strafmaßnahme wegen kirchlicher Haltung und Betätigung im Sinne der bekennenden Kirche."[81] Vor
dem endgültigen Umzug nach Greifswald verabschiedete sich Lohmeyer
beim Vorsitzenden des Bruderrates der Bekennenden Kirche Schlesiens.
Ernst Hornig (1896–1976) antwortete ihm am 30. April 1936:

„Wir bedauern seitens der Bekennenden Kirche Schlesiens Ihren Weggang sehr, zumal
unsere Fakultät sich ja immer mehr im ungünstigen Sinne wandelt. Kürzlich hielt uns
Prof. Wolf-Halle (i.e. Ernst Wolf, 1902–1971; Anm. d. Vf.) im Preußischen Bruderrat
ein Referat über den gegenwärtigen Stand der theologischen Fakultäten, aus dem
hervorgeht, daß manche Fakultäten fast völlig der Lehre der Deutschen Christen anheim
gefallen sind. Wir geben die Hoffnung noch nicht auf, daß Sie wieder nach Schlesien
zurückkehren. In der Bekennenden Kirche Schlesiens haben wir, wie Sie wohl erfahren
haben, schwer zu ringen. Doch wir vertrauen darauf, daß der Herr der Kirche uns auch in
den kommenden Kämpfen beistehen wird. Für Ihre Tätigkeit in Greifswald wünsche ich
Ihnen von Herzen Gottes Segen."[82]

Hönigswald schrieb Lohmeyer zu Ostern 1936 aus München:

„Daß Ihnen der Weggang von Breslau nicht ganz leicht fällt, verstehen wir wohl. Aber
meiner Erfahrung nach ist es weit mehr das Haften an der eigenen Vergangenheit, die ja
im letzten Grunde wieder die eigene Gegenwart ist, was das Scheiden in solchen Fällen
schwer macht. Aber gerade weil es die eigene Gegenwart bleibt, ist das Scheiden auch
nur äußerlich (…). So mag denn am Ende das Relative selbst, die Vergänglichkeit, zum
Wert erhoben werden."[83]

---

[80] Hönigswalds Brief an Lohmeyer vom 27. März 1936 (W. OTTO, Briefe 95).
[81] Lohmeyers Brief an Ruprecht vom 18. März 1936.
[82] Brief von E. Hornig an Lohmeyer vom 30. April 1936. Eine Kopie wurde dem Vf.
am 9. Januar 2001 von K.-J. Otto zugesandt. Zu E. Hornig vgl.: HORNIG, Pfarrer.
[83] Brief Hönigswalds an Lohmeyer vom 14. April 1936 (W. OTTO, Briefe 96).

Kapitel III

In Greifswald

1. Theologe im Abseits (1936–38)

Im November 1936 verfaßte Lohmeyer in Greifswald das Vorwort zu seinem Markuskommentar. Damit lag nach der letzten Bearbeitung der synoptischen Evangelien durch Bernhard Weiß von 1901 erstmals eine eigene Kommentierung des Markusevangeliums im ‚Meyer' vor, die sich in besonderer Weise den überlieferten Geschichten von Jesus zuwandte. Die Exegese der Spruch- und Redenüberlieferung blieb der Kommentierung des Matthäusevangeliums vorbehalten, die in nicht allzu ferner Zukunft erscheinen sollte. Über der Frage nicht nur des Marktwertes dieser Arbeit war es noch im November zwischen Lohmeyer und Ruprecht jedoch fast zu einem Zerwürfnis gekommen. Äußerlich betrachtet ging es dabei um Korrekturkosten, die der Verlag Lohmeyer in Rechnung stellen wollte. Recht eigentlich sah sich Lohmeyer jedoch in seiner wissenschaftlichen Arbeit nicht ernst genommen.

„Ich glaube aus Ihren Briefen einen tieferen Grund für die geschäftliche Maßnahme entnehmen zu können; es scheint mir die Besorgnis zu sein, meine ‚neuen Ideen' könnten dem Absatz schaden. Die Möglichkeit kann ich natürlich nicht bestreiten, ich kann aber auch nicht um solcher puren Möglichkeit willen meine ‚neuen Ideen' preisgeben und nach den alten, die ich für falsch oder zu verwaschen halte, Kommentare für den allgemeinen Studentengebrauch schreiben. Denn in der gegenwärtigen Lage von Theologie und Kirche und für die Zukunft des Meyerschen Kommentars scheint mir nichts nötiger zu sein als eine gründliche von ‚neuen Ideen' geleitete Forschung am Neuen Testament. Mir wollte es auch früher so scheinen, als ob Sie gerade das von meiner Arbeit erwartet und an ihr begrüßt hätten. Wenn Sie in den letzten Jahren Ihre Ansicht geändert haben sollten, so tut mir das aufrichtig leid, aber ich kann deswegen nicht von den Prinzipien meiner Arbeit lassen. Ich gestehe auch offen, daß durch solche geschäftliche Maßnahmen, wie Sie sie jetzt vorschlagen, die Freudigkeit erheblich geschmälert wird, die Last der Kommentare weiter zu tragen, und die Erwägung in mir aufsteigt, sie ganz abzuwerfen. Wenn ich solchen Gedanken jetzt noch nicht Raum gebe, so geschieht es aus dem sachlichen Grunde, daß ich diese Arbeit für jetzt dringlich notwendig halte und keinen sehe, der sie tragen würde."[1]

---

[1] Lohmeyers Brief an Ruprecht vom 13. November 1936.

Besondere Aufmerksamkeit widmete Lohmeyer in den folgenden Jahren bis zum Beginn des Zweiten Weltkriegs der urchristlichen Abendmahls-überlieferung.[2] Die kirchenpolitische Lage in Greifswald war im Gegensatz zu Breslau verhältnismäßig ruhig. Lohmeyer nahm nicht mehr öffentlich zu kirchenpolitischen Ereignissen Stellung und begab sich in seiner Greifswalder Zeit in eine Art „innere Emigration."[3] Dennoch suchte er intensiv das wissenschaftliche Gespräch. Von Greifswald aus unternahm Lohmeyer in den Jahren 1937 und 1940 ausgedehnte Vortragsreisen nach Schweden und hielt Kontakt zu seinem Fachkollegen Anton Fridrichsen[4], zu Bischof Gustaf Aulén[5] und Erzbischof Erling Eidem. Im Greifswalder Universitätsarchiv haben sich Abschriften von Lohmeyers Reiseberichten erhalten:

„Greifswald, den 19.10.1937. Betrifft: Vortragsreise in Schweden. Vom 20. bis 30. September 1937 weilte ich auf Einladung der exegetischen Gesellschaft zu Uppsala, der Religionswissenschaftlichen Gesellschaft zu Stockholm und des Theologischen Vereins in Lund in Schweden. Auf der Hinreise nach Uppsala habe ich den Deutschen Gesandten zu Stockholm aufgesucht, Prinz zu Wied. Es war am Sonntag, dem 26. September 1937. Auf meine Frage wurde mir mitgeteilt, daß die übrigen Stellen, welche ich aufsuchen wollte, vor allem der akademische Austauschdienst, Zweigstelle Stockholm, und die Auslandsorganisation der NSDAP an diesem Tage geschlossen seien. So muße ich dort den geplanten Besuch unterlassen. In Uppsala habe ich vom 27. bis 29. September in einem Gebäude der Universität vor einer zahlreichen Zuhörerschaft von Studenten, Vikaren und Pfarrern über das Abendmahl im Neuen Testament gesprochen. Wie es dort Brauch ist, habe ich auch dem Herrn Erzbischof von Schweden einen Besuch gemacht. Am 29. September habe ich abends in Stockholm bei der Jahresversammlung der Religionswissenschaftlichen Gesellschaft über Mahle und Mahlfeiern im Urchristentum gesprochen, nachdem ich am 26. September abends vor der dortigen deutschen Gemeinde über Bilder aus der Welt Jesu geredet hatte. Am 30. September abends sprach ich in Lund in einem Auditorium der Universität über das gleiche Thema wie in Uppsala, dieses Mal vor allem

---

[2] Vgl. Lohmeyers Aufsätze zu diesem Thema aus der Vorkriegszeit: Das Abendmahl in der Urgemeinde, JBL 56, 1937, 217 ff.; Vom urchristlichen Abendmahl, ThR NF 9, 1937, 168 ff. 273 ff.; ThR NF 10, 1938, 81 ff.; Vom Abendmahl im Neuen Testament, DtPfBl 42, 1938, 97 f. 173 f.; Om nattvarden i Nya testamentet, SvTK 14, 1938, 333 ff.; Die Fußwaschung, ZNW 38, 1939, 74 ff.; Vom urchristlichen Sakrament, DTh 6, 1939, 112 ff. 146 ff. Im WS 1936/37 hatte Lohmeyer neben seiner Vorlesung über „Das Urchristentum (Geschichte Jesu und der urchristlichen Gemeinde)" ein Seminar mit dem Titel „Das Abendmahl" gehalten (HUTTER, Theologie 152).

[3] EDWARDS, Lohmeyer 323; HAUFE, Gedenkvortrag 11; G. OTTO, Erinnerung 49.

[4] G. Haufe hat dem Vf. im März 2002 Kopien von 15 Lohmeyer-Briefen an Fridrichsen aus der Zeit von 1937 bis 1944 zukommen lassen. Die Originale befinden sich in der Handschriftenabteilung der Universität Lund (Schweden).

[5] G. Aulén (1879–1977) war von 1907 bis 1933 Dozent für Systematische Theologie in Strängnäs und Lund gewesen. Während seiner Zeit als Bischof in Lund wurde er ab 1933 zu einem offenen Gegner des Nationalsozialismus (LEUBA, Aulén 66).

für Studenten und Dozenten der Theologie. Die Tage vor meinen Vorträgen habe ich zu privaten Studien und zum Kennenlernen der schwedischen Kollegen benutzt."[6]

Zu diesen schwedischen Kollegen gehörten vor allem Lohmeyers Fachkollege Hugo Odeberg (1898–1973) sowie der Systematiker Anders Nygren (1890–1978).

„In Lund war es sehr freundlich und zum Schluß sogar herrlich. Die Atmosphäre scheint dort stiller, und die Reaktion etwas langsamer. Zuerst hörte ich über den Eindruck meines Vortrages nichts, so daß ich mir schon Gedanken machte. Erst am nächsten Tage kam langsam einer nach dem anderen, und bei der Abfahrt bat ihn Nygren für die Svenska Theologiska Kwartalsskrift aus, wo sie ihn also in absehbarer Zeit finden werden.[7] Es gelang sogar, mit Odeberg in ein langes Gespräch zu kommen; er war am Donnerstag abend mit bei Nygrens, am Freitag waren wir bei ihm zum Lunch, und im Anschluß daran waren wir bis um 5 Uhr, rauchend und diskutierend zusammen. Es gab viel Übereinstimmung."[8]

In diesem Brief an Fridrichsen findet sich auch eine Beschreibung Lohmeyers von seiner Begegnung mit Emil Brunner:

„Er ist ein sehr lieber Mensch; in seinen Augen liegt viel Wärme und Offenheit; weit bedenklicher war, was er am Abend vortrug. Es war freilich ein gefährliches Unterfangen, in eine Stunde zusammenzudrängen, was Uppsala in 6–8 Stunden hören soll. Aber die Grundlagen waren so brüchig, fast ein wenig simpel; bei den Kollegen begegnete er ziemlich einmütiger Ablehnung (man fürchtete aber, daß Uppsala sich würde verführen lassen), man spürte etwas zu deutlich den Mann der Gruppenbewegung. Brunner wünschte am Schluß eine Diskussion, und Bring[9] zwang mich zum ersten Diskussionsredner. Nun, ich habe meine vielfachen Bedenken nicht verschwiegen, und Nygren fand freundlicher Weise, daß das die Lage sehr erleichtert habe (schon der Sprache wegen). Wir saßen nachher noch bei Nygrens bis gegen Mitternacht zusammen."

Nach der Rückkehr aus Schweden erfuhr Lohmeyer aus der *Jungen Kirche*, daß Gustav Ruprecht in den Ruhestand getreten war und dessen Neffe Hellmut seine Nachfolge im Hause Ruprecht angetreten hatte. Letzterem gegenüber sprach Lohmeyer offen über die Spannungen, die hin und wieder zwischen ihm und dem Verlag entstanden seien, vor allem wegen der Herausgabe des Markus-Kommentars.

„Nicht nur, daß ich den Kommentar um 8 Bogen kürzen mußte, was mir ein Vierteljahr Arbeit unnütz kostete, sondern auch, daß ich am Ende noch für 350 M., die von meinem Honorar abgezogen wurden, Korrekturkosten tragen mußte, trotzdem ich noch heute glaube, dazu nach meinem Vertrage nicht verpflichtet zu sein. Ich schreibe Ihnen das nicht um des Geldes willen, trotzdem ein von Breslau nach Greifswald versetzter Professor nicht auf Rosen gebettet ist, sondern weil ich darin ein kleinliches Mißtrauen gegen mich und meine Arbeit erblicken mußte. Jetzt höre ich zudem, daß von dem Kommentar schon über 500 Exemplare verkauft sind, ich lese aus den Urteilen, die Sie mir

---

[6] UAG, PA 347, II-58.

[7] Vgl.: SvTK 14, 1938, 333 ff.

[8] Brief Lohmeyers an Fridrichsen vom 3. Oktober 1937.

[9] Gemeint ist Anders Ebbe Ragnar Bring (1895–1988).

zusandten, bei aller Kritik zum Teil eine enthusiastische Aufnahme, ich vernahm in Schweden persönlich das Gleiche. Bei einem Kommentar von dem Umfang des meinen scheint mir dies Ergebnis, für Sie wie für mich, ungewöhnlich gut zu sein; da schmerzt die Erfahrung natürlich doppelt."[10]

Im Hinblick auf den Kommentar zum Matthäus-Evangelium, an dem er bereits arbeite, bat Lohmeyer um eine präzise Mitteilung der geplanten Umfangsgrenzen. Er habe erfahren, daß es Bultmanns Johanneskommentar im ,Meyer' ohne deutsche Übersetzung auf 35 Bogen bringe, obwohl das vierte Evangelium im Nestle-Text um fast zwanzig Seiten kürzer sei als das Evangelium nach Matthäus. „Ich will damit nicht für mich die gleiche Bogenzahl fordern, sondern nur sagen, daß dann für Matth. die 22 Bogen nicht mehr strenge Grenze sein können."[11] Hellmut Ruprecht antwortete Lohmeyer am 23. Oktober 1937.

„Daß die Kritiken im Allgemeinen außerordentlich gut sind, ist an und für sich ja sehr erfreulich, aber bei den angespannten wirtschaftlichen Verhältnissen eigentlich aller Theologen heute führen die schönsten Kritiken doch nur in seltenen Fällen zum Kauf."[12]

Lohmeyers Erstaunen über die Bogenzahl des Bultmannschen Johannes-Kommentars könne er verstehen, aber das vierte Evangelium habe „gerade seiner Schwierigkeit in der Auslegung und seiner Beliebtheit wegen eben schon immer einen außergewöhnlichen Umfang in der theolog. Literatur eingenommen." Ruprecht bat Lohmeyer daher, sich zunächst für den Mt-Kommentar mit der vereinbarten Bogenzahl zu begnügen, da die kirchliche Lage noch gar nicht zu übersehen sei und man nicht wisse, ob nach dem Abschluß der Arbeit „unsere Theologen überhaupt noch in der Lage sein werden, einen umfangreichen Kommentar anzuschaffen (...). Können Sie nicht von vornherein, wo Sie jetzt aus dem Vollen schöpfen, noch stärker als beim Markus gleich darauf bedacht sein, ganz bestimmte Dinge zur Behandlung in Zeitschriftenaufsätzen zu bestimmen?"[13]

---

[10] Lohmeyers Brief an Hellmut Ruprecht vom 12. Oktober 1937.

[11] Lohmeyers Brief an H. Ruprecht vom 12. Oktober 1937.

[12] H. Ruprechts Brief an Lohmeyer vom 23. Oktober 1937. Zu diesem Zeitpunkt waren nur 160 Exemplare von *Galiläa und Jerusalem* abgesetzt (V&R an Lohmeyer vom 26. August 1937), bis Dezember 1938 wurde dieser Band 185 Mal verkauft. Der Philipperbrief-Kommentar erreichte eine Verkaufszahl von 445, der zum Kolosserbrief 189, die Gesamtausgabe der Briefe 258. Der Markus-Kommentar verzeichnete Ende 1938 insgesamt 618 abgesetzte Exemplare. Das Täufer-Buch hatte 170 Käufer gefunden (V&R an Lohmeyer vom 25. Dezember 1938).

[13] Von Lohmeyer wurden von 1938 bis 1941 verschiedene Aufsätze mit Themen aus dem Mt-Evangelium publiziert: Vom Sinn der Gleichnisse Jesu, ZSTh 15, 1938, 31 ff; Das Vater-Unser als Ganzheit, ThBl 17, 1938, 217 ff; Der Stern der Weisen, ThBl 17, 1938, 289 ff; Die Reinigung des Tempels, ThBl 20, 1941, 257 ff.; Das Gleichnis von den bösen Weingärtnern, ZSTh 18, 1941, 243 ff.

Zwischenzeitlich hatte – paralell zur Verhaftung von Martin Niemöller (1892–1984) – die politische Verfolgung von kirchlichen Regimegegnern allgemein zugenommen.[14] In Mecklenburg ging die NS-Regierung mit Haftstrafen und Ausweisungen gegen verschiedene evangelische und katholische Geistliche vor. In Rostock wurde der praktische Theologe Helmuth Schreiner – ein offener Gegner der NS-Kirchenpolitik – mit Wirkung vom 1. Juli 1937 in den Ruhestand versetzt. Nachdem sich der systematische Theologe und Philosoph Friedrich Brunstäd (1883–1944) bei Gauleiter Friedrich Hildebrandt für seinen Kollegen eingesetzt hatte, verlor er Ende 1937 seine Stellung als Dekan der Theologischen Fakultät.[15] Lohmeyer versuchte in dieser Zeit vor allem, die eigene exegetisch-theologische Arbeit fortzusetzen. Mitten in seiner Arbeit am Matthäus-Evangelium geriet jedoch auch Lohmeyer in die Maschen des immer enger gespannten Netzes des NS-Polizeistaates. Es handelt sich dabei um einen bisher nicht beachteten Vorgang aus der Zeit zwischen 1937/38, der aufgrund der Quellenlage nur noch fragmentarisch rekonstruiert werden kann, insgesamt aber einen realistischen Einblick in die beklemmenden Alltagsverhältnisse im NS-Staat gestattet.[16]

Der Landwirt und Bürgermeister der Gemeinde Glewitz (Kr. Grimmen) Henning Albrecht wurde am 15. April 1937 im Auftrag der Stettiner Staatsanwaltschaft von einem Beamten der Kriminalpolizei aufgesucht und von diesem zu einem im Gasthaus Glewitz geführten Gespräch befragt. Albrecht gab an, sich Ende Februar an einem Sonntag gegen 15.00 Uhr mit Gastwirt Schütze unterhalten zu haben. Während dieser Unterhaltung sei der Kandidat der Theologie Gerhard Heyn[17] hinzugekommen.

„Wir kamen in ein Gespräch und während dessen erzählte mir der Heyn, daß der Gauleiter Schwede-Coburg in Greifswald vor den Professoren und Studenten gesprochen habe, und zwar in einer sehr gehackten Rede, die ein Untersekundaner besser gehalten hätte."[18]

Der Alttestamentler Friedrich J. Baumgärtel (1888–1981) erinnerte sich noch 1968 an Teile dieser Rede des Gauleiters Franz Schwede-Coburg (1888–1961).[19] In seinen Ausführungen in der Aula der Greifswalder Universität hatte sich der Gauleiter demnach an die „verehrten Herren der Theologischen Fakultät" gewandt, um diese an seinen Erfahrungen als

---

[14] JOHNSON, Terrore 219.

[15] JAHNKE, Widerstand 14 f.

[16] UAG, PA 347, II-54.64.

[17] Der Pfarrer G. Heyn trat 1945 in die CDU ein und befand sich 1948 im CDU-Landesvorstand in Mecklenburg-Vorpommern. Ab 1972 war er Superintendent in Pasewalk (BROSZAT, SBZ-Handbuch 931).

[18] UAG, PA 347, II-54.

[19] Zu Schwede-Coburg vgl.: H. WEISS, Lexikon 424.

Deckoffizier in der Südsee teilhaben zu lassen. Es gäbe doch einerseits „viele Religionen, die überhaupt nicht christlich seien". Und andererseits sei die Bibel bekanntlich in ganz verschiedenen Handschriften überliefert, die sich untereinander nicht deckten: beides sollten die Herren Theologie- professoren „doch gefälligst auch einmal ihren Studenten sagen!"[20] Der am 8. Mai 1937 in die Polizeibehörde in Fiddichow (Kr. Greifenhagen) vorgeladene Vikar Gerhard Heyn gab dem Vorfall betreffend zu Protokoll:

„Während meines Aufenthaltes zur Examensvorbereitung in Greifswald Ende Februar ds. Jrs. nahm ich Gelegenheit, die Rede des Gauleiters, die dieser in der Aula der Universität hielt, anzuhören. Ich befand mich während dieser Rede mit einer Anzahl anderer Studen- ten in einem Nebenraum, der durch Lautsprecher mit der Aula verbunden war. Während seiner Rede nahm der Gauleiter Gelegenheit, nicht nur zur Frage der Kirchenpolitik, son- dern auch zu inneren Fragen der christlichen Religion Stellung zu nehmen. Während seiner Ausführungen brauchte der Gauleiter Worte, die für einen evangelischen Theolo- gen untragbar sind. Die Folge war, daß die im Nebenraum versammelten Studenten wie- derholt durch Scharren und Pfeifen ihrem Mißfallen Ausdruck gaben. Als ich kurze Zeit darauf zu Hause in Glewitz mit dem Pächter der Pfarre Glewitz, Herrn Bürgermeister Al- brecht, in den Räumen des Gastwirts Schütze über kirchliche Fragen und auch über Fra- gen der Kirchenpolitik ins Gespräch kam, schilderte ich meine Eindrücke von der Rede des Gauleiters in der Universität. Ich selbst gab dabei wieder, was ich gesehen und gehört habe, nämlich daß die Studenten ihrer Meinung durch Trampeln und Scharren Ausdruck gaben. Wie schon angegeben habe ich mich in der Gastwirtschaft des Schütze mit Bür- germeister Albrecht über die Rede des Gauleiters unterhalten. Es trifft nicht zu, daß ich Albrecht gegenüber den Ausdruck ‚gehackte Rede' gebraucht habe. Wie mir bekannt, hat sich ein Universitätsprofessor, der Professor Lohmeyer, nach der Rede im Kolleg dahin geäußert, daß das Äußere der Rede sich unter dem Niveau eines Sekundaners befunden habe. Diesen Ausspruch des Professors habe ich nicht selbst gehört, sondern habe ihn von Hörern des Kollegs erfahren. Wer mir dies gesagt hat, kann ich heute nicht mehr an- geben. Es kann aber zutreffen, daß ich diese Redewendung des Professors dem Albrecht gegenüber wiedergegeben habe. Sämtliche Äußerungen habe ich in Glewitz nur gegen- über dem Bürgermeister Albrecht getan, weil ich dies einer im öffentlichen Amt stehen- den Person gegenüber verantworten zu können glaubte."

Von der Staatsanwaltschaft in Stettin wurde daraufhin ein Verfahren im Sinne des „Heimtückegesetzes" gegen Lohmeyer eingeleitet.[21] Das „Gesetz gegen heimtückische Angriffe auf Partei und Staat und zum Schutz der Parteiuniformen" vom 20. Dezember 1934 sah vor, auch „nichtöffentliche böswillige Äußerungen" gegen Partei und Staat mit Haftstrafen zu ahn- den.[22] Lohmeyer gab Universitätskurator Kolbe[23] gegenüber an:

---

[20] HEIBER, Universität 1994, 370.

[21] Das Verfahren trug das Aktenzeichen *6 S. 1049/37*.

[22] KÖNIGSEDER, Heimtücke-Gesetz 506. Zum Ganzen vgl.: DOERNER, Heimtücke.

[23] Ort und Zeit dieser Angaben lassen sich aus den Akten in Greifswald nicht mehr rekonstruieren. In Lohmeyers Personalakte befindet sich ein loses Blatt ohne Datum mit den Angaben Lohmeyers zu seinen Äußerungen vor dem Kolleg. Kolbe hat Lohmeyers Angaben gegengezeichnet.

„Da ich wußte, daß die Rede des Gauleiters unter den Studenten lebhafte Erregung hervorgerufen hatte und annahm, daß die Theologische Studentenschaft eine Äußerung über diese Rede von mir erwarten würde, ich eine solche aber im Kolleg nicht für zweckmäßig hielt, habe ich nur erklärt, daß ich den Kollegsaal nicht für den Ort hielte, in dem man eine solche Auseinandersetzung zu führen hätte. Auf den genauen Wortlaut weiß ich mich natürlich nicht mehr zu besinnen."[24]

Am 13. Januar 1938 stellte der Stettiner Oberstaatsanwalt das gegen Lohmeyer eingeleitete Verfahren wieder ein, da der Zeuge Heyn „die fragliche Äußerung selbst nicht gehört" habe und auch nicht mehr angeben könne, von wem sie ihm mitgeteilt worden sei. Lohmeyer war noch einmal glimpflich davongekommen.[25]

Im Sommersemester 1938 las Lohmeyer in Greifswald parallel zu seinen Studien über das Matthäusevangelium.[26] Inzwischen war Hitler in Österreich einmarschiert. Vor dem Hintergrund der Sudetenkrise sagte A. Fridrichsen einen Gegenbesuch in Greifswald ab. Lohmeyer schrieb ihm im Sommer 1938: „Es tut uns leid aufrichtig leid, daß Sie bei uns jetzt nicht vorkommen mögen (…). Wir leben übrigens wirklich wie auf einer Insel des Friedens und hoffen und glauben nicht, daß das Schlimmste eintritt."[27] Im gleichen Jahr kam, wenn auch nur kurzzeitig, mit dem aus Heidelberg abgedrängten Hans v. Campenhausen (1903–1989) ein Lohmeyer theologisch und auch menschlich nahestehender junger Kollege nach Greifswald.[28] In dem 1938 von Helmut Gollwitzer (1908–1993) für den Bruderrat der BK der Altpreußischen Union erstellten Semesterbericht heißt es in Hinblick auf die Greifswalder Evangelisch-Theologische Fakultät: „Lohmeyer (BK) NT (sehr gut), v. Campenhausen (BK) KG sehr gut, R. Hermann (neutral)[29] theologisch und wissenschaftlich einer der bedeutendsten Systematiker."[30]

---

[24] UAG, PA 347, II. Vgl. den Vermerk Kolbes am Rande: „Nach meiner Beurteilung des Professors Lohmeyer halte ich es auch für ausgeschlossen, daß er sich im Kolleg so geäußert haben sollte, wie das dem Vikar Heyn angeblich erzählt [sc. worden] sein soll."

[25] Es sei an dieser Stelle an den Fall der Breslauer Diakonisse Käte Vierhaus (*1891) erinnert. 1940 hatte sie in einem ihrer Rundschreiben bermerkt, es sei „wichtiger, sich in Gottes Wort zu vertiefen, als immerzu Radio zu hören (…). Sie wurde wegen Vergehens gegen das Heimtückegesetz am 19. Juli 1940 in das Untersuchungs- und Strafgefängnis in Breslau gebracht und von dort am 14. Dezember 1940 in das KZ Ravensbrück bei Fürstenberg in Mecklenburg. Am 24. Juli 1941 wurde sie probeweise aus dem KZ entlassen, natürlich mit der Verpflichtung, nie etwas über ihr Erleben dort auszusagen" (HORNIG, Kirche 282).

[26] HUTTER, Theologie 152.

[27] Lohmeyers Brief an Fridrichsen vom 15. Juni 1938.

[28] Vgl. hierzu insgesamt: WISCHMEYER, Campenhausen.

[29] R. Hermann gab 1938 nach dem Konflikt um die Zusammenarbeit mit den Reichskirchenausschüssen seine BK-Mitgliedskarte wieder ab (WIEBEL, Hermann 346).

[30] SCHERFFIG, Theologen 73.

Im Herbst 1938 hatte Lohmeyer Hellmut Ruprecht einen genauen Plan zur Drucklegung des Mt-Kommentars umrissen: 1. Lieferung (Mt 1,1–4,6) und 2. Lieferung (Mt 4,7–9,34) bis zum Herbst 1939; 3. Lieferung (Mt 9,35–16,21) bis Ostern 1940; 4. Lieferung (Mt 16,21–20,34) bis Herbst 1940; 5. Lieferung (Mt 21–28) bis Ostern 1941.

Inzwischen waren deutsche Truppen in das Sudetengebiet einmarschiert. Die Terrorisierung und Verfolgung der jüdischen Bevölkerung in Deutschland hatte eine weitere Stufe erreicht. Als ‚Antwort' auf den Anschlag gegen den deutschen Gesandtschaftsrat Ernst v. Rath in Paris durch den 17-jährigen Herschel Grynszpan hatten SA-Kommandos in der Nacht vom 9. zum 10. November – unterstützt von einer meist jugendlichen Bevölkerung – in ganz Deutschland hunderte von Synagogen in Brand gesetzt. 91 Menschen fanden allein in dieser Nacht den Tod. Unzählige Privatwohnungen und über 7500 Geschäfte wurden geplündert. Am 1. Dezember 1938 war Hönigswald aus der KZ-Internierung in Dachau freigekommen, in der er sich seit der ‚Reichskristallnacht' befunden hatte. Man hatte ihm zuvor ein Emigrationsversprechen abgepreßt.[31]

Lohmeyer schickte Hönigswald zu Weihnachten 1938 eine besondere Hegel-Ausgabe. Hönigswald antwortet Lohmeyer, ohne auf die Umstände seiner KZ-Haft einzugehen, daß er die Weihnachtspost aus dem Hause Lohmeyer und „den Hegel, den ich in dieser wertvollen Ausgabe natürlich nicht besaß", erhalten habe.[32] Nach seiner Rückkehr habe er zunächst noch an den Folgen eines Bronchial- und Mastdarmkatarrhs gelitten, sei aber inzwischen wieder fast ganz genesen. Die in Aussicht stehende „räumliche Entfernung" (das Exil) werde das beiderseitige Gefühl der „inneren Zusammengehörigkeit" nur stärken. Auch in beruflicher Hinsicht blickte Hönigswald „keineswegs ohne Hoffnung in die Zukunft".

Lohmeyer hatte Hönigswald auch den im Herbst 1938 erschienenen Aufsatz „Das Vater-Unser als Ganzheit" zugeschickt.[33] Das Gebet Jesu, das mit einer Anrede beginnt, „die dem frommen Juden wie manchem Nichtjuden seiner Zeit vertraut war" und in verwandelter und dennoch verwandter Form von alttestamentlichem Geist und Wort lebt, zeugt nach Lohmeyer geschichtlich zwar eindeutig von der „Anschauung vom Menschensohn", welche „hinter diesem Gebet steht und in ihm umso klarer sich auswirkt, je offensichtlicher es nur von der Sache Gottes und seiner Kinder redet."[34] Das Vater-unser sei weder als individuelles Gebet,

---

[31] GRASSL, Hönigswald 237.

[32] W. OTTO, Briefe 114.

[33] Der Aufsatz war Teil eines von Fridrichsen in Schweden herausgegebenen Buchs. In seinem Brief an Fridrichsen vom 15. Juni 1938 hob Lohmeyer die Einheitlichkeit des Gebetes besonders hervor.

[34] ThBl 17, 1938, 219. 223 f. 227.

noch als Gebet einer besonderen Gruppe, eines bestimmten Volkes, einer bestimmten Gemeinde oder Kirche zu begreifen: Jede „Besonderheit eines Glaubens oder einer Offenbarung, einer geschichtlichen Erwählung oder einer eschatologischen Verheißung, eines Kultus oder eines Gesetzes geht in der Gleichheit unter, mit der die Gottes Kinder vor ihrem Vater stehen."[35] Hönigswald fand für die inhaltliche Weite und die methodische Tiefe dieses Lohmeyer-Aufsatzes anerkennende Worte: „Wie umfassend und unter wie großen Gesichtspunkten behandeln und bewältigen Sie das Thema. Sie sind mir in der unentwegten Verfolgung strenger wissenschaftlicher Aufgaben je länger je mehr zum Vorbild geworden." Und an sein Patenkind Gudrun richtet er die Worte:

„Das unscheinbare Kalenderchen, das ich Dir schicke, soll Dich, wenn Du die Blätter abreißt, daran erinnern, daß Dein Onkel Hönigswald auch in weitester Ferne liebevoll und täglich an diejenigen denken wird, von denen er weiß, daß sie ihn liebhaben."[36]

Etwa zur gleichen Zeit war Anton Fridrichsen zu Besuch in Greifswald und diskutierte mit Lohmeyer vor allem das Problem der johanneischen Fußwaschungsgeschichte.[37] Lohmeyer schrieb ihm Anfang Februar 1939:

„Mich freut es herzlich, daß Sie auch vom Kollegen v. C. [i.e. v. Campenhausen; Anm. d. Vf.] einen solch guten Eindruck hatten; er ist der einzige der theologischen Kol-egen, der mir hier nahe steht. Schade, daß wir ihn nicht halten können. Daß er einmal zu Ihnen kommen soll, ist herrlich; noch herrlicher wäre es, wenn es noch in diesem Jahr sein könnte. Denn Sie wissen, daß seine Position noch ungesichert ist; und wenn wir uns auch nach Kräften darum bemühen, sie zu sichern, so wäre doch solch ein Ruf eine unschätzbare Hilfe."[38]

Anerkennende Worte fand Lohmeyer in seinem Brief an Fridrichsen auch für Herman L. Jansens Buch *Die spätjüdische Psalmendichtung* (1937). In dem Urteil schimmert Lohmeyers theologisches Selbstver-ständnis durch. Er hob einerseits Jansens „weiten historischen Blick für Zusammenhänge" hervor, lobte andererseits dessen „scharfe Beobachtung für Einzelheiten, die ein Gesamtbild runden und färben". Vor allem habe Jansen einen ganz individuellen Weg bei der Problemstellung bzw. der Problemlösung gefunden. „Er kennt gründlich die Texte, ohne nur ‚Philologe' zu bleiben, er geht auf den Kern des Sachlichen wie Geschichtlichen, ohne sich in theologische Dogmatismen oder historische Relativismen zu verlieren."[39]

---

[35] A.a.O., 225.

[36] W. OTTO, Briefe 115.

[37] In einem Brief an Lietzmann vom Februar 1939 bezeichnete Fridrichsen die „hochtiefsinnige, sacerdotale" Auslegung Lohmeyers als abgründig (ALAND, Glanz 953).

[38] Lohmeyers Brief an Fridrichsen vom 4. Februar 1939. H. v. Campenhausen hatte eine Vertretung in Wien übernommen. 1946 kehrte er nach Heidelberg zurück (WISCHMEYER, Campenhausen).

[39] Lohmeyers Brief an Fridrichsen vom 4. Februar 1939.

Im weiteren Verlauf des Jahres 1939 zogen am internationalen Horizont immer dunklere Wolken herauf. Im März wurde die Tschechoslowakei zerschlagen und das ‚Protektorat Böhmen und Mähren' errichtet. Im April kündigte Hitler den deutsch-polnischen Freundschaftsvertrag und das deutsch-englische Flottenabkommen. Im Juni 1939 befand sich Lohmeyers Freund Hönigswald mit seiner Frau Hilde und der kleinen Tochter Gertrud bereits in New York. Die Emigration über die Schweiz war geglückt.[40]

---

[40] Am 7. Oktober 1941 wurde Hönigswald die deutsche Staatsangehörigkeit entzogen. In den Senatsakten der Breslauer Universität finden sich für eine förmliche Aberkennung seiner akademischen Grade jedoch keine konkreten Belege (GRASSL, Hönigswald 238 f.).

2. „Apokalyptische Zeiten" –
Lohmeyer im Zweiten Weltkrieg (1939–1943)

Der Beginn des Zweiten Weltkriegs stellte Lohmeyers weitere theologische und exegetische Arbeit vor eine Zerreißprobe. Bereits am 27. August 1939[1] war er in das Landesschützenbataillon XIV einberufen worden, das Greifswald am 11. September in Richtung Polen verließ.[2] Im Frühjahr 1940 wurde Lohmeyers Einheit nach Bayern verlegt.[3] Zwischen Mai 1940 und April 1943 diente Lohmeyer dann bei den Rückwärtigen Diensten der deutschen Wehrmacht – von Mai 1940 bis Mai 1942 zunächst im Rang eines Oberleutnants in Holland, Frankreich und Belgien als Adjutant eines Majors in der deutschen Militärverwaltung, ab Juni 1942 im Rang eines Hauptmanns als Chef einer Ortskommandantur in der Ukraine.[4]

Im November 1939 schickte Lohmeyer eine Feldpostkarte an seinen Verleger Ruprecht ab, in welcher die Zeitumstände klar zum Ausdruck kommen:

> „Wir hatten für die erste Lieferung des Matthäuskommentars Herbst 1939 angenommen. Ich brauche Ihnen wohl nicht zu schreiben, daß das jetzt nicht möglich ist. Denn ich bin seit Anfang September draußen, wie vor 25 Jahren, und bin aus aller Arbeit herausgerissen. Wie lange Sie den Kommentar aufschieben müssen, kann nur der sagen, der weiß wie lange dieser Krieg dauert oder auch wie lange ich draußen stehen muß. Und beides ist unabsehbar. Vielleicht sind Sie selbst oder Ihre Brüder auch einberufen. Ich wäre Ihnen dankbar, wenn Sie mir schreiben würden, wie Sie jetzt den Fortgang des Meyerschen Kommentars (...).[5] Wenigstens Fridrichsen arbeitet, wie er mir schrieb, noch eifrig, wenn auch gehemmt, am Römerbrief weiter."[6]

Am 20. November 1939 schrieb Hellmut Ruprecht an den Leutnant Lohmeyer: „Daß auch Sie wieder unter den Fahnen stehen, hatte ich nicht

---

[1] HAUFE, Gedenkvortrag 11; HUTTER, Theologie 142.

[2] Die in Lohmeyers Soldbuch unter der Rubrik „IV Aktiver Wehrdienst" verzeichneten Eintragungen bestätigen dieses Datum (Brief von K.-J. Otto an den Vf. vom 1. November 2002). Entgegen späterer Verdächtigungen aus Schweriner KPD-Kreisen hatte Lohmeyer mit den Massenerschießungen, die von Gestapo und der SS im polnischen Bydgoszcz als sogenannte „Vergeltungsaktionen" an der Zivilbevölkerung zwischen dem 5. und dem 10. September vorgenommen worden waren („Bromberger Blutsonntag") nichts zu tun. Lohmeyer, der „ein Außenkommando auf dem Land bekommen" hatte, war zudem „während dieser fraglichen Zeit öfters in Urlaub" gewesen (M. LOHMEYER, Fall 2). Zu den Gerüchten um eine Teilnahme Lohmeyers „an den Erschießungen in Bromberg" (so der Wortlaut eines im Februar 1946 an die sowjetische Geheimpolizei zugespielten Zettels) vgl.: EDWARDS, Lohmeyer 337 (Anm. 65); RAUTENBERG, Wohlgemuth 49 ff. Zum „Bromberger Blutsonntag" vgl.: EDWARDS, Lohmeyer 322 f. (Anm. 8).

[3] M. LOHMEYER, Fall 5.

[4] Vgl. das *Abschließende Gutachten* L. P. Kopalins (GStA PK, VI. HA, Nl Lohmeyer, Nr. 26).

[5] Der Satz bricht hier unvermittelt ab.

[6] Lohmeyers Postkarte an H. Ruprecht vom 15. November 1939.

erwartet. Über der Fertigstellung der Kommentarreihe schwebt ganz entschieden ein Unstern, so auch über dem Römerbrief, nach dem Sie fragen." Der Verlag habe seit fast einem Jahr keine Nachricht mehr von Fridrichsen, der „sicher nicht eingezogen" sei, obwohl „ja wohl auch in Schweden sehr viel Leute unter den Waffen" stünden. Für Bultmanns Johannes-Kommentar sei inzwischen die 5. Lieferung vorgesehen, Schliers Bearbeitung des Galaterbriefes sei jedoch verzögert worden.

„Meine beiden Vettern sind auch seit Kriegsausbruch eingezogen, der Leiter der Drucke- rei als Korvettenkapitän in Cuxhaven, mein Vetter Günther vorläufig noch hier in Göttin- gen, wo er eine Panzerabwehrkompanie aufgestellt hat. Er wird wohl damit rechnen müs- sen, in absehbarer Zeit an die Front zu kommen, sobald dort Ersatz nötig wird. Ich selber bin vorläufig noch hier, bin aber zur Polizeireserve aufgerufen und muß unter Umständen auch mit einem Abtransport aus Göttingen rechnen. Die Verlagsarbeit geht, wenn auch in ihrem wissenschaftlichen Teil sehr eingeschränkt verhältnismäßig gut noch weiter, so daß ich, zumal ich die technischen Betriebe auch noch mit betreuen muß, alle Hände voll zu tun habe und gegen eine eventuelle Abberufung sehr angehen muß. Hoffentlich zieht sich der Krieg nun nicht so in die Länge, wie die Engländer wünschen und wie es manch- mal scheinen will, denn dann werden noch sehr viele wissenschaftliche Arbeiten zum Er- liegen kommen."[7]

Lohmeyer, der den von Hitler entfesselten Krieg von „Anfang an für ein Verbrechen"[8] hielt, stellte in einem Brief aus Polen vom November 1939 seinem Freund Bultmann gegenüber fest:

„Es ist so viel Unmögliches und Unsagbares in den besetzten Gebieten geschehen, daß es tausend Mal besser gewesen wäre, nicht anzufangen ... Nein, moralisch haben wir alles verloren in diesen Gebieten."[9]

Wo es nur ging, versuchte Lohmeyer während des gesamten Krieges, wis- senschaftlich weiterzuarbeiten. Er setzte alles daran, sich für seine theolo- gischen Aufgaben immer wieder beurlauben zu lassen. Über seine zweite Schwedenreise (Februar/März 1940) schrieb Lohmeyer in seinem Bericht an den Dekan der Theologischen Fakultät:

„Die Reise litt zu Anfang unter den schwierigen Eisverhältnissen zwischen Saßnitz und Trelleborg, so daß ich statt wie verabredet am 19. Febr. erst am 27. Februar in Uppsala eintreffen konnte. Dort habe ich innerhalb des Lehrplans der theologischen Fakultät vier Vorträge gehalten über das Thema: ‚Kultus und Evangelium', und zwar vor einem zahlreichen und aufmerksamen Publikum, das von Stunde zu Stunde wuchs und unter dem sich auch fast sämtliche Professoren und Dozenten der Fakultät befanden. Außerdem habe ich in einer Arbeitsgemeinschaft, die aus jüngeren Dozenten und angehenden Doktoranden bestand, das gleiche Thema in seiner genaueren historischen und sachlichen Begründung behandelt und zwar in drei Sitzungen zu je 2 bis 3 Stunden. Die Vorträge verteilten sich auf die Zeit vom 27. Februar bis zum 7. März. – Ich war Gast des Dekans

---

[7] H. Ruprechts Brief an Lohmeyer vom 20. November 1939.
[8] Zitat aus Lohmeyers Gnadengesuch vom 29. August 1946 (GStA PK, VI. HA., Nl Lohmeyer, Nr. 19).
[9] HAUFE, Krieg 7.

der Fakultät, Prof. Dr. A. Fridrichsen, wurde auch von fast allen Kollegen der Fakultät eingeladen, war zweimal zu Gaste bei dem Erzbischof Eidem und einmal bei Bischof Aulén in Strängnäs. Ich habe den Deutschen Gesandten in Stockholm besucht, der mich mit Kollegen der theologischen und philosophischen Fakultät der Universität Uppsala zum Frühstück einlud, und ebenso bei dem deutschen Militärattaché, Generalmajor v. Uthmann mich gemeldet. Auf der Rückreise habe ich auf besondere Einladung auch in Lund über das gleiche Thema gesprochen und bin drei Tage dort geblieben, in Aussprache mit den Kollegen der theologischen Fakultät und auch hier mit jungen Dozenten und Doktoranden. Die Aufnahme war überall herzlich und von freundschaftlicher Wärme. Mir ist überall der dringende Wunsch ausgesprochen worden, daß der Besuch bald für längere Zeit wiederholt werden möchte, gerade auch im Hinblick auf die nahen Beziehungen, die nicht nur zwischen der deutschen und der schwedischen Theologie, sondern auch zwischen dem schwedischen und deutschem Reich bestünden. Das Gleiche hat mir auch der Deutsche Gesandte gesagt, der meinem Besuch und meiner Tätigkeit in Uppsala solche Bedeutung beimaß, daß er eine Verlängerung meines militärischen Urlaubes erwirkte. Ich erwähne noch, daß nach Abschluß meiner Vorträge der Dekan der Theologischen Fakultät mich gebeten hat, sie in Schweden in deutscher Sprache zu veröffentlichen. Er selbst werde die Veröffentlichung und Herausgabe übernehmen, sobald ich ihm das druckfertige Manuskript zur Verfügung stellen könne. Ich werde versuchen, seiner Bitte zu entsprechen, so weit mein gegenwärtiger militärischer Dienst es gestattet." [10]

Seinem Verleger Ruprecht berichtete Lohmeyer insbesondere von den Gesprächen mit dem Lunder Neutestamentler Hugo Odeberg:

„Er ist unter den heutigen Theologen gewiß der beste Kenner der vorderorientalischen Sprachen (einschließlich des Mandäischen, Koptischen u.s.w.) und Literaturen in den ersten christlichen Jahrhunderten, und dabei nicht nur Philologe und Historiker, sondern ein tüchtiger Theologe, mit dem ich in der Richtung der Forschung und oft auch in den Ergebnissen eng übereinstimme." [11]

Lohmeyers Anregung, eine Arbeit Odebergs über das vierte Evangelium in Deutschland herauszubringen, mochte sich der Verlag jedoch nicht zu eigen machen, um zu Bultmanns eben fertiggestellten Johannes-Kommentar keine Dublette auf den Markt zu bringen. Ein anderes Problem sah der Verlag in der schwierigen Papierfrage und im Hinblick auf die Absatzaussichten im Ausland.

„Wir hoffen sehr, daß Herr Prof. Odeberg für diese zu einem guten Teil technischen Schwierigkeiten Verständnis hat und sich noch einige Zeit geduldet, hoffen wir doch alle im Stillen, daß der Krieg sich nicht gar zu sehr in die Länge ziehen wird. Jedenfalls danken wir Ihnen herzlich für Ihre freundliche Anregung. Der ‚Jungen Kirche' haben wir von Ihrer Vortragsreise zur eventuellen Verwendung Mitteilung gemacht." [12]

Ein schnelles Kriegsende rückte jedoch immer mehr in weite Ferne. Am 9. April hatten deutsche Truppen Dänemark und Norwegen besetzt. Vier Tage darauf fragt Lohmeyer seinen schwedischen Freund Fridrichsen:

---

[10] Lohmeyers Bericht an den Dekan vom 14. März 1940 (UAG PA 347-II, 108 f.)
[11] Lohmeyers Feldbrief an H. Ruprecht vom 13. März 1940.
[12] H. Ruprechts Brief an Lohmeyer vom 21. März 1940.

„Wie mag es Ihnen nach alledem zu Mute sein, und was mag aus alledem werden? Ich exegesiere schon seit Anfang des Krieges an den Worten ‚Auge um Auge, Zahn um Zahn'; alles, was man sieht, ist eine sehr eindrückliche Berührung. Wir aber wollen uns lieber an das ἐγὼ δὲ λέγω ὑμῖν halten."[13]

Die Freundschaft mit den schwedischen Kollegen Fridrichsen, Odeberg und Bring bedeutete Lohmeyer in jener Zeit über die theologische Arbeit hinaus auch in persönlicher Hinsicht besonders viel. Und während die „Pfeife des Friedens und der Freundschaft" (ein Geschenk Fridrichsens) zwischen Lohmeyers Zähnen qualmt, wünscht er seinem Freund, sich von dem „Riesenschatten der Ungewißheit und Unsicherheit" nicht zu sehr bedrücken zu lassen. Im Juli 1940 gratulierte Hellmut Ruprecht dem 50jährigen Lohmeyer nachträglich zu dessen Geburtstag, den dieser (inzwischen als Oberleutnant) fernab seiner Familie feiern mußte.

„Mögen Ihnen die nächsten Jahre die nötige Ruhe bringen, daß Sie die zahlreichen literarischen Aufgaben, die Sie sich gestellt haben, wirklich vollbringen können. Besteht nicht unter Umständen für Sie die Möglichkeit, entlassen zu werden? Wir kennen jedenfalls eine Reihe von Fällen, in denen ‚ältere' Reserve-Offiziere jetzt wieder entlassen worden sind."[14]

Im ‚Deutschen Pfarrerblatt' war unterdessen ein Artikel von W. Schmauch erschienen, der auch auf die internationale Bedeutung der theologischen Arbeit seines Freundes und Lehrers aus den gemeinsamen Breslauer Tagen besonders hinwies.[15] Lohmeyer durchwanderte die europäischen Länder, in denen er seinen Kriegsdienst zu leisten hatte, vor allem in Gedanken an die theologischen Freunde und Kollegen aus vergangenen, besseren Zeiten. Anfang Oktober 1940 schrieb er an Fridrichsen aus Belgien:

„Einmal war ich nahe bei Bergh van Eysinga[16] – Sie kennen ihn ja noch von Paris her – einmal auch in der Nähe unserer alten Zusammenkunft zu Ehren Loisys,[17] dem Gott sei Dank! das Schlimmste erspart geblieben ist, nun bin ich wieder nach Norden gewandert und sitze in der Heimat Cumonts,[18] oft mit Gedanken an ihn. Durch den Wirbel, in dem wir mit hineingerissen werden, bin ich von der alten Arbeit völlig losgerissen (...). Daß auch Sie noch ganz unter dem Druck des Gegenwärtigen und Kommenden stehen, begreife ich nur zu gut (...). Wir sind in allen diesen Dingen nur wie Spreu, die der Wind zerstreut (...); mein Ältester wird in etwa zwei Wochen nun auch den kriegerischen Rock

---

[13] Brief Lohmeyers an Fridrichsen vom 13. April 1940 (mit Anspielung auf Mt 5,38).

[14] H. Ruprechts Brief an Lohmeyer vom 9. Juli 1940.

[15] DtPfBl 44, 1940, 261 f.

[16] Lohmeyer widmete Gustaaf Adolf van den Bergh van Eysinga (1874–1957), dem bekannten Vertreter der Amsterdamer *radikalen Schule* (welche die Existenz Jesu und die Echtheit aller Paulus-Briefe in Zweifel zog), zu dessen 60. Geburtstag im Jahre 1934 seinen Aufsatz „Und Jesus ging vorüber".

[17] Lohmeyer erinnert Fridrichsen an den 1927 in Paris zu Ehren A. Loisys abgehaltenen Kongreß. Zu Loisy vgl.: W. WEISS, Loisy 190 ff.

[18] Der Belgier Franz Cumont (1868–1947) ist vor allem durch seine literarischen und archäologischen Arbeiten zur Religionsgeschichte der Spätantike bekannt geworden.

anziehen. Er ist Feuer und Flamme, ich bekomme graue Haare (...). Mich begleitet als ein Talisman Ihr Pfeifchen aus unserem letzten gemeinsamen Seminar; und ich habe die kindliche Hoffnung, wenn ich sie friedlich rauche, daß sie langsam zu einer Friedenspfeife werden wird."[19]

Die Greifswalder Theologische Fakultät setzte sich im Herbst für einen dreimonatigen Arbeitsurlaub Lohmeyers vom 1. Januar bis zum 1. April 1941 ein, der in verkürzter Form bis Ende März 1941 auch bewilligt wurde.[20] Lohmeyer wollte diese Zeit nutzen, um seine Schweden-Vorträge zu einem druckfertigen Manuskript umzuarbeiten. An Ruprecht richtete er Anfang November 1940 die Frage:

„Würden Sie das kleine Buch übernehmen? Es würde etwa so groß werden wie ‚Galiläa und Jerusalem', es gehört auch inhaltlich gleichsam als Fortsetzung und Ergänzung zu dem Galiläa-Problem, und ich wäre deshalb froh, wenn es bei Ihnen erscheinen könnte. Könnten Sie mir bald darüber ins Feld schreiben? Denn ich möchte in den stillen Stunden, die der Dienst mir läßt, doch mit den Vorarbeiten beginnen. Ich frage jetzt schon an und möchte nicht bis zu dem unbestimmten Kriegsende warten; einmal weil die Vorträge selbst im Krieg entstanden und gehalten sind, dann aber aus einem besonderen Grunde: Im Herbst 1941 feiert Schweden das 400jährige Jubiläum seiner Bibelübersetzung; zu der großen Feier im Herbst soll ich eingeladen werden. Und zu diesem Termin hätte ich gern der Fakultät in Uppsala und Lund die bei Ihnen gehaltenen Vorträge gewidmet."[21]

Der Verlag erklärte sich umgehend bereit, die Veröffentlichung zu übernehmen und bat Lohmeyer um genauere Angaben über die Art seiner Vorträge.[22]

„Die rein wissenschaftliche theologische Literatur steht augenblicklich unter einem etwas unglücklichen Stern. Da ja fast die gesamte Studentenschaft und jüngere Pfarrerschaft eingezogen sind, wird im Wesentlichen nur praktisch-theologisches verlangt. Um so erfreulicher ist es, daß beispielsweise das Neue Testament Deutsch und auch die übrigen neutestamentlichen Kommentare doch noch einen gewissen, wenn auch nicht sehr großen Absatz haben."

Lohmeyer bedankte sich am 10. November für die grundsätzliche Bereitschaft des Verlags, sein Buch zu veröffentlichen. Gegenstand der Arbeit sei eine „Untersuchung zur Geschichte und zum Leben Jesu":

„Ich darf Prof. Fridrichsens Urteil anführen, der die Vorträge gehört hat und mir vor einigen Tagen schrieb: Sie sind einen sehr großen Schritt zu dem wirklichen Jesus vorangekommen. Ich behandele einleitend den Begriff und die Bedeutung des jüdischen Kultus (Priester, Tempel, Opfer), untersuche dann alle Worte und Geschichten von Jesus, die

---

[19] Brief Lohmeyers an Fridrichsen vom 6. Oktober 1940.

[20] Lohmeyers Feldbriefe an H. Ruprecht vom 10. November 1940 und 25. März 1941. Zu Kurt Deißner, dem es in Vertretung des Dekans gelang, den Urlaub durchzusetzen vgl. dessen Brief vom 2. November 1940 (UAG, PA 347, III-17).

[21] Lohmeyers Feldbrief an H. Ruprecht vom 1. November 1940.

[22] H. Ruprechts Brief an Lohmeyer vom 6. November 1940.

kultische Färbung haben, und fasse endlich die Interpretationen zu einem geschichtlichen wie systematischen Bilde der Wirksamkeit Jesu zusammen.[23]

Lohmeyer benutzt die spärlichen Nachtstunden, um die Vorträge druckfertig zu machen, und auch die Mitherausgabe einer Festschrift zu Ehren von Hans v. Sodens 60. Geburtstag war geplant.[24] Anfang 1941 befindet sich Lohmeyer noch immer als Besatzungsoffizier in Belgien,[25] hofft aber dennoch, die Abhandlungen zu „Kultus und Evangelium" bis zum Herbst 1941 auf dem Markt zu sehen. Der nur verkürzt bewilligte Arbeitsurlaub verzögert die Fertigstellung des Manuskripts, an dem Lohmeyer während seines Kriegsdienstes unermüdlich weiterarbeitet, bis Mitte Mai 1941.[26] Hans v. Campenhausen und Rudolf Bultmann versprachen Lohmeyer, den Liebesdienst der Korrektur zu übernehmen. Doch im Mai 1941 denkt Lohmeyer eigentlich nicht mehr daran, in absehbarer Zeit einmal wieder nach Greifswald kommen zu können:

„Zu Hause geht es leidlich. Meine beiden Jungens stehen nun auch in Uniform, und Mutter und Tochter sind allein geblieben, denken ihrer abwesenden drei Männer. Der Frühling macht die Ferne in manchem leichter, in manchem auch schwerer. Ich habe auch nicht die Hoffnung, bald einmal sie wiederzusehen, und so schön es auch wäre, was würde es nützen? Ich rechne doch damit, bis zum Ende draußen bleiben zu müssen."[27]

Im Frühjahr 1941 kam in den graphischen Betrieben die Herstellung aller nicht kriegswichtigen Literatur fast vollständig zum Erliegen.[28] Als die deutsche Wirtschaftstelle für Papier sich weigerte, die Druckbogen für Lohmeyers Buch zu bewilligen, versuchte dieser, die Arbeit mit Hilfe Fridrichsens in Schweden herstellen zu lassen.[29] Das Typoskript wurde von der Brüsseler Druckerei Van Bouggenhoudt druckfertig gesetzt und über die Aachener Firma Blaise an Vandenhoeck&Ruprecht in 800 Exemplaren geliefert. Der Verlag nahm Lohmeyer umgehend die Hälfte der Bücher ab. Inzwischen hatte Lohmeyer durch einen Kameraden erfahren, daß sein ältester Sohn Ernst-Helge, den man im Herbst kaum 20jährig für den Krieg gegen die Sowjetunion eingezogen hatte, im Januar 1942 schwer verwundet worden war und seitdem als vermißt galt.[30] An seinen Freund Fridrichsen schrieb Lohmeyer Anfang März 1942:

„Wir sind in schwerer Sorge um unseren ältesten Jungen, von dem wir seit dem 23. Jan. aus dem Osten nichts mehr gehört haben, und leben von Tag zu Tag in Erwartung einer frohen oder schlimmen Nachricht. Darüber vergeht die Möglichkeit zu schreiben, und

---

[23] Lohmeyers Brief an H. Ruprecht vom 10. November 1940.
[24] Lohmeyers Brief an den „lieben Freund" Fridrichsen vom 7. Dezember 1940.
[25] Lohmeyers Brief an Fridrichsen vom 3. Januar 1941.
[26] Lohmeyers Feldbriefe an H. Ruprecht vom 25. März und 12. Mai 1941.
[27] Lohmeyers Brief an Fridrichsen vom 19. Mai 1941.
[28] H. Ruprechts Brief an Lohmeyer vom 28. März 1941.
[29] Lohmeyers Feldbrief an H. Ruprecht vom 23. September 1941.
[30] Lohmeyers Feldbrief an H. Ruprecht vom 28. März 1942.

mir kommt es fast vermessen vor, in solchen Tagen noch ein Buch herauszugeben. Ich tue es nur mit schwerem Herzen."

Begleitet von sehr dunklen Vorahnungen beendete Lohmeyer seinen Brief mit einer handschriftlichen Paraphrase von 1 Joh 5,19: ὁ κόσμος ἐν τῷ πονηρῷ κεῖται.[31]

Im Juni 1942 wurde Lohmeyers Einheit aus Flandern in den Kaukasus verlegt. An Fridrichsen schrieb er Ende November 1942: „Die Meinen sind daheim und in verhältnismäßiger Sicherheit – auf mich kommt es ja nicht so sehr an. Der Dienst ist hier in allem unendlich schwerer und aufreibender. Ich bin mager und hager geworden, nur noch Haut und Knochen und sehr grau – was Menschen für ein Inferno bereiten können, habe ich erfahren." Moralisch hochgehalten wurde Lohmeyer nur noch durch sein Verantwortungsbewußtsein den Soldaten seiner Einheit gegenüber („was eine ‚Herde ohne Hirten‘ ist, habe ich erfahren") und durch seine fieberhafte Arbeit an den Texten des Neuen Testaments in wenigen und oft gestörten Nachtstunden. So entstanden in der Ukraine – gleichsam „am Rande der Welt" (Lohmeyer) – als Nebenarbeit zum Matthäuskommentar seine christologischen Studien *Gottesknecht und Davidsohn*.[32] Ein Zeugnis für Lohmeyers menschliche Haltung in jener Zeit auf der Krim liegt in der polizeilich beglaubigten *Eidesstattlichen Erklärung* von Fritz Kleemann d. J. vor, die dieser am 10. Juni 1947 in Fürth (Bayern) abgab.

„Ich lernte Herrn Prof. Lohmeyer im März 1940 erstmals kennen. Er war damals Leutnant (…). Ende Mai 1942 wurde er zu unserer Einheit versetzt und damit lebte ich mit ihm bis zum April 1943 tagtäglich zusammen. Im Mai 1942 wurde Lohmeyer als Hauptmann Kommandeur unserer Einheit, als diese nach Rußland verlegt wurde (…). Lohmeyer hatte innerhalb der Truppe wohl keinen Feind. Seine hohen menschlichen Qualitäten, seine vornehme Güte, seine humanitäre Art, alle Dinge zu regeln, ließen in ihm nie den Offizier, aber stets den Seelsorger sehen. Jedermann (selbst der Russe, der mit ihm zu tun hatte) hatte Vertrauen, daß sein Anliegen gerecht behandelt und gelöst wird. Er war nie Nationalsozialist und übte häufig genug rücksichtslose Kritik an den Machenschaften der damaligen deutschen Machthaber. Niemand anders als er konnte das ungestraft tun, weil die Achtung vor seinem Streben nach absoluter Wahrheit und vor seinem seltenen Menschlichkeitssinn jeden Verrat vor Scham unmöglich gemacht hat. Das rein menschliche überwog bei allen seinen Entscheidungen. Er war Humanist in idealster Form. In jedem Einsatzorte sorgte er zu allererst dafür, daß die russische Bevölkerung, die oft zu tausenden versprengt war, wieder in ihre Heimat kam. Als er einmal 3000 Gefangene zu übernehmen hatte, rief er die russische Bevölkerung auf, diesen mit Verpflegung zu helfen, weil seine Vorräte hierzu nicht ausreichend gewesen sind. Noch am ersten Tage wurde festgestellt, daß es sich zum weitaus größten Teil der Gefangenen um Zivilisten handelte und kurzentschlossen hat Lohmeyer für diese Pässe ausgestellt, damit sie ungehindert in die Heimat reisen konnten. Am andern Morgen waren alle bis auf 300 Mann wirkliche Soldaten aus der Gefangenschaft entlassen. Alles, was in der Küche übrig blieb, mußte an die russische Bevölkerung verteilt werden. Unerbittlich war Loh-

---

[31] Brief Lohmeyers an Fridrichsen vom 6. März 1942.
[32] Brief Lohmeyers an Fridrichsen vom 29. November 1942.

meyer bei Mißhandlungen von Russen. So bestrafte er einen Stabsfeldwebel zu 3 Tagen Mittel[arrest], weil dieser im Streit um ein paar Handschuhe einem Russen eine Ohrfeige gegeben hatte. Einmal mußte ein gefangener russischer Oberst einen Tag und eine Nacht bewacht werden. Diese Aufgabe löste Lohmeyer in der Form, daß der Herr Oberst bei bester Unterhaltung im Casino sein Gast war, am gleichen Tisch wie wir übrigen Off. Platz zu nehmen hatte, dasselbe Essen, dasselbe Trinken und dasselbe Rauchen vorgesetzt bekam. Dem Herrn Oberst wurde ein Zimmer mit 2 Betten (eines davon für einen deutschen Off.) zur Verfügung gestellt, Lohmeyer versuchte stets aus jeder Not eine Tugend zu machen."[33]

Mit Kurt Deißners Tod am 6. November 1942 drohte in Greifswald der Lehrbetrieb für das Fach Neues Testament vollständig auszufallen.[34] Melie Lohmeyer beantragte in Zusammenarbeit mit der Fakultätsleitung einen vorübergehenden Arbeitsurlaub für ihren Mann. Dieser Urlaub wurde schließlich auch bewilligt. Melie Lohmeyer hat im Februar 1949 diese Zeit so beschrieben:

„Als mein Mann, es war gegen den 20. April 43, plötzlich vor der Türe stand, bekam ich zuerst nur einen großen Schrecken, so elend sah er aus. Gelb und mager, mit einem völlig veränderten Gesichtsausdruck. Die immer wiederkehrenden Ruhranfälle in Rußland hatten seine Gesundheit untergraben. Dazu kam, daß er je länger je mehr unter der Trennung von zu Hause, besonders aber der Loslösung von seiner Arbeit gelitten hatte. Zu seiner Einsamkeit trug er auch an dem grausigen Ende unseres ältesten Sohnes, Januar 42 in der ‚Hölle von Demiansk' besonders schwer, wie auch die schwere Verwundung unseres zweiten Sohnes ihn besorgte.[35] Am schwersten aber trug er an der Hoffnungslosigkeit der nationalen Lage, denn er glaubte so oder so an kein gutes Ende, und der zunehmende Druck des ihm von jeher verhaßten Naziregimes empörte und beschattete sein ganzes Dasein. So war aus dem früher lebensbejahenden und [von] seinen Ideen ganz erfüllten Mann ein schwermütiger, kränkelnder Mensch geworden."[36]

Am 4. Juni 1943 wurde Deißner zu Ehren eine akademische Feier veranstaltet. Im Rahmen seiner Gedenkrede hob Lohmeyer hervor, daß Deißner sich in seinem exegetischen Werk nicht einfach nur der Vergangenheit zugewandt, sondern sich auch mit Strömungen auseinandergesetzt habe, welche „die geistige und religiöse Haltung unserer Gegenwart [bewegen]". Dies sei insbesondere in einer Schrift über das völkische Christusbild geschehen, die Deißners „Gesamtanschauung vom Neuen Testament in knappen und faßlichen Sätzen vor einer größeren Öffentlichkeit" darstelle. Lohmeyer bezog dabei gleichsam gegen das völkische Jesusbild der Zeit offen Stellung:

---

[33] Eine Kopie des Textes wurde dem Vf. 1995 von G. Haufe zur Verfügung gestellt.

[34] Brief Lohmeyers an Fridrichsen vom 29. November 1942. Der Dekan der Greifswalder Theologischen Fakultät wies in seinem Brief vom 9. November auf die Präsenz von neun skandinavischen Studierenden hin (UAG, PA 347/III, 15).

[35] Der spätere Architekturprofessor Hartmut Lohmeyer (1923–2000) drohte in dieser Zeit infolge einer am 20. August 1942 (beim Vorrücken der VI. Armee auf Stalingrad) erlittenen Hinterkopfverletzung durch Granatsplitter zu erblinden.

[36] M. LOHMEYER, Fall 1.

„Kaum nötig zu sagen, daß sie klar und bestimmt die unzulänglichen Versuche abwehrt, durch völkische Motive dasjenige Evangelium umzuwandeln, das alles und jedes Völkische in tiefem Doppelsinne aufhebt, aber beispielhaft ist auch hier das Wie dieser Abwehr. Nichts ist hier leicht genommen oder flüchtig abgetan, sondern alles mit einer liebevollen Sorgfalt und einer schlichten Wärme des Herzens vorgebracht. Sie ist in solcher Haltung auch ein lebendiges Zeugnis der theologischen Persönlichkeit Deißners geworden."[37]

Der Kriegsheimkehrer Lohmeyer selbst erholte sich nur schleppend. Er las in dieser Zeit nicht nur Charles Dickens, Wilhelm Raabe, C. F. Meyer und Gottfried Keller[38], sondern interessierte sich vor allem erneut für das lyrische Werk Friedrich Hölderlins.[39] Noch bis Ende August 1943 wußte Lohmeyer nicht mit letzter Sicherheit, ob er „in der Heimat bleiben und wahrscheinlich ganz vom Militär entlassen" werden konnte. Nach insgesamt vier Jahren Kriegsdienst fühlte er sich dem Ende seines Lebens immer näher. An seinen Freund Fridrichsen schrieb er: „Aber mit dem Alter kommt auch langsam die Freude, daß das Leben zu seinem Ende geht, und das gibt einem in diesen apokalyptischen Zeiten fast ein Gefühl des Dankes."[40]

Am 16. November 1943 wurde Lohmeyer aus dem aktiven Kriegsdienst entlassen und bis auf weiteres unabkömmlich gestellt.[41] Im Wintersemester 1943/44 eröffnete Lohmeyer seine unterbrochene Lehrtätigkeit in Greifswald mit einer Erklärung des Johannesevangeliums und einer Paulusvorlesung. Am 9. Januar 1944 hielt er, vermutlich auf Wunsch aus Kreisen der Bekennenden Kirche, in Breslau einen Vortrag, der sich erstmals mit dem „Entmythologisierungs-Programm" seines Freundes Rudolf Bultmann auseinandersetzte. Daneben arbeitete Lohmeyer an einer Jubiläumsausgabe des Lutherschen Römerbriefkommentars von 1515/16 – ein Thema, das er schon 1932/33 im Zusammenhang eines Seminars zum paulinischen Rechtfertigungsgedanken eigens behandelt hatte.[42] Ende Mai 1944, kurz vor der Landung der Westalliierten in der Normandie, teilte er Fridrichsen mit:

„Ich fahre morgen wieder für etwa zehn Tage nach Glasegrund, um nach vielfältigen Alarmen ein paar ruhige Tage zu haben und dort einige äußere Dinge zu ordnen. Mein Junge studiert zudem in Breslau und wird in diesen Tagen 21 Jahre alt. Sonst hätte man wohl ein kleines Fest gefeiert. Jetzt muß das leider auch unterbleiben. Uns geht es sonst

---

[37] GStA PK, VI. HA., Nl Lohmeyer, Akte Nr. 8.

[38] M. LOHMEYER, Fall 1.

[39] In seiner Postkarte an H. Ruprecht vom 1. Juli 1943 bittet Lohmeyer um Zusendung des ersten Bandes der neuen Hölderlin-Werkausgabe. Lohmeyers besaß bereits die von dem George-Schüler Norbert v. Hellingrath besorgte Hölderlin-Ausgabe von 1913/23 (Mitteilung von K.-J. Otto an den Vf. vom 26. September 2000).

[40] Lohmeyers Brief an Fridrichsen vom 31. August 1943.

[41] UAG, PA 347/III, 1.

[42] HUTTER, Theologie 148 ff.

gut, daß es draußen trotz allem grünt und blüht, ist ein Trost, den auch kein menschlicher Irrsinn nehmen kann."[43]

Sein neues Buch „Gottesknecht und Davidsohn" konnte der Verlag von V&R in der damaligen Situation jedoch noch nicht in Arbeit nehmen, und so wich Lohmeyer ein weiteres Mal auf eine ausländische Druckerei aus.[44] Im Oktober 1944[45] arbeitete Lohmeyer bereits an den Vorarbeiten zu seiner letzten Veröffentlichung mit dem Titel „Das Vaterunser" – eine ursprünglich in schwedischer Sprache geplante Arbeit. Im WS 1944/45 bietet er dazu eine gleichnamige zweistündige Vorlesung an.[46] Aufgrund der kriegerischen Ereignisse, die in Deutschland zu drastischen Versorgungsmängeln geführt hatten, war für Ende 1944 von staatlicher Seite die Schließung einer Reihe von Hochschulen – darunter Köln, Bonn, Münster, Hamburg, Kiel, Rostock, Königsberg, Berlin und Breslau – in Erwägung gezogen worden. Der noch intakten Greifswalder Universität kam daher eine immer größere Bedeutung zu.

„Unsere Theologen müssen sich also praktisch, da Leipzig ausgebombt ist, auf Greifswald und Tübingen verteilen. Die Nachrichten stammen von unserem Kurator, der gleichzeitig im Ministerium arbeitet; sie sind noch mit einer gewissen Vertraulichkeit zu behandeln."[47]

Seinem Freund Bultmann dankte Lohmeyer Anfang November für dessen „langen Brief auf meinen Aufsatz hin." Damit war offensichtlich eine Antwort Bultmanns auf Lohmeyers Breslauer Mythos-Vortrag vom Januar 1944 gemeint. Lohmeyer sah die „Hauptdifferenz (...) nach wie vor in methodischen Fragen".[48] Die geschichtlichen Umstände ließen jedoch keine Gelegenheit für eine weitergehende hermeneutisch-theologische Diskussion des Problems. Ende 1944 kam durch gezielte Bombenangriffe der Alliierten die deutsche Infrastruktur fast vollständig zum Erliegen.

---

[43] Lohmeyers Brief an Fridrichsen vom 23. Mai 1944.
[44] Lohmeyers Brief an H. Ruprecht vom 24. Juni 1944.
[45] Lohmeyers Brief an H. Ruprecht vom 9. Oktober 1944.
[46] HUTTER, Theologie 153.
[47] Lohmeyers Brief an H. Ruprecht vom 9. Oktober 1944.
[48] Brief Lohmeyers an Bultmann vom 6. November 1944 (HUTTER, Theologie 159).

3. Das Ringen um die Wiedereröffnung der Universität Greifswald (1945/46)

Im Januar 1945 hatten sowjetische Panzer die Weichsel erreicht. Damit war der Zusammenbruch des Hitler-Regimes nicht mehr aufzuhalten. Am 27. April hatte der Universitätsrektor Carl Engel zusammen mit dem Kurator Kuhnert und einem weiteren Universitätsmitglied Oberst Rudolf Petershagen (1901–1969) mit der Bitte aufgesucht, „bei Hitler die Erklärung Greifswalds zur Offenen Stadt und Lazarettstadt zu beantragen"[1]. Lohmeyer gehörte mit dem Pfarrer Gottfried Holtz[2], Rechtsanwalt Walter Graul,[3] dem Kommunisten Hugo Pfeiffer, Bürgermeister Richard Schmidt, Stadtrat Siegfried Remertz und Amtsgerichtsrat Hans Lachmund[4] zu einer parteiübergreifenden Gruppe, die aktiv die Vorbereitungen zur kampflosen Übergabe der Stadt betrieb.[5]

---

[1] HEIBER, Universität 1994, 381. Zum Ganzen vgl. noch: MAI, Greifswald.

[2] Der 1899 geborene Holtz gehörte ab 1933 zu den offenen Gegnern des NS-Regimes auf kirchlicher Seite. 1934 wurde er zu einer 6-monatigen Gefängnisstrafe verurteilt, die er jedoch nicht abzuleisten hatte, da er aus Mecklenburg ausgewiesen wurde. 1949 erhielt er einen Lehrstuhl für Praktische Theologie in Rostock (RGG^3, Reg. 101f.; JAHNKE, Widerstand 9 ff.). In seinem Brief an G. Ruprecht vom 10. November 1945 schrieb Lohmeyer über seinen „guten Freund" Holtz: „Er ist mit den Seinen gut durch alle diese Wirren hindurchgekommen, hat nicht zu viel an Hab und Gut verloren, wenn er auch eben wieder Einquartierung hat. Aber sie ist manierlicher geworden. Leider geht es Ihm gesundheitlich nicht besonders (...). Er hat für den Winter in die fast völlig zerstörte theol. Fakultät von Rostock einen Ruf erhalten, das praktisch-theologische Ordinariat zu vertreten, und hat den Ruf angenommen, obwohl ich ihn mit allen Mitteln hier zu halten versuchte. Aber ich hoffe, ihn später noch auf engere Weise an Greifswald zu binden."

[3] Graul war von 1947 bis 1950 Mitglied des Orts- sowie Kreisvorstands der CDU in Greifswald gewesen. Nach Parteiaustritt und Abbüßung einer Gefängnisstrafe wegen „Vergehens gegen das Bodenreformgesetz" setzte er sich 1951 nach West-Berlin ab (MELIS/BARTUSEL, Funktionseliten 18).

[4] Zu H. Lachmund (1892–1972) vgl.: BORRIES, Hilfe 67 ff.; DERS., Friedensarbeit 61 ff. Lachmund (DDP) war seit 1921 Mitglied, von 1927 bis 1931 Vorsitzender der Deutschen Friedensgesellschaft. 1933 wurde er als Oberjustizrat in Greifswald seines Amtes enthoben. Nach Kriegsende war er ehrenamtlicher Stadtbeigeordneter. Im Sommer 1945 wurde er von der russischen Geheimpolizei ohne Angabe von Gründen verhaftet und in das Greifswalder NKWD-Gefängnis eingeliefert. Bis 1950 blieb er u.a. in Fünfeichen, Alt-Strelitz und Buchenwald interniert. Im Mai 1950 wurde er nach einem nichtöffentlichen Prozeß in Chemnitz aufgrund der Behauptung, „als Freimaurer für die Gestapo tätig gewesen" zu sein, zu 25 Jahren Zuchthaus verurteilt. 1954 wurde er von DDR-Präsident W. Pieck begnadigt (BORRIES, Hilfe 71; MELIS/BARTUSEL, Funktionseliten 29).

[5] Mitteilung von G. Otto an den Vf. vom 26. September 2000.

Lohmeyer hatte vor allem Engel[6] von der Sinnlosigkeit jeglichen Widerstands gegen die Rote Armee zu überzeugen versucht. Im Gegensatz zu anderen Städten der Region wurde die Stadt Greifswald damit vor der sicheren Zerstörung bewahrt. Unter den Parlamentären befanden sich neben dem stellvertretenden Stadtkommandanten Oberst Max Wurmbach und dessen Dolmetscher auch die Professoren Engel und Katsch. Der Internist Gerhardt Katsch (1887–1961) war zugleich auch Greifswalds ranghöchster Sanitätsoffizier.[7] Dieser Greifswalder Delegation wurde in Anklam von dem sowjetischen Divisionsgeneral Semjon Borstschew[8] in den frühen Morgenstunden des 30. April 1945[9] versichert, daß die Universität nach erfolgter Übergabe „ihre Arbeit alsbald wieder aufnehmen" könne.[10] Am Mittag des 30. April wurde im Rathaus die Stadt Greifswald kampflos übergeben.

In den folgenden zwei Tagen kam es wiederholt zu Besprechungen von Engel, Katsch, Molitor und Lohmeyer mit Universitätskurator Kuhnert einerseits, und mit Bürgermeister Schmidt und Stadtrat Remertz andererseits. Am 3. Mai gab Carl Engel bekannt, die Universität arbeite in vollem Umfange weiter, Vorlesungen und Übungen seien auch bei kleinster Teilnehmerzahl abzuhalten. Lohmeyer übernahm in Vertretung des abwesenden R. Hermann das Prorektorat.[11] Nach der Kapitulation der deutschen Wehrmacht setzte am 8. Mai eine erste Verhaftungswelle in Greifswald ein. Von ihr wurden zunächst Schmidt und Remertz erfaßt, wenig später auch Engel. Sie alle kamen (wie rund 6000 weitere Inhaftierte) zwischen 1945 und 1948 in dem NKWD-Isolierungslager Fünfeichen ums Leben.

---

[6] Der Vor- und Frühgeschichtler Carl Engel (1895–1947) war seit dem 1. Mai 1933 Mitglied der NSDAP. Seit 1938 lehrte er in Greifswald. Er war im Juni 1943 aus der Kirche ausgetreten, pflegte aber „besonders herzliche Beziehungen" zu dem DC-nahen Kirchenhistoriker und NSDAP-Mitglied Walther Glawe. Unter Engels Amtszeit hätten jedoch – so Gauleiter Schwede-Coburg – „die konfessionellen Kräfte im Bereich der Universität Greifswald in einem bedrohlichen Maße zugenommen" (HEIBER, Universität 1994, 378). Engel hatte sich 1943 kritisch hinsichtlich der Zerschlagung der studentischen Korporationen geäußert. „Ich sehe den augenblicklichen Zustand der Unfreiheit als eine Art Buße an für Verfehlungen und halte es für ein Mittel der Erziehung ... Unfreiheit wird aus dem Zwang der Verhältnisse geboren. Ich werde immer noch freier sein als mein Henker. Als das deutsche Volk 1918 Revolution machte, hat es sich die modernste, freizügigste und freiheitlichste Verfassung der Welt zu schaffen gesucht, aber wir waren politisch damals für eine solche Verfassung nicht reif, nicht politisch gefestigt genug, um eine solche Verfassung ertragen zu können. Wir müssen durch die Unfreiheit gehen, um zur Freiheit zu kommen" (a.a.O., 379).

[7] A.a.O., 381.

[8] SCHULZ, Katsch 26.

[9] Vgl. in diesem Zusammenhang auch: MEYER/SEILS, Übergabe; BUSKE, Übergabe.

[10] Brief Lohmeyers an Marschall Shukow vom 25. Juni 1945 (UAG, R 458, 208 f.).

[11] Brief Engels an alle Mitglieder des Lehrkörpers der Universität vom 3. Mai 1945 (UAG, R 458, 247).

Bis 1950 starben in den zehn von den sowjetischen Militärbehörden eingerichteten Sonderlagern etwa 42.000 Menschen.[12] An der Greifswalder Universität konnte der Lehrbetrieb unter der Voraussetzung wieder aufgenommen werden, keine mit dem zusammengebrochenen Regime in Zusammenhang stehenden Veranstaltungen abzuhalten.[13]

Die Zahl des Lehrkörpers nach dem Krieg war um mehr als die Hälfte reduziert. Von den noch rund 60 anwesenden Professoren hatte etwa die „Hälfte der NSDAP oder einer ihrer Unterorganisationen angehört".[14] Nach Engels Verhaftung waren Lohmeyer am 15. Mai provisorisch die Rektoratsgeschäfte übertragen worden.[15] Die „Senatssitzung" (d.h. die Sitzung des Lehrkörpers der Universität) vom 23. Mai, die am Nachmittag im Rektorzimmer stattfand, versammelte unter Vorsitz von „Magnifizenz" Lohmeyer und „Prorektor" Katsch die Dekane Rost (Theologie), Molitor (Jura), Hoppe-Seyler (Medizin) und Magon (Philosophie), die Senatoren R. Hermann, Peters, Wels, Jander, Lehmann, Noack und den Dozenten Sprung. Zugezogen zur Senatssitzung waren außerdem Universitätskurator Hellmut Kuhnert[16] und der Kirchenhistoriker Walther Glawe.[17] Vor der Besprechung der Tagesordnung wurde der verstorbenen Universitätslehrer durch Erheben von den Plätzen gedacht. Lohmeyer dankte seinem Amtsvorgänger Engel für dessen „unermüdliche und hingebungsvolle Arbeit". Auf der Tagesordnung stand vor allem ein Bericht Lohmeyers über die Lage nach dem Rektoratswechsel, der „auf Veranlassung der Russischen Kommission" erfolgt sei. Lohmeyer verstand sich als Rektor nicht *de iure*, sondern *de facto*, bis eine förmliche Wahl durch das Universitätskonzil erfolgen könne. Obwohl wichtige Beschlüsse auf Rektor und Senat verteilt würden, sei in dieser Übergangzeit der Rektor gegenüber der Sowjetischen Militäradministration in Deutschland (SMAD) für alle Vorgänge in der Universität verantwortlich.[18] Lohmeyer bat daher den „Senat", solange nicht die vollen Satzungen in Kraft getreten seien, alle anfallenden Widersprüche zwar anzumelden, aber zunächst noch keine Beschlüsse zu fassen. Nach den letzten Radiomeldungen sei Greifswald die einzige deutsche Hochschule, in der ein Sommersemester (mit 275 eingeschriebenen Studierenden und 300 Hörern) abgehalten werde. Bis zu einer Klärung der derzeit noch völlig unklaren politischen Gesamtlage schlug Lohmeyer eine universitäre Selbstverwaltung vor, die bereits mit den

---

[12] SCHROEDER, SED-Staat 69.
[13] Lohmeyers Brief an Marschall Shukow (UAG, R 458, 208).
[14] MATTHIESEN, Intrige.
[15] HAUFE, Gedenkvortrag 13.
[16] Zu Kuhnert vgl. hier: HEIBER, Universität 1994, 385.
[17] UAG, R 580, I-1. Zu W. Glawe (1880–1967) vgl.: WOLFES, Glawe.
[18] Zur SMAD vgl.: FOITZIK, Militäradministration.

städtischen Behörden abgesprochen worden sei.[19] Man werde daher – so Lohmeyer – zu der traditionellen „Schicksalseinheit von Universität und Stadt Greifswald" zurückkehren. Die Stadtverwaltung hatte bereits einer zukünftigen Universitätserweiterung um insgesamt vier Fachbereiche (Landwirtschaftliche und Forstwissenschaftliche Fakultät, Institute für Veterinärmedizin, Osteuropafragen sowie für Kirchen- und Schulmusik) ihre grundsätzliche Unterstützung zugesagt. Am Ende der Sitzung wurde unter anderem auch die Wiedereinführung der historischen Fakultäts- und Universitätsstempel beschlossen. Melie Lohmeyer hielt aus dieser Zeit fest:

„Mein Mann hatte die größten Ideen. Er wollte eine Universitas, wie sie von je in seinem Sinn gelebt hatte, aufbauen, eine Stätte, in der die Freiheit des Geistes in einer umfassenden Bildung gelehrt wurde; und seine Pläne und Maßnahmen waren damals in den Verhandlungen mit den russischen Professoren durchaus gebilligt. Niemand von uns durchschaute in diesen ersten Geburtswehen der neuen Ära, daß die kommenden Universitäten in der Besatzungszone mehr oder weniger als rein politische Instrumente gedacht sind."[20]

Am 30. Mai wurde der Lehrbetrieb der Universität „zur Säuberung der Lehrmittel, Lehrkräfte und Lehrbücher" unterbrochen. Der Vertreter des Oberkommandos der Roten Armee in Stettin bemaß die Dauer dieser Unterbrechung auf einen Monat. Auch die laufende Forschungsarbeit wurde eigens überwacht.[21] Noch vor Ablauf der verfügten Arbeitspause wandte sich Lohmeyer als „Rektor der Universität Greifswald"[22] an den Oberbefehlshaber der sowjetischen Besatzungstruppen in Berlin, Marschall Shukow, um ihn über die Entwicklung der Lage in Greifswald zu unterrichten. Nach der Schließung der Universität und der Versiegelung der Fachbereichsbibliotheken seien aus den naturwissenschaftlichen Instituten „Apparate und Instrumente von Kommissionen der Roten Armee entnommen worden, aus den Bibliotheken ebenso wertvolle Bücherbestände". Es sei im vitalen Interesse des Wiederaufbaus von Stadt und Hochschule, wenn man die akademische Arbeit alsbald wieder aufnehmen könne, um von den medizinischen Instituten Sera für die Seuchenbekämpfung herstellen lassen zu können.

„Die Jugend drängt nach dem Zusammenbruch des deutschen Staates danach, durch ernste wissenschaftliche Arbeit ein neues Fundament ihres eigenen und des gemeinschaftlichen Lebens zu schaffen. Von Seiten der Stadt ist eine Wiederbelebung der Universität ebenso dringlich und notwendig, da seit fast 500 Jahren – die Universität Greifswald ist eine der ältesten deutschen Universitäten – die Schicksale von Stadt und Universität unlöslich mit einander verbunden sind. Es kommt hinzu, daß Greifswald die einzige Uni-

---

[19] UAG, R 580, I-2.
[20] M. LOHMEYER, Fall 1 f. Vgl. auch: SCHÜBEL, Universität 98.
[21] UAG, R 580, I-6 f.
[22] Im Briefkopf ist der Name *Ernst-Moritz-Arndt* maschinenschriftlich gestrichen.

versität ist, welche östlich der Elbe unzerstört und in allen ihren Teilen intakt der Roten Armee übergeben worden ist. Sie ist darum wie keine andere geeignet, den notwendigen Wiederaufbau von Volk und Land und Stadt zu fördern."

Es sei daher im Sinne aller, wenn die politische Überprüfung der Lehrkräfte, Lehrmittel und Lehrpläne „möglichst rasch gefördert" werde.[23] Auf der Senatssitzung zwei Tage darauf teilte Lohmeyer den anwesenden Hochschullehrern mit, daß Prof. v. Seemen als Direktor der Chirurgischen Klinik abgesetzt und von der sowjetischen Geheimpolizei (NKWD)[24] abgeführt worden sei. Der Oberst der NKWD habe dem Rektor mitgeteilt, daß „die russische Behörde in dem Fall Prof. v. Seemen eine bewußte Verheimlichung von Personen" gesehen habe, die „nach den Kapitulationsvorschriften zu melden" gewesen wären. Der Rektor vertrete als unmittelbarer Vorgesetzter der Klinikdirektoren „die Befugnisse des Ministers" und sei daher direkt für diese Vorkommnisse in der Chirurgischen Abteilung der Universität verantwortlich. Daraufhin kamen Lohmeyer und der Senat darin überein, eine „Res publica academica zu bilden, in der die Fakultäten, Professoren, Kliniken und Kurator dem Rektor verantwortlich sind und unterstehen."[25] Der Oberst der NKWD hatte darüber hinaus eine Lehrplanänderung im „Geiste der demokratischen Verfassung" angemahnt. Diese Lehrpläne seien der NKWD zur Prüfung und Genehmigung binnen einer Woche vorzulegen; danach könne die Universität ihre Arbeit wieder in vollem Umfange aufnehmen. Für die im August/September 1945 in Aussicht gestellten Gemeinde- und Landkreiswahlen in Mecklenburg und Pommern seien auf Befehl des sowjetischen Marschalls Shukow[26] die vier antifaschistischen Parteien (KPD, SPD, CDU, LDP) wieder zugelassen.[27] Am Ende des Sitzungsprotokolls wurde festgehalten: „Es ist wünschenswert, wenn Universitätsangehörige an den Parteigründungen teilnehmen, und Abgeordnete werden, um im Kreis-, Gemeinde- und Landtag für finanzielle Anträge der Universität eine günstige Atmosphäre zu schaffen."[28] Die parteipolitischen Verhältnisse vor Ort sollten in der Tat eine nicht geringe Rolle im Ringen um die Wiedereröffnung der Greifswalder Universität spielen. Lohmeyer wurde – wie auch der 1933 von seinem Amt

---

[23] UAG, R 458, 209.

[24] NKWD steht für das 1934 gegründete *Volkskommissariat des Innern* (Narodnij Kommissariat Wnutrennich Djel), seit 1946 als *MWD* beim Ministerrat der Sowjetunion, ab 1953 als *KGB* bekannt.

[25] UAG, R 580, I-11.

[26] G. K. Shukow (1896–1974) war von Juni 1945 bis März 1946 Oberbefehlshaber der sowjetischen Besatzungstruppen in Deutschland. Von 1952 bis 1957 war er Mitglied im ZK der KPdSU und von 1955 bis 1957 Verteidigungsminister der UdSSR (BROSZAT, SBZ-Handbuch 1024). Weitere Litratur: SHUKOW, Erinnerungen; LE TISSIER, Zhukov.

[27] Voraussetzung der Parteizulassungen war freilich deren Beitritt zur „Einheitsfront der antifaschistisch-demokratischen Parteien" (SCHROEDER, SED-Staat 32 f.).

[28] UAG, R 580, I-12 f.

als Schulrat abgesetzte Paul Hoffmann (DDP)[29] – Ende Juni 1945 zum Gründungs- und Vorstandsmitglied der „Demokratischen Partei" (DP), die sich im September der „Christlich-Demokratischen Union Deutschlands" (CDUD) unter Vorsitz von Andreas Hermes (1878–1964) anschloß.[30] Im Gegensatz zur örtlichen KPD, die seit 1933 an den politischen Rand gedrängt war, erlebten die Greifswalder Christdemokraten rasch politischen Aufwind.[31]

Ende Juli fand eine weitere Senatssitzung statt. Gottfried Grünberg – Leiter der Abteilung Volksbildung und Kultur in Mecklenburg – hatte zusammen mit Dr. Fritz Müller, einem weiteren Vertreter der Schweriner Landesregierung, bei Lohmeyer eine „erneute politische Überprüfung des gesamten Lehrkörpers" angefordert.[32] Es wurde auch ein neuer Kurator für die Universitäten Greifswald und Rostock bestellt, der für die Vereinheitlichung der beiden Hochschulen Sorge tragen sollte.[33] Das Schicksal der Greifswalder Juristischen und der Theologischen Fakultät war noch völlig offen. „Wahrscheinlich werde die Juristische Fakultät nach Rostock übersiedeln und die Theologische Fakultät Rostocks nach Greifswald, wobei allerdings wahrscheinlich die Theologische Fakultät nicht im Verband der Universität verbliebe".[34] Geplant war in beiden Hochschulen lediglich der Erhalt der medizinischen Fachbereiche. Auch über die Zukunft der naturwissenschaftlichen Institute sollte erst später endgültig entschieden werden. Für die politische Überprüfung des Universitätspersonals wurde die Richtlinie ausgegeben, daß alle der NSDAP nach dem 1. Januar 1937 beigetretenen Hochschulangehörigen aus ihren leitenden Stellungen so schnell wie möglich zu entfernen seien. Vor dem 1. Januar 1937 in die NSDAP

---

[29] P. Hoffmann trat 1946 in die SED ein (MELIS/BARTUSEL, Funktionseliten 21).

[30] Zu A. Hermes, der am 19. Dezember 1945 zusammen mit Walther Schreiber (1884–1958) auf Druck der sowjetischen Behörden aus der Ost-CDU ausgeschlossen wurde und nach Bonn übersiedelte, vgl: SCHROEDER, SED-Staat 23 ff. Lohmeyers Parteibuch (GStA PK, VI. HA., Nl Lohmeyer, Nr. 22) war von der CDU-Bezirksstelle Greifwald am 1. September 1945 ausgestellt worden (Eintrittsdatum: 24. Juni 1945; Mitglieds-Nr.: 025).

[31] MATTHIESEN, Intrige.

[32] UAG, R 580, I-16. Der aus einer oberschlesischen Kleinbauernfamilie stammende W. Grünberg (1899–1985) hatte 1933 die sowjetische Staatsbürgerschaft angenommen. 1936 kämpfte er als Soldat der Internationalen Brigaden im Spanischen Bürgerkrieg, ab 1941 als Soldat der Roten Armee. Ab Juni 1945 war er in der Bezirksleitung der KPD Greifswald tätig. 1945/46 bekleidete er das Amt des dritten Vizepräsidenten der Landesverwaltung (Abt. Kultur- und Volksbildung/Justiz). Zwischen 1946 und 1950 war er Minister für Volksbildung und Kultur in Mecklenburg-Vorpommern (BROSZAT, SBZ-Handbuch 917; MELIS/BARTUSEL, Funktionseliten 18). Zu F. Müller vgl.: BROSZAT, SBZ-Handbuch 982.

[33] Es handelte sich um den Juristen Erich Schlesinger (1880–1956), den späteren Rektor der Rostocker Universität (MELIS/BARTUSEL, Funktionseliten 45 f.). Auf dem Kuratorposten folgte ihm 1946 Franz Wohlgemuth (RAUTENBERG, Wohlgemuth 52).

[34] UAG, R 580, I-16.

eingetretene Mitglieder des Lehrkörpers seien zu kündigen und gegebenenfalls, sofern sie unentbehrlich seien, nur bis zur „Gestellung eines Ersatzmannes" mit ihrem Amt weiter zu betrauen.

Ende August wandte sich Lohmeyer an den Provinzialpräsidenten Wilhelm Höcker (1886–1955)[35] in Schwerin, an den SMAD-Stadtkommandanten in Greifswald sowie an den Bezirksleiter der KPD in Greifswald, W. Oestreich, um seiner Bitte um eine umgehende Wiedereröffnung der Universität Nachdruck zu verleihen. Höcker gegenüber beklagte Lohmeyer den Umstand, daß ohne jedes Wissen des Direktors des Chemischen Instituts bereits Ende Juni „wichtige Bestände des Institutseigentums in Kisten verpackt und nach Rußland abtransportiert" worden seien. Ähnlich lägen die Dinge im Falle des Fachbereichs für Physik. Alle Versuche seitens der Institutsleiter, in den Besitz der Institutsschlüssel zu gelangen, seien ohne Erfolg geblieben. Die Stadtkommandantur habe immer nur wieder Vertröstungen ausgesprochen.[36] Er bat deshalb Höcker, auf den Greifswalder Stadtkommandanten im Sinne einer baldigen Arbeitsaufnahme der Institute einzuwirken. Auch den Bezirksleiter der KPD bat Lohmeyer, Einfluß auf die russische Stadtkommandantur zu nehmen.

„Die Häuser Domstr. 8–10, welche bisher von der Roten Armee belegt waren, sind seit einer Woche von Einquartierung frei. In ihnen waren bisher das romanische, das slawistische und das musikwissenschaftliche Institut untergebracht (...). Das Seminargebäude ist während der Zeit seiner Versiegelung mehrfach von Eindringlingen heimgesucht, die alle Räume durchstöbert und die Büchereien in Unordnung gebracht, Schreibtische und Schränke erbrochen und ihren Inhalt zerstört haben. Die Siegel sind dabei entfernt. Ich bitte, die Erlaubnis zu bewirken, daß wir das Seminargebäude betreten und die alte Ordnung wieder herstellen können, damit auch dort eine Überprüfung der Bücher stattfinden kann."[37]

Zu diesem Zweck fügte Lohmeyer eine Liste „in der hiesigen Universitäts-Bibliothek bewanderter antifaschistischer Bibliothekare, Bibliotheksgehilfen und Professoren" bei. Als besonders dringlich bezeichnete Lohmeyer in seinem Schreiben an den russischen Stadtkommandanten einerseits die Wiedereröffnung der Medizinischen Fakultät zur Seuchenprävention. Es fehle andererseits auch an Lehrern, die in den für das höhere Lehrfach notwendigen natur- und geisteswissenschaftlichen Fächern ausgebildet werden müßten.

---

[35] W. Höcker war seit 1911 SPD-Mitglied und ging 1945/46 in die SED über. Von 1920 bis 1933 war er Mitglied des Mecklenburgischen Landtags. Nach dem Attentat auf Hitler vom 20. Juli 1944 kam er kurzzeitig in Haft. Zwischen Juli 1945 und Dezember 1946 war er Präsident der Schweriner Landesverwaltung, bis 1951 Ministerpräsident in Mecklenburg-Vorpommern. Von 1948 bis 1950 war er Volksrats- bzw. Volkskammermitglied (BROSZAT, SBZ-Handbuch 932; MELIS/BARTUSEL, Funktionseliten 20).

[36] Lohmeyers Brief an Höcker vom 20. August 1945 (UAG, R 458, 185).

[37] Lohmeyers Brief an Oestreich vom 22. August 1945 (UAG, R 458, 178).

„Der gleiche Mangel liegt bei den Pfarrern vor. Hier liegt auch ein dringliches politisches Interesse insofern vor, als die Kirche und ihre Geistlichen den stärksten Widerstand gegen die faschistische Propaganda geleistet haben und auch die stärksten Kräfte im Sinne eines antifaschistischen Neubaus entbinden könnte."[38]

Aus der Juristischen Fakultät seien fast 80% aller bisherigen Juristen ausgeschieden, das Institut liege daher gleichsam brach. Die Notwendigkeit einer baldigen Wiedereröffnung der Landwirtschaftlichen Fakultät erkläre sich aus der gegebenen Situation von selbst. Der Wiederaufbau der Greifswalder Hochschule war jedoch nicht die einzige Sorge Lohmeyers in der frühen Nachkriegszeit. Als am 26. August 1945 im Schweriner Theater die Gründungsveranstaltung des „Kulturbundes zur demokratischen Erneuerung" für das Land Mecklenburg-Vorpommern stattfand, trat Lohmeyer nach dem Ausfall der ursprünglich vorgesehenen Rede des Präsidenten des Kulturbunds Johannes R. Becher (1891–1958)[39] unerwartet als Hauptredner in Erscheinung. In seiner Rede ging Lohmeyer insbesondere auf die neuen Möglichkeiten einer freien wissenschaftlichen Forschung in einem demokratischen Deutschland ein. Neben J. S. Bach berief sich Lohmeyer in seinen Ausführungen nicht nur auf Goethe, Hölderlin, Herder, Dickens, Tolstoi und Platon, sondern orientierte seine kulturpolitischen Darlegungen deutlich am Freiheitsbegriff des Johannes-Evangeliums (Joh 8, 32):

„Das alte Wort, die Wahrheit wird euch freimachen, (...) gilt auch in der unmittelbaren Gegenwart, gilt von der kleinen Arbeit des Tages wie von der Arbeit auf große Ziele und auf ferne Zeiten. Sie werden mich aber fragen, wieso wird auf diese Weise Kultur begründet: Und ich antworte mit dem Satz, von dem ich ausging: Kultur ist damit begründet, daß wir frei geworden sind. Denn allerinnerster Kern der Kultur ist der Gedanke der Freiheit."[40]

Die anwesenden KPD-Vertreter mochten diesen Ausführungen nicht viel abgewinnen. Willi Bredel (1901–1964) schrieb in einem Bericht an die Landesleitung der KPD, man habe feststellen müssen, „daß leider Prof. Lohmeyer nicht restlos in der Ideologie gesprochen hat, die wir gewünscht hätten. Er hat sich als ein philosophischer Idealist und sogar etwas als Mystiker gezeigt, mit einer sogar mehr als angedeuteten Reserve gegenüber Sowjetrußland und der Roten Armee."[41] Später setzte sich

---

[38] Lohmeyers Brief vom 22. August 1945 (UAG, R 458, 179).

[39] J. R. Becher war 1917 in die USPD, 1918 in den Spartakusbund und schließlich 1923 in die KPD eingetreten. Von 1935 bis 1945 befand er sich als Emigrant in der Sowjetunion und wurde nach Kriegsende zum Mitbegründer des *Nationalkomitees Freies Deutschland* (NKFD). Bis zu seinem Tod war er Präsident des Kulturbundes (BROSZAT, SBZ-Handbuch 865). Zu Becher vgl.: HAASE, Becher.

[40] RAUTENBERG, Ende 58.

[41] RAUTENBERG, Ende 59. Der Spartakist W. Bredel war 1919 in die KPD eingetreten. 1930 wurde er wegen eines angeblichen Hochverratsversuchs zu zwei Jahren Festungshaft verurteilt. Nach der Entlassung aus seiner KZ-Internierung (1933/34) emigrierte er

Bredel für Lohmeyer ein. In einem Brief vom 12. August 1946 begrüßte er eine Intervention der SED-Landesleitung bei den sowjetischen Stellen zur Freilassung Lohmeyers ausdrücklich. Lohmeyer, der „keinerlei politischen Halt" besitze, sei bisweilen wohl zu einem Opfer von „reaktionären Intrigen seiner Kollegen" geworden, habe aber nach dem Zusammenbruch ehrliche Bestrebungen gezeigt, um „im Sinne der Demokratie am Neuaufbau mitzuarbeiten".[42]

Im Herbst 1945 gab es Überlegungen innerhalb kirchlicher Kreise, Lohmeyer für eine neu zu bildende Kirchenleitung zu gewinnen. Im September wurde Lohmeyer zum Konsistorialrat im Nebenamt berufen.[43] Lohmeyer betrachtete seine Arbeit in Greifswald jedoch als wichtiger. Für die erste Sitzung des Pommerschen Evangelischen Konsistoriums am 19. September 1945 ließ er sich „in seiner Eigenschaft als Rektor der Universität Greifswald" wegen einer Dienstreise nach Schwerin entschuldigen.[44] Auf der Sitzung des Lehrkörpers der Universität vom 24. September konnte Lohmeyer dann bereits mitteilen, daß seine Gespräche mit Provinzialpräsident Höcker in Schwerin den Weg zur Eröffnung der Universität freigemacht hätten. Mitte Oktober sollten die Vorlesungen wieder beginnen. Es sei auch beschlossen worden, ein Propädeutikum für alle Studienanwärter durchzuführen.[45] Die Verhandlungen mit Provinzialvizepräsident Grünberg hinsichtlich der Neufassung der Universitätsordnung hätten ergeben, daß das Kuratorium dem Rektorat zu unterstellen sei. Die Stellung des Rektors sei eine Tatsache, die als Notmaßnahme gedachte Entscheidung von Mitte Mai werde zum Dauerzustand. Für den 1. April 1946 sei nach den Plänen der SMAD die Einrichtung einer pädagogischen Fakultät in Greifswald vorgesehen. Neben vier Ordinarien (Erziehungswissenschaft, praktische Pädagogik, politische Pädagogik, pädagogische Psychologie) seien 12 außerordentliche Professoren zu berufen. Die Kommission zur Förderung der pädagogischen Fakultät solle auch eine entsprechende Zahl von Vertretern des Fachbereichs Philosophie enthalten. Da die politische Säuberung „jetzt aufgeschoben" sei und „jeder, der im Amt ist, grundsätzlich im Amt bleibt", müsse die Universität etwa noch ungeklärte Fälle von sich aus

---

in die UdSSR und nahm 1937/38 am Spanischen Bürgerkrieg teil. Er war Mitbegründer des NKFD sowie des Kulturbundes, ab 1946 Mitglied des Landesvorstandes der SED, von 1954 bis 1964 Mitglied des SED-Zentralkomitees. 1962 wurde Bredel zum Präsidenten der Akademie der Künste der DDR ernannt (MELIS/BARTUSEL, Funktionseliten 6). Mit Anna Seghers und Helene Weigel verfolgte er 1956 den politischen Prozeß gegen den zu zehn Jahren Zuchthaus verurteilten Philosophen Wolfgang Harich (SCHROEDER, SED-Staat 137). Zu Bredel vgl. insgesamt: BOCK, Bredel.

[42] RAUTENBERG, Ende 59.

[43] BROSZAT, SBZ-Handbuch 969.

[44] Vgl. die Kirchenakten Lohmeyers in: GStA PK, VI. HA., Nl Lohmeyer, Nr. 17.

[45] UAG, R 580, I-31 f.

bereinigen. „Die Beratungen führt der Rektor mit dem jewei-ligen Dekan durch und einem Vertreter des Senats".[46]

Mitte Oktober wurde Lohmeyer telefonisch wiederum nach Schwerin bestellt, wo in Gegenwart des Provinzialvizepräsidenten Grünberg von der SMAD die politische Überprüfung des Lehrkörpers vorgenommen wurde. Nach den von Schwerin ausgegebenen Richtlinien galt „jeder, der der NSDAP oder ihren Gliederungen" angehört hatte, als belastet.[47] Lohmeyer erfuhr, daß ihm Anfang November in Berlin der endgültige Termin zur Wiedereröffnung der Universität mitgeteilt werden solle. Aufgrund der von Schwerin aus betriebenen Entnazifizierung des Greifswalder Hochschulpersonals kam es innerhalb der Theologischen Fakultät zu keiner Personalveränderung.[48] Es wurde lediglich bemängelt, daß das „Institut für Palästinakunde" wegen seines Namens anstößig sei. Der Name müsse in Zukunft geändert werden. Aus der Medizinischen Fakultät schieden fünf Dozenten aus, aus der Philosophischen zwei; ein Angestellter der Bibliothek wurde entlassen. Einige Hochschullehrer mußten ihre leitenden Stellungen innerhalb der Institute aufgeben. Man liest im Protokoll der Senatssitzung vom 26. Oktober 1945 das trockene Urteil: „Das Gesicht der Universität bleibt im allgemeinen gewahrt".

Inzwischen hatte Lohmeyer das zum größten Teil noch im Feld verfaßte Manuskript zum „Vater-unser" fertiggestellt und es seinem Sohn Hartmut zur Übergabe an Ruprecht anvertraut.[49] Er fragte Ruprecht, ob dieser eine Art Vermittlungsstelle übernehmen wolle, solange man noch „hinter eisernem Vorhang" lebe:

„Nach Göttingen Nachrichten, Geld oder sonst etwas zu schicken, dazu gibt es von uns aus hie und da Gelegenheit, zumal viele Greifswalder Kollegen noch dort sind; nach München ist es sehr viel schwerer. Ich habe meinen Jungen auch bevollmächtigt, Geld und Briefe für mich zu empfangen, und wäre Ihnen sehr dankbar, wenn Sie ihn als mein alter ego betrachten und behandeln würden. Da man nicht wissen kann, was alles geschehen mag, wäre ich Ihnen auch sehr dankbar, wenn er sich im Notfalle mit irgendwelchen Bitten an Sie wenden könnte. Daß ich für alles bürgen würde, was Sie für ihn tun könnten, ist selbstverständlich. Aber ich hoffe, daß dieser Fall nicht eintritt, sondern daß die mittelbare und unmittelbare Verbindung von Monat zu Monat leichter wird. Es wäre noch vieles zu sagen, aber im überfüllten Zuge[50] ist schon dieses wenige nicht einfach. Herzliche Grüße und alles Gute weiterhin!"

Ruprecht antwortet Lohmeyer Ende des Monats:

„Ihr Sohn war bereits am vergangenen Freitag bei mir und hat mir Ihren Brief, Ihr Manuskript und Ihre Grüße übermittelt, für die ich Ihnen herzlich danke. Er hat sich,

---

[46] UAG, R 580, I-32.
[47] Protokoll der Senatssitzung vom 26. Oktober 1945 (UAG, R 580, I-36).
[48] Vgl. hierzu noch: MELIS, Entnazifizierung.
[49] Brief Lohmeyers an Günther Ruprecht vom 21. Oktober 1945.
[50] Lohmeyer schreibt diesen Brief während einer Bahnfahrt nach Schwerin.

ebenso wie seine Braut, bei uns erst einmal tüchtig ausgeschlafen, um dann mittags die Reise nach Hamburg fortzusetzen. In Ihrem Manuskript habe ich bereits große Stücke mit sehr viel Freude gelesen. Es wird sicher viel freudigen Widerhall unter Theologen finden. Wir sind deshalb auch grundsätzlich bereit, es zu drucken. Nur können wir heute noch nicht sagen, wann das möglich sein wird, weil wir im Augenblick kein geeignetes Papier dafür haben. Die Papierfabriken stellen im Augenblick fast nur Zeitungspapier her, soweit sie überhaupt arbeiten. In der britischen Zone sind es nur vier. In der amerikanischen Zone sieht es wegen des Kohlenmangels zur Zeit noch schlechter aus. Ich habe deshalb schon Beziehungen zur Ökumene in Genf angeknüpft, die an sich die Absicht hat, deutschen Verlegern mit Papier zu helfen. Aber wir haben bisher keine Antwort von dort. So kann es leicht Frühjahr oder Sommer nächsten Jahres werden, bis die Drucklegung ernsthaft durchführbar ist. Bis dahin nehmen wir das Manuskript zunächst in gute Verwahrung. Bei dieser Gelegenheit möchten wir Ihnen gleich berichten, daß sowohl die Vorräte des Markus-Kommentars wie des Philipper-Briefes zu Ende gehen. Vom Markus sind noch 155, vom Philipper-Brief noch 106 Stück vorhanden, während vom Kolosser- und Philemon-Brief noch 380 Exemplare da sind. Sowohl vom Markus wie vom Philipperbrief werden deshalb im Laufe des nächsten Jahres Neuauflagen notwendig werden, denn die jetzigen Vorräte werden bei dem großen Bedarf der vielen ausgebombten und heimatlos gewordenen Theologen nicht sehr lange reichen, wenn erst der Verkauf, der zur Zeit noch gesperrt ist, möglich ist (...). Vielleicht können Sie uns dann auch berichten, wie es mit Ihrer Arbeit am Matthäus steht. Im Augenblick ist in der englischen, amerikanischen und französischen Zone die Nachfrage nach Büchern noch enorm groß, da alle Leute noch irgendwelche Ersparnisse haben. Ob das aber bleiben wird, läßt sich natürlich nicht sagen (...). Ihr Sohn wird Ihnen berichtet haben, daß wir den Krieg gut überstanden haben, so daß wir jetzt bereits am ‚Neuaufbau‘[51] der Verlagsarbeit sind. Hoffentlich bleibt auch bei Ihnen in Greifswald die Lage so relativ günstig trotz aller Zukunftssorgen, wie Ihr Sohn sie schilderte."[52]

Am 10. November schreibt Lohmeyer an Ruprecht:

„Für Ihren freundlichen Brief vom 29. Okt. ds. Js. danke ich Ihnen herzlich, und mehr noch für alle Hilfe, die Sie meinem Jungen und seiner Braut haben zu Teil werden lassen (...). Daß nun auch mein Manuskript vom Vater-Unser in Ihren Händen ist, beruhigt mich sehr. Ich habe noch ein zweites und drittes Exemplar, das vierte liegt in Uppsala und ist vielleicht (?) schon schwedisch gedruckt. Inzwischen traf ich in Berlin zufällig auf Prof. Fritz Lieb[53] aus Basel, den ich von früher her kenne. Als er von dem Manuskript hörte, stürzte er sich mit Begeisterung darauf, wollte auf dem Heimweg zu Ihnen kommen und es nach Basel mitführen, um es dort sofort drucken zu lassen. Ich weiß nicht, wie und ob Sie sich vor dem Ansturm haben retten können. Mir ist es an sich lieber, wenn das Vater-Unser bei Ihnen und damit in Deutschland gedruckt wird; an der Schweiz reizt mich nur, daß der Druck sofort beginnen könnte. Vielleicht könnten Sie durch Lieb mit der Ökumene in Genf in Verbindung treten, um das nötige Papier zu erhalten (...).

---

[51] Der Verlag hatte aufgrund seiner Haltung während der NS-Zeit bereits mit Wirkung vom 1. Dezember 1945 eine Drucklizenz erhalten (vgl.: VANDENHOECK&RUPRECHT 7).

[52] G. Ruprechts Brief an Lohmeyer vom 29. Oktober 1945.

[53] F. Lieb (1892–1970) war im Herbst 1933 zusammen mit seinen Bonner Kollegen K. L. Schmidt und Ernst Fuchs wegen SPD-Mitgliedschaft als Professor abgesetzt worden (KUPISCH, Barth 92). Zu einer Begegnung zwischen Lieb und Benjamin 1935 in Paris (BENJAMIN, Briefe 711) vgl.: PANGRITZ. Zu Lieb vgl.: KARNETZKI/RESE, Lieb.

Was Sie von Neuauflagen des Markus- und Philipperkommentars schreiben, hat mich sehr gefreut. Am leichtesten würde wohl eine Neuauflage des Markuskommentars sein. Denn viel Literatur ist nicht nachzutragen; was zu bessern ist, entstammt meiner eigenen Arbeit. Man könnte deshalb daran denken, ob man nicht zunächst einen einfachen Neudruck machen sollte, falls die Druckstöcke noch vorhanden sind. Es ist nur ein unsicherer Faktor dabei: Wir wissen nicht, was seit 1940 im Ausland, vor allem in England und USA, gearbeitet worden ist. Nach meiner Korrespondenz, die ich mit Fridrichsen–Uppsala bis März ds. Js. geführt habe, glaube ich nicht, daß es viel und erheblich ist, aber eine genauere Orientierung wäre doch nützlich (...). – Sie sagen, daß diese beiden Neuauflagen im nächsten Jahr erscheinen sollten; wenigstens der Markus müßte dann wohl in diesem Winter hergestellt werden, in dem der Mangel an Kohle und Licht uns alles erschwert. Ob mir das Rektorat zu solcher Arbeit Zeit läßt, das mich bisher ganz verschlungen hat, kann ich noch nicht sagen; ich hoffe es aber, wenn einmal der Unterricht wieder eröffnet ist und der Hunger der Behörden nach beschriebenem Papier sich gelegt hat (ich habe vor einer Stunde wieder einen Kurier mit einem Koffer voll solchen Papieres nach Berlin abgefertigt). Durch diese Neuauflagen würde die Vollendung des Matthäuskommentars wieder verzögert werden. Was von dem Kommentar im Wesentlichen fertig vorliegt, ist cap. 1–10 und 21–28 und dazwischen ist noch cap. 13–15 im Konzept fertig. Es bleiben also noch 7 Kapitel, die verhältnismäßig einfach sind, weil sie viel schon in Markus behandelten Erzählungsstoff behandeln. Man könnte einen Augenblick überlegen, ob man nicht den Matthäus erst fertig stellen und dann die Neuauflagen bearbeitete. Aber ich glaube, das würde beides hinausschieben, zumal auch noch meine Ausgabe des Lutherschen Römerbriefes von 1515 zum Jubiläum 1946 herauskommen soll (...). Also würde ich doch meinen: Zuerst der Markus, dann der Philipper-Kommentar, zuletzt der Matthäus, *vor* allem aber das Vater-Unser (...). Von unserem Leben hier, das für jeden Außenstehenden unvorstellbar ist, im Guten wie im Bösen, wäre viel zu berichten; aber man würde es auch durch noch so genauen Bericht nicht kennen lernen. Die Bürde des Rektorats ist sehr schwer, (...) ich würde sie lieber heute als morgen ablegen, aber ich fürchte, ich werde sie noch lange tragen müssen."[54]

Am 20. November 1945 teilte Lohmeyer Provinzialpräsident Höcker die vorläufigen Immatrikulationszahlen für Greifswald mit. An erster Stelle stand die Medizin (80), gefolgt von Philosophie (40) und Theologie (30) sowie Landwirtschaft (5).[55] Trotzdem gab es aus Berlin noch keine den erhofften Semesterbeginn betreffende zustimmende Anordnung.

Am 23. November schrieb Günther Ruprecht an Lohmeyer: „Ihr Brief vom 10. kam erstaunlich rasch in unsere Hände. Ich freue mich, daraus zu entnehmen, daß Sie doch trotz der Unvorstellbarkeit Ihres täglichen Lebens gewisse Arbeitsmöglichkeiten haben, und daß, wie ich dem gestrigen Radio entnahm, doch gewisse Aussichten auf eine Wiedereröffnung der Universität bestehen. Besonders aber freue ich mich, daß anscheinend die Theologie ihren Platz innerhalb der Universität behalten wird, denn ich hörte aus Mitteldeutschland sehr ernsthafte Zweifel darüber."[56] Lohmeyers

---

[54] Brief Lohmeyers an G. Ruprecht vom 10. November 1945.

[55] UAG, R 458, 77.

[56] G. Ruprechts Brief an Lohmeyer vom 23. November 1945.

Frau erinnerte sich an diese Zeit in ihren Aufzeichnungen vom Februar 1949:

„Etwa 4 Wochen vor Weihnachten erschien plötzlich in Greifswald ein bis dahin unbekannter Dr. *Müller*[57] von der Landesregierung Schwerin, der den Auftrag hatte, meinen Mann zu ersuchen, sofort alle früheren Mitglieder der NSDAP, die an der Universität waren, zu entlassen. Es gab lange Verhandlungen, bei denen mein Mann sofort neue Fragebogen anordnete und versprach, jeden einzelnen Fall gewissenhaft zu prüfen. Er weigerte sich jedoch, sofort Entlassungen vorzunehmen, weil er es glaubte nicht verantworten zu können, den Betrieb der Kliniken und Institute lahm zu legen. Das wurde ihm [sc. sowohl] in Schwerin als auch bei den kommunistischen Kreisen Greifswalds sehr falsch ausgelegt, und man hieß ihn einen ‚Naziprotektor'. Mein Mann erfuhr das aber damals gar nicht, das kam alles erst später raus."[58]

Ende November 1945 wurden jedoch auf „Veranlassung der Schweriner Regierung 44 Verwaltungsangestellte der Universität wegen Zugehörigkeit zur NSDAP entlassen".[59] Die Stellung des Kurators in der Universitätsverfassung war jedoch noch nicht völlig geklärt.

Am 17. Dezember wurde Lohmeyer nach Schwerin beordert. Aus Berlin war die Weisung ergangen, daß „an der Wiederaufnahme des Lehrbetriebs nur solche Lehrkräfte beteiligt werden dürften, die nicht der Partei angehört haben".[60] Die zu entlassenden Universitätslehrer sollten aber weiter Forschungsarbeit treiben dürfen. Ihnen sei ein Assistentengehalt zu gewähren. Die politischen Säuberungen sollten voraussichtlich bis Ende Januar 1946 abgeschlossen sein. Während einer Besprechung in Schwerin hatte sich Ministerialdirektor Hans Manthey[61] (SPD) entschieden für die Beibehaltung der Kuratorialverfassung eingesetzt, da die Regierung „in dem Kurator maßgebenden Einfluß auf die Vorgänge an der Universität" auszuüben gedenke. Der bereits für Rostock ernannte Kurator sollte auch für Greifswald zuständig werden. Lohmeyer war dagegen der Ansicht, daß die Besetzung des Kuratorpostens „im Widerspruch zu den Anordnungen des Herrn Vizepräsidenten" stünde. Das Funktionieren der Rektoratsverfassung in den vergangenen Monaten beweise, daß „eine Neubesetzung des Kuratorpostens nicht notwendig" sei.[62]

Am 6. Januar 1946 hatte die SMAD in Berlin dem Antrag der deutschen Verwaltung für Volksbildung entsprechend die Wiederaufnahme des Lehr-

---

[57] Oberregierungsrat in der Abt. Kultur und Volksbildung (EDWARDS, Lohmeyer 335).

[58] M. LOHMEYER, Fall 3.

[59] Protokoll der Senatssitzung vom 3. Dezember 1945 (UAG, R 580, I-47).

[60] Protokoll der Senatssitzung vom 14. Januar 1946 (UAG, R 580, I-51 ff.).

[61] H. Manthey war 1945/46 Abteilungsleiter in der Mecklenburger Landesverwaltung für Kultur und Volksbildung. Nach der Zwangsvereinigung von SPD und KPD zur SED wurde er Ende 1946 zum Leiter der Abt. Allgemeine Verwaltung im Volksbildungsministerium. 1947 ging er in den Westen Deutschlands (BROSZAT, SBZ-Handbuch 973; MELIS/BARTUSEL, Funktionseliten 32).

[62] UAG, R 580, I-52.

betriebs an der Universität Berlin verfügt. Als Eröffnungstermin war der 20. Januar angesetzt.[63] Das hatte Signalwirkung für die anderen fünf Universitäten in der Sowjetischen Besatzungszone. Wilhelm Höcker forderte umgehend die nötigen Verwaltungsunterlagen der Universität Greifswald an, insbesondere eine vollständige Liste des Lehrkörpers.[64] Am 29. Januar 1946 wurde dem Antrag Höckers auf Wiederaufnahme des Arbeitsbetriebs der Universität Greifswald in der Philosophischen, Medizinischen, Landwirtschaftlichen und Theologischen Fakultät stattgegeben. Nur die traditionsreiche Juristische Fakultät sollte nicht wieder geöffnet werden.[65] Als Datum der Wiedereröffnung wurde der 15. Februar 1946 festgesetzt. Der SMAD-Befehl Nr. 27 präzisierte, daß dem Lehrkörper der Universität keine ehemaligen Mitglieder der NSDAP angehören dürften. Die Aufnahme von ehemaligen NSDAP-Mitgliedern als Studenten wurde ebenso verboten wie die von Führern und Aktivisten der „Hitlerjugend". Die Landesregierung wurde angewiesen, die Personenlisten zu überprüfen und diese über die deutsche Verwaltung für Volksbildung zur Bestätigung an entsprechender Stelle bei der Sowjetischen Militärverwaltung in Berlin-Karlshorst einzureichen. Unmißverständlich hielt die SMAD-Verfügung fest: „Die unmittelbare Verantwortung für die Wahl des Lehrkörpers und die Aufnahme von Studenten trägt der Rektor der Universität".[66]

Die Vorbereitungen für die Wiedereröffnung der Greifswalder Universität liefen unterdessen auf vollen Touren. Melie Lohmeyer berichtet aus diesen Tagen: „Mein Mann kam kaum noch nach Hause, und mir wurde immer schwerer zu Mute. Ich spürte genau, daß etwas in der Luft lag, erreichte damit aber nicht meines Mannes Bewußtsein. Er verwechselte es vollkommen, daß sein ‚gutes Gewissen' bei Politik gar keine Rolle spielt, und glaubte sich geborgen in seinem reinen Willen. Er fühlte sich in der Tat völlig sicher." Am 14. Februar wurden jedoch gegen 23 Uhr drei Männer des NKWD in der Arndtstr. 3 vorstellig und erkundigen sich bei Melie Lohmeyer nach deren Ehemann.

„Ich sagte, er sei in der Universität, und wußte Bescheid. Es war so weit. – Ich telefonierte sofort, erfuhr aber nur, mein Mann sei mit einem Kollegen zur Kreiskommandantur gegangen. Mittlerweile kam dann mein Mann nach Hause, sehr erschöpft und eigentlich in einer Verfassung, als ginge es ihn selber nicht wesentlich an, oder als nähme er es nicht ganz für ernst. Er erzählte, Dr. Müller sei inzwischen in der Universität gewesen in schwer angetrunkenem Zustand, habe dauernd auf den Tisch geschlagen und geschrieen: ‚Mönchlein, Du gehst einen schweren Gang' und habe ihn im Namen der Schweriner Regierung abgesetzt. Die Eröffnung fände aber morgen trotzdem statt."[67]

---

[63] Befehl Nr. IV des Obersten Chefs der SMAD (UAG, R 580, I-50).

[64] UAG, R 580, I-54. Eine Auflistung des Lehrkörpers findet sich a.a.O., 56.

[65] Sie wurde erst 1991 wieder neu eröffnet (HINZ, Pommern–Lexikon 136).

[66] UGA, R 580, I-65.

[67] M. LOHMEYER, Fall 4.

Etwa eine halbe Stunde nach Mitternacht kehrte die russische Geheimpolizei zurück und führte Lohmeyer nach zwei Stunden Haussuchung ab. Unter den Dingen, die beschlagnahmt werden, befinden sich nicht nur ein Radio und einige Photographien Lohmeyers, sondern auch ein „Stoß wertvoller Gelehrtenbriefe aus aller Welt".[68]

Am folgenden Vormittag wurde Lohmeyers Verhaftung vom Kuratorium der Universität nicht nur offiziell bestätigt, sondern auch heftig diskutiert.[69] Inzwischen nahmen die über sechshundert geladenen Gäste in der Aula Platz.[70] Etwa eine halbe Stunde später als geplant begann zu Klängen aus Händels „Concerti grossi" die Akademische Feier mit dem Einzug des Lehrkörpers und der geladenen SMAD-Spitzen.[71] Gottfried Grünberg hielt die Begrüßungsansprache.[72]

„Jeder Versuch, sich vom Volke abzuschließen, ein künstliches Eigenleben zu führen, muß zur Degeneration und Verderb führen. Eine solche Universität könnte zu einer antidemokratischen volksfeindlichen Einrichtung werden. Darum wahren Sie allseitig die Volksverbundenheit (...). Jeder Versuch, schematisch am alten Abgelegten festzuhalten oder gewaltsam die neuen heranwachsenden, fortschrittlichen Theorien oder Kräfte zu hemmen oder zu unterdrücken, führt vom Wege der Wahrheit ab und endet in der Lüge, im verbrecherischen Faschismus, in der barbarischen Inquisition. Nur reaktionäre Volksfeinde fürchten die Wahrheit, aber jeder ergebene Demokrat, jeder wahre deutsche Patriot weiß und fühlt, daß nur die Wahrheit – mag sie auch noch so bitter sein – der einzig wahre Weg zum Aufbau eines neuen demokratischen Deutschlands, zum neuen Aufstieg der deutschen Kultur sein kann."[73]

Nach Grünberg ergriff nicht wie vorgesehen der sowjetische Volksbildungsminister Solotuchin, sondern Generalmajor Michael A. Skocyrew das Wort.[74] Nach der Ansprache von Oberstleutnant Prof. Iwanoff (Berlin)

---

[68] M. LOHMEYER, Fall 4. Aus diesem Umstand erklärt sich die Lücke in Lohmeyers Restnachlaß. Es fehlt dort an Briefen zwischen dem 29. Dezember 1931 und dem 19. Januar 1946.

[69] Brief von Buhtz an seine Frau vom 17. Februar 1946 (UAG, R 580, II).

[70] Unter den Gästen befanden sich auch die Rektoren der anderen ostdeutschen Hochschulen sowie 17 Mitglieder der russischen Militärverwaltung (UAG, R 580, II-14).

[71] Vgl. das Programm der Feier (UAG, R 580, II-17).

[72] Von der Grünberg-Rede (UAG, R 580, II-25 f.) fehlt in den Akten die erste Seite.

[73] UAG, R 580, II-25.

[74] Zuerst war folgender Verlauf vorgesehen: Grünberg; Solotuchin (Berlin); Skocyrew (Schwerin); Vertreter der Studentenschaft; Höcker; Lohmeyer (UAG R 580-II, 17). Die Redefolge wurde geändert in: Grünberg; Skocyrew; Iwanoff; Seeliger; Wohlgemuth; Oberst Sidorow; Oberbürgermeister Hoffmann; H. E. Beintker; Höcker; ein Professor für den Lehrkörper. In dem Brief von Buhtz findet sich die Reihenfolge: Grünberg; Skocyrew; Iwanoff; Stadtkommandant; Höcker; Hoffmann; Rektor Universität Rostock; ein Greifswalder Professor; ein Vertreter der Studentenschaft. Die neue Redefolge deutet auf eine Machtverschiebung zugunsten Schwerins und Greifswalds hin. Nicht anwesend waren Minister Solotuchin (Abt. Volksbildung der SMAD in Berlin-Karlshorst) und der inzwischen verhaftete Lohmeyer.

verlas Prof. Rudolf Seeliger (1886–1965) eine Reihe von Telegrammen. Dr. Franz Wohlgemuth (1915–1972), ein Funktionär der Greifswalder KPD-Kreisleitung, trat im Namen der „Einheitspartei" auf.[75] Er teilte der Festversammlung mit, daß der Rektor „besonderer Umstände halber nicht an der Eröffnung teilnehmen könne".[76] Der russische Stadtkommandant hielt sich knapp in seinen Ausführungen. Die Hautaufgabe der Universität sei die „Ausmerzung des Faschismus und der Wiederaufbau eines neuen demokratischen Deutschland."[77] Für die Studenten sprach H. E. Beintker (*1918), der seit Oktober 1945 in Greifswald Theologie studierte.[78]

„Herr General! Herr Landespräsident! Hochverehrte Festversammlung! Mit tiefem Dank entbietet durch meinen Mund die Studentenschaft Worte des Grußes und Worte des Gelöbnisses! (...) Welche Jugend wäre wohl nicht hungrig nach der geistigen Welt, nach Freiheit und nach edler Menschenart – wie sehr verlangt erst die Jugend danach, die nun den Weg zur Universität sucht! Wie oft wurde dieser Jugend alles versprochen! Und wie tief ist diese Jugend durch die Zeit enttäuscht! (...) In den Enttäuschungen der Zeit sind wir in unseren Gefühlen und Urteilen geschärfter worden, aber ich darf Ihnen allen versichern, daß wir uns die Ideale bewahrt haben! So werden sich die Tore einer Jugend öffnen, die wieder ihr eigenes Gesicht und ihre Zeit formen kann an den Stätten, wo sie sich mit der Wahrheit und dem Ringen um Erkenntnis begegnet. Im Laufe der 500jährigen Geschichte der Universität Greifswald hat es wohl manche Zeit echter schöpferischer Geistigkeit gegeben und wohl auch Zeiten der Enge und Sterilität. Wenn jetzt ein wirklich neuer Abschnitt in der Geschichte der Universität beginnt, so trifft er eine Jugend, die voller Sehnsucht ist, die nicht mutlos verzagt und an den Trümmern steht, sondern die mit neuer Kraft an die Arbeit gehen will. Von unser aller Wirken hängt die Zukunft ab. So soll diese Feier ein Markstein sein und ein Zeichen der Erneuerung unseres geistigen Lebens. Was wir als junge Generation dazu tun können, das wollen wir Ihnen zu tun geloben! (...) Möge es uns gelingen, an eine würdige Vergangenheit den rechten Anschluß zu finden und dem traurigen, in Schande zu Ende gegangenen Kapitel deutscher

---

[75] UAG, R 580, II-18).

[76] EDWARDS, Lohmeyer 336. Der ehemalige Student der katholischen Theologie F. Wohlgemuth war für die Propaganda der Greifswalder KPD zuständig. 1943 war er in Stalingrad in Kriegsgefangenschaft geraten und dem NKFD beigetreten. Aus Moskau kehrte er als Dozent für Marxismus-Leninismus nach Greifswald zurück. Sechs Wochen nach Lohmeyers Verhaftung war er Kurator der Universitäten Greifswald und Rostock. 1951 wurde er zum Staatssekretär für Hochschulwesen ernannt. 1958 floh er in die Bundesrepublik (MATTHIESEN, Intrige; RAUTENBERG, Ende 59; DERS., Wohlgemuth 49 ff.).

[77] UAG, R 580, II-29.

[78] Die Rede H. E. Beintkers (UAG, R 580, II-27 f.), ist in dem 1990 von W. Otto herausgegebenen Gedenkband ihrem Umfang nach etwa zur Hälfte und mit nicht eigens gekennzeichneten Umstellungen wiedergegeben (BEINTKER, Judentum 111 f.). Die Rede ist erstmals 1997 vollständig durch ihren Autor selbst publiziert und kommentiert worden (BEINTKER, Reif 21). Beintker promovierte 1951 und war von 1961 bis zu seiner Emeritierung Professor für Systematische Theologie in Jena (RGG³, Reg. 18). Nach 1989/90 blieb er in Flensburg theologisch weiter aktiv.

Geschichte eine würdige Zukunft anzusetzen: Nicht eine Zukunft äußerer Macht und äußeren Reichtums, sondern eine sittlicher Kraft und inneren Reichtums."[79]

Im Gegensatz zu dieser Rede[80] des Studentenvertreters Beintker findet sich im Redekonzept des designierten Rektors Lohmeyer neben dem deutlichen Hinweis auf die neu gewonnene Freiheit von der NS-Willkürherrschaft vor allem das Wort von der notwendig bleibenden Gebundenheit an den alten Weg einer Forschung, die frei von „Gewaltsamkeiten und Voreingenommenheiten zu den Dingen selbst führt und sie in ihrer ursprünglichen Wahrheit, ihrer sachlichen Bedeutung und ihren menschlichen und sozialen Bedingungen zeigt."[81] Dieser humanistische Wissenschaftsbegriff stand freilich quer zur Auffassung vom sozialistischen Neubeginn im Sinne des „großen Humanisten Stalin" (Grünberg):

„Der große Führer der Sowjetunion – Generalissimus Stalin – war es, der mitten im schrecklichsten aller Kriege sein großes wegweisendes Wort sprach: ,Die Hitlers kommen und gehen, das deutsche Volk, der deutsche Staat aber bleibt.' Er wies schon damals darauf hin, daß die Nazis weder Nationalsozialisten noch Sozialisten, sondern gemeinste Verbrecher waren und die schlimmsten Feinde des deutschen Volkes sind. Leider wurde er damals vom deutschen Volk nicht verstanden, denn sonst hätte das deutsche Volk seine Weisungen befolgt und die Katastrophe wäre nicht so schrecklich geworden. Aber desto mehr wollen wir jetzt zeigen, daß wir den großen Humanisten Stalin und seinen Schüler Marschall Shukow richtig verstehen, indem wir unsere Universität so einrichten, daß aus ihr wahre deutsche Patrioten, unerbittliche Kämpfer gegen reaktionären Rassenwahn und Faschismus, hervorgehen, Humanisten, die dem deutschen Volk die Achtung der Welt durch friedliche Arbeit, freundschaftliches Zusammenleben wiedererobern. In diesem Sinne vorwärts an die Arbeit, das deutsche Volk und die ganze Welt schaut auf uns."[82]

Auch Wilhelm Höcker unterstrich die Bedeutung der engen Verflochtenheit von wissenschaftlicher Forschung der Hochschulen und politischer Zielsetzung der deutschen Arbeiterbewegung:

---

[79] UAG, R 580, II-27 f.

[80] H. E. Beintker sieht in seiner Rede und in dem Redekonzept Lohmeyers eine „innerlich verwandte Gedankenführung" (BEINTKER, Reif 26). Ähnlichkeiten zur Rede Beintkers bestehen m.E. jedoch vielmehr in der Ansprache W. Höckers, der wie Beintker auf die Notwendigkeit eines Gelöbnisses hingewiesen hatte: „In unserer Vergangenheit wurden uns zu unserem unermeßlichen nationalen Schaden die geistigen Waffen aus der Hand geschlagen und unsere geistigen Werte mißachtet oder mißhandelt. An die Stelle des geistigen Kampfes trat ein Volk in Wehr und Waffen und verantwortungslose Menschen führten unser Volk in die Katastrophe. Wir wollen uns heute geloben, daß wir nie wieder die Hand nach solchen Waffen ausstrecken wollen, die so viel Schande, Unglück und Herzeleid über unser liebes Deutschland gebracht haben; sie müssen in der Rumpelkammer der Geschichte verschwinden."

[81] HAUFE, Gedenkvortrag 16. Ein Fragment der Rede Lohmeyers wurde von W. Schmauch in dem Gedenkband *In memoriam Ernst Lohmeyer* (1951) veröffentlicht.

[82] UAG, R 580, II-26.

„Die Erziehung unserer Jugend an den Hochschulen unterscheidet sich im Prinzip darin von allen anderen Unterrichtsaufgaben, daß sie nicht nur Wissen vermitteln, sondern auch wissenschaftliches Denken erzielen soll (...). Sie wissen, daß das in den vergangenen 12 Jahren leider zum großen Schaden unseres Volkes nicht geschehen ist (...). Sie wissen, daß die politische Zielsetzung der deutschen Arbeiterbewegung wissenschaftlich begründet und, in der wissenschaftlichen Leistung eines Marx und Engels fundiert, aus ihr wissenschaftlich weiter entwickelt wird. Die deutsche Arbeiterbewegung hat darum ein starkes wissenschaftliches Interesse und einen an Ehrfurcht grenzenden tiefen Respekt vor jeder wissenschaftlichen Leistung. Die deutschen Hochschulen ließen sich jedoch nichtsdestoweniger gegen diese fortschrittlichen Elemente unseres Volkes in eine Gegnerschaft zu der Arbeiterbewegung treiben, für die jede wissenschaftliche Begründung fehlt und die nur erklärbar ist aus der Klassengebundenheit, in der die im wesentlichen bürgerlich zusammengesetzte Professoren- und Studentenschaft der deutschen Hochschulen der Arbeiterklasse gegenüberstand. Und wenn heute die demokratischen Kräfte noch nicht volles Vertrauen zu unseren Universitäten haben, so eben deswegen, weil diese in der Vergangenheit an politischem und wissenschaftlichem Kredit verloren hatten. Es war deshalb unerläßlich, vor der Wiedereröffnung der Universitäten auch hier in Greifswald eine Generalbereinigung vorzunehmen. Diese Generalbereinigung erfolgte nicht, weil heute andere politische Kräftegruppen die Universität beherrschen, sondern weil wir von der Notwendigkeit überzeugt waren, die Universitäten zur echten Wissenschaftlichkeit zurückzuführen, weil anders eine wissenschaftliche Arbeit unmöglich ist."[83]

Nach Abschluß des etwa zweistündigen Redenprogramms erfolgte gegen 14 Uhr der Auszug der sowjetischen und deutschen Behördenspitzen, des Lehrkörpers und der geladenen Gäste (diesmal zu Klängen von Beethovens Corriolan-Overtüre), um darauf in der Mensa der Universität an einem für die damalige Zeit sehr opulenten Festessen teilzunehmen.[84] Universitäts-Oberinspektor Buhtz vermerkte in dem Brief an seine Frau vom 17. Februar 1946:

„Das Festessen war wirklich ein Schlemmeressen, ganz friedensmäßig (...). Die Tafeln waren weiß gedeckt und gut mit roten Bändern, Blumentöpfen, Servietten und Geschirr ausgeschmückt. Auf einem Glasteller lag eines der friedensmäßigen Brötchen, wie man es zur Suppe ißt. Es kam dann, als alles saß, auch bald die Suppe und zwar eine Fleischbrühe mit Einlage Ia. Es wurde Greifswalder Bier aufgetragen und die auf der Tafel stehenden Likörgläser mit Aquavit gefüllt. Nach der Suppe forderte der russische General auf, das Glas zu erheben und mit ihm auf die Universität nach russischer Art, d.h. ex, zu trinken. Dem kamen alle nach. Bis zum Eintreffen des Fisches hatte man das Bier zu probieren. Auch das schmeckte ganz friedensmäßig. Es gab Zander mit Tunke und Kartoffeln (anscheinend Pellkartoffeln, die dann noch einmal heiß gemacht waren und besonders behandelt). Ob der Fisch wirklich Zander war, lasse ich dahingestellt. Es gab große Stücke, und das ganze Gericht schmeckte vorzüglich. Inzwischen war wieder ein Aquavit eingegossen, die Biergläser frisch gefüllt. Der Aquavit wurde wieder mit einem Hochruf verbunden in russischer Art getrunken. Dann kam Rinderfiletbraten mit gemischtem Gemüse: Karotten, Spargelstücke, Kohl in allen Farben (blau, hellrot, rot) u. Salzkartof-

---

[83] UAG, R 580, II-19 f.
[84] A.a.O., 17.

feln. Dazu kam das 3. Glas Bier. Der nächste Gang war Eis (Krokant) mit in Scheiben geschnittenem Kuchen. Dann wurde Kuchen und Torte aufgetragen, noch mal ein Aquavit eingegossen, Zigarren und Zigaretten herumgereicht und schließlich eine Tasse Bohnenkaffee serviert. Als man gegen 5 Uhr von der Tafel aufstand, wußte man, was man getan hatte (...). Bald nach 10.00 ging ich zu Bett. Einschlafen konnte ich nicht. Ob der Kaffee oder die sonst genossenen Genüsse aller Art oder die Gedanken an den in der Haft befindlichen Rektor daran Schuld trug[en], weiß ich nicht (...)."[85]

Am 16. Februar fand im Konzilssaal der Universität eine Sitzung des Lehrkörpers statt, zu deren Beginn um 9 Uhr Rudolf Seeliger die Anwesenden über die gegenwärtige Situation informierte. Ab 9.30 Uhr nahmen auch Ministerialdirektor Manthey und Dr. Müller an der Sitzung teil.[86] Manthey mahnte im Namen der Schweriner Landesregierung dringend an, keine Verschleierungs- oder Verschleppungstaktik bei der Beantwortung der Fragebogen über fördernde Mitgliedschaft oder Anwärterschaft bei der NSDAP zu praktizieren. Die Personalpolitik des bisherigen Rektors sei „offenbar falsch gewesen". Direkte Vereinbarungen zwischen der Universität und der russischen Zentralverwaltung in Berlin-Karlshorst hätten keine Gültigkeit; zuständig für die Greifswalder Universitätspolitik sei allein Schwerin. Insbesondere bei der Gründung der *Greifswalder Universitätswerke GmbH* sei die Schweriner Regierung nicht offiziell hinzugezogen worden. Manthey erklärte, „daß man in Schwerin den Eindruck habe, daß in diesem Unternehmen gewisse Kräfte untergebracht werden sollten, für die im demokratischen Staat eigentlich kein Platz sei." Die Professoren Lüttringhaus und Wels erklärten, es habe nicht die Absicht bestanden, die Landesregierung zu hintergehen. Der einzige in den Universitätswerken angestellte ehemalige NSDAP-Parteigenosse sei der frühere Kurator Kuhnert; dieser arbeite jedoch nicht in leitender Stellung, sondern sei dem Geschäftsführer Wolff untergeordnet.

Ab 10 Uhr traten Oberstleutnant Prof. Iwanoff (SMAD-Berlin), Oberstleutnant Nachapetoff (Greifswald), Grünberg, Dr. Naas als Vertreter des Präsidenten der Deutschen Zentralverwaltung für Volksbildung, Paul Wandel[87] und Prof. Rompe den Beratungen hinzu. Dr. Naas bemängelte, Lohmeyer habe die von der Berliner Zentralregierung ausgegebenen Bestimmungen nicht eingehalten. Der Lehrkörper der Universität müsse „gemäß diesen Bestimmungen vollständig gesäubert werden". In Greifswald seien ehemalige Mitglieder der NSDAP zu Beratungen hinzugezogen worden, und auch dies gehe im Interesse der Stadt Greifswald, die mit der

---

[85] Brief von Oberinspektor Buhtz an seine Frau vom 17. Februar 1946.

[86] Von der Sitzung existieren zwei Protokolle (UAG, R 580, I-70 ff. bzw. 76 ff.). Die zweite Fassung geht auf einen Antrag von Prof. Wels zurück (UAG, R 580, III-4 ff.).

[87] P. Wandel (Sekretär für Kultur und Volksbildung), wurde 1957 „wegen ungenügender Härte bei Durchsetzung der Parteilinie" aus dem Zentralkomitee der SED entfernt (SCHROEDER, SED-Staat 588).

Universität identisch sei, nicht an. Der Nürnberger Prozeß habe NSDAP, SA und SS zu verbrecherischen Organisationen erklärt. Die daraus resultierenden Folgerungen für die Greifswalder Hochschulpolitik seien klar. Die gegenwärtige Hauptsorge Berlins sei jedoch, der Universität wieder eine Führung zu geben. Der Pharmakologe Paul Wels schlug Rudolf Hermann als Rektor vor. Hermann wies jedoch darauf hin, daß an eine förmliche Wahl augenblicklich noch nicht zu denken sei, und schlug unter Zustimmung des anwesenden Lehrkörpers Prof. Rudolf Seeliger als kommissarischen Rektor vor. Nachdem sich dieser dazu unter der Bedingung, von bestimmten Aufgaben in der Geschäftsführung entlastet zu werden, bereit erklärt hatte, stellte Dr. Naas in Aussicht, dem neuen Rektor Seeliger einen „geeigneten Mitarbeiter von außerhalb" zur Seite zu stellen.

Grünberg bezeichnete das bisherige Verfahren der Universität als Vertrauensbruch. Die Universitätseröffnung sei offensichtlich bewußt sabotiert worden, da immer wieder versucht worden sei, etwas zu verschweigen. Der ehemalige Rektor Lohmeyer habe sich nicht genügend um die Zuziehung auswärtiger Lehrkräfte bemüht. Dr. Naas erklärte in diesem Zusammenhang, daß in diesem Punkte die „Tätigkeit Professor Lohmeyers für die Universität nicht gut gewesen" sei. Dessen Verhaftung stehe jedoch „nicht im Zusammenhang mit seiner Amtsführung als Rektor".[88]

Die Dekane der Rechts- bzw. Wirtschaftswissenschaftlichen sowie der Medizinischen Fakultät, Prof. Fleck und Prof. Wels, nahmen im Hinblick auf ihre Institute Lohmeyer in Schutz. Dieser habe „bei der ungeklärten Situation" das Mögliche versucht, nicht aber immer geeignete Ersatzmänner finden können. Dr. Naas erwiderte, die Verantwortung für die Personalpolitik der Universität liege allein beim Rektor. Paul Wels, der später aufgrund seiner SA-Mitgliedschaft zwischen 1933 und 1937 zeitweilig vom Dienst suspendiert wurde[89], erhob am 27. Februar 1946 bei Seeliger in einem umfangreichen Brief gegen das ausgefertigte Protokoll Einspruch:

„In dem Protokoll kommt nicht genügend zum Ausdruck, mit welchen Gründen der bisherige Rektor *Lohmeyer* gegenüber den Vorwürfen, die gegen seine Amtsführung erhoben wurden, verteidigt und in Schutz genommen worden ist. Die allgemeine Fassung ‚Professor Wels verteidigt in eindringlicher Weise Professor Lohmeyer' sagt über den Inhalt dieser Verteidigung nichts aus und ist deshalb wirkungslos. Gegenüber dem Vorwurf von Ministerialdirektor *Manthey,* der Rektor habe in seiner Personalpolitik eine Verschleierungs- und Verschleppungstaktik geübt, und gegenüber dem Vorwurf von Vizepräsident *Grünberg,* daß das bisherige Verfahren ein Vertrauensbruch sondergleichen sei, habe ich auf der Sitzung ungefähr Folgendes ausgeführt: 1) Wenn in den von Lohmeyer aufgestellten Lehrkörperlisten in bezug auf die Angaben über die Zugehörigkeit zur NSDAP und deren Gliederungen Widersprüche aufgetreten sind, so sind diese, wenig-

---

[88] UAG, R 580, II-74.
[89] WIEBEL, Fall 33 (Anm. 9).

stens was die Medizinische Fakultät anbelangt, in keinem Falle auf die Absicht zurückzuführen, solche Zugehörigkeiten zu verschweigen, sondern darauf, daß die Fragen in verschiedener Form und teilweise auch nicht mit genügender Klarheit gestellt worden sind. Es ist sogar den Mitgliedern der Landesverwaltung selbst nicht immer klar gewesen, was anzugeben sei und was nicht, und sie haben in einzelnen Fällen in wohlmeinender Absicht vorübergehende Bindungen an Parteigliederungen für belanglos erklärt. Das ist z.B. der Fall gewesen bei der Besprechung in Schwerin des 11. Februar, als beschleunigt neue Listen der zugelassenen Professoren für die dortige Sowjetische Militäradministration aufgestellt werden mußten. In keinem Falle trifft Lohmeyer die Schuld eines absichtlichen Verschweigens. 2) Wenn Lohmeyer vorgeworfen wird, er habe von den Vorschlägen des Professors *Rompe*, die zu entlassenden Professoren der medizinischen Fakultät durch zu Verfügung stehende andere Professoren zu ersetzen, keinen Gebrauch gemacht, so kann ich dazu aussagen, daß ich bei der Besprechung in Berlin zugegen gewesen bin. Es sind dabei nur Naturwissenschaftler genannt worden. Von Medizinern ist nicht die Rede gewesen. 3) Es ist festzustellen, daß Lohmeyer sich in seiner Personalpolitik bezüglich der zum Unterricht zuzulassenden Professoren an die Weisungen gehalten hat, die er im Dezember 1945 in den Schweriner Verhandlungen von Professor *Iwanoff* erhalten hat. Professor Iwanoff war in diesen Verhandlungen der Bevollmächtigte der Sowjetischen Militäradministration in Berlin, der in diesen Fragen die letzte Entscheidung zusteht. Bei den Schweriner Verhandlungen sind sowohl die Vertreter der Sowjetischen Militäradministration in Schwerin als auch Vertreter der Landesverwaltung in Schwerin zugegen gewesen. – Ergänzend füge ich zu dem letzten Punkt Folgendes hinzu: Lohmeyer und ich sind nicht nach Berlin gefahren, um dort unter Umgehung der Schweriner Regierung unmittelbar mit der Sowjetischen Militäradministration Karlshorst zu verhandeln. Wir fuhren nach Berlin, weil wir an der Feier der Eröffnung der dortigen Universität teilnehmen mußten. Dabei haben wir bei der Zentralverwaltung für Volksbildung auf den Widerspruch zwischen den Schweriner Vereinbarungen mit Professor Iwanoff vom Dezember 1945 und den neuen durch Dr. *Müller* überbrachten Weisungen über Entlassungen aus dem Lehrkörper hingewiesen. Wir sind dann im Einverständnis der Zentralverwaltung und in Begleitung von Professor Rompe nach Karlshorst gefahren, wo uns von Professor Iwanoff und Professor Schmirnoff der Beschluß, daß die Universität Greifswald am 15. Februar eröffnet werde, mitgeteilt und zugleich die Gültigkeit der Schweriner Vereinbarungen bezüglich der zum Abhalten von Vorlesungen zuzulassenden Professoren bestätigt wurde. – Am 18. Februar (2 Tage nach der Konzilsaalsitzung) habe ich im Auftrage von Frau Lohmeyer mit den Vertretern der Sowjetischen Militäradministration Berlin-Karlshorst, Major *Jessin* und Oberstleutnant *Tribuliow*, im Rektorzimmer in Ihrer Gegenwart eine Besprechung gehabt, in welcher Professor *Rentz* als Dolmetscher fungierte. Im Laufe dieser Verhandlung haben die beiden russischen Herren ausdrücklich erklärt, daß ihnen die Sauberkeit der Amtsführung Lohmeyers bekannt sei und daß sie auch der Meinung seien, daß Lohmeyer in der Personalpolitik der Universität ‚die richtige Linie eingehalten' habe."[90]

Der kommissarische Rektor Seeliger ließ das Protokoll entsprechend korrigieren und schickte Mitte März 1946 eine Abschrift der neuen

---

[90] UAG, R 580, III-4 f.

Fassung in zwei Ausfertigungen an Prof. Rompe von der Deutschen Zentralverwaltung für Volksbildung in der Sowjetischen Besatzungszone.[91] Am 18. Februar hielt der bei der SMAD für Zensur zuständige Gardemajor Prof. Iwan M. Jessin vor den versammelten Hochschullehrern in Greifswald fest, daß die Deutsche Zentralverwaltung für Volksbildung unter Leitung von Oberstleutnant Prof. Iwanoff für die Lehrtätigkeit und das wissenschaftliche Leben der sechs in Mitteldeutschland befindlichen Hochschulen (Berlin, Leipzig, Halle, Jena, Greifswald und Rostock) zuständig sei. Neben der Berliner Zentralverwaltung stehe die Provinzialregierung. Diese sei aber in erster Linie für die wirtschaftlichen Aspekte der Hochschulen zuständig. Die neuen, inhaltlich detaillierten Lehrpläne seien über die Schweriner Provinzregierung in Berlin zur Kontrolle vorzulegen. Als der Dekan der theologischen Fakultät, Rudolf Hermann, erklärte, die bereits 1945 eingereichten Lehrpläne seien jetzt nicht mehr durchführbar, da „durch die neuesten Maßnahmen etliche Herren ausgefallen" seien, schlug Jessin vor, mittels anderer Universitäten „Aushilfe zu vereinbaren". Diese innere Angelegenheit der Universität sei jedoch in Absprache mit den Schweriner Stellen zu regeln.

Vor ähnlichen Problemen wie Hermann stand der Dekan der philosophischen Fakultät Leopold Magon (1887–1968). Dieser teilte Jessin mit, daß durch das Ausscheiden einiger Professoren und Dozenten derzeit nur ein philosophisches Grundstudium garantiert werden könne. Etwas besser standen in personeller Hinsicht lediglich die medizinischen Institute, deren Programme bereits im Vorjahr von Berlin-Karlshorst genehmigt worden waren. Besondere Unterstützung stellte Jessin für die landwirtschaftliche Fakultät in Aussicht. Hier müßten lediglich die ökonomischen Aspekte der Lehrprogramme „entsprechend den jetzigen Anschauungen" umgearbeitet werden. Es sei „nicht übel, ein spezielles Seminar der politischen Ökonomie zu beginnen, wobei Kautsky, Marx u.a. zu behandeln wären."[92] Geschichte und Geographie seien erst ab Herbst zu lesen, und auch die musik- und kunstwissenschaftlichen Vorlesungen müßten bis auf weiteres ausgesetzt werden. Auf die Frage des kommissarischen Rektors Seeliger, was geschehen solle, bis für die entlassenen Instituts- und Klinikdirektoren Ersatz geschaffen sei, erwiderte Jessin: „Sie sind ja noch nicht entlassen." Als Seeliger seine Frage dahingehend präzisierte, was geschehe, wenn die Liste der Entlassenen aus Schwerin einlaufe, antwortete Jessin, daß er dies nicht wisse und daß dies von der Provinzialregierung geregelt werden

---

[91] UAG, R 580, III-7. Seeliger räumte in seinem Anschreiben an Prof. Rompe „durch die rasche Fertigstellung" bedingte Fehler ein. Bei der Erstfassung handele es sich um einen vorläufigen Bericht über die Sitzung des Lehrkörpers; die neue Version stelle das ordnungsgemäße Sitzungsprotokoll dar.

[92] UAG, R 580, I-84.

müsse. Es dürfe natürlich nicht der Zustand eintreffen, daß einige Institute und Kliniken ihren Betrieb einstellten. „Wenn kein Ersatz zu finden ist, müssen die bisherigen Professoren bleiben." Eine ausdrückliche Ermächtigung hierzu erhielt Seeliger freilich nicht von Jessin. Dieser zeigte sich aber überzeugt, daß sich in Kürze alles „in positivem Sinne für die Universität" klären werde. Mit Befehlen zur sofortigen Entlassung sei gegenwärtig nicht zu rechnen. Mensa und Bibliothek sollten umgehend wieder geöffnet werden. In der Mensa waren inzwischen die Kartoffeln ausgegangen. Der Shukow-Befehl, daß die „Universitäten mit allem Nötigen zu versehen sind", sei (so Jessin) aber in jedem Falle Folge zu leisten. Für die Heizung war der Kurator zuständig, dieser aber war noch nicht bestellt. Jessin versprach, über alle diese Fragen mit dem Schweriner Landesvizepräsidenten zu sprechen, dem ja bekanntlich die Universität Greifswald „sehr am Herzen" liege.[93]

Eine alle Seiten zufriedenstellende Regelung kam jedoch weder kurz- noch mittelfristig zustande. Bei der überwiegenden Mehrheit der Namen, die Rektor Seeliger in Schwerin auf seiner Lehrkörperliste einreichte, handelte es sich um Personen, die als politisch belastet galten.[94] Im Juli 1946 sah sich Seeliger darüber hinaus außerstande, detaillierte Angaben zur politischen Orientierung der Greifswalder Studierenden zwischen 1933 und 1945 zu geben. Zwei Jahre darauf setzte die Schweriner Provinzialregierung Seeligers Rücktritt durch. Dr. Fritz Müller hatte in Hinblick auf den amtierenden Rektor der Greifswalder Universität vermerkt, dieser sei „nicht gut. Er gehört der CDU an!"[95] Dieses Verdikt traf freilich auch auf Lohmeyer zu.

---

[93] UAG, R 580, I-85.
[94] EDWARDS, Lohmeyer 341.
[95] A.a.O., 342.

Kapitel IV

Die Jahre der Ungewißheit

Lohmeyer war seit der Nacht zum 15. Februar 1946 spurlos verschwunden. Seine Frau Melie erinnerte sich im Februar 1949 noch detailliert an die Vorgänge bei seiner Verhaftung:

„Was in ihm vorging, weiß ich nicht. Er sagte nichts Persönliches. Er war wohl ganz erstarrt, oder aber er hielt es nur für eine vorübergehende Maßnahme. Er sagte dem Kapitän nur in fast kindlichem Tonfall: ,Sie wollen mich verhaften? Aber ich habe doch nichts gemacht.' Ich weckte, als die Zeit vorgeschritten war, unsere Tochter, die sich an ihren Vater drängte, aber auch mit ihr sprach er nicht."[1]

Bereits am 17. Februar 1946 kursierten verschiedene Gerüchte.

„Über den Grund der Verhaftung war nichts bekannt. Es wurden nur Vermutungen ausgesprochen. Der Rektor ist im Krieg in Polen und Rußland Stadtkommandant gewesen. Er soll Bürger der Städte, in denen er Kommandant gewesen ist, in KZ-Lager geschickt haben und auch sonst Strafbefehle erlassen haben. Das soll der Grund zur Verhaftung sein. Andererseits soll er die von der Landesregierung in Schwerin angeordnete Bereinigung der Universität von ehemaligen Parteigenossen sabotiert haben und deshalb in Haft genommen sein. Was nun der wirkliche Grund der Verhaftung ist, ist uns bisher nicht bekannt geworden."[2]

Kurz zuvor hatte Günther Ruprecht die Fertigstellung von Lohmeyers *Vaterunser*-Buch innerhalb eines Vierteljahres in Aussicht gestellt.[3] Zur politischen Situation fügte Ruprecht seinem Schreiben hinzu:

„Aus verschiedenen Berichten entnahmen wir, daß sich der Eröffnung der Universitäten in der russischen Zone weiter große Schwierigkeiten entgegenstellen, insbesondere, da im Verlaufe einer erneuten Bereinigungsaktion bei den meisten Universitäten der größere Teil des Lehrkörpers entfernt wurde. In Halle, wird berichtet, habe ein Gewerkschaftsausschuß, bestehend aus 3 Kommunisten und 1 Sozialisten, über das Verbleiben der Professoren entschieden. Die werden bei dieser allgemeinen Lage sicher sehr viel und nicht immer erfreuliche Arbeit gehabt haben. Hoffentlich werden Ihre Bemühungen doch noch eines Tages von Erfolg beschieden sein. Hat denn Ihr persönliches Leben wenigstens einigermaßen normal verlaufen können?"

---

[1] M. LOHMEYER, Fall 4.

[2] Brief von Universitäts-Oberinspektor Buhtz an seine Frau vom 17. Februar 1946 (UAG, R 580, II).

[3] Brief G. Ruprechts an Lohmeyer vom 5. Februar 1946.

Bereits Mitte März verbreiteten sich die Gerüchte über die vermeintlichen Gründe von Lohmeyers Verhaftung in den Westen. Am 20. März 1946 schrieb Ruprecht an Melie Lohmeyer:

„Zu unserer großen Bestürzung hörten wir vor wenigen Tagen, daß Ihr Mann Mitte Februar verhaftet worden sei. Wir hoffen sehr, daß Sie inzwischen Nachricht über sein Schicksal haben, und daß eine Aufhebung der Haft gelingen wird. Inzwischen hatten wir bereits zwei Korrektursendungen seines Buches ,Vaterunser' zum Versand gebracht, die er nun nicht wird erledigen können."[4]

Die geplante Neuauflage des Markuskommentars war ebenso in Frage gestellt. In der Korrespondenz Lohmeyer/V&R befindet sich ein loses, maschinenschriftlich geschriebenes Blatt ohne Datum (offenbar ein Fragment aus einem anderen Schreiben Ruprechts), das von dem damaligen Informationsstand ein gewisses Bild zeichnet:

„Daß Prof. Lohmeyer, Greifswald, in der Nacht vor der Eröffnung der Universität am 15.2. verhaftet worden ist, werden Sie gehört haben. Zuerst wurde angenommen, daß ihm zum Vorwurf gemacht werde, er habe sich als Rektor der Universität für ehemalige Pg's eingesetzt. Jetzt scheint es, als ob eine unwahre Denunziation vorläge, daß er als Ortskommandant in Polen und Rußland an Zwangsmaßnahmen und Erschießungen der Zivilbevölkerung beteiligt gewesen sei. Es steht jedoch außer Zweifel, daß ihm in dieser Hinsicht keinerlei Vorwürfe gemacht werden können. Diese Nachricht habe ich heute durch einen Boten aus Greifswald erhalten. Es scheint erwünscht, wenn die Ökumene von der Angelegenheit erführe, ohne daß sie in die ausländische Presse kommt, und wenn von der Ökumene irgendeine Nachfrage nach seinem Schicksal beim Kontrollrat erreicht werden könnte. – Bis vor 8 Tagen befand er sich noch in Greifswald im Gefängnis. Die (…)"[5]

Lohmeyer blieb unterdessen im Greifswalder NKWD-Gefängnis in der Domstraße (unmittelbar neben der Universität) in Haft. Ruprecht brachte Anfang April seine Sorge zum Ausdruck, daß die Fahnenkorrektur zum *Vater-unser* entweder verlorengegangen, oder aber „in der Zensur hängengeblieben" sein könnte.[6]

„Das letztere würde dann wahrscheinlich nur eine Verspätung bedeuten. Um aber sicher zu gehen, schreiben wir an Prof. D. Bultmann in Marburg, ob er als derjenige unter den Fachkollegen, der Ihrem Manne menschlich und wissenschaftlich am nächsten steht, bereit ist, die Korrekturen mitzulesen, oder ob im Notfall die Fertigstellung nach seinen Korrekturen erfolgen könnte (…). Ist es Ihnen inzwischen erwünscht, daß Ihnen etwas aus dem Guthaben Ihres Mannes, das von dem Buch 'Kultus und Evangelium' her besteht, überwiesen wird?"

Am 9. April schrieb M. Lohmeyer an Ruprecht, er möge das Manuskript zum „Vater Unser" entweder an J. Jeremias oder an „unseren Freund Bultmann" zur Korrektur weiterleiten.

---

[4] Brief G. Ruprechts an M. Lohmeyer vom 20. März 1946.

[5] Korrespondenz V&R/Lohmeyer vom Februar/März 1946. Am Ende des Typoskripts findet sich der handschriftliche Zusatz: „im Brief von […?] gefunden".

[6] Brief G. Ruprechts an M. Lohmeyer vom 3. April 1946.

„An die Neubearbeitung des Markuskommentars kam mein Mann noch kaum vor wahnwitziger Überarbeitung u. Nervenkitzel. Was nun wird ist unabsehbar. Es sei denn, daß sein Ruf als Gelehrter und Mensch Hilfsmaßnahmen in großem Stil möglich macht. Darauf hoffe ich. Bis jetzt ist alles unverändert. – Danke für Ihre guten Wünsche. Gott schütze uns alle."[7]

Zwei Wochen darauf teilte Melie Lohmeyer Ruprecht den Gesundheitszustand ihres Mannes betreffende ernste Befürchtungen mit: „Ich vertraue darauf, daß meines Mannes seelische Kraft ihn nicht verläßt und *hoffe,* daß er gesundheitlich durchhält. Von diesem letzteren bin ich *nicht* überzeugt. Ich weiß gar nichts von ihm, außer daß ich *hoffe,* er ist noch hier."[8] Während die erste Manuskriptsendung verschollen blieb, erholte sich Lohmeyer langsam.[9]

„Im Übrigen lauten die Nachrichten günstig, aber ich glaube erst, wenn ich sehe, in diesem Fall. Es geschieht jedenfalls für den Patienten, was nur irgend möglich ist. Haben Sie herzlichen Dank für den Eifer, mit dem Sie meines Mannes Sache bestreiten. Hoffentlich kann er sich bald darüber freuen."[10]

Inzwischen rekonstruierte Melie Lohmeyer unter Mithilfe des Alttestamentlers Leonhard Rost (1896–1979) die entsprechenden Teile des verloren gegangenen Fahnenmanuskripts zum *Vater-unser,* dessen Druck Anfang Juni begonnen werden konnte.[11] Ruprecht schrieb an Hartmut Lohmeyer in diesem Zusammenhang:

„Vor wenigen Tagen bekamen wir übrigens von Ihrer Frau Mutter durch einen Boten Nachricht, daß sie sichere Kunde hat, daß Ihr Vater sich noch in Greifswald befindet, und daß über sein Schicksal noch nicht entschieden ist, daß er selber vielmehr den Eindruck habe, daß Markus 14,55 auf ihn anzuwenden sei."

Ende Juni setzte sich auf Betreiben des Schweizer Theologen Fritz Lieb[12] der KPD-Vorsitzende Wilhelm Pieck (1876–1960) in Schwerin für Lohmeyers Begnadigung ein.[13] Ende Juli sprach sich auch Dr. Fritz Müller in einem Gutachten für eine Begnadigung Lohmeyers aus. Dieser aber blieb bis in den Sommer hinein weiter in Haft. Auch sein gesundheitlicher

---

[7] Postkarte M. Lohmeyers an G. Ruprecht vom 9. April 1946.

[8] Brief M. Lohmeyers an G. Ruprecht vom 23. April 1946. Lohmeyer litt bereits seit dem Krieg an wiederkehrenden Ruhranfällen. Zu den Haftbedingungen in den überfüllten Zellen des NKWD-Gefängisses vgl.: EDWARDS, Lohmeyer 338.

[9] M. Lohmeyers Brief an G. Ruprecht vom 5. Mai 1946. „Ich bin sehr betrübt, daß die erste Manuskript-Sendung nicht angekommen ist (...). Im übrigen kann ich Ihnen gute Nachrichten geben. Die Krankheit meines Mannes wird in absehbarer Zeit überstanden sein."

[10] Brief von M. Lohmeyer an G. Ruprecht vom 9. Mai 1946.

[11] Antwort G. Ruprechts vom 3. Juni 1946 auf die Postkarte von Hartmut Lohmeyer vom 29. Mai 1946.

[12] SCHRÖDER, Protest 13 f.; WIEBEL, Beerdigung 14 ff.

[13] HAUFE, Krieg 8. Vgl. dagegen: WIEBEL, Fall 32.

Zustand blieb unverändert labil. Ende Juli teilte Melie Lohmeyer Ruprecht mit, sie sei oft der Verzweiflung nahe. „Vor allem sorge ich mich so um meines Mannes Gesundheit. Meine Tochter ist gottlob noch bei mir und besucht die Musikschule hier. Meinem Jungen geht es gut – er macht sich nur viele Sorgen. Ja – könnte ich doch einmal Anderes schreiben!"[14] Mitte August versicherte Ruprecht Lohmeyers Frau Melie, er habe in den letzten Wochen und Monaten oft mit großer Sorge an sie und ihre Familie gedacht. „Hoffentlich kommt nun doch eines Tages irgendwie eine Wende Ihres Schicksals. Wie ist denn gegenwärtig die Lage wirtschaftlich gesehen?"[15] Am 10. September 1946 schrieb Melie Lohmeyer an Ruprecht:

„Nach allerbesten, berechtigten Hoffnungen ist der Zustand meines Mannes nun doch wieder der alte – oder besser gesagt – schlimmer als der alte. Es wird nun wohl lange dauern, bis wir ihn wieder haben. Das bedrückt mich schwer. Er ist aber noch an alter Stelle, das ist für mich noch ein Trost. Er überlegt übrigens eine ‚Darstellung Jesu' [sc. zu schreiben] – etwas, was ich ihm schon immer riet. Aber nun – alles im Kopf?! Maßlos schwer. Er wird umkommen vor Ideen. Ach – alles ist nur ertragbar, wenn man sich einer Führung fest bewußt ist. Und das weiß ich von ihm genau. Doch nun will ich enden. Daß das ‚Vater-Unser' vor Weihnachten rauskommt wäre ihm gewiß eine Riesenfreude. Es war ihm so wichtig."[16]

Lohmeyer hat die Veröffentlichung dieses seines letzten Werkes nicht mehr erlebt. Am 19. September 1946 wurde er nach siebenmonatiger Haft von einem sowjetischen Militärkommando in Greifswald erschossen. In den folgenden fünf Jahren blieb die Familie in völliger Ungewißheit über Lohmeyers Schicksal. Hartmut Lohmeyer bat Ruprecht im Oktober 1946 um einige Exemplare des *Vater-unser*, um damit „maßgebende Leute für diesen Fall zu interessieren".[17] Das Buch kam bis Ende November auf den Markt.[18] Ruprecht schlug vor, ein mit einer Widmung versehenes Blatt in die Exemplare für Lohmeyers Freunde einzulegen. Melie Lohmeyer schickte Anfang Dezember daher folgende Verse als Widmungstext an den Verlag ab:

„Die wir stehen Hand in Hand / In der Trauer dunklem Land / Spend' uns Herr Dein süßes Licht / Neig' Dein schimmernd Angesicht / Denen die im Leid gefangen / Und der Ohnmacht Ketten hangen / Daß sie, frei in Deinem Geist / Selig werden allermeist / Und

---

[14] Brief M. Lohmeyers an G. Ruprecht vom 24. Juli 1946.

[15] Brief G. Ruprechts vom 15. August 1946.

[16] Brief M. Lohmeyers an G. Ruprecht vom 10. September 1946.

[17] Brief Hartmut Lohmeyers an G. Ruprecht vom 12. Oktober 1946. H. Lohmeyer wollte vor allem Gelehrte und Freunde seines Vaters aus dem Ausland – Hönigswald (USA), Fridrichsen (Schweden), Koebner und Buber (Jerusalem), Lieb (Schweiz) – sowie Martin Niemöller für sein Vorhaben gewinnen (Brief H. Lohmeyers an G. Ruprecht vom 18. Dezember 1946).

[18] Brief G. Ruprechts an M. Lohmeyer vom 16. November 1946.

vereint wir vor Dich treten / [...?] Dein ‚Vaterunser' beten. – Den Freunden meines Mannes zur Weihnacht 46 gegeben von seiner Frau."[19]

Bis zum Frühjahr war die erste Auflage von Lohmeyers *Vater-unser* bereits vergriffen.[20] Die Familie nahm in dieser Zeit an, Lohmeyer sei in das große Lager in Neubrandenburg überführt worden, da er sich in Greifswald offensichtlich nicht mehr befand. „Im Übrigen sitzen wir mehr denn je in Sorgen. Es scheint, als ob im Augenblick die Lage unseres Patienten entschieden wäre. Ich habe nicht viel Hoffnung auf Besserung."[21] Inzwischen war auch Generalsuperintendent Friedrich-Wilhelm Krummacher „ohne unmittelbares Ergebnis" beim Oberkommando der SMAD in der Sache Lohmeyer vorstellig geworden.[22] Im Sommer 1947 sollte der Nachfrage wegen schon die zweite Auflage von Lohmeyers *Vater-unser* erscheinen, doch wiederholte Stromsperren verzögerten die Verlagsarbeit erheblich.[23] Melie Lohmeyer hoffte, auch das Manuskript von „Gottesknecht und Davidsohn" bald in Druck geben zu können.[24] Ruprecht erklärte sich bereit, die Veröffentlichung der Arbeit zu übernehmen.[25] Das Buch war bereits 1945 in Schweden auf Betreiben von Lohmeyers Freund Fridrichsen in der Reihe *Symbolae Biblicae Upsalienses* in deutscher Sprache gedruckt worden. Die zuerst in Aussicht genommene Aufnahme der Buches in die *Forschungen zur Religion und Literatur des Alten und Neuen Testaments* wurde somit hinfällig.

„Ich habe nun Prof. Bultmann gebeten, einmal in geeigneter Weise zu klären, ob wohl damit zu rechnen sein wird, daß eine größere Zahl von Exemplaren dieses Buches nach Deutschland kommen wird, damit wenigstens die wichtigsten Bibliotheken damit versorgt werden können. Dies wäre allerdings nur im Wege einer Spende möglich, da für den Kauf auf Jahre hinaus keine Mittel zur Verfügung stehen werden. Für den Fall, daß eine solche Spende nicht infrage kommen sollte, habe ich ihn gebeten, zu klären, ob eine

---

[19] Brief M. Lohmeyers an G. Ruprecht vom 2. Dezember 1946. „Es ist bei uns bisher noch alles beim alten u. ich fürchte, es wird noch lange so bleiben. Oft sind wir sehr verzagt und wissen nicht weiter."

[20] Brief M. Lohmeyers an G. Ruprecht vom 9. März 1947. Die Auflage betrug 2500 Exemplare (Mitteilung von V&R an M. Lohmeyer vom 16. Dezember 1946).

[21] Brief von M. Lohmeyer an G. Ruprecht vom 13. April 1947.

[22] Brief G. Ruprechts an M. Lohmeyer vom 20. Mai 1947. Krummacher (1901–1974) war seit 1934 Oberkonsistorialrat im Kirchlichen Außenamt der DEK. Nach dem Krieg beteiligte er sich als Leiter des „Arbeitskreises für kirchliche Fragen" am NKFD. Von 1955 bis 1972 war er Bischof der Evangelischen Kirche in Pommern, zwischen 1960 und 1969 auch Vorsitzender der Konferenz der evangelischen Bischöfe und Kirchenleitungen in der DDR (BROSZAT, SBZ-Handbuch 957). Zum NKFD vgl.: SCHEURIG, Verräter.

[23] Brief G. Ruprechts an M. Lohmeyer vom 4. Oktober 1947.

[24] Ein Exemplar hatte M. Lohmeyer unter den Papieren ihres Mannes gefunden; ein weiteres befand sich im Besitz von Lohmeyers Schüler G. Saß, der sich eine Abschrift davon angefertigt hatte (M. Lohmeyers Brief an G. Ruprecht vom 2. September 1947).

[25] Brief G. Ruprechts an M. Lohmeyer vom 20. September 1947.

Ausgabe nur für den innerdeutschen Gebrauch, die dann hier in Deutschland gedruckt würde, Schwierigkeiten bereiten würde."[26]

Im Dezember hegte Melie Lohmeyer nur noch „eine kleine Hoffnung", daß ihr Mann „gar nicht verurteilt ist".[27] Im Februar 1948 war dann schließlich die Gewißheit über seine Verurteilung da. „Gar nichts sonst aber – schwer alles."[28] G. Ruprecht bot Lohmeyers Frau, die in dieser Zeit in Berlin eine neue Wohnung suchte, Hilfe an.

„Ihre Nachricht über die Verurteilung hat uns sehr bewegt. Ich sehe eine ganz schwache Möglichkeit, vielleicht doch noch etwas Näheres in Erfahrung zu bringen, müßte aber dazu wissen, woher Sie jene Nachricht haben und wann und wo vermutlich die Verurteilung erfolgt ist."[29]

Melie Lohmeyer teilte Ruprecht am 19. April mit:

„Die Nachricht stammt von Krummacher und ist sicher. – Näheres weiß niemand. Ich vermute, die Aktion war im April 1947 in Schwerin. Möglich, daß Torgau der jetzige Aufenthaltsort ist, es kann aber auch das Land der damaligen Tätigkeit sein. Aber ich glaube nicht. Ich bin völlig hoffnungslos – auch was alle die neuen Zeitungsnachrichten anbelangt."[30]

Die den sowjetischen Militärbehörden im April 1948 übergebenen schriftlichen Gutachten für Lohmeyer[31] (verfaßt u.a. von Richard Hönigswald, Martin Buber, Isaak Heinemann[32], Richard Koebner, Ernst Joseph Cohn, Rudolf Bultmann, Julius Schniewind, Hans v. Campenhausen, Martin Dibelius, Martin Niemöller, Gottfried Fitzer und Rudolf Seeliger) erreichten ihren Zweck nicht mehr.[33] Auch das von Rudolf Hermann als Dekan der Theologischen Fakultät mitunterzeichnete Gnadengesuch des pommerschen Superintendenten Karl v. Scheven vom 23. April 1948[34] erreichte die sowjetischen Stellen bereits zu spät.[35] Die verschiedenen Appelle von

---

[26] Brief G. Ruprechts an M. Lohmeyer vom 12. November 1947.

[27] Brief M. Lohmeyers an G. Ruprecht vom 4. Dezember 1947.

[28] Brief M. Lohmeyers an G. Ruprecht vom 27. Februar 1948.

[29] Brief Ruprechts an M. Lohmeyer vom 8. März 1948.

[30] Brief M. Lohmeyers an G. Ruprecht vom 19. April 1948.

[31] GStA PK, VI. HA., Nl Lohmeyer, Nr. 18. Hier finden sich auch die Voten von Robert Bedürftig (4. November 1946) und Katharina Staritz (28. Oktober 1946). Zum Votum von K. Staritz vgl.: ERHART/MESEBERG-HAUBOLD/MEYER, Staritz 85 f.

[32] Isaak Heinemann (1876–1957) war von 1919 bis 1939 Dozent am Jüdisch-Theologischen Seminar in Breslau sowie von 1930 bis 1933 Honorarprofessor an der Universität Breslau gewesen (RGG^3 III, 201).

[33] GStA PK, VI. HA., Nl Lohmeyer, Nr. 18.

[34] WIEBEL, Fall 31. Hermann setzte sich noch bis 1948 mehrfach für Aufklärung im Fall Lohmeyer ein (WIEBEL, Hermann 133).

[35] Brief von G. Otto an den Vf. vom 26. September 2000.

Landesbischof Theophil Wurm (1868–1953) verhallten ergebnislos im In- und Ausland.[36]

In seinem Schreiben zu Pfingsten 1949 richtete Bischof Otto Dibelius, der sich bereits im April 1946[37] bei der SMAD für Lohmeyer eingesetzt hatte, die folgenden Worte an die Gemeinden in Berlin und Brandenburg:

„Wir haben für die Entrechteten, für die Gefangenen und Internierten in Ost und West in aller Stille getan, was wir konnten. Öffentlich haben wir nur in einzelnen, ganz besonderen Fällen geredet, so schwer es auch war, zu schweigen, wenn zehntausende Männer und Frauen, Alte und ganz, ganz Junge, auch Pastoren, plötzlich verschwanden oder wenn, um ein Beispiel herauszugreifen, ein theologischer Lehrer wie Professor Lohmeyer in Greifswald, hochangesehen im Inland und Ausland, verhaftet wurde und wir bis auf den heutigen Tag nicht wissen, ob er noch am Leben ist (…). Es ist viel zu sagen, zu bitten, und zu warnen, nach allen Seiten hin, nach Westen und nach Osten (…). Gegenwärtig bedrückt uns mehr als alles andere die Sorge, daß das Staatsgebilde, das um uns herum entsteht, so viel von den Zügen zeigt, denen in der nationalsozialistischen Zeit unser Widerstand um Gottes Willen gegolten hat: Gewalt, die über alles Recht hinweggeht, innere Unwahrhaftigkeit und Feindschaft gegen das christliche Evangelium. In der Abteilung K5[38] der sogenannten Volkspolizei ist die Gestapo unseligen Angedenkens wieder erstanden. Es wird mit denselben Methoden gearbeitet wie damals. Es tut nicht not, das im Einzelnen zu schildern. Dies Sammeln von Material durch Spitzel und Denunzianten, die nächtlichen Verhaftungen, die Zermürbung der Menschen in Gefängnisräumen, die oft der Beschreibung spotten, die Verhöre, bei denen der Angeschuldigte keine Möglichkeit hat, sich wirksam zu verteidigen, die unbestimmte Dauer der Haft, die Ungewißheit über das, was aus den Angehörigen wird – wir kennen das aus zwölfjähriger bitterer Erfahrung (…). Wo das Recht nicht mehr gilt, da ist auch keine Wahrhaftigkeit."[39]

Im Juni 1949 hatte Melie Lohmeyer kaum noch Hoffnung, ihren Mann noch einmal lebend wiederzusehen. Es kursierten auch weiterhin die verschiedensten Mutmaßungen.

„Von meinem Mann gehen eben Nachrichten durch die Zeitungen, die auf falschen Gerüchten beruhen. Mein Mann hat mit den Polen nichts zu tun und sitzt bei den Russen irgendwo – doch haben wir wenig Hoffnung, daß er noch lebt. Wir wissen *gar nichts*. (…) Gudrun ist glücklich in ihrer Musik und [sc. in] einem Kreis feiner junger Menschen – gottlob. Auch meinem Sohn geht es sehr gut – nur beruflich ist es noch schwer als Architekt und wird wohl noch Zeit brauchen. Berlin ist nun doch viel leichter dran und atmet auf – wenn auch täglich Hindernisse sind. *Nur ist alles eben viel zu teuer* – aber das wird ja nun noch werden. Vieles kommt ja allmählich zurück – nur die Toten kommen nicht wieder – und die Sorge um das Ungewisse zehrt."[40]

---

[36] JK 10/1, 1949, 309.

[37] WIEBEL, Fall 29.

[38] Gemeint ist das *Kommissariat 5*, die 1947/48 in Zusammenhang mit der Entnazifizierung in Ostdeutschland gebildete Vorläuferinstitution des späteren *Ministeriums für Staatssicherheit* (MfS).

[39] JK 10/2, 1949, 399 f.

[40] Brief M. Lohmeyers an G. Ruprecht vom 19. Juni 1949.

Zu den Sorgen um das Leben Lohmeyers kamen die wirtschaftlichen Probleme seiner Familie hinzu. Durch die Währungsreform war der Absatz der in Druck gegebenen Bücher fast vollständig abgeschnitten.[41] Im November klagte Melie Lohmeyer Ruprecht ihr zweifaches Leid.

„Von Pension durch Staat oder Universität regt sich nichts. Seit dem Jahre '46 hat man es von seiten der hohen Herren mit dem Ausdrucke aufrichtigen Beileids bewenden lassen. Dieser Tage überreichte man mir als erste Spende der westlichen Universitäten 40 M.! Es wäre amüsant, wenn es nicht so beschämend wäre (...). Danke Ihnen sehr für die Vater-Unser-Kritiken. Bei allem und jedem bedaure ich schwer, daß mein Mann nicht da ist, so auch hier, um in diesem Fall Verbogenes wieder richtig zu stellen. Wir hörten *gar nichts* über ihn, und alle Zeitungsnachrichten sind gewissenlose Enten. Es ist nichts davon wahr, und man hat sich meines Namens dazu einfach sträflich bedient – wie überhaupt alles, was meinen Mann angeht, schief läuft. Manchmal denke ich, hier sitzt ein Teufel dahinter. Wir hier glauben eigentlich nicht mehr, daß er noch lebt – aber keiner weiß etwas. Und so vergehen die Tage und die Jahre. Hoffentlich geht es Ihnen und den lieben Ihren im schönen Westen ganz gut. Ob Ihre geschäftliche Lage wieder etwas stabiler ist? Hoffentlich. – Berlin steht unter dem Zeichen einer Riesenpleite. Was daraus und überhaupt aus Berlin noch einmal werden soll, weiß kein Mensch. Die Läden quellen über voll guter und schöner Sachen – aber wer kann es kaufen?"[42]

Umgehend antwortete ihr Ruprecht: „Das undurchdringliche Schweigen über das Schicksal Ihres Mannes gehört wohl zum Schwersten, was unsere Zeit heute so vielen Frauen aufgibt. Wenn wir Ihnen davon auch nichts abnehmen können, so sollen Sie doch wissen, daß unsere Gedanken immer wieder daran teilnehmen."[43]

Im Mai 1950 bat Ruprecht Melie Lohmeyer um ein Bild ihres Mannes, das Fridrichsen aus Anlaß des 60. Geburtstages von Lohmeyer in der schwedischen Zeitschrift *Nuntius sodalicii neotestamentici Upsaliensis* abdrucken wollte.

„Ich würde dieses Bild gern dann auch gleichzeitig einigen deutschen Zeitschriften anbieten, denn es scheint mir, daß dieser 60. Geburtstag ein guter Anlaß ist, in besonderem Maße der großen wissenschaftlichen Leistung Ihres Mannes zu gedenken. Und wenn auch sein Schicksal bisher noch in Dunkel gehüllt ist, so darf das doch nicht die Dankbarkeit für das, was er in der evangelischen Theologie und der neutestamentlichen Wissenschaft im besonderen geleistet hat, mindern."[44]

Für Lohmeyers vergriffenen Markuskommentar war bereits ein photomechanischer Nachdruck notwendig geworden. Melie Lohmeyer antwortete Ruprecht am 20. Mai:

„Lieber Herr Ruprecht – Sie kommen mir zuvor. Ich wollte alle die Wochen schreiben, aber ein Wechsel von lähmender Müdigkeit und höchster innerer Anspannung ließ mich

---

[41] Brief G. Ruprechts an M. Lohmeyer vom 9. Juli 1949.
[42] Brief M. Lohmeyers an G. Ruprecht vom 1. November 1949.
[43] Brief G. Ruprechts an M. Lohmeyer vom 4. November 1949.
[44] Brief G. Ruprechts an M. Lohmeyer vom 17. Mai 1950.

nicht zu mancherlei Notwendigkeiten des Tages herankommen: man hatte mir nämlich Hoffnung gemacht, es handle sich nur um Tage und ich würde das Schicksal meines Mannes wissen. Das sind nun 3 Wochen – aber es kam nichts. – (...) Es ist amüsant: nun wird der 60. Geburtstag meines armen Mannes sicher mit viel bewußtem Aufsehen in der gelehrten Welt begangen werden – aber seiner hinterbliebenen Frau ist jegliche Pension abgelehnt worden (...). Aber, was sicher Ihr teilnahmsvolles Interesse erregen wird: es liegen jetzt die ersten sicheren Nachrichten über meinen Mann vor – allerdings weit zurück: Er war bis Weihnachten '46 im Gefängnis (...) in Greifswald, kam dann nach Torgau, durfte dort wissenschaftlich arbeiten, war also noch lebensfähig, und kam von Torgau (wann, ist nicht bekannt) mit einem Transport fort, unbekannt wohin. Man nimmt an nach Rußland. Es ist aber nicht ausgeschlossen, daß er *doch* noch lebt, wenn auch die Hoffnung gering ist. Diese Nachrichten dürfen aber nicht an die Öffentlichkeit, um Menschen nicht zu gefährden (...). Das beste Bild meines Mannes aus den letzten Jahren ist in Uniform, das wäre wohl kaum geeignet. Ich müßte es auch erst noch einmal photographieren lassen, ich habe keine Platte davon. Ein anderes in Zivil einige Jahre zurück, wovon ich die Platte habe, müßte ich erst abdrucken lassen."[45]

Schließlich überließ Melie Lohmeyer dem Verlag schweren Herzens auch das Originalbild aus dem Krieg, das

„im Jahr '42 gemacht ist und *sehr* sehr gut im Ausdruck. Er war ein tragischer Mensch geworden und endete wohl auch so. Das steht in diesem Gesicht geschrieben. Ich habe ihn seither nicht mehr heiter und lebensbejahend gesehen (...). – Die unsicheren verschleierten Aussagen, die man von hoher Stelle aus vom Russen über ihn erhalten hat, lassen eigentlich darauf schließen, daß mein Mann tot ist und man es nicht raus haben will. – Aber eine endgültige Sicherheit ist immer noch nicht da."[46]

Der *Evangelische Pressedienst* meldete am 24. Juni 1950:

„In vielen Kreisen wird man in diesen Tagen, da der 60. Geburtstag des Greifswalder Theologieprofessors D. Ernst Lohmeyer bevorsteht, des im Februar 1946 von den Russen verhafteten und seitdem spurlos verschwundenen allgemein angesehenen Mannes gedenken. Alle Bemühungen in- und ausländischer Kirchenstellen, Zuverlässiges über sein Schicksal zu erfahren, sind bisher vergeblich geblieben."

Ende Juni schrieb G. Ruprecht an Melie Lohmeyer im Hinblick auf die ihm zugesandten Photos, man habe mittels einer Photomontage „die Schwierigkeit, die für eine Publikation die Uniform bedeutete" umgehen können.[47] Diese Photographie sei dem *Evangelischen Pressedienst* und der *Deutschen Presseagentur* zugesandt worden.

„Stoßen Sie sich bitte nicht daran, daß Ihr Mann vielleicht früher nie einen solchen Längsschlips getragen hat, denn schließlich ist nicht der Schlips, sondern der Kopf das Wesentliche, und der ist völlig unverändert aus Ihrem Original reproduziert, und ich meine, daß diese Reproduktion doch relativ gut gelungen ist (...). Es wird Sie vielleicht freuen zu hören, daß ich am letzten Sonntag in Bad Schwalbach bei Wiesbaden einen Gottesdienst erlebte, in dem Kirchenpräsident Niemöller predigte und der Ortspfarrer die

---

[45] Brief M. Lohmeyers an G. Ruprecht vom 20. Mai 1950.
[46] Brief M. Lohmeyers an G. Ruprecht vom 10. Juni 1950.
[47] Brief G. Ruprechts an M. Lohmeyer vom 28. Juni 1950.

Liturgie hielt. In diesem Gottesdienst wurde Ihres Mannes im allgemeinen Kirchengebet namentlich gedacht. Er ist also doch nicht so vergessen, wie Sie manchmal meinen möchten, und zum 6. Juli wird bestimmt von hier und dort einiges Echo kommen."[48]

In der *Jungen Kirche* erschien im Sommer 1950 die knapp gehaltene Nachricht, daß der „auf eine Denunziation hin" von den Russen verhaftete Professor Ernst Lohmeyer seit Februar 1946 „spurlos verschwunden" sei.[49] Ansonsten kursierten weiterhin die verschiedensten Gerüchte. So schrieb die Evangelische Verlagsanstalt (Ost-Berlin) im September 1950 an G. Ruprecht, der Kulturelle Beirat des Verlags habe die Druckgenehmigung für Lohmeyers Manuskript „Gottesknecht und Davidsohn" abgelehnt, da der Verfasser „wegen Kriegsverbrechen inhaftiert" sei.[50] Die sowjetischen Behörden hatten der Familie unterdessen genauere Angaben zum Fall Lohmeyer gemacht, aber noch keine Veröffentlichungsgenehmigung für diese neuen Informationen erteilt. Im Oktober teilte Melie Lohmeyer Ruprecht vertraulich mit, was sie bisher über das Schicksal ihres Mannes hatte in Erfahrung bringen können.

„Im Laufe des Sommers erhielt ich drei ganz verschiedene Nachrichten, die erste und entscheidende ausgerechnet am Tage seines 60. Geburtstages, daß er schon Mitte September '46 in den Wäldern bei Greifswald nach einem Todesurteil des Tribunals erschossen wurde. Er sollte Ende Juli, Anfang August entlassen werden, da selbst die NKWD keinen Fehl an ihm fand, als durch nicht ganz aufgeklärte Ereignisse er plötzlich wegen seiner Tätigkeit am Kuban belangt wurde und [es] zu einem Todesurteil kam. Ob es genügte, daß er damals Russen vor den Bolschewisten zur Flucht verholfen hatte, oder ob man ihn für die militärisch befohlenen Absendungen von russischen Produkten nach Deutschland verantwortlich machte oder was sonst – es dürfte nicht schwer sein, einen Menschen ohne Anwalt und Zeugen zur Strecke zu bringen – genug, sein Todesurteil war im ganzen Gefängnis bekannt und Mitte September verschwand er eines Nachts ohne Schuhe und Rock, um nicht wiederzukommen.[51] Die allgemeine Meinung des Gefängnisses war, daß er einer der vielen war, der erschossen wurde, doch fehlt eben der letzte Beweis, da kein Deutscher dabei war (...). So *ist* es – und dieses ist das Ende (...). Alle Worte erübrigen sich, lieber Freund. Wenn ein Mensch unschuldig – ja sogar *nur* ein ganz unpolitischer Freund und Helfer *aller* Menschen war, dann war es mein Mann."[52]

Kaum eine Woche darauf antwortete ihr Ruprecht:

„Nun ist also tatsächlich die Gewißheit da. Ich muß sagen, daß diese Nachricht mich doch recht erschüttert hat, denn bisher war doch wenigstens noch ein kleines Fünkchen Hoffnung da. Als Kriegsverbrecher erschossen ... Ich glaube, Sie werden jetzt nach all den Jahren des Hoffens und Bangens dafür dankbar sein, daß Ihrem Mann jahrelange zer-

---

[48] Lohmeyer befand sich bis 1952 auf der Fürbittenliste der EKD (HAUFE, Krieg 7).

[49] JK 11, 1950, 387.

[50] Brief der Evangelischen Verlagsanstalt an G. Ruprecht vom 23. September 1950.

[51] Vgl. auch die Angaben in dem Brief von K. H. Schröder an M. Lohmeyer vom 29. Juni 1950, teilweise abgedruckt bei: EDWARDS, Lohmeyer 339; W. OTTO, Briefe 119.

[52] Brief M. Lohmeyers an G. Ruprecht am 14. Oktober 1950 (Hervorhebungen im Original).

mürbende Konzentrationslagerhaft erspart geblieben ist. Aber das ist auch das Einzige. Ich spüre aus Ihren Zeilen, wie bitter weh es Ihnen ums Herz ist und wie Sie wohl besser als irgend jemand anders erkannt haben, was Ihr lieber Mann noch hätte leisten können, wenn ... Und gegenüber all diesem Wenn und Aber hat Gott nun einen unwiderruflichen Schlußstrich gesetzt. Damit fertig zu werden und nicht zu hadern ist nicht leicht. Und ich verstehe jetzt, welche Not Ihnen besonders das letzte Vierteljahr gebracht hat. – Und doch wollen wir dankbar sein, daß wir selbst in solcher äußersten Not, die bisweilen zur Verzweiflung werden kann, fest daran glauben dürfen, daß Gott uns in Gnade und Liebe führt, und zwar uns ganz persönlich, auch wenn wir es manchmal nicht verstehen. Dies im Dunkel sich an der Vaterhand festhalten dürfen ist mehr als alles ‚Gotterleben‘ und alles mystische Versenken. Es ist die schlichte und tröstende Wahrheit, die uns erst wahrhaft zu Menschen macht und für die wir immer wieder, wenn auch unter Tränen, danken müssen.“[53]

Im Hinblick auf den zu Kriegsbeginn noch zur Hälfte fertiggestellten Kommentar Lohmeyers zum Matthäus-Evangelium schlug G. Ruprecht nun vor, bei Lohmeyers ehemaligen Schülern anzufragen, ob diese für eine wissenschaftliche Fertigstellung des Kommentarfragments zu gewinnen seien.

„Ob sich aber dieser Weg gehen läßt, kann eigentlich nur ein Neutestamentler, der ganz in der heutigen Forschungsarbeit drin steht, entscheiden, und ich möchte da in erster Linie an Prof. Bultmann denken, in zweiter Linie an Prof. Anton Fridrichsen, der aber, wie ich höre, noch immer nicht von seiner schweren Erkrankung ganz wiederhergestellt und nur begrenzt arbeitsfähig ist. Dazu wäre aber nötig, daß Sie mir die Erlaubnis geben, daß ich einem der beiden Herren Ihre Mitteilung über das Schicksal Ihres Mannes abschriftlich weitergebe und daß ihm dann, falls er sich dazu bereit erklärt, wenigstens ein größerer Teil des Manuskriptes zur Einsicht vorgelegt wird. Das ist auch deswegen nötig, weil von der wirtschaftlichen Seite her gesehen Voraussetzung für die Veröffentlichung ist, daß sich aus dem Fragment ein für die Praxis voll brauchbarer Kommentar, der auf der Höhe der exegetischen Forschung der Gegenwart steht, gestalten läßt, denn seit der Währungsreform ist ja leider die wirtschaftliche Lage wissenschaftlich-theologischer Veröffentlichungen sehr betrüblich.“

Weitaus betrüblicher wurde für Melie Lohmeyer jedoch die offenbar unter Rückgriff auf Zeitungsmeldungen hervorgerufene Rede von dem angeblichen „Kriegsverbrecher“ Lohmeyer. Die Familie hatte sich zu Ostern 1951 entschlossen, eine Todesanzeige zu veröffentlichen:

„Nach fünfjährigem, qualvollem Warten wurde es uns zur Gewißheit, daß mein geliebter Mann, unser guter Vater D. Dr. Ernst Lohmeyer, ordl. Professor der Theologie und 1945 erster Rektor der Universität Greifswald bereits im Herbst 1946 im Alter von 56 Jahren aus den Schrecken dieser Zeit in Gottes ewigen Frieden gerufen wurde. Wir glauben ihn geborgen mit unserem innig geliebten Sohn und Bruder Helge, der, kaum 20 Jahre alt, am 29. Januar 1942 in Rußland hoffnungslos vermißt wurde.“[54]

---

[53] Brief G. Ruprechts an M. Lohmeyer vom 20. Oktober 1950.
[54] Die Todesanzeige ist im Verlagsarchiv von V&R zusammen mit G. Ruprechts Brief an M. Lohmeyer vom 13. April 1951 abgelegt.

G. Ruprecht schrieb an Melie Lohmeyer am 13. April 1951:

„Mit tiefer Wehmut empfing ich nun die offizielle Anzeige von dem Heimgang Ihres lieben Mannes, und damit wurde mir so recht deutlich, was die vergangenen Jahre an Not und Qual der Ungewißheit Ihnen bereitet haben, wie aber vielleicht doch die große Sorge auch ein Stück lebendiger Verbundenheit mit dem Heimgegangenen gewesen ist. Er wurde mitten aus seinem Lebenswerk abgerufen. Was er zurückließ, möchte manchem vielleicht ein Stückwerk erscheinen, aber das würde doch ungerecht sein, denn alles, was wir tun, sind ja Bausteine, und gerade er hat zu dem großen Gebäude der evangelischen Theologie einige besonders wertvolle Bausteine, die trefflich geformt sind, geliefert. Sein Markus-Kommentar und sein Vaterunser-Buch sind vielleicht am stärksten in das Bewußtsein der breiteren theologischen Öffentlichkeit eingedrungen, aber auch seine anderen Bücher stehen dahinter nicht zurück. Wir wissen nicht, ob es nicht gerade richtig und notwendig war, daß an diesem Punkt seinem Schaffen ein Ziel gesetzt wurde, auch wenn er noch große Hoffnungen und Pläne hatte (…). Sie sprechen in Ihrer Anzeige, in der Sie uns auch an Ihrem Leid um Ihren Sohn teilnehmen lassen, davon, daß Sie beide geborgen glauben. Das ist vielleicht das Schönste, was man von einem Menschen sagen kann, und in allem Dunkel der Zeit wollen wir uns an diese Gewißheit halten, daß über aller Ungewißheit und Not ein Ziel und die große Geborgenheit steht, die uns immer wieder mit Dankbarkeit und ja auch mit Freude zu erfüllen vermag."[55]

Die *Junge Kirche* vermerkte in ihren Nachrichten unter Rückgriff auf Meldungen des *Evangelischen Pressedienstes* von Anfang Mai 1951:

„Nach zuverlässigen Zeugenaussagen ist Prof. Lohmeyer bereits Anfang August 1946 von einem Besatzungsgericht zum Tode verurteilt und abtransportiert worden. Es muß nunmehr mit Sicherheit damit gerechnet werden, daß Prof. Lohmeyer nicht mehr am Leben ist. Das Todesurteil wurde aufgrund angeblicher Kriegsverbrechen gefällt, die Prof. Lohmeyer als Hauptmann der Reserve einer Landesschützeneinheit auf der Krim begangen haben soll. Dem stehen zahlreiche Bekundungen von Krimbewohnern entgegen, bei denen sich Prof. Lohmeyer als Kreiskommandant wegen seiner Menschlichkeit großen Ansehens erfreut hat."[56]

Weniger mitfühlend äußerte sich am 27. Mai 1951 Kurt Ihlenfeld (1901– 1972) – ein ehemaliger Breslauer Theologiestudent und Freund Jochen Kleppers – in einem Aufmacher-Artikel für das Lippische Sonntagsblatt *Unsere Kirche*:

„Fünf Jahre sind vergangen, seit der damalige Rektor der Greifswalder Universität und Professor der Theologie D. Dr. Ernst Lohmeyer verhaftet und ins Unbekannte verschleppt wurde. Jetzt wird bekannt – ob mit völliger Sicherheit? – daß er wegen Verbrechens gegen die Menschlichkeit zum Tode verurteilt und hingerichtet worden ist. Ungezählten Deutschen ist das gleiche oder ähnliches widerfahren. Es gab keine Möglichkeit der Verteidigung oder auch nur einer die Unschuld des Angeklagten aufklärenden Zeugenaussage. Über der Verhaftung wie über der Verurteilung liegt undurchdringliches Dunkel (…). Und von allen, die ihn gekannt haben, wird gesagt: Unmöglich – ganz unmöglich: dieser Mann war bestimmt kein Kriegsverbrecher. Dies alles sind Tatsachen.

---

[55] G. Ruprechts Brief an M. Lohmeyer vom 13. April 1951.
[56] JK 12, 1951, 304 f.

Sie prallen aber an der einen unwiderruflichen Tatsache wie an einer Mauer ab: daß dieser Mann eben doch als ‚Kriegsverbrecher' verurteilt und gerichtet worden ist.[57]

Melie Lohmeyer blieb angesichts solcher Stellungnahmen, von der persönlichen Gefährdung abgesehen, nichts als eine tiefe innere Verletzung.

„Es scheint ja in der Tat nicht möglich zu sein, in ganz anderen Lebensbedingungen sich die Sorgen des Anderen klar zu machen. Wir Östlichen wundern uns immer wieder über die Unbefangenheit der Westlichen im Vergleich zu unserem mühevollen In-jeden-Tag-tasten (…). Die hiesigen Tagesblätter brachten mit Bezug auf den E.P.D. den hingerichteten Kriegsverbrecher ohne Anführungsstriche![58] (…) Aber genug davon. Es ist geschehen. Es ist vieles geschehen, worüber man sich an den Kopf faßt, die Toten können sich nicht wehren, und die Liebenden müssen hoffen und vertrauen, daß Gott selber sich ihrer annimmt und ‚die Sonne' – d.h. ‚die Zeit' es schon einmal an den Tag bringen wird, wie es war, und *wer* es war, dem solches geschah."[59]

Hanns Lilje sprach am 8. Juli 1951 im *Sonntagsblatt* von Lohmeyer als einer geistigen Persönlichkeit, die im Krieg „keine anderen Aufgaben als die der friedlichen Verwaltung eines besetzen Landes" mit „Treue und Hilfsbereitschaft" erfüllt habe.

„Was wird Ernst Lohmeyer zur Last gelegt? Wir werden es wahrscheinlich niemals erfahren. Die mordenden Behörden pflegen sich bei solchen ‚Fällen' nach Möglichkeit auszuschweigen, und im Grunde ist ihr ‚Urteil' ja auch von geringem Interesse – so uninteressant wie die Kombinationen und Sensationen unorientierter Berichterstatter. Wer Ernst Lohmeyer gekannt hat, weiß, daß ‚Verbrechen' irgendwelcher Art bei diesem Menschen nicht in Betracht kommen: ein Mann strengen Selbstbewußtseins mit einem immer wachen Gewissen, unerschrocken, aber menschlich, bei aller praktischen Begabung kein Politiker – ein Mann, der sich nicht schieben ließ, sondern sein Tun selbst verantwortete."[60]

In den folgenden 50 Jahren ist in Hinblick auf Lohmeyers Biographie und Theologie vergleichsweise wenig Literatur erschienen. In Deutschland fand – von einzelnen wenigen versprengten Aufsätzen und Kurzartikeln abgesehen – bis zum Fall der Berliner Mauer im Jahr 1989 praktisch keine wissenschaftliche Beschäftigung mit dem „Fall" Ernst Lohmeyer statt.[61] Der interdisziplinäre Gedenkband „In memoriam Ernst Lohmeyer", der 1951 erschien und Aufsätze u.a. von M. Buber, E. Rosenstock-Huessy, C. Schaefer, R. Bultmann, G. Bornkamm, O. Cullmann, H. Gollwitzer, K. L. Schmidt, R. H. Lightfoot, E. Wolf, J. Konrad und H. v. Campenhausen

---

[57] IHLENFELD, Kirche 1.

[58] „Von den Sowjets zum Tode verurteilt", in: *Der Kurier. Berliner Abendzeitung*, 2. Mai 1951; „Ernst Lohmeyer – als ‚Kriegsverbrecher' hingerichtet?", in: *epd-Mitteilung*, 4. Mai 1951. Beide Artikel wurden dem Vf. durch K.-J. Otto zugänglich gemacht.

[59] Brief M. Lohmeyers an G. Ruprecht vom 17. September 1951 (Hervorhebung im Original).

[60] LILJE, Lohmeyer.

[61] Vgl. die bei W. OTTO, Freiheit 190 f. zusammengestellte Literatur.

miteinander vereinigte, war der damaligen Umstände halber weniger der Person als dem Werk Lohmeyers gewidmet.

Für Lohmeyers Familie setzte sich die Zeit der Ungewißheit in den folgenden Jahren weiterhin fort. Das genaue Todesdatum Lohmeyers blieb der Familie noch bis 1958 unbekannt.[62] Über den Todesort und die Todesumstände herrschte bis Mitte der 90er Jahre von offizieller Seite eisernes Schweigen.

In der Fachliteratur kam man daher auch über mehr oder weniger vage Vermutungen nicht hinaus. W. Schmauch schrieb in dem Lohmeyer-Artikel für die 3. Auflage der RGG im Jahre 1960, Lohmeyer sei am 15. Februar 1946 aus „unbekannt gebliebenen Gründen (…) verhaftet" worden und daraufhin nicht mehr zurückgekehrt.[63] H. Schlier vermerkte 1961 in der 2. Aufl. des Lexikons für Theologie und Kirche, Lohmeyers Todestag und –ort seien unbekannt.[64] Noch bis 1967 waren keine genauen Hinweise über das Schicksal des ehemaligen Greifswalder Rektors zu erfahren. „Lohmeyer was arrested for unknown reasons and died 7 months later some where behind the Iron Curtain."[65] Die Arbeiten von G. Ehrenforth (1968) und E. Hornig (1977) ordneten Lohmeyer sachgerecht in die Geschichte des schlesischen Kirchenkampfes ein, ohne jedoch auf ihn selbst oder seine Theologie eingehen zu können. W. Gerlachs Berliner Dissertation „Als die Zeugen schwiegen" (1970), die stellenweise auch auf Lohmeyers Beitrag zum Widerstand gegen die Judenpolitik des Dritten Reiches hinwies, wurde erst 1987 (und dann 1993 in 2. Aufl.) einem größeren Publikum bekannt.[66] Im gleichen Jahr präzisierte G. Saß in seinem Kurzartikel in der *Neuen Deutschen Biographie*, Lohmeyer sei von „der russ. Geheimpolizei aus wohl nie mehr zu klärenden Gründen verhaftet und im Sept. 1946 hingerichtet" worden.[67] Die Greifswalder Evangelisch-theologische Fakultät überlegte seit 1987, an den ersten Rektor der Greifswalder Universität nach 1945 in besonderer Weise zu er-

---

[62] 1958 erhielt M. Lohmeyer vermittelt durch das Deutsche Rote Kreuz in Bonn die folgende auszugsweise Abschrift aus den Akten des Exekutiv-Komitees der Allianz der Gesellschaften vom Roten Kreuz und Roten Halbmond, ausgestellt in Moskau am 6. Dezember 1957: *„LOHMEYER, Ernst, geb. 1890 in Dorsten. Gestorben am 19. September 1946 im Lager".* Eine Kopie dieser Notiz wurde dem Vf. 1995 von G. Haufe zur Verfügung gestellt. HAUFE, Gedenkvortrag 15 und HUTTER-WOLANDT, Lohmeyer 214 (Anm. 53) geben die Mitteilung mit den Worten wieder: „Ernst Lohmeyer verstorben in russischem Gewahrsam am 19. September 1946."

[63] RGG³ IV, 1960, 441.

[64] LThK² 6, 1961, 1130.

[65] NCE 9, 1967, 972.

[66] GERLACH, Zeugen 60 ff. Zu Lohmeyers Stellungnahme aus der Zeit von 1932/33 vgl. SMID, Protestantismus 261 ff. 319. Für die Zeit nach 1933 vgl.: MEYER, Geschichte und DERS., Fakultät.

[67] NDB 15, 1987, 132.

innern.[68] Neue Forschungsmöglichkeiten im Fall Lohmeyer ergaben sich jedoch erst nach der mit der politischen Wende von 1989/90 in Zusammenhang stehenden Öffnung bisher verschlossener Archive.[69] Eine Spur hatte zunächst in das NKWD-Speziallager Nr. 9 bei Neubrandenburg (Lager Fünfeichen) geführt.[70] Die genauen Umstände von Lohmeyers Tod blieben auch noch nach den zwischen 1993 und 1995 von James R. Edwards durchgeführten Studien unbekannt.[71] Erst das Rehabilitierungsgutachten der Moskauer Militäroberstaatsanwaltschaft, die das Todesurteil gegen Lohmeyer formell aufhob, brachte etwas mehr Klarheit.[72] Am 15. Oktober 1996 stellte der Oberst der Justiz Leonid P. Kopalin (Leiter der Abt. Rehabilitierung ausländischer Staatsbürger) in seinem Abschlußgutachten fest, „daß Ernst Lohmeyer ohne ausreichende Gründe und nur aus politischen Motiven heraus verhaftet und verurteilt wurde."[73] Damit wurde endlich offiziell bestätigt, daß Lohmeyer ein unschuldiges Opfer der stalinistischen Repressionspolitik geworden war.

„Daß die Sowjets schon Mitte März 1946 mit einer Liste derjenigen Greifswalder Hochschullehrer aufwarteten, die trotz NS-Belastung nicht behelligt werden durften, weil man auf sie nicht verzichten konnte oder wollte, unterstreicht nur, daß Lohmeyer als politische Galionsfigur beseitigt wurde, um den vermeintlichen Widerstand gegen die KPD zu brechen."[74]

Lohmeyer selbst war bereits zu Lebzeiten davon überzeugt gewesen, aufgrund einer „Schweriner Intrige" verhaftet worden zu sein, „bei der die KPD nicht ganz unschuldig ist." Das geht aus dem einzigen aus der Greifswalder Haftzeit erhaltenen Lohmeyer-Brief[75] vom 31. März 1946 hervor:

„Kapitän Iwanoff,[76] der mich verhaftete, ... fragte nur nach militärischen Dingen, und zwar nach den Erschießungen in Polen, meiner Tätigkeit in Belgien und schließlich in Rußland. Aber auch da habe ich den Eindruck, als suchten sie erst nach Dingen, bei denen sie einhaken und mich fassen könnten, und als ob diese Fragen nur die wahren

---

[68] Mitteilung von G. Haufe an den Vf. vom Juni 1995.

[69] W. OTTO, Freiheit; HAUFE, Gedenkvortrag.

[70] HAUFE, Lohmeyer 445. Auf diesem TRE-Artikel von 1991 basiert offenbar die Gleichsetzung des Lagers *Fünfeichen* mit Lohmeyers Todesort in der 3. Aufl. des LThK von 1997 (TAEGER, Lohmeyer 1035). Zu den Sonderlagern vgl.: KILIAN, NKWD-Speziallager; KRÜGER/FINN, Fünfeichen; PLATO, Speziallager.

[71] EDWARDS, Lohmeyer 340.

[72] Zum Gesetz der Russischen Föderation *Über die Rehabilitierung von Opfern politischer Repression vom 18. Oktober 1991 (mit Ergänzungen von 1992 und 1993)* vgl.: WAGENLEHNER, Bemühungen.

[73] GStA PK, VI. HA., Nl Lohmeyer, Nr. 26.

[74] MATTHIESEN, Intrige; SCHULLER, Dunkel.

[75] EDWARDS, Lohmeyer 339 (Anm.72).

[76] Zu dessen Identifikation „Prof. Iwanoff" vgl.: WIEBEL, Hermann 148 (Anm. 197).

Motive verschleiern sollen, die auf politischem Gebiet liegen und der hiesigen NKWD selbst nicht bekannt sind."[77]

Nach Art. I des Erlasses des Obersten Sowjets der UdSSR vom 19. April 1943 war Lohmeyer zum Tod durch Erschießen (unter Einziehung seines gesamten Vermögens) verurteilt worden.[78] Das Urteil war vom Militärrat der 5. Stoßarmee bestätigt und am 19. September 1946 in Greifswald vollstreckt worden. Angaben über einen Begräbnisort enthält das Gutachten nicht.[79] Das legt die Vermutung nahe, das Lohmeyers Leiche in den Wäldern bei Hanshagen, etwa 10 km südöstlich von Greifswald verscharrt worden ist.[80]

Lohmeyer war am 28. August 1945 von dem SMAD-Militärtribunal[81] der Provinz Mecklenburg/Westpommern für schuldig befunden worden, „sich als Offizier der deutschen Wehrmacht von Juni 1942 bis April 1943 auf zeitweilig besetztem Territorium der UdSSR aufgehalten zu haben und dort Chef der Kommandantur OK-708 gewesen zu sein". Im August 1942 habe Lohmeyer die

„Ernennung zum Ortskommandanten des Kreises *[okrug]* Slawjansk im Gebiete *[kraj]* Krasnodar erhalten, wo er die Gründung von Organen der örtlichen Selbstverwaltung vorgenommen, mit allen Mitteln ein faschistisches Regime einzuführen versucht sowie die Wiederherstellung von Industrie und Landwirtschaft betrieben habe, um die Interessen seines Staates zu sichern."

In dem Kosakendorf Slawjanskaja seien „an die 70 Sowjetbürger verhaftet worden, von denen etwa 20 dem Feldgericht des Gebietes überstellt worden seien, wonach ihr weiteres Schicksal unbekannt sei". Im November 1942 habe „die Ortskommandantur OK-708 den Partisan I. Noshka verhaftet, der anschließend von einem deutschen Standgericht zum Tode verurteilt und von Gendarmen öffentlich hingerichtet" worden sei. Der abschließende Bericht Kopalins stellt jedoch fest, daß Lohmeyer an diesen Vorgängen nicht beteiligt gewesen war.[82]

---

[77] EDWARDS, Lohmeyer 339 (Anm. 72).

[78] GStA PK, VI. HA., Nl Lohmeyer, Nr. 26.

[79] HAUFE, Krieg 8.

[80] HAUFE, Gedenkvortrag 15.

[81] Vgl. dazu: HILGER/SCHMEITZNER/SCHMIDT, Militärtribunale.

[82] Die Lohmeyer-Schülerin Margarete Tschirley (damals Studienassessorin an der Breslauer Viktoria-Schule) erinnert sich an eine Begegnung mit Lohmeyer in Breslau aus dem Jahr 1943: „Fast hätte ich ihn nicht wiedererkannt. Das war nicht mehr der jugendliche, schon durch sein ansprechendes Äußeres seine Hörer gewinnende Dozent, als den ich ihn gekannt hatte. Er hatte die Zähne verloren, das Gesicht war eingefallen, u. er wirkte sehr gealtert. Nur wenn er sprach, wirkte er wie früher: überlegt und überlegen. ›Du erschrickst über mein Aussehen. Verlust der Zähne. Skorbut. Ernährungsmangel. Keine Vitamine.‹ In Verbindung damit erzählte er, daß in seinem Verwaltungsgebiet eine Quadratkilometer große Apfelplantage gelegen hätte. Die dazu gehörenden Konserven-

„Mit der Aufrechterhaltung von Ordnung und Sicherheit beschäftigte sich die der Kommandantur beigeordnete Gruppe der Feldgendarmerie. Die Gendarmerie verhaftete einige Saboteure, darunter den Bürger I. Noshka, der vorsätzlich Telefonleitungen zerstörte, wofür er in Krasnodar verurteilt wurde. Er, Lohmeyer, bewahrte die Bevölkerung mehrfach vor unbegründeten Verhaftungen, zwangsweiser Deportation nach Deutschland und anderen Strafaktionen. Auf sein Gesuch und seine Bürgschaft gegenüber dem Armeebefehlshaber wurden örtliche Kommunisten, Komsomolzen[83] und Juden mit ihren Familienangehörigen (etwa 300 Personen) nach Hause gelassen, die in Ausführung von Direktiven verhaftet worden waren."

Ausdrücklich stellt das Gutachten fest, daß Lohmeyer erst *nach* den bekannt gewordenen Greueltaten gegen die Zivilbevölkerung im Kreis Slawjansk Kommandant des betreffenden Gebietes gewesen war, und zwar von August 1942 bis April 1943. Weiterhin wird hervorgehoben, daß die Voruntersuchung im Falle Lohmeyers „unter Verletzung der Forderungen der Strafprozeßordnung durchgeführt" worden war. Lohmeyer habe sich schon in der Voruntersuchung als nicht schuldig bekannt und habe „konsequent eine Mittäterschaft an Verbrechen gegen Bürger der UdSSR" bestritten.

„Aus den der Akte beigefügten Kopien von Vernehmungsprotokollen der Zeugen A. P. Kusnezowa und A. M. Sutulow ist ersichtlich, daß Lohmeyer als Kommandant des Kreises Slawjansk in der Tat den Kommunisten Lasutkin, Direktor der örtlichen Sowchose ‚Sad-Gigant‘ [‚Riesen-Garten‘ – d. Ü.], aus dem Gewahrsam befreite und ihm einen Passierschein ausschrieb, damit er sich mit seiner Familie in einen kleinen Weiler [*chutor*, kleine Bauernsiedlung] begeben konnte, wo es ungefährlich war."

Melie Lohmeyer hatte in ihren 1949 niedergeschriebenen Erinnerungen zum Fall Lohmeyer ihrerseits festgehalten: „Als nach der Katastrophe von Stalingrad die russischen Armeen nach Westen drängten, hat mein Mann einer Reihe von russischen Männern zur Flucht weiter nach Westen geholfen, – wie er auch jüdische Russen in gleicher Weise vor der deutschen SS schützte."[84] Lohmeyers Gnadengesuch vom 29. August 1946 wurde jedoch

---

fabriken waren zerstört. Sein Vorgänger hätte bei strengster Strafe verboten, daß jemand von der Bevölkerung Äpfel pflückte. Er habe in einem Anschlag bekanntgegeben, daß, wer Äpfel pflücke und eine bestimmte Menge abliefere, mit nach Hause nehmen dürfe, soviel er tragen könne. ›Es ist kein Apfel am Baum geblieben, die Soldaten hatten Äpfel und die Bevölkerung auch.‹ In diesem Zusammenhang fiel der Satz, der sich mir unvergeßlich eingeprägt hat: ›Ich bin auf nichts stolz in meinem Leben‹ (im Zusammenhang war deutlich, daß er seine Universitätslaufbahn u. seine Bücher meinte) ›aber auf eins bin ich stolz: daß ich an dieser Stelle ohne Todesurteil ausgekommen bin. Du ahnst nicht, wie leichtfertig damit umgegangen wird.‹" (Brief an G. Otto vom 2. September 1989, dem Vf. zugänglich gemacht durch K.-J. Otto am 1. November 2002).

[83] Mitglieder der kommunistischen Jugendorganisation der UdSSR.

[84] M. LOHMEYER, Fall 5.

„in den Akten unberücksichtigt gelassen und nicht einmal rechtzeitig in die russische Sprache übersetzt."[85]

Zu seiner Person hatte Lohmeyer darin angegeben, als Professor der evangelischen Theologie und als treues Mitglied der christlichen Kirche bisher „nur den Problemen der theologischen Wissenschaft und den Anliegen der Menschlichkeit gedient" zu haben. Er wies dazu auf seine seit 1931 bestehende Ehrenmitgliedschaft in der US-amerikanischen *Society of Biblical Literature and Exegesis* hin und gab Erzbischof Eidem, F. Lieb, G. A. van der Bergh van Eysinga, R. H. Lightfoot und P. L. Couchoud als persönliche Bürgen an.[86]

„Ich bin auch von Anfang an ein Gegner des Nationalsozialismus gewesen und habe vielen jüdischen Freunden und Bekannten nach Kräften geholfen.[87] Zeugen sind Prof. Martin Buber und Prof. R. Koebner, beide in Jerusalem an der hebräischen Universität. Ich bin wegen meiner antifaschistischen Haltung und Gesinnung disziplinarisch bestraft worden, ich habe in Breslau an führender Stelle an dem kirchlichen Kampf gegen die faschistische Regierung teilgenommen und bin deswegen von der großen Universität Breslau an die kleine Universität Greifswald versetzt und in meinem Gehalt gekürzt worden. Ich habe mich an keiner Gliederung der Partei, an keinerlei faschistischen Veranstaltungen je beteiligt, obwohl ich dazu aufgefordert worden bin. Zeugen sind die früheren Kuratoren der Universität Kolbe und Kuhnert.

Den Krieg, der im Jahre 1939 begann, habe ich von Anfang an für ein Verbrechen gehalten. Ich habe dem militärischen Gestellungsbefehl mich nicht entziehen können, ohne meine Familie und mich selber zu opfern, aber ich habe deshalb, wo ich nur konnte, versucht, gerade in den besetzten Ländern die Grundsätze der Menschlichkeit hochzuhalten.[88] (…) Auch als ich in die Sowjetunion als Ortskommandant versetzt wurde, bin ich den gleichen Grundsätzen treu geblieben. Ich versichere nochmals, daß ich an keiner Erschießung von Sowjetbürgern je teilgenommen oder gar sie veranlaßt habe, ich habe im Gegenteil auch hier für die Sowjetbevölkerung die Leiden des Krieges zu lindern gesucht, und habe dabei keinen Unterschied zwischen Mitarbeitern der deutschen Wehrmacht und kommunistischen Sowjetbürgern gemacht. Ich habe nur, wo es sich um Verstöße gegen reine militärische Vorschriften handelte, Verhaftungen vorgenommen, wie es in den Armeen aller Länder Pflicht und Brauch ist, ich habe auch nur kleinere Vergehen mit milden Strafen bestraft, alle schweren […?] sind durch das Feldgericht behandelt worden, bei dem ich nicht beteiligt war. Ich habe auch in der OK 708 darauf gehalten, daß nichts Unrechtes geschah, und mir ist kein Fall bekannt geworden, in dem die mir unterstellten Feldgendarmen dagegen verstoßen haben.

Als im Jahre 1945 Deutschland zusammenbrach, bin ich nicht wie viele andere geflohen, sondern habe mich sofort den sowjetischen Verwaltungsstellen zur Verfügung gestellt und bin von ihnen als kommissarischer Rektor der Universität Greifswald bestätigt worden. Ich gehöre dem antifaschistischen Block an und bin im Vorstande der Christlich-

---

[85] GStA PK, VI. HA., Nl Lohmeyer, Nr. 26.

[86] SCHULLER, Dunkel.

[87] Der Hinweis auf seine zahlreichen jüdischen Freunde dürfte vor dem Hintergrund der Politik Stalins (RUBENSTEIN/NAUMOV, Pogrom) kaum vorteilhaft gewesen sein.

[88] Vgl. hierzu den bei SCHMAUCH, In memoriam 10 und G. OTTO, Erinnerung 56 ohne Datumsangabe zitierten Feldbrief Lohmeyers.

demokratischen Union im Lande Mecklenburg-Vorpommern. Die sowjetischen Verwaltungsstellen können bezeugen, daß ich als Rektor meine Pflichten gegen sie treulich erfüllt und alles, was ich konnte, getan habe, um dem Wiederaufbau der Universität im antifaschistischen, demokratischen Sinne zu dienen. Ich bin deshalb in den Vorstand des Kulturbundes zur demokratischen Erneuerung in Schwerin berufen worden und habe öffentlich gegen die faschistischen Kriegsverbrecher Stellung genommen. Zeugen sind W. Bredel, Schwerin und W. Keller, Schwerin,[89] [...] Funktionäre der Kommunistischen Partei Deutschlands.

Aus allen diesen Gründen bitte ich darum, daß das gefällte Urteil aufgehoben und mir die Strafe erlassen werden möge. Ich bitte auch um meiner Familie willen, die in mir ihren Ernährer verliert. Einen Sohn habe ich im Krieg verloren, meine Frau ist kränklich und bereits 60 Jahre alt, so daß sie nicht mehr arbeiten kann, meine verbliebenen beiden Kinder haben noch Jahre der Ausbildung vor sich. Sie wären dem Elend preisgegeben, wenn ich ihnen für immer genommen würde. Daher bitte ich nochmals um Begnadigung, nicht nur was meine Person, sondern auch was die Beschlagnahme meines Vermögens betrifft."[90]

Auf wen letztlich die Denunziation zurückging, die Lohmeyer zum tödlichen Verhängnis wurde, wird weiterhin diskutiert.[91] Bedenklich muß jedoch in jedem Fall der Umstand stimmen, daß noch bis 1996 – bis in das Jahr von Lohmeyers offizieller Rehabilitierung – in der Fachliteratur eben die Gerüchte kursierten, die 50 Jahre zuvor zu seiner Verhaftung, Verurteilung und Ermordung geführt hatten.[92]

Ab 1997 haben verschiedene regionalgeschichtliche Einzelstudien versucht, den Fall Lohmeyer in die Geschichte der Sowjetischen Besatzungszone einzuordnen.[93] Dabei wurde insbesondere der Rolle Lohmeyers bei der Vorbereitung der kampflosen Stadtübergabe gedacht.[94] Die erste umfassende DDR-Geschichte von K. Schroeder aus dem Jahr 1998 erinnert an einer Stelle an die politisch motivierte Liquidierung Lohmeyers.[95]

Am 16. Oktober 2000 wurde in Greifswald der Neubau der Theologischen Fakultät gegenüber dem Rektorat am Rubenow-Platz offiziell als *Ernst-Lohmeyer-Haus* eingeweiht. In Beisein von Landeskultusminister

---

[89] W. Keller (Pseudonym für Willi Kropp [1899–1961]); vgl. BROSZAT/WEBER, SBZ-Handbuch 956) war 1920 in die KPD eingetreten. Nach einer KZ-Internierung (1933/34) emigrierte er 1935 in die UdSSR. Keller war ab August 1945 Mitglied der Greifswalder KPD-Bezirksleitung und hatte Lohmeyer als Kandidaten für die Landesleitung des *Kulturbunds* vorgeschlagen (RAUTENBERG, Ende 59). Lohmeyer hatte Keller im Herbst 1945 auf einen Lehrstuhl für historischen und dialektischen Materialismus berufen (a.a.O., 61).

[90] GStA PK, VI. HA, Nl E. Lohmeyer, Nr. 19.

[91] MATTHIESEN, Intrige; HAUFE, Krieg 8; EDWARDS, Lohmeyer 337; RAUTENBERG, Wohlgemuth 51 f.

[92] MEIER, Fakultäten 389.

[93] SCHRÖDER, Protest 13 ff.; BEINTKER, Reif 21 ff.; RAUTENBERG, Ende 55 ff.

[94] ALTENBOCKUM, Geschichten; SCHÜLER, Tod; BUHROW, Opfer; KOHLER, Lohmeyer.

[95] SCHROEDER, SED-Staat 68.

Prof. Dr. Peter Kauffold (SPD)[96] wurde eine Gedenktafel enthüllt, die bereits im Herbst 1996 während einer Veranstaltung der Greifswalder Ernst-Moritz-Arndt-Universität zu Lohmeyers 50. Todestag vorgestellt worden war.[97] Auf ihr ist zu lesen:

In memoriam
ERNST LOHMEYER
Geboren am 8–7–1890
Professor für Neues Testament
Greifswald 1935–1946
Rektor der Universität ab 15–5–1945
verhaftet vom NKWD am 15–2–1946
zu Unrecht hingerichtet am 19–9–1946
rehabilitiert am 15–8–1996.

Damit wurde an die wichtigsten äußeren Lebensdaten Lohmeyers erinnert. In der Gegenwart wird sich ein Gedenken an Ernst Lohmeyer[98] nicht nur im Hinweis auf ihn als lange Zeit vergessenen „Märtyrer des Stalinismus"[99], sondern vor allem als ein Nach-Denken über seine Theologie darzustellen haben – eine Theologie, die es freilich vielfach erst noch wieder zu entdecken gilt.

---

[96] STÜBS, Domizil.

[97] Zum Ganzen vgl. noch: WENZ, Rechte.

[98] Am 20. Oktober 1962 ist auf Initiative von Gerhard Saß das Jugendhaus der ev. Gemeinde Duisburg-Hamborn nach Ernst Lohmeyer benannt worden (Mitteilung von K.-J. Otto an den Vf. vom 1. November 2002). Das Herforder Friedrichs-Gymnasium hat 1965 (B. OTTO, Schüler), die Stadt Herford 1984 an Lohmeyer erinnert (G. OTTO, Liebe). Am 16. September 1984 wurde auf Betreiben von Wolfgang Otto das ev. Gemeindehaus *Stift Berg* in Herford als „Ernst-Lohmeyer-Haus" eingeweiht (KUNST, Segen).

[99] Vgl. hierzu: RATHKE in: MENSING/RATHKE, Widerstehen 166.176 ff. sowie: KÖHN, Notwendigkeit, in: MAIER/NICOLAISEN, Martyrium 109–121

Studien zur Theologie Ernst Lohmeyers

Kapitel V

Lohmeyers erster Entwurf einer „Geschichte der urchristlichen Religion"

In Berlin hatte Lohmeyer zwischen 1908 und 1911 bei Karl Holl Patristik sowie bei A. Deißmann und M. Dibelius Neues Testament studiert. Der Lutheraner Holl war in seiner Arbeit zwar systematisch-theologisch interessiert, hatte aber keiner besonderen Schule oder Richtung angehören wollen.[1] Deißmann und Dibelius waren über ihre wissenschaftliche Arbeit hinaus auch in der Ökumenischen Bewegung aktiv gewesen.[2] Besondere Sympathien hegte Lohmeyer in den 20er Jahren für Albert Schweitzer, vor allem für dessen „Freiheit des Blickes für alle Größe außerchristlicher Frömmigkeit" – vor allem in Hinblick auf Hinduismus und Buddhismus.[3]

Auf eine im kantischen Sinne kritische, weltoffene und konfessionell unbefangene Exegese trifft man bei Lohmeyer durchgängig. Das gilt schon für seine Vorlesung über „Urchristliche Religionsgeschichte" (1921).[4] Von besonderem Interesse ist an der Gliederung dieser Vorlesung der Umstand, daß einerseits zwischen Jesus und der historischen Größe Urchristentum zwar klar unterschieden wird, daß aber andererseits das Jesus-Kapitel als ein Teil innerhalb der Darstellung der urchristlichen Religionsgeschichte erscheint. Als Quellen für den ersten Hauptteil (*Jesus*) merkte Lohmeyer an, es gebe hier „unmittelbar keine Quellen, mittelbar die Evangelien" (vorrangig das Mk-Evangelium und die Logienquelle). Den zweiten Hauptteil (*Das Urchristentum im engeren Sinn*) betreffend notierte Lohmeyer, es gebe im Hinblick auf die *Zeit der Anfänge* nur „wenige Quellen, alles nur indirekte, vor allem wieder die synoptischen Evv." sowie die Paulusbriefe

---

[1] RGG³ III, 432 f.

[2] RGG³ II, 69 bzw. 181.

[3] Vgl. Lohmeyers Rezension von A. Schweitzers Vortragssammlung *Das Christentum und die Weltreligionen* (LOHMEYER, Schweitzer).

[4] Ein 87-seitiges Vorlesungsmanuskript ist unter diesem Titel im Geheimen Staatsarchiv Preußischer Kulturbesitz erhalten (GStA PK, VI. HA., Nl Lohmeyer, Nr. 3g; künftig zitiert als: LOHMEYER, Religion).

(Röm, Gal, 1.2 Kor, Phil, Kol und Phlm).[5] Für den Abschnitt über die *mittlere Zeit des Urchristentums* griff Lohmeyer (abgesehen von den Synoptikern) auf Eph, Hebr, Apk, 1 Clem sowie auf Teile der Didache zurück. Dagegen zog er 1.2 Petr, Jak, Jud, 1.2.3 Joh, Past, JohEv, Barn, Ignatiusbriefe, Polyk, PastHerm, Apokryphen, Justin und Euseb für den Abschnitt über die *Endzeit des Urchristentums* heran:

Vorlesung *„Geschichte der urchristlichen Religion"*

Prolegomena: § 1 Aufgabe: Neutestamentliche Theologie oder Biblische Theologie des NTs; § 2 Methode; § 3 Stoff und Gliederung
Einleitung: Die religiöse Lage der hellenistischen Welt:
1. Die spätjüdische Religion; 2. Die griechisch-römische Religion
I. Hauptteil: Jesus
II. Hauptteil: Das Urchristentum im engeren Sinn:
1. Die Zeit der Anfänge (Die Urgemeinde; Paulus);
2. Die mittlere Zeit des Urchristentums (bis zur Wende des 1. christl. Jh.);
3. Die Endzeit des Urchristentums; § 4: Quellen und Literatur; § 5: Das Zeitalter des Hellenismus: 1. Die spätjüdische Religion; § 6: Die äußere und innere Lage des Judentums; § 7: Die Pharisäer; § 7a: Die Schriftgelehrten; § 7b: Die Sadduzäer; § 8: Der Glaube.[6]

Als Sekundärliteratur waren der Vorlesung die Gesamtdarstellungen von Johannes Weiß[7], Willibald Beyschlag[8], Paul Feine[9], Adolf Schlatter[10], Heinrich Weinel[11], Heinrich Julius Holtzmann[12] und Paul Wernle[13] sowie die Dogmengeschichten von Adolf v. Harnack[14], Reinhold Seeberg[15] und Friedrich Loofs[16] zugrundegelegt. Damit griff Lohmeyer auf ein als liberal zu bezeichnendes Spektrum von zeitgenössischen Vermittlungstheologen zurück.[17] Die herkömmlichen Grenzen historisch-theologischer Begriffs-

---

[5] Mit F. C. Baur rechnete Lohmeyer 1.2 Thess zu den Deuteropaulinen. In der Beurteilung des Kol als protopaulinischer Schrift stand Lohmeyer (mit M. Dibelius) gegen eine traditionelle Auffassung der *Tübinger Schule* (DIBELIUS, Kolosser 53).

[6] Der Aufriß der Vorlesung bricht an dieser Stelle leider ab.

[7] Lehrbuch der biblischen Theologie des Neuen Testament ([7]1903).

[8] Neutestamentliche Theologie ([2]1895).

[9] Theologie des Neuen Testament ([3]1919).

[10] Theologie des Neuen Testament I/II (1909/10).

[11] Biblische Theologie des Neuen Testament (1911; [3]1921).

[12] Lehrbuch der neutestamentlichen Theologie (1896/97; [2]1911).

[13] Die Anfänge unserer Religion ([2]1904).

[14] Dogmengeschichte ([5]1914).

[15] Lehrbuch der Dogmengeschichte (1895–98; [2]1908–20).

[16] Leitfaden zum Studium der Dogmengeschichte ([4]1906).

[17] Unter diesen Autoren ist der kirchlich-soziale Reinhold Seeberg der einzige wirklich konservative Theologe. Bei dem Schweizer Religionsgeschichtler Wernle handelt es sich um einen religiös-sozialen Vertreter seines Fachs. Zwischen Wernle und L. Ragaz war es bereits vor 1914 in der Frage der offenen Parteinahme für den Sozialismus zum

bildungen (Spätjudentum, Urchristentum, Frühkatholizismus) betrachtete er jedoch als fließend und verstand darüber hinaus die Behandlung der Geschichte des Urchristentums als ein Kapitel innerhalb der allgemeinen Religionsgeschichte.[18] Methodisch und sachlich knüpfte Lohmeyer damit an dasjenige Geschichtsbild der Religionsgeschichtlichen Schule an, das William Wrede (1859–1906) in seinem Programmaufsatz „Über Aufgabe und Methode der sogenannten neutestamentlichen Theologie" (1897) vorgestellt hatte.[19] Zum Wesen neutestamentlicher Theologie gehört nach Lohmeyer der Wille,

„die Gedanken jedes einzelnen Schriftstellers in ihrer spezifischen Eigenart zu begreifen und darzustellen, und zugleich möglichst vollständig zu entwickeln (...). Es gibt in der ganzen Geschichte des Urchristentums vielleicht zwei solche ausgeprägte Gestalten, Paulus und der Verfasser des johanneischen Schriftenkreises (einschl. Apok). Alles Übrige ist der Ausdruck einer namenlosen Masse, selbst wenn alle Briefe ‚echt' sein sollten."[20]

Es sei deshalb problematisch, eine Geschichte der von einzelnen Autoren entwickelten Lehrbegriffe zu schreiben. Das Urchristentum sei vielmehr als eine „Bewegung der kleinen Leute"[21] aufzufassen.

„Ihre Schriften sind Steinen gleich, die gelegentlich und unbeachtet an den Strand gespült werden; der Strom geht verborgen und unbekümmert seinen eigenen Weg. Alle Schriften sind nur Material, und sehr unzulängliches Material, durch das das hinter diesen Schriften flutende Urchristentum in seiner besonderen geschichtlichen Bewegung und Artung erfaßt werden soll (...). Man steckt das Ziel zu falsch und zu nah, wenn man sich darauf beschränkt, was Literatur geworden ist, in mehr oder minder literarische d.h. immer logische Beziehung zu setzen."[22]

Bruch gekommen (RGG[3] V, 958). Barth bezeichnete Wernle in einem Brief an E. Thurneysen vom 23. Januar 1922 als „modern-theologischen" Vertreter seines Fachs (BARTH, BW/Thurneysen 33).

[18] Dieser Ansatz wird in Lohmeyers Plan der Fragment gebliebenen „Geschichte des Urchristentums" deutlich. Sie setzte mit *Johannes dem Täufer* ein und sollte mit einem siebten Band über *Das Urchristentum in der Geschichte des Abendlandes* enden.

[19] Zur Diskussion um Wredes Ansatz vgl.: HAHN, Probleme; PAULSEN, Wissenschaft; DERS., Methode; DERS., Auslegungsgeschichte; DERS., Scriptura; DERS., Unbestimmtheit. Zur Geschichte des Begriffs „Urchristentum" vgl.: ALKIER, Urchristentum.

[20] LOHMEYER, Religion 18. Zu Begriff und soziologischer Verortung der sogenannten „Kleinliteratur" vgl. die einleitenden Worte von M. Dibelius in seiner „Formgeschichte des Evangeliums" (1919): „Auf dem Boden der Volksüberlieferung, wo viele Namenlose sich durch Weitergabe des Überlieferten, durch Veränderung oder Vermehrung schaffend betätigen, bedeutet die persönliche Eigenart des Dichters oder Erzählers wenig; weit wichtiger ist die Form, wie sie durch praktische Bedürfnisse geschaffen oder durch Brauch und Herkommen überliefert wird" (DIBELIUS, Formgeschichte 1).

[21] LOHMEYER, Religion 19.

[22] A.a.O., 20. Vgl. hierzu auch W. Wrede, der 1897 in Hinblick auf die ntl. Schriften ausführte, sie böten das „Material, mit dessen Hilfe das hinter ihnen liegende älteste

Damit ist bei Lohmeyer ein Begriff von Geschichte als auf- und abflutender Wellenbewegung im unendlichen Strom der Zeit vorausgesetzt, eine Anschauung, die insgesamt dem Denken Jacob Burckhardts (1818–1897) sehr nahe kommt. In dessen 1905 posthum erschienenen *Weltgeschichtlichen Betrachtungen* liest man:

„Das geschichtliche Leben tausendgestaltig, komplex, unter allen möglichen Verkappungen, frei und unfrei daherwogend, bald durch Massen, bald durch Individuen sprechend, bald optimistisch, bald pessimistisch; – Staaten, Religionen, Kulturen gründend und zerstörend, sich selbst ein Rätsel, mehr von dunklen Gefühlen (die von der Phantasie vermittelt sind) als von Reflexionen; – und dann wieder mit einzelnen Vorahnungen des viel später erst sich Erfüllenden." [23]

Mit Burckhardt teilt Lohmeyer nicht nur ein ausgeprägtes Interesse für die Kunst, sondern auch die Auffassung von drei wechselseitig aufeinander bezogenen geschichtlichen Haupttriebkräften:

„In der Geschichte treten, mehr oder minder deutlich unterschieden, mehr oder minder klar ausgebildet, vor allem drei Formen der Gemeinschaftsbildung nebeneinander auf: Staat, Kirche (oder Religion), Gesellschaft." [24]

Aus dem Lebensbereich der Gesellschaft erwachsen dann „die zwei Gebilde von Wirtschaft und Kultur." [25] Noch zehn Jahre darauf, in seiner Auseinandersetzung mit Lietzmann um die Exegese, griff Lohmeyer an zentraler Stelle seiner Argumentation auf Burckhardts Geschichtsverständnis zurück. [26] Texte sind damit für Lohmeyer lediglich literarischer Schutt, der gleichsam in mehr oder weniger abgeschliffener Form an dem Strande historischer Betrachtung zur Deutung anlangt. Mit dem Bild wird auch deutlich, daß zwischen literarischen Zeugnissen und Geschichte unterschieden werden muß. Text, Theologie und Geschichte können nicht einfach miteinander identifiziert werden. Das Neue Testament sei „trotz seiner großen Einheitlichkeit" eine Sammlung der „vielfältigsten und vieldeutigsten Bücher"; und es sei auch nur zum geringsten Teil Lehre, es ist vielmehr „praktische Ansprache, ethische Weisung, Belehrung für den Moment", kurz: „Erweckung der Frömmigkeit, Rede des Glaubens und der Hoffnung." Man müsse daher die traditionellen, dogmatisch besetzten methodischen Schranken der historischen Forschung fallen lassen, um „das Urchristentum in der ganzen Fülle seiner geschichtlichen Erscheinungen auszubreiten und darzustellen." [27] Mit dem Namen der Disziplin „Neutesta-

---

Christentum in seiner Physiognomie erfaßt und in seiner geschichtlichen Entwicklung verdeutlicht wird" (WREDE, Aufgabe 41).

[23] Zitiert nach: HARTWIG, Studium 125.
[24] LOHMEYER, Fragen 10 f.
[25] Ebda.
[26] Vgl. hierzu Kap. VII.1.
[27] LOHMEYER, Religion 20.

mentliche Theologie" schaffe sich erstmals eine wissenschaftliche Auffassung vom „Wesen und Werden des Christentums" Raum. In forschungsgeschichtlicher Hinsicht habe der jeweils unkritische Anspruch, der einzig legitime Ausdruck christlicher Theologie zu sein, im griechischen und römischen Katholizismus wie im Protestantismus nur dazu geführt, nicht mehr zwischen der eigenen und der urchristlichen Lehre zu differenzieren.

„Bis tief in das Zeitalter der protestantischen Orthodoxie hinein konnte es keine besondere ntl. Theologie geben; denn alles, was im eigenen Glauben (...) lebendig war, – einerlei, welcher Konfession – das stimmte, wenigstens grundsätzlich, mit dem Inhalt der Vergangenheit überein. (...) Die Topik erwies die Übereinstimmung der urchristlichen Vergangenheit mit der eigenen Gegenwart; dort war das Ideal, die einzige Wahrheit, hier – wenn auch in zeitlich verschiedenen Formen – die einzige Wirklichkeit."[28]

Die Lehre von der Verbalinspiration sei gleichsam ungewollt zur „Keimzelle der ntl. Theologie" geworden. Der Pietismus habe das Verhältnis von Topik und Dogmatik zwar nachhaltig lockern, nicht aber zu einer wirklich historischen Erfassung des urchristlichen Zeitalters führen können.

„Erst die mächtige Woge der Aufklärung hat das Band zwischen Topik und Dogmatik zerrissen, indem sie die Inspirationslehre, auf der beide ruhten, zertrümmerte. Jetzt war das Urchristentum nicht mehr als eine Epoche *über* aller Geschichte, sondern als eine Epoche *in* der Geschichte bestimmt."[29]

Bis zum Anfang des 19. Jahrhunderts sei die neutestamentliche Theologie als historische Disziplin jedoch lediglich Programm gelieben. Die altprotestantische Topik habe im Gewande des Biblizismus von den Zeiten Johann Albrecht Bengels (1687–1752) bis zu Martin Kähler und Adolf Schlatter fortwirken können. Noch der christliche Rationalismus Johann Philipp Gablers (1753–1826) habe die „abstrakte Geschichtsauffassung der Aufklärung" beibehalten, indem er „aus dem Wandel der Zeiten doch zu jeder Stunde die bleibende, unwandelbare Wahrheit glaubte herausschälen zu können". Ihren wirklichen Durchbruch habe die neutestamentliche Theologie als Wissenschaft erst mit Hegel und Ranke, später dann mit Burckhardt und Mommsen erlebt.

Als vorbildlich gelten Lohmeyer August Neanders „Geschichte der Pflanzung und Leitung der christlichen Kirche durch die Apostel" (1832) sowie F. C. Baurs „Das Christentum und die christliche Kirche in den ersten drei Jahrhunderten" (1853) – letzteres, so Lohmeyer, ein „klassisches Werk der ntl. Wissenschaft", das trotz einiger Irrtümer und historischer

---

[28] Lohmeyer weist insbesondere auf das 1671 erschienene „Collegium biblicum" von Sebastian Schmidt (1617–1696) hin (LOHMEYER, Religion 3).

[29] Gablers Rede „*De iusto discrimine theologicae biblicae et dogmaticae regundisque recte utriusque finibus*" (1787) bezeichnet für Lohmeyer die „Geburtsstunde der ntl. Theologie als einer besonderen wissenschaftlichen Disziplin" (LOHMEYER, Religion 4 f.).

Mängel den Hegelschen Entwicklungsgedanken erstmals konsequent für Theologie und Geschichte des Urchristentums fruchtbar gemacht habe.

„Baur hat vom Begriffe aus das Urchristentum lebendig gemacht; das mußte zu Einseitigkeiten führen, denn Begriffe und Theorie sind nie die einzigen Mächte, die die Geschichte tragen und treiben; es mußte zu Einseitigkeiten leiten, denn gemäß dem Hegelschen Satz von These, Antithese und Synthese gab es im Urchristentum als einer in sich nicht vollendeten Epoche nur die beiden Gedankenmächte: das gesetzesfreie paulinische Evangelium und das gesetzesstrenge judenchristliche Evangelium, aus deren Mit- und Gegeneinanderwirken dann die Synthese des Frühkatholizismus sprang. Aber seit der Baurschen Konzeption ist das Urchristentum noch nie wieder so einheitlich begriffen worden."[30]

Der zweite Teil des 19. Jahrhunderts sei dann von dem offen geführten Kampf zwischen Kirche und Theologie, von christlichem Glauben und voraussetzungsloser Wissenschaft sowie dem Vermittlungsversuch durch Albrecht Ritschl (1822–1889) geprägt gewesen. Bereits die Ritschl-Schule (W. Hermann, A. v. Harnack und H. Weinel) habe dann jedoch wieder jede religions- oder geschichtsphilosophische Begründung des Glaubens und der Theologie abgelehnt. Kirchliche Theologie und historische Wissenschaft seien daher weiter „weithin getrennte Wege" gegangen.[31] Die zeitgenössische Geschichtswissenschaft bemühe sich erneut um die Klärung der Frage nach der Entstehung des Christentums, ohne Rückgriff auf die dogmatischen Voraussetzungen eines normativen Charakters der urchristlichen Periode für Theologie und Kirche. Die historische Wissenschaft habe immer mehr

„gerade das Urchristentum aus seiner natürlich-geschichtlichen Bewegung erfaßt, in den Zusammenhang der allgemeinen Religionsgeschichte hineingestellt, sie hat es beleuchtet aus Gesetzen und Tendenzen der allgemeinen religiösen und kulturellen, politischen und wirtschaftlichen Entwicklung überhaupt, sie hat neue Fragen, vor allem die nach der Entstehung des Christentums aufgeworfen. Sie hat damit die ntl. Theologie in eine Geschichte der urchristlichen Religion verwandelt."[32]

Wenn er seiner Vorlesung den Titel „Geschichte der urchristlichen Religion" gebe, so vollziehe er damit eine sich aus der Gesamtlage der historischen Wissenschaft ergebende Notwendigkeit:

„Das Urchristentum stellt sich somit dar als eine besondere Periode der religiösen Geschichte der Menschheit neben anderen, etwa der indischen, chinesischen, persischen, islamischen u.a.; und nur wenn sie sich also darstellt, kann die wissenschaftliche Theologie, kann die ihr gewidmete Forschung mit Recht und Notwendigkeit den Charakter einer wissenschaftlichen Disziplin behaupten."[33]

---

[30] LOHMEYER, Religion 8.

[31] A.a.O., 10.

[32] A.a.O., 12.

[33] Lohmeyer setzte damit das von W. Wrede geforderte Programm praktisch um: „Der für die Sache passende Name heißt: urchristliche Religionsgeschichte, bzw. Geschichte

Als Stoff seiner Vorlesung gibt Lohmeyer dabei ausschließlich die neutestamentlichen Schriften an.

„Einer ntl. Theologie ist der Gegenstand der Untersuchung in zeitlicher und sachlicher
Begrenzung von vornherein gegeben. Sie gründet sich auf das N.T., und nur auf dieses,
und zieht sonstige Urkunden höchstens zur Vergleichung und nachträglicher Bestätigung
[heran]."

Die Schriften des Neuen Testaments sind Stoff der neutestamentlichen
Theologie, eben „weil sie zum Kanon gehören". Die Alte Kirche habe eine
Sammlung geschaffen, die „mit tiefem inneren Recht als der maßgebende
Ausdruck jener über aller Geschichte erhobenen *einen* Epoche des Ur-
christentums" gelten kann.

„Aber damit ist ebenso gesagt, daß überall die Grenzen zwischen Kanon und außer-
kanonischer Literatur durchaus fließend sind, und geschichtlich beide auf durchaus
gleicher Stufe stehen als Zeugen dieser einen Epoche."[34]

Mit der Stoffabgrenzung werden von Lohmeyer auch grundsätzliche methodische und geschichtsphilosophische Fragen aufgeworfen:

„Wo ist jetzt Anfang und Ende des Urchristentums anzusetzen, wo seine Bewegung nicht
mehr in den ntl. Schriften beschlossen ist, sondern tief hineingreift in die Gruppe der
sogenannten apostolischen Väter? Die Schwierigkeit, die hier liegt, ist mit aller historischen Forschung unlöslich verbunden; sie muß Grenzen setzen in einem grenzenlos
fließenden Strome, in dem alles zugleich Anfang und Ende, Same wie Frucht ist, in dem
jeder Niedergang zugleich Zeichen neuen Werdens, und jeder Aufstieg zugleich ein
Schritt weiter zum Tode ist. Alle Grenzen, die wir setzen, sind also immer nur Hilfsmittel
unserer Erkenntnis; weil wir nur eine begrenzten Gegenstand zu erkennen vermögen,
und weil uns das Ende aller Geschichte verborgen ist, darum müssen wir Marksteine
setzen, die eine spätere Zeit und spätere Forschung vielleicht wieder umstoßen wird. Und
wir setzen diese Marksteine nach den Merkmalen, die aus unserem Leben heraus die Besonderheit eben dieser Periode verbürgen."

So sei es nach wie vor fraglich, „wo der Anfang des Urchristentums sei",
und ob man diesen Anfang „an den Beginn oder an das Ende des Wirkens
Jesu" zu setzen habe.

„Denn es gehört zu den charakteristischen Zügen der urchristlichen Geschichte, daß die
Bewegung des Urchristentums sich stärker an Jesus angeschlossen hat als von ihm unmittelbar hervorgerufen ist. Zudem steht die Gestalt Jesu in solch ewiger geschichtlicher
Einsamkeit und Mächtigkeit da, daß sie ihre Kraft nicht in dieser einen Periode erfüllt,
sondern jede neue Periode mit gleicher (mehr oder minder starker) Lebendigkeit bis auf
unsere Tage durchdringt. Es ist notwendig, zwischen einem engeren und weiteren Sinn

---

der urchristlichen Religion und Theologie" (WREDE, Aufgabe 80). Lohmeyer hatte seine
Aufzeichnungen mit „Geschichte der urchristlichen Religion" betitelt. In Breslau las
Lohmeyer über „Geschichte des Urchristentums (Neutestamentliche Theologie)" bzw.
„Theologie des Neuen Testaments", in Greifswald über „Neutestamentliche Theologie"
(HUTTER, Theologie 149 ff.)

[34] LOHMEYER, Religion 25.

des Wortes Urchristentum zu scheiden; nach jenem beginnt die urchristliche Bewegung dort, wo das Wirken Jesu aufhört; nach diesem beginnt eben in Jesus diese neue Periode der religiösen Geschichte der Menschheit. Hier waltet jenes Schwanken, das alle Gestalten umwittert, die die Wende einer neuen Zeit bezeichnen. Um das Ende des Urchristentums zu bestimmen, ist es notwendig, die Kräfte zu erkennen, welche im Vergleich zu späteren Formen des Christentums die eigentümlich urchristliche Gestalt bezeichnen.[35] Es ist aber die Größe der Endzeit des Urchristentums, daß es in eben dem Augenblick, da

---

[35] An dieser Stelle beginnt ein umfangreicher Einschub: „Wenn die Zeit des Urchristentums den Einbruch eines neuen religiösen Lebens in die Geschichte der Menschheit [sc. darstellt?], dessen geschichtliche Wirkungen bis in unsere Zeit hinabwirken – eines Lebens, das seine Formen immer neu gewandelt hat – so ist diese erste zeitbedingte Form, unter der dieses Leben erschien, eine von späteren Formen spezifisch verschiedene. Es spricht sich aus in der eschatologischen Erwartung auf das unmittelbar bevorstehende und wunderbare Kommen des Reiches Gottes; diese Grundhoffnung und Grunderfüllung umspannt und faßt alle Jahrzehnte der wunderlichen urchristlichen Zeit zusammen. Sie erfüllt die Predigt Jesu wie die Verkündigung der Apostel und Missionare, sie lebt in den Scharen der Juden wie der heidenchristlichen Gemeinden, sie bestimmt Gebärde und Haltung des Gottesdienstes, die Form der mündlichen und schriftlichen Äußerung, die Tätigkeit des Wanderpredigers wie des Diakonen, sie bestimmt jedes menschliche Verhältnis von Stand zu Stand, von Beruf zu Beruf, von Gemeinde zu staatlichem und wirtschaftlichem und gesellschaftlichem Leben; überall ist die gleiche Mitte, die alle Formen des einzelmenschlichen wie des gemeinschaftlichen Daseins durchglüht. Sie strahlt zum ersten Male auf in Jesus, der durch diese seine persönliche Hoffnung mit der Schar seiner Jünger und Bekenner innig verbunden ist; sie ist die einzige Brücke, die über den durch den Tod Jesu aufgerissenen Abgrund von seinem geschichtlichen Dasein zu seiner übergeschichtlichen Wirkung im Glauben seiner Bekenner führt; sie erfüllt mit mächtiger Glut die Zeit des Paulus wie des ‚Johannes‘, die Zeit des ersten Evangeliums wie der ersten Apokalypse, und noch in späten Zeugnissen des N.T., in Briefen des Judas und Jakobus und II. Petr., Schreiben, deren Entstehung nahe an die Mitte des 2. Jahrhunderts heranreicht, glüht die gleiche Hoffnung auf. Aber eben von dieser Zeit ab drängen andere Formen und Kräfte in das Leben der Gemeinden, Kräfte der philosophischen Durchdringung der Lehre, der organische Ausbildung der Verfassung, der politischen und religiösen Verfechtung der neuen Religion – und nur in einzelnen Strömungen schlägt später wieder durch, was früher einheitlicher Strom selbst gewesen war. Das Ende des Urchristentums ist deshalb mit der Mitte des 2. nachchristlichen Jahrhunderts [sc. anzugeben?]; es ist der Augenblick, da das Urchristentum aus seiner indifferenten Stellung zu allem was Welt heißt, herausgedrängt wird zu dem ersten Versuch, auf der Welt heimisch zu werden. Um das Verhältnis der sozialen und urchristlichen Lebenskreise, in ihrem gegenseitigen Nehmen und Geben, Bedingen und Bedingtwerden, innerhalb etwa der ersten anderthalb nachchristlichen Jahrhunderte handelt es sich in diesen Betrachtungen; und aus solcher Begrenzung fließt zugleich ihre innere Ordnung. Wir haben zunächst den Aufbau des wirtschaftlichen und sozialen Lebens kennen zu lernen, den das Urchristentum bei seinem Beginne vorfand, und haben sodann von der Zeit Jesu über die Zeit der ersten Gemeinde bis zu dem Leben des Paulus und dem Ende des Urchristentums, das ist das Aufkommen des Frühkatholizismus, die einzelnen Abschnitte der urchristlichen Geschichte zu durchwandeln, in denen neue Gedanken und Formen der Gemeinschaftsbildung auftauchen, und in deren keimhafter Bildung alte, schon bestehende Formen ihre hemmenden oder fördernden Schatten hineinwerfen" (LOHMEYER, Religion 27).

es zu seinem Ende geht, noch die großen religiösen und kirchlichen Formen aus sich heraussetzt, unter denen das Christentum in das Zeitalter des Frühkatholizismus gewandelt ist. Es gehört zum Wesen jeder geschichtlichen Bewegung, daß sie in aller Neuheit und Ursprünglichkeit doch tausendfach vermittelt ist durch den Raum, in dem sie wächst, die Zeit, in der sie lebt, die Verhältnisse, die ihre Haltung und Art bestimmen, daß ihre neue Wirklichkeit auch eine geschichtliche Notwendigkeit ist. Nun bildet sich jede Bewegung durch drei Kräfte: durch den Willen ihrer Führer, durch die Kräfte der Gegenwart, durch die sie entsteht und wirkt oder gegen die sie wirkt, und durch die Mächte der Vergangenheit, die in ihr neu lebendig wird. Um das Maß zu bestimmen, in dem die Kräfte des damaligen Zeitalters Haltung und Art bestimmen, müssen wir Wesen und Art dieses Zeitalters, und damit den Boden, auf dem das Urchristentum wächst, die Luft, die es atmet, kennen."[36]

In seinem Buch „Soziale Fragen im Urchristentum" hatte Lohmeyer eingehend die politischen, wirtschaftlichen und kulturellen Bedingungen der römischen Kaiserzeit und deren Auswirkungen auf das religiöse Leben dargestellt. Die religiösen Grundlagen des Urchristentums waren dabei nur andeutungsweise behandelt worden. Seine Vorlesung zur urchristlichen Religionsgeschichte widmete sich dagegen ausführlich der religiösen Lage der hellenistischen Welt, vor allem der jüdischen Religion. Das war innerhalb der damaligen neutestamentlichen Forschung noch keine Selbstverständlichkeit. Erst A. Deißmann und W. Wrede hatten am Ende des 19. Jahrhunderts eine eigene Darstellung des Judentums zur Zeit Jesu als für eine neutestamentliche Theologie unabdingbare Voraussetzung eingefordert.[37] Die Darstellung des jüdischen Mutterbodens der urchristlichen Religion nimmt in Lohmeyers Manuskript breiten Raum ein. Es ist daher sinnvoll, einen kurzen Blick auf dasjenige Bild des Judentums zur Zeit Jesu zu werfen, das Lohmeyer in seiner Vorlesung skizzierte.[38]

Den jüdischen Glauben sieht Lohmeyer im Zeitalter des Hellenismus vor allem von den wachsenden inneren theologischen Antinomien eines monotheistischen Universalismus gekennzeichnet. Zentrales Dogma des

---

[36] LOHMEYER, Religion 24–28.

[37] Vgl. A. Deißmanns Aufsatz „Zur Methode der biblischen Theologie des Neuen Testaments", erschienen im dritten Band der ZThK (1893). W. Wrede hatte sich dann 1897 in seinem Programmaufsatz auf H. J. Holtzmann berufen, der seiner *Neutestamentlichen Theologie* (1896/97) eine „eingehende Schilderung des Judentums zur Zeit Jesu wirklich voraufgeschickt" hatte. Es sei zu hoffen, „daß fortab keine wirklich wissenschaftliche Darstellung erscheinen wird, von der nicht in irgend welchem Maße ohne Weiteres dasselbe verlangt wird" (WREDE, Aufgabe 78).

[38] Das Vorlesungsskript bricht nach der Darstellung des „spätjüdischen" Glaubens ab. Es sei an dieser Stelle auch auf die Fragment gebliebene Gesamtdarstellung Lohmeyers „Geschichte des Urchristentums" verwiesen. Dort hatte Lohmeyer am Ende des ersten Buchs ausgeführt: „In dem ‹Jetzt› der Täuferbotschaft liegt also, geschichtlich gesehen, der Anfang eines neuen Glaubens, ‹der Anfang des Evangeliums›" (LOHMEYER, Urchristentum 176).

Judentums „in seiner späten Zeit"[39] ist der in Auseinandersetzung mit dem Polytheismus gewonnene „Glaube an den einen Gott, der (...) auch der eine Weltgott ist."[40] Der wachsende monotheistisch-universalistische Glaube manifestiert sich insbesondere im allmählichen Verschwinden des Eigennamens des alten

„Stammesgottes Jahwe aus der Literatur und dem Volksmunde (vgl. LXX); er wird mit heiliger Scheu umgeben; umschreibende Bezeichnungen treten an seine Stelle: der Höchste (eigentlich polytheistisch, deshalb wohl iranisch oder babylonisch), der Lebendige, der Ewige, der Allmächtige; vor allem dann: Herr des Himmels, Gott des Himmels, Herr der Herren usw. Nicht mehr einfach und schlicht wird von Gott gesprochen, sondern langsam wird der Name durch völlige Abstrakta ersetzt: der Himmel (vgl. Mt: $\beta\alpha\sigma\iota\lambda\epsilon\acute{\iota}\alpha$ $\tau\hat{\omega}\nu$ $o\dot{\upsilon}\rho\alpha\nu\hat{\omega}\nu$ statt $\beta\alpha\sigma\iota\lambda\epsilon\acute{\iota}\alpha$ $\tauo\hat{\upsilon}$ $\theta\epsilono\hat{\upsilon}$), die Majestät, die Herrlichkeit."[41]

Diese verschleiernden Namen sind „Zeichen einer Kluft, die sich zwischen Gott und Volk schiebt" und bedeuten, daß „das Gefühl der Gottesnähe aus der konkreten Wirklichkeit des Einzel- und Gemeinschaftslebens verschwindet".[42] In dem letztlich unlösbaren Widerstreit zwischen Universalismus und Partikularismus sei es nur konsequent gewesen, daß Paulus in Röm 3,29 f. „gerade auf den Universalismus des einen Gottes die Aufhebung des partikularen Gesetzes gegründet" habe.

„Es ist das Große an der jüdischen Frömmigkeit, daß sie in dieser Antinomie nie daran gedacht hat, die Universalität Gottes zu beschränken; ja sie hat seine Unendlichkeit und Ewigkeit so weit gesteigert bis hin zu einer dunklen Transzendenz, hat ihn wohnen lassen in einem Licht, da niemand zukommen kann; und hat darüber die einzige Basis, die dieser dunkle Gott in der eigenen Wirklichkeit hatte, selbst unterhöhlt; sie hat das eigene Volk in Nichtigkeit und Kleinheit hinabgestürzt."[43]

Die fortschreitende theologische Nivellierung des Volksgedankens stellte die jüdische Religion unweigerlich vor das Problem der Theodizee. Sie ließ das „Weltregiment dieses einen Gottes als brüchig und ungerecht erscheinen, da sie eben sein auserwähltes Volk zur Nichtigkeit verdammt[e]". Die ihres unmittelbaren Haltes beraubte Religiosität suchte und fand in dem „Heer der Mittelwesen" eine „Brücke von dem verborgenen Gott zur offenbaren Erde". Zu dem unerschütterlichen Willen der reinen „Abstraktheit des Monotheismus" trat eine „ans Polytheistische grenzende Konkretheit dieser göttlichen Wesen in Glauben und Spekulation".[44] Zu diesen Mittelwesen jüdischer Frömmigkeit, die auch im

---

[39] Lohmeyer verwendet meist die Begriffe „Judentum" bzw. „späthellenistisches Judentum"; stellenweise spricht er auch vom „Spätjudentum". Zur Problematik dieses letzteren Begriffs vgl.: HAHN, Hoheitstitel 444.

[40] LOHMEYER, Religion 67.

[41] A.a.O., 68.

[42] A.a.O., 68 f.

[43] A.a.O., 70.

[44] A.a.O., 71.

Urchristentum von erheblicher Bedeutung geworden sind, zählt Lohmeyer Engel, Geister und Dämonen sowie eine Reihe von Gestalten, die aus der Hypostasenspekulation hervorgegangen sind.[45] Die israelitische Religionsgeschichte habe zu allen Zeiten den Glauben an „dienstbare Geister" und „Boten Jahwes" bezeugt. Den Engelglauben versteht Lohmeyer als ein Produkt poetisch-religiöser Phantasie. Die alttestamentliche Prophetie habe gerade durch den Engelglauben die israelitische Gotteskonzeption von rivalisierenden Elementen befreien können. Diese theologischen Antinomien hätten zu einer streng hierarchisch gegliederten Engeldogmatik geführt, die Gestirne seien als Engelscharen um den Thron Gottes gedeutet worden, und noch Paulus habe die Sterne als beseelte Wesen aufgefaßt und von bestimmten Engelklassen (Gewalten, Herrschaften, Mächten, Thronen) zu sprechen gewußt.[46]

„Daß die Engelverehrung vorkam, daß sie aber auch immer wieder unterdrückt wurde, beweisen nichts deutlicher als die mannigfachen polemischen Äußerungen urchristlicher Schriften, nicht nur des Paulus, sondern ebenso des Hebräerbriefes und der Johannesapokalypse. Ja, der Jud und 2 Petr verteidigen nachdrücklich den Engelkult, und im Hirten des Hermas hat er sogar die Verehrung Christi zurückgedrängt."[47]

Teilt so das Urchristentum mit dem Judentum den Engelglauben, so auch die Vorstellungen von Dämonen, Geistern und Gespenstern. Diese sind nach Lohmeyer aber nicht einfach als religiöse Negativfolie zu den Engeln zu verstehen, sondern speisen sich aus der allgemeinen Kulturkrise des hellenistischen Zeitalters:

„Dämonenglaube wuchert in allen Teilen der hellenistischen Welt in dieser Zeit, da alle Nationalreligionen zerbrechen, üppig empor und gibt sich in den verschiedensten Formen kund: als Glaube an Geister und Gespenster, an Beschwörung und Magie, an Zauberformel, Zaubergebet, Zaubernamen, an magisches Binden, Besprechen und Lösen. Im Spätjudentum ist Dämonenglaube nicht nur in niederen, sondern auch in den höchsten Schichten verbreitet; Jesus wie Paulus leben in ihm. Dämonen sind die Urheber aller Krankheiten. Und hier ist nur das eine bezeichnend, daß sie ethisch qualifiziert werden, wie in dieser Religion alles sich in ethische Zuständigkeiten umsetzt. Wie die Engel die guten Geister, so sind Dämonen (im Gegensatz zur griechischen Anschauung) nur böse Geister."

Als charakteristisch definiert Lohmeyer dabei den Gedanken, daß sich „die Dämonen zu einem Reich des Bösen zusammenschließen, das sich dualistisch gegen das Reich des Guten (Gottes) stellt und in der Gestalt des

---

[45] Vgl.: BOUSSET, Religion; DIBELIUS, Geisterwelt; H. F. WEISS, Hebräer (Lit.).

[46] LOHMEYER, Religion 71.

[47] A.a.O., 75 f. Lohmeyer verweist auf die Konzeption der sieben Erzengel und auf die Namen der vier Kerubim: *Michael* (der in PastHerm fast an die Stelle Christi tritt), *Gabriel* (ranghöchster Engel im Islam), *Uriel* (Regent des Himmels und der Sterne) und *Raphael* (Engel der Heilung).

Teufels ein einheitliches Oberhaupt empfängt".[48] In dem Motiv des apokalyptischen Endkampfes zwischen Gott (bzw. dem Messias oder dem Erzengel Michael) und dem Teufel sieht Lohmeyer die eigentliche innere Schwäche des jüdischen Monotheismus, der die Antinomien der Erde nicht mehr in sich aufzunehmen vermag. Die *eine* Zeit, die *eine* Welt Gottes zerbricht in der dualistischen Auffassung von verschiedenen Zeiten und Reiche (Äonen).

„Mit diesem Glauben wird in die sonst so einheitliche jüdische Anschauung ein dualistisches Moment hineingetragen; und wenn die Theologie und weiterhin auch die Frömmigkeit grundsätzlich daran festhalten, daß Satan letztlich dem Willen Gottes unterworfen sei, so ist dieser Glaube Ausdruck einer müde und trotz aller glühenden Anspannung, trotz allen leidenschaftlichen Ernstes ohnmächtig gewordenen Zeit, die an den ewigen Grenzen und Gegensätzen des irdischen Daseins angelangt ist, hinter denen das Chaos heraufdämmert."[49]

Nach Lohmeyer zeigt sich das Bedürfnis der Zeit, die entstandene Kluft zwischen Gott und Erde erneut mit göttlichem Leben zu füllen, besonders plastisch in der zeitgenössischen Hypostasen-Spekulation des Judentums:

„In dieser Spekulation haben sich oft tiefe Erkenntnisse niedergeschlagen. Aber die Zeit war zu religiös bedürftig und gestaltenreich, um solche Erkenntnisse rein in Geist zu bannen, und war zu arm, um sie zu lebensvollen Gestalten zu wandeln. So sind die Hypostasen seltsame Mittelwesen zwischen Gott und Erde, schwankend zwischen abstrakten Wesenheiten und göttlich lebendigen Gestalten; geboren aus dem Drange, in dem irdischen Leben Göttliches zu schauen, und aus der Armut, die ganze Fülle der Gottheit in dieses Leben hinabzuziehen, sind sie diejenigen Wesen, die in der Sinnlosigkeit irdischen Geschehens und Treibens den Gebildeten jener Zeit Sinn und Trost vermitteln. Es sind vier Gestalten, die auch für Geschichte und Leben des Urchristentums von folgenreicher Bedeutung geworden sind: Die Gestalt der Weisheit, des Wortes, des Menschen und des Geistes. Sie sind im palästinensischen Judentum gewachsen; aber eine Fülle außerjüdischer Strömungen haben ihr Wachstum erst ermöglicht und gefördert, und sie stehen am reinsten da in der Philosophie des Philo.
1. Die Weisheit ist die weltschöpferische, gesetzgebende Vernunft Gottes, fast eine Eigenschaft oder ein Werk Gottes, aber ebenso für sich lebendiges Wesen, Gottes Werkmeisterin und Gehilfin. Sie ist die Lehrmeisterin und Erzieherin der Menschen, ihre Beraterin in allen Bemühungen; von ihr besitzen alle begnadeten Menschen Weisheit und Frömmigkeit (Spr 8, 22 ff.): ‚Jahwe erschuf mich am Anfang seiner Wege, / Als erstes seiner Werke vorlängst. / Von Ewigkeit her bin ich eingesetzt, / zu Anbeginn, seit dem Ursprung der Erde ... / Da war ich ihm Werkmeisterin zur Seite, / Da war ich sein Entzücken Tag für Tag. / Spielend vor ihm zu jeder Zeit, / Spielend auf dem Erdenrund / Und hatte mein Entzücken bei den Menschenkindern.‘ Diese Gestalt taucht in fast allen spätjüdischen Schriften auf, sie steht im Mittelpunkt in der Sapientia Salomonis, die nach ihr den Namen erhielt (...). Wie tief lebendig sie nicht nur in gebildeten [Kreisen], son-

---

[48] LOHMEYER, Religion 78.
[49] A.a.O., 80. Inwieweit Lohmeyer sich in seinen Anschauungen über den Teufelsglauben auf Boussets religionsgeschichtliche Untersuchungen stützte, zeigt seine Heidelberger Akademieabhandlung über Phil 2, 5–11 (LOHMEYER, Kyrios 27 f.).

dern auch in Volkskreisen war, beweist niemand deutlicher als Jesus. Er nennt die Propheten ‚Kinder der Weisheit' und kann Lk 11, 49 ff. ein Wort der Weisheit anführen.

2. Eine zweite Gestalt ist das Wort Gottes, das schon nach Gen 1 alles Tun vermittelt; sie ist in der späteren Theologie ebenfalls Hypostase geworden. Aber schon zur Zeit Jesu finden sich Ansätze zu solcher Bildung. Durch das schöpferische Wort Gottes sind alle seine Werke: ‚Da sprang Dein allmächtiges Wort vom Himmel her, vom Königsthron, wie ein wilder Krieger mitten in das dem Verderben geweihte Land' (SapSal 18,15). Diese Spekulation ist für das Urchristentum durch die Verbindung mit dem hellenistischen Logosgedanken wichtig geworden.[50]

3. Eine eigentümliche Gestalt ist die des Menschen, es ist die dunkel- und rätselvollste Gestalt. Er begegnet in Verbindung mit Adamssagen. Adam ist ein überaus herrliches Wesen, ein zweiter Engel, vom Teufel belauert und mit Hilfe der Eva überlistet. Philo erzählt von einem ersten und zweiten Menschen, nach den doppelten Berichten von Gen 1 und 2; der erste himmlischer Natur, rein und vollkommen; der zweite irdisch, sündig, als Mann und Weib erschaffen. Auch Paulus scheint mit dieser Lehre vom Urmenschen bekannt gewesen zu sein (1 Kor 15,46).[51] Sie ist darum so folgenreich, weil sie in dem Namen Jesu ‚Menschensohn' wieder lebendig geworden ist, und schon im Judentum mit der Gestalt des erwarteten Messias verbunden war. Sie lebt im Judentum und Urchristentum, in der gnostischen, mandäischen und manichäischen Religion. Sie ist bis nach Ägypten gedrungen (Poimandres), und Spuren finden sich vielleicht noch in der mittelalterlichen kabbalistischen Spekulation. Ihr ursprünglicher Sinn, ihre Geschichte und ihr Wesen ist noch völlig im Dunkel; aber kaum geht man fehl, wenn man hier eine Einwirkung persischen Glaubens sieht, in der verwandelt die Gestalt eines Urmenschen begegnet.

4. Der Geist Gottes. Der Begriff des Geistes ist dem Judentum von Alters her vertraut. Er ist es, der als wütige Kraft über Simson, als wilder Zorn über Saul herfällt; er ist die Gewalt, die den Propheten mit Visionen, Verkündungen und Verheißungen erfüllt. So lag hier eine Hypostasierung des Geistes besonders nahe; und sie erfolgt um so stärker, je tiefer sich in das Bewußtsein gräbt, daß das Zeitalter prophetischen Geistes abgeschlossen und seit Maleachi der hl. Geist entschwunden ist. Wie die Weisheit, mit welcher er häufig verbunden, fast identisch scheint, ist der Geist, der nach Gen 1 über den Wassern schwebte, am ersten Tage geschaffen worden. Als hl. Geist oder Geist der Wahrheit ist er der Widerpart zu dem Geist des Unreinen und der Lüge, dem Geiste des Beelzebul. – In der Gegenwart teilt er sich nicht den Gläubigen mit – und um so göttlicher steht darum er selber vor Gottes Thron –, und um so herrlicher wird er einst in der Zeit des Messias sich offenbaren und über alle Gläubigen ergießen. Die Formen dieser Hypostasen-Spekulation sind religionsgeschichtlich sehr bedeutsam und folgenschwer. Einmal bekunden sie für das Judentum, daß auch in dem strengsten festgehaltenen Monotheismus nie der polytheistische Drang erstirbt, der nach einer näheren und menschlicheren Erfassung des Göttlichen strebend, in vielerlei irdisch-göttlicher Gestalten schaut und anbetet, wo der Monotheismus Gemüt und Herz eine Leere läßt. Die Art, wie dieser Drang sich bekundet, ist für die Art der Volksreligion ungeheuer bezeichnend. Versinnbildlichen sich in der klassischen Antike in dem Reich der vielen Götter die Mächte naturhaften Lebens und Geschehens, so im Judentum in der Fülle der Hypostasen die geistig gesetzmäßigen, welthaften oder seelischen Mächte. Aber mit dieser Spekulation öffnet sich das Judentum der vom ähnlichen polytheistischen Drang beseelten griechisch-römischen Welt; und

---

[50] Zur kriegerischen Logos-Figur in der Apk vgl.: LOHMEYER, Offenbarung 155.

[51] Zu 1 Kor 15 vgl.: CONZELMANN, Korinther 338 ff.; SELLIN, Streit; BARBAGLIO, Corinzi 775–866.

nicht zufällig findet sich bei Philo, der ihren Einflüssen am weitesten offen steht, die größte Fülle halb göttlicher Hypostasen. Für das Urchristentum hat diese Hypostasen-Theologie die Formen vorgebildet, in denen es seine Christologie fassen konnte. Wenn schon früh in der Urgemeinde, sicher bei Paulus, über die präexistente Wesenheit Jesu spekuliert wird, wenn der hl. Geist des Urchristentums, obgleich von völlig anderer Dynamik als im Judentum, dennoch als göttliche Potenz neben Gott tritt, so verdankt das Urchristentum diese spekulative Entwicklung seines inneren Gehaltes der jüdischen geistigen Richtung. Schon im Judentum war durch die drei Formen des Engel-, Dämonen- und Hypostasen-Glaubens eine Erweichung des Monotheismus eingetreten. Das Urchristentum hat dieses Geschenk des Judentums zu seinem Heil wie zu seinem Unheil in seine eigene Bewegung mit übernommen."[52]

In diesem Vorlesungsfragment kommt neben der Rezeption zeitgenössischer religionsgeschichtlicher Ansätze die individuelle theologische Handschrift Lohmeyers zum Vorschein. Es ist die Darlegung der sachlichen Verbundenheit von Judentum und Christentum, die ihren Ausdruck vor allem in der theologischen Verwandtschaft von jüdischer Apokalyptik und urchristlicher Eschatologie findet. Charakteristisch für Lohmeyers Darstellung des Urchristentums ist dabei der konsequente Verzicht auf jede christliche Apologetik.

Im Gegensatz zu Wilhelm Bousset (der 1920 über seiner wissenschaftlichen Arbeit im Alter von nur 55 Jahren zusammengebrochen war) berief sich Lohmeyer nirgends auf jenen Absolutheitsanspruch der christlichen Religion, wie er vor allem innerhalb liberaler Kreise verbreitet war.[53] Bousset hatte bereits 1892 die „Predigt Jesu in ihrem Gegensatz zum Judentum" dargestellt, und auch seine Vorlesungen zum „Wesen des Christentums" (1903) gingen in die gleiche Richtung, vermehrt noch um einige offen gegen den Buddhismus gerichtete Spitzen.[54] Scharf hatte Bousset die Linie zwischen dem „spätjüdischen" und dem „urchristlichen" Gottesbegriff gezogen. Da nach dem babylonischen Exil keine geschichtlich bedeutsame Größe ‚Volk Israel' wiedererstanden sei – sondern lediglich eine „Kolonie (...) zurückgekehrter Juden, Priester an ihrer Spitze, eine Gemeinde", habe sich das Judentum aus dem Gefühl des Lebens in der Gottesferne in einen äußerlichen Legalismus begeben und sei durch das Streben nach Heiligkeit in seinen sittlichen Idealen rein asketisch-negativ bestimmt gewesen. In dieser Zeit habe das Judentum nicht mehr die innere Dynamik besessen, um seinem Gottesgedanken „einen konkreten innerweltlichen Gehalt zu geben". Aus dem „lebendigen, gewal-

---

[52] LOHMEYER, Religion 81–87.

[53] In seiner letzten Vorlesung am 20. Juni 1919 hatte Bousset gegen die „Herrschaft der Canaille und der Boheme" agitiert (gemeint ist die Ausrufung einer kommunistischen Räterepublik in München) und sich für die Beibehaltung staatlich anerkannter theologischer Fakultäten eingesetzt (BOUSSET, Religion 35).

[54] BOUSSET, Wesen 197. Gegen eine weltflüchtige „buddhistische" Interpretation des Urchristentums hatte sich auch A. v. Harnack gewandt (V. HARNACK, Wesen 1).

tigen Gott Israels" sei das „Dogma eines abstrakten, transcendenten Monotheismus" geworden. Diese Abkehr von der Welt, der „Zug ins Transcendente, Überweltliche, Heilige" habe den Ausschließlichkeitscharakter „Neuisraels" zur Vollendung gebracht, durch den es zum allgemein „verhaßten Judenvolk" werden mußte. Im Gegensatz dazu sei das „wahrhaft Schöpferische" der Predigt Jesu gewesen, daß er Gottvaterglaube, Nächsten- und Feindesliebe wieder in „unmittelbarste, engste, durch nichts gestörte Verbindung" gebracht und damit den abstrakten Gottesbegriff ebenso wie das rein negative Heiligkeitsideal des Judentums überwunden habe.[55] Damit sei das Christentum „als moralische Erlösungsreligion an die Spitze aller Religionen" gerückt.[56] Die Ethik des Urchristentums sei weder asketisch noch kulturfeindlich, sondern bejahe das sich in den Bedingungen der Welt offenbarende Sittliche.

Vor diesem Hintergrund hebt sich das Profil bereits von Lohmeyers frühem Jesus-Bild in markanter Weise ab. Mit einem Aufgang des Wahren in der Wirklichkeit (verstanden als innerweltlich-sittlicher Erlösungsprozeß) hat nach Lohmeyer die Reich-Gottes-Verkündigung Jesu nichts gemein. Erlösung durch göttliche Gnade, die sich geschichtlich als Vergebung der Sünden verwirklichen mag, ist „kein Verharren, sondern ein Laufen, kein Ruhen, sondern ein Drängen", ist daher wesentlich Drang nach Erlösung von den Bedingungen der Welt, um das Selbst in die zeitlose Wirklichkeit Gottes einzuordnen, die als ewige Ruhe erst im kommenden Gottesreich zum „bleibenden Leben" wird.[57] In der Predigt Jesu „lebt nicht der Drang, Gott selbst in die Erscheinung dieser Welt, in das Diesseits von Hier und Jetzt hineinzurufen, sondern diese Welt in ein unbegreifliches und unkündbares Anderes, in ein Jenseits dieser Stätte und Stunde hinüberzuführen". Das Evangelium Jesu schaut an den Menschen und der Welt vorbei „hinauf zu einer anderen göttlichen Welt; die Erde ist ihm nicht der Boden für Gott-Aufgänge, sondern die Stätte für Gott-Übergänge."[58]

In dieser Weise sprach Lohmeyer – ausgehend von der in der Predigt Jesu als fundamental erkannten eschatologischen Kluft zwischen Sein und Zeit, zwischen Wesen und Wirklichkeit – von der „eschatologischen Bestimmtheit" urchristlicher Rede von Gott, von einem „dialektischen Gegensatz von Welt und Gott" (1927/28)[59], von einer „Metaphysik zweier

---

[55] BOUSSET, Predigt 50. Gegen den Anspruch auf jesuanische Originalität der Verbindung von Gottes- und Nächstenliebe vgl.: J. WEISS, Predigt 137. Zu Gott als Vater in der Theologie des Alten Testaments vgl.: LOHMEYER, Vater-unser 18–40.

[56] BOUSSET, Wesen 173.

[57] So Lohmeyers Definition der Gestalt Jesu in seinem Werk der Reich-Gottes-Predigt (LOHMEYER, Fragen 66).

[58] A.a.O., 66. Zum Passagemotiv vgl.: LOHMEYER, Jesus; PAULSEN, Vorübergehende.

[59] LOHMEYER, Kyrios 32.

Welten" (1928)[60], von einer mit dem Begriff des Glaubens selbst bereits vorausgesetzten „Metaphysik" (1929)[61].

Damit waren bei Lohmeyer auch in religionsphilosophischer Perspektive bereits die entscheidenden Weichen gestellt: „Glauben heißt an etwas glauben, dies Etwas als den einzigen und absoluten Grund seiner eigenen und aller fremden Wirklichkeit wissen, von dem das gläubige Ich alle Fülle und auch alle Nichtigkeit seines Selbst erst empfängt."[62]

Die Geschichte der urchristlichen Religion – Lohmeyer spricht auch von der „geistige[n] Geschichte des Urchristentums"[63] – ist von einer mythisch-metaphysischen Grundhaltung bestimmt. Das in Himmel, Erde und Meer (bzw. Unterwelt) aufgeteilte System antiker Weltanschauung ist dem Urchristentum als allgemeiner Bezugsrahmen vorgegeben. In diesen Bahnen bewegt sich auch die eschatologisch-metaphysische Verkündigung Jesu vom Kommen des Reiches Gottes. Nach Lohmeyer ist Jesu Predigt daher wesentlich ein „schroffes Nein zu allem Gegenwärtigen", das von einem aus den „Urgewalten des Himmels" herrührenden „unbedingten Ja" getragen wird. Dieses unbedingte Ja ist Jesus selber in Person.[64]

---

[60] LOHMEYER, Idee 235.238.

[61] LOHMEYER, Grundlagen 25.

[62] A.a.O., 1.

[63] LOHMEYER, Kyrios 73.

[64] LOHMEYER, Fragen 64. Auf der Suche nach systematisch-theologischen Ansatzpunkten solcher Formulierungen trifft man wiederum auf P. Tillich. Dieser schrieb 1919 in seinen kulturtheologischen Thesen: „Religion ist Erfahrung des Unbedingten und das heißt Er-fahrung schlechthinniger Realität auf Grund der Erfahrung schlechthinniger Nichtigkeit; es wird erfahren die Nichtigkeit des Seienden, die Nichtigkeit der Werte, die Nichtigkeit des persönlichen Lebens; wo diese Erfahrung zum absoluten, radikalen Nein geführt hat, da schlägt sie um in eine ebenso absolute Erfahrung der Realität, in ein radikales Ja" (zitiert nach: ALBRECHT, Tillich 18).

Kapitel VI

Dichtung als Weltanschauung bei Stefan George und Ernst Lohmeyer

1. Lohmeyer und der „George-Kreis"

1926 erschien nach weniger als einem Jahr Bearbeitungszeit Lohmeyers Kommentar zur Offenbarung des Johannes in Hans Lietzmanns „Handbuch zum Neuen Testament" (HNT). Gleichzeitig brachte Lohmeyer eine gesonderte, strophisch gegliederte deutsche Übertragung des griechischen Textes mit einem erläuternden Nachwort heraus. Die an der Siebenzahl orientierte Gliederung von Lohmeyers poetischer Übertragung der Johannesapokalypse ins Deutsche zeichnete sich auch graphisch durch die Verwendung einer speziellen Schrifttype und durch einen besonderen Blaudruck der Anfangszeilen der Hauptabschnitte aus. Lietzmann hatte 1926 eine Anfrage von V&R dahingehend beantwortet, über Lohmeyers eigentliche religiöse Einstellung nichts sagen zu können. In dessen exegetischer Arbeit kämen vor allem gewisse ästhetische Neigungen zum Ausdruck.[1] Bultmann kritisierte 1927 Lohmeyers Gesamtverständnis des letzten Buches der Bibel als formal wie inhaltlich durch die Siebenzahl gegliedertes „Kunstwerk" als „mitunter (…) künstlich."[2] Hans Windisch merkte 1928 in einer Rezension von Lohmeyers Kommentar zum Philipperbrief an, die Arbeit stelle „eine völlige Neuschöpfung" dar. Es handele sich um „eine *schöpferische* Reproduktion des paulinischen Briefes" und eben darin sei sie eine „hervorragende *theologische* Leistung". Lohmeyer habe die Gabe, in die rhythmische Gliederung des Textes einzudringen und „in gehobener bildreicher Sprache" tief nachsinnenden Beobachtungen Ausdruck zu verleihen. Kritisch bemerkte Windisch jedoch: „Die Frage ist natürlich, wieweit er hiermit die Intentionen des Apostels richtig erfaßt, ob er nicht zu viel in alles hineinlegt, ob er immer *richtig* exegesiert."[3] Im Zusammenhang mit einer Kritik von Lohmeyers Deutung des Christus-

---

[1] ALAND, Glanz 505.
[2] ThLZ 52, 1927, 505–512 (Hervorhebungen im Text).
[3] ThLZ 53, 1928, 513 (Hervorhebungen im Text).

liedes in Phil 2 sprach Windisch 1929 dann erstmals offen von dem „Georgeschüler" Lohmeyer.[4]

Über die Beziehung von Lohmeyer und seiner Theologie zum Symbolismus Stefan Georges (1868–1933) und zum „George-Kreis" finden sich in der Literatur bisher nur wenige allgemein gehaltene Andeutungen.[5] Daß Lohmeyer sich für ästhetische Fragen einerseits und für das Problem der Bedeutung einer besonderen Formensprache für die Rede von Gott andererseits interessierte, war jedoch schon unter seinen zeitgenössischen Kritikern niemandem entgangen. Das theoretische wie praktische „Interesse an Dichtung schlechthin"[6] war ein Ernst und Melie Lohmeyer stark verbindender Zug. Das Spektrum von Lohmeyers literarischen Interessen, das in seiner exegetisch-theologischen Arbeit zum Tragen kommt, erstreckt sich von Dante, Novalis, Hölderlin, Klopstock, Herder, Goethe, Keller, Raabe, C. F. Meyer und Dickens bis zu Baudelaire, Hofmannsthal, R. A. Schröder, R. Borchardt, Morgenstern, Tolstoi, Dostojewski, Carl Spitteler und Paul Ernst. Dem im schlesischen Halberschwerdt geborenen Erzähler Hermann Stehr (1864–1940) und dem russischen Symbolisten Dimtri S. Mereschkowskij (1866–1941) widmete Lohmeyer sogar eigene literarische Betrachtungen.[7]

Die im privaten Restnachlaß Lohmeyers erhaltenen literarischen Spuren lassen erkennen, daß Lohmeyer seine Aufmerksamkeit besonders jedoch auf George und seinen Kreis gerichtet hatte. K.-J. Otto erinnert sich an Berichte seiner Schwiegermutter Melie Lohmeyer, die noch in Heidelberg mit dem Georgeschüler Friedrich Gundolf bekannt geworden war: „Der Kontakt ergab sich (...) nach dem Kriegsende 1918 in der Heidelberger Zeit."[8] Inwieweit es sich dabei um ein „persönlich näheres Bekanntsein"[9] gehandelt hat, ist nicht mehr mit Sicherheit festzustellen:[10] Es ist jedoch denkbar, daß Lohmeyer vor allem vermittelt über seine Frau verschiedene Anregungen aus dem nächsten Umfeld Georges erhalten hat, ohne dessen

---

[4] ThLZ 54, 1929, 247.

[5] W. OTTO, Freiheit, 152 ff.

[6] Brief von K.-J. Otto an den Vf. vom 18. März 2001.

[7] LOHMEYER, Stehr; DERS., Mereschkowskij.

[8] Mitteilung von K.-J. Otto an den Vf. vom 18. März 2001. In Gundolfs Heidelberger Literaturkolleg befand sich 1920 u.a. auch Joseph Goebbels (STRACK, Gundolf 31).

[9] Brief von K.-J. Otto an den Vf. vom 31. März 2001.

[10] „In einem an sich wenig bedeutenden Bändchen aus der Reihe ‚Deutsche Lyriker' der seinerzeit gängigen Hesseschen Volksbücherei *Stefan George*, 143 S., Vlg. Hesse u. Becker, Leipzig 1918 von Will Scheller findet sich in der Handschrift von Frau Lohmeyer die Eintragung ‚*Ernst und Melie Lohmeyer, Juli 1918*'. Dies ist sicher ein Zeichen dafür, daß nicht mit Bestimmtheit zu sagen ist, von wem die Anregung zur Beschäftigung mit George ausgegangen ist." (K.-J. Otto in einem Brief an den Vf. vom 31. März 2001).

Kreis als solchem förmlich angehört zu haben.[11] Im Restbestand der Lohmeyerschen Bibliothek finden sich immerhin die Arbeiten Gundolfs zu *Shakespeare und der deutsche Geist* (1911), zu *Goethe* (1916) sowie zu *George* (1920). Von George besaß Lohmeyer außer dessen Übertragungen von Dantes *Göttlicher Komödie* und Baudelaires *Blumen des Bösen* auch den Gedichtband *Der Siebente Ring*.[12] Am Ende seiner Habilitationsschrift *Vom göttlichen Wohlgeruch* hatte Lohmeyer nicht nur auf Dante, sondern auch eigens auf zwei George-Gedichte als moderne Beispiele dichterischer Umsetzung des antiken Duftsymbols hingewiesen.[13] Im Symbol des Duftes als „Leben und Tod überdauernde Kraft" sah Lohmeyer die allgemeine „Hellenisierung des Christentums" individuell deutlich ausgestaltet.

„Ist es in älterer Zeit – jüdischen Gedanken entsprechend – mehr ein Weihrauchduft, der Leben und Tod der Heiligen umhüllt, so in späterer Zeit mehr der Duft paradiesischer Blumen, in dem griechische Lebendigkeit entsinnlicht aufblüht (...). Im lateinischen Abendlande hat das Duftsymbol seine zarteste Lebendigkeit gewonnen. Der Duft, der bei allem heiligen Sterben frei wird, ist der Duft der Seele, die vom Körper befreit, in ihr göttlich gelöstes Dasein zurückkehrt. Mit der ganzen poetischen Kraft, aus der die mittelalterliche Legende geboren ist, sind die sinnlichen Bilder irdischen Lebens zu Symbolen göttlicher Wirklichkeit umgewandelt; das Rosenwunder der Heiligen ist nur das bekannteste Zeugnis dafür. Wenn die Form dieser Verschmelzung von Himmel und Erde auch die gleiche ist wie in der griechischen Religion, so ist sie doch aus anderen Seelengründen neu erwachsen. Denn die Wirklichkeit, aus der das Symbol lebendig geworden ist, ist nicht mehr die Erde, die das Göttliche in sich schließt, sondern der Himmel, dessen ewig unzulängliches Gleichnis die Erde ist. So ist das Symbol innig, innerlich geworden, zu dem Glauben einer frommen Seele, die jenseits der Natur und ihres Lebens ihre Erfüllung findet, und, weil sie doch der Natur nicht entraten kann, sie zum Symbol der einzigen himmlischen Wirklichkeit wandelt und so einen leisen Schleier irdischer Lebendigkeit in ihr einsam innerliches Leben hinüberrettet."[14]

Begriffe wie *Symbol*, *Bild*, *Bildnis* und *Zeichen* spielen in Lohmeyers Arbeiten insgesamt schon früh eine besondere Rolle. Dem George-Kreis kam es vor allem darauf an, neue sinnträchtige literarische Symbole und kunstvolle sprachliche Zeichen für das kommende Reich des Geistes zu schaffen. Offenbar auch angeregt von den Arbeiten E. Cassirers wurde für Lohmeyer schon Mitte der 20er Jahre „die Sprache als ‹Symbol›" zu einem besonderen Problem, und er dachte als einer der ersten seines Fachs

---

[11] Der Begriff der Mitgliedschaft im George-Kreis konnte ohnehin entweder sehr weit oder auch sehr eng gefaßt werden. Nach Gundolf war es ein sicheres Zeichen für Nichtzugehörigkeit zum Kreis Georges, wenn jemand seine Mitgliedschaft öffentlich zur Schau stellte (GUNDOLF, George 31).

[12] Briefliche Mitteilung von K.-J. Otto an den Vf. vom 31. März 2001.

[13] LOHMEYER, Wohlgeruch 51. Es handelt sich um den „*Lobgesang*" aus dem *Siebenten Ring* und um das „*Vorspiel*" im *Teppich des Lebens*. Es handelt sich um die einzigen ausdrücklichen literarischen Verweise Lohmeyers auf Georges Dichtung.

[14] A.a.O., 49 f.

darüber nach, ob nicht aus den Begriffen, Texten und Zeichen des Neuen Testaments eine eigene „Theorie der religiösen Sprache" entwickelt werden könnte – ohne freilich aus diesem Programm bereits ein fertiges System zu formen.[15] Lohmeyer hatte schon 1925 den Begriff „Glaube" prinzipiell als „zeitliches Symbol der ‹Ewigkeit›" bezeichnet.[16] Aber vor allem das in Lohmeyers Habilitationsschrift durchgängig greifbare sprach-schöpferische Element entsprach zweifellos dem inneren Anliegen von Georges Dichtung. Gundolf schrieb in seiner 1921 in zweiter Auflage erschienenen Stefan-George-Darstellung:

> „Das Fleisch muß Wort werden, und nicht bloß Klang oder Form, und jedes Fleisch muß sein *eigenes* Wort finden (…). Dies ist der tiefe Sinn von Georges Wort *‚In jeder ewe*[17] / *Ist nur ein gott und einer nur sein künder.*' Dabei mag der Künder ein Gründer oder ein Vollender sein, das Gesetz auflösen oder erfüllen. Jeder Gott schafft neue Sprache, daran erkennt man, ob er ein Gott ist."[18]

Im Begriff der wechselseitigen *Verschränktheit* von Kunst und Religion – die Theologie und Prophetie als sprachliche Verdichtung religiöser Erfahrung, Kunst und Dichtung als seherischen Akt des gläubigen Ich begreift – ist ein zentraler Aspekt für das Verhältnis von Lohmeyers Theologie zur Ideologie des George-Kreises genannt.[19]

Die Konstituierung besonderer Kreise war im Deutschland der Zwi-schenkriegszeit gleichsam Ausdruck der Suche nach neuen geistigen Zentren, nach Sinnganzheit in der als zerrissen erfahrenen Welt: „Nach dem Kriege suchte die deutsche Jugend – ruhelos, verwirrt, oft unheilbar der Republik entfremdet – ihr Heil bei den Dichtern."[20] Begeistert von der Idee der *poésie pure* des französischen Symbolisten Stephane Mallarmé, war Stefan George schon vor der Jahrhundertwende aus dem ursprünglich aus acht Mitbrüdern gebildeten „Kreis der Meister" als zentrale Figur hervorgegangen.[21] 1891 hatte George in Wien Hugo v. Hofmannsthal (1874–1929) kennengelernt, mit dem er bis 1906 freundschaftlich eng

---

[15] LOHMEYER, Gemeinschaft 7.

[16] A.a.O., 73.

[17] George spielt auf das altgermanische Wort *ēwa* (Lebenszeit, Ewigkeit) an. Zum Begriff des indogermanischen *aion* vgl.: RGG³ I, 193

[18] GUNDOLF, George 9.

[19] Das Werk Georges – von den *Hymnen* (1890) bis zum *Neuen Reich* (1928) – ist im Gegensatz zur Literatur über ihn und seinen Kreis recht übersichtlich (vgl. die 18-bändige Gesamtausgabe bei Klett-Cotta aus dem Jahre 1986). Aus der Sekundärliteratur vgl. neben der 452-seitigen Bibliographie von G. P. LANDMANN (2. Aufl. 1976) die Arbeiten von GUNDOLF, SCHONAUER, SCHULTZ, FROMMEL, BRAUNGART, VARTHALITHIS.

[20] GAY, Republik 107.

[21] Zu diesem ersten Kreis um George gehörten Carl Rouge, Arthur Stahl, Clemens von Franckenstein, Karl Bauer, Carl August Klein, Richard Perls und der Deutsch-Belgier Paul Gérardy (SCHONAUER, George 23).

verbunden blieb. Bis zur Bekanntschaft mit Gundolf im Jahre 1899 war im George-Kreis in München-Schwabing zuerst jedoch die Runde der neuheidnischen „Kosmiker" (Ludwig Klages, Karl Wolfskehl, Alfred Schuler) vorherrschend.[22] In Auseinandersetzung mit den extrem juden- und auch christentumsfeindlichen Anschauungen Schulers und Klages brachen der dem Zionismus zuneigende Wolfskehl und der katholisch erzogene George im Winter 1903/04 mit dem ‚chtonischen Mystizismus‘. An die Stelle von Schuler und Klages traten als Lieblingsjünger Georges nun Gundolf und für die kurze Zeit bis zu seinem Tod der 16jährige Gymnasiast Maximilian Kronberger in den Kreis. Dessen Nachfolge trat ab 1920 Max Kommerell an. Nach dem Bruch mit Kommerell (mit dessen Hilfe George 1928 noch sein letztes Werk *Das Neue Reich* herausgegeben hatte) und Friedrich Gundolf (der 1930 geheiratet hatte), kamen die Brüder Alexander, Berthold und Claus von Stauffenberg in den Kreis Georges.[23]

Zum Propheten und Künder eines geistigen Neuanfangs war im George-Kreis neben Goethe, Heinrich von Kleist und Georg Büchner insbesondere Friedrich Hölderlin erkoren worden, der mit seinem *Aufruf zu einer neuen Ganzheit des Lebens* zu einer von allen deutschen Intellektuellen der Zeit – ganz unabhängig von ihrer politischen Ausrichtung – bewunderten Gestalt wurde.[24] Für George war Hölderlin mit seiner in Deutschland lange Zeit unverstanden gebliebenen „Verkündigung des ursprünglich Griechen-deutschen"[25] zum „Eckstein der nächsten deutschen Zukunft und Rufer des neuen Gottes" geworden.[26] Gundolf betonte 1921 nach außen hin zwar, der George-Kreis sei „weder ein Geheimbund mit Statuten und Zusammen-künften, noch eine Sekte mit phantastischen Riten und Glaubensartikeln, noch ein Literatenklüngel."[27] Dennoch lag in Analogie zur Bloomsbury-Group auch über dem George-Kreis ein mehr oder minder undurchdring-licher Schleier des Elitären und Absonderlichen.

Um die 1924 wieder neu aufgelegte evangelische Literaturzeitschrift *Eckart – Blätter für evangelische Geisteskultur* hatte sich in den Personen von Kurt Ihlenfeld, Jochen Klepper, Rudolf Alexander Schröder, Reinhold Schneider, Ricarda Huch, Gertrud von Le Fort und Ina Seidel ein besonderer Kreis gebildet.[28]

---

[22] FABER, Männerrunde.

[23] STEFFAHN, Stauffenberg; STEINBACH/TUCHEL, Widerstand.

[24] GAY, Republik 86.

[25] A.a.O.

[26] GRABERT/MULOT/NÜRNBERGER, Literatur 145.

[27] GUNDOLF, George 31.

[28] 1933 erhielt die Zeitschrift den Untertitel *Dichtung, Volkstum, Glaube*. 1939 trat der zum konservativen Widerstand zu rechnende Ulrich von Hassel (1881–1944) unter den Autoren auf. 1943 wurde die Zeitschrift verboten (THALMANN, Klepper 101 f.).

Ein anderes Beispiel stellte der von den drei Freunden Paul Tillich, Carl Mennicke und Eduard Heimann ins Leben gerufene Kairos-Kreis dar, der zwischen 1920 und 1927 die *Blätter für religiösen Sozialismus* herausbrachte. Auch die religiös-sozialistische Neuwerk-Bewegung und die bruderschaftlich-sakramental ausgerichtete Berneuchener Bewegung um Karl Bernhard Ritter suchte wie die von Rudolf Steiner und Friedrich Rittelmeyer ins Leben gerufene Christengemeinschaft nach einer sozialen wie geistigen Neuorientierung.[29]

Der überzeugte Individualist Lohmeyer konnte an einer kontinuierlichen Mitarbeit an solchen Gruppenbildungen nur bedingt interessiert sein. So schrieb er im Jahre 1929 an Hans Lietzmann auf dessen Kritik an seinem Buch zur Theologie des Paulus hin, er wolle „keinen Orden begründen, der sich an eigenen und nur ihm verständlichen Worten berauscht" und lehne deswegen, „wo immer solche Tendenzen in unserer gegenwärtigen Theologie auftauchen, gleich strikt jede sachliche Gemeinschaft mit ihnen ab."[30] Im gleichen Jahr lieferte Lohmeyer jedoch immerhin für das zweite Buch des Kairos-Kreises einen Beitrag zum Thema „Kritische und gestaltende Prinzipien im NT".[31]

Bereits 1924 hatte Lohmeyer für die schlesische Kultur- und Theaterzeitschrift *Der Ostwart*[32] eine Abhandlung zum Thema „Dichtung und Weltanschauung" verfaßt. In dieser bisher nicht beachteten Veröffentlichung trifft man auf Ausführungen, die für die Verhältnisbestimmung von Lohmeyers Theologie zur Ideologie des George-Kreises wichtige Einsichten vermitteln. Mit einem Novalis-Zitat hebt Lohmeyer an und endet mit einem Wort Hölderlins. Damit wird gleichsam der theoretische Rahmen von Lohmeyers Auffassung vom Beruf des Dichters bezeichnet. Es ist die bewußte Orientierung an der größeren Vergangenheit, die Ausrichtung des eigenen Denkens an der Welt der griechischen Dichtung, die keine Scheidung von Poesie und Philosophie kennt, weil ihr die Trennung des Vorfindlichen in ein Drinnen und Draußen unbekannt ist:

„Das Unerreichbare an in sich ruhender, heldischer und frei geistiger Überlegenheit bei Homer, die geheiligte Vollendung der griechischen Tragödien bei aller inneren aber offenbaren Rätselfülle, die erhabene Beschwingtheit pindarischer Hymnen, die nach Sternen greifen wie nach vertrauten Weggenossen, – diese unwiederholbare und unnahbare Ganzheit griechischer Dichtung, die von unsichtbarer Weltanschauung ganz erfüllt ist, weil sie das letzte Ziel aller Philosophie erreicht hat, den Ort, da sie ewig ‚zuhause' ist, und die von Weltanschauung nichts weiß, weil alle Weltanschauung nichts anderes sein kann, als ein Zeichen des Risses zwischen innen und außen, zwischen Welt und Ich – sie ruht darauf, daß bevor noch der Gang des Geistes in der Geschichte Fragen aufwühlend

---

[29] GAY, Republik, 71 ff.; WEHR, Tillich 57 ff.; R. SCHMIDT, Abstecher 206.
[30] Lohmeyers Brief an Lietzmann vom 10. Februar 1929 (ALAND, Glanz Nr. 637).
[31] LOHMEYER, Prinzipien.
[32] LOHMEYER, Dichtung. Für eine Kopie des Textes dankt der Vf. Herrn K.-J. Otto.

und dennoch notwendig laut werden ließ, hier eine Antwort bereit und ausgesprochen war."[33]

Mit der Dichtung Goethes sei das Gefühl der Fremdheit des Ichs in der Welt noch einmal mit voller Wucht zum Ausdruck gekommen. Wirklich begriffen habe man dies jedoch erst wieder in der jüngsten Vergangenheit:

„Was an Zerrissenheit und einsamer Verlorenheit in Goethes Tagen nur den wenigen ebenso Belasteten wie Begnadeten sichtbar war, ja durch einen neu aufbrechenden Frühling des Geistes, ach nur allzu sehr des Geistes, weniger der Dichtung und Weltanschauung überwunden zu sein schien, das ist in unseren Tagen durch die Jahre vor, während und nach dem Kriege auch dem blödesten Auge[34] offenbar geworden. Wer mag von einem fruchtbaren Bunde zwischen Dichtung und Weltanschauung reden, wo die Welt nur fremde und unverständliche Chiffern der suchenden Seele bietet?"[35]

Das Zeichen der eigenen Zeit ist nach Lohmeyer, der an dieser Stelle ein Wort des Symbolisten Paul Ernst (1866–1933) aufgreift, die „endgültige Verlassenheit der Welt von Gott, ihre vollendete Gottlosigkeit."[36] Der eigentliche Beruf des Dichters ist für Lohmeyer daher, in der eigenen Gegenwart „ein gotterfülltes Wort laut werden zu lassen", in eben der vorfindlichen „Sinnenferne" die eigene Sehnsucht nach „dem kommenden Gott" zum Ausdruck zu bringen. Der Dichter der Gegenwart stehe an einer „Zeitenwende", die ihm „mit der Ahnung der kommenden Zeit auch die Fülle der vergangenen hilfefreudig zu[führt]." Anknüpfungspunkt für das unerhört Neue kann für Lohmeyer notwendig nur das Althergebrachte sein, denn

„obgleich an vergänglicher Stelle, steht er [der Dichter; Anm. d. Vf.] in einem unvergänglichen Zusammenhange mit der Geschichte und dem Geist seines Volkes. So öffnet sich ihm, dem Erben und Ahnen zugleich, ein Weg, der sein Dichten aus der Einsamkeit seiner Seele erlöst und mit dem geahnten Geist einer verborgenen Heimat und der neuen Schau einer nahen Welt verbindet."[37]

Es ist die Erinnerung (Mnemosyne) – Mutter aller Musen – die als „Pflicht des Gedenkens" und als „Kraft der Vergegenwärtigung alles Vergangenen" von Homer bis Goethe mit der Dichtung identifiziert wird. Die Dichter sind „die Träger und Bewahrer des Überkommenen, des Herkommens im strengsten Sinne", sie sind „das lebendige und wandelnde Gedächtnis

---

[33] LOHMEYER, Dichtung 71 f.

[34] Hierbei handelt es sich um eine fast wörtliche Entlehnung aus Gundolfs George-Buch (GUNDOLF, George, 3 f.). Die George-Rezeption bei Lohmeyer ist also vornehmlich literarisch über Gundolf vermittelt zu denken.

[35] LOHMEYER, Dichtung 73.

[36] Paul Ernst beabsichtigte schon vor 1914 einen dichterischen Neuanfang als bewußte Rückwendung zu den Sprachformen der griechischen Antike und der deutschen Klassik (GRABERT/MULTO/NÜRNBERGER, Literatur 251). Sein mehrteiliges Epos *Das Kaiserbuch* (1923–28) wurde auch für die Völkische Bewegung bedeutsam (RGG^3 VI, 1427).

[37] LOHMEYER, Dichtung 74.

dieser Welt". Dichtung ist „Er-innerung [sic!], Verinnerlichung des Draußen in Zeit und Raum", und Erinnerung ist „Dichtung, Ver-dichtung [sic!] des in der Zeit verfließenden".[38] Dichtung ist für Lohmeyer daher gerade nicht „immer und ewig jugendlich" – der Aufbruch in eine neue Welt und eine neue Zeit findet letztlich „doch immer Vater- und Mutterländer." Dichtung bleibt daher immer „Erzählerin der vergangenen Zeit." Vorbild für Lohmeyers Verständnis der Dichtung ist ein Wort Goethes aus *Zahme Xenien I*:

„Wer in der Weltgeschichte lebt, / Dem Augenblick sollt er sich richten? / Wer in die Zeiten schaut und strebt, / Nur der ist wert, zu sprechen und zu dichten."[39]

Im Sinne dieser ganzheitlichen Perspektive bringt Lohmeyer in poetischer Form seine eigene Auffassung von dem zur Sprache, was ihm Dichtung, was ihm Philosophie, was ihm Geschichte ist:

„Der Tag des gegenwärtigen Lebens muß in die Nacht des Vergangenen hinabgetaucht sein, damit ewige Sterne leuchten. Und Geschichte ist auch hier nicht das Trümmerfeld zahlloser widersprechender Meinungen, sondern der lebendige Schauplatz, auf dem in allen Wandlungen unwandelbar ihre letzten Fragen gestellt und ihre letzten Antworten gesucht werden. Erst aus dieser tiefen Begründung in der Geschichte, die gerade in der Unabgeschlossenheit, ihrem ewigen ‚Flusse' das Bleibende und Abschließende ihrer geheimsten Ziele enthüllt – denn sie wüßte nichts von einem Flusse, kennte sie nicht zugleich ein allem Flusse Enthobenes – empfangen Dichtung und Weltanschauung, ‚Sprechen und Dichten' (nach Goethes Worten) ihren Wert und ihre Würde. Das kluge Wort des Aristoteles, Poesie sei philosophischer als alle Geschichtsschreibung, ist ein alter, nicht veralteter Ausdruck der Verbindung beider mit der Vergangenheit."[40]

Diese Neuanknüpfung an das traditionell Vorgegebene betrifft neben dem Stoff notwendig auch die Frage nach der Form neuer Dichtung. Nur im „Anschluß an die Kontinuität der Formen"[41] wird der Poet zum Künder des Neuen. Der Dichter ist dabei freilich nicht als Sammler und Beschreiber, sondern als Schöpfer des Wortes auch gleichzeitig dessen Bewahrer:

„ (...) die bewahrende Form heißt Schaffen und die bewahrende Kraft heißt Leben, Leben des eigenen Daseins und der eigenen Gegenwart. Dann aber ist die Gegenwart des Dichters nur ein Übergang zwischen Erinnerung und Ahnung eines unnennbaren Ganzen und enthoben ihrer Isoliertheit und Sinnverlassenheit; ihre undeutbare Chiffreschrift enthüllt sich als ein Glied jener Göttersprache, die im Werden und Wechseln ewige Zeichen schreibt."[42]

Anschauliches Bild und Mitte dieses unnennbaren Ganzen ist für Lohmeyer die Natur selbst. Alle Dichtung ist als „erschaffende Totalität des

---

[38] LOHMEYER, Dichtung 129.
[39] A.a.O., 130 (bei Lohmeyer ohne Textnachweis).
[40] A.a.O.
[41] A.a.O.
[42] A.a.O.

Seins" an der Betrachtung und Versenkung, an der Verinnerlichung dieser Natur (begriffen als die „unversiegliche Quelle der Kraft") orientiert.

„Losgerissen von der fließenden Dauer der Zeit, entbunden von der trüben Vielheit der Dinge vermag die reinste dichterische Innerlichkeit aus dem zwar immer fremden und unerkennbaren Bilde der Natur ein durchsichtiges und befreiendes Symbol ihres eigenen seelischen Lebens zu gestalten. Und Natur, in Ferne und Fremdheit befangen, harrt, der Memnonsäule[43] gleich, dem morgendlichen Schöpferhauche entgegen, der ihre Stummheit zu seligem Gesange erlöst. Sie zieht aus dem Gewoge der Zeit und des Geschickes die Dichtung in ihre heimische Tiefe; sie wird, in alles sich verwandelnd und alles sich anverwandelnd, zu dem wahrhaft angemessenen seelischen Raume, der auf alle sehnsüchtigen Fragen der dichterischen Seele freudige und sänftigende Antwort widertönt, und ihre gelassene Stetigkeit, ihre fremde und doch sinnnahe Objektivität sichert der Fremdlingin des Daseins ein Bleiben im Leben und stillen Frieden. Nicht als nähme sie duldend und opferbereit ein fremdes Wesen in ihre eigene Unermeßlichkeit auf, sondern sie umfaßt in immer gleicher Mütterlichkeit Leben von ihrem Leben, Geist von ihrem Geiste. Denn auch sie ist in ihrem wandellosen Werden und Vergehen nur eine Sprache des Gottes, um den die Seele der Dichtung sich müht, von dem sie nicht lassen kann, er hätte sie denn gesegnet."[44]

Die das Leben bestimmenden Elemente (Zeit, Raum, Natur, Geschichte) erscheinen bei Lohmeyer im Sinnbild einer stets sich wandelnden Ewigkeit. Die menschliche Seele vermag dieses Erlebnis des Lebens intuitiv zu erfassen – der einzelne Mensch ahnt wohl diese letzte sinnstiftende Einheit und Geborgenheit; aber nur ein besonderer dichterischer Höhenflug, nur „adlige Haltung"[45] vermag dieses Erlebnis einer letzten Gewißheit auch in angemessener Form auf den Begriff zu bringen, in das Wort zu fassen, „in das Wort zu bannen."[46] Vorbild ist für Lohmeyer wiederum ein Wort Hölderlins aus *Der Tod des Empedokles*:

„Denn in hoher Bedeutung voll, / Voll schweigender Kraft umfängt / Den ahnenden daß er bilde / Die große Natur./ Daß ihren Geist hervor er rufe, trägt / Die Sorg im Busen und

---

[43] Memnon kam der Sage nach den Trojanern zu Hilfe und wurde von Achill getötet. Mit ihm werden die sogenannten *Memnon-Säulen* bei Theben (zwei 20 Meter hohe Sitzfiguren des Amenhophis III., um 1400 v. Chr.) in Verbindung gebracht. „Das ‚Singen' des bei einem Erdbeben 27 v. Chr. zerbrochenen Kolosses entstand durch Abspringen kleiner Steinteilchen bei der Erhitzung der Bruchfläche durch die aufgehende Sonne" (PAULY III, 1190).

[44] LOHMEYER, Dichtung 131 f. Man beachte an dieser Stelle die Anspielung auf Gen 32, 27 ff. Auf diese Szene spielt auch George in der Schlußzeile des zweiten Gedichts im „*Vorspiel*" zu *Der Teppich des Lebens und Die Lieder von Traum und Tod* (1900) an. Die Stimme des Dichters ruft dem durch die Pforte tretenden ‚nackten Engel' zu: „Und aller wachen sehnsucht stimmen schrieen: / Ich lasse dich nicht • du segnest mich denn" (GEORGE, Teppich 15).

[45] LOHMEYER, Dichtung 130. George hatte im *Stern des Bundes* (1913/14) auf die junge Dichtergeneration als „Neuen adel den ihr suchet" seine Zukunftshoffnung gegründet (SCHONAUER, George 150 f.).

[46] LOHMEYER, Dichtung 132.

die Hoffnung / Der Mensch. Tiefwurzelnd strebt / Das gewaltige Sehnen ihm auf. / Und viel vermag er; und herrlich ist / Sein Wort."

Die Grenze zwischen Dichtung und Weltanschauung, zwischen Poesie und Theologie bzw. Philosophie wird damit notwendig aufgelockert, wenn nicht ganz hinfällig. Die Anknüpfung an Formen der Volksüberlieferung und Volkssprache als dichterische Gestalt der Stimme Gottes wird für Lohmeyer auf dem Boden der deutschen Geschichte jedoch im Gegensatz zur griechischen Antike zu einem problematischen Unterfangen. Es gibt nach Lohmeyer nämlich gar keine spezifischen Formen deutscher Volksdichtung, es sei denn in der Form von dichterisch-sprachlichen Leistungen großer Einzelner. Die Geschichte deutscher Literatur charakterisiert Lohmeyer daher auch – mit Ausnahme des „Ton(s) der Lutherischen Bibel" – als eine „lange Reihe zerbrochener Einsamkeiten", und nicht als Ausdruck der „Volkheit" dichterischer Formen.[47] Es sei vielmehr Kennzeichen eben der deutschen Dichtung, daß sie zwar um eine neue, einheitliche Formensprache immer wieder gerungen, einen förmlichen Endzustand aber nie erreicht habe. Diese Uneinheitlichkeit und Heimatlosigkeit deutscher Dichtung findet nach Lohmeyer eine direkte Entsprechung in der unerreichten politischen Einheit Deutschlands. Deutsches Dichten und deutsche Weltanschauung bleiben daher für Lohmeyer (unter Hinweis auf Hölderlins hymnischen Entwurf „Deutscher Gesang") notwendig von der Sehnsucht nach Heimat und Heimkehr, von erhoffter Ein- und Wiederkehr auch der Götter, vom „Kommen des Reiches" erfüllt:

„So krönet, daß er schauernd es fühlt, / Ein Segen das Haupt des Sängers, / Wenn dich, der du / Um deiner Schöne willen, bis heute / Namlos geblieben, o göttlichster! / O guter Geist des Vaterlands / Sein Wort im Liede dich nennet."[48]

In der Wiederkehr und „Wiedergeburt der deutschen Sprache und des Dichtertums" hatte Gundolf im Jahre 1920 die besondere, notwendige historische Aufgabe Georges gesehen, der als Wirker und Gestalter des Wortes in prophetisch-lehrhafter Weise diejenigen Zeichen zu erschaffen habe, „die des Ewigen Sinns heutige Stunde ‹erlösen› oder ‹erfüllen›".[49] Diese einzigartige Aufgabe des Dichters leuchte besonders „seit dem Weltkrieg auch blöden Augen" ein.[50] Zu Vorbildern seiner Dichtung habe George Goethe und Hölderlin zählen können, teilweise auch die Formensprache des Rokoko und des Naturalismus. Romantik und Historismus hingegen seien von George als sinnentleertes, lediglich rückwärtsgewandtes Epigonentum ohne eigene dichterische Lebens- und Schaffenskraft abgelehnt worden. Eine wirkliche Spracherneuerung sei in Deutschland bisher

---

[47] LOHMEYER, Dichtung 134.
[48] A.a.O., 135. Vgl. den Text bei: REITANI, Hölderlin 1118 ff.
[49] GUNDOLF, George 1 ff.
[50] A.a.O., 3 f.

lediglich von Luther und Goethe ausgegangen, eben weil sie eine andere, neue Weltanschauung gehabt hätten: „Nur neuer Weltblick wandelt *unwillkürlich* das Sagen."[51] Im Mittelpunkt der neuen Weltanschauung Georges steht nach Gundolf weder die Geschichte, noch die Zeit, noch die Natur, noch die menschliche Seele, sondern vielmehr der „Gesamtmensch". In der Verteidigung dieses Gesamtmenschen (oder des „Ewigen Menschen") – der mit Luther beginnt und von Kepler, Leibniz, Voltaire, Rousseau, Kant und der französischen Revolution fortgeführt wird – vollzieht sich die Bewahrung des wahren, ewigen Menschseins als ein

„Kampf des Fortschritts gegen die Alleinherrschaft des Mittelalters – oder des Katholizismus – der seine religiöse Form ist (...). Viele klammern sich nun lediglich an historische Formen, unter denen der Ewige Mensch (man nehme ein für allemal dies unzulängliche Sammelwort hin oder setze ein einleuchtenderes dafür) früher oder zuletzt sich bekundet hatte: das sind die Romantiker oder Klassizisten, ‚Konservative' oder ‚Reaktionäre' aller Schattierungen ... die vielleicht achtbaren aber unfruchtbaren Grabwächter. Sie bestatten als Tote das Tote und beobachten den Buchstaben, aus dem der Geist entwichen ist (...). Einige wenige aber, die von den Zeit-genossen, den Nur-heutigen mit jenen verwechselt werden, hegen den Ewigen Menschen in Kraft und Geist und bereiten den neuen Leib, worin er dereinst wieder erscheine: denn der Ewige Mensch stirbt nicht, wenn er auch lange schläft. Er teilt nicht das Schicksal der Zeitalter, in denen er sich inkarniert, und überlebt sie wie das Wort Gottes die Lippen seiner Verkünder."[52]

Fünf sinnbildliche Bewahrer habe der „Gesamtmensch, der kosmisch beseelte, der tragisch oder heroisch gehobene Mensch" seit der französischen Revolution gehabt: Goethe, Hölderlin, Napoleon, Nietzsche und George. Sie seien die historischen Garanten für die immer wiederkehrende „Auferstehung" der neuen Idee vom Gesamtmenschen, der bisher noch keinen konkreten Namen habe, der bisher noch das „unbenannte Wesen" bleibe. Für Gundolf ist George aber nicht mehr nur Kämpfer und Rufer, sondern bereits „Bildner": seine Aufgabe, sein „Dienst am ewigen Menschen ist die keimartige Neubildung eines allmählich mitten in den Fortschritt rundum vordringenden Eigen- und Gegenreichs."[53] Es ist der Gedanke des *Neuen Reichs*, eines neuen geistigen Reichs, es ist "das geheime Deutschland"[54], das bereits vor dem Ersten Weltkrieg den George-Kreis fesselt und beseelt. „Die Gestaltung, die Gemeindung und – langsam stufenweise – die Volkwerdung des Ewigen Menschen, dessen letzter Rufer Nietzsche gewesen, und damit das Ende des Fortschritts, die

---

[51] GUNDOLF, George 9.

[52] A.a.O., 28.

[53] A.a.O., 30.

[54] Die Begriffsprägung stammt ursprünglich von Wolfskehl aus seinem Beitrag für das erste von Gundolf und Wolters herausgegebene *Jahrbuch für die geistige Bewegung* von 1910 (SCHONAUER, George 127). Das „geheime Deutschland" fand später als Wort und Symbol Ausdruck im Kreis der Attentäter vom 20. Juli 1944.

Voll-endung [sic!] des Gesamtmenschentums, das ist Georges besondere Sende."[55]

Man hat die allgemeine Hölderlin-Renaissance im Deutschland der Zeit zwischen den Weltkriegen, die ohne den George-Kreis nicht zu begreifen ist, als insgesamt fragwürdigen Realitätsverlust beschrieben, als eine Form der Flucht aus der wirklichen Welt in das esoterische Traum- und Zauberreich der Poesie, in der der Gedanke bewußt durch das Gedicht ersetzt und aufgehoben werden sollte.[56] In der Tat hatten fast alle Kreise der Jugendbewegung das Schrifttum deutscher symbolistischer Dichter zu ihrer bevorzugten Lektüre erkoren. Bereits 1925 hatte der Literaturkritiker W. Muschg in der „Neuen Zürcher Zeitung" warnend seine Stimme erhoben: „Neben Hölderlin scheint Kleist der Abgott jener Deutschen zu werden, welche heute mit tiefer Leidenschaft in das Innerste ihres Volkes Eingang suchen."[57] Das war polemisch gemeint, auch in Anspielung auf Kleists Suizid und die fortschreitende geistige Umnachtung bei Hölderlin.

Dem pathetischen Ton Georgischer Poesie konnte natürlich relativ einfach eine Interpretation im Sinne der „Völkischen Bewegung" – etwa als Einbindung des Einzelnen in die deutsche Volksseele und die magische Beschwörung eines dritten deutschen Reiches – abgedungen werden. George stand dem Nationalsozialismus jedoch gerade in seiner Form als politischer Massenbewegung mit Verachtung gegenüber. Nach den Wahlerfolgen der NSDAP siedelte er bereits 1931 in die Schweiz über. Als im Sommer 1933 auf Betreiben des Reichspropagandaministers Joseph Goebbels als höchste literarische Auszeichnung der George-Preis gestiftet wird, hielt sich der so gefeierte Dichter bewußt zurück.[58] Auch den ihm angetragenen Vorsitz in einer neu einzurichtenden Dichter-Akademie lehnte George noch im gleichen Jahr (seinem Todesjahr) ab.[59] Im Hinblick auf die politisch-ideologische Vereinnahmung seiner Dichtungen durch den Nationalsozialismus mag für George in verschiedener Hinsicht das Gleiche wie für das Werk F. Nietzsches oder R. Wagners gelten.[60] Auch gegenwärtig mangelt es nicht an Versuchen, George als Poeten der *konservativen Revolution* aufzufassen.[61]

Aufschlußreich ist in diesem Zusammenhang bereits ein literarischer Versuch von R. Bie aus dem Jahre 1934, verfaßt nur wenige Monate nach Georges Tod, mit welchem der durch seine abweisende Haltung in die

---

[55] GUNDOLF, George 31.
[56] GAY, Republik 98.
[57] A.a.O., 90.
[58] SCHONAUER, George 161.
[59] BAIGENT/LEIGH 113.
[60] SCHONAUER, George 161. Zum Problem vgl.: SIEMONEIT, Interpretationen.
[61] CAPUTO/FRATTA/SANDRI, George.

Schußlinie nationalsozialistischer Kritik geratene Dichter offenbar in Schutz genommen werden sollte:

„Nicht der Vorwurf ist stichhaltig, daß Stefan George als ein Wanderer durch viele europäische Zonen, als Übersetzer Rosettis, Swinburnes, Verweys, Verlaines, Mallarmés, Rimbauds, D'Annunzios und Vaclaw Lieders, sich an ein Europäertum des Geistes verloren hat. Im Gegenteil: die Erkenntnis ist zutreffend, daß dieser weiträumige Dichter, der nur zu gut die kleindeutschen Grenzen seines ‚schlaffen Volkes' kannte, dem Reich, von dessen herrscherlichem Beruf die Züge des Bamberger Reiters zeugen, wieder eine Weltmitte geben wollte."[62]

Das Werk Georges enthalte vielmehr „allen Zwiespalt und alle Lösung der deutschen Seele, die (...) zwischen wahlverwandter antiker Klarheit und eigenster germanischer Tiefe, zwischen Hellas und Rembrandt zur Entscheidung gerufen wird."[63]

Die Hinwendung Georges zum Germanischen, zum Volks- und Reichsgedanken und seine ab 1912 einsetzende „Abkehr vom Lateinisch-Mediterranen"[64] gehören zweifellos zu den mißverständlichen und daher oft mißverstandenen Zügen seiner Dichtung. Die Begriffe „Volkheit" (eine Sprachschöpfung Goethes), „Volksgeist" bzw. „Volksseele" (Prägungen Herders) verstand George – so Gundolf – als „die geistige Seite dessen, was man stofflich Volkstum nennt". Die Stimme des Volkes im Sinne von Gottes Stimme ist für George demnach nicht der Ruf und der Wille der Masse, sondern das geistreiche, prophetische Wort der einsam rufenden Stimme des Dichters. Die Stimme des wahren Dichters und Propheten ist im strengen Sinne „nicht populär".[65] Tatsächlich steht im Zentrum von Georges Weltanschauung nicht ein romantischer Volksbegriff, sondern ein magischer Begriff der Natur. Die Natur ist (als die „größere Nährerin") vor allem die „Gegenkraft des Mensch-Geistes", die in dem George-Gedicht *„Templer"* den „Leib vergottet und den Gott verleibt". In dieser Gesinnung, in diesem Glauben Georges vereinigen sich antik-römische und christlich-katholische Instinkte:

„Indem wir also George antik nennen wie keinen zweiten Mann der Gegenwart, meinen wir von vornherein weder antikische Versmaße (die er nie anwendet) noch seine Verherrlichung von Hellas noch seine umfassende Kenntnis des Altertums: sonst müßte man gar Mommsen oder Wilamowitz, eingefleischte moderne Protestanten, für antike Charaktere halten. Nicht durch irgendwelche antike Einzelheiten, etwa pythagoräische, pindarische oder cäsarische Züge, die man an ihm finden mag, ist George antik – sondern durch den einen großen Willen, der das gesamte klassische Altertum von Homer bis Augustus bei all seinen tausendfältigen Lagen und Arten als eine gemeinsame ‚Welt' abhebt von allen früheren und späteren ‚Welten': die Vergottung des Leibes und die Verleibung

---

[62] BIE, George 32.
[63] A.a.O., 7.
[64] SCHONAUER, George 128.
[65] GUNDOLF, George 36.

des Gottes. Ich weiß keine einfachere und gewichtigere Formel für alle Ergebnisse des antiken Lebens: sie umfaßt (richtig und in ihrer ganzen Tiefe durchgedacht, und nicht gleich zur Phrase verflacht) das homerische Epos und die äolische Lyrik, die attische Tragödie und die Hymnen Pindars, die Plastik und die Polis, die platonische Ideenlehre (auch und gerade sie!) und den römischen Kaiserkult. Sie alle sind nur denkbar unter Menschen, die das sinnlich begrenzte Dasein bejahen, weihen, vergotten und das unsichtbare als Kraft, Trieb, Schicksal gefühlte, geahnte, gedachte Leben versinnbildlichen. Dabei darf man freilich unter Leib nicht modernerweise einen physiologischen Apparat verstehen, den ‚Körper', sondern eine metaphysische Wesenheit ... unter Vergottung nicht ein psychologisches Erlebnis, ‚Vergötterung', sondern einen kultischen Akt und eine mythische Schau.“[66]

Die vier antiken Urgewalten *Eros* (die „Vergottung des Leibes"), *Kairos* (als „zeugendes Jetzt"), *Schönheit* (die mythische Schau der „Verleibung des Gottes") und *Weihe* (der „kultische Akt der Gottverleibung") stehen in Georges Weltanschauung – trotz aller möglichen Analogien zur christlichen Religion (bzw. zum „katholischen Sakrament") jedoch letztlich gegen die „vier christlichen Gegenerlebnisse: Caritas, Ewigkeit, Heiligkeit, Gnade". Diese werden wesentlich als Opferung und Entselbstung des Ich, als gläubige Aufhebung des zeitlichen Daseins des Menschen kritisiert, als Körperverneinung, als Entgottung des Leibes und der Welt. „Was die Gestalt als Mitte hat und zur Gestalt drängt, wird verneint oder bestenfalls geduldet, nicht bejaht, geschweige vergottet.“[67] In diesem Sinn ist Georges Religion als antik aufzufassen.

„Gestaltung, die Vergottung des Leibs, das ist die antike Religion. Das ganze antike Leben ist kunstartig, es gibt dort keine Kunst als eigene Lebensform. Darum ist die antike Kunst selbst Religion, nicht wie die mittelalterliche ein Mittel der Religion, wie die moderne ein Ausdruck der Zeit oder gar ‚religiöses Erlebnis'. Man begreift jetzt vielleicht eher, warum heute ein Künstler zugleich Prophet sein kann.“[68]

Zum Pantheon Georges zählen daher vor allem Goethe mit seinem „Ruf nach dem Ewigen Menschen", Hölderlin als „Urbild des Seher-Dichters" sowie Jean Paul als dem großen „Klang- und Farbenzauberer der deutschen Sprache". Weit entfernt von Georges Sprache steht – nach Gundolf – trotz eines allgemeinen Interesses an der Bibel als „mythischer Bereich von Bildern, Sitten und Geheimnissen" das Lutherdeutsch, das lediglich als erste Schicht des Neuhochdeutschen auch George „noch eingeboren" sei.[69] Auf philosophischer Seite nennt Gundolf als die George geistig am nächsten stehende Gestalt die Friedrich Nietzsches. Dieser habe in seinem Ruf nach dem Übermenschen jedoch nur eine „eschatologische Wunschfigur" beschworen, während George den neuen Gesamtmenschen bereits

---

[66] GUNDOLF, George 39 f.
[67] A.a.O., 40 f.
[68] A.a.O., 44.
[69] A.a.O., 48.

gebildet und geschaffen habe. George hatte im schroffen Gegensatz zu der von ihm diagnostizierten christlichen Körperfeindlichkeit die zeitliche Gestaltwerdung Gottes in dem zur mythischen Gestalt *Maximin* verdichteten Gymnasiasten Maximilian Kronberger (1888–1904) verwirklicht gesehen, der kaum sechzehnjährig an Genickstarre gestorben war: „Dem bist du kind • dem freund. / Ich seh in dir den Gott / Den schauernd ich erkannt / Dem meine andacht gilt."

Dieses Glaubens-Bekenntnis hatte George gleichsam in seinem Gedichtband *Der Siebente Ring* abgelegt. In dem als Gott gefeierten Maximin verbindet George biblische und antik-pagane religiöse Motive und steigert sie zum Mittelpunkt einer mythischen Schau eines neuen Gottes und eines neuen Reiches.[70]

„Um jeden Gott entsteht ein neuer Kosmos, neues Weltbild, einerlei, wie *viele* es sehen. Jede sogenannte ‚Weltanschauung' ist nur der Nachglanz eines verblaßten oder vergessenen Gottgesichtes. Kommt das Gottgesicht einem Willensmenschen, so verdichtet er sein Weltbild zur Menschenordnung, d.h. zum Reich."[71]

Die Konzentration aller seiner künstlerischen und menschlichen Energien auf das *Maximin*-Erlebnis bezeichnen neben seiner Hinwendung zum germanischen Neuheidentum eine weitere problematische Seite der Dichtung Georges, der nach dem Tod des jungen Kronberger in eine jahrelange Depression fiel. George blieb nicht vor der Kritik gefeit, die Sphäre der Kunst verlassen zu haben, und „statt eines künstlerischen Gestalteten eine lebende Gestalt" zum eigenen Lebensmittelpunkt gemacht zu haben.[72]

Im Jahre 1906 waren unter dem Titel *MAXIMIN. Ein Gedenkbuch* die Gedichte Georges an Kronberger in einer Auflage von 200 Exemplaren erschienen. Auf der Rückseite des Buchumschlags befand sich eine halbtonige Zinkätzung nach einer Photographie des jungen Kronberger.[73] Es ist „das Bild eines nicht mehr unter den Lebenden Weilenden und erinnert an einen jugendlichen Apollo oder Dionysos im Stile von Marées."[74] In der Gestalt Maximins mischen sich in der Tat nicht nur poetische und religiöse Bilder-Sprache bei George. Auch wenn Gundolf seinen Meister vor dem Vorwurf einer bewußten Setzung eines Maximin-Kultus in Schutz nehmen will, so wird man dennoch von einer beabsich-

---

[70] Zur Bekanntschaft Georges mit Kronberger vgl.: SCHONAUER, George 103 ff.

[71] GUNDOLF, George 243.

[72] Dies bemerkte kritisch bereits Friedrich Wolters (SCHULTZ, Studien 153).

[73] Vgl. die Abbildung bei SCHONAUER, George 115 f.

[74] SCHULTZ, Studien 153. Gemeint ist der deutsche Maler und Bildhauer Hans v. Marées (1837–1887), in dessen symbolistisch-formalistischer Konzeption der „Kunst als Kunst" Bild und Sache gleichsam in eins fallen. Die Harmonie von Mensch und Natur – visuell umgesetzt in einer reinen Schau des Objekts – steht dabei im Mittelpunkt des künstlerischen Interesses von Hans v. Marées.

tigten, ebenso erotisch wie religiös gefärbten Stilisierung des Maximin-Bildes durch George sprechen müssen.[75]

Schon der eigentümliche, aus sieben Buchstaben zusammengesetzte Name des neuen ‚Gottes' verbindet in sich in symbolischer Form extreme Gegensätze (das Größte mit dem Kleinsten) und enthält dennoch konkrete Hinweise auf die geschichtlich-konkrete Person Kronbergers. In der Gestalt *Maximin* erscheint dem Dichter George der menschgewordene Gott, bzw. der gottgewordene schöne Mensch. Im Vorwort des Gedenkbuchs verglich George die von dem jungen Kronberger ausgehende Wirkung mit der Alexanders des Großen bzw. mit der des zwölfjährigen Jesus im Tempel.[76]

Die Siebenzahl war in Anlehnung an die in der zeitgenössischen Altertums- und Religionswissenschaft florierende „arithmetische Metaphysik und pythagoreisierende Mystik"[77] das ordnende Formprinzip, das über dem gesamten 1907 erschienenen *Siebenten Ring* stand. Die Ordnung der Siebenzahl betraf jedoch auch die Anlage von Georges Gesamtwerk. Der *Siebente Ring* war der siebte Gedichtband Georges, der genau sieben Jahre nach dem *Teppich des Lebens* publiziert wurde. „Die Gesamtauflage betrug 500 Stück. Das Buch war in violettes Leinen, Leder oder Seide gebunden, und diese Farbe hob es bis einschließlich der 6. Auflage von den anderen Gedichtbänden ab."[78] In dem gleichsam magisch aufgeladenen Mittelpunkt dieses Buches stehen die Einzelstücke „*Auf das Leben und den Tod Maximins*", um die herum sich die übrigen Gedichtzyklen des Werks in verschiedenen 7er-Rhythmen legen:

ZEITGEDICHTE

GESTALTEN

GEZEITEN

MAXIMIN

TRAUMDUNKEL

LIEDER

TAFELN

George verarbeitet in diesen sieben Gedicht-Zyklen stellenweise bis auf seine dichterische Frühzeit herabreichendes Material, in dem sich unter

---

[75] Inwieweit es sich bei der Freundschaft Georges mit Kronberger um eine homosexuelle Beziehung gehandelt hat, lassen BAIGENT/LEIGH 224 offen: „In ultima analisi, sembrerebbe che George non fosse né omosessuale né heterosessuale, ma semplicemente ›asessuato‹. Sembra che avesse sublimato la sua sessualità interamente nella sua esaltata idealizzazione della bellezza ›pura‹ e della forma ›pura‹".

[76] SCHONAUER, George 117.

[77] SCHULTZ, Studien 152.

[78] OELMANN, Anhang 190.

anderem auch die unglückliche Freundschaft mit Ida Coblenz widerspiegelt. Viele Motive im *Siebenten Ring* stammen aus der Bibel, vor aus allem dem Neuen Testament[79], aus der Antike, aus dem Werk Dantes sowie der deutschen Sagen- und Märchenwelt. Am dichtesten sind die biblischen Anklänge jedoch im innersten Gedichtkreis um die Gestalt Maximins gestreut. In dem Gedicht „*Verkennung"* (in dem ein Jünger seinen Herrn in der vorübergehenden Gestalt eines Fremden zunächst nicht erkennt) treten die neutestamentlichen Anleihen am deutlichsten hervor. Biblische Stoffe, insbesondere aus dem Leben Jesu, lassen sich auch in den das zentrale Gedicht „*Einverleibung"* (das in einer George-Handschrift von 1907 den Titel „*Kommunion"* trägt) vorbereitenden sechs poetischen Einzelstücken mit Händen greifen.[80] Im weiteren Umfeld der Maximin-Gedichte finden sich wiederholt Anspielungen auf eschatologisch-apokalyptische Bilder des Neuen Testaments.[81] Die geradezu akribisch durchgeführte Anordnung des inhaltlich stellenweise äußerst disparaten Stoffes kostete George nicht weniger als ein ganzes Jahr Arbeit. Albert Verwey (1865–1937) erinnert sich an Georges Worte aus dieser Zeit, die dessen unbedingten künstlerischen Gestaltungswillen verdeutlichen:

„In Deutschland gibt es jetzt so und so viele Strömungen des Geistes. Man soll sie ordnen. Man soll den Weg zeigen, wodurch sie wirken können. Mein Weg ist aber nicht der beliebte, der moderne der jetzigen Zivilisation. Ich will eine andere, innerliche Einheit."[82]

Die Sehnsucht nach Bergung des geschichtlich Verlorenen und neuer geistiger Einung des in der Zeit Zersplitterten kommt bei George und seinem Kreis in charakteristischer Weise nicht nur in der Schöpfung einer neuen, gleichsam hieratischen Kunstsprache zum Ausdruck, sondern in der bewußten Suche nach neuer Formgebung und strenger Stilisierung traditioneller poetischer Sprache und religiöser Bilder. Friedrich Meinecke (1862–1954) hatte 1928 in seiner Abhandlung *Kausalitäten und Werte in der Geschichte* die Arbeit der Georginen in diesem Sinne verstanden – als ein Produkt der „geistige(n) Gesamtkonstellation" der Zeit, – und darin

---

[79] Bereits das dritte Gedicht *Goethe-Tag* im ersten Zyklus enthält eine Anspielung auf den ungläubigen Thomas (Joh 20). Im zweiten Zyklus werden die biblischen Gestalten Saul und David in dem Gedicht *König und Harfner* verarbeitet.

[80] In den Gedichten *Das Dritte, Wallfahrt* und *Das Fünfte* gibt es deutliche Bezüge auf den Prolog des Johannesevangeliums, auf Mt 2, 9–11 bzw. Ex 3,2.

[81] Das Gedicht *Der Widerchrist* endet mit der Zeile „Und schrecklich erschallt die Posaune". Zu *An Anna Maria* vgl. Mt 25,1–31. Im siebten und letzten Zyklus heißt es in dem Gedicht *Kairos*: „Der tag war da: so stand der stern. / Weit tat das tor sich dir dem herrn … / Der heut nicht kam bleib immer fern! / Er war nur herr durch diesen stern." Eines der letzten Gedichte *Ein Gleiches: Frage* verweist wohl auf Mt 3,11.

[82] Zitiert nach: OELMANN, Anhang 191.

„als Reaktion dessen, was man Seele nennen kann – gegen die drohende zivilisatorische Mechanisierung des Lebens und gegen die ungeheuren Massengewalten, die in Weltkrieg und Zusammenbruch sich ausgewirkt haben (...). Synthese ist das Schlagwort, mit dem man aus dem Kleinbetriebe der Kausalitätenforschung herausstrebt zu den großen überragenden Werten des Lebens und der Vergangenheit. Subjektivistische und mystische Empfindungen regen sich und drängen, ohne den mühseligen Umweg der Detailforschung, zu unmittelbarer Vereinigung mit der Seele der Vergangenheit. Man will, wie man sich gern ausdrückt, nur das ‚Ewige‘ und ‚Zeitlose‘ aus ihr herausholen und läßt ihre zeitgeschichtlichen Voraussetzungen verdämmern."[83]

---

[83] MEINECKE, Kausalitäten 271 f.

2. Lohmeyers Kommentar zur Johannesapokalypse

Stehen im Zentrum von Stefan Georges Gedichtsammlung *Der Siebente Ring* die um die Gestalt Maximins herum angeordneten Gedicht-Kreise, so sind es in Lohmeyers Auslegung der *Offenbarung des Johannes* die apokalyptischen Visions-Zyklen, in denen sich die Geschehnisse der Endzeit vor dem geistigen Auge des Sehers entrollen. Lohmeyer unterteilt den Text der Johannes-Apokalypse in insgesamt sieben Hauptabschnitte:

A. Proömium (1,1–3)
B. Prolog (1,4–8)
C. Der ermahnende Teil (1,9–3,22)
D. Der apokalyptische Teil (4,1–21,4)
E. Der verheißende Teil (21,5–22,7)
F. Epilog (22,8–19)
G. Schluß (22,20–21)

Innerhalb des zentralen apokalyptischen Hauptteils (Apk 4,1–21,4) entfaltet sich das eschatologische Drama nach einer Einleitung in den Kapiteln 4 und 5 (Thronsaalvision) wiederum in einem Zyklus aus insgesamt 49 (7 x 7) Einzelvisionen, in deren Zentrum die sieben Visionen vom „Kommen des Menschensohns auf den Wolken des Himmels" (Apk 14, 1–20) stehen:

I. Die sieben Siegelvisionen (6,1–8,1)
II. Die sieben Posaunenvisionen (8,2–11,15)
III. Die sieben Visionen vom Reich des Drachen (11,15–13,18)
IV. Die sieben Visionen vom Kommen des Menschensohnes (14, 1–20)
V. Die sieben Schalenvisionen (15,1–16,21)
VI. Die sieben Visionen vom Fall Babels (17,1–19,10)
VII. Die sieben Visionen von der Vollendung (19,11–21,4)

Der besondere Reiz des Lohmeyerschen Gliederungsvorschlags liegt bis in die Gegenwart hinein zweifellos in seiner einzigartigen, bewußt konzentrisch angelegten Geschlossenheit. In der Mitte des apokalyptischen Weltgerichts steht nach Lohmeyer, gleichsam als symbolisches Welt-Zentrum, der unter dem Bilde des „Lammes" (bzw. des „Menschensohns") gestaltgewordene λόγος Gottes. Lohmeyer konnte so fast vollständig auf herkömmliche literarkritische Hypothesen verzichten.[1] Bultmann weigerte sich in seiner Rezension von Lohmeyers Kommentar jedoch energisch, an eine „absolute Herrschaft der Siebenzahl" glauben zu müssen.[2]

---

[1] Vgl. hierzu Rudolf Knopf (1874–1920) in seiner *Einführung in das NT* von 1919: „Die Hypothesen widersprechen einander sehr und, wie an andern Stellen der Forschung, ist auch hier noch nichts Sicheres herausgekommen" (KNOPF, Einführung 131).
[2] ThLZ 52, 1927, 508.

Die Johannes-Apokalypse ist für Lohmeyer ein nach „strengem Form-schema gegliederter Zyklus von Einzelvisionen, besser noch von Einzel-gedichten."[3] Er faßt sie mit J. Wellhausen[4] als ein „»Bilderbuch«" auf, dessen gleichsam wuchernde „Phantastik", dessen chaotisches „Gewirr" und bunte „Vielfältigkeit" von seinem Verfasser bewußt in die „heilige Norm der Siebenzahl" als Form göttlicher Totalität gezwungen worden ist: „Daher rührt der immer neue Reichtum geschlossener Bilder, der die bil-dende Kunst verschiedener Zeiten, vor allem aber die deutsche immer wieder inspiriert hat, daher der sozusagen musikalische Rhythmus der Gesichte und ihrer Folge, der immer wieder dazu gedrängt hat, in Cho-rälen, Kantaten und Motetten zu Ton zu werden."[5] Die Offenbarung des Johannes ist gerade als ein solch bewußt gestaltetes Kunstwerk das „ganz persönliche Bekenntnis eines großen Dichters und Propheten."[6] Lohmeyer denkt dabei an die Gestalt des Presbyters bei Papias[7], der sich bewußt ist, die Reihe der alttestamentlichen Propheten fortzusetzen, zugleich aber als letzter von Gott berufener Prophet auftritt.

„So muß auch dieser Prophet zum Verkünder der Endzeit werden (...). Diese eschatolo-gische Verkündigung handelt von der *Manifestation* Gottes und Christi vor aller Welt. Sie ist als Manifestation *Gottes* und *Christi* neu und unerhört, und ist doch als Mani-festation Gottes und Christi vertraut und längst ‚aus Gnaden' erfahren. Das bedeutet aber für den Dichter der Apc, daß auch für ihn beides unlöslich zusammengehört: Nur als Seher ist er Rater und Leiter in den Gemeinden, und nur als Rater und Leiter ist er Seher."[8]

Die besondere strophische Gliederung, das auch aus dem Psalter und der jüdischen Apokalyptik bekannte poetische Stilmittel des *parallelismus membrorum*, eine besondere Technik der Zeilenzählung sowie eine bestimmte Rhythmik in der Akzentsetzung zwingt den literarischen Stoff (und seine theologischen Motive) in ein übergeordnetes Schema feierlich-starrer, psalmodierender Monotonie, ja „Homotonie"[9] – vergleichbar etwa mit der Übertragung des hebräischen Psalters ins Griechische. Form, Gehalt und Stoff der Johannesapokalypse sind in der besonderen archaischen Sprache des Propheten verdichtet. Das scheinbar Harte, Unbe-holfene, Ungriechische wird „zum gewollten und heiligen Stil subli-miert".[10]

---

[3] LOHMEYER, Offenbarung 183.
[4] A.a.O. – Zur Apk als „Bilderbuch" vgl.: WELLHAUSEN, Analyse 3.
[5] LOHMEYER, Offenbarung 181 ff.
[6] A.a.O., 196.
[7] A.a.O., 199. Vgl. auch: STRECKER, Literaturgeschichte 275.
[8] LOHMEYER, Offenbarung 197.
[9] A.a.O., 4.10.29.
[10] A.a.O., 194.

Die seltsame Grammatik der Johannesapokalypse (Stellung der Verben am Satzanfang, Tempora- und Genitivgebrauch) gleicht einem Versuch, die Sprache der alttestamentlichen Prophetie nachzusprechen. Diese neue Sprache (asyndetische Satzreihen, Parataxe durch καί, spärlicher Gebrauch des *genitivus absolutus*) führt nach Lohmeyer zu einem besonderen, episierend-hebraisierenden Stil nach dem Vorbild des Alten Testaments:

„Es ist ein Seher, dem das Hebräische die vertraute Sprache seiner heiligen Vergangenheit ist, dem das Aramäische als Muttersprache vertraut ist, der aber der griechischen Weltsprache nicht in vollem Maße mächtig ist. Aus der Vertrautheit beider schafft er in dem fremden griechischen Idiom eine neue Sprache von gewollter Einmaligkeit, deren Härte und Gewaltsamkeiten den Charakter eines θεῖος λόγος gewinnt."[11]

Prophetisches Wort und apokalyptisches Bild werden im Werk des Sehers und Dichters erneut zu einem neuen, zeitlosen Sinnganzen. Eine besondere Deutung, eine Auslegung des Geschauten oder Geschriebenen ist im strengen Sinne nicht notwendig. Das apokalyptische Bildgeschehen ist in sich eindeutig, stimmig und klar: „Das Geschehen hat für den Seher nirgends Undeutliches; es ist transparent und kann pausenlos in Bilderzyklen abrollen."[12] Der Seher und sein Werk werden in besonderer Weise eins, die historische Gestalt des Dichters verblaßt vor dem Farbenreichtum seiner apokalyptischen Bildersprache, in der seine einzige wirkliche Bedeutung beschlossen liegt.

„Sachliche Klarheit und bildliche Anschaulichkeit tragen sein Werk gleicherweise, und Fülle des Sinnes und Fülle der Bilder steigern und reizen sich in ständigem Wechselspiel, und zaubern alle Schattierungen hervor, von Monumentalität bis zur Idyllik, von Zartheit und Starrheit, von Innigkeit der Liebe und Bitterkeit des Zornes und Spottes. Aber dieser vielfältige Reichtum erscheint nirgends gleichsam unmittelbar, sondern verwandelt durch das Medium einer heiligen Sprache und Tradition, die selbst alles bestimmt und selbst in allem bestimmt wird."[13]

Die künstlerische Form der Johannesapokalypse und ihrer besonderen Bilderwelt beschäftigte Lohmeyer auch in seinem Nachwort zur Herausgabe der poetischen Übertragung, die in gesonderter Form zum Kommentar erschien. Nach Augustin und Dante sei „das Wort der Offenbarung" in der Neuzeit erst durch Dürer, Bach, Klopstock, Herder und Hölderlin wieder in der deutschen Geistesgeschichte wirksam geworden.[14]

Die Offenbarung des Johannes ist „von Worten prophetischer Dichtung oder dichterischer Prophetie" erfüllt, der Übergang vom „Gesicht" zum „Gedicht" ist fließend. Um den apokalyptischen Hauptteil „schließen sich wie die Flügelbilder eines Altars zwei größere Gebilde, die den Sinn alles

---

[11] LOHMEYER, Offenbarung, 195.
[12] A.a.O., 196.
[13] A.a.O., 197.
[14] LOHMEYER, Offenbarung. Übertragen 70.

endzeitlichen Geschehens mit dem Sinne der geschichtlichen Gegenwart des Sehers verknüpfen".[15] In Anlehnung offenbar an Rilkes Dichtungen spricht Lohmeyer vom letzten Gesang über Babel (Apk 18,23) bewußt von einer „Elegie": „Und Licht der Leuchte / Wird nimmer scheinen mehr dir, / Und Stimm von Bräutigam und Braut / Wird niemand hören mehr in dir."[16] Die Johannes-Offenbarung ist somit ein „großer Zyklus von Gesichten und Gedichten, die einander in nimmer ruhendem Wechsel zu jagen und verdrängen scheinen." In diesen Bildern von der *Voll-Endung* spricht der Seher Johannes von der „Zeit aller Zeiten", in welcher alle besonderen zeitgeschichtlichen Nöte bereits aufgehoben sind: Gelöst von Welt und Geschichte steht im Bilde bzw. „Symbol des Lammes"[17] der ewige Sinn aller Geschichte vor dem geistigen Auge des Dichters. „Darum sind seine Gesichte Bilder im strengen Sinn. Denn Bilder sind die anschauliche Mitte, die den ewigen Grund alles Glaubens mit seinen vielfältigen Äußerungen in Vergangenheit, Gegenwart und Zukunft eindeutig und tiefsinnig erfüllen."[18] In seinem Werk redet der Prophet nirgends „von den Dingen der Zeit", sondern allein von den „Dingen aller Zeiten". An „aller Geschichte sich verwandelnd und dennoch unwandelbar über aller Geschichte" kündet es „von der Größe des Gottesbildes, die sein einziger Gegenstand ist, und zugleich von der Größe des Sehers und Dichters, der unter seinem Zeichen steht."[19] Die Bilder und Symbole der Johannesapokalypse stehen nicht für ein anderes, sie sind selbst vollständig mit Sinn aufgeladen. Folgerichtig handelt es sich bei Lohmeyers Kommentar nicht so sehr um eine historische oder religionsgeschichtliche Erklärung, sondern um eine mehr beschreibende Nachzeichnung der einzelnen eschatologischen Bildreihen vor dem Hintergrund ihrer religiösen Themen und motivischen Vorlagen, und dies im Zusammenhang mit der strophisch und rhythmisch besonderen Anordnung der Gesamtkomposition. Die Sprache von Lohmeyers Kommentar ist Ausdruck seiner Gesamtanschauung der Johannesapokalypse als *Bilderbuch*. In bewußter Anlehnung an das Leitmotiv des Sehers („und ich sah") ist der am häufigsten von ihm gebrauchte Ausdruck eben der des *Bildes*. Daneben steht an zweiter Stelle der Begriff des *Symbols*. „Mittel der Offenbarung ist δεῖξαι oder σημαίνειν, beides Lieblingsworte der Apok wie des JohEv, um göttliche Mitteilung in Wort und Bild zu bezeichnen; sie sind die göttliche actio, deren menschliche reactio das ἰδεῖν ist."[20] Im Hinblick auf die alttestamentlich gefärbten Stoffe und Anleihen in der Johannesapokalypse spricht Lohmeyer stets von *Vor-*

---

[15] LOHMEYER, Offenbarung. Übertragen 70.
[16] A.a.O., 72.
[17] A.a.O., 75.
[18] A.a.O., 82.
[19] A.a.O., 82 f.
[20] LOHMEYER, Offenbarung 5 f.

bildern, Motiven, Anklängen. Er spricht von „geschauten Bildern", von dem „gleitenden Blick" des Sehers, der „in bewußter Kunst" die alttestamentlichen „Anklänge", „Nachklänge", „Vorbilder" oder „Züge" seiner „grandiosen Gedichte" und „Szenen" frei bearbeitet und gestaltet.[21] Dabei gehört die „leitmotivische Verwendung" bestimmter Stoffe zu dem gleichsam besonders rhapsodischen Stil des Dichters.[22] Die „mythologische Färbung" und die „fragmentarischen Züge" der „Folge der Bilder" sprechen in alttestamentlichen „bildlichen Wendungen" von jenem endzeitlichen „Drama", das sich „am sichtbaren Sternenhimmel" abspielt.[23] Dieses Drama wird von verschiedenen mythologischen Figuren und Gestalten, von vielerlei mythischen Wesen, von vielfältigen dunklen, kurzen und abrupten Bildern beherrscht. Der Blick des Sehers ist auf die mahnenden alttestamentlichen Vorbilder gerichtet, in die er die verschiedenen Szenen und Akte seines „Gerichtsdramas" einbaut.[24] Hinsichtlich der Visionen vom Fall Babylons bemerkt Lohmeyer:

„Sie [die Visionen] malen diesen Sturz mit immer neuen und reicheren Zügen aus, und bekunden aufs neue die lebendige Fülle dichterischer Sprache, die dem Seher eigentümlich ist. Nach der Art des Sehers wird das Thema des ganzen Kapitels in einem geschlossenen Bilde vorangestellt, bei dem der himmlische Glanz der Erscheinung die furchtbaren Worte über Babel zu einer lichten Offenbarung göttlichen Segens verklärt."[25]

Lieder, Hymnen, Gedichte und Sinnbilder[26] werden in sorgfältiger Komposition – in Form von Antiphona oder Gegenbildern[27] – in das Gesamtkunstwerk integriert. Die bewußt gewählte Prägnanz der Bilder kann jedoch stellenweise durch „unanschauliche Bildlichkeit", „absichtliche Kargheit" oder „gewollte Farblosigkeit" ersetzt werden.[28] Die Theologie des Sehers, seine Gedanken, Vorstellungen und Begriffe werden in apokalyptische Sinnbilder[29] umgesetzt. Mehr noch: Der Begriff des Apokalyptischen selbst erscheint bei Lohmeyer unter der Form des *Sinn-Bildes*. Sinn und Bild verschmelzen im apokalyptischen Symbol gleichsam vollständig miteinander und sind nicht mehr in eine Sach- und eine Bildhälfte aufzuspalten. Das hat Konsequenzen für das Gesamtverständnis der Offenbarung des Johannes, für ihren Inhalt ebenso wie für den Autor und die Adressaten:

---

[21] LOHMEYER, Offenbarung 45.54.56.62.71.
[22] A.a.O., 79.
[23] A.a.O., 85.95 f.
[24] A.a.O., 118.
[25] A.a.O., 144.
[26] A.a.O., 146.
[27] A.a.O., 151 f.
[28] A.a.O., 156 ff.
[29] Vgl. die Stellen Apok 18,4 (Exodus-Motiv) und 21,16 (Neues Jerusalem), an denen Lohmeyer expressis verbis von *Sinnbildern* spricht.

„Jesus Christus ist der ‚Autor', der zugleich der Empfänger von Gott her ist; und ihn begrenzt keine zeitliche Bestimmung: So handelt es sich bei diesen Gesichten auch nicht um eine zeitlich und inhaltlich begrenzte Offenbarung, sondern im Sinne des Sehers um eine zeitlose, für alle Zeiten gültige; sie beginnt im Schoße der Ewigkeit Gottes, der sie an Christus gibt, ähnlich wie etwa der Prolog des 4. Ev. (...). Die Schreiben in c. 2 und 3 sind alles andere als Briefe. Keine briefliche Form, keine briefliche Situation, kein brieflicher Austausch ist in ihnen zu finden. Wo konkrete Verhältnisse durchschimmern, werden sie in absichtlich allgemein gehaltenen Worten mehr verschleiert als enthüllt, und auch der letzte Schimmer des Konkreten wird durch den Schluß des Schreibens gleichsam ins Allgemeine zerstreut."[30]

Aus dieser Einsicht in die für die theologische Bedeutung der Johannesoffenbarung konstitutive Ästhetik der Formen- und Bildersprache des Sehers rührt die konsequente Ablehnung Lohmeyers her, das letzte Buch der Bibel im strengen Sinn zeitgeschichtlich zu interpretieren – eine Auffassung, die ihm bis in die Gegenwart immer wieder kritisch von der Forschung zur Last gelegt wurde.[31]

Von diesen Wahrnehmungen ausgehend ist es nützlich, den Begriff des Symbols bei Lohmeyer näher zu betrachten. Von zentraler Bedeutung ist für Lohmeyer in der Offenbarung des Johannes das „Gottessymbol $A\Omega$", das in Apk 1,7 und 21,6 von Gott gebraucht und erst am Ende der Schrift (Apk 22,13) eindeutig auf Christus übertragen wird.[32] Die Buchstabenchiffre „Alpha und Omega", die in der vorderorientalischen Astrologie den Kosmos versinnbildlicht, war nach Lohmeyer auch innerhalb der Buchstabenspekulation des rabbinischen Judentums nicht unbekannt und bezeichnete die „Ewigkeit und Allheit Gottes".[33]

Als „Sinnbild göttlicher Totalität" fungiert daneben durchgängig die *Siebenzahl*, deren „symbolische Heiligkeit" Inhalt wie Form der Visionen bestimmt: 7 Sendschreiben, 7 Geister (oder Fackeln/Leuchter), 7 Siegel, 7 Posaunen, 7 Schalen, 7 Sterne in der Hand Christi, 7 Augen und 7 Hörner des Lammes). Die Siebenzahl ist das Zeichen göttlicher Herrschaft, die Christus inmitten der sieben Leuchter zugeteilt wird. Zur Darstellung der nach danielischem Vorbild gezeichneten geheimnisvollen Gestalt in Apk 1,13 (bzw. Apk 14,14) bemerkt Lohmeyer:

„Mit der Schilderung der Attribute Christi dringt stärker Symbolik in das Bild (...). Ein Motiv aus dem geschauten Bilde wird herausgehoben und nach seiner sachlichen Bedeutung (μυστήριον) in besonderer Strophe erklärt; ein Motiv, um das sich zugleich der

---

[30] LOHMEYER, Offenbarung 5.37.

[31] Bultmann kritisierte an Lohmeyers Kommentar, man dürfe „doch nicht die zeitgeschichtliche Aktualität der Apokalypse verkürzen" (ThLZ 52, 1927, 511). Noch 1988 bemerkte O. Böcher, Lohmeyers Kommentar sei, wie auch der von R. H. Charles (CHARLES, Revelation), durch „methodische Einseitigkeiten belastet" und sei gegenüber der Kommentierung durch W. Bousset kein Fortschritt (BÖCHER, Mythos 164, Anm. 6).

[32] LOHMEYER, Offenbarung 11.

[33] Vgl. auch Lohmeyers Artikel „A und O", in: RAC I, 1950, 1 ff.

Inhalt des ganzen Buches dreht. Es ist die dem Seher gewordene Erkenntnis, daß das Symbol der Weltherrschaft, die 7 Sterne, in Wahrheit einzig wahres und mögliches Symbol der Gemeinden, genauer der Gemeindeengel ist."[34]

Die sieben Gemeinde-Engel symbolisieren die „spezifisch religiöse Seite" der geschichtlichen Existenz der Kirchen: die Engel sind – vergleichbar in gewissem Sinn mit den persischen Fravašis[35] – eine Art „himmlischer Doppelgänger" und damit Zeichen der metaphysischen Bestimmtheit der sieben kleinasiatischen Gemeinden. Damit ist ein doppelter Gemeindebegriff bereits im Urchristentum selbst vorausgesetzt:

„Die ἐκκλ. ist als ἐκκλησία θεοῦ Inbegriff der Gemeinschaft der Heiligen und Vollendeten, und deshalb in jeder Einzelgemeinde repräsentiert; und sie ist zugleich die geschichtliche Organisation der Gläubigen, mit Unvollkommenheit behaftet und der endgültigen Verwirklichung ihres religiösen Sinnes harrend; beide Bestimmungen sind nicht voneinander zu lösen; eine besteht nur in und mit der anderen."[36]

Nach Lohmeyer verweisen alle Chiffren und Symbole auf die metaphysische Bestimmtheit der christlichen Gemeinde und ihrer geschichtlichen Existenz. Eine religions- oder traditionsgeschichtlich eindeutige Herleitung der dem Seher-Dichter eigenen hieratisch-hermetischen Symbolsprache bleibt jedoch meist problematisch. Es lassen sich nur noch da und dort „Trümmer astrologischer Anschauungen" oder Anspielungen auf traditionelle urchristliche Bekenntnisformeln feststellen.[37] Die Sprache des Seher-Dichters formt den vorgegebenen Stoff nach eigenen – eher rhythmisch notwendigen als grammatisch korrekten – Regeln um. In dieser bewußten Neugestaltung des Alten liegt seine eigentliche Kraft. Die eigentümliche Grammatik des Sehers ist bewußter „Stil, nicht Vulgarismus".[38] So entsteht ein Werk von „liturgischer Feierlichkeit" und „strenger Monumentalität". Der Seher steht gleichsam an der Schwelle zum Himmel. Seine dichterische Sprache versucht, Gott als den Unnennbaren zu nennen, und bleibt deshalb notwendig wie in der Schwebe, eben in der zeitlosen „Sphäre des Symbols".[39] So bemerkt Lohmeyer beispielsweise zum Trishagion der vier geheimnisvollen Wesen in Apk 4, 8–11: „Endzeit und Urzeit, Herrschaft und Schöpfung schließen sich so zum Ring."[40] Als symptomatisch für die Eigenart der Johannesapokalypse stuft Lohmeyer die Verbindung eschatologischer Züge (so etwa das kultische Symbol der Siegelung) mit Elementen „johanneisch-mystischer" Prägung

---

[34] LOHMEYER, Offenbarung 15–17.

[35] A.a.O., 18.

[36] In diesem „doppelten" Gemeindeverständnis werden freilich wiederum prinzipielle geschichtsphilosophische Fragen bei Lohmeyer laut (LOHMEYER, Gemeinschaft 15 ff.).

[37] LOHMEYER, Offenbarung 37.46.

[38] A.a.O., 8.

[39] A.a.O., 45.

[40] A.a.O., 47.

ein.[41] Oft beschränkt sich der Seher auf die plastische Schilderung mythologischer Gestalten und phantastischer Szenen, vor deren bizarrer Anschaulichkeit – Lohmeyer verweist hier vor allem auf den über die Welt brausenden dämonischen „Rosse- und Reitersturm"[42] von Apk 9 – jede noch so naheliegende zeitgeschichtliche Deutung verblassen muß. In der Beschreibung der Heuschreckenschwärme ist eine reale Erfahrung des Orients zu einer „höllischen Phantasmagorie" geworden.[43] Wenn sich an einigen Stellen eine vom Text selbst indizierte ‚pneumatische Exegese' nahe zu legen scheint (Lohmeyer denkt etwa an Apk 11,8), so sind für den Seher dennoch Zeichen und Wirklichkeit so wenig voneinander zu trennen wie urchristlicher Glaube und eschatologisches Geschichtsverständnis. In Lohmeyers Anschauung vom apokalyptischen *Sinnbild* oder *Symbol* fallen beide Begriffe zusammen. Die Darstellung eschatologischer Wirklichkeit ist nur in Form jener besonderen apokalyptischen Bildersprache möglich:

„Eschatologisches Geschehen ist im Glauben enthalten, dieser in jenem zukünftigen Geschehen; jenes gewinnt für den Glauben sozusagen eine reale Symbolik (...), der Glaube aber ist für jenes Geschehen von symbolischer Realität."[44]

Zentrales Bild der Johannesapokalypse ist bezeichnenderweise in der genauen Mitte des Buches[45] das siegreich auf dem Zionsberg (gedeutet als eschatologischer Weltmittelpunkt) stehende geschlachtete *Lamm*. Es ist die Darstellung eines in sich geschlossenen göttlichen Sinnganzen. Die sieben Hörner sind einerseits Zeichen kriegerischer Allmacht, doch zugleich ist das Lamm Sinnbild des Friedens. Diese bizarre Gesamtanschauung vom Lamm findet nach Lohmeyer eine Entsprechung im „Symbol des Kreuzes" bei Paulus.[46] Das Lamm stellt bildlich das dar, was in der Idee des göttlichen *Logos* unbildlich zum Ausdruck kommt.[47] Die Bilder von der „Vollendung des Gerichts und der Herrlichkeit" im siebten und letzten Abschnitt der Johannesapokalypse sind daher auch der konkrete eschatologische Sinn des gesamten Buches. Dem göttlichen Logos wird sinnvoll als Hauptattribut das Schwert zugeordnet:

„Er wird hier charakterisiert als Krieger, ähnlich wie SapSal 18,15 f., und seine Funktion ist rein eschatologisch und richterlich, also der jüdischen Konzeption vom Memra Gottes unmittelbar verwandt."[48]

---

[41] LOHMEYER, Offenbarung 66.

[42] A.a.O., 78.

[43] A.a.O., 75.

[44] A.a.O., 101.

[45] A.a.O., 117.

[46] A.a.O., 54.

[47] A.a.O., 124.

[48] A.a.O., 155.

Sinn und Bild sind hier so unlöslich eins wie die Endvision von der Architektur des „von kosmischen Symbolen" bestimmten neuen Jerusalems. Die seltsam quadratische Gesamtanlage der Stadt ist „Sinnbild der Vollkommenheit", ihre märchenhaften Abmessungen „versinnbildlichen ihre himmlische Art".[49] Am Ende seiner Vision versinkt der einsame Seher-Dichter vor dem alles überragenden Bilde Christi, das am Ende der Offenbarung in sich ewig all das zusammenschließt, „was von David je gewußt oder gehofft war."[50]

Neben diese einzelnen Beobachtungen sind Lohmeyers grundsätzliche Erwägungen zu Form, Gehalt, Stoff der Johannesapokalypse, zur Sprache und Person des Sehers sowie zu möglichen Bezügen seines Werkes zum *johanneischen Kreis* zu stellen. Die religiöse Gesamthaltung des Sehers ist von Gott als dem in starrer, jenseitig-unnahbarer heiliger Majestät Thronenden bestimmt. Diese gleichermaßen auf Christus übertragene göttliche Unnahbarkeit steht für Lohmeyer in bewußter Funktion der „Steigerung der innigen ‚Zweieinsamkeit' von Gott und Seele."[51] Christus ist Gott wie der Gemeinde ewig zugeordnet, doch Christi wahre Existenz liegt nicht in seiner zeitlichen Zuordnung zur Geschichte – diese ist „gleichsam eine Episode, wenn auch von ewiger Bedeutung" – sondern in der ewigen Beziehung zu Gott begründet.[52] Auch die christliche Gemeinde lebt ihre geschichtliche Existenz als eine Existenz im Übergang. „So muß sich alles auf das Kommen Christi spannen."[53] Der vollkommene Gegensatz zu Gott, Christus und Gemeinde aber ist die Welt. Weltüberwindung wird als Ende und Aufhebung aller Geschichte – religiös verstanden und dargestellt als Gottes Weltgericht – bereits gegenwärtig in eschatologischen Bildern geschaut: „So stellt Eschatologie in zukünftigen Bildern dar, was der Sinn alles Glaubens in Vergangenheit, Gegenwart und Zukunft ist."[54] In der zeitlosen Anschauung der Gestalt Christi als Vollender und Vollstrecker des göttlichen Weltgerichts hat sich die Sehnsucht nach Erlösung in besonderer Form sprachlich verdichtet und bildhaft niedergeschlagen. Eschatologie ist nach Lohmeyer daher nichts anderes als „bildhafte ‚Verendzeitlichung' zeitlosen Glaubenssinnes".[55] Die vielfältigen eschatologischen Bilder werden somit zu Chiffren eines höheren Sinnzusammenhangs, sie werden

---

[49] LOHMEYER, Offenbarung 170.
[50] A.a.O., 177.
[51] A.a.O., 186.
[52] A.a.O.
[53] A.a.O.
[54] A.a.O., 188.
[55] A.a.O., 196.

„zu Symbol und Gleichnis, ohne doch von ihrer religiösen Wirklichkeit etwas preiszugeben. Sie geben gleichsam ihre eigene Bedeutung und ihre eigene Geschlossenheit auf und werden fähig, Momente einer größeren und offenbaren Sinneseinheit zu werden. Nur so begreift es sich, daß Christus unter vielen Namen durch die Apc wandelt, daß von ihm in einem Satze ‚als dem Löwen Juda, als der Wurzel Davids' und hernach als dem ‚geschlachteten Lamme' gesprochen werden kann. Denn bildlich Unvereinbares ist so religiös vereinbar geworden."[56]

Lohmeyers Symbolverständnis erinnert in gewisser Weise an den Symbolbegriff Ernst Cassirers. Ein symbolisches Zeichen ist für Cassirer nicht nur Bild oder Abbild eines Einzeldinges, sondern es veranschaulicht und verweist eben in seiner Individualität auf einen universellen Sinn- und Bedeutungszusammenhang. Fundamental ist in Cassirers *Philosophie der symbolischen Formen* (1923/25) die Anknüpfung an Leibniz' Begriff des „Ausdrückens" bzw. der „Repräsentation".[57] Cassirers Symbolbegriff dient somit nicht nur der

„‹Objektivierung› (d.h. der Herstellung des beschriebenen Zusammenhangs von Einzeldingen und Allgemeinem) in den theoretischen Wissenschaften, sondern er weitet diese Rolle aus auch auf andere kulturelle Zusammenhänge, wie z.B. die symbolischen Formen des Mythos, der Sprache, der Ethik, der Ästhetik, der Technik, der Religion, der Geschichte und der Wirtschaft. Alle diese genannten Bereiche betrachtet Cassirer als eigenständige ‹Formzusammenhänge›, in denen Einzelnes vermöge der Symbol- bzw. Repräsentationsfunktion auf eine allgemeine Form, auf einen Komplex invarianter Bedingungen bezogen wird."[58]

Nach Lohmeyer wandelt sich das prophetische Wort in der hieratischen Sprache des Sehers Johannes zum apokalyptischen Bild, das sich gleichsam in der Form eines Etiketts von seinem konkreten zeit- und theologiegeschichtlichen Umfeld ablösen läßt. Ein eindrückliches Beispiel dafür stellt das Morgenstern-Motiv dar:

„Der christliche Seher hat den ‚Morgenstern' (22,16) geschaut. So kümmern ihn nicht Zeit und Geschichte, sondern allein die übergeschichtlichen und unterirdischen Mächte, die der Vollendung entgegenstehen. Erst so erhält die Apc die ihr innewohnende Wucht und Geschlossenheit, die eine zeitgeschichtliche Deutung ihr raubt; erst so tritt ihre dramatische Gewalt in das rechte Licht, die mit urzeitlichen und endzeitlichen Farben die mythischen Herrscher und Ungeheuer der ‚Welt', alle Schrecknisse und Furchtbarkeiten malt, die ihnen gegenüber nur die schlichte und kaum angedeutete Macht des ‚geschlachteten Lämmleins' stellt – diese Koseform ist dann sehr bezeichnend –, und ihren unvorstellbaren und dennoch unerschütterlich gewissen Triumph in der Folge der Bilder entrollt."[59]

---

[56] LOHMEYER, Offenbarung 196.
[57] IHMIG, Symbol 187 f.
[58] A.a.O., 194.
[59] LOHMEYER, Offenbarung 190.

„Bildhaftigkeit" und „Innigkeit" der Gesichte und Gedichte sind ihrerseits Zeichen der „Sprachgewalt und Geistesmächtigkeit des Sehers"[60], der von Lohmeyer als Künstler des Wortes gefeiert wird.[61] Lohmeyer versucht bewußt, den besonderen Stil und die eigenartige Sprachkraft des Sehers Johannes nachzuzeichnen, sei es durch eine rhythmisch-strophische Gliederung des Gesamttextes, sei es durch besondere einzelne Akzentsetzungen, sei es durch eine gewollte Nichteinhaltung deutscher Orthographie. So finden sich in Lohmeyers Übertragung des Textes der Johannesoffenbarung ins Deutsche stets „siebn Gemeinden", „siebn Siegel", „siebn Drommeten" (Apk 1,4.11.20; 5,1; 8,3.6).

Einen geradezu plastischen Eindruck von Lohmeyers exegetischer Methodik vermittelt seine in sieben Strophen zu je sieben Zeilen unterteilte Übersetzung der himmlischen Thronsaalvision (Apk 4).[62]

Die Übersetzung im Kommentar weicht von der ebenfalls im Jahr 1926 separat erschienenen *Übertragung* teilweise ab. Letztere ist in Wortwahl wie Schriftbild noch stärker stilisiert. Der Text ist mit speziellen Typen gesetzt, die Anfangszeilen der sieben Hauptabschnitte sind in Blaudruck hervorgehoben. Lohmeyer unterstreicht damit den metaphysischen Charakter des Textes:

„Darnach sahe ich,
Und siehe, eine Tür im Himmel aufgetan,
Und sprach die erste Stimme,
Die ich gehört wie wenn Drommete ruft, mit mir:
,Steig auf hierher,
Und zeigen will ich dir,
Was muß geschehn hernach. '

Alsbald ward ich des Geistes voll;
Und sieh, im Himmel war ein Thron gesetzt,
Und auf dem Thron sitzet Er,[63]
Und der da sitzet
Zu schaun gleich Jaspisstein und Sardion,
Und rings ein Regenbogen um den Thron,
Zu schauen gleich Smaragd.

---

[60] LOHMEYER, Offenbarung 37.
[61] A.a.O., 195.
[62] LOHMEYER, Offenbarung. Übertragen 15 f.
[63] Im Kommentar übersetzt Lohmeyer: *„ein Sitzender"*.

Und um den Thron rings vierundzwanzig Throne,
Und auf den Thronen sitzend vierundzwanzig Älteste,
Gehüllt in weiße Kleider, und ihnen auf den Häuptern goldne Kränze.
Und aus dem Thron gehn Blitze, Stimmen aus und Donner.
Und sieben Feuerfackeln, brennend vor dem Thron, –
Die sieben Geister Gottes sind's –
Und vor dem Thron ein gläsern Meer, Kristalle gleich.[64]

Und in des Thrones Mitten
Und rings um den Thron vier Wesen,
Mit Augen übersäet vorn und hinten;
Und war das erste Wesen einem Löwen gleich,
Und war das zweite Wesen einem Stiere gleich,
Und war des dritten Wesens Antlitz wie ein Mensch,
Und war das vierte Wesen einem Adler gleich im Flug.

Und die vier Wesen,
Ihrer jedes hat sechs Flügel,[65]
Und haben Ruhe nicht bei Tag und Nacht,
Und rufen:
,Heilig, heilig, heilig,
Der Herre Gott, der Allbeherrscher,
Der ist und war und kommt.'[66]

Und wenn die Wesen geben Preis und Ruhm und Dank
Ihm, der da sitzet auf dem Thron,
Ihm, der lebt in aller Zeiten Zeiten,
So sinken hin die vierundzwanzig Ältesten
Vor Ihm, der sitzet auf dem Thron,
und beten an vor ihm, der lebt in aller Zeiten Zeiten,
und werfen ihre Kränze nieder vor dem Thron;

Und sie rufen:
,Würdig bist du,
Unser Herr und Gott,
Zu nehmen Preis und Ruhm und Macht!
Denn du erschufst das All,
Durch deinen Willen war's,
Und wurde es erschaffen.'"

---

[64] Im Kommentar übersetzt Lohmeyer: „*wie ein gläsern Meer, Krystalle gleich*". Die Schreibweise „*Krystall*" scheint von Goethe inspiriert zu sein (GOETHE, Maximen Nr. 721; 1261; 1271; 1394).

[65] Im Kommentar ist eingefügt: „*sind um* (sic!) *und innen augenübersät*".

[66] Im Kommentar übersetzt Lohmeyer dem Nestle-Text folgend: „*der war und ist und kommt*".

In diesem rhythmisch gegliederten Auftakt zu den sieben Siegelvisionen sieht Lohmeyer eine formal wie inhaltlich geschlossene Einheit, die auf vielfältige Weise mit ihrem Makrotext in Beziehung steht.[67] Die in sich geschlossenen Strophen umkreisen in bewußter Homotonie und Wiederholung bestimmter Worte die „scheu gehütete, aber sichtbare Mitte des Bildes"[68] – Gott ist der namenlos Seiende, zeitlos Thronende, von himmlischen Hymnen unaufhörlich Gepriesene. Reste realer oder mythologischer Anschauungen sind hier somit notwendig „zum geheimnisvollen Symbol" der Allmacht und Allheit Gottes in Urzeit und Endzeit stilisiert worden.[69] Lohmeyer hat die seltsame Sprache des Sehers in seiner Übersetzung der Johannesapokalypse durchgängig durch eine besondere, archaisch anmutende Wortwahl nachzuzeichnen versucht.

Die Sonne in Apk 6,12 wird „schwarz als wie ein härner Sack", und es stirbt in Apk 8,8 „das Dritteil der Geschöpfe". In Apk 16,14 und 19,20 erscheint als Inkarnation der widergöttlichen Mächte die Gestalt des „Lugpropheten". Kaum zufällig ist Lohmeyers wiederholte Verwendung der Begriffe „Drommete" und „neuer Sang". Auch die Bezeichnung „Harfner" in Apk 18,22 läßt aufhorchen. Es liegen hier direkte Anleihen aus der Dichtung Stefan Georges vor, die bis in die sprachliche Gestaltung hinein die sachliche Nähe von Lohmeyers Theologie zum Georgeschen Symbolismus nachempfinden lassen:

„All den tag hatt ich im sinne / Klang der wirklichen drommete. / Hob die hand nur dass sie flehte / Und den mund um deine minne."[70]

George hatte bereits im Oktober 1903 resigniert an seinen Freund Hofmannsthal geschrieben: „Der große innere sang der zeit ist gesungen darum singen ihn manche gut nach die schöne große rede der zeit ist geredet darum reden viele sie gut nach."[71] Noch im Januar 1905 trauerte Gundolf mit George um den Verlust von Maximilian Kronberger:

---

[67] Lohmeyer verweist zum Motiv des *Thrones Gottes* auf die sieben Stellen Apok 7,11; 11,16; 12,5; 14,3; 19,3; 20,11; 21,5 (LOHMEYER, Offenbarung 41).

[68] A.a.O.

[69] A.a.O., 45.

[70] Vgl. das Gedicht „*Gebete*" aus dem *Siebenten Ring*. Zu den ‚Harfnern' vgl. das unter dem Eindruck von Rembrandts Gemälde *David vor Saul* entstandene Gedicht „*König und Harfner*". Zum Begriff des ‚Sanges' vgl.: in den *Pilgerfahrten* (1891) die Gedichte „*Neuer Ausfahrtsegen*", „*Verjährte Fahrten III*" sowie die *Bücher der Hirten- und Preisgedichte, der Sagen und Sänge und der hängenden Gärten* (1895) den „*Nacht-Gesang*" in *Der Teppich des Lebens und die Lieder von Traum und Tod* (1900). Im *Siebenten Ring* ist der ‚Sang' zentrales Leitmotiv („*Goethe-Tag*", „*Pente Pigadia*", „*Das Zeitgedicht*", „*Sang und Gegensang*", „*Abschluss*", „*Vorklang*", „*Ursprünge*", „*Nacht*").

[71] SCHONAUER, George 119.

„Ich wollte dir gestern nichts schicken auf deinen brief voll heiliger trauer als die paar verse – ich wollte noch gar nicht reden von dem wunderbaren sang unseres Einzigen, der nun wie eine selig-süße stimme doppelt ergreifend und erschütternd aus dem grab in unsere grauen tage herauf tönt."[72]

Das zentrale Motiv des ‚Sanges' findet sich nicht nur in verschiedenen Passagen des *Siebenten Ringes*, sondern auch in dem Gedicht *„Der Krieg"* aus dem Jahr 1917, in dem Georges eschatologische Zeitstimmung – die Erwartung der Pflanzung des Neuen Reichs – sprachlich vorweggenommen wird. Das Motiv des ‚neuen Sangs' ist Sinnbild der endzeitlichen Verkündigung. Die vielfach beschworene neue adelige Haltung, das erwartete neue Heil erwächst für George und seinen Kreis nur aus einer erneuerten Sprache, aus einer neuen Dichtung. In diesem Sinne verstand George seinen *Siebenten Ring* als sibyllinisches Buch, als gleichsam heilige Schrift, in der „orphisch verhüllt das Kommende schon gesagt ist", als prophetische Kritik einer Epoche, die als Zeit zunehmender geistiger Verödung erfahren und interpretiert wird. An Ernst Robert Curtius schrieb George 1919:

„Wir müssen erst durch die vollendete Zersetzung hindurch. Aber dann kommt's wieder besser. Das ist ein Trost, den ich jedem mitgeben kann. Ob wir's noch erleben, ist freilich ungewiß. Aber die geistigen Lösungen sind alle schon gefunden. Die Ereignisse hinken immer schwerfällig nach ..."[73]

Zum ‚neuen Sang' in der Offenbarung des Johannes führte Lohmeyer seinerseits aus:

„Der ‚neue Sang' ist eine häufige Wendung des Psalters (...). Bezeichnet er (...) kaum ein anderes als einen Gesang zu besonderen festlichen Anlässen (so heißt auch Jud 16,13 das Siegeslied Judiths über den Tod des Holofernes ein ὕμνος καινός), so verbindet der Seher mit dem Ausdruck den tieferen Sinn, daß seine ‚Neuheit' dem Anbruch einer ‚neuen' Zeit und Weltordnung entspricht."[74]

Georges 1890 erstmals als Privatdruck herausgegebene *Hymnen* (1890) sind einerseits Ausdruck seines persönlichen Reifeprozesses, der sich in bewußt wortmalerischer Bildhaftigkeit Ausdruck zu geben versucht. Andererseits ist es die emblematisch-dekorative Formensprache des Jugendstils und der Präraffaeliten, die das Werk Georges maßgeblich bestimmt.[75] Insofern ist die Bedeutung von „Hymnus" bei George (abgeleitet von ὑφαίνω) selbst Symbol, Zeichen und Ausdruck ebenso einer besonderen Lebenshaltung wie eines bestimmten Verständnisses der Dichtung als „gewebte Rede" und „kunstvolle Fügung des Gesanges".[76] In diesem Sinne ent-

---

[72] SCHONAUER, George 113.
[73] A.a.O., 123.
[74] LOHMEYER, Offenbarung 53.
[75] SANTAGOSTINI, Simbolisti 13 ff.
[76] Vgl. hierzu: SCHULTZ, Studien 12, mit Hinweis auf Homer (Odyssee VIII, 429).

spricht Lohmeyers Übertragung der Johannesapokalypse in gleichmäßige Rhythmen, die „mit heutigen Mitteln einen Eindruck von der dichterischen Gestalt der Apc"[77] geben soll, durchaus dem innersten Anliegen des Georgeschen Symbolismus. Durch strenge Stilisierung und Gestaltung vorgegebener dichterischer Traditionen wird gleichsam eine neue Kunst-Sprache geschaffen, eine zweckfreie Poesie, die um ihrer selbst willen existiert, eine weltabgewandte Kunst, ihren Sinn in sich selbst findet.[78]

George hatte bereits 1892 im ersten Band seiner *Blätter für die Kunst* für eine „GEISTIGE KUNST" plädiert, die bewußt „alles staatliche und gesellschaftliche" ausscheide.[79] Ihr Kennzeichen bestand in bewußter Wortwahl, rhythmischer Wiederholung bestimmter Begriffe sowie auch in einer neugeschaffenen Orthographie, Syntax und Interpunktion. Charakteristisch ist Georges Vorliebe für antik anmutende Ausdrücke einerseits sowie für die Schöpfung vollkommen neuer sprachlicher Begriffe andererseits. Besondere Sorge trug George stets auch für die drucktechnische Gestaltung seiner Gedichtbände, deren Auflagenzahl er absichtlich gering hielt. In Anlehnung an Platons *Phaidros (274c–278b)* sah George zwischen dem handgeschriebenen und dem gedruckten Wort einen ähnlichen qualitativen Unterschied wie zwischen lebendiger Erinnerung und toter Schrift. Die Schüler seines Kreises hielt George regelmäßig zum Exzerpieren an, und bei den üblichen Gedichtvorträgen achtete er auf eine streng homoton ausgerichtete Sprechrhythmik.[80] Symbolistische Dichtung sollte so einen liturgisch-feierlichen Eindruck von Raum- und Zeitlosigkeit vermitteln. Auch dort, wo sie ihre Bilder direkt der Natur entlehnte, sollte sie umso

---

[77] LOHMEYER, Offenbarung 3.

[78] George hatte in seiner Schulzeit eine aus dem Spanischen und Portugiesischen zusammengesetzte Geheimsprache entwickelt, in die er den 1. Gesang der Odyssee übertrug (OELMANN, Anhang 220). Ein literarisch erhaltenes Beispiel ist das Ende des Gedichtes *„Ursprünge"* im *Siebenten Ring*. Es ist gleichsam der „sang den keiner erfaßte".

[79] SCHULTZ, Studien 81.

[80] Die Malerin Sabine Lepsius berichtet in ihrer 1935 erschienenen *Geschichte einer Freundschaft* von einer Dichterlesung um die Jahrhundertwende: „Gestern war ein grosser Tag. Stefan George las vor einem zahlreichen, aber ausgesuchten Hörerkreis Gedichte aus dem ‚Jahr der Seele' und noch andere einzelne Verse. Ganz allmählich wurde man hineingezaubert in die Stimmung seiner Dichtungen, die mit- und hinrissen. Wie sollte man es wohl zu beschreiben suchen – der Ton seiner Stimme wechselte seine Höhe und Tiefe nur in ganz seltenen Abständen, wurde dann streng beibehalten, fast wie eine gesungene Note, ähnlich dem Responsorium in der katholischen Kirche, und trotzdem bebend vor Empfindung und wiederum hart, dröhnend. Es war der Zusammenhang mit seiner Kinderzeit zu spüren, da er einst während der Messe das Weihrauchfaß schwingen durfte. Auch die Endzeilen verharrten auf dem gleichen Ton, so daß nicht nur der übliche Schlußeffekt völlig vermieden wurde, sondern es schien, als sei das Gedicht nicht ein einzeln in sich abgeschlossenes, sondern ohne Anfang, ohne Ende, wie herausgegriffen aus dem Reiche großer Gedanken und erhöhter dichterischer Vorstellungen. Er sah merkwürdig aus, wie Dante, wie aus einer anderen Zeit" (SCHONAUER, George 61 f.).

weiter der wirklichen Welt und ihren Ordnungen enthoben sein.[81] Der Symbolismus Georges wollte bewußt den „Unterschied von Traumbild und Wirklichkeit"[82] aufheben: „Der zeiten flug verliert die alten namen / Und raum und dasein bleiben nur im bilde."[83]

Erkennt man die dichterische Kraft, die Neuheit der Dichtung Georges in der kunstvollen Umformung abstrakter Begriffe in zeitlos anschauliche *Denkbilder*[84], so wird eine innere Nähe, eine geistige Wahlverwandtschaft zu Lohmeyer und seiner Auffassung vom Beruf des Dichters der Johannesapokalypse unmittelbar deutlich. Die Idee verwirklicht sich bei George im dichterischen Denkbild oder Urbild, bei Lohmeyer erscheint die Idee in der Johannesapokalypse im gleichnishaften – ebenso verhüllt wie offenbaren – Symbol oder Sinnbild. Georges Sinn ist auf die bildhafte Einswerdung, auf Vereinigung von Text und Wirklichkeit, von Idee und Dichtung gerichtet, und seine Sehnsucht nach einem neuen, geistigen Reich nimmt in dem Namen *Maximin* konkret Gestalt an. Daß die Georgesche Verherrlichung des Maximin-Bildes weder einfach als eine nur dichterisch überhöhte Abbildung einer menschlichen Beziehung verstanden werden darf, ist dabei ebenso deutlich wie die Einsicht, daß es sich bei dem so geschaffenen *Maximin-Mythos* um keine reine Kunstform handelt, die jeglicher biographischer oder geschichtlicher Bezüge entbehrt. Auch im Falle des Maximin-Bildes begegnen und vereinen sich dichterisches Wort und menschliche Wirklichkeit symbolisch zu einem neuen, höheren Sinnganzen.

Gleiches gilt von Lohmeyers Auslegung der sieben Visionen vom Kommen des Menschensohns. Sie sind zeitloses Zentrum, Inbegriff der stufenweisen Verdrängung der satanischen Mächte und gleichzeitig des eschatologischen Wachstums und Reifeprozesses. Es sind „Stufen der Offenbarung in immer größerer Herrlichkeit." Die *Messias-Gestalt* in der Johannesapoklaypse

„erscheint in c. 12 als Kind im Himmel, in c. 14 als Lamm auf Zion und als Menschensohn auf der Wolke, in c. 19 als Logos Gottes und König der Könige (...). Für das Kommen des Messias behält also die alte jüdische Tradition ihr Recht und ihre Wahrheit; aber die Parusie des Lammes auf Zion ist nicht mehr wie in Mc 13 das Ende, sondern der Anfang der messianischen Taten, die von dort aus über die ganze Welt sich erstrecken; und in c. 19 ist jegliche Bindung dieser Art fortgefallen. So werden die Elemente einer jüdisch beschränkten Tradition erhalten, zugleich aber umgedeutet und eingereiht in den

---

[81] Zum Symbolismus und seinen Hauptvertretern in Lyrik, Prosa und darstellender Kunst vgl.: DE ANGELIS; SANTAGOSTINI; BENEDETTI. Zum philosophischen Diskurs vgl. (neben E. Cassirer) noch: WHITEHEAD.

[82] SCHULTZ, Studien 12.

[83] A.a.O., 15.

[84] A.a.O., 175.

größeren Zusammenhang, den der auf das Schicksal der Welt gerichtete Blick des Sehers, erstmalig im Urchristentum, gesehen und aufgezeigt hat."[85]

Die drei Messias-Namen *Menschensohn*, *Lamm* und *Logos* bringen die verschiedenen Stufen der Offenbarung sachgerecht zum Ausdruck. Die geheimnisvolle Figur auf der lichten Wolke in Apk 14,14 ist nach Lohmeyer nicht mit der als $\dot{o}$ υἱὸς τοῦ ἀνθρώπου bezeichneten Gestalt in den synoptischen Evangelien identisch, sondern wird von ihm im Sinne von Dan 7,13 als ὅμοιος υἱὸς ἀνθρώπου verstanden: „Diese Bezeichnung ist also nicht dem letzten und tiefsten Wesen des Trägers angemessen; das ist allein bildlich τὸ ἀρνίον und unbildlich ὁ λόγος τοῦ θεοῦ."[86]

Sinn und *Bild* (der *Logos* und das *Lamm*) sind in der Johannesapokalypse so unlöslich eins, daß damit nicht nur eine neue individuelle prophetische Sprache, sondern auch eine neue Theologie der „innigen ‚Zweieinsamkeit' von Gott und Seele" entsteht.[87] So gewiß der Seher sich dessen bewußt ist, die Reihe der seelsorgerlich ausgerichteten Propheten des Alten Testament (vor allem Ezechiels und Deuterojesajas) fortzusetzen, so entwickelt er dennoch eine neue Weltanschauung: Das gläubige Individuum steht mit Christus, dem Lamm, am göttlich gewirkten Ende aller Geschichte. Im Martyrium – im „«Zeugentum»"[88] – sind der Seher, der Kreis der sieben Gemeinden und Christus ewig miteinander verbunden und aufeinander verwiesen. Die Offenbarung des Johannes ist „das Buch eines Märtyrers für Märtyrer", und dieses Buch sieht folglich in der konkreten Nachfolge Christi eben als Märtyrer eine praktische „Anweisung zum seligen Leben".[89]

In der Auffassung von der erzieherischen Haltung des Sehers als dem eschatologischen Künder und Mahner liegt ein weiterer paralleler Zug zum Selbstverständnis des Dichters bei George. Er, der nirgends heimische geheimnisvolle Wanderer zwischen den Welten, sieht sich in der Zeit nach dem Tod Kronbergers mehr und mehr in der Rolle des selbstlosen Erziehers und Ausbilders einer jungen Elite, als Gestalter einer neuen, geistigen Aristokratie. Deutlich bestimmt nun „ein eschatologischer Zug"[90] seine literarische Arbeit. So kommt zu Beginn der 20er Jahre vor allem der Gedanke vom *Neuen Reich* zur Entfaltung. Es ist nicht zufällig die Zeit, in der die jungen Brüder Stauffenberg in den Kreis aufgenommen werden. Der einflußreiche Verleger Arthur Moeller van den Bruck (1876–1925) hatte 1923 sein Buch *Das Dritte Reich* herausgegeben und damit den

---

[85] LOHMEYER, Offenbarung 188.
[86] A.a.O., 124.
[87] A.a.O., 186.
[88] A.a.O., 198.
[89] A.a.O.
[90] SCHONAUER, George 123.

entscheidenden Begriff für die „politische Eschatologie"[91] der Völkischen Bewegung geprägt.[92]

Das Neue Reich Georges – so der Titel seines letzten Gedichtbandes aus dem Jahre 1928 – war sachlich von der völkischen Reichsidee zwar grundverschieden, dem Begriff nach konnte der Rede vom *Neuen Reich* in dem aus politisch sehr unterschiedlichen Elementen zusammengesetzten George-Kreis leicht etwas Schillerndes anhaften.[93] So unternahmen im Mai 1924 einige Mitglieder des George-Kreises – darunter auch der junge Berthold von Stauffenberg (1905–1944) – eine Gruppenpilgerfahrt nach Sizilien, um in der Kathedrale von Palermo auf dem rotschimmernden Porphyr-Sarkophag von Friedrich II. einen Kranz mit der Aufschrift *SEINEN KAISERN UND HELDEN / DAS GEHEIME DEUTSCHLAND* niederzulegen.[94] Friedrich Gundolf brachte noch im gleichen Jahr seine *Julius-Cäsar*-Biographie zum Abschluß, und 1927 schrieb der Georgianer Ernst Kantorowicz im Vorwort seines vieldiskutierten Buchs über den Hohenstaufenkaiser Friedrich II., ein „heimliches Deutschland" sehne sich in kaiserfeindlicher Zeit nach „seinen Kaisern und Helden".[95]

Den Einfluß Georges insbesondere auf den jungen Katholiken Claus von Stauffenberg (1907–1944) wird man kaum zu unterschätzen haben.[96] Die mehr und mehr von apokalyptischen Gedanken inspirierte Dichtung Georges – vor allem durch die Bilder-Rede vom Antichristen einerseits sowie vom Neuen Reich andererseits – wurde dabei in der Weltanschauung des jungen Claus von Stauffenberg maßgebend.[97] Daneben zeigte sich der Offiziersanwärter Stauffenberg, der aufgrund seiner physischen Erscheinung im George-Kreis wie in Militärkreisen mit der Figur des Bamberger Reiters (einer spätmittelalterlichen Reiterstatue im Dom zu Bamberg) in

---

[91] RGG³ IV, 1318.

[92] MOSSE, Masses 93 f. 158 f.; COHN, Paradies 118 f.

[93] Schonauer nimmt den George-Kreis von der Anklage in Schutz, geistig Wegbereiter für den Nationalsozialismus gewesen zu sein. Bedeutende Mitglieder des Kreises waren Juden, andere waren überzeugte Nationalsozialisten, einige starben in KZ-Haft, andere wiederum verhielten sich neutral oder schlossen sich dem Widerstand an (SCHONAUER, George 161). Man wird aber dessen eingedenk bleiben müssen, daß (um ein Beispiel zu nennen) Hitler den Begriff des *Führers* eben der Ideologie des George-Kreises entlehnt hatte (BAIGENT/LEIGH 218 ff.). Zur Besetzung von christlichen Begriffen durch Hitler und die völkische Bewegung vgl.: MOSSE, Masses. Nachvollziehbar ist insgesamt das Urteil von P. Gay im Hinblick auf die moralische Mitverantwortung der Mitglieder des Kreises um George: „Als Zauberlehrlinge konnten sie die Geister nicht vertreiben, die auch sie mit gerufen hatten" (GAY, Republik 72).

[94] BAIGENT/LEIGH 218.

[95] GAY, Republik 76.

[96] BAIGENT/LEIGH 85 ff. Im Hinblick auf die Geschichte des Widerstands gegen das NS-Regime vgl.: GIORDANO, Schuld 77; TÖDT, Komplizen 284.

[97] BAIGENT/LEIGH 97.

Verbindung gebracht wurde, besonders empfänglich für Georges aristokratische Auffassung der Werte von Treue, Dienst, Zucht und Selbsthingabe, verstanden jeweils als mystische Weihe an eine als notwendig erkannte gemeinsame, höhere Aufgabe.[98] „Geheimes Deutschland" war nicht nur der Titel von Georges letztem mysteriös-monumentalen Gedicht gewesen, das er 1928 erstmals in seinem Kreis vortrug – es war auch der symbolische Name, den Claus von Stauffenberg fünfzehn Jahre später der operativen Widerstandsgruppe gegen Hitler gab. Nach dem Scheitern des Hitler-Attentats sollen von Stauffenbergs letzte Worte vor der Hinrichtung in den Morgenstunden des 21. Juli 1944 dementsprechend auch „Lang lebe unser geheimes Deutschland!" gewesen sein.[99]

Wesen und Begriff eines neuen Reichs beschäftigten auch Lohmeyer in seiner Breslauer Zeit. In einem bisher nicht beachteten Aufsatz aus dem Jahre 1927 setzte er sich theologisch und philosophisch mit dem Thema *„Das kommende Reich"* auseinander. Ein achtseitiger Lohmeyer-Aufsatz zu diesem Thema erschien in der von dem kulturpolitisch einflußreichen Verlagsbuchhändler Eugen Diederichs (1867–1930) publizierten Zeitschrift *Die Tat – Monatsschrift für die Zukunft der deutschen Kultur.*[100] An gleicher Stelle hatte Tillich fünf Jahre zuvor im Ringen um eine neue, religiös-sozialistische Geschichtsmetaphysik seinen ersten *Kairos*-Aufsatz veröffentlicht.[101]

Lohmeyer geht es in seinem Aufsatz um die prinzipielle Erfassung des in sich scheinbar widerspruchsvollen Begriffs vom ‚Reich Gottes' und der Rede von seinem ‚Kommen'. Wie lassen sich die neutestamentlichen Aussagen von dem Nahesein bzw. dem Dasein des Reiches Gottes mit der dritten Bitte des Vaterunsers verbinden? Das philosophische Grundproblem des Verhältnisses von Glaube und Geschichte, das Lohmeyer immer wieder exegetisch beschäftigen wird[102], stellt sich ihm letztlich als ein Problem auch der allgemeinen Religionsgeschichte dar.

---

[98] BAIGENT/LEIGH, 103.

[99] A.a.O., 112. Claus von Stauffenberg trug außer einem antiken Goldkreuzanhänger einen Siegelring, dem die Worte *finis initium* eingraviert waren – ein Zeichen seiner inneren Verbundenheit mit der Dichtung Georges. Es handelt sich um eine Anspielung auf die letzte Strophe des Zwölfzeilers *„Ich bin der Eine und bin Beide"* aus Georges Buch *Der Stern des Bundes* von 1913. Dort heißt es abschließend: „ich bin ein end und ein beginn" (BAIGENT/LEIGH 231 f.; SCHULTZ, Studien 168 ff.)

[100] Die Tat 18, 1927, 846–853.

[101] Die Tat 14, 1922, 330–350. Tillich hatte seinen Kairos-Begriff bereits 1926 entscheidend modifiziert. Im ersten Buch des *Kairos*-Kreises rechnete Tillich namentlich George und seine Schule zu denjenigen schöpferischen Kulturkräften, die den Geist der bürgerlichen Gesellschaft zu überwinden getrachtet hätten.

[102] Vgl. Lohmeyers Auslegung von Mk 1,15 in seinem Mk-Kommentar (1937), die Exegese von Mt 6,10 in seinem *Vater-unser* (1946) und die Ausführungen zu Mt 4,17 in dem 1956 posthum veröffentlichten Mt-Kommentar.

„Durch Jahrtausende wandelt der Gedanke von der einen großen Gemeinschaft, die alle Menschen in vollendeter Harmonie in sich versammelt; und Sagen und Märchen von einer Zeit, die die goldene heißt, weil in ihr diese Harmonie Wirklichkeit war, haben aus nichtchristlichen Quellen einen Weg in das ‚Reich Gottes' gefunden, von der Geschichte verblaßt und gleichsam leer weitergetragen. Wieder hat es Epochen gegeben, in denen das Reich Gottes seiner unmittelbaren Verwirklichung nahe schien; und in unvergeßlicher Demut und Größe hat es ein staufischer Kaiser im Herzen Deutschlands verkünden können."[103]

Nach Lohmeyer entspringt die Reich-Gottes-Idee im Neuen Testament nicht aus der „Trauer um das entschwundene Einst" oder aus dem „Traum seiner unvorstellbaren Wiederkehr", sondern aus dem Glauben.[104] Hier wird eine gewisse Distanz zwischen Lohmeyers Glaubensbegriff einerseits und der Grundstimmung der Reichsanschauung Georges andererseits deutlich. Der Glaube „träumt nicht von einem Kommen, sondern weiß von einem Da- und Nahesein" des Reiches Gottes. Der Glaube ist wesenhaft bestimmt durch die „Norm des Unbedingten", die ihn persönlich und in besonderer Weise anspricht, in die Pflicht nimmt. So ist denn auch „alles künstlerische Schaffen und alles ethische Handeln (…) durch die Beziehung von Ich und unbedingter Norm oder gültigem Wert bestimmt." Die gegenständliche Wechselbeziehung von Glaube und Geschichte ist somit auch die erkenntnistheoretische Voraussetzung im Problemkreis der Rede vom Reich Gottes und seinem Kommen. Der Glaube „will Gott als den einigen und einzigen Grund aller Wirklichkeit und Gegenständlichkeit", und wird damit selbst (in Analogie zu 1 Kor 6,2) zum endzeitlichen Richtmaß aller Dinge. Der Glaube ist schöpferischer Natur, er schöpft aus Gott als dem „letzten Grunde aller Schöpfung".[105] Der Glaubensakt „wird zu einem ‚Getan-werden', sein Erkennen zu einem ‚Erkannt-werden' und seine schlechthinnige Freiheit zu einer schlechthinnigen Gebundenheit."[106] Auf eben diesen zwischen „Freiheit" und „Gebundenheit" gestellten Glaubensbegriff wird Lohmeyer noch fast 20 Jahre später in seinem Manuskript für die geplante Rede zur Wiedereröffnung der Greifswalder Universität im Februar 1946 zurückkommen.[107] Mit dem Begriff des

---

[103] LOHMEYER, Reich 847.

[104] A.a.O., 846.

[105] A.a.O., 848.

[106] A.a.O.

[107] Vgl. den Text bei SCHMAUCH, In memoriam 9. Für dieses Verhältnis des urchristlichen Glaubens zum Alten Testament vgl. auch Lohmeyers Bemerkungen zum Seher in der Apok: „Das AT ist dem Seher gewiß heilige Schrift, aber es ist ihm auch zugleich Material seiner Verkündigung, die Atmosphäre, die er bestimmt, wie er von ihr bestimmt wird. So wird im Prolog, wo es gilt, ein direktes Gotteswort anzuführen, nicht ein solches des AT zitiert, sondern ein neues frei gebildet. Die Gebundenheit und Freiheit sind also gleich groß und bedingen sich gegenseitig; es scheint, als gewänne der Seher nur dann

Glaubens ist in Lohmeyers Theologie der Gedanke der ‚neuen Schöpfung‘ bei Paulus, der ‚ewigen Geburt in Gott‘ bei Jakob Böhme sowie die Anschauung vom ‚wissenden Nichtwissen‘ bei Nikolaus Cusanus mitgesetzt. In jedem Glaubensakt als geschichtlich bedingter Wirklichkeit des Unbedingten sind damit sowohl die Einheit der Seele mit Gott sowie ihre Geschiedenheit von ihm unlöslich vorausgesetzt.[108] Das metaphysische Prinzip der *coincidentia oppositorum* kommt daher auch auf dem Boden der Geschichte zur Anwendung. Der Glaube kann ebenso von einer Ferne des Reiches Gottes nicht reden wie von seinem bleibenden Dasein. Diese ewige, gegenständliche Spannung läßt dem Glauben im Hinblick auf die Geschichte nur die eine Möglichkeit, eben von dem Kommen des Reiches Gottes zu reden.

„Darum enthält auch die Verkündigung Jesu beides nebeneinander, und es ist nicht möglich, davon zu reden, daß sein Reich nur Gegenstand einer auf das ‚Ende der Tage‘ gerichteten Sehnsucht wäre, ebenso wenig auch, daß es Gegenstand nur eines vollendeten Habens und Besitzens sei. Es ist beides nur in- und miteinander.“[109]

Ist die Einheit wie Geschiedenheit von Gott und Seele im Begriff des Glaubens selbst notwendig präsent, so ist das um so mehr noch der Fall im Gedanken der gläubigen Gemeinschaft. Religiöse Gemeinschaft ist zwar Gottes einzige und allumfassende Wirklichkeit, sie realisiert sich geschichtlich jedoch als „ewige und unsichtbare Gemeinde“. Ihre Vollendung in Gott bedeutet zugleich ihre Unvollendbarkeit in der Geschichte. Die Geschichte ist gleichsam lediglich das Material[110], an welchem sich der Glaube entfaltet. Dabei ist der

„Bestand der Geschichte (…) der gläubigen Gemeinschaft niemals etwas völlig Fremdes und gleichsam Feindliches. Zwischen ihnen besteht das gleiche Verhältnis, das zwischen dem ewigen Augenblick des Glaubens und dem unendlichen Fluß der Zeit waltet. Der Glaube weiß die ihm gesetzte Gemeinschaft als den einzigen Sinn und die einzige Wirklichkeit ihres unendlichen und niemals abgeschlossenen Fließens. Er vermag gültig von einem Anfang und Ende der Geschichte zu sprechen, trotzdem oder gerade weil die Geschichte keinen Anfang und kein Ende kennt.“[111]

Im Laufe der christlichen Jahrhunderte habe daher keine Zeit und kein Volk den Gedanken des Reiches Gottes weder als ganz erfüllt setzen, noch je ganz fallen lassen können. Das Reich Gottes ist in dem doppelten Sinne „immer und nirgends da“, es ist immer im Kommen.[112] Darum gilt für

---

die Freiheit des eigenen Wortes, wenn er sich mit der heiligen Schrift des AT erfüllt“ (LOHMEYER, Offenbarung 192).

[108] LOHMEYER, Reich 849.

[109] A.a.O., 850.

[110] A.a.O., 851.

[111] A.a.O., 852.

[112] A.a.O.

Lohmeyer nach einem Wort der Johannesapokalypse von Gott das gleiche wie für sein Reich: „Es war immer und ist immer und wird immer und einmal kommen."[113] Die Rede von einem kommenden neuen Reich ist bei Lohmeyer und George von Hölderlin bestimmt. George sprach 1928 in seinem letzten Gedichtband *Das Neue Reich* von dem „Land dem viel Verheißung / Noch innewohnt – das drum nicht untergeht." Lohmeyer identifizierte seinerseits die zeitlos-bildliche Rede vom Kommen des Reiches Gottes mit den Begriffen des *Werdens* und *Wechselns*, des *Übergangs* und des *Vorübergehens*. Das eschatologische Passage-Motiv wurde so zu einer für Lohmeyer theologisch-philosophisch insgesamt bedeutsamen Metapher. 1946 bemerkte er in seiner Auslegung der dritten Bitte des Vater-unsers:

„Alles Seiende und Geschehene ist, weil es durch Gott geschaffen ist, auch auf Gott hin geschaffen; sein Sein in der Zeit und durch die Zeit ist nichts anderes als der stete Übergang von dem Geschaffen-sein durch Gott zu dem Vollendet-sein durch Gott (...). Darum ist das Werden und Wechseln die Sprache Gottes zu den Menschen und das Werk Gottes an ihnen. Es gibt keinen unendlichen Fluß des Werdens, der unablässig fortströmte, sondern nur ein Kommen und Werden, das wie die Sonne jeden Morgen neu ist, so lange bis dieses Werden durch Gottes Rat sein wahres Ziel erreicht und damit das Ende alles Kommens. Dann ist die Wirklichkeit gegeben, wie sie Gott angemessen ist: Der heilige Gott in seiner heiligen Welt. Aber bis zu diesem von Gott angelegten (...) Ende ist auch alles Leben und Bestehen von Mensch und Ding ein Kommen und Vorübergehen, und dieses Vorübergehen führt von dem Gleichen, das schon immer da war, in jeweils verschiedenen Stufen zu dem völlig Neuen und allem Bestehenden Entgegengesetzten."[114]

Mit der Rede vom Glauben als paradoxer Erfahrung der abgeschlossenen Unabgeschlossenheit der Geschichte wird ein Grundmotiv des wesentlich eschatologisch bestimmten Welt- und Wirklichkeitsverständnisses bei Lohmeyer greifbar. Urchristlicher Glaube erkennt, erfährt sich danach gegenwärtig – in Kongruenz mit dem ebenso mythisch wie eschatologisch gefärbten Weltbild des Judentums zur Zeit Jesu – in dem Zeitraum zwischen einem durch Gott gesetzten Anfang und einem in Gott aufgehobenen Ende aller Geschichte. Der Mittelpunkt solcher urzeitlich-endzeitlich bestimmter Geschichte ist durch das Erscheinen, das Eintreten, das Kommen der Mittlergestalt des göttlichen Offenbarers in die Zeit bezeichnet, der durch seine Epiphanie den ewigen Gegensatz zwischen Gott und Welt überwindet. Das Passage-Motiv wird so zum zentralen Symbol der Erlösung. Das Heil wird sichtbare geschichtliche Wirklichkeit in der vorübergehenden Gestalt des göttlichen Meisters, und christliche Nachfolge realisiert sich als konkrete Leidensnachfolge Christi notwendig im Martyrium, als Leiden an und in der Welt.

---

[113] LOHMEYER, Reich 853.
[114] LOHMEYER, Vater-unser 64.

Lohmeyer ist dem Begriff des Martyriums im April 1927 auf dem zum 70. Geburtstag von Alfred F. Loisy in Paris abgehaltenen *Kongreß für die Geschichte des Christentums* eigens in systematischer Weise nachgegangen. Bedeutsam ist vor allem Lohmeyers nachdrückliche Verteidigung der engen Verbundenheit von jüdischer und christlicher Theologie im Hinblick auf die den beiden Glaubensweisen gemeinsame Idee des Martyriums. Die Geschichte Jesu ist „als Geschichte seines Leidens und Todes als das höchste Beispiel urchristlichen Martyriums angesehen und geschrieben worden."[115] Lohmeyer spricht sich direkt gegen ein historisierendes (und damit indirekt gegen ein wenigstens tendenziell immer antijüdisches) Verständnis der urchristlichen Passionsberichte aus.

„Alle diese Worte und Gedanken gründen sich nirgends auf bestimmte geschichtliche Erfahrungen einer Gemeinde, sondern auf das Wissen um einen bleibenden Gegensatz zwischen Glauben und Geschichte, Gott und Welt, sie sprechen nicht von historischen Fakten, sondern von einem nach geschichtlicher Verwirklichung drängenden religiösen Prinzip, das die Notwendigkeit des Martyriums als seiner einzigen und beispielhaften Darstellung in sich schließt und in alten jüdischen Gedanken vorbereitet ist."[116]

Abgesehen von den prinzipiellen theologischen wie philosophischen Implikationen solcher Anschauungen steht die Erfahrung der eigenen Gegenwart unter dem Zeichen des Eschatologisch-Apokalyptischen für Lohmeyer in Zusammenhang mit der Wahrnehmung von Fremdheit und Einsamkeit in einer als dem eigenen Denken und Fühlen entgegengesetzt erfahrenen Welt. Die Einsamkeit der Seele in der Welt gehört zu den Grundelementen symbolistischer Weltanschauung und Dichtung.[117] Zwischen 1922 und 1929 versuchte Lohmeyer mehrfach vergeblich, von Breslau an eine andere Universität (nach Göttingen, Gießen oder Bonn) zu wechseln. Ein Ferienhaus in Glasegrund, das die Lohmeyers bei Habelschwerdt in den Glatzer Bergen bauen ließen, diente der Familie vor allem während der Rektorats- und Prorektoratszeit Lohmeyers immer wieder als Zufluchtsort. Ab Jahresende 1930, nach dem Weggang seines Freundes Hönigswald, war Lohmeyer in Breslau zunehmend geistig isoliert. Hönigswald begab sich seinerseits bald in eine vollständige innere Emigration. Ab dem Sommer 1933 war der Satz „*bene vixit, bene qui latuit*" zum mehrfach beschworenen Leitgedanken Hönigswalds geworden.[118] Hönigswald, der von seiner

---

[115] LOHMEYER, Idee 244.

[116] A.a.O., 244 f.

[117] Das Gedicht „*Der Frühling der Seele*" von Georg Trakl (1887–1914) bringt das emblematisch zum Ausdruck: „Es ist die Seele ein Fremdes auf Erden" (DE ANGELIS, Simbolismo 133). Zu George vgl.: LUKACS, Einsamkeit.

[118] Vgl. Hönigswalds Brief an Lohmeyer vom 24. Juli 1933: „Von der Species ‚homo sapiens' habe ich mich – 2–3 Exemplare ausgenommen – völlig zurückgezogen. Auch im beruflichen Verkehr habe ich Scheidewände errichtet, die zu überschreiten niemand gelingt" (W. OTTO, Briefe 63 f.).

zwangsweisen Ruhestandversetzung aus der Zeitung erfahren hatte,[119] zog sich auf die eigene sprachphilosophische Forschung zurück, versenkte sich immer mehr in die Lektüre vor allem klassischer Literatur.[120] In fortschreitender Isolation vom wirklichen Leben wurde nun vielmehr „die Welt der Ideen"[121] zu seinem bevorzugten Tummelplatz. Zu den wenigen verbleibenden Breslauer Freunden zählten neben Ernst und Melie Lohmeyer und dem Ehepaar Koebner noch Rudolf Hermann und Georg Wobbermin. Hönigswald wollte niemandem zur Last fallen. „Es soll meinetwegen niemand Beklemmungen haben", schrieb er am 19. Juni 1937 an Melie Lohmeyer.[122] Im Frühjahr 1938 hatte Hönigswald seine persönliche Korrespondenz fast vollständig auf seinen Schüler Moritz Löwi (1891–1942)[123] sowie auf den Physiker Clemens Schaefer (1878–1968)[124] beschränkt. Tagebuchaufzeichnungen aus dem Jahr 1932 zeugen auch bei Lohmeyer von einem fortschreitenden Rückzug in ein anderes, in „ein ganz großes Reich", das „Reich des Herzens, Fühlens, der leidenschaftlichen Bewegung" – es ist für Lohmeyer das innere Reich des Denkens, der freien geistigen Auseinandersetzung mit den Dingen, ein Reich, in welchem alle letzten Gegensätze aufgehoben sind:

„Dort bin ich für mich und habe doch alles in mir; dort bin ich nicht nur spiegelnde Flut, sondern auch glitzernd wärmender Strahl. Aus diesem Reich fließen die Ströme lebendigen Wassers. ... Sehe ich Städte und Berge und Flüsse, so werden sie mir erst lebendig, wenn ich darüber grübele; aber ich bin nicht von ihrem Leben umfangen, von ihrer Höhe nicht getragen, von ihrer Flut nicht umspielt. Immer ein wenig seitab von meinem Herzen, nie strömt in seiner Kraft der ganze Reichtum des lebendigen Geschehens und Daseins. Immer wandelt es nur auf dem leichten und schmalen Pfad des Denkens zu mir, und ich fasse nur so viel, wie dieser Pfad tragen kann."[125]

Bezeichnend ist in diesem Traumbild, abgesehen von der symbolistischen und melancholischen Gesamtstimmung zunächst der zentrale Verweis auf Joh 7,38 und Apk 22,1. Auch bei George finden sich mehrfach neutestamentliche Bildelemente zur „Darstellung eigenen geistigen Erlebens."[126] Andererseits sind in Lohmeyers Idee vom Reich des Geistes Grundaussagen ignatianischer Theologie (IgnRm 6,2) bedeutsam.[127] Weiterhin fühlt

---

[119] W. OTTO, Briefe 65.

[120] A.a.O., 67.

[121] A.a.O., 97.

[122] A.a.O., 109.

[123] A.a.O., 112. Der Psychologe Löwi wurde 1933 zwangsemeritiert. Zu Löwi vgl.: B. WOLANDT, Löwi 231 ff.

[124] Schaefer war auch mit Lohmeyer freundschaftlich verbunden (Brief Hönigswalds an Lohmeyer vom 3. Januar 1935; vgl.: W. OTTO, Briefe 81).

[125] G. OTTO, Erinnerung 40 f.

[126] FROMMEL, Christologie 189.

[127] BAUER/PAULSEN, Ignatius 75.

man sich an die Sprache gleichsam poetischer Entrückungszustände bei George oder Hofmannsthal erinnert, in denen der flüchtig vorübergehende Schein der unteren Außenwelt hinter die wahre, obere Welt der zeitlos-ewigen Ideen zurücktritt. Im dritten Gedicht der Georgeschen *Lieder von Traum und Tod* aus dem Jahre 1900 heißt es beispielsweise:

„Sie die in träumen lebten sehen wach / Den Abglanz jener Pracht die sie verliessen / Um gram und erde • und sie weinen stille / Die stunden füllend mit erinnerung."[128]

In symbolistischer Manier hatte Lohmeyer im Jahre 1926 den Text aus Apk 22,1 poetisch ins Deutsche übertragen:

„Und er wies mir einen Strom von Lebenswasser / Leuchtend wie Kristall, / Der quoll vom Throne Gottes und des Lammes."

Lohmeyer interpretiert diese Stelle als „Kombination des Paradiesstromes" mit dem „häufigen Bilde vom Lebensquell oder –wasser", die aus der „apokalyptisch-realen in die religiös-symbolische Sphäre gehoben" worden sei.[129] Bultmann bemerkte kritisch, Lohmeyer habe im Gefolge von Hermann Gunkel, Wilhelm Bousset und Franz Boll die zunehmende Verdrängung der zeitgeschichtlichen Erklärung biblischer Texte durch traditions- und mythologiegeschichtliche Forschungen auf die Spitze getrieben. Dennoch wußte er den wohl mehr aus sprachlicher Intuition als aus methodischer Reflexion gewonnenen Einzelbeobachtungen seines Breslauer Freundes auch im Hinblick auf die vieldiskutierte Bedeutung des Zahlensymbols aus Apk 13,18 kaum tragfähige Argumente entgegenzusetzen.[130]

Inwieweit Lohmeyers metaphysisch-weltferne Interpretation von Apk 13 zu einer theologisch prinzipiell positiven Wertung insbesondere der Weimarer Verfassung geeignet war, zeigt dagegen ein Brief des systematischen Theologen Gerhard Gloege an den Magdeburger Generalsuperintendenten Johannes Eger vom 11. Dezember 1935. Der 1935 als Studienleiter des BK-Predigerseminars in Naumburg/Queis abgesetzte Gloege erinnert Eger darin an einen Vorgang aus dem Jahre 1931: Gloege hatte im sächsischen Gnadau nach einem Luthervortrag eine von Eger im Hinblick auf Apk 13 vorgenommene prinzipielle Verteufelung des Staatsbegriffs „unter ausdrücklichem Hinweis auf den neuesten Kommentar von Lohmeyer" entschieden abgelehnt und auf die bleibende Geltung von Röm 13 verwiesen.[131]

Die auch von Bultmann erkannte Eigenart des von Lohmeyer am Text der Johannesapokalypse entwickelten Verständnisses urchristlicher Escha-

---

[128] GEORGE, Teppich 72.
[129] LOHMEYER, Offenbarung 172. Zum Lebenswasser im JohEv vgl.: HAHN, Worte.
[130] ThLZ 52, 1927, 511.
[131] HORNIG, Kirche 154 ff.

tologie liegt in der Tat vor allem in einer individualistischen Fassung des Erlösungsgedankens begründet. Das als Erlösung verstandene Eingehen in das Reich Gottes ist für Lohmeyer ein zunächst allgemeiner metaphysischer Begriff,[132] der sich als individuelle Begegnung „mit Christus"[133] ereignet und erst in zweiter Linie als gemeinschaftlich-sakramentaler Vorgang möglich wird. Religiöse Gemeinschaft ist zuerst und zunächst von dem metaphysischen Prinzip der „Zweieinsamkeit" von Gott und Seele bestimmt. „Mit Gott verbunden sein, von Gott bestimmt sein, heißt einsam sein."[134] Liebe im urchristlichen Sinn ist daher im Gegensatz zum wesentlich dialogisch verstandenen Begriff des platonischen Eros ein prinzipiell monologischer Akt: „Liebe im urchristlichen Sinne schafft keine Gemeinschaft; sie ist selbst Repräsentant einer in Gott gegründeten Gemeinschaft."[135] In solcher Zuspitzung des Erlösungsgedankens auf die „mit Christus" verwirklichte Begegnung von Bedingtem und Unbedingtem liegt trotz aller sprachlichen oder formalen Analogien ein letzter Gegensatz Lohmeyerscher Theologie zur Vorstellung der „Zwei-einigkeit von Gott und Dichter"[136] bei Stefan George und seinem Kreis. Im Zentrum der Lohmeyerschen Fassung des Reich-Gottes-Gedankens steht nicht das gleichsam religiös verehrte Bild eines Dichter-Gottes, sondern das ewige „Bild vom Kommen des Menschensohns"[137], das in der „Feierstunde des einzelnen mit seinem Herrn und Freunde"[138] konkrete Gestalt gewinnt. Diese lebendige Beziehung, diese liebevolle Zuwendung Christi zum gläubigen Individuum, die von johanneischen Zügen (Joh 10,3; 14,23; 18,37; 20,16) getragene „Hinwendung zum Einzelnen" ist nach Lohmeyer auch der eigentliche Sinn von Apk 3,20:

„Sieh, ich stehe vor der Tür / Und klopfe an; / So einer höret meine Stimme / Und tut auf die Tür, / Eingehen werde ich zu ihm / Und Nachtmahl halten werde ich mit ihm / Und er mit mir."[139]

Es handelt sich nach Lohmeyer um ein „gleichsam zeitloses Kommen, das ebenso gegenwärtig wie eschatologisch ist": Christus erscheint jedoch nicht mehr im Bilde eines eschatologischen Herrschers oder Richters. Er ist nach Lohmeyer gleichsam „der Freund aus der Fremde", der im Sinne von Hhld 5,2 und Lk 12,36 „auf beseligte Aufnahme hofft."[140] Inwieweit

---

[132] Vgl. LOHMEYER, Erlösung 33: „Erlösung ist nichts anderes als die metaphysische Bestimmtheit der gläubigen Tat."
[133] LOHMEYER, ΣΥΝ ΧΡΙΣΤΩΙ.
[134] LOHMEYER, Gemeinschaft 44.
[135] A.a.O., 62.
[136] SCHULTZ, Studien 169.
[137] LOHMEYER, Offenbarung 182.
[138] LOHMEYER, ΣΥΝ ΧΡΙΣΤΩΙ 255.
[139] A.a.O., 254 f.
[140] LOHMEYER, Offenbarung 37.

sich solche Auslegung bis in die Wortwahl hinein der Lektüre von Georges *Siebentem Ring* verdankt, kann insbesondere der Maximin-Zyklus verdeutlichen. Das Gedicht *„Verkennung"* stellt eine bewußte „Neuformung"[141] der evangelischen Überlieferung der Begegnung des Auferstandenen mit den Emmaus-Jüngern (Luk 24,13 ff.) dar, die darüber hinaus verhüllte Anspielungen auf Mt 28,9, Mk 16,19 sowie Joh 20,16 erkennen läßt.

„Der jünger blieb in trauer tag und nacht / Am berg von wo der Herr gen Himmel fuhr: / ‚So lässest du verzweifeln deine treuen? / Du denkst in deiner pracht nicht mehr der erde? / Ich werde niemehr deine stimme hören / Und deinen saum und deine füsse küssen? / Ich flehe um ein zeichen • doch du schweigst.' / Da kam des wegs ein fremder: ‚Bruder sprich! / Auf deiner wange lodert solche qual / Dass ich sie leide wenn ich sie nicht lösche.' / ‚Vergeblich ist dein trost .. verlass den armen! / Ich suche meinen herrn der mich vergass.'/ Der fremde schwand .. der jünger sank ins knie / Mit lautem schrei • denn an dem himmelsglanz / Der an der stelle blieb ward er gewahr / Dass er vor blindem schmerz und krankem hoffen / Nicht sah: es war der Herr der kam und ging."

Der *Herr*, der hier in der Gestalt des Fremden an dem verzagten Jünger vorübergeht, der fremde Wanderer zwischen den Welten, der kommt und geht und keine Aufnahme erfährt, bezeichnet einerseits das Gefühl der Gottesferne des zurückgelassenen Jüngers; andererseits symbolisiert dieser vorübergehende Fremde die Sehnsucht des Jüngers nach Wiedervereinigung mit seinem Herrn, von dem er durch Zeit (*tag und nacht*) und Raum (*am berg*) getrennt ist. Der Fremde (*der Herr der kam und ging*) selbst wird so zum Zeichen der gleichsam zeitlosen Ein- und Wiederkehr des Unbedingten in die Wirklichkeit (*erde*), um den Jünger aus seiner Einsamkeit, aus seiner irdischen Gottverlassenheit zu erlösen. Entscheidender Begriff der Erlösung ist einerseits die Erinnerung. Der erhöhte Herr darf den auf der Erde zurückgelassenen Jünger nicht vergessen. Auf Seiten des Jüngers bedarf es der Erkenntnis des fremden Wanderers als des Erlösers. Die Trauer über die eigene Verlassenheit und Trennung – sei es als falsche Weltverhaftung, sei es als Weltflucht (*schmerz* und *hoffen*) – darf den Blick, die Einsicht des Jüngers in die Notwendigkeit der Nachfolge nicht trüben. Der eingenartige *himmelsglanz der an der Stelle blieb* bezeichnet blitzartig gerade noch den Funken erlösender Erkenntnis im Bewußtsein des in der Materie zu versinken drohenden Jüngers, der so über sich und seine Situation aufgeklärt an das Ewige als Ziel und Bestimmung seiner Existenz verwiesen wird. Auffällig ist die gnostisierend-platonisierende Lesart neutestamentlicher Motive bei George. Bei dem als fremden Wanderer dargestellten Offenbarungsmittler handelt es sich um ein traditionell gnostisches Motiv (ThEv 42), das sich auch in den Texten des Frühchristentums und der Alten Kirche wiederfinden läßt.[142] In dem von

---

[141] SCHULTZ, Studien 162.
[142] PAULSEN, Vorübergehende 11 ff.

Mark Lidzbarski edierten *Johannesbuch der Mandäer* (1905/1915), das Lohmeyer seiner Auslegung der Johannesapokalypse bereits zugrunde legen konnte, ist die Wanderung des Erlösers „durch Generationen und Welten" plastisch beschrieben.[143] Das Motiv der Wanderung in einer als fremd erfahrenen Weltzeit ist für die Lohmeyer'sche Auslegung der Johannesapokalypse konstitutiv:

„Die Wanderung durch die Bilder von dem Grauen der Endzeit wird zur Wanderung des Einzelnen durch Not und Tod zur Seligkeit des Martyriums (...). So ist der Lauf des eschatologischen Dramas über die ‚Welt' immer auch ein Zeichen des Geschehens, das in der Gegenwart am Einzelnen sich vollziehen und vollenden muß; so hat dieses apokalyptische Buch unter der Pracht seiner eschatologischen Bilder einen tiefen ‚mystischen', besser märtyrerhaften Sinn."[144]

In dem Gefühl einer letzten und innigsten Zusammengehörigkeit von Gott, Welt und Mensch, von der die Johannesapokalypse das scheu verhüllte „Bild von der ‹Hochzeit des Lammes›" zeichnet, vermischen sich nach Lohmeyer verschiedene, auch mit teilweise „deutlichen erotischen Zügen" (Hos 2,19; Jes 54,6; Ez 16, 7 ff.) verbundene Motive des Alten wie Neuen Testaments mit außerbiblischen, insbesondere gnostischen und mandäischen Quellen.[145] Lohmeyer konnte 1926 nicht nur auf den ein Jahr zuvor im erschienenen Kommentar zum Johannesevangelium von Walter Bauer zurückgreifen, sondern auch auf W. Boussets *Hauptprobleme der Gnosis* (1907) sowie auf die religionsgeschichtlichen Studien von R. Reitzenstein, M. Lidzbarski und E. Norden. Daß Stefan George seinerseits von Nordens *Agnostos Theos* (1913), von Reitzensteins *Poimandres* (1904) sowie von den religionswissenschaftlichen Arbeiten von H. Usener, O. Weinreich, A. Dieterich und F. Boll Kenntnis gehabt hat, ist mehr als wahrscheinlich.[146] Weit wichtiger als nachweisbare literarische Abhängigkeiten dürften jedoch auch im Falle von Lohmeyer und George geistige Wahlverwandtschaft und eine ähnliche, stark vom Künstlerischen bestimmte Lebenshaltung sein, abgesehen von der Tatsache, daß dem menschlichen Denken nur ein begrenzter „Typenschatz von Vorstellungen" (O. Weinreich) zur Verfügung steht, mit dem er das Göttliche zu fassen vermag.[147] Mit dem Gedicht *„Einverleibung"* erreicht der George'sche Maximin-Zyklus inhaltlich und formal seinen Höhepunkt – auch im Hinblick auf die Synthese verschiedener Formen religiöser Bildersprache. George hatte seinem Freund Melchior Lechter am 27. April 1905 für dessen rechtes Verständnis des Textes gedankt. George bezeichnete das Gedicht als ein „übersinn-

---

[143] PAULSEN, Vorübergehende 12.
[144] LOHMEYER, Offenbarung 198.
[145] A.a.O., 151.
[146] SCHULTZ, Studien 146–182.
[147] A.a.O., 168.

liches ereignis (...) das die menge im günstigsten Fall scheel ansehen"[148] werde.

„Nun wird wahr was du verhiessest:
Dass gelangt zur macht des Thrones
Andren bund du mit mir schliessest –
Ich geschöpf nun eignen sohnes.

Nimmst nun in geheimster ehe
Teil mit mir am gleichen tische
Jedem quell der mich erfrische
Allen pfaden die ich gehe.

Nicht als schatten und erscheinung
Regst du dich mir im geblüte.
Um mich schlingt sich deine güte
Immer neu zu seliger einung."

Nicht ohne zeitgenössische Analogien kennzeichnet ein besonderes Interesse am Synkretismus und seinem religiös besetzten Einheitsgedanken das dichterische Werk Georges wie die theologisch-exegetischen Arbeiten Lohmeyers, dem offensichtlich weder die bizarre (bald gnostisch, bald mandäisch gefärbte) Bildwelt,[149] noch das Märchenhafte,[150] noch das traumhafte Dunkel[151] mancher apokalyptischer Vorstellungen Probleme in religiöser Hinsicht bereitet. In Lohmeyers Wahrnehmung war gerade die „Verbindung eschatologischer wie ‚johanneisch-mystischer' Tradition (...) symptomatisch für die Apc".[152] Gerade in der freien Komposition sehr verschiedener traditioneller Ausdrücke und Bilder zeigte sich für ihn die „Kraft des Sehers, Überkommenes durch die Art der Reihung zu einer neuen Einheit umzuformen."[153] So bemerkte Lohmeyer etwa zur Heuschreckenplage in der fünften Posaunen-Vision, die „bunte Vielfalt atl Schilderungen" sei vom Seher in bewußter Kunst „bis ins Phantastisch-Großartige gesteigert" worden.[154] Die Notwendigkeit des eschatologischen Dramas, die etwa im Johannes-Evangelium „nur gelegentlich anklingt", ist in der Johannes-Apokalypse „in einer Fülle von Bildern geschildert."[155] Damit in Zusammenhang steht Lohmeyers grundsätzlich positive Wertung

---

[148] GEORGE, Ring 218.
[149] LOHMEYER, Offenbarung 54.
[150] Märchenhaft sind nach Lohmeyer die Vorstellungen vom Abgrund als Zugang zur Hölle und die Abmessungen des himmlischen Jerusalem (Apok 9,2 bzw. 21,16).
[151] LOHMEYER, Offenbarung 61 f.
[152] A.a.O., 66.
[153] A.a.O., 69.
[154] A.a.O., 75.
[155] A.a.O., 198.

des Mythosbegriffs. Der *Logos* des Johannesevangelium und der *Mythos* der Johannesoffenbarung sind zwei verschiedene Ausformungen der *einen* metaphysischen Grundanschauung von Gott, Welt und Mensch:

„Dort ist der λόγος gegeben, hier der μῦθος; und in der Tat ist diese Zusammen-gehörigkeit beider Werke und ihres Gegenstandes etwa in der Art verwandt, in der Plato für den λόγος seiner Dialoge einen μῦθος erschafft. Diese Zuordnung ist selbst gleich-sam notwendige Folge aus den Grundlagen jüdischer ‚Gnosis‘, die nur an dem gegebenen Bilde, sei es nun ein geschichtliches oder kosmologisches Datum, ihren eigenen Sinn fin-det, und diesen wieder im Bilde gleichzeitig zu veranschaulichen und zu verhüllen trach-tet; und es ist bezeichnend genug, daß später in der Lehre des Mani, die von der gleichen Überlieferung befruchtet ist, auch diese gleiche Zuordnung erkennbar scheint."[156]

In Georges Dichtungen finden sich in der auch für die darstellende symbo-listische Kunst typischen Form[157] gewollt pittoresk gewebte Arrangements von christlichen wie platonischen Anschauungen, von antiker griechischer wie deutscher klassischer Dichtung, von biblischen ebenso wie von fabel-haften Motiven, Mythen und Legenden. George geht es in letzter Konse-quenz um immer neue „selige Einung" des bzw. der Getrennten, Lohmeyer spricht von der zeitlos bleibenden Hoffnung des Freundes aus der Fremde auf „beseligte Aufnahme". Beiden gemeinsam ist auch die Sehnsucht nach Stillstellung des Vergessens, die Hoffnung auf Aufhebung der Zeit durch die Kraft des Eingedenkens, die Beschwörung der bleibenden Erinnerung.

In einem Gedicht hat Lohmeyer diesen Gedanken in poetischer Form festgehalten:

„Versunken ist das Fest
Verklungen ist das Wort
Es blieb nur dieser Rest
Bleibe er fort und fort."[158]

Es handelt sich um eine mit violetter Tinte geschriebene handschriftliche Widmung Lohmeyers auf dem Innenblatt eines Sonderdrucks seines Bei-trags ›ΣΥΝ ΧΡΙΣΤΩΙ‹ für die Deißmann-Festschrift. Unterschrieben ist sie mit den Worten „Zu herzlichem Gedenken, Ernst Lohmeyer, 1. April 1927." Wem dieser Sonderdruck gewidmet war, läßt sich heute nicht mehr feststellen.

Frappierend sind inhaltliche Berührungspunkte mit Georges Gedicht „*Verkennung*". Das *Fest* (Symbol der grundlegenden menschlichen Er-fahrung und Begegnung mit dem Göttlichen) ist vorüber. Was bleibt, ist nichts als die Trauer um das verklungene *Wort*, um die Abwesenheit der Stimme des vorübergegangenen Herrn. Was bleibt sind Erinnerungen, es

---

[156] LOHMEYER, Offenbarung 198 f.
[157] Zum Symbolismus in Europa zwischen 1886 und 1918 vgl.: GIBSON, Symbolism.
[158] Die Überlassung des Originals verdankt der Vf. Lorenzo Scornaienchi.

bleibt ein letzter *Rest*, ein Abglanz vom Himmel, ein Echo der lebendigen Gottesstimme. Die eschatologische Hoffnung liegt in der Gebundenheit an den Text des Ursprungs begründet, an das schriftlich festgehaltene dichterische oder prophetische Wort, das ewig (*fort und fort*) bleiben möge.[159] Ist in religiöser Perspektive die ewig-bleibende „Christusgemeinschaft (...)" das A und O urchristlicher Frömmigkeit",[160] so ist mit ihr und in ihr zugleich jene „Metaphysik zweier Welten"[161] vorausgesetzt, durch welche die Erde den Christusgläubigen „problematisch geworden" ist. Die Erde ist „höchstens ‚Spiegel' einer anderen Welt".[162]

Das eschatologische Verständnis solcher Christusgemeinschaft ist notwendig an die *Gestalt des Menschensohns* gebunden. In der Johannesapokalypse ist mit dieser Gestalt nach Lohmeyer „eine Christologie verknüpft und reich entfaltet, die den Gedanken von Christus als dem einmal geschichtlich erschienenen und durch den Tod in seine ewige Heimat zurückgekehrten Vorbild bis ins einzelne durchführt."[163]

Lohmeyer hat seine zuerst am Text der Johannesoffenbarung entfalteten christologischen Vorstellungen dann in der Akademieabhandlung *Kyrios Jesus* von 1927/28 weiter ausgeführt. Darin wirft Lohmeyer in religionsgeschichtlicher wie theologisch-philosophischer Hinsicht weitere Fragen auf.

Die Gestalt dessen, der in dem judenchristlichen Psalm[164] Phil 2,5–11 wie in einer Ode[165] feierlich besungen wird, ist durch ein Doppeltes bezeichnet. Er ist „Gott gleich" und erscheint in „Menschenähnlichkeit".[166] In seinem Namen, in seiner Gestalt und in seiner Tat am Kreuz wird der dialektische Gegensatz von Gott und Welt zum ewigen Symbol.

„Darin wird alles Leiden zum Zeichen Gottes in dem Leben des einzelnen wie in der Geschichte des Volkes. Daß gerade Leiden dieses Zeichen ist, wird nur durch den Gedanken möglich, daß die Gesamtheit des Daseins in Geschehen und Bestehen Gott fern und fremd ist."[167]

---

[159] Neben dem Wunsch der beiden Emmausjünger in Lk 24,29 steht die johanneische Bildrede vom *Bleiben*. Es ist jedoch als Symbol des „wechselseitigen Gott-Mensch-Verhältnisses" (vgl.: STRECKER, Johannesbriefe 101) in letzter Konsequenz ein dynamisches Motiv, das auf Bewegung, auf eschatologische Wanderung und Leidensnachfolge abzielt.

[160] LOHMEYER, ΣΥΝ ΧΡΙΣΤΩΙ 218.

[161] A.a.O., 223.

[162] A.a.O., 225 f.

[163] A.a.O., 246 f..

[164] LOHMEYER, Kyrios 9.

[165] A.a.O., 73.

[166] A.a.O., 14.

[167] A.a.O., 32.

Dieser Gedanke Lohmeyers berührt sich eng mit der Anschauung des Kreuzes als „Symbol" für das prinzipielle Verhältnis von Gott bzw. Evangelium und Welt bei M. Dibelius [Geschichtliche und übergeschicht-liche Religion im Christentum, 1925]. Kritisch zu M. Dibelius hatte sich Bultmann bereits 1926 in *Zwischen den Zeiten* geäußert:

„Für den Verfasser bleibt bei seiner Auffassung die Bedeutung des *Kreuzes Christi* die des *Symbols*, nämlich des Symbols für den ‚Zusammenstoß beider Welten' ‚in urbildlicher Reinheit und Typik', wie denn für ihn der Christus-Mythos Symbol oder gedeutete Geschichte ist. Das Kreuz drückt die Beziehung von Gott und Welt symbolhaft aus, d.h. in Wahrheit die Beziehung der *Begriffe* Gott und Welt, die in platonisierender Denkweise als ontische Beziehung erscheint."[168]

1928 erschien nach fünfjähriger Bearbeitungszeit Lohmeyers Kommentar zum Philipperbrief, der in kirchlichen wie auch in studentischen Kreisen zunächst jedoch kaum mit Begeisterung aufgenommen wurde. Auch Lohmeyers Kommentar zur Johannesapokalypse hat zunächst nicht den erhofften Erfolg gefunden. Lietzmann zollte als Herausgeber der raschen Erledigung der Arbeit durch Lohmeyer zwar durchaus Anerkennung, hielt dessen „ästhetische Neigungen" jedoch für übertrieben und war sich schließlich sogar unschlüssig über Lohmeyers „religiöse Einstellung und Begabung."[169]

Heinrich Schlier schrieb im Mai 1927 in einem Brief an seinen Lehrer Bultmann, Lohmeyers Kommentar zum letzten Buch der Bibel bliebe „doch sehr im Formalen stecken", und auch in religionsgeschichtlicher Hinsicht lasse Lohmeyers Buch zu wünschen übrig: „So bleibt mir die Apokalypse selbst sehr dunkel."[170] Im September 1927 bescheinigte Bultmann Lohmeyer dann in einer Besprechung von dessen Apokalypsekommentar eine komplette „Mißdeutung der Eschatologie" der Johannesoffenbarung.[171] Auch die einleitungswissenschaftlichen Thesen des Buches – Lohmeyer hatte auf die bei Papias auftretende Figur des Presbyters als möglichen Autor verwiesen – lehnte Bultmann kategorisch ab.[172]

---

[168] BULTMANN, GuV/I 83.

[169] Brief Lietzmanns an V&R vom 5. Februar 1926 (ALAND, Glanz 505).

[170] Vgl.: V. BENDEMANN, Schlier 30.

[171] Gleiche Bedenken äußerte R. Bultmann gegenüber Lohmeyers Buch *Vom Begriff der religiösen Gemeinschaft* (ThBl 6, 1927, 66 ff.). Lohmeyer hatte seinerseits einen Monat zuvor abschließend über Bultmanns *Jesus* ausgeführt, es sei eben „der prinzipielle Fehler dieses Buches, daß es Gesichtspunkte des Glaubens zu Invarianten der wissenschaftlichen Forschung machen" wolle (ThLZ 52, 1927, 439).

[172] Vgl.: ThLZ 53, 1927, 512. Gegen diese alte These Boussets vgl.: SCHNELLE, Einleitung 560 ff. G. Strecker geht von einer Verschmelzung (oder Verwechslung) verschiedener kleinasiatischer Traditionen um die Gestalt des Johannes aus (STRECKER, Literaturgeschichte 247 f.).

Bultmanns Verdikt in Hinblick auf Lohmeyers Apokalypse-Kommentar hat sich bis in die Gegenwart erhalten, und das selbst dort, wo das Mythische als theologisch notwendige Form für die Rede vom Unbedingten wieder neu durchaus positiv in den Blick gekommen ist.[173]

---

[173] BÖCHER, Mythos 164 (Anm. 6).

Kapitel VII

Zum Verhältnis von Lohmeyers Theologie zur Philosophie Hönigswalds

1. Der exegetische Streit zwischen Lohmeyer und Lietzmann

Eine methodisch gesicherte Exegese war für Lohmeyer immer auch mit dem Nachdenken über die philosophische Tiefendimension biblischer Texte verbunden. Sein hermeneutischer Ansatz drang danach, die der religiösen Formensprache urchristlichen Glaubens zugrundeliegenden Probleme aufzudecken. Damit sollten jeweils die geistes-, theologie- und religionsgeschichtlichen Bezüge frühchristlicher Literatur erhellt und in ihrem sozialen Kontext dargestellt werden. Seine Freundschaft mit Hönigswald brachte dem vermeintlichen Georgeschüler Lohmeyer bald auch den Ruf ein, „Hönigswaldianer" zu sein.[1] Der Jenaer praktische Theologe Waldemar Macholz (1876–1950) hatte am 1. Dezember 1929 an seinen Freund Lietzmann geschrieben, er teile Lohmeyers

„vom philosophischen Kollegen übernommene Konstruktion durchaus nicht, halte sie vielmehr mit Bultmann für gefährlich, glaube aber, daß er trotzdem in der Auslegung tiefer gräbt als Windisch und überhaupt geistig mehr bedeutet als W. Im übrigen meine ich, daß wir, da es eine voraussetzungslose historische Exegese *nicht* gibt, ohne eine klare systematische Einstellung (...) zu einer tieferen Sinnerfassung der neutestamentlichen Aussagen nicht gelangen."[2]

Hönigswald hatte 1906 mit einer Rede über *Das allgemeine System der Wissenschaften* seine Breslauer Professur für Philosophie angetreten.[3] Damit war der weite Horizont seines Arbeitsfeldes benannt: Wissenschaftssystematik, Methodenlehre, Erkenntnistheorie. Spezielle historische Einzelprobleme konnten gegenüber solchen letzten Prinzipienfragen durchaus zurücktreten.

---

[1] Brief Lietzmanns an Bultmann vom 29. Mai 1931 (ALAND, Glanz 667 f.)

[2] ALAND, Glanz 596 f. Während der kirchenpolitischen Auseinandersetzungen in Thüringen wurde Macholz ab 1933 in seiner Arbeit massiv behindert. 1938 wurde er in den vorzeitigen Ruhestand versetzt. Nach 1945 wurde er reaktiviert (RGG³ III, 579).

[3] Vgl.: GRASSL, Hönigswald; ORTH/ALEKSANDROWICZ, Studien; SPECK, Philosophen; G. WOLANDT, Periode.

Doch nicht nur in dieser Hinsicht lief die Arbeit Hönigswalds und Lohmeyers in ihrer Breslauer Zeit erstaunlich parallel. Lohmeyer hatte 1924 vor der *Schlesischen Gesellschaft für vaterländische Kultur* eine Böhme-Gedenkrede zu dessen 300. Geburtstag gehalten. Hönigswald sprach vor derselben Versammlung dann zum 200. Geburtstag Kants.[4] Beide beschäftigten sich auch mit antiker Philosophiegeschichte[5] sowie mit dem System Hegels.[6] Gemeinsam war beiden auch eine besonders individualistische Ausrichtung ihrer wissenschaftlichen Arbeit. Hönigswald war zwar Neukantianer, gehörte aber – ähnlich wie Hans Vaihinger (1852–1933) – zu keiner der beiden neukantianischen Schulen in Marburg und Heidelberg. Lohmeyer war zwar überwiegend form- und religionsgeschichtlich geprägt, hatte sich aber bewußt keiner besonderen theologischen Richtung angeschlossen. Die gemeinsamen Tiefenstrukturen ihres philosophischen Denkens kamen vor allem in einer besonders dichten, nicht aber immer leicht zu verstehenden Sprache zum Vorschein. Gerd Wolandt, der zwischen 1957 und 1977 das Nachlaßwerk Hönigswalds posthum in 10 Bänden herausgegeben hatte, bekannte 1996: „Ohne Zweifel macht es Hönigswald dem Leser nicht leicht. Meine eigene frühe Lektüre der ‚Grundfragen der Erkenntnistheorie‘ endete mit einem Fiasko: Ich wußte nicht, was der Mann wollte."[7]

Zu einem ähnlichen Schluß war Hans Lietzmann (1875–1942) im Jahre 1929 Lohmeyer gegenüber gekommen. Im Hinblick auf dessen *Grundlagen paulinischer Theologie* schrieb er am 9. Februar 1929, daß er

„nichts davon verstanden habe. Gewiß können Sie ein Sonderrecht für Ihre Ausdrucksweise in Anspruch nehmen; das gleiche tun ja heute auch andere moderne Theologen. Aber Sie verzichten darauf, außerhalb des Kreises ihrer Symmysten verstanden und

---

[4] GRASSL, Hönigswald 228; W. OTTO, Freiheit 185.

[5] 1924 war die 2. Auflage von Hönigswalds *Philosophie des Altertums. Problemgeschichtliche und systematische Untersuchungen* (1917) erschienen. Lohmeyer verweist auf das Buch in den Anmerkungen seines Böhme-Vortrags (1924) sowie in seiner Einleitung zu *Vom Begriff der religiösen Gemeinschaft* (1925). Vgl. noch Lohmeyers Rezensionen von T. Scheffer, Die homerische Philosophie, in: ThLZ 47, 1922, 432 f. und von O. Schmitz, Der Freiheitsgedanke bei Epiktet und das Freiheitszeugnis des Paulus, in: ThLZ 49, 1924, 202 f. Im WS 1923/24 las Hönigswald über Plato und den Platonismus in der Philosophie, Lohmeyer über das Johannesevangelium.

[6] Hönigswald hatte in München Mitte November 1931 zu Hegels 100. Todestag „eine kleine Abhandlung" und zwei Rundfunkvorträge gehalten und Lohmeyer eine Kopie davon zukommen lassen (W. OTTO, Briefe 47). Lohmeyer seinerseits sandte Hönigswald einen im Dezember in den ThBl erschienenen Hegel-Aufsatz zu (LOHMEYER, Hegel). Am 18. Dezember 1931 schrieb ihm Hönigswald: „Wir haben doch, ohne voneinander zu wissen, in vielen und entscheidenden Punkten fast dasselbe dargelegt. Das hat mich besonders gefreut" (W. OTTO, Briefe 49). 1947 erschien Hönigswalds *Philosophy of Hegelism* in den USA.

[7] G. WOLANDT, Hönigswald 3.

wissenschaftlich gewertet zu werden. Und das eben beklage ich um des Ansehens der Theologischen und der Deutschen Wissenschaft willen (...). Und meinen Sie zweitens, daß im Auslande jemand ihre Sprache versteht, wenn Sie einem normalen deutschen Gelehrten (...) unverständlich ist? Was sie bisher geschrieben haben, habe ich alles verstehen können: ich weiß also, daß Sie die üblichen Ausdrucksformen der Wissenschaft beherrschen, ja, daß Sie darin künstlerische Formen zu erreichen verstehen: warum nun plötzlich dieser neue Stil?"[8]

Der Stil von Lohmeyers Paulus-Buch war jedoch kaum von dem früherer Arbeiten verschieden – man denke etwa an seine Schrift *Vom Begriff der religiösen Gemeinschaft*. Den scheinbar so komplizierten Stil seiner Arbeit sah Lohmeyer in der Schwierigkeit der „Sache selbst" (hier: im Gegenstand paulinischer Theologie) begründet.[9] Der ebenso sachlich wie sprachlich bestimmte Gegensatz zu Lietzmann betraf insbesondere die Hönigswaldsche Terminologie, die Lohmeyer zur Darstellung der Theologie des Paulus angewandt hatte.[10] Hönigswald, dem das Buch gewidmet war, hatte die Lohmeyersche Paulus-Abhandlung schon 1930 in tiefsinniger Weise als „Ihr – *unser* – Paulus-Buch" bezeichnet.[11] Der Vorwurf, die moderne „Schwenkung ins Philosophische" zu betreiben – eine Kritik, die v. Dobschütz Lohmeyer gegenüber bereits 1929 in Anschluß an dessen Vortrag auf dem Frankfurter Theologentag in einem Brief geübt hatte – sollte auch hier zum Tragen kommen. Eine Umdeutung der urchristlichen Theologie in eine wesentlich an Platon und Hegel orientierte Geschichtsphilosophie hatte Bultmann seinem Nachfolger in Breslau bereits 1927 vorgeworfen.[12] Hönigswald fühlte sich insgesamt durch Lohmeyers Paulusbuch in seiner alten These positiv bestätigt, daß Lohmeyer selbst doch „im letzten Grunde Philosoph" sei. „Die Spannung zwischen ‚Prinzip' und ‚Tatsache', die Sie angesichts Ihrer Arbeiten beunruhigt, wird sich nie legen. Es ist eben der göttliche Eros, der in Ihnen arbeitet."[13] In der Tat gehörte für Lohmeyer in Anlehnung an Hegels Geistverständnis das „unverlierbare Problem einer wissenschaftlichen Philosophie" mit dem einer „kritischen Theologie" unlöslich zusammen.[14]

Der zum Jahreswechsel 1931/32 zwischen Lohmeyer und Lietzmann ausgetragene exegetische Methodenstreit bringt das erkenntnistheoretische Grundproblem, mit dem Lohmeyer angeregt und unterstützt von Hönigswalds philosophischem Kritizismus rang, anschaulich auf den Punkt. Ausgangspunkt der Kontroverse war ein Brief Lietzmanns an Lohmeyer

---

[8] ALAND, Glanz Nr. 636.
[9] Lohmeyers Antwort an Lietzmann vom 10. Februar 1929 (ALAND, Glanz Nr. 637).
[10] Vgl. hierzu besonders Kap. VII.2 und VII.3.
[11] Brief Hönigswalds an Lohmeyer vom 5. Juli 1930 (W. OTTO, Briefe 39)
[12] ThBl 6, 1927, 66–73.
[13] Brief Hönigswalds an Lohmeyer vom 31. August 1928 (HUTTER, Exegese 226 ff.).
[14] LOHMEYER, Hegel 342.

vom 12. Dezember 1931 gewesen.[15] Lietzmann hatte die Publikation von Lohmeyers Aufsatz „Zur evangelischen Überlieferung von Johannes dem Täufer" in der ZNW abgelehnt und die Arbeit an der Verfasser zurückgesandt. Lietzmann schrieb Lohmeyer, er halte nicht nur das Resultat des Aufsatzes für „falsch", sondern auch die ganze „Linie der Methode für vollkommen fehlgehend". Zwar gebe er in der ZNW Aufsätze mit widersprechenden Resultaten heraus, aber Voraussetzung sei dabei immer, daß „alle Beteiligten sich über die letzten Grundsätze historischer Methode einig sind und nur über die Art ihrer Anwendung diskutieren". Lohmeyers Aufsatz stelle aber selbst diese in Frage und daher sei „eine Verständigung nicht mehr möglich". Er könne den Aufsatz zwar abdrucken und dann selbst Kritik üben, halte es aber für „wenig geschmackvoll", wenn der Herausgeber in der hier „gebotenen Schärfe" gegen die eigenen Mitarbeiter polemisiere; es sei ihm aber nicht möglich, Lohmeyers Arbeit ohne Kritik der wissenschaftlichen Öffentlichkeit vorzusetzen: „Die ZNW wird viel im Ausland gelesen, und sie darf nicht dazu beitragen, daß in der Welt der Eindruck entsteht, Studien wie Ihre seien der legitime Ausdruck moderner deutscher Theologie." Sein Amt als Herausgeber der ZNW mache ihn „verantwortlich der Sache gegenüber", und daher habe er sich für die Rücksendung des Aufsatzes entscheiden müssen. Er hoffe aber, Lohmeyer werde „einmal wieder zur gesunden historischen Methode zurückkehren".[16]

Lohmeyer setze sich nach einem kurzem mündlichen Austausch mit seinem neuen Breslauer Kollegen Friedrich Gogarten[17] umgehend mit Bultmann, Hönigswald[18] und M. Dibelius schriftlich in Verbindung.[19] Letzterer riet Lohmeyer in seiner Antwort vom 21. Dezember 1931 zu einer Publikation an anderer Stelle, warnte jedoch ausdrücklich davor, den Vorgang unnötig zu einer persönlichen Fehde hochzustilisieren. Hönigswald[20] hatte sich in seinem Brief vom 18. Dezember gegen Lietzmanns „leeres Autoritäts-Gerassle" empört. In der Sache selbst solle Lohmeyer nur „*rücksichtslos* vom Leder ziehen". Lietzmann müsse sich die Frage gefallen lassen, wer ihn zum „Wächter der ‚Gesundheit' historischer Methode bestellt" habe, und ob der Begriff vom „legitimen Ausdruck moderner deutscher Theologie" als „*evangelisch*" bezeichnet werden könne. Lohmeyer schickte Hönigswald umgehend den Entwurf einer Antwort an Lietzmann zu, dem Hönigswald am 22. Dezember „ein paar

---

[15] ALAND, Glanz Nr. 771.

[16] A.a.O.

[17] Brief Lohmeyers an Bultmann vom 13. Dezember 1931 (HUTTER, Theologie 156).

[18] W. OTTO, Briefe 48 f.

[19] HUTTER-WOLANDT, Exegese 224 (Anm. 92).

[20] W. OTTO, Briefe 48 f.

Randbemerkungen" hinzufügte.[21] Der *Offene Brief*[22], den Lohmeyer am ersten Weihnachtstag abschickte, erschien gegen den ausdrücklichen Rat von M. Dibelius im Januar 1932 in den von K. L. Schmidt herausgegebenen *Theologischen Blättern*.[23] Unverkennbar trug dieser Brief die Handschrift Hönigswalds. Lohmeyer wandte sich in erster Linie nicht gegen die ihm von Lietzmann bescheinigte Falschheit des Resultates, sondern gegen dessen Auffassung, alle historisch-wissenschaftlich Beteiligten seien sich in den letzten Grundsätzen historischer Methode einig. Unter besonderem Hinweis auf Jacob Burckhardt stellt Lohmeyer der Abgeschlossenheit der Geschichte die Unabgeschlossenheit historischer Begriffbildung gegenüber. Die schriftlichen Quellen, obgleich sie geschichtliche Petrefakte darstellen, vermögen den Menschen jeder Epoche ein besonderes, individuell zu bestimmendes Antlitz zu zeigen: „Es kann sein, daß im Thukydides eine Tatsache ersten Ranges liegt, die erst in hundert Jahren jemand bemerken wird." Die gesamte Wissenschaftstradition des 19. Jahrhunderts zeuge von diesem Methodenpluralismus:

„Sollten Sie sich nicht erinnern, daß gerade in der Blütezeit historischer Forschung, von deren Erbe ich und Sie leben, in Deutschland oder England oder Frankreich gerade um jene letzten Grundsätze historischer Methode immer wieder gerungen worden ist, daß sie sich bei Ranke oder Taine oder Burckhardt jeweils verschieden darstellen, daß gerade diese Un‚einigkeit' hinsichtlich jener Grundsätze ihre historische Arbeit so fruchtbar gestaltet hat? (…) Ihnen scheinen Grundsätze historischer Methode eine Summe von unveränderlichen Regeln zu sein, auf jedes Problem ‚anzuwenden' und von niemandem ungestraft zu übertreten (…). Methoden ‚wendet man nicht an', Methoden gewinnt man am jeweiligen Gegenstande, und so unerschöpflich der Gegenstand ist, so unerschöpflich und darum unendlich verschieden die Methode, ihn zu bewältigen."[24]

Lietzmann verzichte durch sein methodologisches Einheitsverdikt auf neue Fragen an den geschichtlichen Gegenstand und damit auf den Begriff der Methode. Widersprechende Resultate, mit denen Lietzmann doch rechne, seien bei Einheitlichkeit der Methode unmöglich. Auch Lietzmann sei notwendigerweise vor die Aufgabe problemkritischer Arbeit gestellt. Als Herausgeber habe Lietzmann zwar das Recht, Aufsätze abzulehnen; nicht berechtigt aber sei es, dies durch ein „unklares und willkürliches Dogma von der angeblichen Einigkeit in den letzten Grundsätzen historischer Methode zu begründen". Tue er dies als Herausgeber, so sei die ZNW nicht länger ein Ort freier historischer Forschung am urchristlichen Gegenstand, sondern ein „Vereinsblatt" geworden. Scharf wendet sich Lohmeyer

---

[21] HUTTER-WOLANDT, Exegese 229 f.
[22] Zur kulturgeschichtlichen Relevanz des „offenen Briefs" vgl.: ESSIG, Brief.
[23] ThBl 11, 1932, 18–21.
[24] A.a.O., 19.

in diesem Zusammenhang unter Rückgriff auf eine Formulierung Hönigswalds gegen Lietzmanns selbstverordnetes „Wächteramt".[25]

„So müßte ich eigentlich fragen (...), welchem Umstande Sie Ihr Wächteramt verdanken (...). Von der mir sehr bedenklichen Scheidung zwischen ausländischer und deutscher Theologie will ich hier nicht reden; sie hat mir nur den Anlaß gegeben, den von Ihnen abgelehnten Aufsatz in einer ausländischen Zeitschrift zu veröffentlichen.[26] (...) Wollen Sie wie in einer Schule als praeceptor theologiae germanicae Forschern vorschreiben, was an ihren Arbeiten ‚legitim' ist? (...) Ihre eigene wissenschaftliche Vergangenheit und ihre gegenwärtige wissenschaftliche Arbeit opponiert am schärfsten gegen solche willkürlichen und unwissenschaftlichen Gewaltsamkeiten."[27]

Lietzmann begründete in einer halbseitigen Hausmitteilung *An die Leser der ZNW*[28] seine Ablehnung, nochmals Lohmeyer gegenüber Stellung zu beziehen. Dieser habe es für richtig gehalten, einen Privatbrief in den Lärm der Öffentlichkeit zu zerren. Damit habe sich Lohmeyer von den üblichen Verkehrsformen dispensiert. Den Vorwurf, er wolle als Herausgeber den „neuen Ungeist eines despotischen Dogmas herrschen lassen", weist er von sich. Unter seiner Herausgeberschaft seien seit 1921 „übrigens sechs Aufsätze von Herrn Lohmeyer" in der ZNW erschienen. Da Lohmeyer das Erscheinen seines Aufsatzes in einer ausländischen Zeitschrift angekündigt habe, werde die wissenschaftliche Öffentlichkeit eben dort Lohmeyers „neue Methode", die er als „unmöglich" ablehne, mit seinem Verständnis von historischer Methode vergleichen. Dazu verweist Lietzmann exemplarisch auf eine Arbeit von M. Dibelius zum gleichen Thema aus dem Jahre 1911.[29]

Hönigswald bezeichnete Lohmeyer gegenüber in einem Brief vom 24. Februar 1932 die Antwort Lietzmanns als sehr „traurig" und „kümmerlich".[30] Lohmeyer habe gut daran getan, Lietzmann nur kurz zu antworten. K. Aland urteilte 1979 in einer biographischen Notiz zu Lietzmanns Korrespondenz, die Auseinandersetzung mit Lohmeyer habe den in Wissenschaftsfragen stets liberalen Lietzmann „schwer getroffen".[31] Ausschlaggebend dafür sei nicht die „sachliche Differenz" sondern Lohmeyers Vorgehensweise gewesen. Daß Lohmeyers „so heftige Reaktion" überzogen gewesen sei und daher Lietzmann „offenbar sehr irritiert" habe (da dieser mit dem Hinweis auf die ‚deutsche Theologie' keinesfalls den internationalen Charakter von Wissenschaft habe bestreiten wollen), stellte D.

---

[25] ThBl 11, 1932, 20.
[26] Vgl.: JBL 51, 1931, 300 ff.
[27] ThBl 11, 1932, 20.
[28] ZNW 30, 1931, 315.
[29] DIBELIUS, Überlieferung.
[30] W. OTTO, Briefe 52.
[31] ALAND, Glanz 116.

Lührmann noch im Lohmeyer-Gedenkjahr 1990 fest.[32] Damit wurde eine bis heute in der neutestamentlichen Forschung virulente Kontroverse um methodische Sachfragen zu einer Frage von Moral und Anstand stilisiert. K. Aland hatte sie 1979 in die von ihm für die damalige Zeit diagnostizierte fortschreitende Tendenz zur „Verwilderung der Sitten"[33] innerhalb des Wissenschaftsbetriebes eingereiht. Das hatte 1932 der Altliberale A. Jülicher bereits in einem Brief an Lietzmann getan: „Den Ärger mit Lohmeyer werden Sie inzwischen verschluckt haben; die Sache ist sehr bedauerlich, besonders, daß die ‚Theologischen Blätter' immer mehr zu 'ner Sammlung von Unanständigkeiten werden."[34]

Lietzmann hatte sich dem Bultmann-Schüler Ernst Fuchs (1903–1983) gegenüber bereits ähnlich verhalten wie im Falle Lohmeyers. An Bultmann hatte Lietzmann Ende Mai 1931 in Hinblick auf einen ihm von Bultmann nahegelegten Fuchs-Aufsatz geschrieben, er „drucke in der ZNW Arbeiten aller wissenschaftlich vertretbaren Richtungen ab" und lege gewiß auch „Wert auf die Mitarbeit dialektischer Theologen", bringe aber prinzipiell keine Aufsätze, die er selbst nicht verstehe.

„Und ich bin dabei der Überzeugung, daß ich den Dialektikern, Heideggerianern, Hönigswaldianern und wie sie alle heißen sachlich einen erheblichen Gefallen tue, wenn ich sie veranlasse, ihre Gedankengänge in gemeinem Deutsch zum Ausdruck zu bringen, weil sie dann von jedermann im In- und Auslande verstanden werden können (…). Wenn ich sie aber nicht verstehen kann, drucke ich sie auch nicht."[35]

Das Gespräch zwischen Lohmeyer und Lietzmann wurde später nicht mehr fortgeführt.[36] Ein vergleichender Blick auf die von Lietzmann zitierte *formgeschichtliche* Arbeit von M. Dibelius und Lohmeyers *theologisch-philosophische* Täuferdarstellung soll daher an dieser Stelle verdeutlichen, inwiefern Lohmeyers exegetischer Ansatz im Urteil des dem Historismus verpflichteten Hans Lietzmann „allen Begriffen historischer Methode zuwider" sein mußte.

M. Dibelius hatte 1911 (ausgehend von der „Zweiquellentheorie") die synoptischen Texte über Leben und Werk des Täufers im Sinne einer historischen Rekonstruktion dessen, „was der Täufer gesagt hat" analysiert.[37] Vorausgesetzt war dabei, daß die evangelischen Berichte von dem geschichtlich sekundären theologischen Interesse der christlichen Gemein-

---

[32] LÜHRMANN, Erbe 64.

[33] ALAND, Glanz 117.

[34] A.a.O., Nr. 785. An Hans v. Soden hatte Lietzmann am 23. Januar in Hinblick auf Lohmeyers Reaktion geschrieben: „ … ich fürchte, manchen Kollegen verwirren sich vor dem Spiegel die Maßstäbe" (a.a.O., Nr. 775).

[35] Brief Lietzmanns an Bultmann vom 29. Mai 1931 (a.a.O., Nr. 749).

[36] Zum 60. Geburtstag Lietzmanns am 2. März 1935 findet sich Lohmeyers Unterschrift unter dem von Helmuth Kittel initiierten Glückwunschbrief (a.a.O., Nr. 906).

[37] DIBELIUS, Überlieferung 54.

de geprägt sind, Johannes lediglich als den ‚Vorläufer Jesu' darzustellen. Historische Geltung können daher nur solche Stoffe beanspruchen, die quer zu dieser „Verchristlichung"[38] des Täufers und seiner Verkündigung stehen.

„Der Messias des Johannes ist der Feuertäufer; die Messiaspredigt ist aber von den Evangelisten zur Weissagung auf Jesus umgestaltet worden: Was zu jener Predigt paßt, darf als gute Überlieferung gelten; was der Tendenz dieser Weissagung ex eventu nahesteht, darf wenigstens nicht ohne kritische Prüfung als Quelle benutzt werden."[39]

Die christliche Korrektur der Täufertheologie, die den Schein der Abhängigkeit der Jesusgruppe vom Täuferkreis beseitigen soll, sieht Dibelius am stärksten in den erzählerischen, auf Markus zurückgehenden redaktionellen Rahmenstücken der synoptischen Evangelien gegeben. Der historischen Kritik halten hier nach Dibelius nur die markinischen Angaben über Kleidung und Lebensweise sowie die zeitliche Einordnung des Täufers bei Lukas stand. Nach Ausscheidung der sekundären theologischen Stilisierungen der Rahmenerzählungen untersucht Dibelius schließlich auch die Wortüberlieferung unter historischen, nicht unter literarischen Gesichtspunkten, d.h. er untersucht auch hier den Einfluß der sogenannten ‚sekundären' Redaktion auf die mündliche Primärüberlieferung. Innerhalb der Logienüberlieferung halten für Dibelius nur die Gerichtsworte – die Drohrede gegen das Otterngezücht, das Gleichnis von der Axt, die Rede von der Worfschaufel sowie die Sprüche vom Stärkeren und vom Feuertäufer – einer geschichtlichen Prüfung stand. Die synoptische Darstellung einer johanneischen Geistestäufer-Weissagung harmonisiert nach Dibelius nicht mit der erwarteten Feuertaufe, denn „wen das Gericht ereilt, der empfängt nicht die Gnadengabe des Geistes".[40] Das aus christlicher Tendenz heraus gestaltete Verständnis der Johannestaufe als sündenvergebendes Sakrament (Mk) sowie die Vorstellung, der Täufer sei bereits ein Künder des Evangeliums gewesen (Lk), haben nach Dibelius als ungeschichtlich zu gelten.

Lohmeyer hatte im Gegensatz zu seinem Berliner Lehrer M. Dibelius tendenzkritisch begründete historische Werturteile in Hinblick auf die Synoptiker bereits in seinen zehn *Theologischen Thesen* (1912) abgelehnt:

„These IV: Die synoptischen Evangelien sind tendenzlos; eine jede nach Tendenzen fahndende Betrachtung ist falsch, weil eines sicheren kritischen Maßstabes ermangelnd."[41]

---

[38] DIBELIUS, Johannes 319.

[39] DIBELIUS, Überlieferung 56 f.

[40] A.a.O., 50.

[41] LOHMEYER, Thesen. Die Thesen-Verteidigung war Bestandteil der Lizentiatenprüfung. Unter den Opponenten befand sich am 24. Juli 1912 auch der Privatdozent M. Dibelius. Für eine Kopie des Thesenpapiers dankt der Vf. K.-J. Otto.

Dieser Einsicht blieb Lohmeyer treu. Noch die einleitenden Worte seines zwanzig Jahre darauf entstandenen Täufer-Aufsatzes problematisieren die quellentheoretischen Voraussetzungen historisch-kritischer Exegese:

„Es ist heute die Ansicht weit verbreitet – fast möchte man sie ein Dogma nennen – daß für die älteste Überlieferung nur zwei Quellen zur Verfügung stehen: das Markusevangelium und die sogenannte Spruchquelle. Aber man liest auch zugleich für die Zuverlässigkeit dieser Quellen angeführt, daß ihnen ja die Tradition der beiden anderen synoptischen Evangelien zur Seite stehen. Als ob ein bestimmter literarischer Zusammenhang schon ein Urteil über den sachlichen Wert des Berichteten in sich schließen müßte und eine Sonderüberlieferung nur selten Echtes und Zuverlässiges bieten könnte."[42]

Lohmeyer wendet sich vor allem gegen das allgemein verbreitete historisch negative Werturteil dem Johannesevangelium gegenüber.[43] Die Ansicht, eine bestimmte theologische Gesamthaltung des Erzählers involviere eine mehr oder weniger große Ungeschichtlichkeit des Erzählten, weist er für die Täuferüberlieferung der Evangelien als methodisch falsch zurück, da auf dem Boden der Evangelientradition insgesamt keine erkenntnistheoretische Trennung von Glaube und Geschichte erkennbar sei. „Hier ist nichts naive Geschichtserzählung, sondern alles bewußter Glaubensbeweis."[44] Lohmeyer beginnt vielmehr mit der Wahrnehmung gewisser literarischer Spannungen am Überlieferungsstück Mk 1, 1–8. Im Gegensatz zu Mt und Lk, die „formal und sachlich reicher schildern", erscheint der markinische Bericht über Leben und Lehre des Täufers „abrupt und in sich zusammenhangslos."[45] Zwischen eine sprachlich wie sachlich nicht ganz klare *Überschrift* (v. 1) und den eigentlichen *Bericht* (vv. 3–8) ist ein alttestamentliches *Zitat* (v. 2) geschoben, dessen erzählerische Funktion zunächst undeutlich bleibt. Angesichts der undurchsichtigen Knappheit des Berichteten fragt sich Lohmeyer: „Oder ist etwa ein Zusammenhang wohl vorhanden, aber eben nicht in der Weise einer historischen Erzählung? In der Tat wird die Folge der Sätze klar, wenn man auf das Schriftwort blickt, das sichtlich nicht ohne Absicht den erzählenden Sätzen vorangestellt ist."[46] Lohmeyer weist darauf hin, daß die erzählenden Sätze des Überlieferungsstücks formal („Zug um Zug, Zeile um Zeile") und inhaltlich die theologischen Topoi des Schriftzitats interpretieren: Johannes ist als der verheißene *Bote*, der in der *Wüste* das *Kommen* des eschatologischen Herrn

---

[42] LOHMEYER, Johannes 300.

[43] Vgl. v. Harnacks Urteil in seinem *Wesen des Christentums:* „Insonderheit darf das vierte Evangelium (…) als eine geschichtliche Quelle im gemeinen Sinn des Wortes nicht benutzt werden. Der Verfasser hat mit souveräner Freiheit gewaltet, Bege-benheiten umgestellt und in ein fremdes Licht gerückt, die Reden selbständig komponiert und hohe Gedanken durch erdachte Situationen illustriert" (V.HARNACK, Wesen 13).

[44] LOHMEYER, Johannes 318.

[45] A.a.O., 301.

[46] A.a.O., 302.

vorbereitet, dargestellt. Die ersten Sätze des Markusevangeliums stehen primär also nicht unter einem historischen, sondern unter einem besonderen theologischen Aspekt.

„Nicht der Täufer ist der Gegenstand, dem sie gelten, sondern sein Werk und seine Gestalt dienen zum Zeugnis für ein Geschehen, das Gott früher verheißen hat und das jetzt da ist, das aber in verheißendem Wort und erfüllender Geschichte selbst wieder auf ein größeres Geschehen hindeutet und damit dies beglaubigt."[47]

Die Übergänge zur Charakterisierung des Täufers im Johannesevangelium als Zeugen, als *Zeichen*[48] auf Christus hin sind mithin fließend. Das einzige Selbstzeugnis des Täufers (,*Ich bin die Stimme eines Rufers in der Wüste* ') im Johannesevangelium stellt lediglich das Zitat dar, welches „als zu beweisende These über und in der Markus-Schilderung steht".[49] Die beiden Evangelienberichte unterscheiden sich unter historischem Gesichtspunkt darum „nicht in der Art, sondern nur dem Grade nach". Die „beherrschende Stellung des alttestamentlichen Prophetenwortes" bedingt notwendig die abrupte Form der markinischen Täuferdarstellung. Es wird nur knapp berichtet, daß sich mit dem Auftreten des Täufers die „Erfüllung eines alten Wortes und eines göttlichen Sinnes" ereignet. Der Täufer ist daher in strengem Sinn „Anfang des Evangeliums von Jesus Christus". Mk kann daher (im Gegensatz zu Mt und Lk) auf alles verzichten, was nicht unmittelbar zu Jesus hinführt. Die Drohworte und der Gegensatz zum jüdischen Volk müssen nicht betont, lediglich vom Erfolg der Botschaft in Judäa und Jerusalem muß berichtet werden. Die äußeren Lebensumstände des Täufers entsprechen motivisch dem verheißenen ,Rufer' (als terminus technicus für ,Prophet') in der Wüste. Da diese theologische Perspektive den Inhalt und die ästhetische Form des Berichteten insgesamt motiviert, hält es Lohmeyer für unsachgemäß, den Text literarkritisch zu zerschlagen, d.h. einen etwa ursprünglichen Bericht (Mk 1, 4–8) von einer sekundär zugewachsenen theologischen Wertung (Mk 1, 1–3) abzutrennen. Zwischen einem Theologumenon und einem Bericht kann an dieser Stelle ebenso wenig unterschieden werden wie zwischen Tradition und Redaktion.[50] In Mk 1, 1–8 liegt nach Lohmeyer ein formal und sachlich schon vormarkinisch einheitlich geprägtes „altes Stück urchristlicher Schrifttheologie"

---

[47] LOHMEYER, Johannes 302.

[48] Noch deutlicher formuliert Lohmeyer seine *theologische Zeichentheorie* in seinem Täufer-Buch von 1932: „Denn jene Worte malen ja nicht die geschichtliche Aufgabe eines Menschen, der zum Boten Gottes berufen ist, sondern nur in dichterischem Bilde, das eine Realisierung nicht verträgt, die unmittelbare Nähe des einziehenden Herrn" (LOHMEYER, Urchristentum 47).

[49] LOHMEYER, Johannes 303.

[50] Hier richtet sich Lohmeyer gegen K. L. Schmidts *Rahmen der Geschichte* Jesu und Bultmanns *Geschichte der synoptischen Tradition*.

vor.[51] Der gläubige Gesichtspunkt zwingt zu „bestimmter Wahl und zu konkreter Wahrheit des Erzählten".[52] Mit der Erkenntnis der individuellen religiösen Pragmatik eines evangelischen Berichts scheint bei Lohmeyer grundsätzlich der Begriff einer ursprünglich eindeutigen geschichtlichen Wahrheit aufgegeben. Überall dringt die Textanalyse jeweils nur bis zu der erzählten Welt und der gedeuteten Wirklichkeit jener konkreten Wahrheit eines Gemeindeglaubens vor: Geschichte erscheint somit in einem gleichsam theologisch verfärbten Licht. 1932 fragte Lohmeyer in seinem Täufer-Buch jedoch,

„ob es denn solche ‚ursprüngliche Wahrheit' begrifflich geben könne, ob nicht alles Geschehen, weil es – mit eigenem oder fremdem Wort – berichtet wird, in solchem Sinne ‚verfärbt' zu nennen sei."[53]

Alle Evangelien berichten nur, „um einen Glaubenssatz zu beweisen oder zu veranschaulichen". Der bisweilen verzerrende oder verkürzende Gesichtswinkel der Evangelien ist letztlich in der „eigentümlichen Einheit von gläubiger Chronik oder chronikartigem Glaubenszeugnis der Tradition" bedingt.[54] Die evangelischen Berichte sind daher die „jeweils verschieden gefärbten Ausstrahlungen jenes Gegenstandes, von dem sie gläubig zeugen und historisch berichten". Aus der urchristlichen Synthese erwächst historischer Forschung daher die Aufgabe, die in den Quellen vorausgesetzte Einheit von Bericht und Berichtetem zu analysieren, d.h. jenes verfärbende Licht zu erkennen und dies auf „jenen einheitlichen, zugleich gläubig und geschichtlich bezeugten Gegenstand"[55] zurückzuführen und zu verstehen, in welchem „Sinne und Maß jene Geschichte den ersten Bekennern Gottesgeschichte war".[56] In diesem Sinne ist urchristliche Geschichte nur als Theologie- und Problemgeschichte darzustellen,[57] und die Frage nach der sogenannten Historizität einer Überlieferung wird abhängig von den theologischen Sachproblemen, die sie literarisch darstellt. Literar- und Sachkritik sind daher nur in funktionalem Miteinander zu lösen.

Kritik bedeutet daher primär *nicht historische Beurteilung*, sondern *systematisches Verständnis* des Überlieferten. Lohmeyers systematische Erfassung der verschiedenen religiösen Begriffe des Urchristentums als Ausdruck eines einheitlichen theologischen Gehalts, die innerhalb der ersten Epoche des Christentums kein historisches Nacheinander, sondern

---

[51] LOHMEYER, Markus 10.
[52] LOHMEYER, Johannes 306.
[53] LOHMEYER, Urchristentum 9.
[54] LOHMEYER, Johannes 318 f.
[55] A.a.O., 319.
[56] LOHMEYER, Urchristentum 2.
[57] A.a.O., 5.

allenfalls ein Nebeneinander verschiedener religiöser Begriffe wahrnimmt, verläßt ganz bewußt das Arbeitsmodell einer ‚rein geschichtlichen' Rekonstruktion. Eine historisch-systematische Wechselbeziehung ist für Lohmeyer Grundvoraussetzung nicht nur für geschichtliches, sondern letztlich für jedes wissenschaftliche Erkennen:

„... um ein einzelnes Stück zu erklären, bedarf es eines größeren Zusammenhanges, dem es sich einfügt, und eben dieser Zusammenhang wird nur an dem Einzelnen erkennbar. Und diese Weise ist nur scheinbar ein Zirkel; in ihr liegt nur die Besonderung einer letzten Korrelation zwischen Geltung und Gültigem vor, die im logischen Urteil begründet ist."[58]

Letztes Kriterium für die ‚Echtheit' eines einzelnen Traditionsstückes kann daher immer nur das „Gesamtbild, das aus der Überlieferung hervorleuchtet", sein. Daß damit die eigentliche historische Aufgabe, aus den Quellen geschichtliche Tatbestände zu erheben, verlassen sei, verneint Lohmeyer nachdrücklich:

„Ich frage, was ist denn mit diesen ‚Tatsachen'? Goethe hat einmal gesagt: ‚Das Höchste wäre zu begreifen, daß alle Tatsache schon Theorie ist.'[59] Ich müßte tief in die schwierigsten Methodenfragen der Wissenschaft überhaupt einzudringen versuchen, wollte ich dieses methodische Ziel hier rechtfertigen. Ist es aber richtig gestellt, ist diese Einheit von Theorie und Tatsache, von Begriff und Gegenstand letzte Voraussetzung alles wissenschaftlichen Erkennens, dann ist es offenbar unmöglich, die Feststellung eines historischen Tatbestandes von seiner theoretischen Bewältigung aus letzten Prinzipien zu sondern, durch die jener Tatbestand im Leibnizschen und Kantischen Sinne ‚möglich' ist."[60]

Diese Korrelation ermöglicht es dann, „in der Geschichte den bleibenden sachlichen Gehalt, im sachlichen Gehalt das konkrete Leben des geschichtlich Einmaligen zu begreifen".[61] Dieser gegenständliche Bezugsrahmen, diese *Sachlichkeit* der exegetischen Methode, die nur erkennen will, wie *es* gewesen ist, die im historischen Gegenstand weder eine „Selbstorientierung des menschlichen Daseins"[62] sucht (Lohmeyer gegen Bultmann), noch die historische Arbeit vom Standpunkt gläubiger Betrachtung aus unterläßt (Lohmeyer gegen Barth),[63] bedeutet für Lohmeyer im strengen Sinn des Wortes „kritische Theorie" des Objekts und damit historische

---

[58] LOHMEYER, Urchristentum 8.

[59] Es handelt sich um eine freie Wiedergabe einer Goethe'schen Maxime aus der Sammlung *Aus Wilhelm Meisters Wanderjahren. Betrachtungen im Sinne der Wanderer. Kunst, Ethisches, Natur* (1829): „Das Höchste wäre es zu begreifen, daß alles Factische (sic!) schon Theorie ist. Die Bläue des Himmels offenbart uns das Grundgesetz der Chromatik. Man suche nur nichts hinter den Phänomenen: sie selbst sind die Lehre" (GOETHE, Maximen 116).

[60] LOHMEYER, Erlösung 55.

[61] Ebda.

[62] ThLZ 52, 1927, 434 ff.

[63] ThLZ 51, 1926, 467 ff.

Tatsachenforschung zugleich. Der Gegenstand urchristlichen Glaubens ist nach Lohmeyer „der Gedanke vom nahen Gottesende aller Menschen und Dinge".[64] Es ist eine eschatologisch bestimmte Geschichtsmetaphysik, die Gott und Geschichte radikal voneinander scheidet. Die unreflektiert hingenommene „Einheit von dem, was Gottes, und dem, was des Volkes und seiner Priester ist", wird auseinandergerissen.[65] Diese Botschaft vom Ende aller Geschichte ist die „einzige Wahrheit (...) und einzige Wirklichkeit" des Urchristentums, hier ist der „Beginn und Impuls seiner geschichtlichen Ausbreitung und Formung", in einem Wort: „das reine Ganze des Glaubens selbst".[66] Geschichtlicher Träger dieses sachlichen Gehalts des Urchristentums ist nicht erst Jesus, sondern bereits der Täufer, dessen Wort von der eschatologischen Bestimmtheit aller Geschichte den *Anfang des Evangeliums von Jesus Christus* (Mk 1,1) darstellt. Wie aber soll diese prophetische Rede auf dem Boden des Judentums, das auf einer in ihrer Wahrheit bereits abgeschlossenen Offenbarung von Gott her (d.h. im Gesetz) ruht, theologisch und geschichtlich zu verstehen sein? Wird diese Kündung des Endes nicht zum Widersinn, wenn es die – auch vom Täufer unangetastete – Voraussetzung jüdischen Glaubens und Lebens ist, daß Gott „der in der Geschichte seines Volkes und der Völker gerecht und heilig Waltende" ist?[67] Nach Lohmeyer kann die Prophetie des Johannes daher nicht im Sinne einer „neuen Wahrheit in der Geschichte", sondern nur als Ausdruck einer „neuen Wirklichkeit am Ende der Geschichte" begriffen werden.[68]

Die jüdische Religion basiert nach Lohmeyer auf zwei „großen Gütern, die sie als sichtbares Zeichen ihrer göttlichen Wahrheit und Wirklichkeit hütet": auf Schrift und Tempel, auf Gesetz und Kultus.[69] Dabei bezeichnet die Schrift die Norm, die Offenbarung des göttlichen Willens, der Kultus bezeichnet die Erfüllung dieser Norm, die Wirklichkeit göttlicher Wahrheit auf Erden. Der Kultus ist dabei nicht ein erstarrtes und unlebendiges Erbe der Vergangenheit, sondern „Mittel und die Mitte, von Gott gestiftet, um seinem Volke und seiner Welt" in „immer gegenwärtiger Wirklichkeit" Heil zu schaffen.[70] Damit bedeutet der Kultus als Symbol der Transzendenz, als göttlicher Mittler zwischen Zeit und Ewigkeit nicht nur die Möglichkeit gegenwärtiger Einwohnung Gottes in der Welt, sondern birgt zugleich eine Geschichtstheorie in sich. Der jüdische Kultus beruht auf einer „Tat Gottes in der Vergangenheit, die dieses eine Volk aus allen

---

[64] LOHMEYER, Urchristentum 3.
[65] A.a.O., 173.
[66] A.a.O., 4.
[67] A.a.O., 175.
[68] A.a.O., 46.
[69] A.a.O., 123.
[70] A.a.O., 124 f.

Völkern erwählte. Sie hat aller Geschichte der Menschheit als bleibenden Sinn den Gegensatz von Volk und Völkern, von wahrem Gottesdienst und falschem Götzendienst eingeprägt".[71] Mit der geschehenen Festlegung allen göttlichen Sinnes auf diesen einen Kultus vergegenwärtigt Israel gleichsam den Sinn Gottes in der Menschheitsgeschichte. Der Gedanke der Partikularität dieses Kultus erhält durch die Idee der Aufhebung aller geschichtlich bedingten Gegensätze in Gott am Ende aller Zeit – die Hoffnung auf eine letzte Heiligung der Welt – eine im metaphysischen Sinn universale Geltung.

„Wie mit der Vergangenheit, so ist dieser Kultus mit der eschatologischen Zukunft verknüpft. Denn ist auch jener Gegensatz von Volk und Völkern in der Geschichte bleibend, so ist er es nicht vor Gott. So wahr Gott Herr der Geschichte ist, so wahr muß er auch aufgehoben werden in einem Jenseits der Geschichte, zu dem dieses Volk und sein heiliger Dienst gleichsam die Brücke schlägt. So steht der Kultus zwischen Gott und den Völkern, Himmel und Erde, dem kommenden und dem gegenwärtigen Äon und ist in dieser Stellung des heiligen Mittlers und der heiligen Mitte ein schlechthinniges Wunder, das Vergangenheit, Gegenwart und Zukunft wie in einem Ringe zusammenschließt."[72]

Mit der Täuferbotschaft, daß ‚jetzt‘ die Endzeit im Hereinbrechen begriffen ist, wird das traditionelle Band der „Einheit zwischen Gottes Wirken und dieses Volkes Wirklichkeit" zerrissen.[73] Indem Johannes den dogmatischen Satz *‚Wir haben Abraham zum Vater‘* verneint, zerbricht er den „Zusammenhang von göttlichem Sinn und geschichtlicher Tatsache, von göttlicher Erwählung und naturhafter Abstammung."[74] Beherrschte Abraham als erster Besitzer des heiligen Landes, als Repräsentant des heiligen Opferdienstes, als in die Geschehnisse der Endzeit Eingeweihter vornehmlich die Theologie des sadduzäisch verfaßten Priestertums als „Mittler alles Gottessegens in der Geschichte", so wird die Tendenz des unbedingten *Nein* des Täufers zur „Vergangenheit des Volkes in Abraham, zu seiner Gegenwart im Tempeldienst und zu seiner apokalyptischen Zukunft"[75] deutlich. Diese Kritik an der durch den Tempelkult immer wieder vergegenwärtigten traditionellen Geschichtstheorie betrifft die Heilsgewißheit derer, die sich zu ‚Abrahams Same‘ zählen. Die Verkündigung des Täufers bedeutet zugleich eine Absage an die göttliche Institution des Kultus. Dem geschichtlich bedingten Erwählungsgedanken wird das unbedingte Schöpfungshandeln Gottes gegenübergestellt. Dies ist der Sinn des Satzes „Gott kann aus diesen Steinen dem Abraham Kinder erwecken."[76] Mit der Unbedingtheit des göttlich gewirkten Endes aller so

---

[71] LOHMEYER, Urchristentum 126.
[72] A.a.O., 127.
[73] A.a.O., 174.
[74] A.a.O., 132.
[75] A.a.O., 140.
[76] A.a.O., 174.

naturhaft verstandenen Geschichte wandelt sich auch notwendig der geschichtliche Ereignischarakter dieses ‚Endes' in einen metaphysisch-mystischen Akt:

„Es kann Ereignis nur noch sein wie etwa die Schöpfung der Welt, die alles Geschehens und Lebens erster Anfang ist und gerade deshalb nicht historische Tatsache; so auch diese Vollendung Gottes, die alles Geschehens und Lebens Ende ist und deshalb nicht ein Faktum (…). Von dem nahen Ende sprechen heißt also nichts anderes als von dem reinen und ewigen Tun Gottes verkünden, abgelöst von allen irdischen Bindungen. Und dieses Tun ist niemals nur künftig wie ein mögliches Ereignis, sondern es ist wesentlich gegenwärtig (…). Einst wurde die Welt durch seine schaffende Tat zum Ereignis, ‚jetzt' ent-wird das Ereignis der Welt durch seine vernichtende Tat."[77]

---

[77] LOHMEYER, Urchristentum 175 f.

2. „Bestimmtheit" als Hönigswaldscher Systembegriff

Das im Oktober 1932 fertiggestellte Buch Lohmeyers über den Ursprung der Taufe erreichte die theologische Öffentlichkeit inmitten der politischen Ereignisse vom Januar 1933. Die Täufer-Gestalt stand in der damaligen deutschen theologischen Forschung kaum im Zentrum des Interesses.[1] Hönigswald, der das Buch Anfang Dezember erhalten hatte, war von den Ergebnissen jedoch begeistert. Das „Schlagwort vom ›Urchristentum‹" schwinde nach Lohmeyers Einzelanalysen schlichtweg dahin. Übrig bleibe „ein großes folgenschweres Problem."[2] In seinen „feinen Analysen" vor allem zu den Themen *Eschatologie, Verkündigung* und *Offenbarung* habe ihm Lohmeyer neue Einsichten zu seinem Begriff von *Präsenz* und *Zeit* vermittelt.

„Der Gottesbegriff formt sich in der Geschichte, um doch auch wieder diese selbst zu bestimmen; so ist Gott geschichtlich, aber doch auch Geschichte setzend, und darum alle Geschichte überragend und überdauernd. Das Problem der Eschatologie ist das des Glaubens selbst."[3]

Diese Einsichten hatte Hönigswald 1931 in dem Kapitel „Vom Problem des Glaubens" am Ende seiner *Grundlagen der Erkenntnistheorie* formuliert. Fast identisch damit sind die Worte Lohmeyers in der Einleitung zu seinem *Täufer*-Buch. Dort schreibt er im Hinblick auf den Gedanken vom „nahen Gottesende" der Geschichte:

„Mit ihm beginnt Johannes der Täufer, er durchwirkt Wort und Werk Jesu und trägt ebenso, ob auch mannigfach verwandelt, das Leben der ersten Bekenner und Gemeinden (...). Denn der Gedanke der Eschatologie ist nicht der Teil eines Ganzen und nicht Glied in einem größeren Zusammenhang, sondern ist das reine Ganze des Glaubens selbst. Es ist die umstürzende und zugleich aufbauende Bedeutung der urchristlichen Botschaft, daß sie zum einzigen Inhalt und Grunde machte, was bisher in jüdischer Überlieferung nur als fernes Ziel oder naher Anteil lebendig war. Das Wort von diesem Ende, in der allumfassenden Bedeutung, die das Urchristentum ihm gegeben hat, ist seine einzige Wahrheit und seine einzige Wirklichkeit, ist Grund und Geheimnis seines Stifters, Beginn und Impuls seiner geschichtlichen Ausbreitung und Formung.[4]

Lohmeyer hatte in seinem *Paulus*-Buch von Eschatologie als notwendiger „Zeitform des Glaubens" gesprochen[5] und dabei in Anlehnung an die Überlegungen Hönigswalds zu den Begriffen von *Präsenz, Präsenzzeit* und *Erlebnis* seine Anschauung vom „eigentümlichen Zeitbegriff des Glau-

---

[1] ThLZ 59, 1934, 302 ff.
[2] Hönigswalds Brief an Lohmeyer vom 9. Dezember 1932 (W. OTTO, Briefe 57).
[3] HÖNIGSWALD, Denkpsychologie 196.
[4] LOHMEYER, Urchristentum 4.
[5] LOHMEYER, Grundlagen 82

bens"[6] aus dem Jahr 1925 genauer bestimmt: „Mit dem Problem der Wirklichkeit des religiösen Gegenstandes ist unmittelbar das weitere Problem seiner Zeitlosigkeit verknüpft."[7] Diesen metaphysisch bestimmten Zeitbegriff hatte Lohmeyer dann auch in seiner Auslegung des „Tages Christi" in Phil 1,5 zur Anwendung kommen lassen:

„Das Jetzt ist in dieser religiösen Betrachtung wie abgeschnitten; und hinter ihm steht nicht der berechenbare Ablauf der Zeit, sondern jener eine unberechenbare ‚Tag' außer aller Zeit. Aus solcher eschatologischen Vorstellung gewinnt das ‚Jetzt' eine eigentümliche Doppelheit des Sinnes."[8]

In seiner Studie mit dem Titel *Erkenntnistheoretisches zur Schöpfungsgeschichte der Genesis*[9] hatte Hönigswald 1932 anhand von Genesis 1 ähnliche geschichtsphilosphische Anschauungen wie Lohmeyer im Hinblick auf die Gestalt des Täufers in seinem ersten Band zur Geschichte des Urchristentums entwickelt. War es hier die Rede vom *Ende*, so war es dort der Begriff des *Anfangs* der Geschichte gewesen, der beide philosophisch und theologisch beschäftigte.[10] An zentraler Stelle seiner Studie schreibt Hönigswald:

„In der biblischen Idee des ‚Anfangs' steht die Zeit gleichsam still; das Geschehen wird zur Funktion der göttlichen Gegenwart; in der Tathandlung der Schöpfung verschmilzt die unbegrenzte Fülle der zeitlich distrahierten Ereignisse mit der göttlichen Einzigkeit ihres Planes, d.h. ihrer Setzung (...). Die Mystik aller Zeiten hat sich dieses Gedankens in vielen Formen bemächtigt, und man kennt die eindrucksvollen Motive Meister Eckharts: die Schöpfung unzeitlich, alle Kreaturen in Gottes ewigem Wort beschlossen, alles in Gott ein ‚Nun', also ein ‚Werden ohne Werden', der Augenblick, da ich spreche, dem Jüngsten Tag in diesem göttlichen ‚Nun' genau so nahe wie dem gestrigen."[11]

Hönigswald schrieb an Lohmeyer am 31. Januar 1933, er lese in dessen Täufer-Buch „immer wieder mit großer Freude" und erkundigte sich nach dem Echo des Werkes in der theologischen Wissenschaft.[12] Lohmeyer wußte jedoch nicht viel Positives über die Aufnahme seines neuen Buches mitzuteilen. Er fühlte sich angesichts der in Deutschland erschienenen

---

[6] LOHMEYER, Gemeinschaft 71. Zum Präsenz-Begriff Hönigswalds vgl.: „Präsenz hat überhaupt nicht Anfang und Ende, eben weil sie *Präsenz* ist. Und Präsenz ist das ‚Ich' (...). Alle Präsenz hat (...) nur von außen betrachtet einen Anfangs- und einen Endwert. Präsenz aber *ist* sie gerade, sofern sie grundsätzlich nicht nur von ‚außen her' betrachtet werden kann" (HÖNIGSWALD, Denkpsychologie 324).

[7] LOHMEYER, Gemeinschaft 41.

[8] LOHMEYER, Philipper 18.

[9] HÖNIGSWALD, Genesis. Vgl. hierzu: KAJON, Schöpfungserzählung 389 ff. Zur „Mystik" im Denken Hönigswalds vgl.: KÓSIAN, Komponente.

[10] Zu Hönigswalds Geschichtsbegriff vgl.: WOLANDT, Hönigswald.

[11] HÖNIGSWALD, Genesis 22.

[12] W. OTTO, Briefe 61.

Besprechungen seines Buches weitgehend unverstanden.[13] Das lag einerseits an Lohmeyers ausgesprochen positiver Würdigung der Täufer-Gestalt für die Geschichte des frühesten Christentums, andererseits dürfte es wiederum die theologisch-philosophische Grundlinie und die damit direkt in Zusammenhang stehende Methode der Darstellung gewesen sein, die bei Lohmeyers Rezensenten Befremden erregte. In dieser Hinsicht teilte Lohmeyer das Schicksal seines in München isolierten Freundes Richard Hönigswald.

In seinem Hönigswald-Gutachten hatte der Nationalsozialist Martin Heidegger in seiner Funktion als Rektor der Freiburger Universität am 25. Juni 1933 ausgeführt, die dem Neukantianismus verpflichtete und „dem Liberalismus auf den Leib zugeschnitten(e)" Lehre Hönigswalds habe „unter scheinbar streng wissenschaftlicher philosophischer Begründung" bewußt den „Blick abgelenkt vom Menschen in seiner geschichtlichen Verwurzelung und in seiner volkshaften Überlieferung seiner Herkunft aus Boden und Blut". Hönigswalds philosophisches „Treiben" habe „viele junge Menschen getäuscht und irregeführt", kurzum: die 1930 erfolgte Berufung Hönigswalds nach München sei ein „Skandal".[14] Hönigswald schrieb Lohmeyer im September 1933, zwei Wochen nach seiner Zwangsemeritierung:

„Die wenigen noch vorhandenen positiven Beziehungen zwischen den Menschen gehören jetzt zu den höchsten irdischen Gütern (...). Ich habe gern gelehrt und dabei auch gewisse objektive Erfolge erzielt. Blicke ich aber um mich, so muß ich mir sagen, daß meine Art z. Zt. keinerlei Anklang finden und mir selbst nur Unannehmlichkeiten bringen kann. Kennen Sie übrigens die ‚graeco-judaische' Linie in der Philosophie? Sie wurde neulich eindrucksvoll gezeichnet: Plato, Augustinus, Luther und Kant. Ihr steht die ‚graeco-germanische' gegenüber: Heraklit, Paracelsus, Schelling, Nietzsche und Klages."[15]

Das Gefühl der menschlichen Zusammengehörigkeit blieb bei Hönigswald und Lohmeyer auch im Verlauf der 30er Jahre eng an die wissenschaftliche Arbeit beider gebunden. Mit dem Problem der Exegese beschäftigte sich Hönigswald eingehend im Rahmen seiner umfangreichen sprachphilosophischen Untersuchungen, die er 1937 in Basel veröffentlichte.[16] Anfang 1935 hatten sich Hönigswald und Lohmeyer brieflich über hermeneutische

---

[13] Lohmeyers Brief an V&R vom 20. Juli 1934.

[14] Zitiert nach: ROCKMORE, Philosophie 171.

[15] W. OTTO, Briefe 66. Lohmeyer hatte sich 1929 in einem Brief an Lietzmann in die Tradition von Plato, Leibniz und Kant eingeordnet (ALAND, Glanz 584).

[16] Hönigswalds Brief an Lohmeyer vom 6. Januar 1935 (W. OTTO, Briefe 81). In seinen unter dem Titel *Philosophie und Sprache. Problemkritik und System* veröffentlichten Studien gehören Lohmeyer und R. Hermann zu den einzigen von Hönigswald zitierten evangelischen Theologen. Zum Briefwechsel zwischen Hönigswald und R. Hermann vgl.: WIEBEL, Briefwechsel.

Grundsatzprobleme ausgetauscht.[17] Ein Manuskriptauszug aus *Philosophie und Sprache,* den Lohmeyer von seinem Münchener Freund zugeschickt bekam, benennt in komprimierter Form die letzten Grundsätze Hönigswaldscher Hermeneutik. Es handelt sich hier wiederum um prinzipielle Einsichten, die bereits bei Lohmeyer in seinem exegetischen Streit mit Lietzmann zum Tragen gekommen waren.[18] Zum Problem der Darstellung von historischen Gegenständen schreibt Hönigswald dort unter Rückgriff auf den zweiten Band der *Logik* von Christoph Sigwart (1830–1904):

„Gleichwie alles Geschichtliche den Prinzipien der Darstellung, so unterliegt alles Darstellen, jedes Dargestellte oder Darzustellende der Jurisdiktion der Geschichte, und damit aufs neue und in besonderem Belang wiederum den Bedingungen der Darstellung, die sich damit mannigfach gliedern und schichten (...). Denn es gehört zum Begriff des geschichtlichen Gegenstandes, daß er immer nur nach den individuellen Bedingungen seiner Gegenständlichkeit gegeben erscheint und ‚erkennbar‘ wird (...). Damit aber differenziert sich der Sinn geschichtlicher Fragestellung immer schärfer. Das »Wie es eigentlich gewesen ist« gewinnt nunmehr die Bedeutung »Wie es eigentlich gemeint war«, »Wie es nach der Lage der Dinge gemeint sein mußte«, und wie es sich zu dem verhalten mag, was nach Einsicht des Interpreten »gemeint sein *sollte.*«"[19]

Von Bedeutung ist an dieser Stelle nicht nur die für Hönigswalds Erkenntnistheorie grundlegende Anknüpfung an Leibniz' Monadologie – die ihrerseits auf den von Lohmeyer geschätzten Nikolaus Cusanus[20] zurückgeführt werden kann – sondern auch die Zuordnung von Wert- und Geschmacksurteil, die Verhältnisbestimmung von Wissenschaft und Kunst. Der erkenntnistheoretische Gehalt einer Arbeit verwirklicht sich für Hönigswald notwendig in der ihr eigenen sprachlichen Gestalt, in der *Eleganz* der Darstellung. Der Wahrheitswert einer Theorie ist in der Systemkonzeption Hönigswalds mithin immer auch von ästhetischen Gesichtspunkten bestimmt. Eine methodisch sinnvolle, übersichtliche Gliederung (die Überschaubarkeit) ist dabei nicht einfach ein formaler Aspekt, sondern sachlich immer Ausdruck, Indiz und Zeichen für den Gesamtwert einer erbrachten Denkleistung. Die unmittelbare Verständigungsleistung wird an die künstlerische Relevanz gebunden, die logische Dichte der Darstellung erweist sich als Funktion des Verstehens selbst. Ästhetik, Logik und Psychologie sind im Hönigswaldschen Systemansatz daher sich wechselseitig ergänzende Teile eines größeren Sinnzusammenhangs, den Hönigswald mit den Begriffen *Bestimmtheit* bzw. *Gegenständlichkeit*

---

[17] W. OTTO, Briefe 80 ff.

[18] Das Manuskript ist enthalten in einem Brief an Lohmeyer vom 6. Januar 1935. Der Text findet sich unverändert im X. Kapitel von *Philosophie und Sprache* (HÖNIGSWALD, Philososphie 222 ff.)

[19] HÖNIGSWALD, Philosophie 222 f.

[20] LOHMEYER, Reich 849.

bezeichnet.[21] Sinn konstituiert sich zwischen Subjekt und Objekt in Hönigswaldscher Terminologie daher als „mögliche Bedeutung".[22] Die dem Gegenstand angemessene Sprache wird somit zu einem eigenen philosophischen Problem.[23] Mit anderen Worten: Was ist Verstand? Und wie ist Verständigung über einen Gegenstand möglich? Welches Verhältnis besteht zwischen Denkerlebnis und Bewußtsein, zwischen Wort und Gedanke? Und wie mag sich das subjektive Erleben eines gegebenen Gegenstands zur Wirklichkeit verhalten? Das besondere Problem der Sinnkonstitution von seinen denkpsychologischen Arbeiten ausgehend neu erkannt, benannt und kritisch auf die Bereiche der Geschichte, der Kultur und auch des Glaubens angewandt zu haben, bleibt bis in die Gegenwart eines der wesentlichen Verdienste Hönigswaldscher Philosophie – eine Philosophie, die es aufgrund des verheerenden Kulturbruchs in Deutschland zwischen 1933 und 1945 insgesamt freilich erst noch wieder zu entdecken gilt.[24]

Philosophisch kam Hönigswald von Alois Riehl (1844–1924) und Alexius Meinong (1853–1920) her. Mit der ebenso erkenntnistheoretisch wie bewußtseinsanalytisch geprägten Ausformung seines Denkens grenzte sich Hönigswald gegen die positivistischen und psychologistischen Ansätze seiner Zeit ab.[25] Im Gegensatz zu den vorwiegend subjektorientierten Entwürfen des Neukantianismus ging Hönigswald in seiner transzendentalphilosophischen Wissenschaftssystematik dann jedoch seinen eigenen Weg. Er geht durchgängig von einer erkenntnistheoretisch notwendigen Korrelation von Subjekt und Objekt aus. Mit Riehl war Hönigswald schon 1921 zu der Feststellung gekommen: „Und wie ich vom Objekte sagen kann: cogito ergo est cogitabile, kann ich auch umgekehrt sagen: cogitabile est ergo cogito."[26] *Ich-Bestimmtheit* und *Ist-Bestimmtheit* verhalten sich dabei wie die beiden Brennpunkte einer Ellipse – immer notwendig aufeinander bezogen und prinzipiell nie miteinander zu vereinigen.[27] Oder um es mit einem anderen Bild Hönigswalds aus seinen *Grundfragen der Erkenntnistheorie* zu sagen: Zwischen Subjekt und Objekt gähnt kein „Abgrund", sondern zwischen beiden herrscht eine „Wechselbeziehung".[28]

---

[21] MARX, Grundlegungstheorie 24 ff.

[22] KÓSIAN, Denkpsychologie 37.

[23] Hönigswald hatte seinem Buch *Philosophie und Sprache* als Motto einen Satz des Münchener Botanikers Karl Martius (1794–1868) aus dessen Schrift über *Die Sprache* vorangestellt: „Pflege, o Mensch, die Sprache als göttliches Erbteil des Himmels. Halte sie rein wie die Luft, halte sie klar wie das Licht."

[24] Vgl. ORTH in: ORTH/ALEKSANDROWICZ, Studien V.

[25] SCHMIED-KOWARZIK, Annäherungen 17.

[26] KÓSIAN, Denkpsychologie 48.

[27] SCHMIED-KOWARZIK, Annäherungen 22.

[28] HÖNIGSWALD, Erkenntnistheorie 19.

Den notwendig gegebenen Abstand zwischen Subjekt und Objekt bezeichnet Hönigswald in seinem System mit „Bestimmtheit", „Letztdefiniertheit" und „Gegenständlichkeit".[29] Gegenständlich ist das, was zwischen ‚mich' und die ‚Wirklichkeit' tritt als dasjenige, was zugleich jede Erkenntnis des Objekts eröffnet wie begrenzt. Es ist hier vor allem die Sprache als worthaftes *Symbol*, das sich im Erkennen notwendig zwischen Subjekt und Objekt schiebt, und das dennoch ein individuelles Begreifen ebenso wie eine intersubjektive Verständigung über einen Gegenstand erst ermöglicht. Philosophie als *Theorie des Gegenstands* ist so letztlich die „Frage nach der ‚Möglichkeit' des Abstands zwischen Subjekt und Objekt, d.h. nach dem Begriff ihrer Beziehung."[30] Hönigswald verglich sein System gern mit einem „Gebälke, das sich selbst trägt", das aber gerade deswegen „nicht haltlos ‚in der Luft' schwebt".[31] Mittelpunkt dieses dennoch irgendwie freischwebenden, in sich selbst ruhenden, um sich selbst kreisenden und sich selbst erhaltenden philosophischen Systems, in welchem kaum zufällig „jeder Punkt den anderen wie auf einer Kugeloberfläche" betrifft, ist der Begriff der *Bestimmtheit*. Es handelt sich dabei, in dem tiefen Doppelsinn des Wortes, um den „Problemmittelpunkt" seiner Philosophie.[32] Mit dem Gedanken vom platonischen ἀνυπόθετον, hinter das nicht zurückgefragt werden kann, griff Hönigswald in seinen *Grundfragen* direkt auf transzendentalphilosphische Überlegungen zurück, die er bereits 1926 in seiner Schrift *Vom Problem der Idee* in Auseinandersetzung mit seinem langjährigen Freund und Jenaer Kollegen Bruno Bauch (1877–1942) geäußert hatte:

„Sie [sc. die Idee] bedeutet als ἀνυπόθετον Inbegriff und Prozeß, Letztheit und Anfang, Gehalt und Norm, Gegebenheit und Aufgabe auf einmal (...). Sie ist der λόγος jeglicher Erscheinung (...). In diesem, und nur in diesem Verstande bedeutet die Idee das *Sein* selbst; das Sein als der sich ewig erneuernde und gestaltende, gerade damit aber die höchsten Bedingungen des Gegenstandsgedankens fordernde und zugleich erfüllende, in sich selbst gründende Sinn. Der *Sinn* war ‚im Anfang'; und er steht am Ende. Im Sinn sind Anfang und Ende *eins*. Denn der Sinn ist das Ganze."[33]

In Lohmeyers Studien zum Philipper-Hymnus von 1927/28 läßt sich ein nicht eigens gekennzeichnetes Zitat aus dieser Passage nachweisen. In Zusammenhang mit dem Problem der *Gottgleichheit* der in Phil 2, 5–11 gezeichneten Gestalt bemerkt Lohmeyer:

„Die Idee des Guten erscheint als Bedingung eines dialektischen Prozesses, in dem sie sich selber bestimmt. Als Idee ist sie platonisch gesprochen das ἀνυπόθετον, Inbegriff

---

[29] HÖNIGSWALD, Erkenntnistheorie 83.
[30] A.a.O., 20.
[31] MERZ-BENZ, Geschichtswissenschaft 333 ff.
[32] A.a.O., 333.
[33] Zitiert nach: SCHMIED-KOWARZIK, Annäherungen 40.

und Prozeß, Letztheit und Anfang; so *i s t* sie und gestaltet sich im Kampf, ist sie Gegenstand des Kampfes und Bedingung des Daseins. (...) ‚Gott gleich sein' ist sozusagen das ganz Eigene, das mit dieser göttlichen Gestalt notwendig gesetzt ist; es ist die unveräußerliche Bedingung des eigenen Daseins (...). Diese Gestalt versucht gleichsam sich selbst; was sie ist, das ist ihr zur Entscheidung in die Hand gegeben."[34]

In den erkenntnistheoretischen Überlegungen zur biblischen Schöpfungsgeschichte aus dem Jahr 1932 hat Hönigswald seinen Systemansatz dann in direkte Beziehung zum $\lambda \acute{o} \gamma o \varsigma$-Begriff im Prolog des Johannesevangeliums und dessen Auslegung in Goethes *Faust* gesetzt. Das im alttestamentlichen Sinn „kosmogonische Bedeutung" gewinnende Wort erweist sich für Hönigswald nicht nur als Funktion des Anfangs, sondern notwendig auch als Sinn und Tat, „denn nur die Tat ist ‹Anfang›."[35] Mit der erzählerischen Darstellung solcher göttlich-bewußten gegenständlichen Setzung einer geschichtlichen *Jetztzeit* exponiert der biblische Text nach Hönigswald indirekt zentrale Begriffe der Monadologie, der Psychologie sowie der Sittlichkeit:

„Der Begriff des Gegenstandes schließt den Gedanken seines möglichen Erlebtseins, d.h. den der $\mu o \nu \acute{a} \varsigma$, in sich. Wird der Vollzug des Gegenstandes nicht als begleitendes Ereignis, sondern als Äquivalent des Gegenstandes betrachtet, so kennzeichnet sich der Gegenstand als ‚Aufgabe'; d.h. er begründet mit der Idee des Wertes die Werthaftigkeit der $\mu o \nu \acute{a} \varsigma$ selbst, die nun im Hinblick auf diese ihre Funktion eine neue Bestimmtheit gewinnt."[36]

Gegen einen naiven Positivismus, der davon ausgeht, daß es „eben nur Tatsachen gibt" bringt Hönigswald das den Gegenstand bewußt erlebende Subjekt als für den Erkenntnisprozeß selbst methodisch notwendigen Bezugspunkt ins Spiel. Der Begriff der *Eindeutigkeit* in der worthaftbegrifflichen Definition eines Gegenstands wird damit in erkenntnistheoretischer Hinsicht problematisch. Mit der Auflösung wissenschaftlich gesicherter Erkenntnis in *Panmethodismus* hat das nach Hönigswald jedoch nichts zu tun:

„Sieht man nämlich in der Methode ein starres, lediglich subjektiv gültiges Schema, in dessen Maschen man den im übrigen fertig dastehenden Gegenstand einfangen, ein Netz, das man dem Gegenstand gleichsam über den Kopf werfen will, d.h. trennt man die Begriffe Methode und Gegenstand und tastet man, anstatt diesen zu erfassen, mit der ‚Methode' gleichsam ins Leere, dann freilich ist ‚Panmethodismus' der schärfste Vorwurf, der den Philosophen treffen kann. Bedeutet aber das Wort, daß in der Bestimmtheit des Gegenstandes der Gegenstand selbst zum Problem wird, und daß Bestimmtheit das Gesetz eines gegenständlich bedingten Fortschreitens offenbare, so gibt es keine schärfere Charakteristik für die Bestrebungen des wissenschaftlichen Philosophen."[37]

---

[34] LOHMEYER, Kyrios 23.29 (Sperrung im Original).
[35] HÖNIGSWALD, Genesis 36.
[36] A.a.O., 26.
[37] HÖNIGSWALD, Grundfragen 29.

Diese Überlegungen, die sich als die entscheidenden Hönigswaldschen Randbemerkungen im exegetischen Methodenstreit zwischen Lohmeyer und Lietzmann identifizieren lassen, hat Hönigswald in dem Hauptwerk *Philosophie und Sprache. Problemkritik und System* weiter analysiert. Im dritten Kapitel des ersten Teils der Arbeit wird in Anknüpfung an Kant der Begriff der ‚Bestimmtheit' geklärt:

„‹Bestimmen›, sagt einmal Kant, ‹ist das Setzen eines Prädikats mit Ausschluß des Gegenteils.› Sieht man von der besonderen logischen Tendenz ab, die sich in dieser knappen Formel ausprägt, so besagt auch sie nur, daß der Gegenstand die Bedingung einer Relation erfüllt, die mehreres ausdrückt. Einmal die Abwehr jedes Angriffs auf seine Eindeutigkeit – wobei die Möglichkeit, ihn unter Umständen auf verschiedene Weise zu ‚deuten', jene Eindeutigkeit natürlich nicht nur nicht beschränkt, sondern vielmehr bekräftigt. Wer einen Gegenstand ‚bestimmt', der fordert also Erfüllung der Gesetzlichkeit des ‚ist' (...). Die Bestimm*heit* des Gegenstandes kommt mithin der Notwendigkeit gleich, ihn durch *Akte*, in denen sich die Gesetzlichkeit des ‚ist' nicht minder ausprägt, zu bestimmen. Der Gang dieser Bestimmung, die μέθοδος, repräsentiert daher seine Bestimmtheit. So bedeutet Gegenständlichkeit allemal *Methode*. So bedeutet Methode stets *Vollzug*; so schließt Gegenständlichkeit die Idee des vollziehenden, bzw. sein gegenständliches Ziel treffendes oder auch verfehlendes Erlebnismittelpunktes, der μονάς ein. Der Gegenstand involviert vermöge seiner grundsätzlichen Bestimmtheit stets auch grundsätzliche Bestimmbarkeit, d.h. eine fortschreitende methodische Bewältigung in den Akten seiner Bestimmung durch ‚jemanden'. Dieser aber muß den Gegenstand grundsätzlich ‚ergreifen' können; ja er muß ihn auch ergreifen ‚wollen', so gewiß er sich selbst nur an dem Gegenstand erlebt, bejaht, und ‚anderen' gegenüber differenziert. Und solches ‚Ergreifen' wieder kann nicht als einmaliges Ereignis verstanden werden; es gestaltet sich vielmehr in einem unerschöpflichen, nie abgeschlossenen Prozeß. Bestimmtheit hörte auf, Bestimmtheit, also Gegenstand – Gegenstand zu sein, wenn der Weg der Methode – *Pestalozzi* spricht im Hinblick auf sie bezeichnenderweise von einem ‚*Progressionsmarsch'* – aufhörte ‚Weg' zu sein, d.h. von ‚jemandem' auf individuelle Weise, also in immer erneuten Ansätzen, begangen zu werden."[38]

Besonders folgenreich sind diese erkenntnistheoretischen Grundsätze auf dem Gebiet der Geschichte bzw. der Geschichtswissenschaft. Auch die Geschichte kann als Wissenschaft niemals anders

„denn ‚paradeigmatisch-individualisierend' verfahren; d.h. sie ‚schildert' zwar (...) Individuelles, aber immer auch um des unmittelbaren Bezugs willen auf sein Verhältnis zur ‚Gegenständlichkeit'. Sie ergreift in ihrer Schilderung zugleich bewußt oder unbewußt das letzte Prinzip ihrer eigenen und damit aller Bestimmtheit (...). Die Schilderung erweist sich anders gesagt stets auch als Rückbezug und aktuelle Besinnung auf ihre letzten Bedingungen, in diesem wohlumrissenen Sinn also als ‚Analysis'; Geschichte daher auch immer als Geschichtsphilosophie und jede Epoche somit, nicht entgegen ihrer unerschöpflichen einmaligen Fülle, sondern gerade im Hinblick auf diese als ‚unmittelbar zu Gott'. Vor allem aber: wie sich Kultur in der Geschichte in der ‚Darstellung' konsti-

---

[38] HÖNIGSWALD, Philosophie 30 f.

tuiert, so entscheidet schließlich auch diese über Umfang und Eigenart kultureller Zusammenhänge."[39]

Auch wenn der Geschichtsschreiber nie aufhören darf wissen zu wollen, wie es ‚eigentlich gewesen' ist, so gilt gerade von dem bewußt ‚objektiv' verfahrenden Historiker als individuellem Darsteller von Geschichte notwendig der Grundsatz: „Schilderung und Bekenntnis verknüpfen sich in aller Geschichtsschreibung zu unlösbarer methodischer, gegenstandsgewisser Gemeinschaft."[40] Hönigswald weist in diesem Zusammenhang auf die 1933 erschienene *Einleitung in die Philosophie* des (zwischen 1937 und 1945 zwangsemeritierten) Philosophen und Pädagogen Theodor Litt (1880–1962) hin, der eben im „geschichtlichen Charakter des Menschentums eine Wesensbestimmung von metaphysischer Bedeutung"[41] gesehen hatte.

„Die ‚Darstellung', mit Recht von je als Kunst des Geschichtsschreibers gefordert und gepriesen, ist also keineswegs die nachträgliche Fassung eines Gehaltes, der zunächst in einer wortlosen Form zu Festigkeit gediehen wäre: erst in und mit der Sprachwerdung ordnen und schließen sich die Konturen zu einem sinnvollen Ganzen."[42]

Deshalb kann nach Hönigswald auf dem Gebiet der Geschichte nicht nur, sondern es „muß interpretiert werden, so gewiß es sich an der Idee der ‚Darstellung' gestaltet und erfüllt".[43]

Im Unterschied zu anderen Vertretern des Neukantianismus (sieht man von E. Cassirer ab) bezieht Hönigswald nicht nur den Begriff der *Religion* oder des *Mythischen* in sein philosophisches System ein, sondern behandelt auch eigens den Erlebnistyp des Glaubens, in welchem sich „Akt und Gegenstand wechselseitig" durchdringen:

„Nicht weil und sofern Gott tatsächlich geglaubt wird, ist er; wohl aber ist er ‚im' Glauben, gleichwie der Glaube durch ihn und im Hinblick auf ihn ist (...). Die Existenz Gottes und die Norm des Glaubens verweisen aufeinander (...). Wie also die göttliche Existenz unter den Gegenständen, so bedürfen auch die auf sie bezüglichen Akte der Werthaltung als Erlebnisse noch einer besonderen Kennzeichnung: das Problem des Glaubens markiert sich im psychischen Medium des ‚Gefühls'."[44]

Das Ereignis bzw. Erlebnis des Glaubens wird im System Hönigswalds als eine persönliche „*Gefühls*beziehung auf jenen Wert aller Werte" bestimmt.[45] Ein so definierter Glaube steht zwar einerseits selbst im und unter dem Signum des kontinuierlichen Zeitverlaufs, ist aber zugleich all-

---

[39] HÖNIGSWALD, Philosophie 259.
[40] A.a.O., 260.
[41] STÖRIG, Philosophie 563.
[42] LITT, Einleitung 306 (zitiert nach: HÖNIGSWALD, Philosophie 225 f.).
[43] HÖNIGSWALD, Philosophie 225.
[44] A.a.O., 239 f.
[45] A.a.O., 247.

gegenwärtig wie die göttliche Person. In diesem bestimmten Sinn ist für Hönigswald das Glaubenserlebnis zugleich zeitlich und zeitlos wie die Selbstbewußtheit des Ich: das Ich kommt wesenhaft sprachlich – durch das Wort – zum Begriff von sich und gelangt damit zur Darstellung seiner selbst:

„Ich bin zwar in der Zeit und durch ‚meinen Körper‘ der ereignismäßig gegliederten Natur verhaftet; aber ‚ich bin‘ so gewiß kein Ereignis, als dieses ‚ich bin‘ stets die Bedeutung hat, ‚ich bin mir ‹gegenwärtig›‘. Die Zeit verfließt wohl auch über mich, allein mit *Augustin* zu sprechen, sie ‚steht‘ zugleich in ‚mir‘, genauer: in den charakteristischen Relationen ‚ich-mir‘, ‚ich-mich‘. Diese Relationen kennzeichnen sich denn als in einem ganz bestimmten Sinn zeitlos: ich bin nicht etwa *vor* ‚mir‘, und ehe ich ‚mich‘ weiß. Ich ‚bin‘ aber nur *in* diesen Relationen. ‚Ich bin‘ in der eigentümlichen Gleich- und Einzigkeit meines Wissens ‚um mich‘. Innerhalb, aber auch nur innerhalb dieses Wissens, d. h. solcher Gegenwart, differenziere ich mich im Sinne meiner Vergangenheit und meiner Zukunft. Beide stehen eben unter der Bedingung der ‚*Präsenz*‘.“[46]

Vor dem Hintergrund solcher prinzipieller Erwägungen werden scheinbar so selbstverständliche Begriffe wie *Ursprung*, *Entwicklung* oder *Sinn* insbesondere im Hinblick auf deren Anwendung in den Bereichen der Sprache, der Kultur und des Glaubens zu einem Problem. So wird bei Hönigswald die geschichtliche bzw. kulturelle Frage nach dem Ursprung oder der Entwicklung von Sprache notwendig mit der sprachphilosophischen Erhellung der möglichen Bedeutung der Begriffe *Ursprung* und *Sprache* verbunden. Hinter solchen problemkritischen Reflexionen verbirgt sich aber nicht nur ein transzendentalphilosophisches Problem (eben das der Problem der Möglichkeit gegenständlicher Erkenntnis), sondern in unmittelbarem Zusammenhang damit steht auch die Frage nach dem Nutzen und Nachteil einer ‚systemimmanenten‘ Terminologie.

Walter Benjamin (1892–1940) war dieser Frage in seiner historisch-materialistischen Kritik von *Philosophie und Sprache* aus der Zeit um 1939/40 nachgegangen. Benjamin sprach von dem „System“ Hönigswalds als einer gleichsam dogmatischen Rechtfertigung des Gegebenen (Glaube, Staat, Recht, Sittlichkeit, Sprache, Natur, Innenleben). Dieses System sei eine philosophische Beschönigung all dessen, was sich nun einmal nicht ändern lasse. Dem altersschwachen Kritizismus Cohens und Natorps habe insgesamt bereits jene besondere „kritische Arglist“ gefehlt, die noch Kant ausgezeichnet habe. Hönigswald biete nun endgültig eine „begriffliche Bestimmung der Geschichte“ unter völligem „Ausfall historischer Perspektiven“.[47] Der glatte Formalismus Hönigswalds diene somit nur der Verschleierung der realen gesellschaftlichen Verhältnisse.

---

[46] HÖNIGSWALD, Philosophie 26.
[47] BENJAMIN, GW III 567.

„Im Angesicht solcher Dunkelheit, in denen die Vokabeln der praktischen Vernunft ihrer methodischen Armatur beraubt herumgeistern, erkennt man, daß ihr Schicksal nicht wesentlich von dem der Geistesfürsten verschieden ist, die in spiritistischen Zirkeln beschworen werden."[48]

Die Austreibung des Hönigswaldschen Geistes aus dem deutschen Kulturkreis besorgten unterdessen jedoch ausgerechnet die politischen Kräfte, die Benjamin später in den Tod trieben.[49] Nach 1945 ist in Deutschland Richard Hönigswalds Systemansatz aus *Philosophie und Sprache* (parallel zum Fall des ins US-amerikanische Exil gezwungenen Ernst Cassirer) erst wieder zu Beginn der 60er Jahre im hermeneutischen Diskurs von Hans-Georg Gadamer wirksam geworden. In Anknüpfung an Kants Ästhetik entdeckte Gadamer nicht nur die Bedeutung von Sprache als „Medium der hermeneutischen Erfahrung", sondern Sprachlichkeit „als Bedingung des hermeneutischen Gegenstandes" bzw. „als Bestimmung des hermeneutischen Vollzugs" wieder.[50] Unter Rückgriff auf Hönigswalds Verständnis von Sprache als ‚Prinzip' bemerkte Gadamer in *Wahrheit und Methode*:

„Vom Verstehen gilt eben dasselbe wie für die Sprache. Sie sind beide nicht nur als ein Faktum zu fassen, das man empirisch erforschen kann. Sie sind beide nie bloß Gegenstand, sondern umgreifen alles, was je Gegenstand werden kann."[51]

In Breslau befanden sich unter denjenigen Hochschullehrern, die schon zwischen 1920 und 1930 eine Art Hönigswald-Schule gebildet hatten, neben dem Historiker Koebner, dem Indologen Strauß sowie dem Rechtshistoriker und Kulturwissenschaftler Rosenstock-Huessy auch die beiden Theologen Rudolf Hermann und Ernst Lohmeyer. In dieser interdisziplinären Gruppierung ragte das aus Hönigswald, Lohmeyer und Hermann bestehende Dreigestirn[52] hervor, das von der Achse der freundschaftlichen Beziehung Hönigswald/Lohmeyer getragen wurde. R. Hermann, der sich „in philosophischer Fertigkeit und Dialektik" nicht mit „Meister Hönigswald" (so nennt ihn R. Hermann 1938 in einem Brief an J. Klepper)[53] auf eine Stufe zu stellen wagte, schrieb Anfang 1924 an seine zukünftige Frau in Erinnerung an einen „soweit sehr nett" gewesenen Abend mit Lohmeyer und Hönigswald. Die beiden „Herren" bewegten sich für seinen Geschmack doch „reichlich in geistiger Aristokratie und Aburteilerei über die

---

[48] BENJAMIN, GW III 568.

[49] Benjamin nahm sich aus Furcht vor Auslieferung an die Gestapo am 27. September 1940 in Port Bou das Leben.

[50] GADAMER, Wahrheit 387 ff.

[51] A.a.O., 408 (mit Hinweis auf HÖNIGSWALD, Philosophie 448). Im Kapitel über den Begriff des Erlebnisses bezieht sich Gadamer auf Hönigswalds *Grundlagen der Denkpsychologie* (GADAMER, Wahrheit 73 f.).

[52] WIEBEL, Briefwechsel 437.

[53] A.a.O., 449 (Anm. 25). Zu R. Hermann und J. Klepper vgl.: ASSEL, Zeit.

Fähigkeiten anderer".[54] Bei diesen Gesprächsabenden hielt sich R. Hermann[55] persönlich offenbar bewußt zurück, konnte aber seine stille Bewunderung insbesondere für Hönigswalds „Konzentrationskraft und Leistungsfähigkeit" kaum verhehlen. Hönigswalds Deutung der Begriffe *Gegenständlichkeit* und *Präsenz* erscheinen in R. Hermanns Arbeiten in der Zeit zwischen 1927 und 1932 in theologisch wie ethisch vielfach weitergeführter Form.[56] Erst nach den Ereignissen von 1933, nachdem R. Hermann ein Protestschreiben[57] gegen die bevorstehende Ruhestandsversetzung Hönigswalds initiiert hatte, war aus dem ehemaligen Schüler ein wirklicher Dialogpartner geworden.[58] In *Philosophie und Sprache* verwies Hönigswald in der von ihm sehr begrenzt gehaltenen Sekundärliteratur auf R. Hermanns Aufsatz „Prolegomena zum Begriff der Offenbarung" von 1924.[59] Inwieweit Koebners Schau der Geschichte[60] bis in die Terminologie hinein von Hönigswalds Erkenntnistheorie bestimmt war, mag an dieser Stelle aus einer Bemerkung Koebners aus der Zeit um 1933 in Hinblick auf seinen Begriff von historischer Erkenntnis hervorgehen: „Historische Kontinuität bildet sich nun, wie immer auch ihr Inhalt sei, nach einem Grundprinzip, das bereits eine Sinnbeziehung ihres Inhalts ausspricht."[61]

---

[54] WIEBEL, Briefwechsel 439.

[55] Zu R. Hermann und Hönigswald vgl.: ASSEL, Aufbruch; WIEBEL, Hermann.

[56] Vgl. R. Hermanns Aufsätze *Die Sachlichkeit als ethischer Grundbegriff,* in: ZSTh 5, 1927/28, 250 ff.; *Luthers These „Gerecht und Sünder zugleich",* in: ZSTh 6, 1928/29, 278 ff.; *Zur Frage der Zeitlichkeit des Erkennens,* in: ZSTh 9, 1931/32, 93 ff.

[57] WIEBEL, Briefwechsel 445 ff.

[58] A.a.O., 444.

[59] HÖNIGSWALD, Philosophie 249.

[60] Vgl. hierzu insbesondere: *Vom Begriff des historischen Ganzen* [ca. 1933]; *Über den Sinn der Geschichtswissenschaft* [1940]; *Die Idee der Zeitenwende* [1941/43], in: KOEBNER, Geschichte.

[61] Zitiert aus dem Kapitel ‚Die historische Erkenntnis' in dem Aufsatz *Vom Begriff des historischen Ganzen* (KOEBNER, Geschichte 95).

3. Lohmeyers Begriff von der „eschatologischen Bestimmtheit" des Glaubens

Die ersten Früchte aus der Begegnung mit Hönigswalds philosophischem Kritizismus waren bei Lohmeyer in der Abhandlung *Vom Begriff der religiösen Gemeinschaft. Eine problemgeschichtliche Untersuchung über die Grundlagen des Urchristentums* (1925) zur Reife gelangt. Aufbau und Untertitel der Arbeit machten die enge Anlehnung an Hönigswalds System deutlich. Anders als im Falle seiner Studien *Soziale Fragen im Urchristentum* stand die urchristliche Gemeinschaft nicht mehr nur als religions-, kirchen- oder sozialgeschichtliche Erscheinung, sondern als religionsphilosophisches und theologisches Problem im Zentrum von Lohmeyers Interesse. Lohmeyer entwickelte dort eine Auffassung von *Geschichte* als einer vom *Glauben* zwar unterschiedenen, unabhängig von ihm jedoch nicht setzbaren Größe. Beide ereignen sich nur in ihrer wechselseitigen Bestimmtheit.

„Für den Glauben ist aber Geschichte nur das Material, an dem er sich betätigt. Ohne dieses Material ist er freilich nichts; er ist getrieben, es aufzusuchen und seinem schöpferischen Prinzip gemäß zwar nicht zu gestalten, aber es zu eigenem Erleben zu benutzen. Aber in solchem Erleben *an* der Geschichte wird ihm nicht nur sein eigener Sinn deutlich, sondern er sucht und findet in ihm auch den Sinn der Geschichte; nur im Lichte seines Gottes, so darf man wohl ein bekanntes frommes Wort abwandeln, sieht der Glaubende das Licht der Geschichte."[1]

Der urchristliche Glaube, der in werturteilshafter Weise von einer besonderen „»Erfülltheit« der Zeit" spricht (Lohmeyer weist dazu auf Gal 4,4 einerseits sowie auf Lk 3,1 andererseits hin), weiß von einem ‚Anfang' wie von einem ‚Ende der Geschichte' zu reden, obwohl oder gerade weil im Glauben das Erlebnis der Zeit sich ganz anders gestaltet als im Bereich historischen Erkennens. Steht im Bereich menschlicher Erkennens die Zeit im Bilde des vergehenden Fließens, so erlebt der Glaube das Phänomen der Zeit prinzipiell als etwas „in ihrem Laufe dauernd Gegenwärtiges".[2] Die Goethe'sche Bildrede vom sausenden Webstuhl, an dem der Gottheit lebendiges Kleid gewirkt wird, steht dabei für Lohmeyers Geschichtsbegriff unmittelbar Pate.[3] Die naturhafte, zeitlich-geschichtliche Bewegung wird erst durch die gläubige Betrachtung wie zu einer „kristallenen Kugel" zusammengeballt.[4] Nach Lohmeyer erlebt der Glaube die Zeit im Sinne

---

[1] LOHMEYER, Gemeinschaft 67 verweist auf Ps 36,10.

[2] A.a.O., 69

[3] Vgl. *Faust I*, in: Goethe, Werke III, 21.

[4] LOHMEYER, Gemeinschaft 71 spielt auf die Gedicht-Trilogie „*Paria*" an (Goethe, Werke III, 457).

von Parmenides als das „»wundersame Wesen des Nu«".[5] In dieser Hinsicht steht bei Lohmeyer der Begriff des Glaubens auch dem Hegelschen Geist-Begriff unmittelbar nahe:

„Niemals ist Gewesenes völlig vergangen, niemals auch kehrt die Geschichte zu Gewesenem zurück. So hat gerade Hegel mit aller Eindringlichkeit gelehrt; denn der Geist »ist nicht vorbei und ist noch nicht, sondern er ist wesentlich itzt.«"[6]

Das Ich-Erlebnis und das Erlebnis des Glaubens teilen somit einen „eigentümlichen Zeitbegriff", und zwar den der *Gegenwärtigkeit*. In Anschluß an Kant beschreibt Lohmeyer die Zeitform des Ichs wie des auf die „Zeitnorm des Unbedingten" bezogenen Glaubens als „immer tätige Gegenwärtigkeit".[7] Glaube läßt sich somit als „zeitliches Symbol der »Ewigkeit«" begreifen und darstellen.[8] An der durch ihre Ausrichtung auf die Ewigkeit als „Ganzheit" erlebten Geschichte wird sich der Glaube seines „letzten und höchsten Gewißheitswertes" bewußt. Das erinnert an Hönigswalds Begriff der *Präsenzzeit* als bewußt „gestaltete, d.h. nur als Ganzheit gegebene Zeit".[9] Der Gedanke Rankes von dem unmittelbaren Verhältnis aller geschichtlichen Epochen zu Gott ist nach Lohmeyer nichts anderes als „eine historisierende Umformung einer gläubigen Gewißheit, die aber in dieser Umformung auf die letzte Bestimmtheit der Geschichte geht".[10] Glaube und Geschichte sind darum ebenso prinzipiell affin wie dauernd voneinander geschieden. Der Glaube kennt keine „Flucht aus der Geschichte", sondern „höchstens eine Flucht aus bestimmten Formen der Geschichte".[11]

In diesem Sinne sprach Lohmeyer auch in Breslau am Vormittag des 11. Oktober 1928 auf dem 2. Deutschen Theologentag über das Thema *Der Begriff der Erlösung im Urchristentum:* Glaube ist wesentlich „Erlösung", Glaube bedeutet „Abgelöst-sein", „Erlöst-sein".[12] In der letzten Bitte des Vaterunsers schafft sich so sprachlich das „letzte Moment der eschatologischen Bestimmtheit aller urchristlichen Theologie und Frömmigkeit" Raum, das sich vor allem gegen die „naturhafte Bestimmtheit" richtet: „»Erlöse uns von dem Übel!« Das ist das letzte und endgültige Ziel aller eschatologischen Sehnsucht, denn es bedeutet das Kommen des Reiches selbst, es bedeutet damit alle Erlösung."[13]

---

[5] LOHMEYER, Gemeinschaft 71.
[6] LOHMEYER, Hegel 342.
[7] LOHMEYER, Gemeinschaft 72.
[8] A.a.O., 73.
[9] HÖNIGSWALD, Denkpsychologie 307.
[10] LOHMEYER, Gemeinschaft 78.
[11] A.a.O., 69.
[12] LOHMEYER, Erlösung 22.
[13] A.a.O., 31.

Erlösung ist „im strengen Sinn göttliches Geschehen und damit nichts anderes als die Tat des Glaubens".[14] Nach Lohmeyer hat Jesus die Macht dieses Erlösungsgeschehens in scharfer Antithese zu aller „naturhaften und geschichtlichen Bestimmtheit der menschlichen Existenz erfaßt und verkündet". Das mit dem Tode Jesu und dem Glauben an seine Auferstehung erwachende Urchristentum habe in der Gestalt Jesu die „erlösende Gewalt göttlicher Taten präsent gesehen" und als „Vergebung der Sünden" (Kol 1,14) erfahren. Solche ‚in Christus‘ (d.h. im Hinblick auf die *Gestalt* Christi) sich ereignende Vergebung bzw. Rechtfertigung ist weder ein individuell noch ekklesiologisch beschränkbares Geschehen, sondern wesentlich kosmologisch bestimmt. In dieser Perspektive realisiert sich Erlösung als endgültige Befreiung von dem „Todesleibe" – die „Fülle der Erlösung" ist nur da gegeben, wo „der Tod oder die Parusie aus allen naturhaften Bindungen des Leibes und der Welt löst". Deshalb steht die vorläufige Existenz des gläubigen *Ich* (1 Joh 3,2) notwendig noch in der Spannung einer doppelten, naturhaften wie eschatologischen Bestimmtheit. In Bezug auf die Welt führt der Erlösungsgedanke bei Lohmeyer im Sinne der *Voll-Endung* daher notwendig zum Begriff des *Welt-Gerichts*. In dem in Joh 18,36 formulierten Dualismus von Reich Gottes und Welt kommt der bekannte Gedanke einer „Metaphysik zweier Welten" in einer für das Urchristentum typischen Form zum Ausdruck. „Um es schlagwortartig zu sagen, johanneische Mystik und johanneische Apokalyptik bilden eine unlösliche Einheit."[15]

Im Hinblick auf diese abschließende These widersprach nicht nur Lohmeyers Freund M. Dibelius. In der Ausprache kritisierte der Berliner Systematiker Arthur Titius (1864–1936) die seiner Meinung nach durch Lohmeyer vorgenommene Auflösung der Eschatologie in Metaphysik. Lohmeyers Theologie versinke „im Neuplatonismus und seiner Mystik".[16] Auch der Jenaer Neutestamentler Heinrich Weinel meldete Bedenken gegenüber einem Verständnis von *eschatologischer Bestimmtheit* im Sinne von „Freiheit von Welt und Geschichte" an.[17] Der aus Leiden angereiste Hans Windisch bezeichnete Lohmeyers Exegese als „bösen Irrweg", der nicht zu den Texten des Neuen Testaments, sondern nur zu Lohmeyers eigener Theologie führe. Wie Bultmann habe Lohmeyer in unzulässiger Weise die historische Erfassung neutestamentlicher Schriften mit theologisch-metaphysischer Spekulation verbunden.[18] Insgesamt zufrieden zeigte

---

[14] LOHMEYER, Erlösung 33.
[15] A.a.O., 44.
[16] A.a.O., 47.
[17] A.a.O., 49.
[18] A.a.O., 48 ff.

sich der Systematiker und Neutestamentler Paul Althaus.[19] Lohmeyers Vortrag habe das Grundproblem der „wahrhaften Geschichtlichkeit der übergeschichtlichen Offenbarung Gottes"[20] klar zum Ausdruck gebracht. Im Gegensatz zur traditionell historisch-kritisch ausgerichteten Interpretation des NT sei gegenwärtig eine „theologische Exegese" – wie immer diese auch ausfalle – sachlich unbedingt geboten. Lohmeyers *Paulus*-Buch von 1929 stellte dann insgesamt den Versuch dar, eine wissenschaftliche Anschauung vom paulinischen Glaubensbegriffs zu gewinnen. Daß mit einer solchen wesentlich systematischen Aufgabenstellung der Bereich historischer Einzelforschung verlassen werde, verneinte Lohmeyer entschieden:

> „An der Einmaligkeit seiner geschichtlichen Erscheinung wird die Allgemeinheit der Bedingungen offenbar, die ihre Möglichkeit begründen; ja, aus ihnen heraus wird Glaube erst zu einer Tat-Sache, d.h. zu einer geschichtlichen Tat, in der die Sache des Glaubens zu ihrer adäquaten Wirklichkeit kommt."[21]

Der methodische Aufbau der *Grundlagen paulinischer Theologie* war von Lohmeyer ganz bewußt systematisch angelegt worden. Es handelte sich um drei gleichgewichtete Hauptteile, die jeweils 12 einzelne Problemanalysen enthielten. Eine kurze Einleitung und ein kurzer Schluß umrahmten diese Studien, die als sachliches Zentrum in der Mitte des Buches (Kap. II.6) das als *Ende der Geschichte* verstandene Thema „Parusie" umkreisten. Ausgangspunkt für Lohmeyers Darstellung der theologischen Gedankenwelt des Paulus war deren *Gegenständlichkeit*, deren sachliche *Bestimmtheit*: „Glauben heißt an etwas glauben, dieses Etwas als den einzigen und absoluten Grund seiner eigenen und aller fremden Wirklichkeit wissen, von dem das gläubige Ich alle Fülle und auch alle Nichtigkeit seines Selbst erst empfängt."[22] Die eigentliche Entfaltung der paulinischen Theologie erfolgte dann im Zusammenhang eines aus These, Antithese und Synthese bestehenden Geflechts dreier wechselseitig aufeinander bezogener Begriffpaare:

I. Gesetz – Werk
II. Christus – Glaube
III. Gemeinde – Apostel.

Der spezifische Ansatzpunkt paulinischen Denkens liegt nach Lohmeyer nicht im Problem der Glaubensgewißheit, sondern in einem Satz normativen Charakters: «Niemand wird aus Gesetzeswerken gerecht.» (Röm

---

[19] Zur Lohmeyer-Rezeption bei Althaus vgl.: MEISER, Althaus 278 ff.
[20] LOHMEYER, Erlösung 53.
[21] LOHMEYER, Grundlagen 2.
[22] A.a.O., 1.

3,20.28; Gal 2,16; 3,11).[23] In der Verbindung von unbedingter göttlicher Norm (Gesetz) und sittlicher Handlung (Werk) als der jeweiligen bedingten menschlichen Form ihrer Erfüllung besteht zugleich die Möglichkeit wie Unmöglichkeit, Prinzip und Tatsache miteinander letztgültig im Begriff *Gesetzeswerke* zur Deckung zu bringen. „Sittliche Tat ist erfüllt und nichterfüllt, ist Inbegriff und Prozeß, Anfang und Ende."[24] Der Widerstreit zwischen dem religiösen *Prinzip* und seiner geschichtlichen *Ausprägung* ist ein Grundproblem der religiösen Existenz Israels als Volk Gottes. Der Drang nach Verwirklichung der Norm schafft die Gemeinschaft derer, die sich in unbedingter Form der Erfüllung der göttlichen Norm verpflichtet wissen, sei es als „heiliges Volk", als „religiöse Gemeinschaft" oder als Gruppe von „Abgesonderten".[25] Den Begriff des Pharisäertums selbst wertet Lohmeyer dabei als geschichtliches Zeichen für die innere Antinomie zwischen der Universalität des göttlichen Willens und dessen notwendig partikularer religiöser Verwirklichung. Der „Eifer der Verfolgung" der sich in der Gestalt des Pharisäers Saulus darstellt, wirft für Lohmeyer auch ein klares Licht auf den Begriff des pharisäischen Judentums als „Kirche"[26], in welcher das göttliche Gesetz sich als „Inbegriff und Sinn" einer religiösen, und nicht mehr nur durch rein geschichtliche Zusammenhänge gebildeten Gemeinschaft darstellt.[27] Im Pharisäismus ist „das Vertrauen auf den genealogischen Ursprung" des Heils erschüttert, und mit einzigartiger Schärfe tritt in ihm die „gesetzesbestimmte Tat in den Mittelpunkt des religiösen Lebens".[28] Die unbedingte Norm des göttlichen Gesetzes als Quelle aller Erkenntnis und Wahrheit bleibt daher auch für den Apostel Paulus bestehen. Metaphysisch fragwürdig ist diesem allein die „Gerechtigkeit" des an sich guten Gesetzes unter den Bedingungen seiner geschichtlichen Verwirklichbarkeit geworden.[29] Wird aber das Menschsein selbst erfahren als „Gegensatz zu allem, was gerecht und göttlich heißt", und ist das göttlich offenbarte Gesetz selbst außerstande, als „Mittler und Spender aller Gerechtigkeit" zu fungieren, so wird notwendig die Frage nach einer anderen möglichen Vermittlung zwischen göttlicher Norm und menschlicher Tat laut. Es wird eine göttlich-menschliche Mittlergestalt gefordert, die zugleich dem allgemeinen Prinzip der Offenbarung wie den besonderen Bedingungen der Geschichte gerecht zu werden vermag. Es handelt sich um die eschatologische Offenbarung *in Christus:*

---

[23] LOHMEYER, Grundlagen 5.
[24] A.a.O., 9.
[25] A.a.O., 21.
[26] A.a.O., 22.
[27] A.a.O., 18.
[28] A.a.O., 45.
[29] A.a.O., 60.

„Ist einer in Christus, ist er neue Schöpfung / Das Alte ist vergangen, siehe Neues ist geworden!"[30]

Dieser positive paulinische Satz steht in Lohmeyers *Grundlagen* als Antithese zur negativen These über die Gesetzeswerke. Es ist nicht unwichtig zu unterstreichen, wie in Lohmeyers Darstellung paulinischer Theologie Altes und Neues Testament (Gesetz und Evangelium) in theologisch-methodisch gesicherter Form als verschiedene Formen der *einen* göttlichen Offenbarung nebeneinander für sich bestehen und korrelativ aufeinander verwiesen bleiben.[31] Für Lohmeyer bedeutet das Wort ‚neu' bei Paulus in diesem eschatologischen Zusammenhang nicht eine „Folge innerhalb der Zeit". Es spricht vielmehr vom „Ende und der Wende aller Zeit, dem Sein in der Ewigkeit Gottes".[32] Es ist daher für Lohmeyer immer die Sprache, ja die „Sphäre des Mythos", in welcher „zeitlose religiöse Setzungen als quasi geschichtliche Mächte wirken und leben".[33] In dem Kapitel über *Christus als Ende von Gesetz und Welt* kommt Lohmeyer daher zu dem Schluß:

„Ist also Christus rein durch ein Tun Gottes bestimmt, so war er vor aller Schöpfung und bleibt nach aller Schöpfung. So fordert die metaphysische Bestimmtheit dieser Gestalt, in der sie gläubig allein faßbar ist, den Mythos von einem präexistenten Wesen, das geschichtlich wird, um jenseits aller geschichtlichen Existenz in ewiger ‚Postexistenz' zu verharren. Und dieser Mythos ist sein reiner und angemessener Ausdruck; in seinem gegenständlichen Geschehen öffnet sich gleichsam der geschichtliche Augenblick der gläubigen Tat und wird der ungemessenen Weite göttlicher Ewigkeit inne, die im wörtlichen Sinne ‚in' ihm ist."[34]

Insofern korrespondiert das *in-Christus-sein* des Apostels Paulus strukturell mit dem Verständnis von *im-Gesetz-sein* des Pharisäers Saulus.[35] Die Stelle der Erfüllung des Gesetzes nimmt in der Theologie des Paulus das Kreuzesgeschehen ein. Es ist nicht nur ein historisches Geschehen, sondern verweist als Symbol auf eine metaphysische Notwendigkeit im Hinblick auf die eschatologische Vollendung und Erlösung aller Welt. Gleichermaßen ist die Auferstehung nicht nur als Symbol metaphysischer Bestimmtheit aufzufassen. Sie bedarf nach Lohmeyer gerade um dieser ihrer ewigen Bedeutung willen eines einzigen geschichtlichen Moments. In der Verteidigung der geschichtlichen Tatsache des urchristlichen Aufer-

---

[30] Vgl. die Übertragung von 2 Kor 5,17 bei LOHMEYER, Grundlagen 62.

[31] Zu diesem Thema vgl. von Bultmann *Die Bedeutung des Alten Testaments für den christlichen Glauben* [1933] und *Weissagung und Erfüllung* [1949], in: GuV/II, 313 ff. bzw. 162 ff. Kritisch zu Bultmann: RENDTORFF, Bibel 99 ff.

[32] LOHMEYER, Grundlagen 68.

[33] A.a.O., 69 f.

[34] A.a.O., 86.

[35] A.a.O., 87.

stehungsglaubens verweist Paulus ebenso auf die „geschichtliche Gebundenheit" des Glaubens wie auf dessen „Distanz von aller Geschichte".[36]

„Ihre [sc. die Auferweckung Christi] Geschichtlichkeit bedeutet nur, daß das zeit- und raumgebundene Werk des Messias und das ebenso zeit- und raumgebundene Leben seiner Gläubigen von Gott her gesetzt und bestätigt ist; und was beide in Zeit und Raum sind, wird zu dem durchsichtigen Schleier, durch den die Gestalt der eschatologischen Wirklichkeit Gottes sichtbar wird, wie sie in der Auferweckung erstmalig gesetzt ist; ja die Geschichtlichkeit jenes Daseins und dieses Glaubens besteht erst in dieser ihrer Durchsichtigkeit."[37]

Über das Ende des Gesetzes sprechen kann Paulus gleichsam nur als der, der sich auch die eigene Wirklichkeit durchschauend am „Ende der Geschichte"[38] stehend begreift, der sich im Glauben an die noch ausstehende Vollendung als „Fremdling in dieser Welt" erlebt, um seine „Heimat in der Welt Gottes zu finden".[39] Die Gegenwart, das „»Jetzige«" des Christusgläubigen manifestiert sich daher nur noch als Zeit des Übergangs zu dem endgültigen Tag Christi (Phil 1,5 f.).[40] In dieser eschatologischen Zeitbetrachtung wird auch die Bedeutung des Begriffs „Christusglaube" als der paulinischen Theologie zugrundeliegendes „metaphysisches Prinzip" deutlich.[41] Der Christus-Glaube ist für Paulus ebenso göttliche Offenbarung wie das Gesetz: „Beide haben ihre Möglichkeit und Wirklichkeit ,durch Christus', er ist des Gesetzes Ende und des Glaubens Anfang, weil er beider Erfüllung ist."[42] Der paulinische Begriff des Glaubens bleibt damit am Gesetz als unbedingter Norm göttlichen Willens gebunden. Paulus bindet die Erfüllung dieser Norm nur nicht mehr an das eigene Werk, sondern an die Tat Gottes *in Christus*. Und eben diese Tat Gottes bedeutet für Lohmeyer nicht ein Ende oder gar einen Abbruch des Gesetzes, sondern der Christus-Glaube ist als Tat Gottes „Ziel" und Erfüllung des Gesetzes.[43] Solcher *Christus-Glaube* ist daher nicht dem Gesetz übergeordnet, sondern steht mit diesem in einem Wechselverhältnis. Gesetz wie Glaube haben darum „beide teil an der Vorläufigkeit, die durch die eschatologische Wirklichkeit Christi ihrem göttlichen Gesetztsein aufgeprägt ist."[44] Gesetz und Glaube verhalten sich zueinander „wie religiös-ethisches Sollen" zu „religiös-metaphysischem Sein". In der

---

[36] LOHMEYER, Grundlagen 100.
[37] A.a.O., 101.
[38] A.a.O., 110.
[39] A.a.O., 113.
[40] A.a.O., 111.
[41] A.a.O., 122.
[42] A.a.O., 123.
[43] Zum Widerspruch Bultmanns an dieser Stelle vgl. seinen Brief an Barth vom 10. Dezember 1935, in: BARTH, BW/Bultmann 161.
[44] LOHMEYER, Grundlagen 123.

Bezogenheit auf den Glauben hat das Gesetz seinen „Charakter des schreckenden Sollen" aufgeben müssen. Von der metaphysischen Wirklichkeit des Glaubens gilt umgekehrt, daß sie eben in ihrer Freiheit vom Gesetz dessen sachlichen Wert bewahrt. Mit Hinweis auf das Goethe-Gedicht *Die Geheimnisse* formuliert Lohmeyer den grundlegenden, scheinbar paradoxen Sinnzusammenhang paulinischer Theologie: *„in Christus"* vermittelt das Gesetz Freiheit.[45] Dieser auf das Gesetz bezogene Gedanke des Glaubens ist bei Paulus mit der Abrahamskindschaft verbunden.

„Es ist für den geschichtlichen Ursprung und das sachliche Gefüge des paulinischen Glaubensgedankens tief bezeichnend, daß gerade Abraham zum Anfänger des Glaubens erwählt wird. Denn der Satz von der Abrahamskindschaft ist neben der Tatsache des Gesetzes das Fundament jüdischen Glaubens; beide, Gesetz und Abrahamskindschaft, stehen in einem unlöslichen Wechselverhältnis (…). Klarer tritt kaum an irgendeiner Stelle die Gebundenheit paulinischen Denkens an die unveräußerlichen Fundamente jüdischen Glaubens und jüdischen Volkes hervor."[46]

Aus solchen prinzipiellen theologischen Überlegungen heraus kommt Lohmeyer am Ende seines Buches dann auch auf die geschichtliche Stellung des Paulus zu sprechen. Die Gestalt der paulinischen Theologie bezeichnet weder eine Umdeutung der Verkündigung Jesu, noch einen radikalen religiösen Traditionsabbruch. Sie erscheint vielmehr schlicht als individuelle Verkörperung eines „urchristlichen Pharisäismus".[47] Mit der Theologie des Paulus wird der „Übergang von der Geschichte eines jüdischen Volkes zu der Geschichte einer christlichen Kirche"[48] vollzogen. Paulus steht „auf der Schwelle von einem in sich geschlossenen Judentum zu einem sich selbst begründenden Christentum".[49] Da die Prinzipien paulinischer Theologie „geschichtlich in dem jüdischen Glauben pharisäischer Provenienz zu suchen sind", wird für Lohmeyer in letzter Konsequenz auch die Frage nach einer besonderen „Hellenisierung oder Synkretisierung des Urchristentums im paulinischen Denken" fast bedeutungslos.[50] Lohmeyer sieht Paulus daher im Rahmen der vielgestaltigen Geschichte des Urchristentums und seiner religiösen Möglichkeiten vielmehr als einen großen Einzelnen, der – ausgehend von dem theologischen Problem des rechten Verhältnisses von Gesetz und Glaube – den heidnischen Völkern die „reine metaphysische Bestimmtheit des ,Wortes Gottes', des uralten jüdischen und dennoch göttlich neuen urchristlichen, als Sinn und Ziel"

---

[45] Lohmeyer denkt offenbar an die Stelle: „Von der Gewalt, die alle Wesen bindet, / befreit der Mensch sich, der sich überwindet" (GOETHE, Werke I, 164).

[46] LOHMEYER, Grundlagen 124.

[47] A.a.O., 232.

[48] A.a.O., 233.

[49] A.a.O., 232.

[50] A.a.O., 231.

dieses Problems begreifbar machte.[51] Die aus Juden wie Nichtjuden zusammengesetzte, auf das Kommen Christi harrende „urchristliche Gemeinde"[52] bezeichnet in diesem theologischen System die geschichtlich notwendige Ausgestaltung des Gedankens ihrer prinzipiellen metaphysischen Bestimmtheit, vor der „alles Geschichtliche zu einem Vorläufigen im strengen Sinne" wird.[53] Der mit der Gestalt des Messias unlöslich verbundene Gedanke vom „Anfang" bzw. vom „Ende der Geschichte"[54] war, wie wir sahen, das zentrale Paradigma gewesen, mit dem Lohmeyer 1930 die Rede anläßlich seiner Einführung in das Rektorat der Breslauer Universität beschlossen hatte. Dort hatte er nicht nur ausdrücklich auf Hönigswalds Begriff des *Anfangs* als einen für die Lösung des Problems des Verhältnisses von Glaube und Geschichte grundlegenden Beitrag hingewiesen,[55] sondern an jene transzendentalphilosophische Terminologie angeknüpft, die Lietzmann ein Jahr zuvor unverständlich vorgekommen war.[56]

Der Religionshistoriker und Altphilologe Arthur D. Nock (1902–1963) teilte Lietzmanns negatives Urteil Lohmeyer gegenüber, vor allem in Hinblick auf dessen Kommentar zum Kolosserbrief. In einem Brief aus dem Jahre 1938 schrieb er an seinen Berliner Kollegen: „Between ourselves, I may add that I have extreme difficulty in understanding L[ohmeyer], and I have a suspicion that this difficulty does not wholly arise from the fact that German is not my moyher tongue.[57] 1939 sprach auch Fridrichsen in einem Brief an Lietzmann in fast ironischer Weise von dem hochtiefsinnigen „Mystagogenton" seines Greifswalder Freundes und Kollegen Lohmeyer.[58] Hönigswald, der seinerseits von Fachkollegen zum „‹Spiritisten›" gestempelt worden war, hatte Ernst und Melie Lohmeyer im Sommer 1932 mit den Worten zu trösten versucht, es sei doch „unter den gegebenen Verhältnissen geradezu eine Auszeichnung, bei den Zeitgenossen nicht allzu viel Gehör zu finden."[59]

---

[51] LOHMEYER, Grundlagen 232.

[52] A.a.O., 233.

[53] A.a.O., 220.

[54] LOHMEYER, Glaube 26.

[55] A.a.O., 18.

[56] Vgl. das Kapitel *Christus und Glaube*, in dem Lohmeyer wiederholt von der „metaphysischen Bestimmtheit" des Glaubens (LOHMEYER, Grundlagen 78 ff. 109 ff.) und der „eschatologischen" bzw. „metaphysischen Bestimmtheit Christi" (a.a.O., 87 f.) spricht. Der Christus-Glaube ist letztlich ein „metaphysisches Prinzip" (a.a.O., 121 f.).

[57] ALAND, Glanz Nr. 1044.

[58] A.a.O., Nr. 1085.

[59] W. OTTO, Briefe 55.

Kapitel VIII

Ernst Lohmeyers Jesus-„Bild"

Lohmeyer hat im Gegensatz zu seinen Freunden Rudolf Bultmann und Martin Dibelius keine geschlossene Jesus-Darstellung hinterlassen.[1] Diese bemerkenswerte Leerstelle könnte an sich schon die besondere Gestalt Lohmeyer'scher Theologie kennzeichnen.

Bereits zu Beginn der 20er Jahre hatte sich Lohmeyer einerseits kritisch mit dem liberalen Jesusbild auseinandergesetzt, empfand aber andererseits für Bultmanns *Jesus* von 1926 nur wenig Sympathie. Es sei „ein Buch von Jesus ohne Jesus", da es bewußt nur Jesu Werk, nicht aber Jesu Person berühre.[2] Statt einer geschichtlichen Darstellung der Verkündigung Jesu habe Bultmann letztlich nur eine Apologie des eigenen religiösen Selbstverständnisses geliefert.[3] Solche Kritik läßt aufhorchen. Vor allem dann, wenn man bedenkt, daß Lohmeyer zeitlebens um eine eigene wissenschaftliche Jesus-Darstellung geradezu gerungen hat. Ein Jesusbuch hatte Lohmeyer zunächst als zweiten Band seiner *Geschichte des Urchristentums* erscheinen lassen wollen, dann aber diese Idee schon frühzeitig zugunsten der Bearbeitung der synoptischen Evangelien aufgegeben. Der 1936 fertiggestellte Mk-Kommentar Lohmeyers verzichtete ausdrücklich auf jeden Versuch, ein Leben Jesu aus dem Evangelium abzuleiten. Auf der gleichen methodischen Linie bewegte sich auch der Kommentar zum Matthäusevangelium, von dem Lohmeyer weite Teile während seiner einsatzfreien Stunden im Zweiten Weltkrieg konzipierte. Die ebenfalls noch während des Krieges entstandenen Abhandlungen *Kultus und Evangelium* sowie *Gottesknecht und Davidsohn* berührten inhaltlich zwar auch die „Geschichte Jesu"[4] bzw. die „Jesusanschauung der Urgemeinde"[5]. Beide Arbeiten waren aber im Sinne von Lohmeyers Ansatz vor allem an urchristlicher Theologiegeschichte interessiert. Aus der Korrespondenz zwischen Melie Lohmeyer und Günther Ruprecht geht schließlich hervor, daß Lohmeyer noch während seiner monatelangen Haftzeit im Greifswalder NKWD-Gefängnis an einer Jesus-Darstellung arbeitete.

---

[1] SCHMITHALS, Jesus-Buch.
[2] ThLZ 52, 1927, 433.
[3] A.a.O., 437.
[4] LOHMEYER, Kultus 4.
[5] LOHMEYER, Gottesknecht 1.

Die Veröffentlichung seiner Auslegung zum *Vater-unser* im November 1946 hat Lohmeyer nicht mehr erlebt.[6] Die erste Auflage war bald vergriffen. Man wird dieses Buch insgesamt als Lohmeyers theologisches Vermächtnis begreifen müssen, gerade auch in Bezug auf die Frage nach Lohmeyers Jesus-„Bild". Sein *Vater-unser*[7] hatte Lohmeyer in 12 Kapitel unterteilt. Sieht man von dem einleitenden ersten sowie den beiden letzten Kapiteln ab, so ergibt sich ein besonders schematisierter, an der Siebenzahl orientierter Aufbau der von Mt überlieferten Form des Gebets Jesu:

Vater-unser
1. Geheiligt werde dein Name!
2. Dein Reich komme!
3. Dein Wille geschehe!
4. Unser täglich Brot
5. Vergib uns unsere Schulden
6. Führe uns nicht in Versuchung!
7. Errette uns vor dem Bösen!
Dein ist das Reich.[8]

Lohmeyer interessierte sich für die von Charles F. Burney (1868–1925), Charles C. Torrey (1863–1956) und Enno Littmann (1875–1958)[9] angeregten Vorschläge zur Rückübersetzung der im Neuen Testament überlieferten Formen des *Vater-unsers* ins Aramäische. Insgesamt sah Lohmeyer aber in den unterschiedlichen sprachlichen und metrischen Formen des Vater-unsers zwei ganz unabhängig voneinander gebildete Gemeindetraditionen, eine galiläische (Mt) und eine jerusalemische (Lk). In das Zentrum seiner Auslegung stellte Lohmeyer die vierte Bitte, die das Gebet in seiner sachlich-formalen Mitte zweiteilt. So hatte er es schon 1938 dargestellt: „Dem Dreigestirn von Gottes Namen, Reich und Willen steht die dunkle Dreiheit von Schulden, Versuchung und dem Bösen gegenüber; und zwischen beiden, wie vereinzelt zwischen Himmel und Erde, wird die Bitte um das Brot laut."[10] Die Bitte um Brot ist zunächst das schlichte menschliche Verlangen nach Stillung des Hungers; es ist die kindliche Bitte an den Vater. Als Bitte an Gott entspricht sie auch ganz „jüdischer Sitte".[11]

---

[6] Neben seinen Kommentaren zählt dieses Buch zu Lohmeyers meistverkauften Werken. 1962 erlebte es in Deutschland seine 5. Auflage. 1965/66 kamen Übersetzungen in England und in den USA heraus.

[7] Aus der von Lohmeyer angeführten Literatur ragt die 1938/39 in Heidelberg publizierte *Auslegung des Vater-unsers in vier Predigten* von Nikolaus Cusanus hervor.

[8] LOHMEYER, Vater-unser 3.

[9] A.a.O., 14 ff.

[10] LOHMEYER, Das Vater-unser als Ganzheit, in: ThBl 17, 1938, 218.

[11] LOHMEYER, Vater-unser 104.

Die Bitte um das tägliche Brot wirft zudem ein Licht auf die soziale Situation derjenigen, die so beten: „So spricht (…) ein Armer, (…) oder ein Wanderer, (…) oder auch ein Tagelöhner (…)." Aber eine solche Bitte beschreibt nach Lohmeyer zugleich auch die „innere Freiheit der Beter, welche die Sorgen für ein Heute und Morgen im Vertrauen auf Gottes Güte abgeworfen haben".[12] Die vierte Bitte hat an ihrer zentralen Stelle vor allem die Funktion einer „Schwelle, die den Gang des Gebetes von dem näheren Himmel zu der noch nahen Erde hinüberführt".[13] Das Brot wird damit zum Inbegriff der eschatologischen *Jetztzeit*: „Nur an dieser Stelle erscheint, gleichsam zwischen Gottes Ewigkeit und der Menschen eschatologische Zukunft gestellt, dieses einzige ‹Heute›."[14] Und weiter noch: „Brot ist das Bild und die Wirklichkeit des eschatologischen Gottesreiches, von welchem das Wort gilt: ‹Selig, wer das Brot essen wird im Reiche Gottes› (Lk 14,15)."[15]

Trat bei Bultmann und M. Dibelius das *Vater-unser* deutlich hinter andere Themen ihrer Jesusdarstellung zurück, so wurde es in Lohmeyers Auslegung begriffen als das „Gebet Jesu"[16] schlechthin. Es ist „das klare und große Zeugnis dessen, was Jesus geschichtlich gewirkt und verkündet hat."[17] Es ist sozusagen eine extrem komprimierte Evangelienharmonie, deren weiter Bogen sich sachlich von Joh 17,26 (Offenbarung des Namens Gottes) bis Mk 1,15 par. (Kommen des Reiches Gottes) spannt.[18]

„Das Vater-unser deutet ein Evangelium Jesu an, welches so reich und in sich geschlossen ist, wie es kein geschriebenes Evangelium ausgebreitet hat; denn hier ist zu einer Einheit verdichtet, was unsere Evangelien sondern, und was ihnen die Ganzheit seiner Verkündung bedeutet, ist hier Glied in einem größeren Ganzen."[19]

Die Gebetsanrede ist der klare und reine Ausdruck des Gottesgedankens Jesu. Theologisch neu ist daran nach Lohmeyer der Gedanke des „eschatologischen Vatertums Gottes", welches nur in Hinblick auf das Erscheinen des eschatologischen Vollenders, des Sohnes als dem „Menschensohn" angemessen verstanden werden kann.[20] Die Rede von Vater und Sohn im Johannesevangelium gehört damit nicht nur zur ältesten urchristlichen

---

[12] LOHMEYER, Vater-unser 105.

[13] LOHMEYER, in: ThBl 17, 1938, 220.

[14] LOHMEYER, Vater-unser 105.

[15] A.a.O, 105.107.

[16] A.a.O., 207.

[17] A.a.O., 212 f.

[18] A.a.O., 212. Zum Sachbezug zwischen *Vater-unser* und *Hohepriesterlichem Gebet Jesu* in Joh 17 vgl. auch: BARRETT, Johannes 484 ff.; GRASSO, Matteo 186 (Anm. 86).

[19] LOHMEYER, Vater-unser 212.

[20] A.a.O., 30 ff.

Tradition, sondern zur „ursprünglichen Verkündigung Jesu".[21] Jesus hat den „Namen des Menschensohnes (...) angenommen".[22] Die Begriffe des Vaters, des Sohnes und des Brotes, das im Reich bzw. im Haus Gottes gegessen wird, sind im Gebet Jesu wie zu einem größeren Ganzen vorgebildet. Steht in der Mitte der Gemeinschaft derer, die das *Vater-unser* beten, der Menschensohn, der Gott seinen Vater nennt, so ist jene Gemeinschaft gleichsam ihren eigenen kulturellen Voraussetzungen gegenüber fremd geworden. Die auf den eschatologischen Vollender sich gründende Gemeinschaft

„beruft sich nicht mehr auf eine geschichtliche Vergangenheit, welche ihr Leben trüge und sicherte, sondern sie steht gleichsam geschichtslos vor ihrem Gott, von allem Vergangenen geschieden und ihren Halt allein in dem eschatologischen Vatertum Gottes suchend und findend, in diesem Unfaßbaren und Unvorstellbaren, welches gegenwärtig ist und dennoch erst kommt; in diesem Nichts an menschlicher Sicherheit, diesem Alles an eschatologischer Gewißheit ruht allein das Dasein dieser Beter."[23]

Die eschatologische Bestimmtheit der religiösen Gemeinschaft, die von der Geschichte nichts mehr erwartet und schon von der „Heiligkeit des eschatologischen Morgen angerührt" wird[24], wirkt sich schließlich auch für das Problem der Rückfrage nach dem historischen Jesus folgenreich aus:

„Wir besitzen das Wort Jesu nur in der verschiedenen Brechung, welche die verschiedensten Traditionen und die verschiedensten Evangelisten von Markus bis Johannes ihm haben zuteil werden lassen. Durch vielfältig gebrochenen Abglanz[25] können wir wohl den jeweils ausgedrückten Gedanken, aber nicht den genauen und ursprünglichen Wortlaut erfassen. Das bedingt im buchstäblich historischen Sinne wohl jene Unsicherheit, wie sie mit aller mündlichen Überlieferung ihrer Art nach verknüpft ist, aber es gibt ihr auch einen Reichtum an Lichtern und Farben, an Zügen und Motiven, welche den größeren Reichtum und die dichte und verdichtende Kraft des einmal erklungenen und nur im Nachhall bewahrten Jesuswortes ahnen lassen. Zum Begriff der Urform gehört der einer schriftlich festen Literatur, hier ist lebendig wechselnde Rede und die Treue einer vielgestaltigen mündlichen Überlieferung."[26]

Obwohl Lohmeyer einerseits Schriftlichkeit gleichsam als traditionsgeschichtlich vermittelten Reflex des gesprochenen Wortes begreift, so ist er doch andererseits davon überzeugt, daß es innerhalb der evangelischen

---

[21] Lohmeyers richtet an Bultmann die Frage, weshalb er in seiner Jesus-Darstellung nur die Synoptiker zur Sprache kommen lasse, das JohEv jedoch als Quelle wie „selbstverständlich ausgeschaltet" habe (ThLZ 52, 1927, 437).

[22] LOHMEYER, Vater-unser 32.

[23] A.a.O., 40.

[24] A.a.O., 203.

[25] Lohmeyer greift auf Goethes *Faust II* zurück: „Am farbigen Abglanz haben wir das Leben" (1. Akt, v. 4727). Gundolf zitiert diese zentrale Auffassung Goethes im Vorwort zu *Shakespeare und der deutsche Geist* (SAUERLAND, Gundolf 60).

[26] LOHMEYER, Vater-unser 207 f.

Überlieferung insgesamt „sogenannte Urformen niemals gegeben" hat.[27] Die Vielfalt der evangelischen Jesusüberlieferung ist nichts anderes als der farbige Abglanz der unerschöpflichen und strahlenden Fülle des unzugänglichen, ursprünglichen Lichtes. Darin liegt für Lohmeyer Größe wie Grenze der Evangelien begründet.[28]

Ein eindrückliches Beispiel für Lohmeyers Verständnis von Form und Inhalt der Jesusüberlieferung in den Evangelien stellt sein erster (bereits 1920 abgeschlossener, der Ungunst der Zeit wegen aber erst 1922 erschienener) Aufsatz *„Die Verklärung Jesu nach dem Markusevangelium"* dar. Dort heißt es einleitend, die „Geschichte von der Verklärung Jesu" in der von Markus berichteten Form lasse sich nicht „einfach in den einheitlichen und gleichmäßigen Verlauf einer geschichtlichen oder legendären Begebenheit einreihen".[29] In Mk 9,2–9 erkennt Lohmeyer in traditions- und motivgeschichtlicher Hinsicht vielmehr zwei verschiedene Überlieferungskomplexe. Der eine Traditionsstrang umfaßt zunächst die *Vision* von Mose und Elia im Dialog mit Jesus, an die sich das Petruswort vom *Zeltbau,* die *Wolkenerscheinung* und die *Wolkenstimme* anschließen. Ein zweiter Traditionsstrang bringt dann in Mk 9,3 einen Bericht, der von einer *Verwandlung Jesu* allein spricht. Dieser Komplex berührt sich nach Lohmeyer nicht nur eng mit der Vorstellungswelt hellenistischer Mysterienkulte. Zwei ursprünglich offenbar selbständige Überlieferungsstränge jüdischer bzw. hellenistischer Provenienz sind miteinander zu einer neuen Einheit verwoben worden [30] Charakteristisch für Lohmeyers exegetischen Ansatz ist die konsequente Zurückweisung literarkritischer Operationen, um einen etwaigen ursprünglichen Traditionsbestand von mutmaßlicher Sekundärüberlieferung zu scheiden. Da es „letzten Endes doch das subjektive Urteil des Historikers [ist], das die Scheidung zwischen ‚Echtem' und ‚Unechtem' vornimmt", muß man Lohmeyers Auffassung nach vielmehr die gesamte Erzählung entweder als historisch glaubwürdigen Bericht akzeptieren oder ganz als phantastische Legende ablehnen.[31] Da die Evangelienüberlieferung nirgends eine erkenntnistheoretische Scheidung von ‚Geschichte' und ‚Übergeschichte' erkennen lasse, sei auf ihrem Boden prinzipiell weder die Rekonstruktion einer historischen Folge von Ereignissen, noch die genaue „Fixierung eines Ereignisses an einen bestimmten Ort und Zeitpunkt des Lebens Jesu" im modernen Sinne möglich.[32] Wichtiger ist Lohmeyer demgegenüber der religiöse Pragma-

---

[27] LOHMEYER, Vater-unser 207.
[28] A.a.O., 213.
[29] LOHMEYER, Verklärung.
[30] A.a.O., 207.
[31] A.a.O., 200 f.
[32] A.a.O., 209 f.

tismus des Berichteten. Die Erzählung über die Erscheinungen von Mose und Elia verweist unmittelbar auf traditionelle Bilder jüdischer Apokalyptik (Mal 3,23 f; Jes 49,6; Sir 48,1 ff; PsSal 17,36). Deswegen kann es nach Lohmeyer primär gar nicht um eine historische Beurteilung der Erzählung gehen, sondern zunächst nur um die theologische Deutung der im Text gezeichneten Bilder und Motive.

„Das Auftreten des Moses und Elias bedeutet (...), daß das Ende der Zeit, der Tag der Erlösung und Aufrichtung einer ewigen Gottesherrschaft, unmittelbar nahe ist."[33]

Der Sinn des Dialogs zwischen Mose, Elia und Jesus ist mithin, daß nun auch das Auftreten dieses letzteren zum *Zeichen* dieser endzeitlichen Hoffnung wird. Einen ganz ähnlichen eschatologischen Sinn trägt auch das *Symbol* des Zeltes als der urzeitlich-endzeitlichen Form der übergangshaften *Einwohnung* Gottes in der Welt. Wie bei der Wolkenerscheinung und der Wolkenstimme hat nach Lohmeyer „die fromme Betrachtung auch hier dazu geführt, eine einmalige geschichtliche Tatsache als Symbol des Göttlichen vom Historischen abzulösen und zu der Form zu erheben, in der eine Epiphanie Gottes sich kundgibt".[34] Lohmeyer definiert die Erzählung als ein "geschichtlich verkleidetes Bekenntnis" zu Jesus als dem ersehnten „Bringer und Erfüller der Endzeit".[35] Dieses Bekenntnis stellt ein Stück urchristlicher Apologie dar, das einerseits an vorgegebene apokalyptische Bildwelten des Judentums anknüpft, andererseits aber über diese hinausführt. Es gehört in jenen „Kreis urchristlicher Geschichtsschreibung", in welcher sich in literarisch-ästhetischer Brechung der historische „Prozeß der Auseinandersetzung zwischen Urchristentum und Judentum vollzieht".[36] Erst über diese theologiegeschichtliche Analyse kommt Lohmeyer dann auch auf den historischen und gesellschaftlichen Ort dieser Jesus-Anschauung zu sprechen. Diese beinhaltet offenbar ältestes Traditionsgut und entstammt nach Lohmeyer dem Kreis der galiläischen „Anawim", jener kleinen Gruppe der sogenannten „Armen und Stillen im Lande", jener sozial kaum ins Gewicht fallenden, anonymen jüdischen Minderheit, die im religiösen Untergrund ihres Volkes ihr Dasein fristet. Zu dieser religiös-sozialen Minderheit dürften ursprünglich auch Jesus selbst sowie der Kreis seiner ersten Jünger gehört haben.[37] Die Verklärungsgeschichte Jesu gehört neben den Erzählungen von seiner Taufe und Auferstehung zu jenen frühen Formen urchristlicher Bekenntnisse, in denen sich

„in verschiedenen Zeiten und mit immer anderen Mitteln die urchristliche Anschauung von der Messianität Jesu Ausdruck gab, sich gegenseitig ergänzend und doch selbständig

---

[33] LOHMEYER, Verklärung 191.
[34] A.a.O., 197.
[35] A.a.O., 212.
[36] A.a.O., 203.
[37] A.a.O., 212.

und nicht ganz ohne Widerspruch miteinander, verbunden nicht durch eine das geschichtliche Leben Jesu durchziehende, sondern durch eine sein übergeschichtliches Leben im Glauben der ersten Anhänger deutende Linie."[38]

Das erinnert an bekannte Formulierungen von Martin Kähler oder Albert Schweitzer, und es zeigt sich darin in mehrfacher Hinsicht, wie weit sich Lohmeyers exegetische Methode schon zu Beginn seiner akademischen Laufbahn von der älteren Literarkritik und dem Historismus der liberalen Theologie entfernt hatte. Einen interessanten Zug gewinnt Lohmeyers Exegese der Verklärungsgeschichte Jesu auch in religionsgeschichtlicher Hinsicht. Der Text spricht nach Lohmeyer eindeutig von einer Verwandlung Jesu (vgl. Mk 9,2: μετεμορφώθη) „aus der ihm eigenen Leiblichkeit in eine himmlische Lichtgestalt" – ein (so Lohmeyer) auf dem Boden der israelitisch-jüdischen Religion insgesamt schwer nachweisbarer Gedanke.[39] Die Geschichte von einer Metamorphose Jesu müßte daher „aus irgendwie vermittelten hellenistischen Vorstellungen zu erklären" sein.[40] Lohmeyer weist auf Homers *Demeter-Hymnus* (Hymn. Hom. In Dem. 268 ff.), auf die Gestalt des Dionysos in Euripides' Drama *Die Bakchen* (Eur. Bacch. 1329), Ovids *Metamorphosen* (Ovid Metam. III, 582–691) sowie auf die abgeschwächten Variationen des Themas im *Poimandres* (CorpHerm I,1) und in den Visionsberichten im *Hirt des Hermas* (PastHerm, Vis V) hin. Die Schilderung bei Mk ist offensichtlich

„das Bruchstück eines auf Jesus übertragenen hellenistischen Mythus: Jesus ist ein vom Himmel herabgekommenes göttliches Wesen, das auf Erden Gestalt angenommen und einmal vor dem kleinen Kreise der vertrauten Jünger durch die Verwandlung in himmlische Lichtgestalt seine ursprüngliche Göttlichkeit offenbart hat."[41]

Zu ähnlichen Vorstellungen bei Paulus verweist Lohmeyer exemplarisch auf Phil 3,21,[42] Röm 8,29 und 2 Kor 3,18. Für Lohmeyer sind das Texte, die ihrerseits nur auf dem Hintergrund der „Sprache hellenistischer Mysterienkulte"[43] verstanden werden können. In der seltsam kombinierten Geschichte von Prophetenerscheinung, Verwandlung Jesu und Wolkenstimme sei „extrem Jüdisches und extrem Heidnisches" zu einem neuen, größeren Ganzen verwoben – „zur größeren Ehre des κύριος Ἰησοῦς Χριστός".[44] Die Wirkungsgeschichte dieser Erzählung zeugt nach Lohmeyer noch ein-

---

[38] LOHMEYER, Verklärung 211.

[39] A.a.O., 203.

[40] A.a.O., 205.

[41] Ebda.

[42] „Der nach dunklem Erdengang zu göttlicher Glorie Aufgestiegene holt die Gläubigen, die ihm während ihres Lebens bis in den Tod nachfolgten, im Tode zu sich, geleitet sie sicher zu himmlischen Höhen und schenkt ihnen die Lichtgestalt, die die Bewohner des Himmels tragen" (LOHMEYER, Philipper 160).

[43] LOHMEYER, Verklärung 209.

[44] A.a.O., 213.

deutig von dem Befremden, die diese einzigartig geheimnisvolle Erzählung im Urchristentum ausgelöst habe. Über die Bearbeitung durch Mt und Lk (der den Bericht von einer Metamorphose Jesu durch die Anschauung von dessen δόξα seitens der Jünger ersetzt und erweitert) führe der Weg schließlich über Joh 12,27 f. zu dem Text 2 Petr 1,17 f., der dem ursprünglich „ahnungsvollen Zauber"[45] bei Mk wieder am nächsten gekommen sei. Erst in der *Pistis Sophia* sei die Erzählung von der Verklärung Jesu dann zu einem „Vergottungsmysterium" geworden.[46]

Am Anfang seiner Lehrtätigkeit in Breslau sah Lohmeyer mithin das Besondere der Gestalt Jesu in dem gleichsam verklärenden Licht griechischer Religion, die er schon als Abiturient so eindringlich als Urbild des christlichen Glaubens besungen hatte. 1921 hatte Lohmeyer seine *Sozialen Fragen im Urchristentum* vorgelegt, ein Buch, in dem er zur Darstellung des Judentums zur Zeit Jesu lediglich auf *Flavius Josephus* und an einer einzigen Stelle auch auf die *Psalmen Salomos* verweist. Ansonsten standen in der Darstellung der urchristlichen Sozial- und Kulturgeschichte neben den Zitaten klassischer Autoren und griechischen Inschriften ganz unvermittelt auch Hinweise auf Goethe, Hölderlin, Nietzsche und Hegel. Schon in der Einleitung seines Buches hatte Lohmeyer Goethes Gedicht „*Selige Sehnsucht"* aus dem *West-Östlichen Diwan* untergebracht:

„Und so lang du das nicht hast, / Dieses: Stirb und werde! / Bist du nur ein trüber Gast, / Auf der dunklen Erde."[47]

In dem von Goethe als zeitloser Wahrheit verkündeten Prinzip „*Stirb und werde!"* sieht Lohmeyer ein „geheimes geschichtliches Gesetz", ja ein „Gesetz des menschlichen Daseins überhaupt".[48] Geschichtliches Werden und Vergehen, politisch-sozialer Wandel, kulturelle Vielfalt – all dies ist für Lohmeyer nicht Anzeichen des Defizitären, sondern verweist auf den „Übergang"[49] als einen lebensnotwendigen Prozeß. Leben ist Bewegung, steter Wandel. Verharren bedeutet Erstarren, Stillstand, Tod. Ein gleichsam antikes Lebensgefühl äußert sich hier bei Lohmeyer. Die Zeit der eigenen Gegenwart interpretiert Lohmeyer wie auch die römisch-hellenistische Epoche als „Zeiten des Übergangs", in der das Lebensgefühl der Individuen insbesondere durch das Erlebnis der Einsamkeit und Fremdheit in einer immer komplexer sich gestaltenden Welt gekennzeichnet wird.[50] Der Erlösungs-Begriff erweist sich vor diesem Hintergrund konsequent als Sehnsucht nach Loslösung von den Bedingungen der als fremd erfahrenen

---

[45] LOHMEYER, Verklärung 214.
[46] A.a.O., 215.
[47] GOETHE, Werke I, 423.
[48] LOHMEYER, Fragen 17.
[49] Zum Topos der Entfremdung bei Hölderlin vgl.: CHARLIER, Heros 219 ff.
[50] So Lohmeyer in der *Einleitung* (LOHMEYER, Fragen 6).

Welt und der sie gestaltenden Menschen und Mächte. Solche Überlegun-
gen bestimmen auch Lohmeyers frühes Jesus-„Bild", das hierin gleichsam
als vom Geist Goethes und Hölderlins durchweht erscheint. Die von dem
Gedanken des nahen Endes aller Geschichte erfüllte Gestalt Jesu ist für
Lohmeyer in Anlehnung an Goethes *Faust* nichts als die geschichtliche
Verkörperung eines transzendenten, „von allen Gebilden losgebundenen"
Reiches.[51] Lohmeyer begreift Jesus mit Lk 12,49 daher vor allem als den
Offenbarer des göttlichen Feuers in der Dunkelheit der Welt: „Πῦρ ἦλθον
βαλεῖν ἐπὶ τὴν γῆν." Lohmeyer übersetzt den besonderen inneren Rhythmus dieser Worte nachahmend: „Ein Feuer bin ich gekommen, anzuzünden
auf der Erde."[52] Der göttliche Menschensohn Jesus steigt wie Dionysos bei
Horaz, Euripides oder Sophokles aus den „Urgewalten des Himmels"
herab, um der erkalteten Welt neues Feuer, neues Leben, neuen Geist ein-
zuhauchen. So schreibt Lohmeyer am Ende seiner *Sozialen Fragen* rück-
blickend: „Weil Jesus rein in dem Lichte einer übergöttlichen Milde Gottes
stand, ‹ein Fackelschwinger des Höchsten›, von allen Menschen gelöst und
darum alles Menschliche erlösend, ward dem Urchristentum als Schicksal
und Aufgabe, in seiner Erdennähe und -fremde ihm ‹nachzufolgen›."[53] Das
Bild vom fackelschwingenden, in die Welt der Schatten hinabsteigenden
Dionysos, auf das sich Lohmeyer hier direkt bezieht, bezeichnet in der
letzten Strophe von Hölderlins Gedicht *„Brot und Wein"* den Inbegriff des
göttlichen Offenbarungs- und Erlösungswerkes:

> „Ja sie sagen mit Recht, er söhne den Tag mit der Nacht aus,
>   Führe des Himmels Gestirn ewig hinunter, hinauf
> Allzeit froh, wie das Laub der immergrünen Fichte,
>   Das er liebt, und der Kranz, den er von Efeu gewählt,
> Weil er bleibet und selbst die Spur der entflohenen Götter
>   Götterlosen hinab unter das Finstere bringt.
> Was der Alten Gesang von Kindern Gottes geweissagt,
>   Siehe! wir sind es, wir; Frucht von Hesperien ists!
> Wunderbar und genau ists an Menschen erfüllet,
>   Glaube, wer es geprüft! Aber so vieles geschieht,
> Keines wirket, denn wir sind herzlos, Schatten, bis unser
>   Vater Äther erkannt jeden und allen gehört.
> Aber indessen kommt als Fackelschwinger des Höchsten
>   Sohn, der Syrier, unter die Schatten herab.
> Selige Weise sehns; ein Lächeln aus der gefangenen
>   Seele leuchtet, dem Licht tauet ihr Auge noch auf.
> Sanfter träumet und schläft in Armen der Erde der Titan,
>   Selbst der neidische, selbst Cerberus trinket und schläft."[54]

---

[51] Faust II, 1. Akt, v. 6277 (LOHMEYER, Fragen 65).
[52] A.a.O., 64.
[53] A.a.O., 66.
[54] Zitiert nach: J. SCHMIDT, Hölderlin 119.

Das einerseits an traditionelle Motive des Dionysos-Mythos anknüpfende Gedicht Hölderlins auf die Erscheinung des Welt-Erlösers in der Gestalt Jesu Christi (*der Syrier*) verbindet andererseits platonische und jüdische, christliche und gnostische Vorstellungen zu einem neuen religiös aufgeladenen Sinnganzen. Die messianische Idee, die im Zentrum von Dichten und Denken Hölderlins stand,[55] entwickelte sich im Laufe der Zeit zu einem messianischen „Mythologem"[56] weiter, das für die nachfolgenden Bildungseliten zumindest in Deutschland vorherrschend geblieben ist:

> „Die Durchführung von Heimkehrermotiv, Fremdlingstopos und messianischem Mythenbild kulminiert in der Evokation einer Erlöser-, Retter- und Reinigerfigur in der Phantasie der (deutschen) Intellektuellen am Ausgang des 18. Jahrhunderts. Passive und aktive Züge, mythische und geschichtsphilosophische Bedeutungen, individuelle und universelle Eschatologie treten dabei in eine einmalige Wechselwirkung."[57]

Auch Lohmeyer bewegte sich noch ganz in den Bahnen dieses ebenso naturmystischen wie apokalyptischen Christusbildes Hölderlins. Neben dem radikalen „Nein" in der Reich-Gottes-Verkündung steht wie in Hölderlins *Patmos-Hymnus* die Botschaft Jesu „Alles ist gut":

> „Die Kraft, die Erde und Himmel verbindet, und eben darin die Gesamtheit des entgotteten menschlichen Lebens neu durchglüht, ist die menschliche Seele. Sie empfängt ihr Schicksalsgefühl in dem Gedanken der Gnade, und ihr Lebensgefühl in dem Gedanken der Liebe; und beide wirken sich vollendet aus in einer neuen Gemeinschaft, dem Reiche Gottes, das ebenso sehr Gegenwart wie Zukunft ist. Gnade hängt nicht an einem Tun und Wirken des Menschen, nicht an einer Äußerung seines lebendigen, aber immer begrenzten Wesens, mißt sich an keiner Gestalt und Grenze, sondern wurzelt in Schranken- und Gestaltlosigkeit (...), ist letztlich das zum Lichte Gottes erhobene Chaos, das in dem grenzenlosen Vertrauen eines: Alles ist gut,[58] bejaht wird. Und Liebe schenkt sich nicht Erfüllung suchend von einem Ich zu einem Du, sondern um des Schenkens willen; auch hier sind die Grenzen des Ich und Du gleichgültig (...). Weil Jesus diese übermenschlichen, himmlischen Urgewalten lebte und war, ist seine ewig menschliche Haltung die des Heilandtumes, das einfach und schlicht zu dem einzelnen spricht: Dir sind deine Sünden vergeben, und nicht ‹genug der Worte hat, von Güte zu sagen›.[59] Aus diesem seinem erlösenden und vollendenden Dasein begreift sich auch die letzte Verkündigung und eschatologische Gewißheit: Das Reich Gottes ist nahe herbeigekommen."[60]

---

[55] CHARLIER, Heros 9.
[56] Zum diesem Begriff vgl.: SELLIN, Mythologeme 215.
[57] CHARLIER, Heros 228.
[58] Lohmeyer folgt nicht der Fassung von 1808 *(„Denn alles ist gut"),* sondern der 2. bzw. 3. Überarbeitung (vgl. REITANI, Hölderlin 1192.1198).
[59] Das genaue Zitat aus *Patmos* vgl. bei: J. SCHMIDT, Hölderlin 179: *„(...) denn nie genug / Hatt er von Güte zu sagen / Der Worte, damals, und zu erheitern, da / Ers sahe, das Zürnen der Welt. / Denn alles ist gut. Drauf starb er (...)."*
[60] LOHMEYER, Fragen 65.

In Lohmeyers Deutung der Person Jesu erhält dessen metaphysisch bestimmter „religiöse[r] Liebesakosmismus"[61], der von der politischen, wirtschaftlichen und kulturellen Entwicklung nichts mehr erwartet, eine prinzipielle theologische Bedeutung. Das verkündigende Leben Jesu selbst ist ein „ruheloses Wandern", es hat keinen bleibenden Ort. Jesus hat sich „bewußt außerhalb aller gesellschaftlichen Ordnung gestellt und lebt doch ebenso bewußt und zwanglos in ihr". Deshalb ruft er auch nicht solche Menschen zur Nachfolge, „die in den Gestaltungen dieser Welt aufgehen, sondern solche, die an ihnen vorübergehen".[62] Konsequent knapp fällt bei Lohmeyer daher auch die Darstellung der ursprünglichen Botschaft Jesu aus. Auf den nur gut drei Seiten über die *Gestalt Jesu* weist Lohmeyer exemplarisch auf folgende sieben Jesus-Worte hin:

Lk 9,60 (Von der Unbedingheit der Nachfolge);
Mt 11, 20–24 (Weheruf über galiläische Städte);
Mt 23, 37–39 (Klage über Jerusalem)
Mk 13,2 (Ende des Tempels)[63];
Lk 12,49 (Vom Weltenbrand);
Mt 23,24 (Vom Mückenseien);
Mk 1,15 (Von der Umkehr).[64]

Diese Reihe von *sieben* Überlieferungsfragmenten, in deren Mitte kaum zufällig das Wort vom nahen Ende des Tempels steht, bezeichnen für Lohmeyer neben dem *einen Gnadenwort* Mk 2,5 („Mein Kind, vergeben sind deine Sünden")[65] – wenn auch nicht dem Wortlaut nach, so aber doch sachlich – den apokalyptisch-eschatologischen Urstoff der Verkündigung

---

[61] LOHMEYER, Fragen 66.

[62] Ebda.

[63] „Die Antwort Jesu ist knapp und scharf; sie nimmt in Frageform den Ausruf des Jüngers auf, aber nicht mehr in aufrichtiger Bewunderung, sondern wie in Schmerz oder auch in Ironie, und verurteilt damit alles Staunen über äußere Macht und Pracht. Den Grund gibt das prophetische Wort von der völligen Zerstörung des Tempels; nicht nur wird Stein von Stein gerissen, sondern auch jeder einzelne noch zerstört. Mk hat, dem Zusammenhange nach, in der Nähe der apokalyptischen Ereignisse den Grund gesehen. Vor ihnen offenbart alles Irdische, und sei es das größte Heiligtum, den Charakter vergänglichen Menschenwerks und zerbricht darum unter ihren Wettern. Es ist durchaus möglich, daß damit ein ursprünglicher Gesichtspunkt Jesu getroffen worden ist" (LOHMEYER, Markus 268). Aus Lohmeyers Handexemplar ergibt sich, daß er später nicht mehr daran dachte, den Text als ursprüngliches Jesuswort aufzufassen, sondern als Polemik der Urgemeinde gegen den Tempel (SAß, Ergänzungsheft 17).

[64] LOHMEYER, Markus 30.

[65] Die Perikope Mk 2, 1–17 („Die Frage der Sünder und Zöllner") behandelt nach Lohmeyer wichtige Fragen der urchristlichen Gemeinde. „Die Antworten geben Bilder aus dem Leben und Worte aus dem Munde des Herrn" (LOHMEYER, Markus 49).

Jesu.[66] Diese prägte sich „geschichtlich am faßlichsten in dem Kampf gegen die Pharisäer aus, die anspruchsvoller als irgendeine andere Schicht den Geist ihrer Zeit als Erfüllung priesen".[67] In der Gestalt Jesu bricht im Ende des Alten eine „Zeitenwende" auf, eine „völlige Wende"[68] muß damit in die Geschichte eintreten:

„So rundet sich gerade in der apokalyptischen Spannung zur Endzeit das schon von den Dämmerungen dieser Endzeit umwitterte Heilandtum Jesu zur einmaligen menschlichen Gestalt."[69]

Einmalig ist diese Gestalt Jesu, und sie bleibt einmalig auch in der Urgemeinde. Er, der „Meister", stiftet noch vor seinem Tod die „neue Gemeinschaft der Jünger" in seinem

„‹Leib und Blut›, das heißt im ganz antiken Sinne das erfüllte Menschendasein Jesu (...), in dem sich während seines Lebens die Fülle der Gnade Gottes verleiblichte."[70]

Der Glaube der Jünger an die nahe „Ankunft des Herrn und des göttlichen Reiches" wurde die „geschichtliche Form, durch die das in Jesu Dasein und Wirken beschlossene Leben geschichtlich wirksam wurde."[71] Mit *Paulus* vollzieht sich nach Lohmeyer ein für das Urchristentum theologisch zwar notwendiger, geschichtlich aber folgenreicher Prozeß: die urchristliche Verkündigung wird auf die einmalige Gestalt Jesu konzentriert, urchristliche Predigt und Mission haben zum Inhalt daher primär nicht mehr die Verkündung des nahen Gottesreichs, sondern Jesus als den Künder dieses Reichs. Die *„in Christus"* Wirklichkeit gewordene Erlösung von den Bedingungen der Welt wird damit zum einzig möglichen Gegenstand des paulinischen Evangeliums. Die Weltabgewandtheit Jesu wandelt sich bei Paulus (Röm 13) zu einem „relativen Ja". Aus dem metaphysischen „Übereinander von Evangelium und Welt" wird damit bereits in der Zeit des Apostels Paulus ein geschichtlich notwendiges Nebeneinander. Die Zeit zwischen Paulus und dem Ende des ersten christlichen Jahrhunderts ist dann eine Periode „ununterbrochenen stillen Wachsens und Werdens"[72] des Urchristentums, das nicht mehr „allein dem Himmel

---

[66] „Die Sätze, die Jesus spricht, fassen dieses Evangelium wohl dem Sinne, aber kaum den ursprünglichen Worten nach zusammen (...); Mk setzt die Verkündigung Jesu mehr voraus, als daß er sie selbst überliefert. Die Sätze scheinen sprachlich von der ältesten urchristlichen Verkündigung gefärbt (...). Die Form des Spruches ist gegenüber der schlichteren des Mt wie von einem geheimen Rhythmus durchzogen" (LOHMEYER, Markus 29 f.).

[67] LOHMEYER, Fragen 64.

[68] A.a.O., 65.

[69] A.a.O., 66.

[70] A.a.O., 79.

[71] A.a.O.

[72] A.a.O., 100.

zugewandt" über die Erde schreitet, sondern sich immer mehr den zeitlichen Nöten zuwendet. „In dem innersten Kern des Evangeliums gewinnen damit Formen der äußeren Welt Raum."[73] Noch ist sich das Urchristentum zwar bewußt, „ein Fremdling in dieser Welt zu sein", doch kommt es allgemein in dieser Zeit zu einem immer stärkeren Schwanken zwischen „Bejahung und Verneinung" der gesellschaftlichen Vorfindlich-keiten.[74] Schließlich erscheint in den Glaubensfragen der Zeit die Erde als Kampfplatz von Welt und Evangelium. In den urchristlichen Gemeinden setzt sich die Überzeugung durch, es könne ein irdisches Reich der Gerechtigkeit geben, wenn auch lediglich in Form einer religösen Gnaden-anstalt. Damit wurde dem urchristlichen Glauben „ein Gedanke einge-pflanzt", von dem „das Evangelium Jesu noch nichts wußte".[75] Das erinnert an eine Grundposition Alfred Loisys. Begriff und Wirklichkeit von Evangelium und Kirche werden somit von Lohmeyer in geschichtlich zwar diskontinuierlicher Weise beschrieben, der Prozeß als solcher aber nicht als Geschichte des Abfalls gewertet. Erst mit dem vollständigen „Erlöschen der apokalyptischen Sehnsucht"[76] setzt die Periode bis zur Mitte des zweiten Jahrhunderts als *Endzeit des Urchristentums* ein. Ihrerseits ist diese Endzeit zugleich als Anfang eines Neuen, als Beginn der christlichen Kirche verstanden, die – nun nicht länger von „eschatolo-gische(r) Spannung abgelenkt" – geradezu zur Lösung neuer theologischer und sozialer Fragen befähigt wird.

„Im Johannesevangelium wird die lebendige Gestalt Jesu zum fleischgewordenen Logos; dieser einmalige Mensch ist auf Erden wandelnder Gott und Heiland aller Welt. Damit wendet sich die urchristliche Bewegung am Ende ihres Ganges zu ihrem Anfang zurück. Von dem gotthaltigen Menschen Jesu war sie ausgegangen, hatte ein Jahrhundert lang seine erdenferne Göttlichkeit in der dunklen Wolke eschatologischer Sehnsucht getragen. Jetzt mündet sie bei dem menschengestaltigen Gott Jesus; was damals geschichtliches Leben war, wird zum mythischen Bilde; der Gehalt seines Menschendaseins zur bleiben-den und göttlichen Macht, von der ‚Ströme lebendigen Wassers fließen'. Aber in solcher Vergottung des irdischen Lebens wird gerade auch die Erde in das Dasein Jesu hinein-getragen, das über und außerhalb der Erde sich vollzog; denn die Erde ist der notwendige und einzige Schauplatz der Erscheinung des Gottheilands. Indem Jesus zum ‚ewigen Wort des Vaters' wurde und scheinbar alle Menschlichkeit abstreifte, ist gerade die Erde ‚sein Eigentum' geworden und zu neuer gottgeadelter Lebendigkeit erhoben."[77]

Jesus ist und bleibt der einmalige, einsame Künder des neuen Reichs. Er erscheint damit als die das Urchristentum einzig bestimmende Figur. Was von Jesus fortwirkt, ist vor allem in seiner *Person* selbst beschlossen und

---

[73] LOHMEYER, Fragen 103.
[74] A.a.O., 107.
[75] A.a.O., 108.
[76] A.a.O., 110.
[77] A.a.O., 111.

begriffen. Wort und Werk Jesu entschwinden jedoch einer nur historischen Betrachtungsweise. Jesus ersteht wieder im Kreis seiner Jünger, in der Gemeinschaft der Christusgläubigen. Die Gestalt des irdischen Meisters wird mehr und mehr in mythische Formen gekleidet. Das *Bild Jesu* wird so verewigt und damit zu etwas Zeit- und Geschichtslosem, gleichsam zu etwas neben Gott stehenden Unbedingtem.

„Wenn das Evangelium Jesu in eben dem Augenblick in die Geschichte trat, als die römische Weltmacht in das Netz ihrer unverbrüchlichen Ordnungen die gelockerten Nationen spannte, so ist diese Koinzidenz mehr als nur eine geschichtliche Zufälligkeit; vielmehr waltet hier jene dunkle Gesetzmäßigkeit des geschichtlichen Lebens, die in dieser Zeit äußerster Erdenschwere und Erdenfestigkeit die seelenhafteste göttliche Gelöstheit wachsen läßt und diesen ihren innerlichsten und ewigen Sinn in der unauflöslichen Besonderheit eines einmaligen und einzigen Menschen verdichtet."[78]

Diese erste Epoche der urchristlichen Religion ist für Lohmeyer die entscheidende, an einer Wendezeit der Menschheitsgeschichte stehende Zeit der Verdichtung traditioneller religiöser Erwartungen in einer einmaligen Persönlichkeit. Die urchristliche Bewegung ist in ihrer sprachlich-religiösen Produktion an Jesus als dem einen Wort Gottes orientiert, von dem alles weitere Reden von Gott ausgeht und fortwirkt. In der *Gestalt Jesu* (in seinem Leib und Blut) wird die ewige Gegenwart Gottes in zeitlich-geschichtlicher Form (im Sinn-Bild bzw. Symbol) von den Gläubigen geschaut und damit für sie ‚offenbar'. Zu den eindrücklichsten Symbolen dieser Art gehört nach Lohmeyer – neben dem Bild vom *Kreuz* und vom *Lamm* – das zentrale Bild von dem auf den Wolken des Himmels zum Weltgericht kommenden *Menschensohn* (Apk 14,14). In diesem Gesicht werden alttestamentliche Hoffnungsbilder in Verbindung gebracht nicht nur mit bekannten gnostischen und mandäischen Vorstellungen von der „Glanzwolke", sondern auch mit kultischen Reinigungsriten aus dem „Dionysosdienst".[79] Lohmeyer hat diese vor allem an A. Deißmann, M. Dibelius und R. Reitzenstein orientierten religionsgeschichtlichen Überlegungen zur *Gestalt Jesu* in dieser Form später nicht mehr vertreten. Das hing zusammen mit seiner neuen Wahrnehmung der Bedeutung des späthellenistischen Judentums und der jüdischen Apokalyptik für die Reich-Gottes-Verkündigung Jesu. Sie fällt bei Lohmeyer in die Mitte der zwanziger Jahre. Interesse verdient eine Anmerkung Lohmeyers zu Apk 2,9 aus dem Jahr 1926: An dem „Namen ‚Juden' hängt im NT niemals ein Schimpf."[80] Die Tragweite dieser Bemerkung wird deutlicher, wenn man ihr Sätze aus Bultmanns *Jesus* aus dem gleichen Jahr zur Seite stellt. In

---

[78] LOHMEYER, Fragen 71.
[79] LOHMEYER, Offenbarung 122.
[80] A.a.O., 22.

dem Kapitel mit dem Titel „*Die jüdische Gehorsamsethik*" führt Bultmann aus:

„Der echte Jude kennt den Begriff der Tugend gar nicht und hat kein Wort dafür. Deshalb fehlt auch die Vorstellung von einem Idealbilde menschlicher Gemeinschaft, das durch menschliches Handeln verwirklicht werden soll; eine Analogie zum griechischen Staatsideal kann es hier nicht geben. Natürlich kann es auch hier keine sogenannte Wertethik geben, da nichts an sich als wertvoll gilt. Nur der Gehorsam gibt der Handlung ihren Sinn."[81]

Nach Bultmann hatte das schriftgelehrte Judentum die Apokalyptik bewußt abgestoßen und schließlich dem Christentum überlassen, um sich seinerseits ganz auf das mosaische Gesetz und die eigene Gehorsamsethik konzentrieren zu können.[82] Lohmeyer dagegen verwies schlicht auf die nahe Verwandtschaft von jüdischer und altchristlicher Apokalyptik, gerade auch im Hinblick auf die *Idee des Martyriums.* Der Übergang von der jüdischen zur „altchristlichen Apokalyptik"[83] wird von Lohmeyer als insgesamt ruhig laufender Prozeß schöpferischer Traditionsübernahme und Traditionsbearbeitung vorgestellt. In einem RGG-Artikel von 1927 ordnete Lohmeyer die Verkündigung des Anfangs der messianischen Wehen aus Mk 13,8 daher noch in den Abschnitt über die jüdische Apokalyptik ein. Das sich „als die Vollendung und Erfüllung aller Überlieferung" verstehende Urchristentum übernahm vom Judentum insbesondere auch die *Idee vom Menschensohn.*

„In der Verkündigung Jesu ist von dem Gedanken der ‚Gottesherrschaft‘ die apokalyptische Färbung nicht zu tilgen; denn sie hängt eng mit dem Namen und der Gestalt des ‚Menschensohnes‘ zusammen, der im Judentum in einer langen und vielfach dunklen Geschichte zu einer verhüllenden Bezeichnung des himmlischen Gottgesandten geworden war, der das Ende der Welt herbeiführt. Die Versuche, diesen Begriff aus der Verkündigung Jesu zu scheiden, sind wohl unberechtigt; denn aus ihm erklären sich die transzendenten und universalen Züge der Predigt Jesu, weiter die Anschauung, die seine Heilungen und seine Sendung als einen Kampf mit den Dämonen erscheinen läßt (...). Indem Jesus die Menschensohn-Erwartung mit der Messiashoffnung vermählt, jene ihrer dogmatischen Starrheit, diese ihrer nationalpolitischen Beschränkung entkleidet, macht er sie zum Ausdruck seines religiösen Bewußtseins und Werkes."[84]

Im Hinblick auf die Gestalt des Menschensohns bemerkte Lohmeyer auch enge Bezüge zwischen Apokalyptik und Gnosis, ein Umstand, der sich dann auch auf die kosmologischen und soteriologischen Anschauungen des christlichen Gnostizismus im zweiten Jahrhundert auswirken sollte. Zehn Jahre darauf bemerkte Lohmeyer in seinem Markuskommentar im Hinblick auf die Verklärungsgeschichte dann aber, der Verklärungsgedanke sei auch

---

[81] BULTMANN, Jesus 61.
[82] A.a.O., 21.
[83] LOHMEYER, Apokalyptik II, 402 ff.
[84] LOHMEYER, Apokalyptik III, 405.

„im Judentum nicht völlig unerhört".[85] Die Vorstellung sei „als apokalyptische Erwartung (...) vielfältig begründet". Daher sei es auch „unnötig, den Zug der Verwandlung von hellenistischen Vorbildern abzuleiten (...), und damit auch ihn als späteren Zuwachs von einer ursprünglicheren Erzählung v. 4–8 zu trennen".[86]

In seinen Briefen an Buber aus dem Sommer 1933 hatte Lohmeyer die Gestalt Jesu gleichsam als Inbegriff der Verbindung von Judentum und Christentum dargestellt. Das war unmittelbar nach den Eindrücken der „Cohn-Krawalle", dem Machtantritt Hitlers, dem reichsweiten Boykott jüdischer Geschäfte sowie dem Erlaß des sogenannten „Berufsbeamtengesetzes" geschehen. Als im Mai 1933 mehrere tausend Bücher auf dem Breslauer Schloßplatz zur Feuerrede Bornhausens in Flammen aufgingen, hatte Lohmeyer sein Buch über *Johannes den Täufer*, den er nicht nur als Apokalyptiker und Gnostiker, sondern als „Anfang des Evangeliums von Jesus Christus" darstellte, bereits herausgebracht.

Das religionsgeschichtliche Problem des In- bzw. Miteinanders von einem ‚gnostischen Erlösermythos' und apokalyptischen Spekulationen über das Weltende blieb noch in Lohmeyers Kommentar zur *Johannes-Apokalypse* sowie in seinem Buch *Kyrios Jesus* von Bedeutung. Schon der Titel der Abhandlung hob sich trotz der Gemeinsamkeit des Themas in bezeichnender Form von Wilhelm Boussets älterer Untersuchung *Kyrios Christos* ab. Lohmeyer zielte in seiner form- und religionsgeschichtlich angelegten Untersuchung zu Phil 2,5–11 letztlich aber auf das Problem des Zusammenhangs der Begriffe von „Menschenähnlichkeit" und „Gottesgestalt" in Hinblick eben auf die Person Jesu, der am Ende prädikativ als *Herr* dargestellt, besungen und gefeiert wird.[87] In dem judenchristlichen „Kyriospsalm des Philipperbriefes"[88] fand Lohmeyer in literaturgeschichtlicher Hinsicht eine „Ideendichtung in Form eines Mythos" vor. Diese ursprüngliche „Schöpfung eines namenlosen Dichters und Propheten" sei offenbar als „ein Dankgebet bei der Feier des Abendmahles" immer wieder rezitiert worden.[89] Dieses Stück „urchristlicher Psalmdichtung"[90] ist gleichsam die mythische Schau der Totalität des göttlichen Erlösungsgeschehens im „Kerygma Christi". Es ist ein zeitloser „Hymnus"[91] auf die Geschichte, d.h. auf Leben, Tod und Erhöhung der geheimnisvollen Ge-

---

[85] LOHMEYER, Markus 174.
[86] A.a.O., 174 f. (Anm. 7).
[87] LOHMEYER, Kyrios 14.
[88] A.a.O., 85.
[89] A.a.O., 63.67.
[90] A.a.O., 7.
[91] A.a.O., 13.

stalt des „Menschensohnes"[92] in zweimal drei Strophen (Phil 2,6–8 und 2,9–11). Er führt

„in drei Stufen (...) Christus von der Höhe göttlicher Gestalt über die Menschlichkeit des Knechtsdaseins zu der ‹Niedrigkeit› des Todes. Die erste Strophe spricht von der Art der göttlichen, die zweite von der menschlichen Gestalt, die dritte von der Vollendung der Menschlichkeit ‹bis zum Tode›."[93]

In den letzten drei Strophen wird dann – so Lohmeyer – nach einer auf Paulus und dessen Kreuzestheologie zurückgehenden Glosse (θανάθου δὲ σταυροῦ) im Zentrum des Kyrios-Psalms von der schrittweisen Erhöhung Christi zum Herrscher über das All gesungen, und zwar in Form einer religionsgeschichtlich eigenartigen Mischung aus platonischem Erbe, iranischem Dualismus, jüdischem Teufelsglauben und alttestamentlichen Motiven. Das Proprium des Hymnus ist nach Lohmeyer jedoch die durchgängige Orientierung der zentralen christologischen Aussagen an der durch die in Jes 53 vorgegebene Gestalt des leidenden Gottesknechtes. Lohmeyer betont am Ende seiner Abhandlung zu Phil 2,5–11, daß die kosmologischen bzw. soteriologischen Grundaussagen des Hymnus (abgesehen von der paulinischen Glosse) nicht nur ihren Ursprung in „Kreisen der ältesten urchristlichen Gemeinden", sondern „schon im Judentum"[94] gehabt haben. Die geschichtliche Wurzel für die Kyrios-Betrachtung des Apostels Paulus wie für die Logos-Spekulation des 4. Evangeliums sieht Lohmeyer in dem apokalyptischen Menschensohnglauben solcher jüdischer Kreise gegeben, die sich von den geschichtlichen, politischen und nationalen Bedingungen ihres Volkes bereits gelöst hatten.[95] Gleiches gilt ihm von den christologischen Aussagen des Kolosser- und Hebräerbriefes.[96]

Lohmeyers *Kyrios Jesus* von 1927/28 steht insgesamt nicht nur in ihren Ergebnissen, sondern auch in der methodischen Anlage zu Bultmanns *Jesus* (1926) in vielfältiger Weise in Kontrast. Lohmeyer versuchte nicht wie Bultmann, in einen Dialog mit der Geschichte einzutreten, sondern verstand seine Untersuchung bewußt als die betrachtende Darstellung zeitlos anschaulicher Bilder, welche der urchristliche Glaube von der Gestalt des geheimnisvoll verborgen-offenbaren Menschensohns gezeichnet hatte. Bultmanns Ansatz von der notwendigen persönlich-entscheidungshaften Begegnung mit der Geschichte stellte Lohmeyer die alte Auffassung Rankes gegenüber, man solle vielmehr das eigene Selbst

---

[92] Nach Lohmeyer hat der Begriff ὁμοίωμα (Phil 2,7) „nichts von Bild- und Scheinhaftem an sich, sondern meint wie seine semitischen Grundwörter eine biologische Tatsächlichkeit" (LOHMEYER, Kyrios 36).

[93] A.a.O., 13 f.

[94] A.a.O., 73.

[95] A.a.O., 76.

[96] Vgl. hierzu auch: WEISS, Hebräerbrief 135 ff.

auslöschen und „die Dinge reden lassen".[97] Geschichtsbetrachtung wird nach Lohmeyer nur in der Form der Versenkung in sie möglich, sie fordert gleichsam die unmögliche Haltung des Betrachters, auf jedes eigene Tun und jede eigene Entscheidung bewußt zu verzichten und gleichsam in stiller Schau mit dem geschichtlichen Gegenstand zu verschmelzen. In solcher gleichsam naturmystischen Versunkenheit sah Lohmeyer auch die eschatologische Verkündigung Jesu begriffen. 1929 schrieb er im zweiten Buch des *Kairos*-Kreises:

„So ist die Predigt Jesu, kritisch oder schöpferisch, in den Anblick eines gelassenen und unbeirrbaren göttlichen Waltens versunken, das nach einem menschlichen Tun nicht mehr fragt, sondern seiner Macht und Stunde gewiß ‹über Gerechte und Ungerechte seine Sonne aufgehen läßt›."[98]

Da die Predigt Jesu vom Reiche Gottes jedoch andererseits eine „grundsätzliche Kritik an allem Gegebenen" gewesen sei, mußte der Wirksamkeit Jesu jeder Versuch fehlen, dem „geglaubten Sinn des Gottesreiches geschichtliche Gestalt zu verleihen".[99] Der Kreis der Jünger ist die einzige soziale Form, zu der sich Jesu Wirksamkeit geschichtlich gewandelt hat. Das Reich Gottes verwirklicht sich dennoch in keiner bleibenden Form menschlicher Gemeinschaft, es *bleibt* nur, insofern es wesenhaft an die Gestalt Jesu, an seine Person, an sein Wort gebunden ist.

„Aber weil der Verkünder nichts anderes ist als die Verkündigung und diese in jenem lebendig, weil in beiden nur die alles umfassende ‚Wirk'lichkeit Gottes sichtbar wird, welche auch die einzig mögliche und aller Kritik grundsätzlich enthobene Gestalt ihrer Wahrheit ist, so vermag sie auch den Gang der Geschichte und den Bestand der Erde nicht anders zu bestimmen als durch das Sein ihres Verkünders und derer, die ihm und ihr glauben."[100]

Die Form der Reich-Gottes-Verkündung zeigt daher notwendig ein seltsames „Doppelantlitz".[101] Sie ist von „Bildlichkeit und Unbildlichkeit, von Identität und Paradoxie" bestimmt.[102] Jesus hat die Rede von einem fernen, transzendenten Reich Gottes mit der Rede vom Alltäglichen, Geschichtlichen und Natürlichen verbunden und dennoch wesenhaft davon unterschieden.

Diese Verbundenheit wie Geschiedenheit von Reich Gottes und Welt, von Glaube und Geschichte, von Ich und Gemeinschaft tritt in allen weiteren Arbeiten Lohmeyers als theologisch-philosophisches Grundproblem hervor. Zwischen 1931 und 1941 hatte Lohmeyer in verschiedenen Beiträ-

---

[97] Vgl.: ThLZ 52, 1927, 438.
[98] LOHMEYER, Prinzipien 51.
[99] A.a.O., 56.
[100] A.a.O.
[101] A.a.O., 53.
[102] A.a.O., 54.

gen in der *Zeitschrift für Systematische Theologie* seine prinzipiellen Einsichten für die Darstellung der Verkündigung Jesu wie für die Johannes' des Täufers in Einzeluntersuchungen zur Darstellung gebracht. Diese neutestamentlichen Studien kamen, vermehrt um teilweise weit älteres Material, 1956 in einer Aufsatzsammlung unter dem Titel *Urchristliche Mystik* heraus.[103] In dieser Sammlung, die als Ganze einen guten Einblick in die Gestalt Lohmeyerscher Theologie bietet, ragt für die Frage nach Lohmeyers Jesus-„Bild" eine Studie aus dem Jahr 1934 heraus, in der Lohmeyer die Gestalt Jesu in allen vier Evangelien unter dem Leitmotiv der *Passage* erfaßt.[104] Der erzählerische Zug vom „Vorübergehen Jesu"[105] ist nicht eine nur geschichtliche Situationsangabe im Kontext von Blindenheilungen, Wunder- und Berufungsgeschichten, sondern bezeichnet nach Lohmeyer den „allgemeinen Charakter der ganzen Überlieferung des Evangeliums wie der ganzen Wirksamkeit Jesu".[106] Im Vorübergehen tut Jesus Werke, die auf den Beginn der eschatologischen Heilszeit hinweisen; im Vorübergehen ruft er Jünger in die Nachfolge, im Vorübergehen wird er von Johannes dem Täufer als das „Lamm Gottes" erkannt. In der Gestalt eines fremden Wanderers begegnet der Auferstandene schließlich den verzagten Jüngern auf dem Weg nach Emmaus: „Flüchtig und zufällig ist die Begegnung an irgendeinem Ort, zu irgendeiner Zeit, aber sie bedeutet ein hinweisendes Zeichen oder auch eine verhüllte und verhüllende Form für die Offenbarung dieser Gestalt, ihrer göttlichen Macht und ihres göttlichen Wesens."[107] Der Zug des Vorübergehens macht deutlich,

„wer dieser Mann ist. Er ist (...) der vertraute Meister und der göttliche Herr zugleich, um es mit evangelischen Worten zu sagen, ist der Menschen- und Gottessohn. Sein ‚Vorübergehen' ist ein Zeichen seiner Epiphanie, der Epiphanie gotteigener Macht in einem seltenen und vorübergehenden Augenblick."[108]

Im Gegensatz zu seinen früher geäußerten Ansichten zur Verklärungsgeschichte Jesu beruft sich Lohmeyer an dieser Stelle auf die LXX-Versionen alttestamentlicher Epiphanieerzählungen (Gen 32,32; Ex 33,19.22; 1 Kön 19,11; Dan 12,1) sowie auf das Gedicht des sterbenden David (2 Sam 23,3 f.) in der Übersetzung Martin Bubers.

---

[103] Der Titel der Sammlung ist mißverständlich. Der Aufsatz *Urchristliche Mystik* (ein in Breslau gehaltener Vortrag von 1924) problematisiert nämlich die Anschauung, im Hinblick auf die urchristliche Religiosität von „Mystik" zu sprechen.

[104] Diese 1934 in der *Nieuw Theologisch Tijdschrift* (NThT 23, 1934, 206 ff.) erschienene Betrachtung mit dem Titel „Und Jesus ging vorüber" war G. A. van den Berg van Eysinga zu dessen 60. Geburtstag gewidmet, der sich nach H. Windisch (NThT 9, 1920, 298 ff.) im Jahre 1926 mit dem Thema beschäftigt hatte (NThT 15, 1926, 221 ff.).

[105] LOHMEYER, Jesus 61.

[106] A.a.O., 66.

[107] A.a.O., 73 f.

[108] A.a.O., 68 f.

„Mir ist, / – der Fels Israels redet – / ein Walter über Menschheit, bewährt, /ein Walter in Gottes Furcht, / und wie ein Morgenlicht strahlt er auf, / Sonne er eines Morgens, / da vor Glanze nicht Nebeldunst blieb."[109]

Wenn im AT wie im Vorübergehen „Gottes zwingende Ewigkeit einmal in das flüchtige Jetzt" rinnt, so kleidet sich in den evangelischen Berichten Jesu „ewiges Wesen" in den „flüchtigen Augenblick". Der synkretistische Mythos von einer „göttlichen Gestalt, die fremd auf Erden wandert"[110] ist hierbei von sekundärer Bedeutung, denn im Mittelpunkt der Anschauung vom vorübergehenden Jesus steht für Lohmeyer die Idee vom *Menschensohn* als dem apokalyptischen Vollender. Dieser schon zu Lebzeiten geheimnisvoll auf dem See Wandelnde (Mk 6,45 ff.) gibt denjenigen, die ihm auch im Leid nachfolgen, die an den Bedingungen der Welt vorübergehen, in eschatologischer Zeit Macht, über den wie zu einem „kristallenen Meere" (Apk 15,2) erstarrten elementaren Urgewalten zu stehen. „Das ‚Vorübergehen' ist also die unmittelbare und notwendige Form, in der Gottes heilige Majestät, dem Menschen tödlich, dem Menschen dennoch sich kundtut."[111] Das Bild von Jesus als dem *geheimnisvollen Fremden*, der Menschen wie im Vorübergehen allein durch sein Wort in die Leidensnachfolge ruft, bezeichnet die zentrale christologische Denkfigur in Lohmeyers Mk-Kommentar. Wichtig ist wiederum die Einsicht in die besondere formale Struktur, die Lohmeyer dem ganzen Evangelium gibt. Neben der Einleitung (*Namen und Titel Jesu*) und dem Schlußteil zum längeren bzw. kürzeren Anhang des MkEv gliedert sich Lohmeyers Kommentar in insgesamt sechs Hauptkapitel (mit insgesamt 36 aus jeweils drei Perikopen bestehenden Teilabschnitten):

I. Die Anfänge (Mk 1,1–3,6)
II. Am See Genezareth (Mk 3,7–6,16)[112]
III. Das Brotwunder (Mk 6,30–8,26)
IV. Der Weg zum Leiden (Mk 8,27–10,52)
V. Jesu Botschaft in Jerusalem (Mk 11,1–13,37)
VI. Die Passion (Mk 14,1–16,8).[113]

Im Gegensatz zu den Schriften aus dem johanneischen Kreis, die Lohmeyer sämtlich streng nach dem Schema der Siebenzahl[114] geordnet sah, könnte die äußere Form des Markus-Evangeliums in Lohmeyers Anordnung auf eine scheinbare Unvollständigkeit hinweisen. Dem Evangelium

---

[109] LOHMEYER, Jesus 71.
[110] A.a.O., 73.
[111] A.a.O., 72.
[112] In Mk 6,17–29 sieht Lohmeyer eine in Rom (oder Syrien; vgl. SASS, Ergänzungsheft 11) entstandene Novelle antiken Stils (LOHMEYER, Markus 117 ff.).
[113] LOHMEYER, Markus 5 f.
[114] LOHMEYER, Aufbau 1; DERS., Aufbau 2.

fehlt gleichsam ein siebter Teil, der dann wiederum den vierten Teil als die ideelle Mitte des Ganzen ausweisen würde. Diese scheinbare Unabgeschlossenheit korrespondiert nach Lohmeyer jedoch in sinnvoller Weise mit der Gesamtkonzeption des MkEv, die dem „Anfang des Evangeliums von Jesus Christus" (Mk 1,1) ganz bewußt ein offenes, auf die eschatologische Zukunft verweisendes Ende folgen läßt: „Er zieht vor euch nach Galiläa; dort werdet ihr ihn sehen, wie Er euch sagte" (Mk 16,7). Am ‚Ende' kehrt der Text der gleichsam zeitlosen Frohbotschaft damit wieder an seinen galiläischen ‚Anfang' (Mk 1,14) zurück.[115] Das Schema, dem das Markus-Evangelium folgt, ist nicht das eines einfachen historischen Nacheinanders, sondern das eines Mit- und Nebeneinanders von geographischen, theologischen, katechetischen und zahlenmäßigen Motiven. Grundlegend ist dabei die Dreiteilung in *Galiläa* (Hauptwirkungsbereich Jesu), *Judäa und Peräa* (Hintergrund der Jüngerbelehrungen Jesu) und *Jerusalem* (Ort der Passion Jesu). Dieses Dreierschema auf der Makroebene des Textes hat Lohmeyer auch streng auf die Einzelperikopen anzuwenden versucht, in denen sich „immer drei Überlieferungsstücke wie zu einer größeren Einheit" zusammenschließen.[116] Innerhalb dieses Grundschemas liegt es deshalb nahe, die formale wie sachliche Mitte des Mk-Evangeliums innerhalb des Doppelabschnitts Mk 6,30–10,52 über „*Das Brotwunder"* und „*Der Weg zum Leiden"* zu lokalisieren. In der Tat stellt der Text Mk 8,27–9,29 die ideelle Mitte in Lohmeyers Auslegung des Mk-Evangeliums dar. Wir treffen hier in komprimierter Form auf die zentralen christologischen Anschauungen Lohmeyers. Im *Übergang* von Galiläa nach Jerusalem vollzieht sich nicht nur geographisch und erzählerisch ein wichtiger Einschnitt in der Geschichte Jesu im Hinblick auf seine Passion, sondern auch die „Enthüllung des Menschensohngeheimnisses", die mit dem Petrusbekenntnis anhebt und in der Verklärungsgeschichte endet.[117] Das Geheimnis des Menschensohns wird in drei Überlieferungsstücken entfaltet: 1) „*Die Menschensohnfrage"* (Mk 8,27–29); 2) „*Der Weg des Menschensohns"* (Mk 8,30–33); 3) „*Sprüche vom Leidensweg der Jünger"* (Mk 8,34–9,1). Das Verständnis dieses Abschnitts ist bei Lohmeyer durch eine symbolistische Lesart auch der geographischen Rahmenbedingungen dieses Weggesprächs gekennzeichnet. Es handelt sich nicht um ein Schulgespräch, in dem die Schüler ihren Meister etwas fragen, sondern um eine geheime Jüngerbelehrung, die von der Frage des Meisters an seine Jünger ausgeht. Theologisch bedeutsam ist der Schauplatz dieses Dialogs:

---

[115] Zu Galiläa als dem Land der eschatologischen Verheißung par excellence vgl.: LOHMEYER, Galiläa.

[116] LOHMEYER, Markus 8.

[117] A.a.O., 161.

„Da der jüdische Glaube weiß, daß in Jerusalem sich der eschatologische Vollender offenbaren wird, so bedeutet es eine Heiligung dieser äußersten halb ,heidnischen' Stätte im Norden, wenn Jesus hier als Menschensohn in verborgener Herrlichkeit offenbart wird."[118]

Daß dieser prinzipielle theologische Antagonismus zwischen dem ,Galiläa der Heiden' und Jerusalem auch sozialgeschichtlich vermittelt sein könnte, schließt Lohmeyer nicht aus.[119] Die Rede von Jesus als dem Menschensohn wäre dann Ausdruck eines weiterreichenden religiös-sozialen Konflikts.[120] Wichtig für Lohmeyers Verständnis des markinischen Jesus-„Bildes" ist jedoch die Deutung des Petrusbekenntnisses, das von Lohmeyer nicht etwa als Abschluß und Höhepunkt, sondern als Auftakt der Gesamtanschauung des Evangelisten von Jesus interpretiert wird. Die Frage Jesu nach seiner Identität ist nicht einfach „durch die Sucht bedingt, zu erfahren, was die ,Menschen' oder die Jünger meinen, sondern es muß für Ihn selbst notwendig sein, daß Menschen wissen, wer Er ist."[121] Die Antwort des Petrus *(Du bist der Gesalbte)* ist daher nicht ausreichend; dies ist eben nur der

„eine Begriff des Menschensohnes. Er ist durch sein Dasein und Sosein schon die eschatologische Vollendung, ohne daß auf ein noch zu leistendes Werk zu blicken wäre; und Er ist dieses alles auch noch nicht, so lange Er nicht als der offenbare, auf den Wolken des Himmels kommende Herr erschienen ist."[122]

In der Frage nach seiner Identität verbirgt sich also kein Hinweis auf Jesu Biographie, sondern auf den eschatologischen Sinn und die theologische Notwendigkeit des Leidensweges Jesu. Darin entspricht die dreifache Leidensankündigung in den Synoptikern nach Lohmeyer sachlich dem siebenfachen Hinweis im Johannes-Evangelium auf die „Stunde" der Erhöhung Jesu durch seinen Tod am Kreuz (Joh 2,4; 7,6; 7,30; 8,20; 12,23; 13,1; 17,1).[123] Lohmeyer interpretiert Mk 8,31 als ursprünglich weissagendes Wort Jesu auf seinen Tod, das einer gewissen Polemik gegen die Führer Israels nicht entbehrt, als eine klar apokalyptisch-deterministisch (vgl. dazu das charakteristische δεî) gefärbte, theologisch am traditionellen Bild des namenlosen Gottesknechtes aus Jes 53 orientierte Aussage von der Notwendigkeit des Leidens des Menschensohnes Jesus, die dann zum festen Bestandteil urchristlicher Verkündigung geworden ist. Das *Messiasgeheimnis* des Markusevangelisten (Wrede) ist daher für Lohmeyer eher als ein zweifaches „Menschensohngeheimnis" zu begreifen.[124] In seiner

---

[118] LOHMEYER, Markus 162.
[119] Kritisch hierzu freilich: SCHALLER, Jesus 557.
[120] THEISSEN, Soziologie 26 ff.
[121] LOHMEYER, Markus 163.
[122] A.a.O.
[123] A.a.O., 164. Vgl. auch: BULTMANN, Johannes 81; BARRETT, Johannes 214.
[124] ThLZ 65, 1940, 20.

letzten Rezension setzte sich Lohmeyer kritisch mit der Dissertation des im September 1940 gefallenen H.-J. Ebeling (*Das Messiasgeheimnis und die Botschaft des Markus-Evangelisten, 1939*) auseinander. Ebelings Rede von der „Auferstehungsgewißheit" des Mk-Evangelisten und die Charakterisierung seines Evangeliums als „Predigt von dem auferstandenen Herrn" greift nach Lohmeyer zu kurz, um der besonderen Botschaft und ihrem Boten sachlich gerecht zu werden. Zum Geheimnis der Identität des Menschensohnes tritt das Geheimnis seines geschichtlichen Auftrags, im Leiden die eschatologische Vollendung zu bewirken. Erlösung liegt daher nicht in der Möglichkeit politischer Befreiung, sondern nur in der eschatologischen Brechung der Macht Satans durch das Leiden beschlossen.

„Der Menschensohn wohnt in dem apokalyptischen Geheimnis Seines menschlich-göttlichen Wesens, und ein Ausdruck dessen ist ‚viel leiden'; darum ist dies geschichtliche Leiden eschatologische Offenbarung."[125]

Die *Offenbarung des Menschensohnes* in der Verklärungsgeschichte des Mk ist daher der sachgerechte Ausdruck der einen eschatologischen Idee, die sich ausgehend von der apokalyptischen Prophetie Jesu über das gesamte urchristliche Kerygma bis hin zur Christologie des Johannes-Evangeliums wie ein roter Faden zieht:

„‹Dieses ist mein geliebter Sohn!› Es ist der ehrfürchtige Zauber dieser Geschichte, daß sie im einmaligen Ereignis verdichtet, was dieser Gestalt wahres, aber geheimes Wesen ist: Er ist offenbarer Mensch und verborgener Herr und wird in diesem Augenblick offenbarer Herr und verborgener Mensch. So wird auch klar, daß die Erzählung aus der Anschauung des Menschensohnes geboren ist; der Schleier des Geheimnisses, der sonst über Jesus im Mk-Evangelium liegt, wird von Gott her gehoben und Er als Der enthüllt, dessen Namen Jesus trägt: der geschichtliche und apokalyptische Menschensohn. Aber indem dieses Geschehen so das Geheimnis offenbart, deutet sie den eschatologischen Sinn des Namens und seines Trägers: Es zeigt den Menschensohn nicht in der Funktion des Weltenrichters, wie ihn die danielischen Visionen schildern, sondern als den, mit dem Mose und Elia reden, d.h. dessen Dasein rein dem einen gotterwählten Volke gilt. Und diese Bestimmung ist eigentümlicher Art: Er rettet nicht, heiligt und verherrlicht nicht das Volk, sondern er lehrt drei Jünger, die Seinem Wort gehorchen. Wenn sonst Mk von dem heilenden und beschwörenden Wirken redet und das Verkünden zurückstellt, so ist hier das Reden und die Rede das einzige Mittel und die einzige Wirklichkeit dieses Menschensohnes. Ein ‹johanneischer› Zug liegt deshalb in dieser Geschichte."[126]

Der Hinweis auf die johanneische Färbung der Stoffe im Mk-Evangelium ist ein durchgängiger Gesichtspunkt in Lohmeyers Kommentar. Der Text des Evangeliums ist bei Lohmeyer – wie die Offenbarung des Johannes – als ein künstlerisch-poetisches Flechtwerk (textus) verstanden.[127] Schon in seiner Einleitung zum Mk-Evangelium hatte Lohmeyer auf die „sprach-

---

[125] LOHMEYER, Markus 166.
[126] A.a.O., 179.
[127] W. OTTO, Freiheit 159.

liche Färbung" des Textes hingewiesen, die es zu bestimmen gelte. Ein besonderes Interesse für die szenische Gestaltung und dramaturgische Anordnung der verschiedenen Stoffe durchzieht seine gesamte Auslegung. Da gibt es das „Leitmotiv"[128] des Brotwunders im III. Teil, den „wundersamen Klang"[129] bestimmter Worte, die auftretenden Gestalten tragen gewisse, alttestamentlich gefärbte „Züge".[130] So ist die „Zeichnung" des Täufers am Bild des Sklaven orientiert, und damit klar Ausdruck einer bestimmten theologischen „Anschauung".[131] Markus ist damit vor allem als ein „Erzähler"[132] des Evangeliums verstanden, der besondere „Erinnerungsbilder"[133] für seine „Hörer" verfaßt.[134]

So ergibt sich ein für Lohmeyers Theologie insgesamt charakteristisches Verständnis des Verhältnisses der Begriffe *Text* und *Geschichte*. Die von Mk knapp skizzierte Erzählung von Johannes dem Täufer am Anfang des Evangeliums ist der „Kommentar, den Gott in der Geschichte zu dem früher gesprochenen heiligen Text geschrieben hat".[135] Es handelt sich also auch bei Mk um ein eschatologisches Geschehen, das den Bericht des Evangelisten geschichtlich motiviert. Die gleiche theologische Funktion hat auch die Geschichte von der *Taufe Jesu*. Sie will nicht ein im Leben Jesu lokalisierbares Berufungserlebnis schildern, sondern seine Einsetzung als eschatologischen Vollender durch ein Gotteswort darstellen. Darin kommt für Lohmeyer jedoch nicht nur eine Anschauung der „ältesten Urgemeinde" zum Ausdruck, sondern eine auf „Jesus selbst" zurückgehende Auffassung.[136] Auf der gleichen Linie erscheint bei Lohmeyer die ursprünglich aus verschiedenen mündlichen Überlieferungen erwachsene Geschichte von der *Versuchung Jesu*. Die Wüste ist nicht ein geographisch genau bestimmbarer geschichtlicher, sondern ein mythischer Ort; sie ist Sitz des Satans, des eschatologischen Widersachers des Menschensohns.[137] Dieser Menschensohn ruft nun, mit göttlicher Autorität ausgestattet, einen Kreis von Fischern[138] in seine Nachfolge, die in der „gottlosen Heidenwelt

---

[128] LOHMEYER, Markus 8.

[129] A.a.O., 10.

[130] A.a.O., 11.

[131] A.a.O., 17.

[132] A.a.O., 15.94.213.242.248.253 u. passim.

[133] A.a.O., 33.

[134] A.a.O., 17.

[135] A.a.O., 12.

[136] A.a.O., 26.

[137] LOHMEYER, Versuchung.

[138] Innerhalb des geschichtlich nicht immer eindeutig zu bestimmenden „Kreis der Zwölfe" standen Jesus die Fischer Simon (Petrus) sowie die Zebedaiden Jakobus und Johannes (des Donners Söhne) als besonderer *Dreierkreis* am nächsten. Sie, die als einzige von Jesus neue Namen erhielten, bildeten später die erste Leitung der Jerusalemer Urgemeinde (LOHMEYER, Markus 74 ff.).

‹fischen› werden". Sie werden damit zu Fremden in einer ihnen selbst fremd gewordenen Welt:

„Fremd stehen und ‚fischen' sie in einer fremden Welt, selbst einem Fremderen dienstbar. Dann gehört aber auch dieses Wort Jesu kaum in eine Anschauung hinein, die von dem Werk eines Messias an seinem Volke handelt; so fremd und einsam wandelt nur der Menschensohn und die zu ihm gehören durch Zeit und Raum, ein göttliches Werk unter gottlosen Menschen treibend."[139]

Das Mk-Evangelium kennt offenbar einen speziellen „Kreis der ‚Menschensohn'-Erzählungen"[140], die „Jesu Auftreten unter den Menschen (...) im Wechsel von Öffentlichkeit und Verborgenheit" schildern.[141] Der „Zug der Fremdheit"[142] wird dabei zu *dem* theologischen Leitbild. Der Besessene zu Gerasa erfährt schon in Jesu „Näherkommen die überlegene höhere Macht des Fremden",[143] das „geheimnisvolle Heilandtum" Jesu nimmt an der Not der Menschen Anteil, denen er begegnet.[144] Das „Wandern und Lehren" ist bei Mk „in Jesu Leben (...) ein hervorstechendes Merkmal"[145] – „Eile und Heimlichkeit" umgibt den Meister wie seinen Jüngerkreis.[146] Die Stillung des Sturms offenbart die wahre Göttlichkeit des scheinbar „ermatteten und schlafbedürftigen Fremdlings"[147], der Seewandel Jesu wird zum Zeichen der fremden „Hoheit einer göttlichen Gestalt".[148] Die Lehre Jesu „in Gleichnissen" ist die theologisch notwendige, anschaulich-unanschauliche „Mitte des Evangeliums"[149]: sie ist selbst „ein Geschehnis im Gleichnis; es ist also nicht nur ein Aufklären und Vorbereiten für ‚das Königreich Gottes', sondern dieses Königreich vollzieht sich ‹den Draußen› als Gleichnis."[150] Jesu Parabel-Rede ist insgesamt eine bewußt gewählte Weise der „Dunkelrede".[151] Die „Arbeitsweise des Mk", die aus „gegebenen Traditionsstücken" ein „allgemeines Bild der Tätigkeit Jesu" komponiert, erinnert nicht nur formal an diejenige des JohEv, sondern auch sachlich an „johanneische Gedankenkreise".[152] Im Speisungswunder (Mk 6) sind „einige versprengte biographische Notizen durch eine redak-

---

[139] LOHMEYER, Markus 33.
[140] A.a.O., 152.160.203 u. passim.
[141] A.a.O., 49.
[142] A.a.O., 92.
[143] A.a.O., 94 f.
[144] A.a.O., 108.
[145] A.a.O., 113.
[146] A.a.O., 115.
[147] A.a.O., 92.
[148] A.a.O., 133.
[149] A.a.O., 82.
[150] A.a.O., 83.
[151] A.a.O., 321.
[152] A.a.O., 125.

tionelle Bemerkung zu einer kleinen Szene zusammengefaßt". Wichtiger ist nach Lohmeyer aber das theologische Grundmotiv der Erzählung:

„Ein Erzähler scheint zu berichten, der versunken in den Sinn dieser Gestalt und ihrer Geschichte, nur Ihn sieht als den Hirten, und das Volk am galiläischen Meer als führerlose irrende Herde."[153]

Ähnliches gilt auch von dem „$\dot{\epsilon}\gamma\dot{\omega}$ $\epsilon\dot{\iota}\mu\iota$" des auf dem See wandelnden Jesus (Mk 6,50).[154] Dieser offenbart sich gleichsam in seinem Wort und Werk (wie die Gestalt der göttlichen Weisheit in Sir 24,5) als Herr auch über die Abgründe des Todes. In der Begegnung mit der Syrophönizierin (Mk 7,27–30) wird in Lohmeyers Auslegung der „johanneische Sinn" deutlich, der durch die „Hülle des Bildes" hindurchscheint: „Jesus hat das Brot des Lebens für die hungernden ‹Kinder›."[155] Das Mk-Evangelium ist das Evangelium vom geheimen „Heiland"[156] Jesus, der in „Geheimnis und Verborgenheit" wirkt: Sein eschatologisches Erlösungswerk kleidet sich dabei bewußt in die „undurchsichtige Form eines menschlichen Lebens".[157] Als „König der ‹Armen›" zieht dieser verborgene Heiland, in dem andere nur einen „galiläischen Fremdling"[158] erblicken, auf einem Eselsfüllen reitend in Jerusalem ein, den Tempel reinigend, das nahe Ende verkündigend, die Ankunft des „Menschen Sohnes" (Mk 13,26) verheißend. In dem besonderen Augenblick des letzten gemeinsamen Mahles[159] im Kreise seiner Jünger realisiert Jesus in proleptischer Form das eschatologische Freudenmahl – „ein Stück gegenwärtiger Wirklichkeit einer ewigen Mahlgemeinschaft".[160] In letzter Gottverlassenheit offenbart sich endlich das Geheimnis des Menschensohnes im „Wunder" seines Todes: der Vorhang im Tempel zerreißt im Augenblick seines wortlosen Todesschreies.

„Dieser Zug wäre kaum erwähnt, wenn er nicht etwas Besonderes bedeutete; und er ist sachlich merkwürdig, da der Tod am Kreuz auf Erschöpfung zurückgeht. Es ist für den Erzähler sichtlich ein Wunder, das geschieht; und aus diesem Wunderbaren scheint auch die Wortlosigkeit zu rühren. Es ist wie ein $\ddot{\alpha}\rho\rho\eta\tau o\nu$ $\dot{\rho}\tilde{\eta}\mu\alpha$ und darum göttliches Zeugnis."[161]

Die Frauen erfahren am leeren Grabe, daß Jesus vor ihnen bereits „nach Galiläa aufgebrochen" sei. Jesu Auferstehung ist damit selbst „in den Zug

---

[153] LOHMEYER, Markus 124.
[154] Vgl. auch Lohmeyers Kommentar zu Mk 13,6; 14,62.
[155] A.a.O., 147.
[156] A.a.O., 148.
[157] A.a.O., 156.
[158] A.a.O., 238.
[159] LOHMEYER, Abendmahl.
[160] LOHMEYER, Markus 304.
[161] A.a.O., 346.

eines Geschehens eingefügt, das in Galiläa begann und dort auch enden wird".[162] Die verklärenden Strahlen der Offenbarung des Menschensohn-Geheimnisses in der Mitte des Evangeliums (Mk 9,2) werfen damit gleichsam nicht nur ein Licht auf das seltsam offene Ende (Mk 16,7 f.) wie auf den eigenartigen, doppelten Anfang (Mk 1,1 bzw. 1,14 f.) der Frohbotschaft, sondern auch auf den Anbruch des *eschatologischen Tages*, auf die zukünftige Parusie des erhöhten Menschensohnes.

Zur Beantwortung der Frage nach der Identität Jesu im Mk-Evangelium hatte Lohmeyer in der Einleitung seines Kommentars zusammenfassend auf die verschiedenen Namen hingewiesen, die im Mk-Evangelium für Jesus Verwendung finden. Der aus Nazareth stammende Jesus wird von den Menschen seiner Zeit einerseits als *Lehrer* und *Rabbi* (und in Zusammenhang damit als *Herr*) angesprochen, andererseits auch als *Prophet* oder *Gesalbter* bezeichnet. Mit diesen Namen ist insgesamt aber nur seine menschliche Gestalt und Art bezeichnet. Das Wort *Gottessohn*, das im Mk-Evangelium bezeichnenderweise sieben Mal auftaucht und „für Mk am zutreffendsten die Gestalt und Würde Jesu beschreibt", begegnet niemals „als Bekenntnis im Munde eines Jüngers." Doppelt so oft erscheint dagegen der Name *Menschensohn* und zwar „immer in Sprüchen Jesu". Diese Selbstbezeichnung beschreibt in anschaulich-unanschaulicher Weise die geheimisvolle Gestalt ihres Trägers:

„Der Menschensohn ist Herr und Bringer des kommenden Äons; als ein Fremder seiner Art und Macht steht er Volk und Völkern gegenüber und hebt mit seinem Erscheinen alles irdisch und geschichtlich Gegebene zu Vernichtung oder Vollendung auf. Hier ist also der Zusammenhang zwischen Gott und Welt, Gott und Geschichte, den der Begriff des Messias ebenso voraussetzt wie vollendet, zerrissen und zu einem Gegensatz geworden, den nur Gott und der Menschensohn am Ende der Tage überwindet (...). So wird denn die geschichtliche Gestalt des Menschensohns schlechthin zu einem eschatologischen Geheimnis und Wunder. Wer den Namen Menschensohn trägt, ist also ... ein Fremdling in diesem und Herr des kommenden Äons; mit ihm wird dieses Kommende gegenwärtig und das Eschatologische Ereignis. Und er ist zugleich eine menschliche Gestalt, ein Jude unter Juden, Kind seines Landes und seiner Geschichte; mit ihr ist alle Gegenwart seines Wirkens auf den kommenden Äon gerichtet und alle Ereignisse seines Lebens höchstens Anzeichen des eschatologischen Tages."[163]

Die Geschichte dieses in verschiedener Hinsicht eigenartigen Menschensohnes hat für Lohmeyer einen insgesamt symbolisch-zeichenhaften Sinn, ohne daß ihr damit etwas von ihrer geschichtlichen Konkretheit genommen wäre.

1941 hat sich Lohmeyer in einem Aufsatz über das Weinberg-Gleichnis noch einmal intensiv nicht nur mit einem der wichtigsten Bausteine der synoptischen Jesusüberlieferung auseinandergesetzt, sondern theologische

---

[162] LOHMEYER, Markus 356.
[163] A.a.O., 4 ff.

Fragen aufgeworfen, die vor allem das Verhältnis des eschatologischen Vollenders zur Geschichte des Gottesvolkes Israel und seiner religiösen Institutionen betrafen.[164] Das *Gleichnis von den bösen Weingärtnern* (Mt 21,33–46) bringt nach Lohmeyer eine eng an Jesaja 5 angelehnte prophetische „Betrachtung der Geschichte Gottes mit seinem Volk"[165], in der das Motiv der Sendung des Sohnes nichts grundsätzlich neues bietet.[166]

„Wie aus einem organischen Keime entfaltet sich die Geschichte von ihrem gottgesetzten Anfang, dem Gesetz gemäß, das Gott in sie legte und nach dem sie angetreten, und ihre Epochen sind die Jahreszeiten Gottes, da er seine Boten sendet, die Früchte zu ernten. So gibt es hier kein Auf und Nieder, kein Hoch und Tief, und jede Jahreszeit ist der ersten und letzten gleich, sie ist unmittelbar zu Gott."[167]

Ist so die Betrachtung der Geschichte prinzipiell unter den „Gedanken der Langmut Gottes" mit seinem Volk gestellt, so wird auch die Sendung des Sohnes nur unter diesem Aspekt theologisch greifbar. Fundamental ist dabei vor allem Lohmeyers Einsicht, daß der Bringer des Gottesreiches – der „geliebte Sohn" – kein anderer ist als der verklärte Menschensohn, dessen eschatologische Botschaft *(Ich werde diesen Tempel zerstören)* sich nicht gegen Gottes Volk, sondern gegen dessen offizielle Vertreter richtet.

„Hier ist also kein Bruch mit dem jüdischen Erbe, sondern nur mit den derzeitigen Verwaltern dieses Erbes vollzogen. Das aber ist, wenn es nicht die Anschauung Jesu ist, die einer judenchristlichen Sekte, die nur der Befreiung von ihren mörderischen Pächtern bedarf, um ihrem ‚Gotte' die ‚Früchte' zu bringen, die er von ihnen fordert."[168]

Steht somit einerseits die „Gebundenheit Jesu an das Alte Testament fest", so wird in dieser Geschichtsbetrachtung andererseits das „grundsätzliche Gegeneinander von Gott und gegenwärtigem Priestertum und das grundsätzliche Füreinander von Gott und alttestamentlichem Prophetentum" neu bekräftigt.[169] Die motiv- und traditionsgeschichtlichen Bezüge dieser Bildwelt der synoptischen Evangelien zum „Weinbergsgleichnis" in Joh 15[170] sind nach Lohmeyer auch an dieser Stelle wiederum als fließend vorzustellen. Mit dem *Symbol* vom wahren Weinstock nimmt Jesus für sich in Anspruch, der eschatologisch einzig mögliche Ort der Einwohnung Gottes in der Welt zu sein. Das mit der Johannestaufe aufgebrochene Problem des Mit- und Gegeneinanders von Kultus und Evangelium verdichtet sich in der urchristlichen Jesusüberlieferung zu einer in der Gestalt des geopferten Sohnes versinnbildlichten „Märtyrertheologie". Mit der Opferung des

---

[164] LOHMEYER, Gleichnis 159 ff.
[165] A.a.O., 164.
[166] A.a.O., 174.
[167] A.a.O., 173 f.
[168] A.a.O., 176.
[169] A.a.O., 180.
[170] A.a.O., 181.

Sohnes wird der göttliche Sinn der Geschichte ewig ‚erfüllt‘, der Tempel-Kult ist damit an sein Ende gekommen.[171] „Das Geheimnis des Menschen-sohnes steht darum über dem Heiligtum und geht darüber hinweg, weil es sich im Leben und im Sterben auf die eschatologische Wirklichkeit von Gottes Haus und Reich richtet, die größer ist als alle Heiligtümer."[172] Entstanden waren die Vorträge in den ersten Kriegsmonaten von 1939/40. Zwei Jahre darauf, als die Vorträge trotz mancher Schwierigkeiten erschei-nen konnten, wurden in Berlin-Wannsee die Maßnahmen zur sogenannten ‚Endlösung‘ der Judenfrage in Europa beschlossen. Im Hinblick auf Lohmeyers Studien hatte Fridrichsen, dem sie „in Freundschaft" gewidmet waren, seinem Greifswalder Kollegen geschrieben: „Sie sind einen sehr großen Schritt zu dem wirklichen Jesus vorangekommen."[173]

Das nicht nur in chronologischer Hinsicht letzte und darum bleibende Bild, das Lohmeyer von Jesus vermutlich noch im Jahre 1945 gezeichnet hat, findet sich in seiner Auslegung der letzten Jesus-Worte im Matthäus-Evangelium (Mt 28,16–20). Der wirkliche Jesus erscheint dort nicht mehr als historische Größe. Die Jünger „erkennen Ihn nicht mehr in seiner irdischen Art", sondern sehen ihn in dem zeitlosen Bild des erhöhten Kyrios, der sie zur eschatologischen „Wanderung" in die Welt und die Zeit aussendet.[174] Auch diese letzten Worte Jesu überträgt Lohmeyer unter Hin-weis auf das *Lied vom Menschensohn* in Dan 7,14 in der für seine Exegese charakteristischen poetischen Form:

„Gegeben ward mir alle Macht / im Himmel und auf Erden. / Drum gehet, macht zu Jüngern alle Völker / in meinem Namen[175] / Und lehrt sie alles halten, / was je ich euch gebot, / Und siehe, ich bin bei euch alle Tage / bis an der Weltzeit Ende."[176]

Der am Ende des Mt-Evangeliums stehende, schon im Alten Testament vielfach vorbereitete „Gedanke der Weltmission"[177] setzt bei aller Ver-schiedenheit das Königtum Gottes und das Königtum Jesu in eine beson-dere Wechselbeziehung. Gleiches gilt von der Verheißung ewiger Gegen-wart, die direkt an den Namen anknüpft, der sowohl über dem Exodus-geschehen wie über dem Bundesschluß am Sinai steht: „JHWH, das ist: Ich bin da."[178] Die Wiedergabe des Gottesnamens durch *Ich bin da* verdankte Lohmeyer der 1925 von Martin Buber und Franz Rosenzweig begonnenen Verdeutschung der Hebräischen Bibel. Somit steht im Hintergrund von

---

[171] LOHMEYER, Kultus 99.
[172] A.a.O., 101.
[173] Lohmeyers Brief an H. Ruprecht vom 10. November 1940.
[174] LOHMEYER, Gewalt 25.
[175] Zum Problem der trinitarischen Tauformel vgl.: LOHMEYER, Gewalt 30 ff.
[176] A.a.O., 29.
[177] A.a.O., 36.
[178] LOHMEYER, Gewalt 41.

Lohmeyers Auslegung der letzten Worte Jesu bedeutungsschwer Bubers Gottesbegriff: „Er wohnt in dem Geheimnis seines Willens auch da, wo er sich offenbart, aber er macht damit auch die Vorläufigkeit alles geschichtlichen Daseins zu dem Merkmal seines Offenbarseins."[179]

Soll vor diesem Hintergrund versucht werden, Lohmeyers Jesus-„Bild" zusammenfassend zu skizzieren, so ist insbesondere auf den „Gedanken des Geheimnisses" zu verweisen, in dem alle christologischen Anschauungen der Urgemeinde aufgehoben sind.[180]

Zusammenfassend ist festzustellen, daß Lohmeyers Jesus-„Bild" von einer in historischer Perspektive relativ großen Unbestimmtheit lebt. Es ist wesentlich *eschatologisch* bestimmt. Auch eine Geschichte der christologischen Titel im Urchristentum läßt sich nach Lohmeyer nur schwer darstellen. Am Anfang dieser Anschauungen steht Lohmeyers Ansicht nach aber ohne Zweifel jene „dunkle Zeichnung des «Menschensohnes»"[181], die in den Evangelien als „eschatologische Chiffer" (sic!) nur im Munde des göttlichen Meisters selbst erscheint.[182] Der ganz uneschatologische Name ‚Gottesknecht' ist ein von den Jüngern für ihren Meister gewählter Begriff. Im Glauben der Jünger wurde damit der „eschatologische Charakter" des Lebens, Sterbens und Auferstehens Jesu besonders lebendig: Das Gottesknecht-Bild und das Menschensohn-Symbol sind letztlich miteinander austauschbar.[183] Beide Titel verweisen nicht nur auf dieselbe Person, sondern sind durch das zentrale Motiv der Sündenvergebung auch der Sache nach miteinander verwoben. In beiden Begriffen, die in ähnlicher Weise den Christus-Hymnus in Phil 2 sowie die Christologie des Hebräerbriefes beherrschen, kommt mit unterschiedlichen Akzentsetzungen das eine Leben Jesu im Bild des eschatologischen Menschensohnes zum Ausdruck.[184]

---

[179] Lohmeyer verweist auf Bubers Schrift *Das Königtum Gottes* (LOHMEYER, Gewalt 48). Buber sprach in seiner *Beilage* zur Verdeutschung der *Fünf Bücher der Weisung* von der „Schwierigkeit der zulänglichen Wiedergabe (...) des Namens JHWH" in Ex 3,14: „‚ehjeh (...) bedeutet: (...) werden, geschehen, gegenwärtig werden, gegenwärtig sein, *da* sein" (BUBER/ROSENZWEIG, Weisung 28).

[180] LOHMEYER, Gottesknecht 111.

[181] A.a.O., 130.

[182] A.a.O., 129 ff.

[183] A.a.O., 133.

[184] A.a.O., 151.

Ausblick:
Ernst Lohmeyer – Wirkung und Aktualität

Lohmeyer hatte sowohl in Breslau als auch in Greifswald stets einen großen Hörerkreis gehabt. Der Kreis von eigentlichen Schülerinnen und Schülern blieb dagegen eng begrenzt. Es fällt auf, daß sich in Lohmeyers näherer Umgebung stets solche junge Theologiestudierende befanden, die zwischen 1933 und 1945 auf ihre Weise in das politische Räderwerk der damaligen Zeit gerieten. Aus Lohmeyers Breslauer Periode sind an dieser Stelle (abgesehen von J. Klepper) vor allem der BK-Pfarrer und später als Vizepräsident der Prager *Christlichen Friedenskonferenz* bekannt gewordene Werner Schmauch[1] sowie Lohmeyers Assistent Gottfried Fitzer zu nennen.[2] In Lohmeyers Apokalypse-Seminar befanden sich 1926 neben G. Fitzer noch Marie Luise Klingbeil (geb. Barthel), der BK-Pfarrer Joachim Konrad (1903–1979) sowie der im Juni 1938 als DC-Pfarrer im Prüfungsausschuß tätig gewordene Gerhard Alberti (1904–1942). Nicht vergessen wird man in diesem Zusammenhang die für das *Büro Pfarrer Grüber*[3] in Breslau tätige Stadtvikarin Katharina Staritz (1903–1953).[4] In einem Brief an ihren Lehrer Hans v. Soden aus dem Jahr 1926 schrieb sie:

„Das Schönste war für mich im vergangenen Semester das Seminar über die Johannesapokalypse (...). Wir sind Herrn Prof. Lohmeyer sehr dankbar, daß er uns hinter all dem Krausen und Absonderlichen eine einheitliche tiefe Religiosität sehen gelehrt hat und die kritische Exegese mit der ‚pneumatischen' verbindet."

Daß es dabei zuweilen auch humorvoll zugehen konnte, belegt der gleiche Brief. Von drei Nachtsitzungen des Seminars im Hause Lohmeyer, die „jedesmal mit Apfelsinen, Zigaretten und Vorlesung von Gedichten oder der neuen Versübersetzung der Apokalypse endeten", berichtet K. Staritz:

„Da wurden auch Morgensternsche Gedichte in theologischer Ausdeutung zum Besten gegeben: Karl Barth als der Architekt, der einen Zaun aus lauter Zwischenräumen baut

---

[1] Von 1952 bis 1954 lehrte Schmauch in Berlin, danach bis zu seinem Tod (1964) in Greifswald Neues Testament (GEWALT, Schmauch 320 ff.).

[2] ERHART/MESEBERG-HAUBOLD/MEYER, Staritz 108.

[3] A.a.O., 273 ff.

[4] Zur Biographie von Staritz vgl. noch: SCHWÖBEL, Staritz 1225 ff.

und das Huhn in der Bahnhofshalle als die ‚pneumatische' Exegese. «Sagen wir, daß ihm unsere Sympathie gehört, selbst an dieser Stelle, wo es stört.»"[5]

K. Staritz, die noch im Jahr 1934 für Lohmeyers Kommentar zur Johannes-apokalypse geradezu eine Lanze brach[6], war sich über dessen besonderes Verständnis von Geschichte einerseits sowie dessen Verhältnisbestimmung von Theologie und Philosophie andererseits im Klaren. Mit Lohmeyer hat sie darüber in persönlichen Gesprächen, auch in der privaten Atmosphäre des Glasegrunder Ferienhauses, wiederholt diskutiert.[7] 1929 schrieb sie H. v. Soden: „Im Sommersemester hält Herr Professor Lohmeyer ein Seminar über die Leidensgeschichte, ‚ganz historisch', wie er schmunzelnd sagte, aber ich vermute, es wird doch ganz anders aussehen, als das was ich bei Ihnen gehört habe".[8] Im Juli 1929 bemerkte sie im Hinblick auf eine Vorlesung Lohmeyers über *Grundlagen der Theologie*, es gebe da letzt-lich „keinen Unterschied mehr zwischen Theologie und Philosophie".[9] Ein Jahr nach der Veröffentlichung ihrer von H. v. Soden betreuten dogmenge-schichtlichen Dissertation *Augustins Schöpfungsglaube dargestellt nach seinen Genesisauslegungen* (1931)[10] gelang K. Staritz in Zusammenarbeit mit Lohmeyer[11] auch die Publikation eines Aufsatzes in der ZNW zur Deu-tung des βιβλίον aus Apk 5,1.[12] Beide blieben auch nach der Strafver-setzung Lohmeyers nach Greifswald menschlich miteinander verbunden. Zeugnis davon gibt Hanna Sommer in einem Bericht über ein Zusammen-treffen im Januar 1944 in Breslau, als Lohmeyer seine ehemalige Studentin nach ihrer Entlassung aus der Internierungshaft erstmals wiedersah und sie „demonstrativ in aller Öffentlichkeit" wie ein älterer Bruder in den Arm nahm.[13]

Aus der Greifswalder Zeit ist als Lohmeyer-Schüler neben Gerhard Saß, der 1938 bei Lohmeyer promoviert worden war,[14] noch auf den jungen Lic. theol. Bernhard Aebert aufmerksam zu machen. Lohmeyer erwähnt ihn dankend im Vorwort zu seinem Markuskommentar. Der 1911 geborene Aebert hatte zwischen 1931 und 1935 in Halle, Berlin, Tübingen und Breslau Theologie und Philosophie studiert und im Sommer 1936 vor einer Kommission der Bekennenden Kirche Schlesiens das Erste theologische

---

[5] ERHART/MESEBERG-HAUBOLD/MEYER, Staritz 108.
[6] A.a.O., 127.
[7] Brief von K. Staritz an Hans v. Soden vom 25. Januar 1925, in: ERHART/MESEBERG-HAUBOLD/MEYER, Staritz 108 ff.
[8] A.a.O., 114.
[9] A.a.O., 116.
[10] STARITZ, Schöpfungsglaube.
[11] ERHARD/MESEBERG-HAUBOLD/MEYER, Staritz 81.
[12] STARITZ, Offenbarung.
[13] ERHART/MESEBERG-HAUBOLD/MEYER, Staritz 86.
[14] SASS, Bedeutung 356.

Examen abgelegt.[15] Unter seinen Lehrern ragten – neben H. Lietzmann, A. Deißmann und A. Bertholet – vor allem Nicolai Hartmann, Karl Heim und Eduard Spranger hervor. Aeberts systematisch-theologisch und religions-geschichtlich orientierte Promotionsschrift *Die Eschatologie des Johannes-evangeliums* war ganz im Sinne Lohmeyers vor allem an der „in einem jüdisch-apokalyptischen Traditionszusammenhang" stehenden Menschen-sohntradition interessiert und verwies unter bewußter Rezeption von Hönigswalds Geschichts- und Zeitbegriff auf das „paradoxe Nebeneinan-der von ‚Gegenwärtigkeit' und ‚Zukünftigkeit' des eschatologischen Zeit-geschehens".[16] Die Anlehnung an die aus Lohmeyers Exegese bekannte Sprach- und Gedankenwelt ist in der Arbeit des jungen Aebert, von der aus wirtschaftlichen Gründen nur die Publikation eines Teildrucks möglich wurde, mit Händen zu greifen. So heißt es beispielsweise in der theolo-gisch-philosophischen Auslegung von Joh 1,14:

„Jesus, der Menschensohn, ist die verborgene Wohnstätte der göttlichen Herrlichkeit, des göttlichen Logos, verborgen vor der Welt, offenbar dem Glauben; beides gehört zusam-men und muß notwendig nebeneinander stehen als Ausdruck der Manifestation des göttlich Unbedingten in der geschichtlichen Bedingtheit."[17]

Die Rede Aeberts von der theologisch notwendigen Uneindeutigkeit bzw. von der Notwendigkeit der „Zweideutigkeit"[18] der eschatologischen „Zei-chen", die in der Gestalt des ebenso geschichtlichen wie eschatologischen Offenbarers (der „während seines vorübergehenden Aufenthaltes in der gottfremden Welt" die „Verbundenheit mit dem Vater"[19] nicht verliert) gleichsam mitgesetzt ist, mag man einerseits (wie auch im Fall Lohmeyers) als „terminologisch unscharf" bezeichnen.[20] Man wird andererseits aus der Arbeit Berhard Aeberts vor allem ablesen können, wie eine potentielle *Lohmeyer-Schule* in sprachlicher, theologischer und philosophischer Hin-sicht ausgesehen haben könnte.

Unter denjenigen zeitgenössischen Theologen, die mit Lohmeyers Denken etwas anzufangen verstanden, befand sich auch Dietrich Bon-hoeffer. In seiner Dissertation *Sanctorum Communio* (1930) kann man an zentraler Stelle ein Zitat aus Lohmeyers Buch *Vom Begriff der religiösen Gemeinschaft* lesen. Bonhoeffer greift dort den Gedanken Lohmeyers von der Einsamkeit des Glaubens positiv auf.[21] Zwei Jahre darauf verteidigt Bonhoeffer seinen Kirchenbegriff vehement gegen Lohmeyers geschichts-

---

[15] Vgl. seinen Lebenslauf (bis 1936) in: AEBERT, Eschatologie.

[16] AEBERT, Eschatologie (Vorwort). Der Vf. dankt J. Frey für seinen freundlichen Hinweis auf diese Arbeit sowie auf deren Besprechung in: FREY, Eschatologie.

[17] A.a.O., 15.

[18] A.a.O., 11.

[19] A.a.O., 19.

[20] FREY, Eschatologie 214.

[21] BONHOEFFER, Werke 1, 103.

philosophische Ableitung des Gemeinschaftsgedankens.[22] 1942 hat sich Bonhoeffer in seinem *Theologischen Gutachten zur Tauffrage* dann aber wieder positiv auf Lohmeyers Glaubensbegriff bezogen.[23] Diese kurzen Beispiele der Lohmeyer-Rezeption bei Bonhoeffer deuten auf ein bisher kaum ausgeschöpftes theologisch-ekklesiologisches Potential Lohmeyerscher Exegese hin.

Das theologische Echo auf Lohmeyer blieb schon im Deutschland der Nachkriegszeit merkwürdig geteilt. Obwohl 1948 von seinem *Vater-unser* eine zweite Auflage notwendig wurde, war es um Lohmeyer in den Jahren nach seiner Verhaftung verhältnismäßig still geworden. G. Fitzer erinnerte sich in der 1951 publizierten Festschrift *In memoriam Ernst Lohmeyer*:

„Als wir in weit zurückliegenden Zeiten, den glücklicheren Jahren nach der Veröffentlichung seines Kommentars zur Apokalypse im Lietzmannschen Handbuch seine Hörer waren und Schüler wurden, hat dieses uns immer wieder ergriffen, daß in seinem Forschen Kühnheit und Bedachtsamkeit sich auf eine wunderbare, dem Eros des Forschens eingeborene Weise verbanden. Diese Bedachtsamkeit war auf nichts anderes aus als aufzuhellen, ,wie es eigentlich gewesen war‘, und mit Kühnheit stieß er durch die Oberfläche ,historischer Tatsachen‘, um in der Tiefe des Unerkannten die Gründe der Entstehungen und Entwicklungen zu erkennen, und als ein Entdecker zog er aus, das in der Ferne der Vergangenheit gleichsam Verlorene wieder zu finden, und wandelte in uns das Bild des Gewohnten zu Quell und Strom neuen Erkennens und Lebens."[24]

Ebenfalls im Jahr 1951 erschien ein Versuch des Schweden Erik Esking, Lohmeyers Exegese in die neuere Theologiegeschichte einzuordnen. Diese weitgehend den Fragestellungen des 19. Jahrhunderts verhaftete Studie[25] fand für Lohmeyers Ansatz nur wenig Verständnis.[26] Esking fragte sich, ob die von Lohmeyer geprägte Methode der exegetischen Forschung überhaupt förderlich sei, und ob die von Lohmeyer entwickelte Glaubensanschauung dazu geeignet sei, um „ein wahres Bild von dem Christentum in seiner ganzen Entwicklung herzustellen". Die „innere Lebendigkeit" des Christentums löse sich bei Lohmeyer „doch in logische Antinomien auf, und die geschichtliche Gestalt wird verblaßt. Der Glaube wird eigentlich über die Geschichte gehoben und seine Verwirklichung bedeutet demnach das Ende der Geschichte."[27] Die Frage bleibt, ob Esking Lohmeyer richtig verstanden hat. Lohmeyer hatte bereits Anfang der 20er Jahre in Auseinandersetzung mit Vertretern der ,Christusmythe‘ eine radikale Scheidung der Begriffe Mythos und Geschichte abgelehnt und das Mythische als notwendige Form göttlicher Offenbarung in der Geschichte begriffen. 1948

---

[22] BONHOEFFER, Werke 11, 279.
[23] BONHOEFFER, Werke 16, 571.
[24] FITZER, Sakrament 169.
[25] LÜHRMANN, Erbe 79.
[26] ESKING, Glaube.
[27] A.a.O., 242.

war Lohmeyers Vortrag „*Die rechte Interpretation des Mythologischen*"[28] im ersten Band der von H.-W. Bartsch herausgegebenen Reihe *Kerygma und Mythos* erschienen. Bultmann hielt sich auch noch in der erweiterten englischen Übersetzung des Bandes (1953) in Bezug auf Lohmeyer vollkommen zurück.

Während Lohmeyers Mk-Kommentar sich kontinuierlicher Neuauflagen erfreute, brachte W. Schmauch 1954 Lohmeyers Fragmente zum Mt-Kommentar heraus. Im gleichen Jahr widmete der italienische evangelische Theologe Vittorio Subilia (1911–1988) in seinen Studien zur ältesten christlichen Jesustradition den Arbeiten Lohmeyers zum Menschensohn- bzw. Gottesknecht-Titel besondere Aufmerksamkeit.[29] 1956 wies G. Bornkamm (1905–1990) in seinem Jesusbuch auf die Kommentare Lohmeyers zu Mk und Mt sowie an einer Stelle auf dessen Auslegung zum Vater-unser hin.[30] Willi Marxsen (1919–1993) legte ebenfalls 1956 seine an Lohmeyer anknüpfenden redaktionsgeschichtlichen Studien zum Mk-Evangelium vor.[31] 1959 kam H. E. Tödt im Zusammenhang mit seiner Untersuchung der synoptischen Menschensohnüberlieferung auf Lohmeyer zurück.[32] 1961 erschien die 5. Auflage von Lohmeyers Kommentaren zum Philipper-, Kolosser- und Philemonbrief sowie ein Nachdruck seiner bis heute in der Diskussion stehenden Abhandlung *Kyrios Jesus.*[33] Gottfried Schilles Aufsatz „*Der Mangel eines kritischen Geschichtsbildes in der neutestamentlichen Formgeschichte*" rechnete Lohmeyer 1963 vor dem Hintergrund der damals bereits etablierten Kerygma-Theologie das Verdienst zu, mit *Galiläa und Jerusalem* (1936) methodengeschichtlich bereits in der Mitte der 30er Jahre das „Ende der älteren Formgeschichte" eingeleitet und damit die Frage nach der Geschichte gerade auch in Bezug auf Jesus wieder neu gestellt zu haben.[34] 1967 setzte sich R. Deichgräber in seinen Studien zu *Gotteshymnus und Christushymnus* noch einmal kritisch mit Lohmeyer auseinander.[35]

Danach verwischen sich – abgesehen von der Lohmeyer-Rezeption im angloamerikanischen Raum – Lohmeyers Spuren in der neutestament-

---

[28] HAUFE, Gedenkvortrag 12.

[29] SUBILIA, Gesù. Zu Leben und Werk von Subilia vgl.: CONTE, Subilia.

[30] BORNKAMM, Jesus 176.191.

[31] MARXSEN, Markus.

[32] TÖDT, Menschensohn 16 ff. 36 ff. 261 ff. Zur Forschung bis 1995 vgl.: HAHN, Hoheitstitel. Zur neueren religionsgeschichtlichen Debatte um die Gestalt des Menschensohns vgl.: SCHREIBER, Henoch; MÜLLER, Parusie.

[33] BRUCKER, Christushymnen 281ff.; VOLLENWEIDER, Gottgleichheit 422; FABRIS, Filippesi 94 ff.

[34] SCHILLE, Mangel 491 ff.

[35] DEICHGRÄBER, Gotteshymnus 107 ff.

lichen Forschung.[36] In der jahrzehntelangen Debatte um den historischen Jesus[37] tauchte sein Name nicht mehr auf. Lohmeyers weitgehend aus der Johannesapokalypse gewonnenes und am Philipperhymnus orientiertes eschatologisch-metaphysisches Menschensohn-Bild mußte einer an rein ‚historischen' Fragen interessierten Exegese zwangsläufig zu unscharf erscheinen, um innerhalb der damaligen Jesus-Debatte berücksichtigt zu werden. Das Gleiche galt auch im Fall der von Bultmann ausgelösten Entmythologisierungs-Debatte. Man verwies zwar gelegentlich auch auf Lohmeyer als theologischen Widerpart seines Freundes Bultmann, ging aber auf Lohmeyers eigenen Beitrag zum Thema nicht weiter ein.[38] In Zusammenhang mit der von Phil 2,5–11 insgesamt ausgehenden theologischen Neubesinnung hatte G. Bornkamm schon Ende der 50er Jahre warnend seine Stimme erhoben:

„ ... die schwerste Gefahr, die der Predigt über unseren Text droht, ist die der ‚Mythologisierung'. Sie ist (...) bedrohlicher und aktueller noch als die angebliche Bedrohung durch eine ‚Entmythologisierung', weil eine solche mythologisierende Predigt sich ja tatsächlich leicht den Anschein biblischer und theologischer Korrektheit zu geben vermag. ... Das bedeutet, auf Phil 2,6–11 angewandt und zugespitzt formuliert: sie darf in gewissem Sinn nicht textgemäß sein und nicht einfach in die Art seiner Aussage einstimmen. Sie muß die Form dieses Liedes zerbrechen und die in ihm verkündete Geschichte neu ausrichten so, daß sie nun doch als die eröffnete und erlösende und befreiend angehende Geschichte vernehmbar wird."[39]

Auch die neuere und neueste Diskussion um die Bedeutung des Mythos bzw. des Mythischen für die Rede von Gott ist an Lohmeyer fast ganz vorübergegangen.[40] Daran hat auch der 1990 erfolgte Wiederabdruck

---

[36] 1953 war Lohmeyers Mythos-Vortrag im Sammelband *Kerygma and Myth* erschienen. In den Jahren 1965/66 wurde seine Auslegung zum *Vater-Unser* in London und in New York herausgebracht. 1974 erschien die Dissertation von E. A. Lekai zur Theologie des Volkes in Lohmeyers Kommentaren zu Mk und Mt (LEKAI, Theology). D. Lührmann schrieb 1990 einen Lohmeyer-Artikel für das *Dictionary of Biblical Interpretation* (LÜHRMANN, Lohmeyer). 1996 widmete A. J. Hultgren einen Aufsatz zum Vaterunser der 50. Wiederkehr von Lohmeyers Todesjahr (HULTGREN, Forgive). 1998 erschien eine Übersetzung von Lohmeyers ZNW-Aufsatz aus dem Jahr 1928 „Über Aufbau und Gliederung des vierten Evangeliums" im *Journal of Higher Criticism* (JHC 5, 1998, 113–159). Ein weiterer Lohmeyer-Artikel von B. Kollmann findet sich 1999 im *Dictionary of Biblical Interpretation* (KOLLMANN, Lohmeyer).

[37] Vgl.: BARNIKOL, Leben; RISTOW/MATTHIAE, Jesus. Aus der neueren Literatur vgl.: DEN HEYER, Jezus; THEISSEN/MERZ, Jesus.

[38] Vgl.: KÖRTNER, Fragen 174 (Anm. 88); ZAHRNT, Jesus 78 f.; SCHMITHALS, Jesus-Buch 45.

[39] BORNKAMM, Verständnis 185.

[40] SCHMID, Mythos. N. Walter stellte in seinem Aufsatz „Geschichte und Mythos in der urchristlichen Präexistenzchristologie" fest, daß sich im Hinblick auf die formale Struktur des Philipper-Hymnus „das Modell Lohmeyers (...) schließlich doch als das sinnvollste erwiesen" habe (WALTER, Geschichte 227). Keine Hinweise auf Lohmeyer

seines Breslauer Mythos-Vortrags nichts geändert. Dort hatte Lohmeyer in ebenso systematischer wie poetischer Weise zur Offenbarung des Wortes Gottes abschließend festgestellt: „Wir tragen auch diesen Schatz in irdischen Gefäßen – nicht nur weil wir irdisch sind, sondern weil Gott ihn in diese Gefäße gefüllt hat."[41] Die Ergebnisse, zu denen man heute im Hinblick auf die prinzipielle Bedeutung des Mythos für die christliche Rede von Gott gelangt ist, gehen der Substanz nach jedoch kaum über das hinaus, was Lohmeyer schon zu Beginn der zwanziger Jahre beobachtet und im Januar 1944 dann unter Aufnahme von 2 Kor 4,7 formuliert hatte. Nach 50 Jahren exegetisch-theologischer Auseinandersetzung mit dem Entmythologisierungsprogramm Bultmanns kam Friedrich Beißer 1991 zu dem Schluß:

> „Was den Mythos angeht, so können m.E. mythische Züge aus dem christlichen Glauben nicht entfernt werden. Ja, mehr noch: Die Verflechtung von Mythischem und Spezifischem verleiht unserem Glauben gerade seine besondere Kraft. Insofern ist eine Entmythisierung ebenso undurchführbar wie verfehlt. Das enthebt uns nicht der Aufgabe, der sich Bultmann verpflichtet wußte, die Sache des christlichen Glaubens unseren Zeitgenossen und uns selbst rational verstehbar zu machen."[42]

1998 faßte Martin Leiner dies seinerseits dann so zusammen: „Bildlichkeit und Erzählcharakter der Offenbarung sind unaufgebbar zentrale Eigenarten christlichen Glaubens."[43] Man sieht an diesen Beispielen, daß Lohmeyer zu wichtigen Themenfeldern, die nicht nur die neutestamentliche, sondern auch die systematisch-theologische Forschung noch immer beschäftigen, Antworten gegeben hat, die über ihre Zeit hinausweisen. Das gilt zum einen für das weite Feld neutestamentlicher Hermeneutik, angefangen bei der Diskussion um die Bedeutung der neutestamentlichen Bildersprache[44] bis hin zur Rückfrage nach mündlichen oder schriftlichen ‚Urformen' in der frühchristlichen Jesusüberlieferung.[45] Auch das Problem der negativen Theologie, das Lohmeyer in Anschluß an Nikolaus Cusanus und Jakob Böhme beschäftigte, erfährt zur Zeit erneut Interesse.[46] Ist eine sachgerechte Einordnung Lohmeyers in die Theologiegeschichte des 20. Jahrhunderts bisher zwar fast ganz ausgeblieben, so treten jetzt ansatzweise die Beziehungen seiner Theologie zur Philosophie Hönigswalds in

---

bieten die Sammelbände zum Thema „Mythos" von B. Jaspert (JASPERT, Bibel) sowie V. Hörner und M. Leiner (HÖRNER/LEINER, Wirklichkeit).

[41] LOHMEYER, Interpretation, in: W. OTTO, Freiheit 35.

[42] BEISSER, Mythos, in: JASPERT, Bibel 89.

[43] LEINER, Mythos, in: HÖRNER/LEINER 55.

[44] FREY, Bildersprache; GLONNER, Bildersprache.

[45] BREYTENBACH, Problem; HAHN, Verschriftlichung; HALVERSON, Gospel; SELLIN, Gattung; SELLIN/VOUGA, Logos.

[46] WEHR, Böhme 703; ECKERT, Theologie 81 ff.

das Blickfeld der Diskussion.[47] Theologie und Exegese tun sich offenbar jedoch nach wie vor schwer mit Lohmeyers literarisch-künstlerisch vermitteltem Zugang zum Neuen Testament.[48] Dies mag einerseits mit der fortdauernden Einengung des theologischen Blickwinkels auf geschichtlich angelegte Arbeiten zusammenhängen. Andererseits wirkt insgesamt, wie Eberhard Jüngel bereits 1962 gesehen hat, Bultmanns negatives Verdikt Lohmeyer gegenüber noch heute in der Forschung nach, vor allem in Bezug auf dessen Interpretation des symbolischen Charakters nicht nur der Botschaft, sondern auch der Person Jesu.[49] Hatte Bultmann den Kommentar Lohmeyers zum letzten Buch der Bibel bereits in den 20er Jahren als „künstlich" bezeichnet, so wies er dann 1958 in seiner *Theologie des Neuen Testaments* dessen Verhältnisbestimmung der christologischen Titel Gottesknecht und Menschensohn sogar als „phantastisch" zurück.[50] Auch für Lohmeyers Anschauung vom sogenannten „doppelten Ursprung" der Urgemeinde fand Bultmann nur wenig Verständnis.[51] Seine Zustimmung gab er allein Lohmeyers Interpretation von Phil 2,5–11 als vorpaulinisches Christuslied.[52]

Daß Lohmeyer trotz (oder gerade wegen) seiner Außenseiter-Rolle die neutestamentliche Forschung noch immer auf theologisch-philosophisch interessante Entdeckungsreisen führen kann, hat Henning Paulsen (1944–1994) in einem seiner letzten nachgelassenen Aufsätze gezeigt. Angeregt von einem Gedicht des jungen v. Hofmannsthal an George *(einem, der vorübergeht)* und dem Lohmeyer'schen Denkbild von Jesus als dem vorübergehenden Menschensohn, gelangte Paulsen zu seinem Begriff von der „subversive(n) Kraft urchristlicher Theologie, die Nachfolge als Ort eigener Fremdheit gegenüber der Welt bewahrt".[53]

Inzwischen wird man auf Lohmeyer auch im Zusammenhang mit der Erinnerung an die Opfer deutscher Diktaturen[54] bzw. vor dem Hintergrund

---

[47] HUTTER-WOLANDT, Exegese; W. OTTO, Briefe; ECKL, Rezension.

[48] Im Hinblick auf Lohmeyer vgl. bisher nur: W. OTTO in: DERS., Freiheit 152 ff.

[49] JÜNGEL, Problematik, in: HARNISCH, Gleichniserzählungen 320 ff. (hier: 321).

[50] BULTMANN, Theologie 33.

[51] A.a.O., 55 f.

[52] A.a.O., 129 f. Der Nestle-Text hat ab der 26. Auflage die Einsichten Lohmeyers zur besonderen strophischen Gliederung dieses Textes drucktechnisch bewahrt.

[53] PAULSEN, Vorübergehende 17. Paulsens Aufsatz ist von der Lektüre des Romans *Ein Fremdling* von Hermann Lenz angeregt worden (W. GRÜNBERG, Trauergottesdienst 5). Auch für die Predigt und die theologische Besinnung liefern Lohmeyers Kommentare noch immer wichtige Gesichtspunkte (vgl.: SCHWARZ, Jahreslosung; WITTMANN, Predigthilfe).

[54] In dem im Juni 2001 durch Bundespräsident Johannes Rau eröffneten Dokumentationszentrum des Landes Mecklenburg-Vorpommern für die Opfer deutscher Diktaturen fand am 12. Dezember 2001 in Schwerin unter Leitung der Landeszentrale für politische Bildung eine Veranstaltung mit dem Titel „Prof. Dr. Ernst Lohmeyer" statt.

des Themenfeldes „Evangelische Blutzeugen" aufmerksam.[55] Der insgesamt beispielhaft-zeugnishafte Charakter seiner Arbeit an den Texten des Neuen Testaments wird schärfer als bisher wahrgenommen.[56] In der Verschränkung von Biographie und Theologie, verdichtet eben im Begriff des Martyriums, des „Zeugentums"[57], erschließt sich in der Tat nicht nur ein relevanter Aspekt für die Einordnung Lohmeyers in die neuere Theologie- und Zeitgeschichte, sondern auch ein für die neutestamentliche Theologie insgesamt zentraler Gedanke. In Lohmeyers Theologie begegnen sich im Begriff des Martyriums „zwei große Gedankenkreise; es sind die Gedanken von dem religiösen Sinn des Leidens und der zeitlichen Notwendigkeit des Bekennens".[58] Lohmeyer hat diesen von ihm 1927 in Paris formulierten theologischen Satz in den folgenden Jahren auf individuelle Weise immer wieder eingelöst. Bei der Suche nach konkreten Wechselbeziehungen zwischen Biographie und Theologie stößt man bei Lohmeyer immer wieder auf den Topos von der wesenhaften Weltfremdheit eines Glaubens, der in die individuelle Leidensnachfolge ruft. Im Sinne einer evangelisch verantwortbaren Erinnerungskultur wird man Ernst Lohmeyer daher trotz aller einzelnen Unterschiede zwischen Paul Schneider († 1939 im KZ Buchenwald) und Dietrich Bonhoeffer († 1945 im KZ Flossenbürg) einerseits sowie zwischen Werner Ihmels († 1949 in Bautzen) und Robert Lansemann († 1951) andererseits einzuordnen haben.[59] Daß Lohmeyers Theologie im Hinblick auf die „israelbezogene Dimension" des christlichen Glaubens aktuell bleibt, kann eine Entschließung der Evangelischen Kirche in der Pfalz vom 16. Mai 1990 zum Thema *Jüdisch-christliche Beziehungen* verdeutlichen:

„Der Holocaust hat in fürchterlicher Weise gezeigt, wohin uns die Israelvergessenheit geführt hat. Das rechte Verhältnis von Christen zum Judentum ist darum für unseren Glauben und die gesamte Theologie von tragender Bedeutung (...). ‚Der christliche Glaube ist nur solange christlich, als er den jüdischen in seinem Herzen trägt', schreibt Ernst Lohmeyer in einem Brief 1933 an Martin Buber."[60]

---

[55] MENSING, Blutzeugen 623 ff.

[56] E. Reinmuth hielt am 5. Februar 2001 in Greifswald im Rahmen einer Ringvorlesung zur Einweihung des *Ernst-Lohmeyer*-Hauses einen Vortrag mit dem Titel „Vom Zeugnis des Neuen Testaments zum Zeugnis für das Neue Testament: Ernst Lohmeyer".

[57] LOHMEYER, Offenbarung 198.

[58] LOHMEYER, Idee 233.

[59] Vgl. hierzu: MENSING/RATHKE, Widerstehen. Der im Jahr 2000 im Auftrag der EKD und der Deutschen Bischofskonferenz herausgegebene Band *Zeugen einer besseren Welt* nennt Lohmeyer nicht (HUMMEL/STROHM, Zeugen). Gleiches gilt auch von dem 2002 durch die Klostergemeinschaft von Bose (Italien) erstellten ökumenischen Martyriologium *Il libro dei testimoni* (COMUNITÀ DI BOSE, Martiriologio). Zur Würdigung Lohmeyers in Deutschland, Italien und in den USA seit 1996 vgl.: EDWARDS, Lohmeyer; HAUFE, Werk; KÖHN, Lohmeyer; DERS., Notwendigkeit; KOLLMANN, Lohmeyer.

[60] EVANGELISCHE KIRCHE IN DER PFALZ, Entschließung.

In forschungs- und methodengeschichtlicher Perspektive wird man zu würdigen haben, daß Lohmeyer, angeregt durch den philosophischen Kritizismus seines Freundes Hönigswald, mit seinem Modell einer *kritisch-historischen Exegese* bereits Mitte der 20er Jahre diejenigen Aporien der historisch-kritischen Textauslegung vorweggenommen hat, die in den 70er Jahren erneut aufgebrochen und seitdem nicht mehr zur Ruhe gekommen sind,[61] eben „weil die Erörterung der Methodik nicht eigenständig und intensiv genug durchgeführt worden ist".[62]

Lohmeyer hatte auf dieses latente Methodenproblem in der ihm eigenen bildhaft-poetischen Art 1924 hingewiesen. Geschichte ist nicht einfach nur ein „Trümmerfeld zahlloser widersprechender Meinungen", sondern ein lebendiger „Schauplatz", auf welchem „in allen Wandlungen unwandelbar ihre letzten Fragen gestellt und ihre letzten Antworten gesucht werden".[63]

Die Überlegungen Lohmeyers zur bleibenden Unabgeschlossenheit der Geschichte sind nicht nur dazu geeignet, um innerhalb des Bereichs neutestamentlicher Rezeptionsästhetik erneut kritische Impulse zu geben. Sie bleiben wegweisend auch vor dem Hintergrund der weder theologisch noch historisch stillzustellenden Frage nach der ursprünglichen Wahrheit des Evangeliums:

„Nichts ist selbstverständlicher Besitz; auch die Wahrheit, für die Jesus zu zeugen geboren und gekommen ist, ist verloren, so oft man sie zu halten wähnt. Haben als hätte man nicht, leben aus ihr, als lebte man nicht in ihr, in allem Hören auf seine Stimme nach der Stimme fragen, in allem Wissen: Ich bin die Wahrheit, suchen: Was ist Wahrheit – das allein heißt aus der Wahrheit sein."[64]

---

[61] Zum hermeneutischen Diskurs in der Geschichtswissenschaft vgl.: LACAPRA, Geschichte; WHITE, Bedeutung; FINLEY, Quellen; KIESOW/SIMON, Suche.

[62] HAHN, Probleme 1. Vgl. noch: LUZ, Erwägungen; PAULSEN, Unbestimmtheit.

[63] LOHMEYER, Dichtung 130.

[64] Semesterschlußpredigt Lohmeyers über Joh 18,37. Gehalten in Breslau am 10. Juli 1932 (GStA PK, VI. HA., Nl Lohmeyer, Nr. 8).

Quellenanhang

E. Lohmeyer, *Predigt über 1 Joh 1,5 u. 2,8* (Breslau, 19. Juli 1931)

Das handschriftliche Original befindet sich im Geheimen Staatsarchiv Preußischer Kulturbesitz, Berlin-Dahlem (GStA PK, VI. HA., Nl Ernst Lohmeyer, Akte Nr. 8)

Aus dem Dunkel unserer Tage auf dieses Doppelwort gerichtet zu werden – was mag es uns dann zu sagen haben? Immer von neuem, in Gebet und Gesang klingt dieses Eine wieder: Gott ist Licht; denn er ist es, der mit diesem Wort die Welt ins Leben rief, aus dunklem Chaos das Licht entfachte, er, der wieder und wieder sich der Welt offenbarte, ein Licht, zu erleuchten die Völker. Und eben diese Welt und diese Völker, unser Leben und das unseres Volkes, das scheint uns so von aller Schwere und Finsternis bedrückt, daß uns solch ein Wort nur ein bleicher und unwirklicher Trost ist. Und doch ist es von dem, der es zuerst schrieb, nicht leichthin gesagt: er prägt das bittere Wort, das wie für uns gesprochen scheint, in dem gleichen Briefe: Die ganze Welt liegt im Argen, aber das Wort, das er zu verkünden hat, lautet schlicht: Gott ist Licht und Finsternis ist nicht in ihm. Aber sind denn diese beiden Sätze neben einander und gegen einander begreiflich? Wir fragen wieder und wieder, und unser Leben hängt an dieser Frage: wenn alle Welt im Argen liegt, wenn es um uns und in uns so finster ist, daß das Auge nichts mehr zu sehen vermag und die Hand nichts mehr zu greifen, was kann es dann noch bedeuten, zu sagen und zu glauben: Gott ist Licht, und Finsternis ist nicht in ihm?

Dennoch, liebe Freunde, so stark diese Frage an unserem Leben rüttelt, so sehr sie immer wieder Glaube und Zweifel wirkt, dies Wort allein spricht noch von einem sehr viel tieferen Rätsel und größerem Wunder. Es spricht nicht von uns, es spricht auch nicht von der Welt, es spricht von Gott allein. Er ist Licht und Finsternis ist nicht in ihm. Und dieses Wort, das nur wie von einer Tatsache redet, die besteht, ob man sie glaube oder nicht glaubt, dies Wort ist die Verkündigung, die wir verkünden. Und welcher Art ist diese Tatsache? Niemals ist Licht, es sei denn auch Finsternis; nur am Dunkel erkennen wir das Licht, und nur durch das Licht wissen wir vom Dunkel. Gott aber ist Licht ohne alle Finsternis; wenn uns das Geflecht dieser scheinbar gegensätzlichen Beziehungen rettungslos umfängt, wenn unser Leben und Begreifen an diesem In- und Miteinander von Licht und Dunkel, von Tag und Nacht, von Leben und Tod, von Gut und Böse gebunden ist, er waltet gelassen und unser aller unbedürftig in einem Licht, da niemand zukommen kann.[1] Er ist schlechthin *das* Licht, ist die reine Klarheit und Wahrheit, und weil er es ist, bedarf er nicht unseres Tuns und Denkens, unseres Glaubens oder unseres Verzweifelns. So hoch unser Herz emporschlagen mag, wenn es dies Eine weiß: Gott ist Licht, so tief wird es eben dadurch gebeugt. Denn dieses ist ja eben das Unbegreifliche, und wie kann Unbegreifliches je begriffen, wie Unglaubbares je geglaubt werden? Daß er Licht ist, stößt uns in das äußerste Dunkel, in dem Glaube oder Unglaube schlicht nichtig und wesenlos werden; und also verstoßen, werden wir da nicht genötigt zu sagen, daß dieses Licht uns Finsternis bedeutet? Und doch haben wir vorhin mit dem Psalmisten gebetet: Spräche ich, Finsternis möge mich decken, so muß die Nacht auch Licht um mich sein, denn auch Finsternis ist nicht finster bei dir, und die Nacht leuchtet wie der Tag, Finsternis ist wie das Licht.[2] Und wir haben recht getan, also zu beten. Denn wäre Gott dieses lautere Licht, wenn es vor ihm diese dunkelste Finsternis gäbe? So unerschütterlich dieser Gegensatz begründet ist, Gott webt auch über dieser Unerschütterlichkeit, er wirkt auch über aller Unbegreiflichkeit und Unglaubbarkeit, denn gerade sie ist an menschliches Denken und Sinnen gebunden. So muß sich denn auch dieses Unfaßbare wandeln in ein göttlich Faßbares, so menschliche Finsternis in göttliches Licht, und alle bodenlose Nichtigkeit ist der sicherste Grund und der weiteste Raum seiner göttlichen Strahlen. Wie die Pflanze ein Geschöpf des Lichtes ist, in Blüte und Frucht, in Blatt und Halm gleichsam seine Strahlen aushauchend, und nichts anderes ist als Gestalt gewordenes Licht, so ist alles Bestehende und Geschehende eine Schöpfung dieses Lichtes. Ja, der Gedanke dieser Schöpfung selbst ist das gleiche Wunder, immer unfaßbar und darum nur in Gott zu fassen, immer unmöglich und immer unwirklich, und darum das einzig Mögliche und Wirkliche. Und so finden wir eine erste Antwort auf die Frage, die das Dunkel unseres gegenwärtigen Lebens an dieses Wort stellt. Ist es so ein blasser und unwirklicher Trost, wenn wir bekennen müssen, Gott sei Licht und alle Welt liege im Argen? Er schiene nicht so unwirklich und gleichsam schemenhaft, wäre er nicht die einzige göttliche Wirklichkeit. Alles Dunkel vor diesem einen Licht verbleicht, das Gott heißt, und es scheint nur dort in seiner ursprünglichen Lauterkeit, wo Gott selbst alles erfüllend und alles verwandelnd wirkt. In seinem Lichte wird alles Greifbbare unseres Daseins zu dem immer Unbegriffenen und darum von Gott Ergriffenen, alle Wirklichkeit zu verschleiertem Schein und darum von Gott entschleierten Sein.

---

[1] 1 Tim 6,16.
[2] Ps 139,11.

Aber wir fragen wohl aufs neue: Ist damit wirklich das Rätsel dieses Wortes gelöst? Was hilft es, wenn Gott in irgendeiner jenseitigen Ferne Licht ist, wenn er nicht das Unsrige sichtbarlich wandelt, daß die Finsternis weicht und wir in seinem Lichte das Licht sehen? Freilich unser zweites Wort antwortet: Die Finsternis vergehet und das wahre Licht scheinet jetzt. Uns ist die Seltsamkeit dieses Satzes wenig bewußt. Was ist das für ein Geschehen, das da geschieht, ohne unser Zutun, wie wenn nach dunkler Nacht der lichte Tag anhebt, das unser Auge wohl schauen kann, das aber unserer Tat niemals bedarf? Und jetzt geschieht, an diesem Tage und zu dieser Stunde, wie es alle Zeit, nein alle Ewigkeit geschieht und geschah? Und wo geschieht dieses Einmalige und Einzige, daß es uns faßbar werden kann? Und noch seltsamer werden diese Widersprüche, wenn wir an die einleitenden Worte denken: Ein neues Gebot schreibe ich Euch, das da wahrhaftig ist. Ein Gebot, das die Wahrheit ist und zugleich ein Geschehen?

Liebe Freunde, so rätselhaft diese Worte sind, so ist es doch nur das gleiche Rätsel, das Gott selber ist; er ist der Gebietende, er der Wahre, er, durch den alles geschieht – und darum ist er das Licht. Er wäre nicht das einzige Licht, würde es nicht in diesem Hier und Jetzt scheinen, er wäre nicht ohne alle Finsternis, verginge nicht jetzt alles Dunkel. Oder sagen wir es mit anderen Worten: In diesem Jetzt, das zu Gott gehört wie der Strahl zum Licht, sind wir an ihn gebunden, atmen wir von seinem Hauche und wachsen wir von seiner Macht. Und dieses Leben und Lebendigsein ist nichts als der helle Schein, den Gott in unsere Herzen gegeben hat. Darum bleibt es ein Jetzt, weil wir in ihm leben, und darum bleibt es Gottes Ewigkeit, weil sein Licht uns diesen Tag des Lebens erleuchet.Es ist kein Geschehen, das eine Zeit mißt, es war im Anfang, da Gott sprach: Es werde Licht, und es ist in unserem Anfang, da das gleiche: ‚Es werde‘ zu uns klingt. Dieses Schaffen in allem Anfang ist auch das Schaffen in allem Ende, es ist auch das Schaffen in diesem unseren Jetzt. Seine Grenzen sind darüber gesprengt, seine Finsternis ist darum vergangen, und es lebt und webt in dem wahrhaftigen Licht, das Gott selber ist. Kein noch so schwerer und dunkler Gang bleibt darum von dem Dunkel umfangen, aus der Nacht der Jahre und Jahrhunderte bricht in unser Jetzt der klare Tag, wie er immer und einstmals war, wie er vor Gott zu allen Zeiten aufgebrochen ist. Dieses Licht ist da, ist in unserem Leben, weil es in Gottes Ewigkeit ist, und keine Nacht der Ferne scheidet mehr von dem, der da sprach: Ich bin das Licht der Welt; wer mir nachfolgt, wird nicht in Finsternis wandeln, sondern wird das Licht des Lebens haben. In solchem Lichte sehen wir seine Herrlichkeit, eine Herrlichkeit als des eingeborenen Sohnes vom Vater voller Gnade und Wahrheit, und nehmen von seiner Fülle Licht um Licht, Gnade um Gnade. Denn dieses immer Vergangene ist, weil es in seinem Lichte steht, auch das immer Gegenwärtige – und es ist als das zu seinem Licht erhobene auch das [...?] vertraute. Darum vergehet die Finsternis und das Licht scheinet jetzt. Dieses Jetzt, das die Ewigkeit Gottes selber ist, sammelt in sich alles Vergangene und Gegenwärtige und Zukünftige, es steht am Ende wie am Anfang, weil es die göttliche und untrügerische, die wahrhaftige Mitte ist. Und es ist dies alles im flüchtigen Weben der Zeit, in einem Augenblick, das heißt wörtlich in der Schnelle eines Wimpernschlages. Und beides ist nur darum eine Einheit, weil Gott sie bindet und mit ihr uns durch die Geschichte wie auf ewigen Armen trägt.

Liebe Freunde, wir stehen am Ende eines Semesters und blicken wie selbstverständlich zu dem Vergangenen zurück und zu dem Kommenden voraus. Was immer es uns gebracht hat an Freude und Not, an Mühe und Arbeit, an Erkenntnis und Irrtum, was immer es bringen wird, es ist in aller Forderung dennoch nur Gabe, und in aller Anspannung nur Gnade. Wer an einem solchen Einschnitt steht, wie tief er auch gehen mag, dem wenden sich leicht die Blicke von dem Geleisteten und Nichtgeleisteten ab und sie erkennen in dunklen Spuren die Tritte eines Geschehens, das über unser aller Wege richtet, weil es uns aus allen Wegen rettet, in denen wir befangen und umfangen sind. Und doch ist solche Gewißheit nur eine leise und dunkle Ahnung vor der sieghaften Sicherheit unseres Wortes. Es ragt über alle Einschnitte hinaus, verflüchtigt sie zu dünnem Nebel vor der Majestät dieses göttlichen Geschehens und füllt darum dieses Jetzt und Heute mit der unendlichen Last und der göttlichen Lust einer ewigen Wahrheit. Es stößt uns in alle Finsternis hinein, tiefer als alles Dunkel der Zeit je zu lagern vermag, und reißt uns in die ungesehene Helle des göttlichen Lichtes. So wandern wir durch die Jahre, und alles Wandern ist nur ein Stillestehen vor Gott, so tragen wir unser Leben in zitternden Händen, und alles Erzittern ist unverbrüchliche Festigkeit. So mühen wir uns und freuen wir uns an unseren Kräften, und alle Mühsahl und Freude ist nur ein schwacher Abglanz eines hellen Scheines. Denn wohin wir fahren und was wir erfahren, in Finsternis und Helle, in Ohnmacht und Macht, in Bösem und Gutem, in allem widerfährt uns Gott. Denn Gott ist das Licht und Finsternis ist nicht in ihm; die Finsternis vergeht und das Licht scheinet jetzt! Amen!

E. Lohmeyer, *Predigt über Joh 18,37* (Breslau, 10. Juli 1932)

Das handschriftliche Original ist befindlich im Geheimen Staatsarchiv Preußischer Kulturbesitz, Berlin-Dahlem (GStA PK, VI. HA., Nl Ernst Lohmeyer, Akte Nr. 8)

Das Bild, das uns diese Sätze malen, und das Geschehen, das in ihnen sich spiegelt, steht uns seit unserer Kindheit so groß vor Augen, daß kaum noch eine Frage über unsere Lippen dringt. Und dennoch müssen wir uns fragen,

– was soll uns eine bloße vertraute Größe – und alle Fragen scheinen doch den Gehalt dieser Worte nicht fassen zu können. Jesus, gebunden und eines todeswürdigen Verbrechens angeklagt, steht vor dem Pilatus; draußen eine drohend erregte Menge, die seinen Tod verlangt, drinnen ein fremder Richter, so tief durch Art und Blut geschieden, daß jede Frage wie ins Leere geht und wie von anderen Sternen eine Antwort kommt. ‚Bist Du ein König?‘ Es gibt kaum etwas Verständnisloseres nach dem Worte Jesu: ‚Mein Reich ist nicht von dieser Welt.‘ Aber gibt es Rätselvolleres als die Antwort Jesu: ‚Du sagst es, ich bin ein König.‘ Es ist ja mit Händen zu greifen, daß trotz der gleichen Worte Jesu Antwort etwas völlig Anderes meint als Pilatus fragt; und doch fällt ein schlichtes Ja. Aber sogleich fährt auch Jesus fort: ‚Darum bin ich in die Welt gekommen, daß ich für die Wahrheit zeuge.‘ So wäre es ein Königtum der Wahrheit, ein Königtum des Zeugens, das Jesus meint? Es ist gewiß nur dieses gemeint. Aber eben dieses Königtum hüllt sich in die rätselhaften Worte und bekräftigt diese Rätselhaftigkeit. ‚Wer aus der Wahrheit ist, der höret meine Stimme.‘ Aber was soll ein Zeugnis der Wahrheit, daß nur so verstanden werden kann, daß von anderen mißverstanden werden muß? Und wenn dieses Mißverständnis notwendig ist, auch dann wenn es sich um Leben und Tod handelt, hat Pilatus dann nicht recht zu fragen: Was ist Wahrheit? Ja, was ist diese Wahrheit, dessen Zeugnis den Tod fordert und Leben gibt, deren Stimme nur zu solchen dringt, die aus der Wahrheit sind, und alle anderen verdammt, die keine Frage will sondern nur Hören verlangt, und die gelassen schweigt, wenn man ihr entgegenwirft: Was ist Wahrheit?

Ihr wißt es, die Frage liegt uns heute vielleicht stärker und lastender auf dem Herzen als je. Denn alle Wirrnisse, die wir durchleben, alle Nöte und alles Elend, das uns belastet, es wäre nicht zu ertragen, hörten wir aus ihm nicht diesen einen Ruf: Was ist Wahrheit? Und uns, die wir Theologen sind, brennt diese Frage in aller Mühe und Freude unserer Arbeit immer wieder in Herz und Sinn; wir müßten sie preisgeben, wollten wir je darauf verzichten, und vor dieser Preisgabe wäre der Tod wahrscheinlich ein leichterer Preis, denn ein jeder stürbe nur seinen eigenen Tod, und ließe jedem neben ihm die gleiche Frage. Wo hörten wir sie nicht? Sie liegt im Mund der Kinder wie der Greise, der Bettler wie der Reichen, der Frohen wie der Traurigen, der Zweifler wie der Gläubigen. Keine Macht bringt sie je zum Verstummen; denn nicht unser Leben, alles menschliche Leben ist unaufhörliches Fragen nach Wahrheit. So lange wir nach ihr fragen, so lange halten wir sie; und wir verlieren sie, so bald wir aufhören zu fragen. Vielleicht wendet Ihr ein, daß das alles doch nur nach Men-schenart geredet sei: Ob wir mit ironischem Zweifel oder mit ehrlichem Willen oder aus bitterer Herzensnot fragen, es bleibt doch all unser Fragen die Pilatusfrage; sie ist Menschenart. Aber die Wahrheit, die Jesus meint, die er ist und für die er zeugt, ist Gottes Wahrheit. Und so hoch Gott über allen

Menschen ist, so hoch auch seine Wahrheit über allen unseren Fra-gen. Was braucht es anderes, als daß wir uns in den Abgrund seiner Wahr-heit stürzen, in dem all unser Fragen verstummt und zu nichte wird, und in dem allen die Fülle seiner Stimme tönt? Seine Wahrheit ist das Grab aller unserer Fragen, und aus diesem Grabe ersteht uns wie zu neuem Leben rufend ihre ewige Antwort. Aber, liebe Freunde, ist das wirklich die Lösung, die unser Text in sich schließt? Was bedeutet sie anderes, als daß alles menschliche Leben mit einem Fluch belastet wird, damit es den Segen Gottes tragen könne, – daß nur der die Wahrheit hört, der aus dem unwahren Fragen und Suchen sich rettet und es völlig hinter sich läßt? Aber unser Wort sagt viel schlichter, viel verheißender und viel härter zugleich: Wer aus der Wahrheit ist, der höret meine Stimme. Verheißender ist dieses Wort, denn es legt auf uns nicht die drückende Last der Unwahr-heit; und es ist zugleich härter, denn es spricht nur zu solchen mit der Stimme der Wahrheit, die aus der Wahrheit sind. Was aber heißt aus der Wahrheit sein anderes denn aus Gott sein? Und aus Gott sein anderes als Mensch sein? Sind wir doch alle Geschöpfe Gottes und alle wie nach seinem Bilde gemacht? So wären wir alle aus seiner Wahrheit, und kein[en] Unterschied gäbe es hier oder dort, alle könnten wir seine Stimme hören?

Jetzt verstehen wir vielleicht, wie rätselhaft die Worte unseres Evange-listen sind, wo wir glauben konnten, einer Lösung ganz nahe zu sein. Aber ein Wort kann uns weiter führen: Dazu bin ich geboren und dazu bin ich in die Welt gekommen, daß ich für die Wahrheit zeuge. Freilich zunächst scheint es uns in noch tiefere Rätsel zu verstricken. Denn wozu bedarf es eines Zeugen der Wahrheit, wenn Menschen sind, alle oder viele oder wenige, die aus der Wahrheit sind? Wem kann sein Zeugnis frommen? Denen, die nicht aus der Wahrheit sind? Sie hören seine Stimme nicht, und haben wie Pilatus nur die die zweifelnde Frage: Was ist Wahrheit? Oder denen, die aus der Wahrheit sind; sie haben sie ja zu eigen, sie leben aus ihr und sind in ihr? Und dennoch ist er gekommen – so schildert das vierte Evangelium –, und hat für die Wahrheit gezeugt, hat aber und aber Mal die angeklagt, die sein Zeugnis nicht annehmen, und gab denen, die ihm glaubten, die Macht Gottes Kinder zu heißen. Und sein Name ist uns, die wir unter den Wirkungen seines Zeugnisses stehen, zum Schicksal gewor-den, an dem unser Leben sich entscheidet, das immer wieder scheidet in solche, die aus der Wahrheit sind, und die nicht aus ihr sind. Oder sagen wir es genauer: Diese Scheidung ist nicht einmal vollzogen, sondern vollzieht sich immer fort, zu jeder Stunde, in jedem Augenblick, nicht zwischen diesem und jenem, sondern in mir und in Dir, und Du und ich, wir sind nur das zwiefache Geschöpf aus Wahrheit und Unwahrheit, aus Glauben und Unglauben. Und nicht wir halten die Waage zwischen Wahr-heit und Unwahrheit in unseren Händen, sie ruht in Gottes ewiger Hand, und er senkt die Schale der Wahrheit hinab zu seinem tiefsten Grund. Nur der ist aus der Wahrheit, den Gott zu seiner Wahrheit geschaffen hat und schafft.Und nun verstehen wir vielleicht, wem es frommt, dieses: Ich bin dazu geboren und dazu bin ich in die Welt gekommen, daß ich für die Wahrheit zeuge. Ist es zu unserem Frommen, daß Gott der ewige Schöpfer ist? Er bedarf unser nicht – und doch ist dieses Unser-nicht-bedürfen sein Schaffen an uns. Ist es zu unserem Frommen, daß er der Wahrheit zeugt? Sein Zeugnis und seine Wahrheit bedarf unser nicht; und doch ist dieses Unser-nicht-bedürfen unser Leben aus der Wahrheit, unser Hören seiner Stimme. Wie die Stimme nur ein schnell verklingender Hauch und doch aller Wahrheit festester Halt und einzige Fülle [ist], so ist auch unser Leben wie ein wesenloser Klang und dennoch unser tiefster Grund, so sind wir aus der Wahrheit, weil wir sie suchen und fragen, sind wir von seiner Wahrheit geschieden, ihr ewig verbunden. Das ist das Königtum der Wahrheit, das Königtum des Zeugens, daß es unser Leben in sich einordnet und es selbst zu göttlicher Wahrheit wandelt. Sie ist unerschütterlich da – Leben und Tod sind wesenlos vor ihr wie sie vor Gott wesenlos sind. Hat nun alles Fragen nach Wahrheit aufgehört? Und muß es nicht aufhören? Und wie sollte es je aufhören, wie dürfte es je aufhören? Ihr kennt das Wort Lessings: ‚Spräche Gott zu mir: Wähle, ich will Dir geben was Du willst, die Wahrheit oder das Streben nach Wahrheit – ich fiele vor ihm nieder und bäte: Herr, behalte Du Deine Wahrheit und gib mir nur das Streben nach Wahrheit.‘ So tief war das Fragen nach Wahrheit dem kühnen und frommen Denken in die Seele gebrannt, daß es glaubte, auf das Haben der Wahrheit verzichten zu müssen. Aber in aller Frage geistert schon das Finden; und wer aus der Wahrheit ist, der hat sie nur, wenn er nach dem Woher fragt, aus dem er ist. Nichts ist selbstverständlicher Besitz; auch die Wahrheit, für die Jesus zu zeugen geboren und gekommen ist, ist verloren, so oft man sie zu halten wähnt. Haben als hätte man nicht, leben aus ihr, als lebte man nicht in ihr, in allem Hören auf seine Stimme nach der Stimme fragen, in allem Wissen: Ich bin die Wahrheit, suchen: Was ist Wahrheit – das allein heißt aus der Wahrheit sein. So haben wir teil an seinem Königtum. Denn das ist sein Königtum, der Wahrheit zu dienen. Dum regnamus, servimus et regnamus, dum servimus; so wir Könige sind, dienen wir und sind Könige nur so lange wir dienen. Gebe Gott, daß all unser Fragen nach Wahrheit ein Hören auf seine Stimme und all unser Hören ein nimmermüdes Fragen sei! Amen.

E. Lohmeyer, *Die geistige Bedeutung Deutschlands für Europa*
(Radiovortrag Breslau, 1932/33)

Das Absatzformat des 9-seitigen Typoskripts (Original im Privatbesitz von G. und K.-J.
Otto) ist beibehalten. Schreibfehler sind, wo nicht durch eckige Klammern angegeben,
stillschweigend korrigiert. Obwohl das Dokument kein Datum trägt, läßt der inhaltliche
Zusammenhang nur den Schluß zu, daß Lohmeyer diesen Text zum Jahreswechsel
1932/33 geschrieben hat, nach den Breslauer Cohn-Krawallen und vor den Reichstagswahlen. Deutlich wird Lohmeyers Auffassung von einem *europäischen Deutschland* und
die Absage an jede Form von nationalem Fanatismus, von Zwang, Gewalt oder geistiger
Vorherrschaft. Lohmeyer dachte offenbar schon vor 1933 an eine zukünftige europäische
Einheit. Das traf auch auf die Widerstandsgruppe um Helmuth James Graf von Moltke
zu: „Die Kreisauer dachten durchweg europäisch. Heute ist das fast selbstverständlich;
damals war das neu" (MOLTKE, Erinnerungen 60 f.). Der im Original in *Univ.-Prof.*
Crohmeyer verschriebene Name ist handschriftlich verbessert. Das legt die Vermutung
nahe, daß eine weder mit Lohmeyer selbst noch mit dessen Handschrift vertraute Person
das Typoskript nach einer handschriftlichen Vorlage erstellt hat.

Das Thema, meine Damen und Herren, das uns heute gestellt ist, ist so
groß, daß man sich fast scheuen muß, davon in einer kurzen halben Stunde
zu reden. Und es ist dennoch, am Ende des vergangenen Jahres und am
Anfang eines neuen, so absichtsvoll für unsere Gegenwart gestellt, daß
man davon reden muß, reden in Frage oder Zweifel, in Bejahung oder
Verneinung. Denn uns drängt sich ja fast täglich das Wort auf die Lippen,
das vor mehr als hundert Jahren in einer Zeit vergleichbarer Not gesprochen wurde, daß die Nation an geistigen Kräften ersetzen müsse, was sie
an materiellen Kräften verloren habe. Und haben wir nicht Anlaß genug,
von der Bedeutung des deutschen Geistes zu reden. 1931 war das Jubeljahr
Hegels, und mit ihm steigt das Bild einer philosophischen Bewegung auf,
die in der Abgründigkeit ihrer Fragen ebenso deutsch ist wie in der Weite
ihrer Wirkungen europäisch. 1932 war das Jahr Goethes, um dessen Sonne
am Ende auch wie ein kleines Gestirn das Werk G. Hauptmanns kreiste,
und wir haben erlebt, wie der Gestalt und dem Gedenken Goethes alle
Nationen gehuldigt haben. 1933 ist das Jubeljahr von Johannes Brahms
und Richard Wagner, und sie erinnern uns an die deutsche Kunst, die
Musik, die seit mehreren Jahrhunderten den Ausdruck deutschen Wesens
sicher [über] die Grenzen des deutschen Landes getragen haben und noch
tragen. So sammelt sich in diesen drei Jahren alles das, woran wir zu
denken gewohnt sind, wenn wir von der Bedeutung des deutschen Geistes
in außer deutschen Ländern reden: *Philosophie*, und mit ihr *Wissenschaft,*
Dichtung und *Musik*. Es wäre gewiß noch von vielem anderen zu reden,
von der deutschen Reformation, um das letzte und innerlichste, von der
deutschen Naturwissenschaft und Technik, um das uns nächste und äußere
zu nennen, von all den verschiedenen Formen deutschen Geistes, die in
Handel und Verkehr, in Recht und Politik, in Sitte und Geselligkeit gemäß
unseren Grenzen wirkten und wirken. Aber jedes dieser Worte umschreibt

ein großes Gebiet, das für sich zu erörtern Stunden forderte, und wir müssen uns heute beschränken.

Wir müssen uns auch noch in einer anderen Hinsicht begrenzen. Jedem von Ihnen, meine D. u. H., wird es ein Leichtes sein, eine Fülle von Großtaten deutschen Geistes und deutscher Art aufzuzählen, auf welchem Gebiete immer, die unseren Namen und unseren Ruhm über den Bezirk deutscher Lande und deutscher Zunge hinausgetragen haben. Aber ist das das einzige Kennzeichen deutscher Bedeutung, daß man von ihr außerhalb eines bestimmten geographischen Raumes redet? Ich brauche Sie nur an den Schlager zu erinnern, den man in Berlin wie in New-York und Tokio pfeift, und Sie sehen, daß die Verbreitung oder Erfolg kein Maßstab für die Bedeutung deutscher Musik ist. Und wenn Sie sich einer so deutschen Dichtergestalt wie der Hölderlins erinnern, die außerhalb der deutschen Grenzen kaum und innerhalb nur wenigen bekannt ist, einer Gestalt, die wie wenige andere an deutschem Geist gehangen hat und deutschen Geist verkörpert, dann ist auch klar, daß geographische Bezeichnungen nicht den Raum einer geistigen Bedeutung umschreiten. „Im Reiche des Geistes gehen alle Schranken hoch", hat einmal Jacob Burckhardt gesagt.[3] Hat es dann aber noch einen Sinn, von der Bedeutung deutschen Geistes für Europa zu reden? Und mit dieser Frage erst stoßen wir an den eigentlichen Kern unserer Frage. Sie wird uns zugleich, bei allem berechtigten Stolz auf die Vergangenheit unseres Volkes, zu einer Besinnung auf die geistige Lage, in die wir gestellt sind, und die geistigen Aufgaben, die uns gestellt sind.

Da erkennen wir zunächst eines: Wir könnten nicht von einer geistigen Bedeutung Deutschlands reden, wären wir nicht durch die Lage unseres Landes, durch Geschichte und Schicksal mit den anderen Ländern und Völkern, die wir unter dem Namen Europa zusammenfassen, verbunden. Und diese Verbundenheit ist nicht nur äußerer Art, sondern sie bedeutet die Richtung auf ein geistiges Ziel, zu dem jedes Land in Gutem wie im Bösen, in Geist und Ungeist strebt. Nur [wer] ganz er selbst ist, in allen Stücken eine geformte und lebendige Ganzheit, nur der hat Bedeutung für den anderen. Nur rechtes Volk, [das] seine Art in lebendiger Entwicklung zu bleibendem Bilde formt, das wirkt mit tiefem und deutendem Sinn auf das andere. Und wo fänden wir in Deutschland dieses Bild? Wir heißen mit bald spöttischem, bald lobendem Sinn noch immer das Volk der Dichter und Denker, und das Gewebe des deutschen Geisteslebens ist nur wie ein besonderes Muster in dem Teppich des Geistes, der über die europäischen Länder am Webstuhl ihrer Geschichte gewebt ist. Aber daß wir noch dieses Volk der Dichter und Denker geblieben sind in einer Zeit, da nicht Dichten

---

[3] Der genaue Wortlaut bei J. Burckhardt ist: „Vollends im Reiche des Gedankens gehen alle Schlagbäume billig in die Höhe" (BURCKHARDT, Betrachtungen 7).

und Denken nicht wie in längst vergangenen Zeiten einzig möglicher Ausdruck geistigen Lebens ist, da wir in einer begriffenen und vielfältig gestalteten Welt stehen mit diesem dichtenden und denkenden Drange, der nur die Aufgabe der Gestaltung, nicht die Ruhe des Gestalteten kennt, das ist das Entscheidende. So kommt es, daß wir immer wieder in den Werken und Gestalten Einzelner das Bild des Deutschen gezeichnet sehen, in Luther oder in Goethe, in Bach oder Beethoven, oder in Kant und Hegel, aber daß diese Gestaltung nicht dem Ganzen zu Teil wird und immer das große persönliche Werk der wenigen bleibt. Zahllos und oft vollendet sind darum diese Schöpfungen, und aus jeder blickt ein anderes deutsches Gesicht. Darum gehört es zu der Bedeutung des deutschen Geistes, auf den Grund zu gehen, häufig auch zu Grunde zu gehen, und von diesem Grunde aus neu aufzubauen. Es gibt für uns keine Grenze, vor der dieses Dichten und Denken halt machte, und es gibt auch nicht die feste Bindung einer Form, der es sich wie selbstverständlich fügte. Es ist darum tiefer als das manches andrer Völker und hat darum auf dem Gebiete der Wissenschaft, vor allem der Philosophie tiefer gesehen und geforscht. Ein Voltaire ist zugleich auch Hofmann, ein Hobbes oder Locke auch Staatsmann, nur hier scheint der einsame Denker und häufig auch Träumer zu leben, denn es genügt begriffen zu haben. Aber es ist darum häufig auch verworrener und von dem Leben der Tat und der Macht, des Glanzes und des Ruhmes tiefer entfernt. Tatenarm, aber gedankenvoll – selbst dort wo in der neueren Geschichte die Pflanzstätte kriegerischer Taten war, im preußischen Generalstab, den ein scharfer französischer Beobachter wie Maurice Barrès[4] zu einer der vier Einrichtungen rechnet, welche Europa vor der Barbarei bewahrten, dort herrschte der Typus des schweigsamen Denkers, wie wir etwa an Moltke[5] sehen.

Aber noch ein weiteres ist mit dieser deutschen Art verbunden. Wo keine feste nationale Form sich in Jahrhunderten gebildet hat, wie sie der Engländer oder Franzose als selbstverständlichen Besitz in sich trägt, da ist es jedem aufgegeben, die Form seines Lebens und Denkens zu finden. Nirgends sind darum die täglichen Dinge so mit den Fragen eines geistigen Standpunktes verknüpft, nirgends aber herrscht darum eine weitere Offenheit für den Geist anderer Völker und Länder, nirgends darum auch so die Möglichkeit, mit Fremden zu verschmelzen und das Ererbte und Angestammte zu verlassen. Goethe hat in einem bekannten [Wort] die lebensunerfahren genannt, die nicht von 3000 Jahren wissen Rechenschaft zu geben, und hat damit für die Erfahrung und die Behandlung des Alltags das

---

[4] Maurice Barrès (1863–1923), dem Gallikanismus verpflichteter Schriftsteller.

[5] Helmuth Graf von Moltke (1800–1891), von 1871 bis 1888 preußischer Generalfeldmarschall, war auch literarisch tätig gewesen. Zwischen 1892 und 1912 erschien sein 15-bändiges Werk *Vom Großen Generalstab*.

Wissen um die Geschichte anderer Völker und Zeiten gefordert;[6] denn unsere eigene Geschichte umfaßt kaum die Hälfte dieser Zeitspanne. Es ist vielleicht eine unlösliche Aufgabe, die damit gestellt ist, sie will alles Bedeutsame zu dem festen Grunde machen, auf dem auch ein einzelnes Leben sich erst erhebt, aber daß sie überhaupt gestellt werden konnte, und daß von den Fahrten eines Wolfram von Eschenbachs, oder eines Dürer die jüngste Gegenwart diesem Ziel nacheifern konnte, von Goethe selbst nicht zu reden, das ist das Kennzeichnende. Und daß daneben der andere Deutsche steht, der über die Grenzpfähle seiner Heimatstadt oder seines Heimatlandes nicht hinauskommt, wie wir es an Kant und Schiller sehen, der aber dennoch die Welt in Gedanken umspannt, das ist vielleicht noch lehrreicher. Beides geht und läuft nebeneinander, dieser unendliche Drang in ungemessene Räume, sich allem anzuverwandeln, und der andere sich vor allen Räumen zu verschließen und alles in sich zu hegen. Denn beides geht auf einen Grund, der über die Schranken der Länder und die Grenzen der eigenen Geschichte hinweggeht, und der allem Begrenzten und Geformten erst das Recht und die Richtung seiner Existenz gibt. Darum ist es nicht zufällig, daß es unter uns für fremde Art und Form ein fast grenzenloses Verstehen gibt, und daß gerade anderen diese deutsche Art unverständlich und unheimlich erscheint. Man hat viel von dem Weg des Deutschen in der Geschichte gesprochen; wenn an diesem Bilde etwas Wahres ist, so scheint es dieses zu sein, daß dieser sein Weg auf dem Umweg über das, was alle Völker, was vor allem Europa bindet, zu sich selbst zurückführt.

Damit ist aber nur eine tiefere Aufgabe und eine tiefere Bedeutung des deutschen Geistes bezeichnet. Er ist immer ungesichert, so lange er nicht aus den Kulturen vieler Völker und vieler Zeiten lebt, er ist sich nur darin des eigenen Weges bewußt und so stehen ihm immer viele Wege offen. Hölderlin hat einmal in einem tiefen Bilde von der Zeit geträumt, da Deutschland als Priesterin rings den Königen und Völkern Rat erteilt, und hat es darum das heilig Herz der Völker genannt.[7] Das ist nicht aus einem nationalen Fanatismus geschehen, denn niemand hat so bittere Worte über die Deutschen gesprochen, wie gerade er, sondern er spricht von dem Ziel, zu dem die deutsche Geschichte immer auf dem Wege ist, das ihr als Ziel gleichsam im Herzen geschrieben steht. Aber das eine ist damit klar, daß es zur deutschen Art gehört, von einer Mitte her bewegt zu werden, die sie mit anderen verbindet und ebenso von ihnen scheidet. Und diese Mitte ist uns in unserem Thema als Europa bezeichnet. Es ist nicht in erster Linie ein geographischer Begriff, sondern die Bezeichnung einer geistigen Aufgabe. Sie geht aus von der Vielheit der verschiedenen Länder und

---

[6] Anspielung auf „*Wanderers Gemütsruhe*" in Goethes *West-Östlichem Divan*.
[7] In Hölderlins Ode „*Gesang des Deutschen*" sowie im Gesang „*Germanien*" erteilt Germania den umliegenden Ländern „wehrlos" Rat.

Völker und strebt nach einer Einheit, die als geistige Mitte in aller Vielfalt der verschiedensten Regungen und Bewegungen spürbar bleibt. Und welches ist diese geistige Mitte? Es wäre vermessen, wollten wir darauf eine eindeutige Antwort geben; denn sie forderte von uns Größeres als ein Prophet zu geben vermochte. Sie ist ja Aufgabe, die bestehen bleibt, ob wir sie lösen oder nicht. Und diese Aufgabe scheint uns in der Art gestellt, daß wir von allen Seiten Erarbeitetes und Gewolltes, Gründe und Ziele empfangen, um aus ihnen heraus den Weg zu uns selbst und damit zu den anderen [zu] finden. Wir werden uns ja gerade jetzt wieder, und fast täglich, mit Schmerzen bewußt, daß wir nichts Fertiges und Geformtes zu geben haben, weil wir es nicht sind, daß wir bald hierhin, bald dorthin gerissen werden. Es ist alles gelockert, keine feste Methode mehr bindet das Denken und kein einheitliches Ziel das Dichten und Schaffen. Die Leiden dieser Aufgelockertheit und dieser Zerrissenheit sind niemandem erspart; und die Not, nur verstanden zu werden ist groß. Aber ist nicht auch sie ein Zeichen der Allempfänglichkeit, von der wir sprachen, und ist sie nicht die Voraussetzung „im Leben erfahren" zu werden, um es noch einmal mit dem Goethe'schen Worte zu sagen? „Des Herzens Woge schäumte nicht so hoch empor und würde Geist, wenn nicht der alte stumme Fels, das Schicksal ihm entgegenstünde", lautet ein bekanntes tiefes Wort. Von tausend Fragen werden wir angepackt und mit uns an den Völker-Fragen der Politik und des Rechtes, des Staates und der Gemeinschaft, der Wirtschaft und der sozialen Gliederung, der Sitte und der Wahrheit.[8] Alle branden sie zumal in unserem Volk, und schäumen hoch empor, aber daß sie zu Geist werden und werden müssen, oder unbildlich gesprochen, daß keine von ihnen des letzten Zusammenhanges entbehrt und aus ihm herausgelöst werden kann, gelöst nicht durch technische Organisation, wie förderlich sie auch sein mag, gelöst auch nicht durch Zwang und Gewalt, sondern durch das Wissen und ihr inneres Recht und das Bewußtsein des geistigen Bandes, darin scheint die im strengen Sinne geistige Bedeutung Deutschlands für sich selbst wie für Europa zu liegen.

Erst im Angesicht solcher Aufgabe, die uns jetzt gestellt ist, wie sie immer gestellt war, können wir uns der geistigen Bedeutung erinnern, die Deutschland in früheren Jahrhunderten gehabt und in gültigen Werken und Gestalten sich enthüllt. Ich zähle nur weniges auf, was unseren Zusammenhang deutlich machen kann; ich erinnere Sie an die Zeit des Mittelalters, in der das deutsche Kaisertum das damalige Europa als Träger eines religiösen Gedankens zusammenhielt, und denke wieder an die Zeit der Reformation, da an der Frage von Gott und die Seele das deutsche Volk zu sich selbst zu kommen begann; ich nenne Namen wie Kopernikus und Kepler, die das heutige Bild der Welt schufen, und rede nicht mehr von Philo-

---

[8] An dieser Stelle ist der Textsinn offensichtlich verderbt (Anm. d. Vf.).

sophie, Dichtung und Musik des 18. und 19. Jahrhunderts. Wie sehr man die Beispiele auch häufen mag, an ihrer Fülle wird uns dann noch ein letzter Zug deutlich. Was immer an geistig Bedeutsamem auf deutschem Boden entsteht, das trägt wohl die Farbe und den Duft seiner Heimat, aber es wächst seinem Sinn und seiner Bedeutung nach in Bezirke, die grundsätzlich allen zugänglich sind. Daß nur das im tiefen Sinne deutsch ist, was zugleich auch allgemeine Wahrheit zu sein beanspruchen darf, dieses Zeichen ist den Dichtern und Denkern auf die Stirne geschrieben; und nicht zufällig ist es, daß die Musik, diese Kunst, die wie keine andere den einzelnen angeht und zugleich zu einer aller Unterschiede enthobenen Allgemeinheit spricht, daß sie die deutsche Kunst ist. Darum wie groß auch Leistung und Bedeutung des deutschen Geistes für andere Völker sein mag, er weist ihnen niemals feste Bahnen und Ziele, er bindet sie nicht an bestimmte Formen und Normen, er strebt nicht nach einer noch so geistigen Form der Vorherrschaft, sondern es gehört zu ihm, daß er den anderen, denen er von Bedeutung wird, hilft, zu sich selbst zu kommen und in sich selbst zu stehen. Die Geschichte, die Shakespeare in England und Deutschland gewonnen hat, ist dafür ein bekanntes Zeugnis. So liegt doch eine tiefe Wahrheit in dem Satz, daß der deutsche Geist bestimmt sei, Rat zu erteilen. Es ist ein Rat, in dem die Fülle des eigenen Wesens mit dem Begreifen des anderen verschmilzt, und beide, verbunden und dennoch selbständig den schweren Weg ihrer Geschichte zu wandeln.

Quellen- und Literaturverzeichnis

A. Unveröffentlichte Quellen

Aus dem Verlagsarchiv von Vandenhoeck&Ruprecht:
1.) Brief von Gustav Ruprecht an Ernst Lohmeyer vom 5. Mai 1923
2.) Antwort Lohmeyers an V&R vom 9. Mai 1923
3.) Brief Lohmeyers an V&R vom 4. Januar 1924
4.) Brief V&R an Lohmeyer vom 15. Januar 1924
5.) Antwort Lohmeyers an V&R vom 18. Januar 1924
6.) Brief V&R an Lohmeyer vom 5. April 1924
7.) Brief V&R an Lohmeyer vom 12. April 1924
8.) Brief Lohmeyers an V&R vom 6. Dezember 1924
9.) Antwort von V&R an Lohmeyer vom 17. Januar 1925
10.) Brief Lohmeyers an V&R vom 27. März 1925
11.) Brief Lohmeyers an V&R vom 14. Oktober 1925
12.) Brief Lohmeyers an V&R vom 25. Oktober 1925
13.) Brief Lohmeyers an V&R vom 22. März 1927
14.) Antwort V&R an Lohmeyer vom 25. März 1927
15.) Antwort Lohmeyer an V&R vom 27. März 1927
16.) Antwort V&R an Lohmeyer vom 12. April 1927
17.) Antwort V&R an Lohmeyer vom 11. Juni 1927
18.) Antwort Lohmeyers an V&R vom 14. Juni 1927
19.) Antwort V&R an Lohmeyer vom 16. Juni 1927
20.) Brief Lohmeyers an V&R vom 8. August 1927
21.) Brief Lohmeyers an V&R vom 18. August 1927
22.) Postkarte Lohmeyers an V&R vom 21. September 1927
23.) Postkarte Lohmeyers an V&R vom 5. Oktober 1927
24.) Brief V&R an Lohmeyer vom 19. November 1927
25.) Antwort Lohmeyers an V&R vom 22. November 1927
26.) Brief Lohmeyers an V&R vom 12. Februar 1928
27.) Brief V&R an Lohmeyer vom 21. März 1928
28.) Antwort Lohmeyers an V&R vom 24. März 1928
29.) Brief Lohmeyers an V&R vom 31. März 1928
30.) Brief Lohmeyers an V&R vom 13. April 1928
31.) Brief V&R an Lohmeyer vom 28. April 1928
32.) Antwort Lohmeyers an V&R vorn 1. Mai 1928
33.) Brief Lohmeyers an V&R vom 23. Juni 1929
34.) Brief Lohmeyers an V&R vom 11. Juli 1929
35.) Brief Lohmeyers an V&R vom 10. September 1929

36.) Antwort V&R an Lohmeyer vom 13. September 1929
37.) Brief V&R an Lohmeyer vom 22. Oktober 1929
38.) Antwort Lohmeyers an V&R vom 28. Oktober 1929
39.) Brief Lohmeyers an V&R vom 10. November 1929
40.) Brief Lohmeyers an V&R vom 2. Dezember 1929
41.) Brief Lohmeyers an V&R vom 9. Dezember 1929
42.) Brief Lohmeyers an V&R vom 12. Dezember 1929
43.) Brief Lohmeyers an V&R vom 5. Februar 1930
44.) Brief Lohmeyers an V&R vom 28. Mai 1930
45.) Brief Lohmeyers an V&R vom 8. August 1930
46.) Brief Lohmeyers an V&R vom 28. Dezember 1930
47.) Brief Lohmeyers an V&R vom 17. August 1931
48.) Brief V&R an Lohmeyer vom 21. August 1931
49.) Brief V&R an Lohmeyer vom 5. November 1931
50.) Antwort Lohmeyers an V&R vom 7. November 1931
51.) Brief V&R an Lohmeyer vom 17. September 1932
52.) Antwort Lohmeyers an V&R vom 18. September 1932
53.) Antwort V&R an Lohmeyer vom 21. September 1932
54.) Postkarte Lohmeyers an V&R vom 20. September 1932
55.) Brief Lohmeyers an V&R vom 18. Januar 1933
56.) Antwort V&R an Lohmeyer vom 23. Januar 1933
57.) Brief V&R an Lohmeyer vom 12. April 1934
58.) Antwort Lohmeyers an V&R vom 15. April 1934
59.) Antwort V&R an Lohmeyer vom 21. April 1934
60.) Brief Lohmeyers an V&R vom 20. Juli 1934
61.) Antwort V&R an Lohmeyer vom 23. Juli 1934
62.) Antwort Lohmeyers an V&R vom 29. Juli 1934
63.) Antwort V&R an Lohmeyer vom 2. August 1934
64.) Antwort Lohmeyers an V&R vom 7. August 1934
65.) Brief Lohmeyers an V&R vom 26. September 1934
66.) Antwort V&R an Lohmeyer vom 26. Oktober 1934
67.) Brief V&R an Lohmeyer vom 23. Februar 1935
68.) Brief Lohmeyers an V&R vom 3. August 1935
69.) Antwort V&R an Lohmeyer vom 6. August 1935
70.) Brief V&R an Lohmeyer vom 1. Oktober 1935
71.) Brief Lohmeyers an V&R vom 1. Oktober 1935
72.) Brief Lohmeyers an V&R vom 22. Oktober 1935
73.) Antwort V&R an Lohmeyer vom 25. Oktober 1935
74.) Brief Lohmeyers an V&R vom 8. November 1935
75.) Brief Lohmeyers an V&R vom 9. November 1935
76.) Brief Lohmeyers an V&R vom 15. November 1935
77.) Brief Lohmeyers an V&R vom 27. Dezember 1935
78.) Brief Lohmeyers an V&R vom 18. März 1936
79.) Brief Lohmeyers an V&R vom 13. November 1936

80.) Brief von V&R (Günther Ruprecht) an Lohmeyer vom 26. August 1937
81.) Brief Lohmeyers an V&R vom 12. Oktober 1937
82.) Antwort V&R an Lohmeyer vom 23. Oktober 1937
83.) Brief Lohmeyers an V&R vom 25. Dezember 1938
84.) Postkarte Lohmeyers an V&R vom 15. November 1939
85.) Antwort V&R an Lohmeyer vom 20. November 1939
86.) Brief Lohmeyers an V&R vom 13. März 1940
87.) Antwort V&R an Lohmeyer vom 21. März 1940
88.) Brief V&R an Lohmeyer vom 9. Juli 1940
89.) Brief Lohmeyers an V&R vom 1. November 1940
90.) Antwort V&R an Lohmeyer vom 6. November 1940
91.) Antwort Lohmeyers an V&R vom 10. November 1940
92.) Antwort V&R an Lohmeyer vom 21. November 1940
93.) Brief Lohmeyers an V&R vom 25. März 1941
94.) Antwort V&R an Lohmeyer vom 28. März 1941
95.) Brief Lohmeyers an V&R vom 12. Mai 1941
96.) Brief Lohmeyers an V&R vom 23. September 1941
97.) Brief Lohmeyers an V&R vom 1. Februar 1942
98.) Brief Lohmeyers an V&R vom 28. März 1942
99.) Brief V&R an Lohmeyer vom 8. Mai 1942
100.) Brief V&R an Lohmeyer vom 28. Mai 1943
101.) Postkarte Lohmeyers an V&R vom 1. Juli 1943
102.) Brief Lohmeyers an V&R vom 24. Juni 1944
103.) Brief Lohmeyers an V&R vom 9. Oktober 1944
104.) Brief Lohmeyers an V&R vom 21. Oktober 1945
105.) Antwort V&R an Lohmeyer vom 29. Oktober 1945
106.) Antwort Lohmeyers an V&R vom 10. November 1945
107.) Antwort V&R an Lohmeyer vom 23. November 1945
108.) Brief V&R an Lohmeyer vom 5. Februar 1946
109.) Undatierte Verlagsnotiz ohne Adressat (Febr./März 1946?)
110.) Brief von G. Ruprecht an Melie Lohmeyer vom 20. März 1946
111.) Brief von G. Ruprecht an M. Lohmeyer vom 3. April 1946
112.) Postkarte von M. Lohmeyer an G. Ruprecht vom 9. April 1946
113.) Antwort M. Lohmeyers vom 23. April 1946
114.) Antwort G. Ruprechts vom 24. April 1946
115.) Antwort M. Lohmeyers an G. Ruprecht vom 5. Mai 1946
116.) Brief M. Lohmeyers an G. Ruprecht vom 9. Mai 1946
117.) Antwort G. Ruprechts vom 11. Mai 1946
118.) Antwort G. Ruprechts vom 19. Mai 1946
119.) Postkarte von Hartmut Lohmeyer an G. Ruprecht vom 29. Mai 1946
120.) Antwort G. Ruprechts vom 1. Juni 1946
121.) Antwort G. Ruprechts vom 3. Juni 1946
122.) Brief M. Lohmeyers an G. Ruprecht vom 24. Juli 1946
123.) Brief G. Ruprechts an M. Lohmeyer vom 15. August 1946

124.) Antwort M. Lohmeyers an G. Ruprechtvom 10. September 1946

125.) Brief Hartmut Lohmeyers an G. Ruprecht vom 12. Oktober 1946

126.) Brief G. Ruprechts an M. Lohmeyer vom 16. November 1946

127.) Brief M. Lohmeyers an G. Ruprecht vom 2. Dezember 1946

128.) Brief Hartmut Lohmeyers an G. Ruprecht vom 18. Dezember 1946

129.) Brief M. Lohmeyers an G. Ruprecht vom 9. März 1947

130.) Brief M. Lohmeyers an G. Ruprecht vom 20. April 1947

131.) Brief M. Lohmeyers an G. Ruprecht vom 13. Mai 1947

132.) Antwort G. Ruprechts an M. Lohmeyer vom 20. Mai 1947

133.) Brief M. Lohmeyers an G. Ruprecht vom 21. Mai 1947

134.) Brief von G. Ruprecht an M. Lohmeyer vom 31. Mai 1947

135.) Brief M. Lohmeyers an G. Ruprecht vom 2. September 1947

136.) Antwort G. Ruprechts an M. Lohmeyer vom 20. September 1947

137.) Antwort M. Lohmeyers an G. Ruprecht vom 18. September 1947

138.) Brief G. Ruprechts an M. Lohmeyer vom 4. Oktober 1947

139.) Brief G. Ruprechts an M. Lohmeyer vom 12. November 1947

140.) Antwort M. Lohmeyers an G. Ruprecht vom 4. Dezember 1947

141.) Postkarte von M. Lohmeyer an G. Ruprecht vom 27. Februar 1948

142.) Antwort G. Ruprechts an M. Lohmeyer vom 8. März 1 948

143.) Antwort M. Lohmeyers an G. Ruprecht vom 19. April 1948

144.) Brief M. Lohmeyers an G. Ruprecht vom 7. Juni 1948

145.) Brief M. Lohmeyers an G. Ruprechtvom 19. Juni 1949

146.) Brief G. Ruprechts an M. Lohmeyer vom 9. Juli 1949

147.) Brief M. Lohmeyers an G. Ruprecht vom 1. November 1949

148.) Brief G. Ruprechts an M. Lohmeyer vom 4. November 1949

149.) Brief M. Lohmeyers an G. Ruprecht vom 2. Dezember 1949

150.) Brief M. Lohmeyers an G. Ruprecht vom 17. Mai 1950

151.) Brief M. Lohmeyers an G. Ruprecht vom 20. Mai 1950

152.) epd-Mitteilung (Juni 1950)

153.) Brief M. Lohmeyers an G. Ruprecht vom 10. Juni 1950

154.) epd-Mitteilung B Nr. 20 vom 24. Juni 1950

155.) Brief G. Ruprechts an M. Lohmeyer vom 28. Juni 1950

156.) Mitteilung der Ev. Verlagsanstalt an G. Ruprecht vom 23. September 1950

157.) Brief M. Lohmeyers an G. Ruprecht vom 14. Oktober 1950

158.) Antwort G. Ruprechts an M. Lohmeyer vom 20. Oktober 1950

159.) Antwort M. Lohmeyers an G. Ruprecht vom 30. Oktober 1950

160.) Todesanzeige Ernst Lohmeyer (Ostern 1951)

161.) Brief G. Ruprechts an M. Lohmeyer vom 13. April 1951

162.) Brief M. Lohmeyers an G. Ruprecht vom 10. Juni 1951

163.) Brief M. Lohmeyers an G. Ruprecht vom 17. September 1951

164.) K. I. [= Kurt Ihlenfelfd ?], „... und folget ihrem Glauben nach!", in: UNSERE
KIRCHE – Evangelisches Sonntagsblatt für Lippe, Bethel-Bielefeld (27. Mai 1951), S. 1

Aus dem Universitätsarchiv Greifswald (UAG):
Rektoratsakten (R 458, R 580/1–3)

1.) Mitteilung des Rektors Prof. Carl Engel an alle Mitglieder des Lehrkörpers der Universität vom 3. Mai 1945 (R 458, S. 247)

2.) Protokoll der Senatssitzung der Universität vom 23. Mai 1945 (R 580, S. 1–5)

3.) Protokoll der Senatssitzung der Universität vom 29. Mai 1945 (R 580/1, S. 6 f.)

4.) Schreiben E. Lohmeyers an den Oberbefehlshaber der SMAD Marschall Shukow, vom 25. Juni 1945 (R 458, S. 208 f.)

5.) Protokoll der Senatssitzung vom 27. Juni 1945 (R 580/1, S. 11–13)

6.) Bericht E. Lohmeyers über die Lage der Universität Greifswald vom 23. Juli 1945 (R 458, S. 196 ff.)

7.) Protokoll der Senatssitzung vom 30. Juli 1945 (R 580/1, S. 18)

8.) Schreiben E. Lohmeyers an den Präsidenten des Landes Mecklenburg-Vorpommern Wilhelm Höcker, vom 20. August 1945 (R 458, S. 185 f.)

9.) Schreiben E. Lohmeyers an den Bezirksleiter der KPD Greifswald W. Oestreich, vom 22. August 1945 (R 458, S. 178)

10.) Schreiben E. Lohmeyers an den Stadtkommandanten in Greifswald vom 22. August 1945 (R 458, S. 179)

11.) Liste des Lehrkörpers der Universität Greifswald (R 458, S. 180)

12.) Protokoll der Senatsitzung vom 24. September 1945 (R 580/1, S. 31 f.)

13.) Schreiben E. Lohmeyers an den Präsidenten des Landes Mecklenburg-Vorpommern vom 20. November 1945 (R 458, S. 77)

14.) Protokoll der Senatssitzung vom 26. Oktober 1945 (R 580/1, S. 36–38)

15.) Protokoll der Senatssitzung vom 3. Dezember 1945 (R 58O/1, S. 47–49)

16.) Abschrift des Befehls Nr. 4 des Obersten Chefs der SMAD vom 6. Januar 1946 (R 580/1, S. 50)

17.) Protokoll der Senatssitzung vom 14. Januar 1946 (R 580/1, S. 51–53)

18.) Schreiben des Präsidenten des Landes Mecklenburg-Vorpommern zur Kenntnisnahme an den Kurator der Universität Greifswald vom 16. Januar 1946 (R 580/1, S. 54)

19.) Liste des Lehrkörpers der Universität Greifswald (R 580/1, S. 56)

20.) Befehl Nr. 27 des Obersten Chefs der SMAD, 29. Januar 1946 (R 580/1, S. 65 f.)

21.) Protokoll über die Verhandlungen des Lehrkörpers mit Major Jessin am 18. Februar 1946 im Konzilssaal der Universität Greifswald (R 580/1, S. 82–86)

22.) Verzeichnis der Einladungen zur Eröffnungsfeier der Universität Greifswald (R 580/2, S. 14)

23.) Übersicht über die ursprünglich geplante Veranstaltungsfolge anläßlich der Wiedereröffnung der Universität Greifswald am 15. Februar 1945 (R 580/2, S. 17)

24.) Übersicht über die Reihenfolge der Ansprachen beim Festakt anläßlich der Wiedereröffnung der Universität Greifswald (R 580/2, S. 18)

25.) Rede des Präsidenten W. Höcker – korrigierte Fassung – (R 580/2, S. 19–21)

26.) Rede des Präsidenten W. Höcker – ursprüngliche Fassung – (R 580/2, S. 22–24)

27.) Rede des Vizepräsidenten G. Grünberg (R 580/2, S. 25f.; das erste Blatt fehlt)

28.) Rede des Studenten H. J. E. Beintker (R 580/2, S. 27f.)

29.) Rede des Stadtkommandanten (R 580/2, S. 29)

30.) Protokoll der Sitzung des Lehrkörpers der Universität Greifswald vom 16. Februar 1946 (R 580/1, S. 70–74)

31.) Erweiterte und korrigierte Fassung des Sitzungsprotokolls des Lehrkörpers der Universität Greifswald vom 16. Februar 1946 (R 580/1, S. 76–81)

32.) Brief des Greifswalder Universitätsoberinspektors Buhtz an seine Frau vom 17. Februar 1946 (ohne Seitenzahl abgelegt in: UAG, R 580/2)

33.) Schreiben des Pharmakologen Prof. Paul Wels an den kommissarischen Rektor der Universität Greifswald vom 27. Februar 1946 (R 580/3, S. 4)

34.) Schreiben des Rektors der Universität Greifswald an die Deutsche Zentralverwaltung für Volksbildung in der SBZ vom 14. März 1946 (R 580/3, S. 7)

Personalakte Ernst Lohmeyer (PA 347/1–4)

1.) Bestallungsurkunde E. Lohmeyers vom 29. November 1920 (PA 347/1, S. 1)

2.) Abschrift einer Anweisung des Kurators der Schlesischen Friedrich-Wilhelms-Universität vom 3. März 1923 (PA 347/1, S. 72)

3.) Polizeiliche Erklärung des Bürgermeisters H. Albrecht (Abschrift aus den Akten der Staatsanwaltschaft Stettin, 6 S Js. 9/1/37) vom 15. April 1937 (PA 347/2, S. 54)

4.) Polizeiliche Erklärung des Vikars Gerhard Heyn (ebd.)

5.) Fragment einer Erklärung Ernst Lohmeyers (ebd.)

6.) Bericht Lohmeyers v. 19. Oktober 1937, betr. eine Schweden-Reise (PA 347/2, S. 58)

7.) Vermerk in der Personalakte Lohmeyers vom 17. Januar 1938 (PA 347/2, S. 64)

8.) Bericht Lohmeyers v. 14. März 1940, betr. eine Schweden-Reise (PA 347/2, S. 108)

Aus dem Geheimen Staatsarchiv Preußischer Kulturbesitz, Berlin-Dahlem:

1.) Fragmentarisches Vorlesungsmanuskript E. Lohmeyers (Sommer 1921) „Geschichte der urchristlichen Religion" (GStA PK, VI. HA., Nl Lohmeyer, Nr. 3g)

2.) Brief Hans Lietzmanns an E. Lohmeyer vom 4. Dezember 1924 (GStA PK, VI. HA., Nl Lohmeyer, Nr. 4/1)

3.) Brief E. Lohmeyers an H. Lietzmann vom 9. Dezember 1924 (GStA PK, VI. HA., Nl Lohmeyer, Nr. 4/1)

4.) Brief des Verlags *Quelle&Meyer* an E. Lohmeyer vom 8. Mai 1924 (GStA PK, VI. HA., Nl Lohmeyer, Nr. 4/1)

5.) Brief von Ministerialdirektor Richter an E. Lohmeyer vom 7. Dezember 1922 (GStA PK, VI. HA., Nl Lohmeyer, Nr. 4/1)

6.) Brief von Ministerialdirektor Löhlein an E. Lohmeyer vom 3. März 1925 (GStA PK, VI. HA., Nl Lohmeyer, Nr. 4/1)

7.) Predigtmanuskript E. Lohmeyers über 1 Joh 1,5, 2,8 vom 19. Juli 1931 (GStA PK, VI. HA., Nl Lohmeyer, Nr. 8)

8.) Predigtmauskript E. Lohmeyers über Joh 18,37–38a vom 10. Juli 1932 (GStA PK, VI. HA., Nl Lohmeyer, Nr. 8)

9.) Brief der Ev.-theol. Fachschaft der Breslauer Studentenschaft an Ministerialrat Dr. Vahlen vom 11. Mai 1934 (GStA PK, I. HA. Rep. 76 Kultusministerium, Va Sekt. 4 Tit. IV Nr. 32 Bd. IX, Bl. 229 ff.)

10.) Brief der Breslauer Studentenschaft an Ministerialrat Dr. Vahlen vom 30. Mai 1934 (GStA PK, I. HA. Rep. 76 Kultusministerium, Va Sekt. 4 Tit. IV Nr. 32 Bd. IX, Bl. 223)

11.) Anlage 1 des Briefes von Dekan Anton Jirku an den Reichskultusminister vom 29. Juni 1934 (GStA PK, I. HA. Rep. 76 Kultusministerium, Va Sekt. 4 Tit. IV Nr. 32 Bd. IX, Bl. 203)

12.) Predigtmanuskript E. Lohmeyers über Ps 98, Breslau, 13. Oktober 1935 (GStA PK, VI. HA., NL Lohmeyer, Akte Nr. 8)

13.) Rede E. Lohmeyers zum Tode K. Deißners am 4. Juni 1943 (GStA PK, VI. HA., Nl Lohmeyer, Akte Nr. 8)

14.) CDU-Ausweis E. Lohmeyers, ausgestellt von der Bezirksstelle der Greifswalder CDU am 1. September 1945. Eintrittsdatum: 24. Juni 1945; Mitglieds-Nr. 025 (GStA PK, VI. HA., Nl Lohmeyer, Akte Nr. 22)

15.) Kennkarte E. Lohmeyers, ausgestellt von der Polizeidirektion Greifswald am 28. September 1945 (GStA PK, VI. HA., NL Lohmeyer, Akte Nr. 24)

16.) Kirchenakten E. Lohmeyers (GStA PK, VI. HA., Nl Lohmeyer, Akte Nr. 17)

17.) Handschriftliches Gnadengesuch E. Lohmeyers vom 29. August 1946 (GStA PK, VI. HA., Nl Lohmeyer, Akte Nr. 19)

18.) Erklärung von Robert Bedürftig vom 4. November 1946 (GStA PK, VI. HA., Nl Lohmeyer, Akte Nr. 18, Bl. 134)

19.) Abschließendes Gutachten des Obersten der Justiz Kopalin vom 15. August 1996 (GStA PK, VI. HA., Nl Lohmeyer, Akte Nr. 26)

20.) Rehabilitierungsbescheinigung für E. Lohmeyer, ausgestellt von der Generalstaatsanwaltschaft der Russischen Föderation am 15. August 1996 (GStA PK, VI. HA., Nl Lohmeyer, Akte Nr. 19)

Aus der Privatsammlung von Gudrun und K.-J. Otto:

1.) Brief E. Lohmeyers an seine Verlobte Melie Seyberth aus Schlesien (um 1911/12)

2.) E. Lohmeyer, Theologische Thesen, Berlin 1912

3.) Brief E. Lohmeyers an seine Frau Melie vom 2. Mai 1921

4.) Brief R. Hönigswald an Melie und E. Lohmeyer vom 18. April 1927

5.) E. Lohmeyer, „Die geistige Bedeutung Deutschlands für Europa" (Radiovortrag, Breslau 1932/33)

6.) Brief E. Lohmeyers an seine Frau vom 25. August 1933

7.) Brief E. Lohmeyers an seine Frau vom 29. August 1933

8.) Brief Ernst Hornigs an E. Lohmeyer vom 30. April 1936

9.) Brief E. Lohmeyers an Gottfried Quell vom 23. November 1945

10.) Gnadengesuch E. Lohmeyers an den Obersten Rat der Sowjetunion (29. August 1946)

11.) Erklärung von Hanna Sommer (28. November 1946)

12.) Brief von Margarete Tschirley an Gudrun Otto (2. September 1989)

Aus der Privatsammlung von Günter Haufe:

1.) Kopie des Briefs von E. Lohmeyer an A. Fridrichsen vom 3. Oktober 1937

2.) Kopie des Briefs von E. Lohmeyer an A. Fridrichsen vom 15. Juni 1938

3.) Kopie des Briefs von E. Lohmeyer an A. Fridrichsen vom 8. Oktober 1938

4.) Kopie des Briefs von E. Lohmeyer an A. Fridrichsen vom 4. Februar 1939

5.) Kopie des Briefs von E. Lohmeyer an A. Fridrichsen vom 13. April 1940

6.) Kopie des Briefs von E. Lohmeyer an A. Fridrichsen vom 6. Oktober 1940

7.) Kopie des Briefs von E. Lohmeyer an A. Fridrichsen vom 7. Dezember 1940

8.) Kopie des Briefs von E. Lohmeyer an A. Fridrichsen vom 3. Januar 1941

9.) Kopie des Briefs von E. Lohmeyer an A. Fridrichsen vom 19. Mai 1941

10.) Kopie des Briefs von E. Lohmeyer an A. Fridrichsen vom 26. September 1941

11.) Kopie des Briefs von E. Lohmeyer an A. Fridrichsen vom 10. Dezember 1941

12.) Kopie des Briefs von E. Lohmeyer an A. Fridrichsen vom 6. März 1942

13.) Kopie des Briefs von E. Lohmeyer an A. Fridrichsen vom 29. November 1942

14.) Kopie des Briefs von E. Lohmeyer an A. Fridrichsen vom 31. August 1943

15.) Kopie des Briefs von E. Lohmeyer an A. Fridrichsen vom 23. Mai 1944

16.) Kopie der Eidesstattlichen Erklärung von Fritz Kleemann d. J. (10. Juni 1947)

17.) Kopie von M. Lohmeyer, „Der Fall *Lohmeyer*, dargestellt von seiner Frau" (verfaßt im Februar 1949)

18.) Kopie der auszugsweisen Abschrift der Todeserklärung E. Lohmeyers durch das *Sowjetische Exekutiv-Komitee der Allianz der Gesellschaften vom Roten Kreuz und Roten Halbmond* (6. Dezember 1957)

B. Allgemeines Literaturverzeichnis

AEBERT, Eschatologie = B. Aebert, Die Eschatologie des Johannes-Evangeliums. Eine systematische Untersuchung auf Grund seiner religionsgeschichtlichen Voraussetzungen, Würzburg 1936 (Teildruck)

ALAND, Glanz = K. Aland (Hg.), Glanz und Niedergang der deutschen Universität. 50 Jahre deutscher Wissenschaftsgeschichte in Briefen an und von Hans Lietzmann, Berlin 1979

ALBRECHT, Tillich = R. Albrecht (Hg.), Paul Tillich. Gesammelte Werke XII, Stuttgart 1971

ALKIER, Urchristentum = S. Alkier, Urchristentum. Zur Geschichte und Theologie einer exegetischen Disziplin, Tübingen 1993

ALTENBOCKUM, Geschichten = J. v. Altenbockum, Die Greifswalder kennen die Geschichten, die Geschichte kannten sie lange Zeit nicht. Wer bewahrte die Stadt 1945 vor dem Untergang? Nicht nur ein Historikerstreit, in: FAZ vom 29. April 1995

ASSEL, Aufbruch = H. Assel, Der andere Aufbruch. Die Lutherrenaissance – Ursprünge, Aporien und Wege: Karl Holl, Emanuel Hirsch, Rudolf Hermann (1910–1935), Göttingen 1994

ASSEL, Holl = H. Assel, Art. Karl Holl, in: RGG^4 III, 1843

ASSEL, Zeit = H. Assel (Hg.), Der du die Zeit in Händen hast. Briefwechsel zwischen Rudolf Hermann und Jochen Klepper, 1925–1942, München 1992

ASSMANN/HARDMEIER, Schrift = A. u .J. Assmann/C. Hardmeier (Hg.), Schrift und Gedächtnis. Beiträge zur Archäologie der literarischen Kommunikation, München 1983

BAIGENT/LEIGH = M. Baigent/R. Leigh, I Segreti della Germania nazista, Roma 2000 [engl.: Secret Germany, London 1994]

BALZER, Osteuropa-Forschung = M. Balzer, Die Osteuropa-Forschung an der Universität Breslau in den Jahren 1930 bis 1942, Hamburg 1995

BARBAGLIO, Corinzi = G. Barbaglio, La prima Lettera ai Corinzi, Bologna 1995

BARKENINGS, Bruderschaft = H.-J. Barkenings, Bruderschaft mit den Juden? Zur Debatte über den Dialog mit den Juden, in: JK 42 (1981), 10–14

BARNETT, Soul = V. Barnett, For the Soul of the People. Protestant Protest Against Hitler, New York/Oxford 1992

BARRETT, Johannes = C. K. Barrett, Das Evangelium nach Johannes, KEK-Sonderband, Göttingen 1990

BARTH, BW/Bultmann = K. Barth, Gesamtausgabe – V. Briefe: K. Barth/R. Bultmann. Briefwechsel 1911 – 1966. Herausgegeben von B. Jaspert, Zürich 1994

BARTH, BW/Thurneysen = K. Barth, Gesamtausgabe – V. Briefe: K. Barth/E. Thurneysen. Briefwechsel – Bd. 2: 1921–1930. Bearbeitet und herausgegeben von E. Thurneysen, Zürich 1974

BARTH, Römerbrief = K. Barth, Der Römerbrief, München 1933

BARTSCH, Kerygma = H.-W. BARTSCH (Hg.), Kerygma und Mythos I, Hamburg 1948

BASSI, Baumgarten = H. von Bassi, Otto Baumgarten. Ein „moderner" Theologe im Kaiserreich und in der Weimarer Republik, Frankfurt/M. 1988

BAUER, Johannesevangelium = W. Bauer, Das Johannesevangelium, HNT 6, Tübingen ^{2}1925

BAUER, Wörterbuch = W. Bauer, Wörterbuch zu den Schriften des Neuen Testaments und der übrigen urchristlichen Literatur, Göttingen ^{5}1958

BAUER/PAULSEN, Ignatius = W. Bauer/H. Paulsen, Die Briefe des Ignatius von Antiochien und der Brief des Polykarp von Smyrna, HNT 18, ^{2}1985

BEINTKER, Judentum = H. E. Beintker, Ernst Lohmeyers Stellung zum Judentum, in: W. Otto (Hg.), Freiheit in der Gebundenheit, Göttingen (1990), 98–134

BEINTKER, Reif = H. E. Beintker, „Es fiel ein Reif in der Frühlingsnacht" – Erinnerungen und Bemerkungen zur Rede bei der Wiedereröffnung der Universität Greifswald am 15. Februar 1946, in: Zeitgeschichte regional. Mitteilungen aus Mecklenburg-Vorpommern 1 (1997), Heft 2, 21–28

BEINTKER, Stetigkeit = H. E. Beintker, Stetigkeit des Weges. Ernst Lohmeyer zum 100. Geburtstag, in: DtPfBl 90 (1990), 281–284

V. BENDEMANN, Schlier = R. v. Bendemann, Heinrich Schlier: eine kritische Analyse seiner Interpretation paulinischer Theologie (BEvTh 115), Gütersloh 1995

BENEDETTI, Simbolismo = M. T. Benedetti, Simbolismo, Firenze 1997

BENJAMIN, Briefe = W. Benjamin, Briefe. Herausgegeben und mit Anmerkungen versehen von G. Scholem und Th. Adorno, Frankfurt/M. 1978

BENJAMIN, GW III = W. Benjamin, Gesammelte Werke III, hrsg. von R. Tiedemann und H. Schweppenhäuser, Frankfurt/M. 1991

BIE, George = R. Bie, Stefan George. Richter der Zeit, Künder des Reichs, Berlin 1934

BLUMENBERG, Werk = W. Blumenberg, Karl Kautskys literarisches Werk. Eine bibliographische Übersicht, Amsterdam 1960

BOCK, Bredel = L. Bock, Willi Bredel. Leben und Werk, Berlin 1980

BÖCHER, Mythos = O. Böcher, Mythos und Rationalität in der Apokalypse des Johannes, in: H. H. Schmid (Hg.), Mythos und Rationalität, Gütersloh (1988), 163–171

BONHOEFFER, Ethik = D. Bonhoeffer, Ethik, München ^{4}1958

BONHOEFFER, Schriften II = D. Bonhoeffer, Gesammelte Schriften II, München 1959

BONHOEFFER, Werke 1 = D. Bonhoeffer, Werke 1: Sanctorum Communio. Eine dogmatische Untersuchung zur Soziologie der Kirche (1930). Herausgegeben von J. von Soosten, München 1986

BONHOEFFER, Werke 11 = D. Bonhoeffer, Werke 11: Ökumene, Universität, Pfarramt 1931–1932. Herausgegeben von E. Amelung und C. Strohm, Gütersloh 1994

BONHOEFFER, Werke 16 = D. Bonhoeffer, Werke 16: Konspiration und Haft (1940–1945). Herausgegeben von J. Glenthøj, U. Kabitz und W. Krötke, Gütersloh 1996

BORNKAMM, Jesus = G. Bornkamm, Jesus von Nazareth, Stuttgart [1956] ^{3}1959

BORNKAMM, Verständnis = G. Bornkamm, Zum Verständnis des Christus-Hymnus Phil 2,6–11, in: Studien zur Antike und Urchristentum (GA II), München (1959), 177–187

BORRIES, Friedensarbeit = A. von Borries, Friedensarbeit zwischen Ost und West. Die Quäkerin Margarethe Lachmund (1896–1985), in: Zeitgeschichte regional 3 (1999), Heft 2, 61–65

BORRIES, Hilfe = A. v. Borries, „Treue Hilfe". Die Quäkerin Margarethe Lachmund (1896–1985), in: Zeitgeschichte regional. Mitteilungen aus Mecklenburg-Vorpommern 3 (1999), Heft 1, 67–72

BOSSLE, Rosenstock-Huessy = L. Bossle (Hg.), Eugen Rosenstock-Huessy. Denker und Gestalter, Würzburg 1989

BOUSSET, Predigt = W. Bousset, Die Predigt Jesu in ihrem Gegensatz zum Judentum. Ein religionsgeschichtlicher Vergleich, Göttingen 1892

BOUSSET, Religion = W. Bousset, Religion und Theologie. Vorlesung, gehalten am 20. Juni 1919 von D. W. Bousset, in: A. F. Verheule (Hg.), Wilhelm Bousset. Religionsgeschichtliche Studien. Aufsätze zur Religionsgeschichte des hellenistischen Zeitalters, Leiden (1979), 29–43

BOUSSET, Wesen = W. Bousset, Das Wesen der Religion, dargestellt an ihrer Geschichte, Tübingen ^{4}1920

BRAUNGART, Katholizismus = W. Braungart, Ästhetischer Katholizismus – Stefan Georges Rituale der Literatur, Tübingen 1997

BROSZAT, Anatomie = M. Broszat, Anatomie des NS-Staates (Bd. 2), Olten/ Freiburg 1984

BROSZAT/WEBER, SBZ-Handbuch = M. Broszat/M. Weber (Hg.), SBZ-Handbuch. Staatliche Verwaltungen, Parteien, gesellschaftliche Organisationen und ihre Führungskräfte in der SBZ Deutschlands 1945–1949, München 1993

BRUCKER, Christushymnen = R. Brucker, ,Christushymnen' oder ,epideiktische Passagen'? Studien zum Stilwechsel im Neuen Testament und seiner Umwelt, Göttingen 1997

BRUNNER, Mittler = E. Brunner, Der Mittler. Zur Besinnung über den Christusglauben [1927], Zürich ^{4}1947

BUBER, Königtum = M. Buber, Königtum Gottes, Berlin [1932] ^{2}1936

BUBER/ROSENZWEIG, Weisung = M. Buber/F. Rosenzweig, Die Fünf Bücher der Weisung. Verdeutscht von M. Buber in Gemeinschaft mit F. Rosenzweig, Köln und Olten 1954

BUHROW, Opfer = J. Buhrow, In Greifswald gern vergessenes Opfer, in: FAZ, 29. März 1996

BULTMANN, GuV/I = R. Bultmann, Glauben und Verstehen I, Tübingen ^{2}1958

BULTMANN, GuV/II = R. Bultmann, Glauben und Verstehen II, Tübingen ^{3}1958

BULTMANN, Jesus = R. Bultmann, Jesus [1926], Tübingen 1958

BULTMANN, Johannes = R. Bultmann, Das Evangelium des Johannes, KEK II, Göttingen ^{15}1957

BULTMANN, Theologie = R. Bultmann, Theologie des Neuen Testaments, Tübingen ^{9}1984

BURCKHARDT, Betrachtungen = J. Burckhardt, Weltgeschichtliche Betrachtungen. Mit einem Nachwort von A. v. Martin, Krefeld 1948

BUSKE, Übergabe = N. Buske (Hg.), Die kampflose Übergabe der Stadt Greifswald im April 1945. Das Tagebuch des Rektors der Greifswalder Universität Professor Carl Engel und Auszüge aus der Chronik des Grundstückes Anklamer Str. 60/61 in Greifswald. Eine Dokumentation, Schwerin 1993

BÜTTNER/GRESCHAT, Kinder = U. Büttner/M. Greschat, Die verlassenen Kinder der Kirche. Der Umgang mit Christen jüdischer Herkunft im „Dritten Reich", Göttingen 1998

CALIMANI, Destini = C. Calimani, Destini e avventure dell'intellettuale ebreo. Freud, Kafka, Svevo, Marx, Einstein e altre storie europee, Milano 2002

CAPUTO/FRATTA/SANDRI, George = M. Caputo/M. Fratta/A. Sandri, Stefan George. Poeta della rivoluzione conservatrice, Milano 1995

CHARLES, Revelation = R. H. Charles, A critical and exegetical Commentary on the Revelation of St. John with introduction, notes and indices, also the greek text in english translation. In two volumes, Edinburgh 1920

CHARLIER, Heros = R. Charlier, Heros und Messias. Hölderlins messianische Mythogenese und das jüdische Denken, Würzburg 1999

CHLOROS/NEUMAYER, Cohn = A. G. Chloros/K. N. Neumayer (Hg.), Liber amicorum Ernst J. Cohn. Festschrift für Ernst J. Cohn zum 70. Geburtstag, Heidelberg 1975

COHN, Paradies = N. Cohn, Das neue irdische Paradies. Revolutionärer Millenarismus und mystischer Anarchsimus im mittelalterlichen Europa, Hamburg 1988

COMUNITÀ DI BOSE, Martiriologio = Comunità di Bose, Il libro dei testimoni. Martiriologio ecumenico, Milano 2002

CONZELMANN, Korinther = H. Conzelmann, Der erste Brief an die Korinther, KEK V, Göttingen 1969

CORSANI, Introduzione = B. Corsani, Introduzione al Nuovo Testamento II: Epistole e Apocalisse, Torino ^{2}1998

CRÜSEMANN, Tora = F. Crüsemann, Tora und christliche Ethik, in: R. Rendtorff/E. Stegemann (Hg.), Auschwitz – Krise der christlichen Theologie. Eine Vortragsreihe, München (1980), 159 ff.

CULLMANN, Lohmeyer = O. Cullmann, Ernst Lohmeyer (1890–1946), in: ThZ 7 (1951), 158–160

DE ANGELIS, Simbolismo = E. De Angelis, Simbolismo e decadentismo nella letteratura tedesca, Bologna 1987

DE VALERIO, Frühwerk = K. De Valerio, Altes Testament und Judentum im Frühwerk Rudolf Bultmanns, Berlin und New York 1994

DEHN, Kirche = Kirche und Völkerversöhnung. Dokumente zum Halleschen Universitätskonflikt. Mit Nachwort von D. Günther Dehn, Furche-Verlag, Berlin o.J. [1931]

DEICHGRÄBER, Gotteshymnus = R. Deichgräber, Gotteshymnus und Christushymnus, Göttingen 1967

DEISSMANN, Urchristentum = A. Deißmann, Das Urchristentum und die unteren Schichten, in: Die Verhandlungen des XIX. Evangelisch-sozialen Kongresses, Göttingen (1908), 8 ff.

DEN HEYER, Jesus = C. J. Den Heyer, Opnieuw: Wie is Jezus? Balans van 150 jaar onderzoek naar Jezus, Zoetermeer 1996

DIBELIUS, Formgeschichte = M. Dibelius, Die Formgeschichte des Evangeliums [1919], Tübingen ^{9}1953

DIBELIUS, Geisterwelt = M. Dibelius, Die Geisterwelt im Glauben des Paulus, Göttingen 1909

DIBELIUS, Jesus = M. Dibelius, Jesus, 3. Aufl. mit einem Nachwort von W. G. Kümmel, Berlin 1960

DIBELIUS, Johannes = M. Dibelius, Art. Johannes der Täufer, in: RGG^2 III (1929), 315–319

DIBELIUS, Kolosser = M. Dibelius, An die Kolosser – Epheser – An Philemon, HNT 12, Tübingen, ^{3}1953

DIBELIUS, Überlieferung = M. Dibelius, Die evangelische Überlieferung von Johannes dem Täufer, Göttingen 1911

DINKLER, Theologie = E. Dinkler (Hg.), Theologie und Kirche im Wirken Hans von Sodens, Göttingen 1984

DOERNER, Heimtücke = B. Doerner, „Heimtücke": das Gesetz als Waffe. Kontrolle, Abschreckung und Verfolgung in Deutschland 1933–1945, Paderborn 1998

ECKERT, Theologie = M. Eckert, Negative Theologie – Zur Einführung, in: ThQ 181 (2001), 81–83

ECKL, Rezension = A. Eckl (Rez.), Richard Hönigswald: Grundfragen der Erkenntnistheorie und Aus der Einsamkeit – Briefe einer Freundschaft. Richard Hönigswald an Ernst Lohmeyer, in: PhR 47 (2000), 172–178

EDWARDS, Lohmeyer = J. R. Edwards, Ernst Lohmeyer – ein Schlußkapitel, in: EvTh 56 (1996), 320–342

EHRENFORTH, Kirchenkampf = G. Ehrenforth, Die schlesische Kirche im Kirchenkampf 1932–1945, AGK.–E 4, Göttingen 1968

ERDMANN, Weltkrieg = K. D. Erdmann, Der Erste Weltkrieg, München 1980

ERHART/MESEBERG-HAUBOLD/MEYER, Staritz = H. Erhart/I. Meseberg-Haubold/D. Meyer, Katharina Staritz 1903–1953. Dokumentation Bd. 1: 1903–1942, Neukirchen-Vluyn 1999

ERICKSEN, Auseinandersetzung = R. P. Ericksen, Zur Auseinandersetzung mit und um Gerhard Kittels Antisemitismus, in: EvTh 43 (1983), 250–270

ESKING, Glaube = E. Esking, Glaube und Geschichte in der theologischen Exegese Ernst Lohmeyers. Zugleich ein Beitrag zur Geschichte der neutestamentlichen Interpretation (ASNU 18), Uppsala 1951

ESKING, Lohmeyer = E. Esking, Ernesto Lohmeyer, NSNU 5 (1951), 33–36

ESSIG, Brief = R.-B. Essig, Der offene Brief. Geschichte und Funktion einer publizistischen Form von Isokrates bis Günter Grass, Würzburg 2000

EVANG, Bultmann = M. Evang, Rudolf Bultmann in seiner Frühzeit, Tübingen 1988

EVANGELISCHE KIRCHE IN DER PFALZ, Entschließung = Jüdisch–christliche Beziehungen. Entschließung der Synode, in: http://www.jcrelations.net/stellungn/ev_pfalz.htm (12.2.02)

FABER, Männerrunde = R. Faber, Männerrunde mit Gräfin. Die Kosmiker Derleth, George, Klages, Schuler, Wolfskehl und Franziska zu Reventlow, Frankfurt/M. 1994

FABRIS, Filippesi = R. Fabris, Lettera ai Filippesi – Lettera a Filemone, Scritti delle origini cristiane 11, Bologna 2000

FINLEY, Quellen = M. I. Finley, Quellen und Modelle in der Alten Geschichte, Frankfurt/M. 1987

FISCHER, Storia = K. P. Fischer, Storia dell'olocausto. Dalle origini della guideofobia tedesca alla soluzione finale, Roma 2000

FITZER, Sakrament = G. Fitzer, Sakrament und Wunder im Neuen Testament. Eine Betrachtung zu Ernst Lohmeyers Deutung des Brotwunders, in: W. Schmauch (Hg.), In memoriam Ernst Lohmeyer, Stuttgart (1951), 169–188

FOITZIK, Militäradministration = J. Foitzik, Sowjetische Militäradministration (SMAD) 1945–1949. Struktur und Funktion, Berlin 1999

FREY, Bildersprache = J. Frey, Die Bildersprache der Johannesapokalypse, ZThK 98 (2001), 161–185

FREY, Eschatologie = J. Frey, Die johanneische Eschatologie I: Ihre Probleme im Spiegel der Forschung seit Reimarus (WUNT 96), Tübingen 1997

FRITZ, Dibelius = H. Fritz, Otto Dibelius. Ein Kirchenmann in der Zeit zwischen Monarchie und Diktatur, Göttingen 1998

FROMMEL, Christologie = W. Frommel, Templer und Rosenkreuz. Ein Traktat zur Christologie Stefan Georges, Amsterdam 1953

GADAMER, Wahrheit = H.-G. Gadamer, Wahrheit und Methode. Grundzüge einer philosophischen Hermeneutik I [1960], Tübingen ^{6}1990

GAY, Republik = P. Gay, Die Republik der Außenseiter. Geist und Kultur in der Weimarer Zeit 1918–1933 [engl.: Weimar Culture. Outsiders as Insiders, New York 1968], Frankfurt/M. 1989

GEISER, Verantwortung = S. Geiser, Verantwortung und Schuld: Studien zu Martin Dibelius, Hamburg 2001

GEORGE, Hymnen = S. George, Hymnen. Pilgerfahrten. Algabal, Berlin 1922

GEORGE, Ring = S. George, Sämtliche Werke in 18 Bänden, Bd. VI/VII: Der Siebente Ring [1907], Stuttgart 1986

GEORGE, Teppich = S. George, Der Teppich des Lebens und Die Lieder von Traum und Tod. Mit einem Vorspiel, Berlin ^{3}1904

GERLACH, Zeugen = W. Gerlach, Als die Zeugen schwiegen. Bekennende Kirche und die Juden, Berlin ^{2}1993

GEWALT, Schmauch = D. Gewalt, Art. Werner Schmauch, in: BBKL IX (1995), 320–322

GIBSON, Simbolism = M. Gibson, Simbolism, Köln 1995

GIORDANO, Schuld = R. Giordano, Die zweite Schuld oder Von der Last Deutscher zu sein, Hamburg/Zürich 1987

GLONNER, Bildersprache = G. Glonner, Zur Bildersprache des Johannes von Patmos, Münster 1999

GOETHE, Maximen = J. W. Goethe, Maximen und Reflexionen. Text der Ausgabe von 1907 mit der Einleitung und den Erläuterungen M. Heckers. Nachwort von I. Kuhn, Frankfurt/M. 2000

GOETHE, Werke = J.W. Goethe, Gesammelte Werke in sieben Bänden. Hg. von. B. v. Heiseler, Bielefeld 1955

GOLDHAGEN, carnefici = D. J. Goldhagen, I volonterosi carnefici di Hitler. I tedeschi comuni e l'olocaust, Milano 1997 [engl. Originaltitel: Hitler's Willing Executioners, 1996]

GRABERT/MULOT/NÜRNBERGER, Literatur = W. Grabert/A. Mulot/H. Nürnberger, Geschichte der deutschen Literatur, München ^{21}1985

GRASSL, Hönigswald = R. Grassl, Der junge Richard Hönigswald. Eine biographisch fundierte Kontextualisierung in historischer Absicht, Würzburg 1998

GRASSO, Matteo = S. Grasso, Il vangelo di Matteo, Roma 1995

GRÜNBERG, Trauergottesdienst = W. Grünberg, Trauergottesdienst für Henning Paulsen (Hamburg, Groß Flottbeker Kirche, 7. Juni 1994), unveröffentlichtes Typoskript

GRUNERT, Poesie = M. Grunert, Die Poesie des Übergangs. Hölderlins späte Dichtung im Horizont von Friedrich Schlegels Konzept der Transzendentalpoesie, Tübingen 1995

GUNDOLF, George = F. Gundolf, George, Berlin ^{2}1921

HAASE, Becher = H. Haase, Johannes R. Becher. Leben und Werk, Berlin (West) 1981

HAHN, Hoheitstitel = F. Hahn, Christologische Hoheitstitel. Ihre Geschichte im frühen Christentum, Göttingen ^{5}1995

HAHN, Probleme = F. Hahn, Probleme historischer Kritik, ZNW 63 (1972), 1–17

HAHN, Verschriftlichung = F. Hahn, Zur Verschriftlichung mündlicher Tradition in der Bibel, in: ZRGG 39 (1987), 307–318

HAHN, Worte = F. Hahn, Die Worte vom lebendigen Wasser im Johannesevangelium, in: God's Christ and His People, Oslo (1978), 51–70

HALVERSON, Gospel = J. Halverson, Oral and Written Gospel: A Critique of Werner Kelber, in: NTS 40 (1994), 180–195

V. HARNACK, Urchristentum = A. v. Harnack, Das Urchristentum und die sozialen Fragen, in: Preußische Jahrbücher 131 (1908), 443 ff.

V. HARNACK, Wesen = A. v. Harnack, Das Wesen des Christentums [1899/1900], Leipzig ^{3}1908

HARNISCH, Gleichnisse = W. Harnisch (Hg.), Die Gleichnisse Jesu. Positionen der Auslegung von A. Jülicher bis zur Formgeschichte, Darmstadt 1982

HARDTWIG, Studium = W. Hardtwig, Über das Studium der Geschichte, München 1990

HAUFE, Exegese = G. Haufe, Theologische Exegese aus dem Geist des philosophischen Idealismus, in: W. Otto (Hg.), Freiheit in der Gebundenheit. Zur Erinnerung an den Theologen Ernst Lohmeyer (1890–1946), Göttingen (1990), 88–97

HAUFE, Gedenkvortrag = G. Haufe, Gedenkvortrag zum 100. Geburtstag Ernst Lohmeyers, in: Greifswalder Universitätsreden, NF Nr. 59 (1991), 6–16

HAUFE, Krieg = G. Haufe, „Den Krieg hielt er immer für ein Verbrechen". Zum 50. Todestag von Ernst Lohmeyer, in: Die Kirche (Nr. 38), 22. September 1996, S. 7 f.

HAUFE, Lohmeyer = G. Haufe, Art. Ernst Lohmeyer, in: TRE 21 (1991), 444–447

HAUFE, Schmauch = G. Haufe, Werner Schmauch, in: ZdZ 39 (1985), 78 f.

HAUFE, Werk = G. Haufe, Ernst Lohmeyer – Leben und Werk, in: Pfarramtskalender 1996, Neustadt/Aisch (1996), 9–20

HEIBER, Universität 1991 = H. Heiber, Universität unterm Hakenkreuz. Teil II – Bd. 1: Der Professor im Dritten Reich. Bilder aus der akademischen Provinz, München 1991

HEIBER, Universität 1994 = H. Heiber, Universität unterm Hakenkreuz. Teil II – Bd. 2: Die Kapitulation der Hohen Schulen. Das Jahr 1933 und seine Themen, München 1994

HILGER/SCHMEITZNER/SCHMIDT, Militärtribunale, = A. Hilger/M. Schmeitzner/U. Schmidt (Hg.), Sowjetische Militärtribunale, Bd. 2: Die Verurteilung deutscher Zivilisten, Köln 2003

HINZ, Pommern-Lexikon = J. Hinz, Pommern-Lexikon. Geschichte – Geographie – Kultur, Augsburg 1996

HIRSCH, Lage = E. Hirsch, Die gegenwärtige Lage im Spiegel philosophischer und theologischer Besinnung. Akademische Vorlesungen zum Verständnis des deutschen Jahres 1933, Göttingen 1934

HOFFMANN, Dionysos = G. Hoffmann, Dionysos Archemythos. Hölderlins transzendentale Poiesis, Tübingen/Basel 1996

HOFFMANN, Symbolismus = P. Hoffmann, Symbolismus, München 1990

HÖNIGSWALD, Genesis = R. Hönigswald, Erkenntnistheoretisches zur Schöpfungsgeschichte der Genesis (SgV 161), Tübingen 1932

HÖNIGSWALD, Grundfragen = R. Hönigswald, Grundfragen der Erkennnistheorie [1931]. Herausgegeben von W. Schmied-Kowarzik, Hamburg 1997

HÖNIGSWALD, Denkpsychologie = R. Hönigswald, Grundlagen der Denkpsychologie. Studien und Analysen, [München 1921], Leipzig/Berlin ^{2}1925

HÖNIGSWALD, Philosophie = R. Hönigswald, Philosophie und Sprache, Basel 1937

HÖRNER/LEINER, Wirklichkeit = V. Hörner/M. Leiner (Hg.), Die Wirklichkeit des Mythos. Eine theologische Spurensuche, Gütersloh 1998

HORNIG, Kirche = E. Hornig, Die Bekennende Kirche in Schlesien 1933–1945. Geschichte und Dokumente, Göttingen 1977

HORNIG, Pfarrer = G. Hornig, Ernst Hornig als Pfarrer der Bekennenden Kirche. Ein biographischer Rückblick (1894–1946), in: JSKG 74 (1995), 1–17

HÜBNER/KUNST/SCHNELL, Asmussen = F. Hübner/H. Kunst/H. Schnell (Hg.), Hans Asmussen. Leben und Werk III/1 – Aufsätze 1927–1934, Berlin 1976

HULTGREN, Forgive = A. J. Hultgren, Forgive Us, As We Forgive (Matthew 6:12), in: Word and World 16 (1996), 284–290

HUMMEL/STROHM, Zeugen = K.-J. Hummel/C. Strohm, Zeugen einer besseren Welt. Christliche Märtyrer im 20. Jahrhundert, Leipzig 2000

HUTTER, Theologie = U. Hutter, Theologie als Wissenschaft. Zu Leben und Werk Ernst Lohmeyers (1890–1946). Mit einem Quellenanhang, in: JSKG 69 (1990), 123–169

HUTTER-WOLANDT, Exegese = U. Hutter-Wolandt, Ernst Lohmeyer und Richard Hönigswald. Um die Wissenschaftlichkeit neutestamentlicher Exegese, in: W. Orth/D. Aleksandrowicz (Hg.), Studien zur Philosophie Richard Hönigswalds, Würzburg (1996), 205–230

HUTTER-WOLANDT, Lohmeyer = U. Hutter-Wolandt, Art. Lohmeyer, Ernst, in: RGG^4 V (2002), 503

IHLENFELD, Freundschaft = K. Ihlenfeld, Freundschaft mit Jochen Klepper, Wuppertal 1967

IHLENFELD, Kirche = K. Ihlenfeld, „... und folget ihrem Glauben nach!", in: UNSER KIRCHE – Evangelisches Sonntagsblatt für Lippe, 27. Mai 1951

IHMIG, Symbol = K.-N. Ihmig, Symbol und Begriff bei Ernst Cassirer, in: WuD 22 (1993), 179–195

JABS, Emigration = M. Jabs, Die Emigration deutscher Juristen nach Großbritannien, Osnabrück 1999

JAHNKE, Widerstand = K. H. Jahnke, Widerstand und Opposition gegen das NS-Regime aus den Kirchen in Mecklenburg 1933–1945, Rostock 1994

JANTSCH, Entstehung = J. Jantsch, Die Entstehung des Urchristentums bei Adolf von Harnack und Eduard Meyer, Bonn 1990

JASPERT, Bibel = B. Jaspert (Hg.), Bibel und Mythos. Fünfzig Jahre nach Rudolf Bultmanns Entmythologisierungsprogramm, Göttingen 1991

JOHNSON, terrore = E. A. Johnson, Il terrore nazista. La Gestapo, gli ebrei e i tedeschi, Milano 2001

JÜNGEL, Problematik = E. Jüngel, Die Problematik der Gleichnisrede Jesu, in: W. Harnisch (Hg.), Gleichnisse Jesu. Positionen der Auslegung von A. Jülicher bis zur Formgeschichte, Darmstadt (1982), 281–342

KAJON, Schöpfungserzählung = I. Kajon, Die biblische Schöpfungserzählung bei Richard Hönigswald, Hermann Cohen und Ernst Cassirer, in: W. Schmied-Kowarzik (Hg.), Erkennen – Monas – Sprache. Internationales Richard-Hönigswald-Symposion Kassel 1995 (Studien und Materialien zum Neukantianismus 9), Würzburg (1997), 387–398

KARNETZKI/RESE, Lieb = M. Karnetzki/K.-J. Reese (Hg.), Fritz Lieb. Ein europäischer Christ und Sozialist, Berlin 1992

KIESOW/SIMON, Suche = R. M. Kiesow/D. Simon, Auf der Suche nach der verlorenen Wahrheit. Zum Grundlagenstreit in der Geschichtswissenschaft, Frankfurt/M. 2000

KILIAN, NKWD-Speziallager = A. Kilian, Einzuweisen zur völligen Isolierung. NKWD-Speziallager Mühlberg-Elbe 1945–1948, Leipzig 1992

KLEPPER, Schatten = J. Klepper, Unter dem Schatten deiner Flügel. Aus den Tagebüchern der Jahre 1932–1942, Stuttgart 1956

KNOPF, Einführung = R. Knopf, Einführung in das Neue Testament – Bibelkunde des Neuen Testaments, Geschichte und Religion des Urchristentums, Gießen 1919

KOCH/SCHMIDT, Apokalyptik = K. Koch/J. M. Schmidt (Hg.), Apokalyptik, Darmstadt 1982

KOEBNER, Geschichte = R. Koebner, Geschichte, Geschichtsbewußtsein und Zeitenwende. Vorträge aus dem Nachlaß (Schriftenreihe des Instituts für Deutsche Geschichte der Universität Tel Aviv, Bd. 11), Gerlingen 1990

KOHLER, Lohmeyer = J. Kohler, Unvergessener Lohmeyer, in: FAZ, 9. April 1996

KÖHN, Lohmeyer = A. Köhn, E. Lohmeyer – un testimone, in: RIFORMA – Settimanale delle chiese evangeliche battiste, metodiste, valdesi, 11 gennaio 2002, p. 1

KÖHN, Notwendigkeit = A. Köhn, Von der „Notwendigkeit des Bekennens": Theologie als Martyrium am Beispiel Ernst Lohmeyers (1890–1946), in: H. Maier/C. Nicolaisen (Hg.), Martyrium im 20. Jahrhundert, Annweiler (2004), 109–121

KOLLMANN, Lohmeyer = B. Kollmann, Art. Ernst Lohmeyer, in: J. H. Hayes (ed.), Dictionary of Biblical Interpretation, Vol. II, Nashville (1999), 86 f.

KÖNIGSEDER, Heimtücke-Gesetz = A. Königseder, Art. Heimtücke-Gesetz, in: W. Benz/H. Graml/H. Weiß (Hg.), Enzyklopädie des Nationalsozialismus, Stuttgart (^{3}1998), 506

KÖRTNER, Fragen = H. J. U. Körtner, Noch einmal Fragen an Rudolf Bultmann. Zur Kritik der Theologischen Schule Bethel am Programm der Entmythologisierung, WuD 18 (1985), 159–180

KOSCHORKE, Geschichte = K. Koschorke, Geschichte der Bekennenden Kirche in Ostpreußen: Allein das Wort hat's getan, Göttingen 1976

KÓSIAN, Denkpsychologie = J. Kósian, Richard Hönigswalds Denkpsychologie, in: E. W. Orth/D. Aleksandrowicz (Hg.), Studien zur Philosophie Richard Hönigswalds, Würzburg (1996), 37–48

KÓSIAN, Komponente = J. Kósian, Die mystische Komponente im Denken Richard Hönigswalds, in: W. Schmied-Kowarzik (Hg.), Erkennen–Monas–Sprache. Internationales Richard-Hönigswald-Symposion Kassel 1995 (Studien und Materialien zum Neukantianismus 9), Würzburg (1997), 413–421

KREIDLER, Adam = H. Kreidler, Karl Adam und der Nationalsozialismus, in: Kirche im Nationalsozialismus, hg. vom Geschichtsverein der Dioziöse Rottenburg-Stuttgart, Sigmaringen (1984), 129–140

KRÜGER/FINN, Fünfeichen = D. Krüger/G. Finn, Mecklenburg-Vorpommern 1945–1948 und das Lager Fünfeichen, Berlin 1991

KRUMMACHER/WUCHER, Republik = F. A. Krummacher/A. Wucher (Hg.), Die Weimarer Republik. Ihre Geschichte in Texten, Bildern und Dokumenten, München 1965

KRUMWIEDE, Kampf = H.-W. Krumwiede, Dietrich Bonhoeffers Kampf gegen die Judenvernichtung durch den Nationalsozialismus, Kirchliche Zeitgeschichte 13 (2000), 59–91

KÜMMEL, Geschichte = W. G. Kümmel, Das Neue Testament. Geschichte der Erforschung seiner Probleme, Freiburg/München ^{2}1970

KÜMMEL, Lohmeyer = W. G. Kümmel, Ernst Lohmeyer †, Neue Zürcher Zeitung, 14. März 1951, 1 f.

KÜMMEL, Testament = W. G. Kümmel, Das Neue Testament im 20. Jahrhundert, Stuttgart 1970

KUNST, Segen = H. Kunst, „Ich will dich segnen, und Du sollst ein Segen sein“: Zur Erinnerung an Ernst Lohmeyer, in: Freie und Hansestadt Herford 3, Herford (1985), 74–77

KUPISCH, Barth = K. Kupisch, Karl Barth, Hamburg 1972

LACAPRA, Geschichte = D. LaCapra, Geschichte und Kritik, Frankfurt/M. 1987

LE TISSIER, Zhukov = T. Le Tissier, Zhukov at the Oder: The Decisive Battle for Berlin, Westport 1996

LEINER, Mythos = M. Leiner, Mythos – Bedeutungsdimensionen eines unscharfen Begriffs, in: V. Hörner/M. Leiner (Hg.), Die Wirklichkeit des Mythos. Eine theologische Spurensuche, Gütersloh (1998), 30–56

LEKAI, Theology = E. A. Lekai, The Theology of the People of God in E. Lohmeyer's Commentaries on the Gospel of Mark and Matthew, Washington 1974

LEUBA, Aulén = J.-L. Leuba, Art. Gustaf Aulén, in: Encyclopédie du protestantisme, Paris/Genève (1995), 66

LEWE, Kirchenlehrer = O. Lewe, Ernst Lohmeyer, ein Kirchenlehrer unserer Zeit, in: Der Minden-Ravensberger 59 (1987), 140–142

LIEBSTER, Kautsky = G. Liebster, K. Kautskys „Ursprung des Christentums“, ChW 8 (1910), 170–175

LILJE, Lohmeyer = H. Lilje, Ernst Lohmeyer †, in: SONNTAGSBLATT, 8. Juli 1951

LINDEMANN, Neutestamentler = A. Lindemann, Neutestamentler in der Zeit des Nationalsozialismus. Hans von Soden und Rudolf Bultmann in Marburg, in: WuD 20 (1989), 25–52

LITT, Philosophie = T. Litt, Einleitung in die Philosophie, Leipzig/Berlin 1933

LOHMEYER, Abendmahl = E. Lohmeyer, Das Abendmahl in der Urgemeinde, in: JBL 56 (1937), 217–252

LOHMEYER, Apokalyptik II = E. Lohmeyer, Art. Apokalyptik II: Jüdische, in: RGG^2 I (1927), 402 ff.

LOHMEYER, Apokalyptik III = E. Lohmeyer, Art. Apokalyptik III: Altchristliche, in: RGG^2 I (1927), 404 ff.

LOHMEYER, Aufbau 1 = E. Lohmeyer, Über Aufbau und Gliederung des ersten Johannesbriefes, in: ZNW 27 (1928), 225–263

LOHMEYER, Aufbau 2 = E. Lohmeyer, Über Aufbau und Gliederung des vierten Evangeliums, in: ZNW 27 (1928), 11–36

LOHMEYER, Böhme = E. Lohmeyer, Jakob Böhme. Gedenkrede an Jakob Böhmes 300. Todestag, gehalten in der Schlesischen Gesellschaft für vaterländische Kultur zu Breslau, Breslau 1924

LOHMEYER, Christuskult = E. Lohmeyer, Christuskult und Kaiserkult, SgV 90, Tübingen 1919

LOHMEYER, Diatheke = E. Lohmeyer, Diatheke. Ein Beitrag zur Erklärung des neutestamentlichen Begriffs (UNT 2), Leipzig 1913

LOHMEYER, Dichtung = E. Lohmeyer, Dichtung und Weltanschauung, in: Der Ostwart (1924), 71 ff. 129 ff.

LOHMEYER, Erlösung = E. Lohmeyer, Der Begriff der Erlösung im Urchristentum, in: DTh 2 (1929), 22–45

LOHMEYER, Fragen = E. Lohmeyer, Soziale Fragen im Urchristentum (Wissenschaft und Bildung. Einzeldarstellungen aus allen Gebieten des Wissens 172), Leipzig 1921

LOHMEYER, Galiläa = E. Lohmeyer, Galiläa und Jerusalem, Göttingen 1936

LOHMEYER, Gemeinschaft = E. Lohmeyer, Vom Begriff der religiösen Gemeinschaft (Wissenschaftliche Grundfragen III, hrsg. von R. Hönigswald), Leipzig 1925

LOHMEYER, Gewalt = E. Lohmeyer, „Mir ist gegeben alle Gewalt". Eine Exegese von Mt 28,16–20, in: W. SCHMAUCH (Hg.), In memoriam Ernst Lohmeyer, Stuttgart (1951), 22–49

LOHMEYER, Glaube = E. Lohmeyer, Glaube und Geschichte in den vorderorientalischen Religionen. Rede gehalten bei der Einführung in das Rektorat am 3. November 1930 (Breslauer Universitätsreden 6), Breslau 1931

LOHMEYER, Gleichnis = E. Lohmeyer, Das Gleichnis von den bösen Weingärtnern, [ZSTh 18, 1941, 243–259], in: DERS., Urchristliche Mystik. Neutestamentliche Studien, Darmstadt (1956), 159–181

LOHMEYER, Gottesknecht = E. Lohmeyer, Gottesknecht und Davidsohn, Västervik 1945

LOHMEYER, Grundlagen = E. Lohmeyer, Grundlagen paulinischer Theologie (BHTh 1), Tübingen 1929

LOHMEYER, Hegel = E. Lohmeyer, Hegel und seine theologische Bedeutung. Zum Gedenken an seinen 100. Todestag, in: ThBl 10 (1931), 337–342

LOHMEYER, Idee = E. Lohmeyer, Die Idee des Martyriums im Judentum und Urchristentum, in: ZSTh 5 (1927), 232–249

LOHMEYER, Interpretation = E. Lohmeyer, Die rechte Interpretation des Mythologischen, in: BARTSCH, Kerygma 154–165 [zitiert nach: W. OTTO, Freiheit 18–35]

LOHMEYER, Jesus = E. Lohmeyer, „Und Jesus ging vorüber" [NThT 23 (1934), 206–224], in: DERS., Urchristliche Mystik. Neutestamentliche Studien, Darmstadt (1956), 57–79

LOHMEYER, Johannes = E. Lohmeyer, Zur evangelischen Überlieferung von Johannes dem Täufer, in: JBL 51 (1932), 300–319

LOHMEYER, Kultus = E. Lohmeyer, Kultus und Evangelium, Göttingen 1942

LOHMEYER, Kyrios = E. Lohmeyer, Kyrios Jesus. Eine Untersuchung zu Phil 2,5–11 (SHAW.PH 1927/28–4), Heidelberg 1928

LOHMEYER, Markus = E. Lohmeyer, Das Evangelium des Markus (KEK I/2), Göttingen 1937

LOHMEYER, Mereschkowskij = E. Lohmeyer (Rez.), D. Mereschkowskij, Geheimnisse des Ostens, in: Schlesische Zeitung, Unterhaltungsbeilage vom 20. August 1924

LOHMEYER, Offenbarung = E. Lohmeyer, Die Offenbarung des Johannes (HNT IV/4), Tübingen 1926

LOHMEYER, Offenbarung. Übertragen = Die Offenbarung des Johannes. Übertragen von Ernst Lohmeyer, Tübingen 1926

LOHMEYER, Philipper = E. Lohmeyer, Die Briefe an die Philipper, an die Kolosser und an Philemon (KEK IX/1–2), Göttingen 1930

LOHMEYER, Prinzipien = E. Lohmeyer, Kritische und gestaltende Prinzipien im Neuen Testament, in: Protestantismus als Kritik und Gestaltung. Zweites Buch des Kairos-Kreises, hg. von P. Tillich, Darmstadt 1929

LOHMEYER, Reich = E. Lohmeyer, Das kommende Reich, in: Die Tat 18 (1927), 846–853

LOHMEYER, Schweitzer = E. Lohmeyer (Rez.), A. Schweitzer, Das Christentum und die Weltreligionen; Aus meiner Kindheit und Jugendzeit, in: FFRANKFURTER ZEITUNG (Literaturblatt Nr. 18) vom 29. August 1924, S. 2

LOHMEYER, Sinn = E. Lohmeyer, Vom Sinn der Gleichnisse Jesu, in: ZSTh 15 (1938), 319–346

LOHMEYER, Stehr = E. Lohmeyer, Wendelin Heinelt, in: W. Meridies (Hg.), Hermann Stehr. Sein Werk, seine Welt, Habelschwerdt 1924

LOHMEYER, Thesen = E. Lohmeyer, Theologische Thesen, Berlin 1912

LOHMEYER, Urchristentum = E. Lohmeyer, Das Urchristentum, 1. Buch: Johannes der Täufer, Göttingen 1932

LOHMEYER, Vater-unser = E. Lohmeyer = Das Vater-Unser, Göttingen ^{2}1948

LOHMEYER, Verklärung = E. Lohmeyer, Die Verklärung Jesu nach dem Markusevangelium, in: ZNW 21 (1921), 185–215

LOHMEYER, Versuchung = E. Lohmeyer, Die Versuchung Jesu [ZSTh 14, 1937, 619–650], in: DERS., Urchristliche Mystik. Neutestamentliche Studien, Darmstadt (1956), 81–122

LOHMEYER, Wohlgeruch = E. Lohmeyer, Vom göttlichen Wohlgeruch (SHAW.PH 1919–9), Heidelberg 1919

LOHMEYER, ΣΥΝ ΧΡΙΣΤΩΙ = E. Lohmeyer, ΣΥΝ ΧΡΙΣΤΩΙ, in: Festgabe für Adolf Deißmann, Tübingen (1927), 218–257

LOHMEYER M., Fall = Der Fall Lohmeyer, dargestellt von seiner Frau (Typoskript, verfaßt von Melie Lohmeyer vom 15.–20. Februar 1949 in Berlin-Tempelhof)

LÜDEMANN, Religions = G. Lüdemann, Art. Religions (École de l'histoire des), in: Encyclopédie du protestantisme, Paris/Genève (1995), 1318–1319

LÜHRMANN, Erbe = D. Lührmann, Ernst Lohmeyers exegetisches Erbe, in: W. Otto (Hg.), Freiheit in der Gebundenheit, Göttingen (1990), 53–87

LÜHRMANN, Lohmeyer = D. Lührmann, Art. Ernst Lohmeyer, in: A Dictionary of Biblical Interpretation, Vol. I, London (1990), 408 f.

LUKACS, Einsamkeit = G. Lukacs, Die neue Einsamkeit und ihr Lyriker Stefan George, in: DERS., Die Seele und die Formen, Berlin (1911), 171–194

LUZ, Erwägungen = U. Luz, Erwägungen zur sachgemäßen Interpretation neutestamentlicher Texte, in: EvTh 42 (1982), 493–517

MAI, Greifswald = J. Mai (Hg.), Greifswald 1945. Neue Dokumente und Materialien (Spurensicherung), Berlin 1995

MAIER/NICOLAISEN, Martyrium = H. Maier/C. Nicolaisen (Hg.), Martyrium im 20. Jahrhundert, Annweiler 2004

MARX, Grundlegungstheorie = W. Marx, Zu Problemen der Grundlegungstheorie und der Systemkonzeption Richard Hönigswalds, in: E. W. Orth/D. Aleksandrowicz (Hg.), Studien zur Philosophie Richard Hönigswalds, Würzburg (1996), 24–36

MARXSEN, Markus = W. Marxsen, Der Evangelist Markus, Göttingen 1956

MASER, Kirchenkampf = P. Maser, Der Kirchenkampf im deutschen Osten und in den deutschsprachigen Kirchen Osteuropas, Göttingen 1992

MATTHIESEN, Intrige = H. Matthiesen, Eine tödliche Intrige. Die Wiedereröffnung der Universität Greifswald 1946 und der Fall Lohmeyer, in: FAZ vom 15. März 1996

MEIER, Fakultäten = K. Meier, Die theologischen Fakultäten im Dritten Reich, Berlin/New York 1996

MEIER, Kirchenkampf = K. Meier, Der evangelische Kirchenkampf. Gesamtdarstellung in drei Bänden, Bd. III: Im Zeichen des Zweiten Weltkriegs, Göttingen ^{2}1984

MEINECKE, Kausalitäten = Kausalitäten und Werte in der Geschichte [1928], in: W. HARDTWIG (Hg.), Über das Studium der Geschichte, München (1990), 262–286

MEISER, Althaus = M. Meiser, Paul Althaus als Neutestamentler. Eine Untersuchung der Werke, Briefe, unveröffentlichter Manuskripte und Randbemerkungen (CThM/A 15), 1993

MELIS, Entnazifizierung = D. v. Melis, Entnazifizierung in Mecklenburg-Vorpommern. Herrschaft und Verwaltung 1945–1948, München 1999

MELIS/BARTUSEL, Funktionseliten = D. v. Melis/R. Bartusel, Funktionseliten in Mecklenburg-Vorpommern 1945 bis 1952. Ein biographisches Lexikon, in: http://www.mv-data.de (24.11.99)

MENSING, Blutzeugen = B. Mensing, Die Blutzeugen kommen wieder. Evangelisches Märtyrer-gedenken in Deutschland, in: DtPfBl 100 (2000), 623–625

MENSING/RATHKE, Widerstehen = B. Mensing/H. Rathke (Hg.), Widerstehen. Wirkungsgeschichte und aktuelle Bedeutung christlicher Märtyrer, Leipzig 2002

MERZ-BENZ, Geschichtswissenschaft = P.-U. Merz-Benz, Richard Hönigswalds Begriff der Geschichtswissenschaft, in: W. Schmied-Kowarzik (Hg.), Erkennen–Monas–Sprache. Internationales Richard-Hönigswald-Symposion Kassel 1995 (Studien und Materialien zum Neukantianismus 9), Würzburg (1997), 333–345

MEYER, Fakultät = D. Meyer, Die evangelisch-theologische Fakultät Breslau in den Jahren 1933 bis 1935, in: P. Maser, Der Kirchenkampf im deutschen Osten und in den deutschsprachigen Kirchen Osteuropas, Göttingen (1992), 98–135

MEYER, Geschichte = D. Meyer, Zur Geschichte der evangelisch-theologischen Fakultät der Universität Breslau (1811–1945), in: JSKG 68 (1989), 149–174

MEYER/SEILS, Übergabe = T. Meyer/G. Seils, 1945–1995: Kampflose Übergabe der Hansestadt Greifswald. Gedanken zum 50. Jahrestag des Kriegsendes, des Endes der Diktatur des Nationalsozialismus und der kampflosen Übergabe der Hansestadt Greifswald an die „Rote Armee" (2. Mai 1995), in: www.physik.uni-greifswald.de/~meyer/engel.html (08.04.02)

MICCOLI, Pio XII = G. Miccoli, I dilemmi e i silenzi di Pio XII. – Vaticano, Seconda guerra mondiale e Shoah, Milano 2000

MOLTKE, Erinnerungen = F. v. Moltke, Erinnerungen an Kreisau 1930–1945, München 1997

MOLTMANN, Anfänge = J. Moltmann, Anfänge der dialektischen Theologie II, München, 1963

MOMMSEN, Kreis = H. Mommsen, Der Kreisauer Kreis und die künftige Neuordnung Deutschlands und Europas, in: ders., Alternative zu Hitler, Studien zur Geschichte des deutschen Widerstandes, München (2000), 297–329

MOSSE, Crisis = G. L. Mosse, The Crisis of German Ideology: Intellectual Origins of the Third Reich, New York 1964

MOSSE, Masses = G. L. Mosse, Masses and Man. Nationalist and Fascist Perceptions of Reality, New York 1980 [ital.: L'uomo e le masse nelle ideologie nazionaliste, Bari 1999]

MOSSE, Solution = G. L. Mosse, Toward the Final Solution. A History of European Racism, 1978 [ital.: Il razzismo in Europa dalle origini all'olocausto, Milano 1992]

MOSSE/PAUCKER, Entscheidungsjahr = W. Mosse/A. Paucker (Hg.), Entscheidungsjahr 1932. Zur Judenfrage in der Endphase der Weimarer Republik, Tübingen 1965

MÜHLING, Schmidt = A. Mühling, Karl Ludwig Schmidt: „Und Wissenschaft ist Leben", Berlin/New York 1997

MÜLLER, Parusie = U. B. Müller, Parusie und Menschensohn, in: ZNW 92 (2001), 1–19

MÜNKLER, Odysseus = H. Münkler, Odysseus und Kassandra. Politik im Mythos, Frankfurt/M. 1990

NACHTSHEIM, Gestalttheorie = S. Nachtsheim, Richard Hönigswalds Gestalttheorie und die „Kritik der Urteilskraft", in: E. W. Orth/D. Aleksandrowicz (Hg.), Studien zur Philosophie Richard Hönigswalds, Würzburg (1996), 63–83

NIEBUHR, Corpus = K.-W. Niebuhr, Das Corpus Hellenisticum. Anmerkungen zur Geschichte eines Problems, in: W. Kraus / K.-W. Niebuhr (Hg.), Frühjudentum und Neues Testament im Horizont Biblischer Theologie. Mit einem Anhang zum Corpus Judaeo-Hellenisticum Novi Testamenti, Tübingen (2003), 361–382

OBERNDÖRFER, Tage = E. Oberndörfer (Hg.), Noch 100 Tage bis Hitler. Die Erinnerungen des Reichskommissars Wilhelm Kähler, Schernfeld 1993

OELKE, Lilje = H. Oelke, Hanns Lilje. Ein Lutheraner in der Weimarer Republik und im Kirchenkampf, Stuttgart 1999

OELMANN, Anhang = U. Oelmann, Anhang in: Stefan George, Sämtliche Werke in 18 Bänden, Bd. VI/VII, Stuttgart (1986), 189–236

ONG, Orality = W. J. Ong, Orality and Literacy. The Technologizing of the Word, London 1982

ORTH/ALEKSANDROWICZ, Studien = E. W. Orth/D. Aleksandrowicz (Hg.), Studien zur Philosophie Richard Hönigswalds, Würzburg 1996

OTTO B., Schüler = B. Otto, Unserem ehemaligen Schüler Ernst Lohmeyer zum Gedenken, in: Festschrift zur 425. Jahrfeier des Friedrichs-Gymnasiums Herford, Herford (1965), 127 f.

OTTO G., Erinnerung = G. Otto, Erinnerung an den Vater, in: W. Otto (Hg.), Freiheit in der Gebundenheit, Göttingen (1990), 36–52

OTTO G., Liebe = „Habe Liebe und tue, was du willst!" Zur Erinnerung an Ernst Lohmeyer, in: Freie und Hansestadt Herford 3, Herford (1985), 77–84

OTTO G., Lohmeyer = Gudrun Otto, Erinnerung an Ernst Lohmeyer, in: DtPfBl 81 (1981), 358–362

OTTO W., Briefe = Wolfgang Otto (Hg.), Aus der Einsamkeit – Briefe einer Freundschaft. Richard Hönigswald an Ernst Lohmeyer, Würzburg 1999

OTTO W., Freiheit = W. Otto (Hg.), Freiheit in der Gebundenheit. Zur Erinnerung an den Theologen Ernst Lohmeyer anläßlich seines 100. Geburtstages, Göttingen 1990

OTTO W., Klepper = W. Otto, Ernst Lohmeyer und Jochen Klepper, in: W. Otto (Hg.), Freiheit in der Gebundenheit, Göttingen (1990), 135–180

PANGRITZ = A. Pangritz, Il "volto messianico" della società senza classi, in: Protestantesimo XLVI/3 (1991), 175–186

PAULSEN, Auslegung = H. Paulsen, Sozialgeschichtliche Auslegung des Neuen Testaments, JK 54 (1993), 601–605

PAULSEN, Auslegungsgeschichte = H. Paulsen, Auslegungsgeschichte und Geschichte des Urchristentums – die Überprüfung eines Paradigmas, in: Festschrift W. Marxsen (1989), 361–374

PAULSEN, Bultmann = H. Paulsen, Rudolf Bultmann 1933, in: ders., Zur Literatur und Geschichte des frühen Christentums. Gesammelte Aufsätze. Hg. von U. Eisen, Tübingen (1997), 468–477

PAULSEN, Methode = H. Paulsen, Traditionsgeschichtliche Methode und religionsgeschichtliche Schule, ZThK 75 (1978), 20–55

PAULSEN, Scriptura = H. Paulsen, Sola Scriptura und das Kanonproblem, in: Sola Sciptura. Das reformatorische Schriftprinzip in der säkularen Welt, hg. von H. H. Schmid und J. Mehlhausen, Gütersloh (1991), 61–78

PAULSEN, Studien = H. Paulsen, Studien zur Theologie des Ignatius von Antiochien, FKDG 29, 1978

PAULSEN, Unbestimmtheit = H. Paulsen, Von der Unbestimmtheit des Anfangs. Zur Entstehung von Theologie im Urchristentum, in: Anfänge der Christologie (FS F. Hahn), hg. von C. Breytenbach und H. Paulsen, Göttingen (1991), 25–41

PAULSEN, Vorübergehende = H. Paulsen, Werdet Vorübergehende …, in: ders., Zur Literatur und Geschichte des frühen Christentums. Gesammelte Aufsätze, hg. von U. Eisen, Tübingen (1997), 1–17

PAULSEN, Wissenschaft = H. Paulsen, Zur Wissenschaft vom Urchristentum und der alten Kirche – ein methodischer Versuch, ZNW 68 (1977), 200–230

PAULY = Der Kleine Pauly. Lexikon der Antike, Stuttgart 1969

PLATO, Speziallager = A. v. Plato (Hg.), Sowjetische Speziallager in Deutschland 1945–1950, Bd. 1: Studien und Berichte, Berlin 1998

RAUTENBERG, Ende = M. Rautenberg, Das vorzeitige Ende der demokratischen Erneuerung im ‚Kulturbund zur demokratischen Erneuerung Deutschlands', in: Zeitgeschichte regional. Mitteilungen aus Mecklenburg-Vorpommern 3 (1999), Heft 1, 55–61

RAUTENBERG, Wohlgemuth = M. Rautenberg, Franz Wohlgemuth – „Wie sieht sein wahres Gesicht aus?", in: Zeitgeschichte regional. Mitteilungen aus Mecklenburg-Vorpommern 4 (2000), Heft 1, 49–59

REITANI, Hölderlin = Friedrich Hölderlin, Milano 2001

RENDTORFF, Bibel = R. Rendtorff, Die jüdische Bibel und ihre antijüdische Auslegung, in: R. Rendtorff/E. Stegemann (Hg.), Auschwitz – Krise der christlichen Theologie. Eine Vortragsreihe (ACJD 10), 1980, 99 ff.

RISTOW/MATTHIAE, Jesus = H. Ristow/K. Matthiae, Der historische Jesus und der kerygmatische Christus, Berlin ^{2}1961

ROCKMORE, Philosophie = T. Rockmore, Philosophie oder Weltanschauung? Über Heideggers Stellungnahme zu Hönigswald, in: W. Schmied-Kowarzik (Hg.), Erkennen–Monas–Sprache. Internationales Richard-Hönigswald-Symposion Kassel 1995 (Studien und Materialien zum Neukantianismus 9), Würzburg (1997), 171–179

RÖHM/THIERFELDER, Juden = E. Röhm/J. Thierfelder, Juden–Christen–Deutsche, Bd. I: 1933–1935, Stuttgart 1990

RUBENSSTEIN/NAUMOV, Pogrom = J. Rubenstein/V. P. Naumov, Stalin's Secret Pogrom. The Postwar Inquisition of the Jewish Anti-Fascist Comittee, New Haven 2001

SANTAGOSTINI, simbolisti = M. Santagostini (a cura di), I simbolisti tedeschi, Roma 1996

SASS, Bedeutung = G. Saß, Die Bedeutung Ernst Lohmeyers für die neutestamentliche Forschung, in: DtPfBl 81 (1981), 356–358

SASS, Ergänzungsheft = Das Evangelium des Markus. Übersetzt und erklärt von E. Lohmeyer. Ergänzungsheft zur durchgesehenen Ausgabe. Nach dem Handexemplar des Verfassers hg. von G. Saß, Göttingen 1957

SASS, Lohmeyer = G. Saß, Art. Ernst Lohmeyer, in: NDB 15 (1987), 132 f.

SAUERLAND, Aristokratie = K. Sauerland, Friedrich Gundolf – Aristokratie des Geistes, in: P. Ulmer (Hg.), Geistes- und Sozialwissenschaften in den 20er Jahren – Heidelberger Impulse. Symposion vom 20. Januar 1995 in Heidelberg, Heidelberg (1998), 31–56

SCHAEDER, Buber = G. Schaeder, Martin Buber – Briefwechsel aus drei Jahrzehnten (Bd. 2), Heidelberg 1973

SCHALLER, Jesus = B. Schaller, Jesus, ein Jude aus Galiläa, in: EvTh 57 (1997), 552–559

SCHERFFIG, Theologen = W. Scherffig, Junge Theologen im ,Dritten Reich‘, Bd. 3 (1938–1945): „Keiner blieb ohne Schuld“, Neukirchen-Vluyn 1994

SCHEURIG, Verräter = B. Scheurig, Verräter oder Patrioten. Das Nationalkomitee ,Freies Deutschland‘ und der Bund deutscher Offiziere in der Sowjetunion 1943–1945, Berlin u. Frankfurt/M. 1993

SCHILLE, Mangel = G. Schille, Der Mangel eines kritischen Geschichtsbildes in der neutestamentlichen Formgeschichte, ThLZ 88 (1963), 491–502

SCHMAUCH, Geburtstag = W. Schmauch, D. Dr. Ernst Lohmeyer. Zum 50. Geburtstag 8. Juli 1940, in: DtPfBl 44 (1940), 261

SCHMAUCH, In memoriam = W. Schmauch (Hg.), In memoriam Ernst Lohmeyer, Stuttgart 1951

SCHMAUCH, Lohmeyer = W. Schmauch, Art. Ernst Lohmeyer, in: RGG^3 IV (1960), 441 f.

SCHMAUCH, Matthäus = W. Schmauch (Hg.), Das Evangelium des Matthäus. Nachgelassene Ausarbeitungn und Entwürfe zur Übersetzung und Erklärung von Ernst Lohmeyer, KEK Sonderband, Göttingen ^{2}1958

SCHMID, Mythos = H. H. Schmid (Hg.), Mythos und Rationalität, Gütersloh 1988

SCHMIDT J., Hölderlin = F. Hölderlin, Gedichte. Herausgegeben und mit Erläuterungen versehen von J. Schmidt, Frankfurt/M. 1984

SCHMIDT G., Spartakus = G. Schmidt. Spartakus. Rosa Luxemburg und Karl Liebknecht, Frankfurt/M. 1971

SCHMIDT R., Abstecher = R. Schmidt, „Abstecher ins Traumland der Anarchie“. Siedlungsgemeinschaften der deutschen Jugendbewegung, in: H.-J. Goertz, Alles gehört allen. Das Experiment Gütergemeinschaft vom 16. Jahrhundert bis heute, München (1984), 188–207

SCHMIED-KOWARZIK, Annäherungen = W. Schmied-Kowarzik, Annäherungen an Hönigswalds transzendentalanalytische Systematik der Philosophie, in: ders., (Hg.), Erkennen–Monas–Sprache Internationales Richard-Hönigswald-Symposion Kassel 1995 (Studien und Materialien zum Neukantianismus 9), Würzburg (1997), 17–41

SCHMIED-KOWARZIK, Erkennen = W. Schmied-Kowarzik (Hg.), Erkennen–Monas–Sprache. Internationales Richard-Hönigswald-Symposion Kassel 1995 (Studien und Materialien um Neukantianismus 9), Würzburg 1997

SCHMITHALS, Jesus-Buch = W. Schmithals, 75 Jahre: Bultmanns Jesus-Buch, in: ZThK 98 (2001), 25–58

SCHNEIDER T. M., Reichsbischof = T. M. Schneider, Reichsbischof Ludwig Müller. Eine Untersuchung zu Leben, Werk und Persönlichkeit, Göttingen 1993

SCHNEIDER D., Theorien = D. Schneider, Theorien des Übergangs. Materialistische und sozialgeschichtliche Erklärungen des Wandels im frühen Christentum und ihre Bedeutung für die Theologie, Frankfurt/M.–Bern–New York–Paris 1989

SCHNELLE, Einleitung = U. Schnelle, Einleitung in das Neue Testament, Göttingen ^{3}1999

SCHOLDER, Kirchen I = K. Scholder, Die Kirchen und das Dritte Reich I: Vorgeschichte und Illusionen 1918–1934, Franfurt/M., Berlin 1986

SCHOLDER, Kirchen II = K. Scholder, Die Kirchen und das Dritte Reich II: Das Jahr der Ernüchterung 1934, Barmen und Rom, Frankfurt/M., Berlin 1988

SCHONAUER, George = F. Schonauer, Stefan George, Hamburg 1992

SCHORCHT, Philosophie = C. Schorcht, Philosophie an den bayerischen Universitäten 1933–1945, Erlangen 1990

SCHREIBER, Henoch = S. Schreiber, Henoch als Menschensohn. Zur problematischen Schlußidentifikation in den Bilderreden des äthiopischen Henochbuches (äthHen 71,14), in: ZNW 91 (2000), 1–17

SCHRÖDER, Protest = J. Schröder, Ein früher Protest gegen die Verhaftung des ersten Nachkriegsrektors der Greifswalder Universität, Prof. Dr. Ernst Lohmeyer, in: Zeitgeschichte regional. Mitteilungen aus Mecklenburg-Vorpommern 1 (1997), Heft 1, 13 f.

SCHROEDER, SED-Staat = K. Schroeder, Der SED-Staat. Partei, Staat und Gesellschaft 1949–1990, München 2000

SCHÜBEL, Universität = F. Schübel, Universität Greifswald, Frankfurt/M. 1960

SCHÜLER, Tod = H. Schüler, Tod eines Demokraten. Vor 50 Jahren richteten Russen den Rektor der Universität Greifswald hin, in: HAMBURGER ABENDBLATT, 19. September 1996

SCHULLER, Dunkel = W. Schuller, Die Verstummten sprechen. In das Dunkel der sowjetischen Archive fällt Licht, in: FAZ vom 3. September 1997

SCHULTZ, Studien = H. S. Schultz, Studien zur Dichtung Georges, Heidelberg 1967

SCHULZ, Katsch = U. Schulz, Gerhardt Katsch – Ehrenbürger der Stadt Greifswald, in: Gerhardt-Katsch-Ehrung 1987, Greifswalder Universitätsreden, NF Nr. 51, Greifswald (1988), 26–31

SCHWARZ, Jahreslosung = G. Schwarz, Kritische Anmerkung zur Jahreslosung 2001 (Kol 2,3), in: Hannoversches Pfarrvereinsblatt 105 (2000/2001), 11–13

SCHWÖBEL, Staritz = G. Schwöbel, Art. Katharina Helene Charlotte Staritz, in: BBKL X (1995), 1225–1230

SELLIN, Gattung = G. Sellin, ,Gattung' und ,Sitz im Leben' auf dem Hintergrund der Problematik von Mündlichkeit und Schriftlichkeit synoptischer Erzählungen, in: EvTh 50 (1990), 311–331

SELLIN, Mythologeme = G. Sellin, Mythologeme und mythische Züge in der paulinischen Theologie, in: H. H. Schmid (Hg.), Mythos und Rationalität, Gütersloh (1988), 209–223

SELLIN, Streit = G. Sellin, Der Streit um die Auferstehung der Toten. Eine religionsgeschichtliche und exegetische Studie zu 1. Korinther 15 (FRLANT 138), Göttingen 1986

SELLIN/VOUGA, Logos = G. Sellin/F. Vouga (Hg.), Logos und Buchstabe: Mündlichkeit und Schriftlichkeit im Judentum und Christentum der Antike (TANZ 20), Tübingen 1997

SHUKOW, Erinnerungen = G. K. Shukow, Erinnerungen und Gedanken, 2 Bde., Berlin (Ost) 1976

SIEGELE-WENSCHKEWITZ, Judenfrage = L. Siegele-Wenschkewitz, Neutestamentliche Wissenschaft vor der Judenfrage: Gerhard Kittels theologische Arbeit im Wandel deutscher Geschichte, München 1980

SIEMONEIT, Interpretationen = M. A. Simoneit, Politische Interpretationen von Stefan Georges Dichtung: eine Untersuchung der politischen Aspekte von Stefan Georges Dichtung im Zusammenhang mit den Ereignissen von 1933, Frankfurt/M. 1978

SMID, Protestantismus = M. Smid, Deutscher Protestantismus und Judentum 1932/33, München 1990

SPECK, Philosophen = J. Speck, Grundprobleme der großen Philosophen. Philosophie der Gegenwart II (Scheler, Hönigswald, Cassirer, Plessner, Merleau-Ponty, Gehlen), Göttingen 1973

STARITZ, Offenbarung = K. Staritz, Zu Offenbarung 5,1. In: ZNW 30 (1931), 157–170

STÄHLIN, Stellung = T. Stählin, Zur Stellung Karl Fezers im Nationalsozialismus, WuD 20 (1989), 121–128

STEFFAHN, Stauffenberg = H. Steffahn, Claus Schenk Graf von Stauffenberg, Hamburg ^{2}1994

STEINBACH/TUCHEL, Widerstand = P. Steinbach/J. Tuchel (Hg.), Widerstand in Deutschland 1933–1945, München 2000

STEPHAN, Geschichte = H. Stephan, Geschichte der deutschen evangelischen Theologie seit dem deutschen Idealismus, 2. neubearbeitete Aufl. von M. Schmidt, Berlin 1960

STÖRIG, Philosophie = H. J. Störig, Kleine Weltgeschichte der Philosophie, Fankfurt/M. ^{13}1987

STOECKER, Ursprung = L. Stoecker, Kautskys „Ursprung des Christentums", in: Evangelisch-Sozial. Mitteilungen des Evangelisch-sozialen Kongresses, 19. Folge (1910), 384–387

STRACK, Bewegung = F. Strack, Friedrich Gundolf und die ‚geistige Bewegung‘ in Heidelberg, in: P. Ulmer (Hg.), Geistes- und Sozialwissenschaften in den 20er Jahren – Heidelberger Impulse. Symposion vom 20. Januar 1995 in Heidelberg, Heidelberg (1998), 31–56

STRECKER, Johannesbriefe = G. Strecker, Die Johannesbriefe, KEK XIV, Göttingen 1989

STRECKER, Literaturgeschichte = G. Strecker, Literaturgeschichte des Neuen Testaments, Göttingen 1992

STÜBS, Domizil = V. Stübs, Neues Domizil für Theologen. Plattenbau verwandelte sich in würdige Stätte für alte Fakultät, in: Ostsee-Zeitung vom 21. März 2001

SUBILIA, Gesù = V. Subilia, Gesù nella più antica tradizione cristiana, Torre Pellice 1954

THALMANN, Klepper = R. Thalmann, Jochen Klepper: ein Leben zwischen Idyllen und Katastrophen, München ^{2}1992

THEISSEN, Soziologie = G. Theißen, Soziologie der Jesusbewegung. Ein Beitrag zur Entstehungsgeschichte des Urchristentums, München 1977

THEISSEN/MERZ, Jesus = G. Theißen/A. Merz, Der historische Jesus, Göttingen 1996

THIELICKE, Gast = H. Thielicke, Zu Gast auf einem schönen Stern. Erinnerungen, Hamburg ^{2}1984

TILLICH, Kairos = P. Tillich (Hg.), Kairos. Zur Geisteslage und Geisteswendung, Darmstadt 1926

TILLICH, Renaissance = P. Tillich, Renaissance und Reformation. Zur Einführung in die Bibliothek Warburg, in: ThBl 12 (1922), 267 f.

TILLICH, Verwirklichung = P. Tillich, Religiöse Verwirklichung, Berlin 1930

TÖDT, Komplizen = H. E. Tödt, Komplizen, Opfer und Gegner des Hitlerregimes. Zur 'inneren Geschichte' von protestantischer Theologie und Kirche im 'Dritten Reich', Gütersloh 1997

TÖDT, Menschensohn = H. E. Tödt, Der Menschensohn in der synoptischen Überlieferung, Göttingen [1959] ^{2}1963

VANDENHOECK&RUPRECHT = Vandenhoeck&Ruprecht in Göttingen 1735–1985, Göttingen (o. J.)

VARTHALITIS, Antike = G. Varthalitis, Die Antike und die Jahrhundertwende. Stefan Georges Rezeption der Antike, Heidelberg 2000

VERHEULE, Bousset = A. F. Verheule, Wilhelm Bousset. Leben und Werk, Amsterdam 1973

VOLLENWEIDER, Gottgleichheit = S. Vollenweider, Der 'Raub' der Gottgleichheit: Ein religionsgeschichtlicher Vorschlag zu Phil 2,6–11, in: NTS 45 (1999), 413–433

VOUGA, Frühkatholizismus = F. Vouga, 'Frühkatholizismus'. Osservazioni su implicazioni e conseguenze ermeneutiche di un concetto per la storiografia del cristianesimo primitivo, in: G. Conte (a cura di), Il pluralismo nelle origini cristiane. Scritti in onore di Vittorio Subilia, Torino (1994), 55–70

WAGENLEHNER, Bemühungen = G. Wagenlehner, Die russischen Bemühungen um die Rehabilitierung der 1941–1956 verfolgten deutschen Staatsbürger: Dokumentation und Wegweiser [Electronic ed.], Bonn 1999

WALTER, Chronik = N. Walter, Zur Chronik des Corpus Hellenisticum von den Anfängen bis 1955/58, in: W. Kraus / K.-W. Niebuhr (Hg.), Frühjudentum und Neues Testament im Horizont Biblischer Theologie. Mit einem Anhang zum Corpus Judaeo-Hellenisticum Novi Testamenti, Tübingen (2003), 325–344

WALTER, Geschichte = N. Walter, Geschichte und Mythos in der urchristlichen Präexistenzchristologie, in: H. H. Schmid (Hg.), Mythos und Rationalität, Gütersloh (1988), 224–234

WECHT, Klepper = M. Wecht, Jochen Klepper. Ein Schriftsteller im jüdischen Schicksal, Düsseldorf 1998

WEHR, Böhme = G. Wehr, Jakob Böhme (1575–1624) wird wiederentdeckt, in: DtPfBl 100 (2000), 703

WEHR, Tillich = G. Wehr, Paul Tillich, Hamburg 1987

WEISS H.-F., Hebräer = H.-F. Weiss, Der Brief an die Hebräer (KEK XIII), Göttingen 1991

WEISS H., Lexikon = H. Weiss (Hg.), Biographisches Lexikon zum Dritten Reich, Frankfurt/M. 1998

WEISS W., Lohmeyer = W. Weiß, Art. Ernst Lohmeyer, in: BBKL V (1993), 186–189

WEISS W., Loisy = W. Weiß, Art. Alfred Firmin Loisy, in: BBKL V (1993), 190–196

WEISS J., Predigt = J. Weiß, Die Predigt Jesu vom Reiche Gottes, Göttingen 1892

WELLHAUSEN, Analyse = J. Wellhausen, Analyse der Offenbarung Johannis, Göttingen 1907

WENZ, Rechte = D. Wenz, „... und alle seine Rechte sind wiederhergestellt (posthum)". Die Universität Greifswald gedenkt ihres von der Besatzungsmacht hingerichteten ersten Rektors nach dem Krieg, in: FAZ vom 19. September 1996

WESSELING, Rosenstoeck-Huessy = K. G. Wesseling, Art. Eugen Rosenstock-Huessy, in: BBKL VIII (1994), 688–695

WHITE, Bedeutung = H. White, Die Bedeutung der Form. Erzählstrukturen in der Geschichtsschreibung, Frankfurt/M. 1990

WHITEHEAD, Simbolismo = A. N. Whitehead, Simbolismo, Milano 1998 [engl.: Symbolism. Its Meaning and Effect, London 1928]

WIEBEL, Beerdigung = A. Wiebel, Die Beerdigung Gerhart Hauptmanns. Tulpanow und Pieck, Theologen und Historiker gemeinsam am Grab, in: Zeitgeschichte regional. Mitteilungen aus Mecklenburg-Vorpommern 1 (1997), Heft 1, 14–17

WIEBEL, Briefwechsel = A. Wiebel, Richard Hönigswald – Rudolf Hermann. Briefwechsel, Wechselwirkung, in: W. Schmied-Kowarzik (Hg.), Grundfragen der Erkenntnistheorie, Hamburg (1997), 437–454

WIEBEL, Fall = A. Wiebel, „Der Fall L." in Greifswald, Schwerin und Berlin – Was wurde zur Rettung Ernst Lohmeyers unternommen?, in: Zeitgeschichte regional. Mitteilungen aus Mecklenburg-Vorpommern 1 (1997), Heft 2, 29–34

WIEBEL, Hermann = A. Wiebel, Rudolf Hermann (1887–1962). Biographische Skizzen zu seiner Lebensarbeit, Bielefeld 1998

WIRTH, Deißmann = G. Wirth, Adolf Deißmann und der Arierparagraph, in: DtPfBl 91 (1991), 508–510

WISCHMEYER, Campenhausen = W. Wischmeyer, Hans von Campenhausen in Wien, in: Zeitenwechsel und Beständigkeit. Beiträge zur Geschichte der Evangelisch-theologischen Fakultät in Wien 1821–1996, hg. von K. Schwarz und F. Wagner (Schriftenreihe des Universitätsarchivs 10), Wien (1997), 209 ff.

WITTMANN, Predigthilfe = L. Wittmann, Predigthilfe zum vorletzten Sonntag im Kirchenjahr (Offb. 2, 8–11), in: DtPfBl 100 (2000), 561 f.

WOLANDT, Hönigswald = G. Wolandt, Hönigswald und die Geschichte, in: E. W. Orth/D. Aleksandrowicz (Hg.), Studien zur Philosophie Richard Hönigswalds, Würzburg (1996), 3–23

WOLANDT, Löwi = B. Wolandt, Der wissenschaftliche Weg von Moritz Löwi im Anschluß an Richard Hönigswald, in: E. W. Orth/D. Aleksandrowicz (Hg.), Studien zur Philosophie Richard Hönigswalds, Würzburg (1996), 231 ff.

WOLANDT, Periode = G. Wolandt, Richard Hönigswald – die Breslauer Periode seiner Philosophie, in: Jahrbuch der Schlesischen Friedrich-Wilhelms-Universität 33 (1992), 151–185

WOLFES, Bornhausen = M. Wolfes, Art. Karl E. Bornhausen, in: BBKL XV (1999), 264–286

WOLFES, Fabricius = M. Wolfes, Art. Cajus Fabricius, in: BBKL XVI (1999), 475–488

WOLFES, Glawe = M. Wolfes, Art. Walther Karl Erich Glawe, in: BBKL XVII (2000), 458–471

WREDE, Aufgabe = W. Wrede, Über Aufgabe und Methode der sogenannten Neutestamentlichen Theologie, Göttingen 1897

ZAHRNT, Jesus = H. Zahrnt, Es begann mit Jesus von Nazareth. Die Frage nach dem historischen Jesus, Gütersloh 1960

C. Chronologisches Verzeichnis der Schriften Ernst Lohmeyers

Erweiterte Fassung der von D. Lührmann und T. Gressert erstellten Bibliographie (W. OTTO, Freiheit 181 ff.). Das Verzeichnis der Predigten Lohmeyers richtet sich nach: HUTTER, Theologie 126 ff.

1907

-Gesuch des Oberprimaners E. Lohmeyer um Zulassung zur Reifeprüfung an die Königliche Prüfungskommission des Friedrichsgymnasiums zu Herford, 20. Dezember 1907

1909

-Der Begriff Diatheke in der antiken Welt und in der Griechischen Bibel (Preisarbeit)

1910

-Ev. Joh. 14, 1–14 verglichen mit Paulus (Referat, 7. Dezember 1910)
-Die innere Lage der kleinasiatischen Urgemeinden zur Zeit Domitians, nach der Offenbarung des Johannes

1911

-Die 7 Sendschreiben des Apostels Johannes (Arbeit bei A. Deißmann, 3. März 1911)
-Predigt über 2 Kor 4,1–6
-Das Übel und Gottes Beziehung zur Sünde in Schleiermachers Glaubenslehre (§§ 76–85)

1912

-Was wußte Ignatius von Jesus und wie beurteilt er ihn? (Arbeit im Kirchenhistorischen Seminar bei Karl Holl)
-Theologische Thesen, Berlin 1912

1913

-Diatheke. Ein Beitrag zur Erklärung des neutestamentlichen Begriffs (UNT 2), Leipzig 1913
-Rez.: K. B. Ritter, Über den Ursprung einer kritischen Religionsphilosophie in Kants „Kritik der reinen Vernunft", ThBl 34 (1913), 567 f.

1914

-Die Lehre vom Willen bei Anselm von Canterbury, Leipzig 1914

1915

-Denkschrift zur Hundertjahrfeier des westfälischen Jägerbattaillons Nr. VII am 3. Oktober 1915

1918

-Angriff (Typoskript, 5. Mai 1918)

1919
-Christuskult und Kaiserkult (SgV 90), Tübingen 1919
-Vom göttlichen Wohlgeruch (SHAW.PH 1919–9), Heidelberg 1919

1920
-Rez.: K. L. Schmidt, Der Rahmen der Geschichte Jesu, DLZ 41 (1920), 328–331

1921
-Soziale Fragen im Urchristentum (Wissenschaft und Bildung 172), Leipzig 1921

1922
-Die Verklärung Jesu nach dem Markusevangelium, ZNW 21 (1922), 185–215
-Die Frage nach der Geschichtlichkeit Jesu, DLZ 43 (1922), 409–418
-Rez.: J. Bauer, Kurze Übersicht über den Inhalt der neutestamentlicher Schriften, ChW 36 (1922), 181
-Rez.: W. Radecke, Markus Germanicus, ChW 36 (1922), 254
-Rez.: S. Eitrem, Ein christliches Amulett auf Papyrus, ThLZ 47 (1922), 401 f.
-Rez.: T. Scheffer, Die homerische Philosophie, ThLZ 47 (1922), 432 f.
-Rez.: J. Leipoldt, Jesus und die Frauen, DLZ 43 (1922), 536–538
-Rez.: E. Jung, Die Herkunft Jesu, DLZ 43 (1922), 832 f.
-Rede zum Gedächtnis an den Grafen Max Bethusy-Huc, Darmstadt 1922

1923
-Rez.: V. Weber, Gal 2 und Apg 15 in neuer Beleuchtung ThLZ 48 (1923), 344–345
-Rez.: V. Schultze, Altchristliche Städte und Landschaften, ThLZ 48 (1923), 345–346
-Rez.: J. Schniewind, Das Selbstzeugnis Jesu, ThLZ 48 (1923), 418
-Rez.: G. Hoberg, Katechismus der biblischen Hermeneutik; E. v. Dobschütz, Vom Auslegen insonderheit des NT; J. Behm, Heilsgeschichtliche und religionsgeschichtliche Betrachtung des NT, ThLZ 48 (1923), 461–463
-Rez.: A. C. Headlam, The Life and Teaching of Jesus the Christ, ThLZ 48 (1923), 466–468
-Rez.: R. Jelke, Die Wunder Jesu, DLZ 44 (1923), 231–233
-Predigt über Joh 16,33 (gehalten am 25. Februar 1923 in Breslau)

1924
-Dichtung und Weltanschauung, in: Der Ostwart. Ostdeutsche Monatshefte des Bühnenvolksbundes, 1. Jahrgang (1924), 71 ff. 129 ff.
-Wendelin Heinelt, in: W. Meridies (Hg.), Hermann Stehr. Sein Werk, seine Welt, Habelschwerdt 1924
-Jakob Böhme. Gedenkrede an Jakob Böhmes 300. Todestag, gehalten in der Schlesischen Gesellschaft für vaterländische Kultur zu Breslau, Breslau 1924
-Rez.: O. Schmitz, der Freiheitsgedanke bei Epiktet und das Freiheitszeugnis des Paulus, ThLZ 49 (1924), 202 f.
-Rez.: W. H. Cadman, The last journey of Jesus to Jerusalem, ThLZ 49 (1924), 399–401

-Rez.: J. de Ghellinck, Pour l'histoire du mot Sacramentum, ThLZ 49 (1924), 417–419
-Rez.: D. Mereschkowskij, Geheimnisse des Ostens, in: Schlesische Zeitung, Unterhaltungsbeilage vom 20. August 1924
-Rez.: A. Schweitzer, Das Christentum und die Weltreligionen; Aus meiner Kindheit und Jugendzeit, in: Frankfurter Zeitung (Literarturblatt Nr. 18 vom 29. August 1924, S. 2)
-Predigt über Apk 22,20 (gehalten am 24. Februar 1924 in Breslau)
-Predigt über Joh 9, 1–12 (gehalten im Herbst 1924 in Breslau)

1925

-Vom Begriff der religiösen Gemeinschaft. Eine problemgeschichtliche Untersuchung über die Grundlagen des Urchristentums (Wissenschaftliche Grundfragen. Philosophische Abhandlungen III, hrsg. von R. Hönigswald), Leipzig 1925
-Von urchristlicher Gemeinschaft, ThBl 4 (1925), 135–141
-Das zwölfte Kapitel der Offenbarung Johannis, ThBl 4 (1925), 285–291
-Urchristliche Mystik, ZSTh 2 (1925), 3–18
-Rez.: W. Weber, Christusmystik, ThLZ 50 (1925), 36 f.
-Rez.: P. Mickley, Die Konstantin-Kirchen im heiligen Lande, ThLZ 50 (1925), 37 f.
-Rez.: J. Bachofen, Das Lykische Volk, ThLZ 50 (1925), 81 f.
-Rez.: O. Schmitz, Die Christus-Gemeinschaft des Paulus im Lichte seines Genitivgebrauchs, ThLZ 50 (1925), 223–225
-Rez: E. Meyer, Blüte und Niedergang des Hellenismus in Asien, ThLZ 50 (1925), 465 f.
-Rez.: A. Drews, Die Entstehung des Christentums, DLZ 46 (1925), 141 f.
-Rez.: E. Fascher, Die formgeschichtliche Methode; R. Bultmann, Die Erforschung der synoptischen Evangelien, ThBl 4 (1925), 184–186
-Rez.: E. Sievers, Die Johannesapokalypse klanglich untersucht, ThBl 4 (1925), 303
-Predigt über Mt 18,3 (gehalten am 25. Januar 1925 in Breslau)
-Predigt über Apk 3, 14–20 (gehalten am 26. Juli 1925 in Breslau)

1926

-Die Offenbarung des Johannes (HNT IV/4), Tübingen 1926
-Die Offenbarung des Johannes. Übertragen von Ernst Lohmeyer, Tübingen 1926
-Das Proömium des Epheserbriefes, ThBl 5 (1925), 120–125
-Replik (auf A. Debrunner), ThBl 5 (1926), 233 f.
-Religion und Kaufmann, in: Der Kaufmann und das Leben, Beiblatt zur Zeitschrift für Handelswissenschaft und Handelspraxis 19 (1926), Heft 7 u. 8
-Rez.: F. X. Funk, Die Apostolischen Väter, ThLZ 51 (1926), 29 f.
-Rez.: M. Dibelius, An die Thessalonicher I, II.; An die Philipper, ThLZ 51 (1926), 291
-Rez.: J. Wittig, Leben Jesu in Palästina, Schlesien und anderswo, ThLZ 51 (1926), 292–294
-Rez.: P. M. A. Janvier, Das Leiden unseres Herrn Jesu Christi und die christliche Moral; A. Reatz, Jesus Christus, ThLZ 51 (1926), 292–294
-Rez.: K. Barth, Die Auferstehung der Toten, ThLZ 51 (1926), 467–471
-Rez.: W. Bauer, Das Johannes-Evangelium, OLZ 29 (1926), 470 f.
-Predigt über Joh 1,1 u. 4 (gehalten am 26. November 1926 in Breslau)

1927

-ΣYN XPIΣTΩI, in: Festgabe für Adolf Deißmann, Tübingen (1927), 218–257
-Die Idee des Martyriums im Judentum und Urchristentum, ZSTh 5 (1927), 232–249; Französisch in: RHPhR 7 (1927), 316–329 und in: Extrait du congres d'histoire du Christianisme, Jubile Alfred Loisy, Annales d'histoire du Christianisme II, Paris und Amsterdam (1928), 121–137; Italienisch in: RicRel 3 (1927), 318–332
-Probleme paulinischer Theologie I: Briefliche Grußüberschriften, ZNW 26 (1927), 158–173
-Das kommende Reich, in: Die Tat. Monatschrift für die Zukunft der deutschen Kultur 18 (1927), 846–853
-Art. Apokalyptik II: Jüdische, RGG^2 I (1927), 402–404
-Art. Apokalyptik III: Altchristliche, RGG^2 I (1927), 404–406
-Rez.: G. Bichlmair, Urchristentum und katholische Kirche, ThLZ 52 (1927), 7
-Rez.: R. Bultmann, Jesus, ThLZ 52 (1927), 433–439
-Rez.. A. Bludau, Die ersten Gegner der Johannesschriften, OLZ 30 (1927), 270
-Rez.: J. de Viuppens, Le Paradis Terrestre au troisieme ciel, OLZ 30 (1927), 382
-Predigt über Mt 7, 7–11 (gehalten am 19. Juni 1927)

1928

-Der Brief an die Philipper (KEK IX–1), Göttingen 1928
-KYRIOS JESUS. Eine Untersuchung zu Phil 2,5–11 (SHAW.PH 1927/28–4), Heidelberg 1928
-Kyrios Jesus, FuF 4 (1928), 76 f.
-Über Aufbau und Gliederung des vierten Evangeliums, ZNW 27 (1928), 11–36
-Über Aufbau und Gliederung des ersten Johannesbriefes, ZNW 27 (1928), 225–263
-August Tholuck, in: Schlesische Lebensbilder III , Breslau (1928), 230–239
-Kapitalismus und Protestantismus, in: Der Kaufmann und das Leben, Beiblatt zur Zeitschrift für Handelswissenschaft und Handelspraxis 21 (1928), Heft 4
-Rez.: A. Schlatter, Die Geschichte der ersten Christenheit, ThLZ 53 (1928), 230–231
-Rez.: L. Lemme, Das Leben Jesu Christi, ThLZ 53 (1928), 412–413
-Rez.: W. Michaelis, Täufer, Jesus, Urgemeinde, ThLZ 53 (1928), 512
-Rez.: J. Behm, Die mandäische Religion und das Christentum, Gn 4 (1928), 293 f.
-Rez.: W. Schubart, Das Weltbild Jesu, OLZ 31 (1928), 859f

1929

-Grundlagen paulinischer Theologie (BHTh 1), Tübingen 1929
-Probleme paulinischer Theologie II: Gesetzeswerke, ZNW 28 (1929), 177–207
-Kritische und gestaltende Prinzipien im Neuen Testament, in: P. TILLICH (Hg.), Protestantismus als Kritik und Gestaltung, Darmstadt (1929), 41–69
-Der Begriff der Erlösung im Urchristentum, DTh 2, Göttingen (1929), 22–45
-Rez.: Principal John Oman, The Text of Revelation, ThLZ 54 (1929), 323 f.
-Rez.: J. Kaerst, Geschichte des Hellenismus, ThLZ 54 (1929), 343–345
-Rez.: E. Eisentraut, Des hl. Apostels Paulus Brief an Philemon, ThLZ 54 (1929), 417

-Rez.: R. Reitzenstein, Die Vorgeschichte der christlichen Taufe, DLZ 50 (1929), 1851–1860
-Rez.: D. Nielsen, Der geschichtliche Jesus, OLZ 32 (1929), 100–102
-Rez.: F. Büchsel, Johannes und der hellenistische Synkretismus, OLZ 32 (1929), 865 f.

1930

-Die Briefe an die Kolosser und an Philemon (KEK IX–2), Göttingen 1930
-Probleme paulinischer Theologie III: Sünde, Fleisch und Tod, ZNW 29 (1930), 1–59
-Zur Erinnerung an Adolf Kneser. Worte an seinem Sarge, Breslau 1930
-Rez.: H. Windisch, Die Orakel des Hystaspes, ThLZ 55 (1930), 253 f.
-Rez.: P. J. Peschek, Geheime Offenbarung und Tempeldienst, ThLZ 55 (1930), 275–277
-Rez.: L. Clarke, New Testament Problems, ThLZ 55 (1930), 293 f..
-Rez.: H. Delafosse, Les Écrits de St. Paul IV, ThLZ 55 (1930), 325 f.
-Rez.: H. Beckh, Der kosmische Rhythmus im Markusevangelium, DLZ 51 (1930), 1543

1931

-E. Lohmeyer (Hg.), Deutsche Theologie 3: Das Wort Gottes. Verhandlungen des Dritten Deutschen Theologentages in Breslau, Göttingen 1931
-Von Baum und Frucht. Eine exegetische Studie zu Mt 3,10, ZSTh 9 (1931), 377–397
-Caspar Schwenckfeld von Ossig, in: Schlesische Lebensbilder IV, Breslau (1931), 40 ff.
-Hegel und seine theologische Bedeutung. Zum Gedenken an seinen 100. Todestag, ThBl 10 (1931), 337–342
-Glaube und Geschichte in den vorderorientalischen Religionen. Rede gehalten bei der Einführung in das Rektorat am 3. November 1930. Breslauer Universitätsreden VI, Breslau 1931
-Rez.: A. v. Harnack, Ecclesia Petri propinqua, ThLZ 56 (1931), 98–100
-Rez.: H. J. Vogels, Codicum NT Specimina, OLZ 34 (1931), 549
-Predigt über Mt 4, 1–14 (gehalten am 22. Februar 1931 in Breslau)
-Predigt über 1 Joh 1,5 u. 2,8 (gehalten am 31. Juli 1931 in Breslau)

1932

-Das Urchristentum – 1. Buch: Johannes der Täufer, Göttingen 1932
-Zur evangelischen Überlieferung von Johannes dem Täufer, JBL 51 (1932), 300–319
-Rez.: J. M. Harden, The Anaphoras of the Ethiopic Liturgy, OLZ 35 (1932), 48 f.
-Die geistige Bedeutung Deutschlands für Europa (Radiovortrag; Breslau 1932/33)
-Offener Brief an Hans Lietzmann, ThBl 11 (1932), 18–21
-Predigt über Joh 18, 37–38a (gehalten am 10. Juli 1932 in Breslau)

1933

-Rez.: K. Müller, Aus der akademischen Arbeit, HZ 148 (1933), 150 f.

1934

-„Und Jesus ging vorüber", NThT 23 (1934), 206–224
-Die Offenbarung des Johannes 1920–1934, ThR NF 6 (1934), 269–314

-Vom Problem paulinischer Christologie. Zu Ernst Barnikols christologischen Untersuchungen, ThBl 13 (1934), 43–53

-Rez.: H. Koch, Quellen zur Geschichte der Askese und des Mönchtums, HZ 150 (1934), 612 f.

-Rez.: R. Schütz, Die Offenbarung Johannis und Kaiser Domitian, DLZ 55 (1934), 151–156

-Rez.: W. Michaelis, Datierung des Phil, DLZ 55 (1934), 1249–1251

-Rez.: H. Windisch, Paulus und Christus, DLZ 55 (1934), 1489–1501

-Rez.: G. S. Duncan, St. Paul's Ephesian Ministry, ThLZ 59 (1934), 418–421

-Predigt über Joh 16,7 (gehalten am 23. Februar 1934 in Breslau)

1935

-Die Offenbarung des Johannes 1920–1934, ThR NF 7 (1935), 28–62

-Gnade und Männlichkeit, in: Rufende Kirche, Heft 3, Breslau 1935

-Wo wächst Gottes Same?, in: Kirchliches Wochenblatt für die evangelischen Gemeinden Breslaus 121 (1935), 298 f.

-Rez.: E. Peterson, Εἶς Θεός, Gn 11 (1935), 543–552

-Predigt über Mt 13, 31–35 (gehalten am 24. Juni 1935 in Breslau)

-Predigt über Ps 98 (gehalten am 13. Oktober 1935 in Breslau)

1936

-Galiläa und Jerusalem (FRLANT NF 34), Göttingen 1936

-Was heißt uns Bibel des Alten und Neuen Testamentes?, Wingolfsnachrichten 3, 65. Jg. (1936), 217–222

-Zum Gedächtnis Erich Schaeders, DtPfBl 40 (1936), 285 f.

-Zum Gedächtnis Erich Schaeders, Schlesische Zeitung vom 6. März 1936

1937

-Das Evangelium des Markus (KEK I–2), Göttingen 1937

-Die Versuchung Jesu, ZSTh 14 (1937), 619–650

-Das Abendmahl in der Urgemeinde, JBL 56 (1937), 217–252

-Vom urchristlichen Abendmahl, ThR NF 9 (1937), 168–227.273–312

-Rez.: P. Le Seur, Die Briefe an die Epheser, Kolosser und Philemon, ThLZ 62 (1937), 178

-Rez.: M. Dibelius, An die Thessalonicher I, II; An die Philipper, ThLZ 62 (1937), 399–401

1938

-Vom urchristlichen Abendmahl, ThR NF 10 (1938), 81–99

-Vom Abendmahl im Neuen Testament, DtPfBl 42 (1938), 97 f. 173 f.

-Om nattvarden i Nya testamentet, SvTK 14 (1938), 333–345

-Vom Sinn der Gleichnisse Jesu, ZSTh 15 (1938), 319–346

-Das Vater-Unser als Ganzheit, ThBl 17 (1938), 217–227

-Der Stern der Weisen, ThBl 17 (1938), 289–299

-Rez.: J. Blinzler, Die neutestamentlicher Berichte über die Verklärung Jesu; J. Höller, Die Verklärung Jesu, ThLZ 63 (1938), 228–229

-Rez.: F. Overbeck, Titus Flavius Klemens von Alessandria. Übersetzung, HZ 157 (1938), 572–574

1939

-Die Fußwaschung, ZNW 38 (1939), 74–94

-Vom urchristlichen Sakrament, DTh 6 (1939), 112–126.146–156

-Rez.: E. C. Hoskyns u. N. Davey, Das Rätsel des Neuen Testaments, ThLZ 64 (1939), 409–411

-Rez.: A. Loisy, Autres Mythes à propos de la Religion, ThLZ 64 (1939), 450 f.

-Rez.: T. Arvedson, Das Mysterium Christi, OLZ 42 (1939), 742–745

-Rez.: R. H. Bainton, Concerning Heretics. An anonymous work attributed to Sebastian Castellio, HZ 159 (1939), 128 f.

1940

-Rez.: H. J. Ebeling, Das Messiasgeheimnis und die Botschaft des Markusevangelisten, ThLZ 65 (1940), 18–22

1941

-Die Reinigung des Tempels, ThBl 20 (1941), 257–264

-Das Gleichnis von den bösen Weingärtnern, ZSTh 18 (1941), 243–259

1942

-Kultus und Evangelium, Göttingen 1942

1943

-Das Gleichnis von der Saat, DTh 10 (1943), 20–39

1945

-Gottesknecht und Davidsohn, Västervik 1945

1946

-Das Vater-Unser, Göttingen 1946

1948

-Die rechte Interpretation des Mythologischen (Vortrag gehalten in Breslau am 9. Januar 1944), in: BARTSCH, Kerygma 154–165

-Das Vater-Unser, 2. Aufl., Göttingen 1948

1950

-Art. „A und O", in: RAC 1 (1950), Sp. 1–4

-Art. „Antichrist", in: RAC 1 (1950), Sp. 450–457

1951

-Das Evangelium des Markus (KEK I–2), 2. Aufl. 1951
-Das Evangelium des Markus. Ergänzungsheft, hsrg. von Gerhard Saß, Göttingen 1951
-„Mir ist gegeben alle Gewalt". Eine Exegese von Mt 28,16–20, in: SCHMAUCH, In memoriam 22–49

1952

-Das Vater-Unser, 3. Aufl., Göttingen 1952

1953

-Die Offenbarung des Johannes (HNT 16), 2. Aufl., Tübingen 1953
-Die Briefe an die Philipper, Kolosser und an Philemon (KEK IX–1,2), 2. Aufl., Göttingen 1953
-Das Evangelium des Markus (KEK I–2), 3. Aufl., Göttingen 1953
-Gottesknecht und Davidsohn (FRLANT 43), 2. Aufl., Göttingen 1953

1954

-Das Evangelium des Markus (KEK I–2), 4. Aufl., Göttingen 1954
-Die Briefe an die Philipper, Kolosser und an Philemon (KEK IX–1,2), 3. Aufl., Göttingen 1954
-Probleme paulinischer Theologie, Darmstadt 1954

1955

-Probleme paulinischer Theologie, Stuttgart 1955

1956

-Das Evangelium des Matthäus. Nachgelassene Ausarbeitungen und Entwürfe, hrsg. von W. SCHMAUCH (KEK Sonderband), Göttingen 1956
-Die Briefe an die Philipper, Kolosser und an Philemon (KEK IX–1,2), 4. Aufl., Göttingen 1956
-Urchristliche Mystik. Neutestamentliche Studien, Darmstadt 1956

1957

-Das Evangelium des Markus (KEK I–2), 5. Aufl., Göttingen 1957

1958

-Das Evangelium des Matthäus. Nachgelassene Ausarbeitungen und Entwürfe, hrsg. von W. SCHMAUCH, KEK Sonderband, 2. Aufl. Göttingen 1958

1959

-Das Evangelium des Markus (KEK I–2), 6. Aufl., Göttingen 1959

1960

-Das Vater-Unser, 4. Aufl., Göttingen 1960

1961

-Die Briefe an die Philipper, Kolosser und an Philemon (KEK IX–1,2), 5. Aufl., Göttingen 1961
-KYRIOS JESUS. Eine Untersuchung zu Phil 2,5–11, Darmstadt 1961 (Nachdruck von 1928)
-Lord of the Temple. A Study of the Relation between Cult and Gospel, London 1961

1962

-Das Evangelium des Matthäus. Nachgelassene Ausarbeitungen und Entwürfe, hrsg. von W. SCHMAUCH, KEK Sonderband, 3. Aufl. Göttingen 1962
-Das Vater-Unser, 5. Aufl., Göttingen 1962

1963

-Das Evangelium des Markus (KEK I–2), 7. Aufl., Göttingen 1963

1964

-Die Briefe an die Philipper, Kolosser und an Philemon (KEK IX–1,2), 6. Aufl., Göttingen 1964. Beiheft von W. Schmauch

1965

-The Lord's Prayer, London 1965
-Wiederabdruck von „Mir ist gegeben alle Gewalt". Eine Exegese von Mt 28,16–20 [1951], in: Festschrift zur 425. Jahrfeier des Friedrichs-Gymnasiums Herford, Herford (1965), 129–151

1966

-'Our Father' – An Introduction to the Lord's Prayer, New York 1966

1967

-Das Evangelium des Markus (KEK I–2), 8. Aufl., Göttingen 1967
-Das Evangelium des Matthäus. Nachgelassene Ausarbeitungen und Entwürfe, hrsg. von W. SCHMAUCH, KEK Sonderband, 4. Aufl. Göttingen 1967

1970

-Die Offenbarung des Johannes (HNT 16), 3. Aufl., Tübingen 1970

1973

-Soziale Fragen im Urchristentum, Darmstadt 1973 (Nachdruck von 1921)
-Briefe E. Lohmeyers an Martin Buber vom 19. August und 11. September 1933, in: SCHAEDER, Buber, 499 ff. 454

1979

-Briefe Lohmeyers an Lietzmann vom 10. Februar 1929, 27. November 1929 und 25. Dezember 1931, in: ALAND, Glanz 584 f. 594. 692 f.

1982

-Teilwiederabdruck von ,Die Offenbarung des Johannes 1920–1934' [1934/35] in: KOCH/SCHMIDT, Apokalyptik 258–264

-Vom Sinn der Gleichnisse Jesu [1938], in: HARNISCH, Gleichnisse 154–179

1984

-Brief Lohmeyers an H. v. Soden vom 8. Mai 1934, in: DINKLER, Theologie 84.

1986

-Wiederabdruck des Lohmeyer-Briefs an M. Buber vom 19. August 1933 (mit einer Einleitung von E. Stegemann), in: Kirche und Israel 6 (1986), 5–8

1990

-Die rechte Interpretation des Mythologischen, in: W. OTTO, Freiheit 18–35

-Wiederabdruck des Lohmeyer-Briefs an M. Buber vom 19. August 1933, in: RÖHM/THIERFELDER, Juden 172 f.

-Drei Briefe Lohmeyers an Bultmann (vom 10. Oktober, 5. Dezember 1920 und 31. Dezember 1931); zwei Postkarten Lohmeyers an Bultmann (vom 28. März und 6. November 1944); zwei Briefe Lohmeyers an den Rektor der Universität Breslau (vom 30. Januar und 1. Februar 1934); Predigt Lohmeyers über Ps 98 (vom 13. Oktober 1935), in: HUTTER, Theologie 154 ff.

1997

-Brief Ernst Lohmeyers an R. Hermann vom 21. April 1933, in: WIEBEL, Briefwechsel 446, wiederabgedruckt in: DERS., Hermann 261 f.

1998

-The Structure and Organisation of the Fourth Gospel (engl. Übersetzung von: Über Aufbau und Gliederung des vierten Evangeliums [ZNW 27, 1928, 11–36], in: JHC 5 (1998), 113–159

1999

-Rede Ernst Lohmeyers zur Gründung des *Kulturbundes zur demokratischen Erneuerung* für das Land Mecklenburg-Vorpommern, gehalten am 26. August 1945 im Schweriner Theater, in: RAUTENBERG, Ende 56–59

Personenverzeichnis

Adam, Karl 78
Aebert, Bernhard 291, 292
Aland, Kurt 229, 230
Alberti, Gerhard 290
Albrecht, Henning 98, 99
Alexander d. Gr. 188
Althaus, Paul 41, 48, 55, 73, 254
Anselm v. Canterbury 10
Aristoteles 180
Asmussen, Hans 91
Augustin 193, 241, 248, 291
Augustus 185
Aulén, Gustaf 95, 106

Bach, J. S. 121, 193
Barth, Karl 21, 22, 33, 34, 36, 37, 40,
    44, 72, 235, 290
Bartsch, H.-W. 294
Bauch, Bruno 244
Baudelaire, Charles 174, 175
Bauer, Bruno 19
Bauer, Walter 48
Bauernfeind, Otto 47
Baumgärtel, Friedrich J. 98
Baumgarten, Otto 66
Baur, Ferdinand Christian 43, 161, 162
Becher, Johannes R. 121
Bedürftig, Robert 64
Beethoven, Ludwig v. 131
Behm, Johannes 46
Beintker, Horst Eduard 129, 130
Beißer, Friedrich 296
Bengel, Albrecht 161
Benjamin, Walter 248, 249
Bergh van Eysinga, G. A. van den 107,
    154
Bertholet, Alfred 292
Bertram, Georg 46
Bethusy-Huc, Max v. 8
Beyschlag, Willibald 158

Bie, Richard 184
Böhme, Jakob 211, 225, 296
Boll, Franz 215, 218
Bonhoeffer, Dietrich 72, 77, 292, 293,
    298
Borchardt, Rudolf 174
Bornhausen, Karl Eduard 13, 65, 70,
    82, 87, 275
Bornkamm, Günther 149, 294, 295
Bornkamm, Heinrich 58
Borstschew, Semjon 115
Bousset, Wilhelm 170, 218, 275
Bredel, Willi 121, 122, 155
Bring, Anders E. Ragnar 96, 107
Brockelmann, Carl 63, 65, 67
Brunner, Emil 96
Brunstäd, Friedrich 98
Buber, Martin 74, 76, 77, 142, 149,
    154, 275, 278, 288, 289, 298
Büchner, Georg 177
Büchsel, Friedrich 58, 59
Buhtz (Universitätsoberinspektor) 131
Bultmann, Rudolf 1, 2, 3, 12, 13, 15,
    20, 21, 22, 31, 46, 50, 58, 72, 84, 85,
    97, 105, 106, 109, 112, 113, 138,
    141, 142, 147, 149, 173, 191, 215,
    216, 222, 223, 224, 227, 230, 235,
    253, 260, 262, 273, 274, 276, 294,
    295, 296, 297
Burckhardt, Jacob 160, 161, 228
Burney, Charles F. 261

Campenhausen, Hans v. 100, 102, 109,
    142, 149
Cassirer, Ernst 175, 200, 247, 249
Coblenz, Ida 189
Cohen, Hermann 248
Cohn, Ernst J. 2, 60, 61, 62, 63, 64, 65,
    66, 67, 81, 142, 275
Couchoud, Paul Louis 154

Cullmann, Oscar 149
Cumont, Franz 107
Curtius, Ernst Robert 204
Cusanus, Nikolaus 10, 211, 242, 296

D'Annunzio, Gabriele 185
Dante 174, 175, 189, 193
David (König v. Israel) 199, 278
Dehn, Günther Karl 61
Deichgräber, R. 294
Deißmann, Adolf 7, 9, 15, 16, 17, 157, 165, 220, 273, 292
Deißner, Kurt 92, 111, 112
Dibelius, Martin 1, 3, 11, 15, 20, 31, 46, 48, 50, 142, 157, 222, 227, 228, 229, 230, 231, 253, 260, 262, 273
Dibelius, Otto 72, 143
Dickens, Charles 112, 121, 174
Diederichs, Eugen 209
Dieterich, Albrecht 218
Dobschütz, Ernst v. 46, 47, 48, 49, 84, 226
Dostojewski, Fjodor 174
Duhm, Hans 87
Dürer, Albrecht 193

Ebeling, H.-J. 282
Edwards, James R. 151
Eger, Johannes 215
Ehrenforth, Günther 150
Eidem, Erling 73, 95, 106, 154
Elert, Werner 73
Engel, Carl 114, 115, 116
Engels, Friedrich 131
Ernst, Paul 174, 179
Esking, Erik 293
Euripides 266, 268
Exner, Siegmund 25

Fabricius, Cajus 87
Falckenberg, Richard 10
Fascher, Erich 46
Feine, Paul 158
Fischer, Hans Albrecht 63, 65
Fitzer, Gottfried 47, 67, 79, 81, 87, 142, 290, 293
Flavius Josephus 267
Fleck, Prof. 133
Franke, Herbert 81

Fridrichsen, Anton 95, 96, 100, 102, 104, 105, 106, 107, 108, 109, 110, 112, 113, 125, 141, 144, 147, 259, 288
Friedrich II. 208
Fuchs, Ernst 230

Gabler, Johann Philipp 161
Gadamer, Hans-Georg 249
George, Stefan 23, 24, 175, 176, 177, 182, 183, 184, 185, 186, 187, 188, 191, 203, 204, 205, 206, 207, 208, 209, 210, 212, 214, 216, 217, 218, 219, 220, 221, 224, 297
Gerlach, Wolfgang 150
Glawe, Walther 116
Gloege, Gerhard 215
Goebbels, Joseph 184
Goethe, Johann Wolfgang v. 28, 57, 121, 174, 175, 179, 180, 182, 183, 186, 235, 245, 251, 258, 267, 268
Gogarten, Friedrich 34, 55, 70, 71, 79, 80, 81, 82, 86, 87, 227
Gollwitzer, Helmut 100, 149
Graul, Walter 114
Grimme, Adolf 62
Grünberg, Gottfried 119, 122, 123, 128, 130, 132, 133
Grynszpan, Herschel 101
Gumbel, Emil Julius 61
Gundolf, Friedrich 23, 174, 175, 176, 177, 182, 183, 185, 186, 187, 204, 208
Gunkel, Hermann 215

Haack, Hans-Georg 67, 87
Haenisch, Konrad 11, 12
Hahnke, Adolf v. 79, 92
Händel, G. F. 128
Harnack, Adolf v. 15, 16, 18, 158, 162
Hartmann, Nicolai 292
Haupt, Erich 30, 35, 36, 39
Hegel, G. F. W. 101, 161, 162, 225, 226, 252, 267
Heiber, Helmut 62
Heidegger, Martin 29, 230, 241
Heim, Karl 292
Heimann, Eduard 178
Heinemann, Isaak 142
Heitmüller, Wilhelm 20, 33, 43

Helfritz, Hans 65, 68
Heraklit 241
Herder, J. G. 121, 174, 185, 193
Hermann, Rudolf 28, 29, 92, 100, 115, 116, 133, 135, 142, 214, 249, 250
Hermann, Wilhelm 162
Hermes, Andreas 119
Heyn, Gerhard 98, 99, 100
Hildebrandt, Friedrich 98
Hindenburg, Paul v. 85
Hirsch, Emanuel 54, 55
Hitler, Adolf 67, 70, 71, 85, 100, 103, 105, 114, 209, 275
Höcker, Wilhelm 120, 122, 125, 127, 130
Hoennicke, Gustav 80, 86
Hoffmann, Adolf 11
Hoffmann, Paul 119
Höfler, Konrad 54
Hofmannsthal, Hugo v. 174, 175, 203, 215, 297
Hölderlin, Friedrich 112, 121, 174, 177, 178, 180, 182, 183, 184, 186, 193, 212, 267, 268, 269
Holl, Karl 7, 157
Holtz, Gottfried 114
Holtzmann, Heinrich Julius 158
Homer 178, 179, 185, 266
Hönigswald, Gertrud (geb. Grundwald) 24
Hönigswald, Gertrud Marie (Trudy Glucksberg) 103
Hönigswald, Hilde (geb. Bohn) 103
Hönigswald, Richard 24, 25, 26, 27, 29, 45, 51, 56, 60, 65, 88, 92, 93, 101, 102, 103, 142, 213, 214, 224, 225, 226, 227, 228, 229, 230, 239, 240, 241, 242, 243, 244, 245, 246, 247, 248, 249, 250, 251, 259, 292, 296, 299
Hoppe-Seyler, Prof. 116
Horaz 268
Hornig, Ernst 93, 150
Huch, Ricarda 177
Hume, David 25

Ignatius v. Antiochia 7
Ihlenfeld, Kurt 148, 177
Ihmels, Werner 298

Iwanoff, Prof. 128, 130, 134, 135, 137, 151

Jäger, August 86
Jander, Prof. 116
Jansen, Herman L. 102
Jeremias, Joachim 2, 90, 92, 138
Jessin, Iwan M. 134, 135, 136
Jesus (Christus) 7, 16, 18, 20, 58, 59, 69, 77, 80, 81, 83, 94, 101, 108, 140, 157, 158, 163, 164, 167, 169, 171, 172, 187, 189, 192, 196, 197, 199, 200, 207, 211, 212, 213, 216, 217, 221, 231, 233, 236, 239, 253, 256, 257, 258, 260, 262, 263, 264, 265, 266, 267, 268, 269, 270, 271, 272, 273, 274, 275, 277, 278, 279, 280, 281, 282, 283, 284, 285, 286, 287, 288, 289, 292, 294, 297, 299
Jirku, Anton 67, 68, 78, 80, 82, 86, 87
Johannes (Evangelist) 59
Johannes der Täufer 50, 59, 227, 230, 231, 232, 233, 234, 236, 237, 239, 240, 241, 275, 278
Jülicher, Adolf 33, 230
Jüngel, Eberhard 297

Kähler, Martin 161, 266
Kähler, Wilhelm 65
Kalthoff, Albert 15
Kant, Immanuel 183, 225, 235, 241, 246, 248, 249, 252
Kantarowicz, Ernst H. 208
Katsch, Gerhardt 115
Kauffold, Peter 156
Kautsky, Karl 15, 16, 18, 135
Keller, Gottfried 112, 174
Keller, Willi 155
Kepler, Johannes 183
Kittel, Gerhard 46, 48, 49, 59, 74, 75, 84, 85
Klages, Ludwig 177, 241
Kleemann, Fritz 110
Kleist, Heinrich v. 177, 184
Klepper, Jochen 25, 71, 141, 177, 249, 290
Klingbeil, Marie Lusie (geb. Barthel) 290
Klopstock, Friedrich Gottlieb 174, 193

Koebner, Richard 24, 28, 142, 154, 214, 249, 250
Kolbe 99, 154
Kommerell, Max 177
Konrad, Joachim 87, 149, 290
Kopalin, Leonid P. 151, 152
Krause, Reinhold 78
Kronberger, Maximilian 177, 187, 188, 203, 207
Krummacher, Friedrich-Wilhelm 141, 142
Kuhnert, Hellmut 114, 115, 116, 132, 154
Kusnezowa, A. P. 153

Lachmund, Hans 114
Lagrange, M. J. 86, 90
Lammers, Alois 67
Lansemann, Robert 298
Lasutkin 153
Le Fort, Gertrud v. 177
Lechter, Melchior 219
Lehmann, Prof. 116
Leibniz, Gottfried Wilhelm 183, 200, 235, 242
Leiner, Martin 296
Lessing, Theodor 61
Leube, Hans 79, 87
Lidzbarski, Mark 218
Lieb, Fritz 124, 139, 154
Liebster, Georg 17
Lieder, Vaclaw 185
Lietzmann, Hans 28, 34, 36, 37, 50, 160, 173, 178, 218, 222, 224, 225, 226, 227, 228, 229, 230, 242, 246, 259, 291
Lightfoot, R. H. 149, 154
Lilje, Hanns 85, 149
Litt, Theodor 247
Littmann, Enno 261
Lohmeyer, Beate-Dorothee 13
Lohmeyer, Carl Heinrich Ludwig 5
Lohmeyer, Ernst-Helge 92, 109, 147
Lohmeyer, Heinrich Nikolaus 6
Lohmeyer, Hermann-Hartmut 92, 123, 139, 140, 143
Lohmeyer, Marie (geb. Siemsen) 5
Lohmeyer, Melie (geb. Seyberth) 1, 7, 8, 23, 25, 26, 28, 29, 30, 76, 92, 111, 117, 126, 127, 134, 137, 138, 139,

140, 141, 142, 143, 144, 145, 146, 147, 148, 149, 153, 174, 214, 259, 260
Loisy, Alfred F. 90, 107, 213, 272
Loofs, Friedrich 158
Lother, Helmut 87
Löwi, Moritz 214
Lührmann, Dieter 230
Luther, Martin 125, 183, 186, 215, 241
Lüttringhaus, Prof. 132

Macholz, Waldemar 224
Magon, Leopold 116, 135
Mallarmé, Stéphane 176, 185
Manthey, Hans 126, 132
Marées, Hans v. 187
Marx, Karl 131, 135
Marxsen, Willi 294
Maurenbrecher, Max 15
Meinecke, Friedrich 189
Meinong, Alexius 243
Meister Eckhart 240
Mennicke, Carl 178
Mereschowskij, Dimitri S. 174
Mewes, Anni 22
Meyer, Conrad Ferdinand 112, 174
Meyer, Eduard 15
Michel, Otto 69, 70
Moeller van den Bruck, Arthur 208
Molitor, Erich 115, 116
Mommsen, Theodor 40, 161, 185
Morgenstern, Christian 174, 290
Müller, Fritz 119, 126, 127, 132, 134, 136, 139
Müller, Hermann 53
Müller, Ludwig 71, 86
Muschg, Walter 184

Naas, Dr. 132, 133
Nachapetow, Oberstleutnant 132
Napoleon I. 183
Natorp, Paul 248
Naumann, Friedrich 17
Nawiasky, Hans 61
Neander, August 161
Niemöller, Martin 98, 142, 145
Nietzsche, Friedrich 15, 183, 186, 241, 267
Noack, Ulrich 116
Nock, Arthur D. 259

Norden, Eduard 218
Noshka, I. 152, 153
Novalis 174, 178
Nygren, Anders 96

Odeberg, Hugo 96, 106, 107
Oestreich, W. 120
Ossietzky, Carl v. 66
Otto, Gudrun (geb. Lohmeyer) 10, 28, 92, 102, 143
Otto, Klaus-Jürgen 174
Ovid 266

Papias v. Hierapolis 192, 222
Paracelsus 241
Parmenides 252
Pascal, Blaise 26
Paul, Jean 186
Paulsen, Henning 297
Paulus (Apostel) 16, 38, 59, 83, 84, 158, 159, 166, 167, 169, 170, 199, 211, 212, 226, 239, 254, 255, 256, 257, 258, 271, 276
Pestalozzi, Johann Heinrich 246
Peters, Karl 116
Petershagen, Rudolf 114
Petrus (Apostel) 264, 281
Pfeiffer, Hugo 114
Philo v. Alexandrien 168, 169, 170
Pieck, Wilhelm 139
Pindar 178, 185, 186
Platon 121, 186, 205, 226, 241, 276
Preisker, Herbert 47, 48, 50, 90
Pythagoras 185

Raabe, Wilhelm 112, 174
Ranke, Leopold 161, 228, 252, 276
Rath, Ernst v. 101
Rathenau, Walther 10, 18
Reitzenstein, Richard 32, 218, 273
Rembrandt 185
Remertz, Siegfried 114, 115
Rentz, Prof. 134
Riehl, Alois 243
Rilke, Rainer Maria 22, 194
Rimbaud, Jean Arthur 185
Ritschl, Albrecht 162
Rittelmeyer, Friedrich 178
Ritter, Karl Bernhard 178
Rompe, Prof. 132, 134, 135

Rosenberg, Arthur 66
Rosenstock-Huessy, Eugen 24, 61, 63, 67, 149, 249
Rosenzweig, Franz 77, 288
Rosetti, G. Charles 185
Rösler, Helmut 61
Rost, Leonhard 116, 139
Rousseau, Jean Jacques 183
Ruprecht, Günther 58, 60, 105, 123, 124, 125, 137, 138, 139, 140, 141, 142, 143, 144, 145, 146, 147, 148, 260
Ruprecht, Gustav 30, 32, 34, 37, 38, 39, 40, 41, 42, 44, 45, 50, 54, 59, 69, 70, 77, 82, 83, 85, 86, 87, 88, 90, 92, 94, 96
Ruprecht, Hellmut 96, 97, 101, 104, 105, 106, 107, 108
Rust, Bernhard 87

Saß, Gerhard 150
Schaeder, Erich 79, 80, 86
Schaeder, Hans Heinrich 40, 50, 59
Schaefer, Clemens 149, 214
Schelling, Friedrich Wilhelm Joseph 241
Scheven, Karl v. 92, 142
Schian, Martin 79, 80, 81
Schlatter, Adolf 158, 161
Schleiermacher, Friedrich 7
Schlier, Heinrich 47, 105, 150, 222
Schmauch, Werner 3, 22, 89, 107, 150, 290, 294
Schmidt, Hans 58
Schmidt, Karl Ludwig 1, 3, 7, 15, 20, 46, 50, 58, 149, 228
Schmidt, Richard 114, 115
Schmirnoff, Prof. 134
Schmitz, Otto 46, 84, 85
Schmökel, Hartmut 87
Schneider Reinhold 177
Schneider, Paul 298
Schniewind, Julius 46, 142
Schoell, D. 33
Scholem, Gerschom 74
Schreiner, Helmut 98
Schröder, Rudolf Alexander 174, 177
Schroeder, Klaus 155
Schuler, Alfred 177
Schwede-Coburg, Franz 98

Schweitzer, Albert 157, 266
Seeberg, Erich 87
Seeberg, Reinhold 158
Seeliger, Rudolf 129, 132, 133, 135, 142
Seemen, Prof. v. 118
Seidel, Ina 177
Shakespeare, William 175
Shukow, Georgi K. 117, 118, 130, 136
Sigwart, Christoph 242
Skossyrew, Michael A. 128
Soden, Hans v. 13, 14, 72, 73, 79, 87, 109, 290, 291
Söhlmann, Fritz 85
Solotuchin, A. I. 128
Sommer, Hanna (geb. Bedürftig) 64, 291
Sophokles 268
Spitteler, Carl 174
Spranger, Eduard 292
Sprung, Dr. 116
Stalin, Josef 130
Stapel, Wilhelm 54
Staritz, Katharina 24, 290, 291
Stauffenberg, Alexander 177
Stauffenberg, Berthold 177, 208
Stauffenberg, Claus Schenk Graf v. 23, 208, 209
Stehr, Hermann 174
Steinbeck, Johannes 79, 80, 86
Steiner Rudolf 178
Stern, William 26
Steuernagel, Carl 79, 80, 86, 87
Stoecker, Lydia 17
Strathmann, Hermann 84, 85
Strauß, Otto 24, 249
Stresemann, Gustav 52, 53
Subilia, Vittorio 294
Sutulow, A. M. 153
Swete, H. B. 86, 90
Swinburne, A. C. 185

Taine, Hippolyte 228
Thukydides 228
Tillich, Paul 21, 22, 178, 209
Titius, Arthur 253
Tödt, Heinz Eduard 294
Tolstoi, L. N. 121, 174
Torrey, Charles C. 261
Tribuliow, Oberstleutnant 134

Troeltsch, Ernst 15, 19
Trotzki, Leo 65

Usener, Hermann 218
Uthmann, Generalmajor v. 106

Vaihinger, Hans 225
Verlaine, Paul 185
Verwey, Albert 185, 189
Voltaire 183

Wagner, Richard 184
Waldecker, Ludwig 62, 68
Walter, Georg 79, 80
Walz, Gustav Adolf 67, 78, 82
Wandel, Paul 133
Weber, Max 15, 19, 22
Weinel, Heinrich 54, 158, 162, 253
Weinreich, Otto 218, 219
Weiß, Bernhard 91, 94
Weiß, Johannes 39, 41, 158
Wellhausen, Julius 70, 192
Wels, Paul 116, 133
Wendel, Adolf 87
Wernle, Paul 158
Wilamowitz-Moellendorff, Ulrich v. 185
Winckler, Robert 87
Windisch, Hans 33, 34, 173, 224, 253
Wobbermin, Georg 58, 214
Wohlgemuth, Franz 129
Wolandt, Gerd 225
Wolf, Ernst 93, 149
Wolfskehl, Karl 177
Wrede, William 159, 165
Wurm, Theophil 143
Wurmbach, Max 115

Zänker, Otto 89

Sachregister

Abendmahl 95, 275
Abgeschlossenheit 228
Abglanz 215, 221, 263
Abraham 237, 258
Adam 169
Alte Kirche 163, 218
Altes Testament 56, 58, 78, 81, 193,
    256, 287, 288
Anawim 265
Anfang 56, 57, 163, 207, 212, 238, 240,
    244, 251, 257, 259, 272, 289
Antichrist 209
Antike 11, 182, 189
Antinomie 293
Antiphona 195
Antisemitismus 29, 54, 71
Äon / Äonen 168, 237, 286
Apokalyptik
–, jüdische 170, 273, 274
–, neutestamentliche 77, 253
Apolitismus 58
Apollo 187
Apologetik 22, 170
Apostolische Väter 163
Arierparagraph 73
Ästhetik 196, 200, 242, 249
Astrologie 196
Auferstehung 253, 256, 265, 282, 285
Augenblick 180, 211, 278, 279, 282,
    285
Außenwelt 215

Babylon 195
Barock 13
Begriffsbildung
–, historische 18, 228
Bekennende Kirche 2, 73, 85, 86, 89,
    91, 93, 100, 101, 112, 291
Bekenntnis 192, 247, 265
Bekenntnisformeln 197

Bekenntnisgemeinden 79
Berneuchener Bewegung 178
Bestimmtheit 27, 242, 244, 246, 251,
    252, 253, 254
–, eschatologische 171, 236, 263
–, metaphysische 197, 256, 258, 259
Bewegung
–, geschichtliche 57, 159, 162, 165
–, urchristliche 17, 163, 164, 170
Bild 175, 195, 200, 207, 288
Bilderbuch 192, 194
Bildersprache 187, 193, 196, 198, 219,
    296
Bilderwelt 193, 219, 287
Bilderzyklen 193
Bildhaftigkeit 201, 203
Bildlichkeit 195, 277, 296
Bildnis 175
Bildrede 251
Blätter für die Kunst 205
Blätter für religiösen Sozialismus 178
Blindenheilungen 278
Bloomsbury-Group 177
Blut 271, 273
Blutzeugen 298
Brot 261, 262, 268, 283
Brotwunder 283
Bücherverbrennung 70
Buchstabenspekulation 196
Buddhismus 157, 170

Caritas 186
CDU (Christlich-Demokratische Union)
    118, 119, 136, 155
Chaos 168, 269
Chiffre(n) 179, 180, 197, 200, 289
Christentum 1, 11, 19, 58, 74, 76, 77,
    78, 79, 80, 293
Christliche Welt, Die 17
Christlich-jüdischer Dialog 58, 77

Christologie 31, 74, 170, 221, 282, 289
Christus-Bild 112, 199, 269, 273
Christusgemeinschaft 221, 273
Christus-Glaube 257
Christus-Hymnus 289
Christus-Kult 11
Christus-Mythe 19, 293
Christus-Mythos 222
coincidentia oppositorum 211

Dämonen 167, 170, 274
Davidsohn 113
DDP (Deutsche Demokratische Partei) 18, 119
Demeter-Hymnus 266
Denkbild 206, 297
Denkerlebnis 243
Denkfigur 279
Denkpsychologie 26
Deuterojesaja 207
Deutsche Christen 74, 78, 84, 86, 87, 88, 93
Dichtung 174, 176, 178, 179
Diensteid der öffentlichen Beamten 87
Dionysos 187, 266, 268, 269, 273
Dogma 161, 165, 228
DP (Demokratische Partei) 119
Dualismus 253, 276
Duftsymbol 175
Dunkelrede 284
DVP (Deutsche Volkspartei) 53

Eindeutigkeit 245, 246
Eingedenken 220
Einheit 189, 219
Einsamkeit 111, 179, 213, 217, 267, 292
Einwohnung Gottes 265, 287
Elegie 194
Elia 264, 265, 282
Ende 57, 163, 200, 207, 211, 212, 236, 237, 238, 240, 244, 251, 254, 256, 257, 259, 265, 268, 285, 293
Endzeit 191, 192, 198, 203, 218, 237, 265, 271
Engel 167, 169, 170
Entmythologisierung 112, 295
Entnazifizierung 123
Epiphanie 212, 265, 278
Erfüllung 175, 257, 271

Erinnerung 179, 180, 205, 215, 217, 220, 221, 283
Erkenntnis 1, 217, 218, 245, 255
Erkenntnistheorie 25, 224, 225, 250
Erlösermythos 275
Erlösung 171, 200, 212, 216, 252, 253, 265, 271, 275, 285
Ermächtigungsgesetz 67, 70
Eros 186, 216, 226, 293
Erwählung 102, 237
Eschatologie 17, 21, 70, 200, 208, 216, 222, 239, 253
Ethik 20, 171, 200
Evangelienforschung 43
Evangelienharmonie 262
EPD (Evangelischer Pressedienst) 145, 148, 149
Evangelium 105, 109, 222, 256, 272, 283
Ewigkeit 21, 166, 181, 186, 196, 236, 252, 256, 262, 279
Exegese 1, 2, 19, 22, 23, 33, 35, 36, 50, 157, 160, 168, 194, 224, 232, 241, 253, 254, 288, 290, 293, 296, 298
Exodusgeschehen 288
Expressionismus 22
Ezechiel 207

Formgeschichte 7, 15, 294
Frauenfrage 20
Freiheit 121, 130, 210, 258
Fremdheit 179, 181, 213, 267, 284, 297
Fremdling 257, 272, 284, 285, 286
Fremdlingschaft 74, 75
Fremdlingstopos 269
Frieden 199
Frohbotschaft 280
Frömmigkeit 157, 160, 166, 168, 221, 252
Frühkatholizismus 159, 162
Führerprinzip 82
Fünfeichen 115, 151

Ganzheit 177, 178
Gebet Jesu 101, 102
Gebundenheit 56, 130, 210, 221, 258
Gedächtnis 179
Gegenständlichkeit 21, 210, 242, 244, 246, 250, 254

Gegenwart 18, 93, 111, 161, 165, 194, 200, 237, 269
Gegenwärtigkeit 252, 292
Gestapo (Geheime Staatspolizei) 89, 143
Geheimes Deutschland 183, 208, 209
Geheimnis 239, 280, 282, 285, 286, 289
Geist Gottes 168
Geistbegriff 252
Geister 167
Geistverständnis 226
Gemeinde 102, 200, 211, 259
Gemeindebegriff 197
Gemeindeengel 197
Gemeindeglauben 234
Gemeindetraditionen 261
Gemeinschaft der Heiligen 197
Gemeinschaft 56, 57, 211, 216, 251, 255, 263, 269, 271
George-Kreis 173, 174, 177, 178
Gesamtmensch 183, 186
Geschichte 18, 19, 21, 26, 27, 51, 52, 54, 57, 160, 161, 162, 164, 178, 179, 180, 181, 183, 194, 199, 200, 201, 210, 211, 212, 213, 232, 235, 236, 237, 239, 242, 243, 246, 248, 250, 251, 252, 254, 255, 257, 258, 264, 268, 271, 283, 290, 293, 294, 299
Geschichtlichkeit 254, 257
Geschichtsauffassung 161
Geschichtsbegriff 251, 292
Geschichtsbetrachtung 56, 57, 277, 287
Geschichtsbild 294
Geschichtsdenken 58
Geschichtserzählung 232
Geschichtsmetaphysik 209, 236
Geschichtsphilosophie 57, 226, 246
Geschichtsschreibung 17, 180, 247
Geschichtstheologie 55
Geschichtstheorie 236, 237
Geschichtsverständnis 198
Geschichtswissenschaft 162, 246
Geschlossenheit 191, 200, 201
Geschmacksurteil 242
Gesetz 166, 236, 255, 258
Gewissen 127, 149
Gewißheit 21, 27, 148, 181, 252, 263, 269

Glauben 22, 27, 52, 54, 55, 57, 75, 76, 80, 84, 102, 161, 162, 166, 171, 175, 176, 198, 210, 211, 213, 232, 247, 251, 252, 257, 258, 259, 277, 293, 296
Glaubensbegriff 21, 22, 254
Glaubensbeweis 232
Glaubenserlebnis 248
Glaubensgewißheit 254
Glaubenssinn 200
Glaubenszeugnis 234
Gleichnis 200, 284
Gleichschaltungspolitik 53, 67, 79
Gnade 147, 171, 186, 269, 271, 272
Gnosis, jüdische 220
Gnostizismus, christlicher 274
Gott 147, 149, 166, 192, 199, 210, 216, 222, 236, 247, 273
Göttersprache 180
Gottes Haus 263, 288
Gottes Kinder 102
Gottes Name 261
Gottes Stimme 182, 185, 221
Gottes Wille 261
Gottesbegriff 171, 239, 289
Gottesbild 56, 194
Gottesferne 217
Gottesgedanke 170
Gottesgemeinde 56
Gottesgeschichte 234
Gottesgestalt (Jesu) 275
Gottesherrschaft 274
Gottesknecht 113, 281, 289, 294, 297
Gottesreich 271
Gottessohn 286
Gottessymbol 196
Gottgesandter 274
Gottheiland 272
Göttlichkeit 272
Gottverlassenheit 217, 285
Greifswalder Universitätswerke 132

Heiland 285
Heilandtum 271, 284
Heiligkeit 186, 197
Heilsgewißheit 237
Heilszeit 278
Heilungen 274, 278
Heimkehrermotiv 269
Heimtücke-Gesetz 2, 99

Hellas 6, 185
Hellenisierung 175, 258
Hellenismus 158, 165, 167
Hermeneutik 21, 242, 246, 249, 296
Himmel 172, 175
Hinduismus 157
Hirt des Hermas 266
Historismus 182, 230, 266
Hitlerjugend 127
Holocaust 298
Homotonie 192, 203
Hypostasen-Spekulation 167, 168, 169, 170

Ich 57, 179, 210, 243, 252, 253, 269, 277
Idee 186, 206, 275, 282
Identität 277, 281, 282, 286
Israel 76, 255, 287
Ist-Bestimmtheit 243

Jahwe 166, 167, 168
Jesusanschauung 260
Jesusbild 112, 260, 289
Jesus-Debatte 295
Jesusgruppe 231
Jesusüberlieferung 264, 286, 287, 294, 296
Jesuswort 263
Jetzt / Jetztzeit 245, 262, 279
Johanneischer Kreis 159, 199, 279, 282, 284
Judenfrage 55, 72, 73, 74, 75, 84, 150, 288
Judentum 11, 25, 47, 49, 56, 74, 76, 77, 79, 165, 166, 168, 169, 170, 197, 212, 236, 255, 258, 265, 273, 276
Jugendbewegung 184
Jugendstil 204
Junge Kirche 83, 84, 85, 90, 96, 105, 146, 148
Jüngerkreis (Jesu) 266, 273, 284
Jungfrauengeburt 70
Jungreformatorische Bewegung 71

Kairos 21, 178, 186, 209, 277
Kaiserkult 11, 186
Kanon 163
Katholizismus 161, 183
Kerygma 275, 278, 294

Kirche 73, 102, 160, 161, 258, 272, 292
Kirchenpolitik
–, nationalsozialistische 87, 98, 99
Kommunismus / Kommunisten 52, 71, 72
Konzentrationslager 71, 137
Körperverneinung 186
Korrelation 235
Kosmos 196
KPD (Kommunistische Partei Deutschlands) 2, 118, 120, 121, 129, 139, 155
Kreisauer Kreis 24
Kreuz 198, 221, 222, 273, 276, 281, 285
Kreuzesgeschehen 256
Kriegsverbrechen 146, 148
Kritizismus 226, 251
Kultur 121, 160, 242, 246, 248
Kulturbund zur demokratischen Erneuerung Deutschlands 121, 155
Kulturkrise 167
Kultus 102, 105, 109, 236, 237
Kunst 6, 160, 176, 242
Kunstsprache 189, 205
Kunstwerk 192
Kyrios 276, 288

Lamm 191, 194, 198, 199, 200, 207, 218, 273, 278
Langmut Gottes 287
LDP (Liberaldemokratische Partei) 118
Leben 175, 180, 267
Leib 271, 273, 266
Leiden 1, 220, 282
Leidensnachfolge 212, 279, 298
Leitmotiv 194, 278, 283
Letztheit 244
Letztdefiniertheit 244
Liberalismus 241
Lichtgestalt 266
Liebe 147, 193, 216, 269, 270
Literarkritik 266
Literarkritische Schule 48
Literaturgeschichte 12
Logienquelle 157
Logik 242
Logos 169, 198, 207, 220, 272, 276, 292

Mandäer 218
Mani 220
Märtyrer 156, 207
Märtyrertheologie 287
Martyrium 207, 297, 298
Materialismus
–, historischer 15, 16, 18
Maulkorb-Erlaß 83
Maximin 187, 188, 189, 191, 206, 217, 219
Memra (Wort) Gottes 199
Mensch (Urmensch) 168, 169
Menschendasein 271, 272
Menschensohn 101, 169, 191, 206, 207, 216, 221, 262, 263, 268, 273, 274, 276, 279, 280, 281, 283, 284, 285, 286, 287, 288, 289, 291, 292, 294, 295, 297
Menschheitsgeschichte 237, 273
Messias 56, 168, 169, 207, 231, 259, 274, 281, 282, 286
Metamorphose 266, 267
Metaphysik 26, 171, 172, 188, 221, 253
Metasprache 2, 18
Methode 15, 25, 26, 224, 228, 299
Mittelwesen 166, 168
Mittler 56, 58, 212, 236, 237, 255
Mnemosyne 179
Mohr (Mohr Siebeck) 40, 41
Monadologie 242, 245
Monotheismus 166, 168, 169, 170, 171
Mose 264, 265, 282
Mysterienkulte 264, 266
Mystik 188, 190, 240, 253
Mystizismus 22
–, chtonischer 177
Mythos 19, 113, 200, 220, 256, 266, 275, 279, 293, 295, 296

Nachfolge 207, 212, 217, 270, 278, 283, 297
Nationalsozialismus /
Nationalsozialisten 15, 29, 60, 64, 65, 74, 81, 82, 184
Natur 175, 180, 181, 183, 185, 248
Neue Reich, Das 177, 183, 204, 208, 209, 212
Neufichteanismus 59
Neuheidentum, germanisches 187
Neukantianismus 225, 241, 243, 247

Neuplatonismus 253
NKWD (Volkskommissariat des Innern) 1, 116, 118, 127, 128, 138, 151, 152, 156, 260
NSDAP (Nationalsozialistische Deutsche Arbeiterpartei) 53, 95, 116, 119, 123, 126, 127, 132, 133
NSDStB (Nationalsozialistischer Deutscher Studentenbund) 2, 53, 61, 62, 64, 65, 67, 70, 133, 134
Nürnberger Prozeß 133

Offenbarung 11, 21, 23, 57, 81, 102, 196, 206, 218, 236, 239, 250, 254, 255, 256, 257, 278, 282, 293
ÖRK (Ökumenischer Rat der Kirchen) 124, 125

Panmethodismus 245
Parabel-Rede 284
Parusie 253, 254, 286
Passage-Motiv 212, 213, 278
Passion Jesu 231, 280
Passionsberichte 231
Petrusbekenntnis 280, 281
Pfarrernotbund 78, 82
Phantasie 6, 160, 167, 269
Pharisäismus / Pharisäer 158, 255, 271
Pietismus 21, 161
Pistis Sophia 267
Poimandres 169, 218, 266
Polytheismus 165
Positivismus 245
Postexistenz (Christi) 256
Präraffaeliten 204
Präsenz 27, 239, 248, 250
Präsenzzeit 239, 252
Predigt 37, 91, 295
Problemgeschichte 234
Prophet(en) / Prophetie 169, 176, 192, 193, 194, 266, 282, 286, 287
Protestantismus 52, 54, 55, 70, 161
Prozeß 244, 255
Psalmen Salomos 267
Psychologie 242, 245

Quellentheorie 43

Rassenfrage 73, 74, 75, 79
Raum 180, 181, 217, 257

Realismus, gläubiger 21
Rechtfertigung 112, 253
Reich
–, des Bösen 167
–, des Geistes 175, 214, 215
–, des Guten 167
–, Drittes 184
–, Gottes 171, 172, 209, 210, 211, 212, 216, 253, 261, 269, 273, 277, 288
Reichsanschauung 210
Reichsidee, völkische 208
Religion 160, 176, 200, 222, 247
–, chinesische 162
–, gnostische 169
–, griechische 175
–, griechisch-römische 158
–, indische 14, 162
–, islamische 162
–, jüdische 165
–, mandäische 169
–, manichäische 169
–, orphische 14
–, persische 162, 169
–, platonische 14
Religionsgeschichte 7, 14, 16, 34, 157, 159, 162, 194, 210
Religionsgeschichtliche Schule 7, 15, 41, 159

SA (Sturmabteilung) 71, 101, 133
Sachlichkeit 23, 235
Satan 168, 282, 283
Schöpfung 21, 198, 210, 237, 238, 240, 245, 256
Schrift 22, 158, 205, 232, 233, 236, 263
SED (Sozialistische Einheitspartei Deutschlands) 122, 129
Seele 27, 175, 179, 181, 183, 185, 190, 198, 199, 210, 213, 216, 269
Sehnsucht 179, 182, 189, 200, 206, 210, 217, 220, 252, 267, 272
Sein 171, 244, 256
Siebenzahl 173, 188, 191, 197, 261, 279
Sinn 168, 180, 194, 198, 200, 207, 243, 244, 245, 248, 250, 258, 288
Sinnbild 181, 195, 198, 199, 204, 206, 273
Sittlichkeit 245, 248

SMAD (Sowjetische Militäradministration in Deutschland) 116, 120, 123, 126, 127, 128, 132, 134, 135, 141, 143, 152
Sozialdemokratie / Sozialdemokraten 11, 17, 52, 71, 72
Sozialgeschichte 14, 16, 18, 19
Sozialismus 76
–, religiöser 15
SPD (Sozialdemokratische Partei Deutschlands) 11, 62, 118, 126, 156
Speisungswunder 284
Spekulation
–, kabbalistische 169
–, metaphysische 253
Sportpalastkundgebung 71, 78
Sprache 175, 176, 193, 200, 205, 242, 248, 249
Spruchquelle 232
SS (Schutzstaffel) 133, 153
Staat 75, 160, 216, 248
Stalinismus 156
Sündenvergebung 289
Supranaturalismus 20
Symbol 19, 175, 176, 181, 194, 195, 197, 198, 199, 200, 203, 205, 206, 213, 220, 222, 236, 244, 252, 256, 265, 273, 287, 289
Symbolismus / Symbolisten 10, 23, 174, 176, 179, 203, 205, 206
Synkretismus 219
Synthese 162, 190, 219, 234, 254

Tat 238, 245
Tatsache 226, 235, 238
Taufe 239, 265, 283
Täuferkreis 231
Tauffrage 292
Tempel 237, 236, 285, 288
Teufel 168, 169, 276
Theologie 229
–, dialektische 21, 22, 23, 30, 71, 81, 230
–, jüdische 58
–, kritische 226
–, liberale 19, 30, 42
–, moderne 48
–, paulinische 43, 45, 258

Theologiegeschichte 16, 18, 234, 293, 296, 297
Theologische Blätter 74, 228, 230
Theologumenon 233
Transzendenz 22, 166, 236
Traumbild 206, 214

Übergang 180, 199, 212, 257, 258, 267, 280
Übermensch 186
Umkehr 270
Unabgeschlossenheit 180, 212, 228, 280, 299
Unbedingtes 292
Unbedingtheit (Nachfolge) 270
Unbedingtheit (Weltende) 237
Unbestimmtheit 289
Universalismus 165, 166, 255
Urbild 206, 267
Urchristentum 3, 17, 27, 39, 43, 45, 49, 59, 60, 69, 83, 95, 157, 158, 159, 162, 164, 165, 197, 207, 236, 239, 253, 258, 265, 268, 271, 272, 289
Urform(en) 263, 264, 296
Urgemeinde 158, 271, 283, 289, 297
Urgewalten 268, 269, 279
Urmensch 169
Ursprung 16, 168, 221, 248
Urstoff (d. Verkündigung Jesu) 270
Urzeit 198, 203

Vater-unser 113, 123, 125, 138, 139, 140, 141, 144, 212, 252, 261, 293, 294
Verbalinspiration 161
Verborgenheit 285
Vergangenheit 18, 93, 111, 161, 165, 178, 190, 200, 236, 237, 248, 263
Vergebung 171, 253
Vergegenwärtigung 179
Vergottung (des Leibes) 185, 272
Vergottungsmysterium 267
Verklärungsgeschichte 265, 274, 278, 280
Vermittlungstheologie 158
Versuchung Jesu 283
Verwandlung 264, 266
Volk 75, 237
–, Gottes 56, 255
–, Israel 170

–, heiliges 255
–, jüdisches 233, 258
Völkische Bewegung 54, 74, 184, 208
Volksbegriff 56, 185
Volksdichtung 182
Volksgedanke 166
Volksgeist 185
Volksseele 184, 185
Vollender 176, 200, 263, 279, 281, 287
Vollendung 194, 199, 201, 211, 238, 253, 256, 276, 281, 282
Vorbild 221
Vorläufigkeit 257, 289

Wahrheit 73, 121, 147, 161, 234, 236, 239, 242, 255, 299
Wanderer 185, 207, 216, 218, 262, 278
Wanderung 288
Wechselbeziehung 235, 243, 257, 258, 269, 288, 298
Wein 268
Weinbergsgleichnis 286
Weinstock 287
Weisheit 168, 169, 285
Welt 20, 168, 171, 179, 192, 194, 200, 213, 222, 238, 253, 272
Weltabgewandtheit 271
Weltanschauung 172, 187, 213
Weltenbrand 270
Weltende 17, 275
Weltenrichter 282
Welterlöser 269
Weltflucht 58, 216
Weltfremdheit 298
Weltgericht 191, 200, 253, 273
Weltgott 166
Weltherrschaft 197
Weltmission 288
Weltmitte 184
Weltmittelpunkt 198
Weltüberwindung 58, 200
Weltverhaftung 216
Wende 164, 256
Wendezeit 273
Wirklichkeit 161, 165, 198, 200, 206, 236, 237
Wirklichkeitsverständnis
–, eschatologisches 212
Wissenschaft 130 224, 243
Wolkenstimme 264, 266

Wort
–, dichterisches 176, 220, 221
–, Gottes 168, 169, 183, 258, 273
–, Jesu 282, 285
Wort-Gottes-Theologie 21
Wortlosigkeit 285
Wunder 20, 237, 285, 286, 278
Wüste 283

Zauber 167, 282
Zeichen 44, 163, 166, 175, 176, 180, 182, 194, 198, 200, 205, 218, 221, 233, 265, 278, 284
Zeichnung 289
Zeit 1, 21, 57, 149, 160, 165, 168, 171, 180, 181, 183, 201, 211, 236, 239, 248, 256, 257, 265
Zeitbegriff 27, 239, 252, 292

Zeitenwende 179
Zeitlosigkeit 205, 240
Zeitnorm 252
Zeitschrift für die Neutestamentliche Wissenschaft 30, 34, 227, 228, 229, 291
Zeugentum 207, 298
Zeugnis 233, 285
Zion 207
Zionismus 76, 177
Zionsberg 198
Zukunft 194, 200, 237, 248, 262, 269
Zukünftigkeit 292
Zweideutigkeit 292
Zweieinsamkeit (v. Gott u. Seele) 199, 207, 216
Zweiquellentheorie 230
Zwischen den Zeiten 222

Wissenschaftliche Untersuchungen zum Neuen Testament

Alphabetische Übersicht der ersten und zweiten Reihe

Ådna, Jostein: Jesu Stellung zum Tempel. 2000. *Band II/119.*

Ådna, Jostein und *Kvalbein, Hans* (Hrsg.): The Mission of the Early Church to Jews and Gentiles. 2000. *Band 127.*

Alkier, Stefan: Wunder und Wirklichkeit in den Briefen des Apostels Paulus. 2001. *Band 134.*

Anderson, Paul N.: The Christology of the Fourth Gospel. 1996. *Band II/78.*

Appold, Mark L.: The Oneness Motif in the Fourth Gospel. 1976. *Band II/1.*

Arnold, Clinton E.: The Colossian Syncretism. 1995. *Band II/77.*

Ascough, Richard S.: Paul's Macedonian Associations. 2003. *Band II/161.*

Asiedu-Peprah, Martin: Johannine Sabbath Conflicts As Juridical Controversy. 2001. *Band II/132.*

Avemarie, Friedrich: Die Tauferzählungen der Apostelgeschichte. 2002. *Band 139.*

Avemarie, Friedrich und *Hermann Lichtenberger* (Hrsg.): Auferstehung - Ressurection. 2001. *Band 135.*

Avemarie, Friedrich und *Hermann Lichtenberger* (Hrsg.): Bund und Tora. 1996. *Band 92.*

Baarlink, Heinrich: Verkündigtes Heil. 2004. *Band 168.*

Bachmann, Michael: Sünder oder Übertreter. 1992. *Band 59.*

Back, Frances: Verwandlung durch Offenbarung bei Paulus. 2002. *Band II/153.*

Baker, William R.: Personal Speech-Ethics in the Epistle of James. 1995. *Band II/68.*

Bakke, Odd Magne: 'Concord and Peace'. 2001. *Band II/143.*

Balla, Peter: Challenges to New Testament Theology. 1997. *Band II/95.*

– *The Child-Parent Relationship in the New Testament and its Environment. 2003. Band 155.*

Bammel, Ernst: Judaica. Band I 1986. *Band 37.*

– Band II 1997. *Band 91.*

Bash, Anthony: Ambassadors for Christ. 1997. *Band II/92.*

Bauernfeind, Otto: Kommentar und Studien zur Apostelgeschichte. 1980. *Band 22.*

Baum, Armin Daniel: Pseudepigraphie und literarische Fälschung im frühen Christentum. 2001. *Band II/138.*

Bayer, Hans Friedrich: Jesus' Predictions of Vindication and Resurrection. 1986. *Band II/20.*

Becker, Michael: Wunder und Wundertäter im frührabbinischen Judentum. 2002. *Band II/144.*

Bell, Richard H.: Provoked to Jealousy. 1994. *Band II/63.*

– No One Seeks for God. 1998. *Band 106.*

Bennema, Cornelis: The Power of Saving Wisdom. 2002. *Band II/148.*

Bergman, Jan: siehe *Kieffer, René*

Bergmeier, Roland: Das Gesetz im Römerbrief und andere Studien zum Neuen Testament. 2000. *Band 121.*

Betz, Otto: Jesus, der Messias Israels. 1987. *Band 42.*

– Jesus, der Herr der Kirche. 1990. *Band 52.*

Beyschlag, Karlmann: Simon Magus und die christliche Gnosis. 1974. *Band 16.*

Bittner, Wolfgang J.: Jesu Zeichen im Johannesevangelium. 1987. *Band II/26.*

Bjerkelund, Carl J.: Tauta Egeneto. 1987. *Band 40.*

Blackburn, Barry Lee: Theios Anēr and the Markan Miracle Traditions. 1991. *Band II/40.*

Bock, Darrell L.: Blasphemy and Exaltation in Judaism and the Final Examination of Jesus. 1998. *Band II/106.*

Bockmuehl, Markus N.A.: Revelation and Mystery in Ancient Judaism and Pauline Christianity. 1990. *Band II/36.*

Bøe, Sverre: Gog and Magog. 2001. *Band II/ 135.*

Böhlig, Alexander: Gnosis und Synkretismus. Teil 1 1989. *Band 47* – Teil 2 1989. *Band 48.*

Böhm, Martina: Samarien und die Samaritai bei Lukas. 1999. *Band II/111.*

Böttrich, Christfried: Weltweisheit – Menschheitsethik – Urkult. 1992. *Band II/50.*

Bolyki, János: Jesu Tischgemeinschaften. 1997. *Band II/96.*

Bosman, Philip: Conscience in Philo and Paul. 2003. *Band II/166.*

Bovon, François: Studies in Early Christianity. 2003. *Band 161.*

Brocke, Christoph vom: Thessaloniki – Stadt des Kassander und Gemeinde des Paulus. 2001. *Band II/125.*

Brunson, Andrew: Psalm 118 in the Gospel of John. 2003. *Band II/158.*

Büchli, Jörg: Der Poimandres – ein paganisiertes Evangelium. 1987. *Band II/27.*

Bühner, Jan A.: Der Gesandte und sein Weg im 4. Evangelium. 1977. *Band II/2.*

Burchard, Christoph: Untersuchungen zu Joseph und Aseneth. 1965. *Band 8.*

– Studien zur Theologie, Sprache und Umwelt des Neuen Testaments. Hrsg. von D. Sänger. 1998. *Band 107.*

Burnett, Richard: Karl Barth's Theological Exegesis. 2001. *Band II/145.*

Byron, John: Slavery Metaphors in Early Judaism and Pauline Christianity. 2003. *Band II/162.*

Byrskog, Samuel: Story as History – History as Story. 2000. *Band 123.*

Cancik, Hubert (Hrsg.): Markus-Philologie. 1984. *Band 33.*

Capes, David B.: Old Testament Yaweh Texts in Paul's Christology. 1992. *Band II/47.*

Caragounis, Chrys C.: The Development of Greek and the New Testament. 2004. *Band 167.*

– The Son of Man. 1986. *Band 38.*

– siehe *Fridrichsen, Anton.*

Carleton Paget, James: The Epistle of Barnabas. 1994. *Band II/64.*

Carson, D.A., O'Brien, Peter T. und *Mark Seifrid* (Hrsg.): Justification and Variegated Nomism: A Fresh Appraisal of Paul and Second Temple Judaism. Band 1: The Complexities of Second Temple Judaism. *Band II/140.*

Ciampa, Roy E.: The Presence and Function of Scripture in Galatians 1 and 2. 1998. *Band II/102.*

Classen, Carl Joachim: Rhetorical Criticsm of the New Testament. 2000. *Band 128.*

Colpe, Carsten: Iranier – Aramäer – Hebräer – Hellenen. 2003. *Band 154.*

Crump, David: Jesus the Intercessor. 1992. *Band II/49.*

Dahl, Nils Alstrup: Studies in Ephesians. 2000. *Band 131.*

Deines, Roland: Jüdische Steingefäße und pharisäische Frömmigkeit. 1993. *Band II/52.*

– Die Pharisäer. 1997. *Band 101.*

Dettwiler, Andreas und *Jean Zumstein (Hrsg.):* Kreuzestheologie im Neuen Testament. 2002. *Band 151.*

Dickson, John P.: Mission-Commitment in Ancient Judaism and in the Pauline Communities. 2003. *Band II/159.*

Dietzfelbinger, Christian: Der Abschied des Kommenden. 1997. *Band 95.*

Dobbeler, Axel von: Glaube als Teilhabe. 1987. *Band II/22.*

Du Toit, David S.: Theios Anthropos. 1997. *Band II/91*

Dunn, James D.G. (Hrsg.): Jews and Christians. 1992. *Band 66.*

– Paul and the Mosaic Law. 1996. *Band 89.*

Dunn, James D.G., Hans Klein, Ulrich Luz und *Vasile Mihoc* (Hrsg.)*:* Auslegung der Bibel in orthodoxer und westlicher Perspektive. 2000. *Band 130.*

Ebel, Eva: Die Attraktivität früher christlicher Gemeinden. 2004. *Band II/178.*

Ebertz, Michael N.: Das Charisma des Gekreuzigten. 1987. *Band 45.*

Eckstein, Hans-Joachim: Der Begriff Syneidesis bei Paulus. 1983. *Band II/10.*

– Verheißung und Gesetz. 1996. *Band 86.*

Ego, Beate: Im Himmel wie auf Erden. 1989. *Band II/34*

Ego, Beate und *Lange, Armin* sowie *Pilhofer, Peter (Hrsg.):* Gemeinde ohne Tempel – Community without Temple. 1999. *Band 118.*

Eisen, Ute E.: siehe *Paulsen, Henning.*

Ellis, E. Earle: Prophecy and Hermeneutic in Early Christianity. 1978. *Band 18.*

– The Old Testament in Early Christianity. 1991. *Band 54.*

Endo, Masanobu: Creation and Christology. 2002. *Band 149.*

Ennulat, Andreas: Die 'Minor Agreements'. 1994. *Band II/62.*

Ensor, Peter W.: Jesus and His 'Works'. 1996. *Band II/85.*

Eskola, Timo: Messiah and the Throne. 2001. *Band II/142.*

– Theodicy and Predestination in Pauline Soteriology. 1998. *Band II/100.*

Fatehi, Mehrdad: The Spirit's Relation to the Risen Lord in Paul. 2000. *Band II/128.*

Feldmeier, Reinhard: Die Krisis des Gottessohnes. 1987. *Band II/21.*

– Die Christen als Fremde. 1992. *Band 64.*

Feldmeier, Reinhard und *Ulrich Heckel* (Hrsg.): Die Heiden. 1994. *Band 70.*

Fletcher-Louis, Crispin H.T.: Luke-Acts: Angels, Christology and Soteriology. 1997. *Band II/94.*

Förster, Niclas: Marcus Magus. 1999. *Band 114.*

Forbes, Christopher Brian: Prophecy and Inspired Speech in Early Christianity and its Hellenistic Environment. 1995. *Band II/75.*

Fornberg, Tord: siehe *Fridrichsen, Anton.*

Fossum, Jarl E.: The Name of God and the Angel of the Lord. 1985. *Band 36.*

Foster, Paul: Community, Law and Mission in Matthew's Gospel. *Band II/177.*

Fotopoulos, John: Food Offered to Idols in Roman Corinth. 2003. *Band II/151.*

Frenschkowski, Marco: Offenbarung und Epiphanie. Band 1 1995. *Band II/79* – Band 2 1997. *Band II/80.*

Frey, Jörg: Eugen Drewermann und die biblische Exegese. 1995. *Band II/71.*
– Die johanneische Eschatologie. Band I. 1997. *Band 96.* – Band II. 1998. *Band 110.*
– Band III. 2000. *Band 117.*

Freyne, Sean: Galilee and Gospel. 2000. *Band 125.*

Fridrichsen, Anton: Exegetical Writings. Hrsg. von C.C. Caragounis und T. Fornberg. 1994. *Band 76.*

Garlington, Don B.: 'The Obedience of Faith'. 1991. *Band II/38.*
– Faith, Obedience, and Perseverance. 1994. *Band 79.*

Garnet, Paul: Salvation and Atonement in the Qumran Scrolls. 1977. *Band II/3.*

Gese, Michael: Das Vermächtnis des Apostels. 1997. *Band II/99.*

Gheorghita, Radu: The Role of the Septuagint in Hebrews. 2003. *Band II/160.*

Gräbe, Petrus J.: The Power of God in Paul's Letters. 2000. *Band II/123.*

Gräßer, Erich: Der Alte Bund im Neuen. 1985. *Band 35.*
– Forschungen zur Apostelgeschichte. 2001. *Band 137.*

Green, Joel B.: The Death of Jesus. 1988. *Band II/33.*

Gregory, Andrew: The Reception of Luke and Acts in the Period before Irenaeus. 2003. *Band II/169.*

Gundry Volf, Judith M.: Paul and Perseverance. 1990. *Band II/37.*

Hafemann, Scott J.: Suffering and the Spirit. 1986. *Band II/19.*
– Paul, Moses, and the History of Israel. 1995. *Band 81.*

Hahn, Johannes (Hrsg.): Zerstörungen des Jerusalemer Tempels. 2002. *Band 147.*

Hannah, Darrel D.: Michael and Christ. 1999. *Band II/109.*

Hamid-Khani, Saeed: Relevation and Concealment of Christ. 2000. *Band II/120.*

Harrison; James R.: Paul's Language of Grace in Its Graeco-Roman Context. 2003. *Band II/172.*

Hartman, Lars: Text-Centered New Testament Studies. Hrsg. von D. Hellholm. 1997. *Band 102.*

Hartog, Paul: Polycarp and the New Testament. 2001. *Band II/134.*

Heckel, Theo K.: Der Innere Mensch. 1993. *Band II/53.*
– Vom Evangelium des Markus zum viergestaltigen Evangelium. 1999. *Band 120.*

Heckel, Ulrich: Kraft in Schwachheit. 1993. *Band II/56.*
– Der Segen im Neuen Testament. 2002. *Band 150.*
– siehe *Feldmeier, Reinhard.*
– siehe *Hengel, Martin.*

Heiligenthal, Roman: Werke als Zeichen. 1983. *Band II/9.*

Hellholm, D.: siehe *Hartman, Lars.*

Hemer, Colin J.: The Book of Acts in the Setting of Hellenistic History. 1989. *Band 49.*

Hengel, Martin: Judentum und Hellenismus. 1969, ³1988. *Band 10.*
– Die johanneische Frage. 1993. *Band 67.*
– Judaica et Hellenistica . Kleine Schriften I. 1996. *Band 90.*
– Judaica, Hellenistica et Christiana. Kleine Schriften II. 1999. *Band 109.*
– Paulus und Jakobus. Kleine Schriften III. 2002. *Band 141.*

Hengel, Martin und *Ulrich Heckel* (Hrsg.): Paulus und das antike Judentum. 1991. *Band 58.*

Hengel, Martin und *Hermut Löhr* (Hrsg.): Schriftauslegung im antiken Judentum und im Urchristentum. 1994. *Band 73.*

Hengel, Martin und *Anna Maria Schwemer:* Paulus zwischen Damaskus und Antiochien. 1998. *Band 108.*
– Der messianische Anspruch Jesu und die Anfänge der Christologie. 2001. *Band 138.*

Hengel, Martin und *Anna Maria Schwemer* (Hrsg.): Königsherrschaft Gottes und himmlischer Kult. 1991. *Band 55.*
– Die Septuaginta. 1994. *Band 72.*

Hengel, Martin; Siegfried Mittmann und *Anna Maria Schwemer* (Ed.): La Cité de Dieu / Die Stadt Gottes. 2000. *Band 129.*

Herrenbrück, Fritz: Jesus und die Zöllner. 1990. *Band II/41.*

Herzer, Jens: Paulus oder Petrus? 1998. *Band 103.*

Hoegen-Rohls, Christina: Der nachösterliche Johannes. 1996. *Band II/84.*

Hofius, Otfried: Katapausis. 1970. *Band 11.*
– Der Vorhang vor dem Thron Gottes. 1972. *Band 14.*
– Der Christushymnus Philipper 2,6-11. 1976, ²1991. *Band 17.*

- Paulusstudien. 1989, ²1994. *Band 51.*
- Neutestamentliche Studien. 2000. *Band 132.*
- Paulusstudien II. 2002. *Band 143.*

Hofius, Otfried und *Hans-Christian Kammler:* Johannesstudien. 1996. *Band 88.*

Holtz, Traugott: Geschichte und Theologie des Urchristentums. 1991. *Band 57.*

Hommel, Hildebrecht: Sebasmata. Band 1 1983. *Band 31* – Band 2 1984. *Band 32.*

Hvalvik, Reidar: The Struggle for Scripture and Covenant. 1996. *Band II/82.*

Johns, Loren L.: The Lamb Christology of the Apocalypse of John. 2003. *Band II/167.*

Joubert, Stephan: Paul as Benefactor. 2000. *Band II/124.*

Jungbauer, Harry: „Ehre Vater und Mutter". 2002. *Band II/146.*

Kähler, Christoph: Jesu Gleichnisse als Poesie und Therapie. 1995. *Band 78.*

Kamlah, Ehrhard: Die Form der katalogischen Paränese im Neuen Testament. 1964. *Band 7.*

Kammler, Hans-Christian: Christologie und Eschatologie. 2000. *Band 126.*
- Kreuz und Weisheit. 2003. *Band 159.*
- siehe *Hofius, Otfried.*

Kelhoffer, James A.: Miracle and Mission. 1999. *Band II/112.*

Kieffer, René und *Jan Bergman (Hrsg.):* La Main de Dieu / Die Hand Gottes. 1997. *Band 94.*

Kim, Seyoon: The Origin of Paul's Gospel. 1981, ²1984. *Band II/4.*
- "The 'Son of Man'" as the Son of God. 1983. *Band 30.*

Klauck, Hans-Josef: Religion und Gesellschaft im frühen Christentum. 2003. *Band 152.*

Klein, Hans: siehe *Dunn, James D.G..*

Kleinknecht, Karl Th.: Der leidende Gerechtfertigte. 1984, ²1988. *Band II/13.*

Klinghardt, Matthias: Gesetz und Volk Gottes. 1988. *Band II/32.*

Koch, Michael: Drachenkampf und Sonnenfrau. 2004. *Band II/184.*

Koch, Stefan: Rechtliche Regelung von Konflikten im frühen Christentum. 2004. *Band II/174.*

Köhler, Wolf-Dietrich: Rezeption des Matthäusevangeliums in der Zeit vor Irenäus. 1987. *Band II/24.*

Köhn, Andreas: Der Neutestamentler Ernst Lohmeyer. 2004. *Band II/180.*

Kooten, George H. van: Cosmic Christology in Paul and the Pauline School. 2003. *Band II/171.*

Korn, Manfred: Die Geschichte Jesu in veränderter Zeit. 1993. *Band II/51.*

Koskenniemi, Erkki: Apollonios von Tyana in der neutestamentlichen Exegese. 1994. *Band II/61.*

Kraus, Thomas J.: Sprache, Stil und historischer Ort des zweiten Petrusbriefes. 2001. *Band II/136.*

Kraus, Wolfgang: Das Volk Gottes. 1996. *Band 85.*
- und *Karl-Wilhelm Niebuhr* (Hg.): Frühjudentum und Neues Testament im Horizont Biblischer Theologie. 2003. *Band 162.*
- siehe *Walter, Nikolaus.*

Kreplin, Matthias: Das Selbstverständnis Jesu. 2001. *Band II/141.*

Kuhn, Karl G.: Achtzehngebet und Vaterunser und der Reim. 1950. *Band 1.*

Kvalbein, Hans: siehe *Ådna, Jostein.*

Kwon, Yon-Gyong: Eschatology in Galatians. 2004. *Band II/183.*

Laansma, Jon: I Will Give You Rest. 1997. *Band II/98.*

Labahn, Michael: Offenbarung in Zeichen und Wort. 2000. *Band II/117.*

Lambers-Petry, Doris: siehe *Tomson, Peter J.*

Lange, Armin: siehe *Ego, Beate.*

Lampe, Peter: Die stadtrömischen Christen in den ersten beiden Jahrhunderten. 1987, ²1989. *Band II/18.*

Landmesser, Christof: Wahrheit als Grundbegriff neutestamentlicher Wissenschaft. 1999. *Band 113.*
- Jüngerberufung und Zuwendung zu Gott. 2000. *Band 133.*

Lau, Andrew: Manifest in Flesh. 1996. *Band II/86.*

Lawrence, Louise: An Ethnography of the Gospel of Matthew. 2003. *Band II/165.*

Lee, Pilchan: The New Jerusalem in the Book of Relevation. 2000. *Band II/129.*

Lichtenberger, Hermann: siehe *Avemarie, Friedrich.*

Lichtenberger, Hermann: Das Ich Adams und das Ich der Menschheit. 2004. *Band 164.*

Lierman, John: The New Testament Moses. 2004. *Band II/173.*

Lieu, Samuel N.C.: Manichaeism in the Later Roman Empire and Medieval China. ²1992. *Band 63.*

Loader, William R.G.: Jesus' Attitude Towards the Law. 1997. *Band II/97.*

Löhr, Gebhard: Verherrlichung Gottes durch Philosophie. 1997. *Band 97.*

Löhr, Hermut: Studien zum frühchristlichen und frühjüdischen Gebet. 2003. *Band 160.*
- : siehe *Hengel, Martin.*

Löhr, Winrich Alfried: Basilides und seine Schule. 1995. *Band 83.*

Luomanen, Petri: Entering the Kingdom of Heaven. 1998. *Band II/101.*

Luz, Ulrich: siehe *Dunn, James D.G.*

Maier, Gerhard: Mensch und freier Wille. 1971. *Band 12.*

– Die Johannesoffenbarung und die Kirche. 1981. *Band 25.*

Markschies, Christoph: Valentinus Gnosticus? 1992. *Band 65.*

Marshall, Peter: Enmity in Corinth: Social Conventions in Paul's Relations with the Corinthians. 1987. *Band II/23.*

Mayer, Annemarie: Sprache der Einheit im Epheserbrief und in der Ökumene. 2002. *Band II/150.*

McDonough, Sean M.: YHWH at Patmos: Rev. 1:4 in its Hellenistic and Early Jewish Setting. 1999. *Band II/107.*

McGlynn, Moyna: Divine Judgement and Divine Benevolence in the Book of Wisdom. 2001. *Band II/139.*

Meade, David G.: Pseudonymity and Canon. 1986. *Band 39.*

Meadors, Edward P.: Jesus the Messianic Herald of Salvation. 1995. *Band II/72.*

Meißner, Stefan: Die Heimholung des Ketzers. 1996. *Band II/87.*

Mell, Ulrich: Die „anderen" Winzer. 1994. *Band 77.*

Mengel, Berthold: Studien zum Philipperbrief. 1982. *Band II/8.*

Merkel, Helmut: Die Widersprüche zwischen den Evangelien. 1971. *Band 13.*

Merklein, Helmut: Studien zu Jesus und Paulus. Band 1 1987. *Band 43.* – Band 2 1998. *Band 105.*

Metzdorf, Christina: Die Tempelaktion Jesu. 2003. *Band II/168.*

Metzler, Karin: Der griechische Begriff des Verzeihens. 1991. *Band II/44.*

Metzner, Rainer: Die Rezeption des Matthäusevangeliums im 1. Petrusbrief. 1995. *Band II/74.*

– Das Verständnis der Sünde im Johannesevangelium. 2000. *Band 122.*

Mihoc, Vasile: siehe *Dunn, James D.G..*

Mineshige, Kiyoshi: Besitzverzicht und Almosen bei Lukas. 2003. *Band II/163.*

Mittmann, Siegfried: siehe *Hengel, Martin.*

Mittmann-Richert, Ulrike: Magnifikat und Benediktus. *1996. Band II/90.*

Mußner, Franz: Jesus von Nazareth im Umfeld Israels und der Urkirche. Hrsg. von M. Theobald. 1998. *Band 111.*

Niebuhr, Karl-Wilhelm: Gesetz und Paränese. 1987. *Band II/28.*

– Heidenapostel aus Israel. 1992. *Band 62.*

– siehe *Kraus, Wolfgang*

Nielsen, Anders E.: "Until it is Fullfilled". 2000. *Band II/126.*

Nissen, Andreas: Gott und der Nächste im antiken Judentum. 1974. *Band 15.*

Noack, Christian: Gottesbewußtsein. 2000. *Band II/116.*

Noormann, Rolf: Irenäus als Paulusinterpret. 1994. *Band II/66.*

Novakovic, Lidija: Messiah, the Healer of the Sick. 2003. *Band II/170.*

Obermann, Andreas: Die christologische Erfüllung der Schrift im Johannesevangelium. 1996. *Band II/83.*

Öhler, Markus: Barnabas. 2003. *Band 156.*

Okure, Teresa: The Johannine Approach to Mission. 1988. *Band II/31.*

Onuki, Takashi: Heil und Erlösung. 2004. *Band 165.*

Oropeza, B. J.: Paul and Apostasy. 2000. *Band II/115.*

Ostmeyer, Karl-Heinrich: Taufe und Typos. 2000. *Band II/118.*

Paulsen, Henning: Studien zur Literatur und Geschichte des frühen Christentums. Hrsg. von Ute E. Eisen. 1997. *Band 99.*

Pao, David W.: Acts and the Isaianic New Exodus. 2000. *Band II/130.*

Park, Eung Chun: The Mission Discourse in Matthew's Interpretation. 1995. *Band II/81.*

Park, Joseph S.: Conceptions of Afterlife in Jewish Insriptions. 2000. *Band II/121.*

Pate, C. Marvin: The Reverse of the Curse. 2000. *Band II/114.*

Peres, Imre: Griechische Grabinschriften und neutestamentliche Eschatologie. 2003. *Band 157.*

Philonenko, Marc (Hrsg.): Le Trône de Dieu. 1993. *Band 69.*

Pilhofer, Peter: Presbyteron Kreitton. 1990. *Band II/39.*

– Philippi. Band 1 1995. *Band 87.* – Band 2 2000. *Band 119.*

– Die frühen Christen und ihre Welt. 2002. *Band 145.*

– siehe *Ego, Beate.*

Plümacher, Eckhard: Geschichte und Geschichten. Aufsätze zur Apostelgeschichte und zu den Johannesakten. Herausgegeben von Jens Schröter und Ralph Brucker. 2004. *Band 170.*

Pöhlmann, Wolfgang: Der Verlorene Sohn und das Haus. 1993. *Band 68.*

Pokorný, Petr und *Josef B. Souček:* Bibelauslegung als Theologie. 1997. *Band 100.*

Pokorný, Petr und *Jan Roskovec* (Hrsg.): Philosophical Hermeneutics and Biblical Exegesis. 2002. *Band 153.*

Porter, Stanley E.: The Paul of Acts. 1999. *Band 115.*

Prieur, Alexander: Die Verkündigung der Gottesherrschaft. 1996. *Band II/89.*

Probst, Hermann: Paulus und der Brief. 1991. *Band II/45.*

Räisänen, Heikki: Paul and the Law. 1983, ²1987. *Band 29.*

Rehkopf, Friedrich: Die lukanische Sonderquelle. 1959. *Band 5.*

Rein, Matthias: Die Heilung des Blindgeborenen (Joh 9). 1995. *Band II/73.*

Reinmuth, Eckart: Pseudo-Philo und Lukas. 1994. *Band 74.*

Reiser, Marius: Syntax und Stil des Markusevangeliums. 1984. *Band II/11.*

Richards, E. Randolph: The Secretary in the Letters of Paul. 1991. *Band II/42.*

Riesner, Rainer: Jesus als Lehrer. 1981, ³1988. *Band II/7.*

– Die Frühzeit des Apostels Paulus. 1994. *Band 71.*

Rissi, Mathias: Die Theologie des Hebräerbriefs. 1987. *Band 41.*

Röhser, Günter: Metaphorik und Personifikation der Sünde. 1987. *Band II/25.*

Roskovec, Jan: siehe *Pokorný, Petr.*

Rose, Christian: Die Wolke der Zeugen. 1994. *Band II/60.*

Rothschild, Clare K.: Luke Acts and the Rhetoric of History. 2004. *Band II/175.*

Rüegger, Hans-Ulrich: Verstehen, was Markus erzählt. 2002. *Band II/155.*

Rüger, Hans Peter: Die Weisheitsschrift aus der Kairoer Geniza. 1991. *Band 53.*

Sänger, Dieter: Antikes Judentum und die Mysterien. 1980. *Band II/5.*

– Die Verkündigung des Gekreuzigten und Israel. 1994. *Band 75.*

– siehe *Burchard, Christoph*

Salzmann, Jorg Christian: Lehren und Ermahnen. 1994. *Band II/59.*

Sandnes, Karl Olav: Paul – One of the Prophets? 1991. *Band II/43.*

Sato, Migaku: Q und Prophetie. 1988. *Band II/29.*

Schäfer, Ruth: Paulus bis zum Apostelkonzil. 2004. *Band II/179.*

Schaper, Joachim: Eschatology in the Greek Psalter. 1995. *Band II/76.*

Schimanowski, Gottfried: Die himmlische Liturgie in der Apokalypse des Johannes. 2002. *Band II/154.*

– Weisheit und Messias. 1985. *Band II/17.*

Schlichting, Günter: Ein jüdisches Leben Jesu. 1982. *Band 24.*

Schnabel, Eckhard J.: Law and Wisdom from Ben Sira to Paul. 1985. *Band II/16.*

Schutter, William L.: Hermeneutic and Composition in I Peter. 1989. *Band II/30.*

Schwartz, Daniel R.: Studies in the Jewish Background of Christianity. 1992. *Band 60.*

Schwemer, Anna Maria: siehe *Hengel, Martin*

Schwindt, Rainer: Das Weltbild des Epheserbriefes. 2002. *Band 148.*

Scott, James M.: Adoption as Sons of God. 1992. *Band II/48.*

– Paul and the Nations. 1995. *Band 84.*

Shum, Shiu-Lun: Paul's Use of Isaiah in Romans. 2002. *Band II/156.*

Siegert, Folker: Drei hellenistisch-jüdische Predigten. Teil I 1980. *Band 20* – Teil II 1992. *Band 61.*

– Nag-Hammadi-Register. 1982. *Band 26.*

– Argumentation bei Paulus. 1985. *Band 34.*

– Philon von Alexandrien. 1988. *Band 46.*

Simon, Marcel: Le christianisme antique et son contexte religieux I/II. 1981. *Band 23.*

Snodgrass, Klyne: The Parable of the Wicked Tenants. 1983. *Band 27.*

Söding, Thomas: Das Wort vom Kreuz. 1997. *Band 93.*

– siehe *Thüsing, Wilhelm.*

Sommer, Urs: Die Passionsgeschichte des Markusevangeliums. 1993. *Band II/58.*

Souček, Josef B.: siehe *Pokorný, Petr.*

Spangenberg, Volker: Herrlichkeit des Neuen Bundes. 1993. *Band II/55.*

Spanje, T.E. van: Inconsistency in Paul? 1999. *Band II/110.*

Speyer, Wolfgang: Frühes Christentum im antiken Strahlungsfeld. Band I: 1989. *Band 50.*

– Band II: 1999. *Band 116.*

Stadelmann, Helge: Ben Sira als Schriftgelehrter. 1980. *Band II/6.*

Stenschke, Christoph W.: Luke's Portrait of Gentiles Prior to Their Coming to Faith. *Band II/108.*

Sterck-Degueldre, Jean-Pierre: Eine Frau namens Lydia. 2004. *Band II/176.*

Stettler, Christian: Der Kolosserhymnus. 2000. *Band II/131.*

Stettler, Hanna: Die Christologie der Pastoralbriefe. 1998. *Band II/105.*

Stökl Ben Ezra, Daniel: The Impact of Yom Kippur on Early Christianity. 2003. *Band 163.*

Strobel, August: Die Stunde der Wahrheit. 1980. *Band 21.*

Stroumsa, Guy G.: Barbarian Philosophy. 1999. *Band 112.*

Stuckenbruck, Loren T.: Angel Veneration and Christology. 1995. *Band II/70.*

Stuhlmacher, Peter (Hrsg.): Das Evangelium und die Evangelien. 1983. *Band 28.*

– Biblische Theologie und Evangelium. 2002. *Band 146.*

Sung, Chong-Hyon: Vergebung der Sünden. 1993. *Band II/57.*

Tajra, Harry W.: The Trial of St. Paul. 1989. *Band II/35.*

– The Martyrdom of St.Paul. 1994. *Band II/67.*

Theißen, Gerd: Studien zur Soziologie des Urchristentums. 1979, ³1989. *Band 19.*

Theobald, Michael: Studien zum Römerbrief. 2001. *Band 136.*

Theobald, Michael: siehe *Mußner, Franz.*

Thornton, Claus-Jürgen: Der Zeuge des Zeugen. 1991. *Band 56.*

Thüsing, Wilhelm: Studien zur neutestamentlichen Theologie. Hrsg. von Thomas Söding. 1995. *Band 82.*

Thurén, Lauri: Derhethorizing Paul. 2000. *Band 124.*

Tomson, Peter J. und *Doris Lambers-Petry (Hg.):* The Image of the Judaeo-Christians in Ancient Jewish and Christian Literature. 2003. *Band 158.*

Trebilco, Paul: The Early Christians in Ephesus from Paul to Ignatius. 2004. *Band 166.*

Treloar, Geoffrey R.: Lightfoot the Historian. 1998. *Band II/103.*

Tsuji, Manabu: Glaube zwischen Vollkommenheit und Verweltlichung. 1997. *Band II/93*

Twelftree, Graham H.: Jesus the Exorcist. 1993. *Band II/54.*

Urban, Christina: Das Menschenbild nach dem Johannesevangelium. 2001. *Band II/137.*

Visotzky, Burton L.: Fathers of the World. 1995. *Band 80.*

Vollenweider, Samuel: Horizonte neutestamentlicher Christologie. 2002. *Band 144.*

Vos, Johan S.: Die Kunst der Argumentation bei Paulus. 2002. *Band 149.*

Wagener, Ulrike: Die Ordnung des „Hauses Gottes". 1994. *Band II/65.*

Walker, Donald D.: Paul's Offer of Leniency (2 Cor 10:1). 2002. *Band II/152.*

Walter, Nikolaus: Praeparatio Evangelica. Hrsg. von Wolfgang Kraus und Florian Wilk. 1997. *Band 98.*

Wander, Bernd: Gottesfürchtige und Sympathisanten. 1998. *Band 104.*

Watts, Rikki: Isaiah's New Exodus and Mark. 1997. *Band II/88.*

Wedderburn, A.J.M.: Baptism and Resurrection. 1987. *Band 44.*

Wegner, Uwe: Der Hauptmann von Kafarnaum. 1985. *Band II/14.*

Weissenrieder, Annette: Images of Illness in the Gospel of Luke. 2003. Band II/164.

Welck, Christian: Erzählte ‚Zeichen‘. 1994. *Band II/69.*

Wiarda, Timothy: Peter in the Gospels . 2000. *Band II/127.*

Wilk, Florian: siehe *Walter, Nikolaus.*

Williams, Catrin H.: I am He. 2000. *Band II/113.*

Wilson, Walter T.: Love without Pretense. 1991. *Band II/46.*

Wisdom, Jeffrey: Blessing for the Nations and the Curse of the Law. 2001. *Band II/133.*

Wucherpfennig, Ansgar: Heracleon Philologus. 2002. *Band 142.*

Yeung, Maureen: Faith in Jesus and Paul. 2002. *Band II/147.*

Zimmermann, Alfred E.: Die urchristlichen Lehrer. 1984, ²1988. *Band II/12.*

Zimmermann, Johannes: Messianische Texte aus Qumran. 1998. *Band II/104.*

Zimmermann, Ruben: Christologie der Bilder im Johannesevangelium. 2004. *Band 171.*

–: Geschlechtermetaphorik und Gottesverhältnis. 2001. *Band II/122.*

Zumstein, Jean: siehe *Dettwiler, Andreas*

Einen Gesamtkatalog erhalten Sie gerne vom Verlag
Mohr Siebeck – Postfach 2040 – D–72010 Tübingen
Neueste Informationen im Internet unter www.mohr.de